개정 최신판!
새로운 출제기준 반영
[2025.1.1 ~ 2027.12.31]

국가직무능력표준
National Competency Standards
한국채택국제회계기준 반영

전산회계운용사 대비
모의고사문제집 필기2급

정호주 저

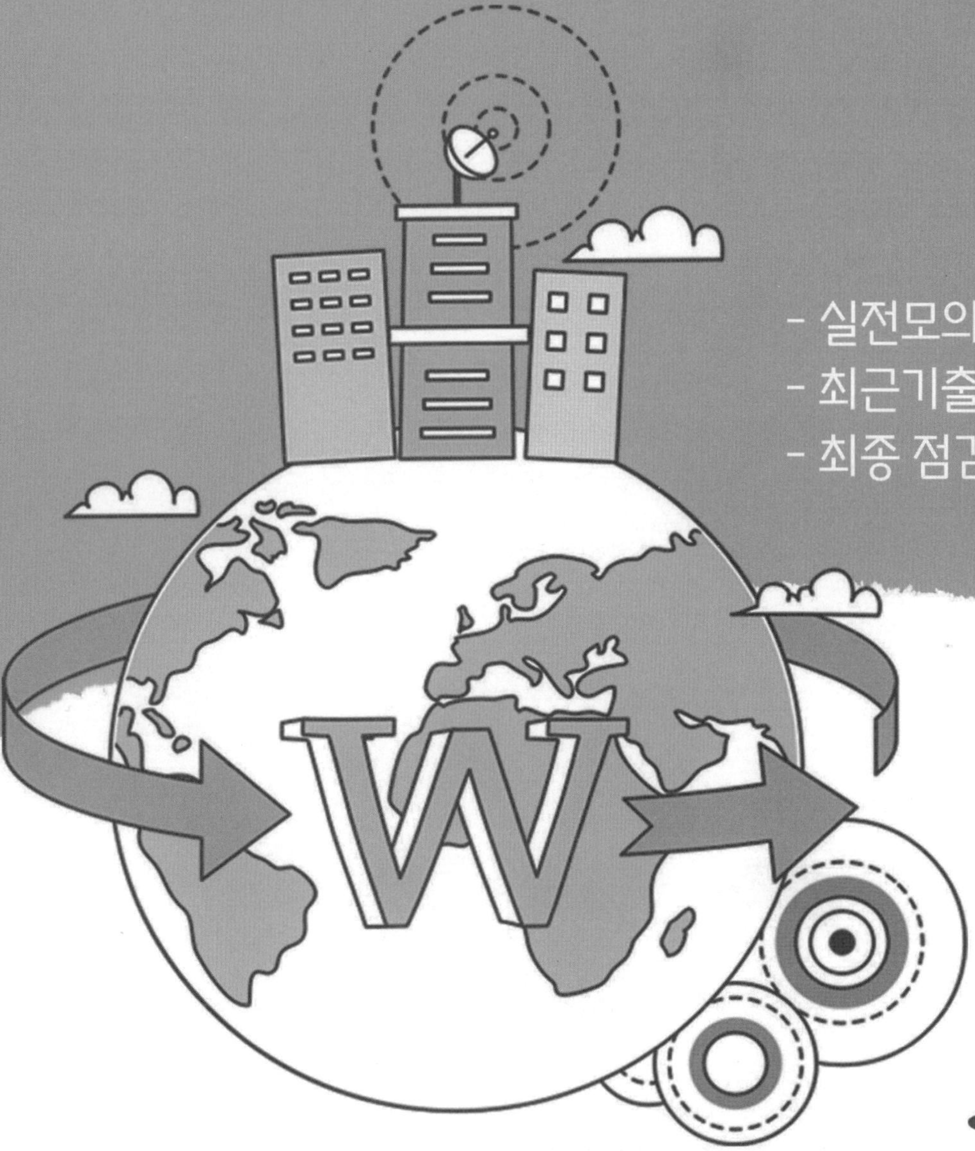

- 실전모의고사 9회
- 최근기출문제 15회
- 최종 점검 모의고사 1회

도서출판 **파스칼**
www.pascal25.com

【 저자 소개 】

정호주
- 단국대학교 경영대학원 회계학과 4학기 수료
- 성결대학교 주최 전국정보과학경시대회(전산회계부문) 출제위원 역임
- 대한상공회의소 하계직무연수 초빙강사 역임
- 전산회계운용사 대비 회계원리 입문편, 3급, 2급 필기 및 실기(sPLUS) 수험서
- 전산회계운용사 대비 원가회계 2급 필기 수험서
- 한국세무사회, 한국공인회계사회 공통 대비 회계원리 입문편
- 한국세무사회 대비 전산회계 1급, 2급 이론 및 실기 수험서
- 2022 개정 교육과정 인정교과서 '회계원리'
- 2015 개정 교육과정 인정교과서 '회계원리'
- 2015 개정 교육과정 인정교과서 '회계정보처리시스템' (sPLUS)

전산회계운용사 대비

모의고사문제집 2급필기

- **발행일** 2024년 12월 1일 26판 1쇄 발행
- **지은이** 정호주
- **펴낸이** 정호주
- **펴낸곳** 도서출판 파스칼
- **등록번호** 제2021-000324호
- **홈페이지** www.pascal25.com
- **편집·디자인** 전정희
- **주소** 서울특별시 마포구 월드컵로 23길 51
- **전화** 02-2266-0613
- **팩스** 02-332-8598
- **ISBN** 979-11-983505-5-8
- **내용문의** 010-3820-4237

"God bless you"

○ 본 서에는 저자의 독창적인 아이디어가 많이 수록되어 있으므로, 저자의 동의 없이 본 서의 내용을 무단으로 전재(인터넷 강의 콘텐츠 및 교과서 포함)하면 과거와는 달리 관계당국에 의법조치합니다.
/ Copyright ⓒ 1997 by Jung Ho-ju · Chon Chong-hui / 파본 및 낙장은 구입하신 서점에서 교환하여 드립니다.

새로운 출제 기준에 의한 최신 개정판을 내면서 .....

전산회계운용사대비 2급필기 모의고사문제집이 1997년 4월, 당시 '도서출판 파스칼' 회사명으로 첫 출간되었으나 IMF 구제금융과 세계적 금융위기 및 코로나-19 등 수차례의 변곡점으로 인해 회사명이 2번 변경되어 출간되었으나 오늘에 이르러 새로운 출제 기준에 의한 제26판을 출간하게 되었다. 2급필기 모의고사문제집의 나이로 보면 26년을 맞이한다. 무엇보다 그동안 여러 교육기관의 선생님들과 독자 여러분의 성원에 깊은 감사를 드린다.

전산회계운용사 검정은 상시검정으로만 시행하고 있다. 상시검정은 문제지와 OMR답안지를 종이로 배부하지 않고 컴퓨터 화면상으로 문제를 읽고 오른쪽의 답란에 마우스로 체크한 후 답안지 제출을 하는 방식(IBT : Internet-Based Testing)이다. 따라서 앞으로 기출문제는 공개되지 않으므로 기존의 기출문제를 반복하여 숙달하여야 하며, 시행기관에서는 매 시험마다 출제문제의 변별력을 유지하기 위해 다양한 문제가 출제될 것이다.

이번 최신 개정판에서는 세법의 개정으로 '접대비' 계정을 '기업업무추진비' 계정으로 수정하였으며 2025년부터 시행되고 있는 개정 K-IFRS 내용을 이론요약 부분에 수록하였고, 새로운 출제기준(2025. 1. 1.~2027. 12. 31.)과 상시 검정의 출제 흐름을 반영하여 모의고사 단원에서는 새로운 문제를 개발하여 진부화된 오래된 문제들을 교체하였고, 기출문제 단원에서는 개정 K-IFRS 내용으로 수정하였다. 또한 실력 향상을 위해 국가직무능력표준(NCS)에 따른 직업기초능력평가문제를 기출문제 단원의 여백을 활용하여 2~3문제씩 수록하였다.

고용노동부에서는 전산회계운용사 1급을 과정평가형 국가기술자격제도에 전산회계운용사 2급, 3급에 이어 추가로 선정하였다고 발표하였다. 따라서 회계원리 및 원가회계 과목과 한국채택국제회계기준(K-IFRS)에 대한 중요성이 더욱 높아지고 있으며, 차후 공기업이나 대기업에 취업을 희망하는 분들께서는 전산회계운용사 자격증이 필수적이다.

아무쪼록 전산회계운용사 2급시험을 준비하는 모든 수험생들이 어떠한 어려움과 난관이 있더라도 본 서를 통하여 변화되는 흐름을 잘 파악하고 검정시험 합격을 향한 승리의 확신과 자신감을 갖게 되기를 바라며 그로 인하여 전산회계운용사 국가기술자격검정시험이 부흥하기를 기원해 본다. God bless you!

양화진 언덕에서 한강을 바라보며
저자 정호주 씀

Contents_차례

01 핵심이론정리와 대표문제 5

02 실전대비 모의고사
- 제01회 실전대비 모의고사 50
- 제02회 실전대비 모의고사 54
- 제03회 실전대비 모의고사 58
- 제04회 실전대비 모의고사 62
- 제05회 실전대비 모의고사 66
- 제06회 실전대비 모의고사 70
- 제07회 실전대비 모의고사 74
- 제08회 실전대비 모의고사 78
- 제09회 실전대비 모의고사 82

03 기출문제
- 제01회 기출문제 (2016년 02월 20일 시행) 87
- 제02회 기출문제 (2016년 05월 21일 시행) 92
- 제03회 기출문제 (2016년 10월 08일 시행) 97
- 제04회 기출문제 (2017년 02월 18일 시행) 102
- 제05회 기출문제 (2017년 05월 27일 시행) 107
- 제06회 기출문제 (2017년 09월 16일 시행) 112
- 제07회 기출문제 (2018년 02월 10일 시행) 117
- 제08회 기출문제 (2018년 05월 19일 시행) 122
- 제09회 기출문제 (2018년 09월 08일 시행) 127
- 제10회 기출문제 (2019년 02월 09일 시행) 132
- 제11회 기출문제 (2019년 05월 18일 시행) 137
- 제12회 기출문제 (2019년 09월 07일 시행) 142
- 제13회 기출문제 (2020년 02월 09일 시행) 147
- 제14회 기출문제 (2020년 05월 17일 시행) 152
- 제15회 기출문제 (2020년 10월 09일 시행) 157

04 정답 및 해설 163

05 최종 점검 모의고사 및 정답 해설 197

전산회계운용사 필기시험 과목 및 접수 안내

 **수험 자격**

국가기술자격 검정시험인 전산회계운용사 시험은 응시자격에 제한이 없으므로 누구라도 응시할 수가 있다. 단, 실기 검정시험은 필기시험 합격자에 한하여 응시할 수 있으며, 자격평가사업단에서는 전산회계운용사 자격 검정시험을 상시 검정시험(IBT : Internet-Based Testing 방식)으로만 시행하고 있다.

 **시험 과목**

급수	구분	시 험 과 목	출제 형태	제한시간
1급	필 기 시 험	·재무회계 · 원가관리회계 · 세무회계	객관식 60문항	80분
	실 기 시 험	·회계시스템의 운용	컴퓨터 작업형	100분
2급	필 기 시 험	·재무회계 · 원가회계	객관식 40문항	60분
	실 기 시 험	·회계시스템의 운용	컴퓨터 작업형	80분
3급	필 기 시 험	·재무회계	객관식 25문항	40분
	실 기 시 험	·회계시스템의 운용	컴퓨터 작업형	60분

▶ 계산기 지참 가능(단, 공학용 및 검색 가능한 계산기는 불가, 윈도우 계산기 및 메모장 기능 사용 불가)
▶ 합격 결정 기준 • 필기 : 매 과목 100점 만점에 과목당 40점 이상이고, 평균 60점 이상
                   • 실기 : 100점 만점에 70점 이상

 필기원서 접수

① 인터넷 접수(http://license.korcham.net)를 원칙으로 하되 방문 접수도 가능하다. 단, 모바일앱(korchampass)을 통해서도 상시검정 접수가 가능하다.

② 준비물(사진올리기)
- 본인의 반명함판 형식의 사진이미지를 등록. 사진크기 : 400×500픽셀로 변경, 1:1.25 비율
- 검정수수료 17,000원(인터넷 접수시 1,200원 추가)

③ 접수 시간
- 선착순 마감 또는 시험일 기준 최소 4일전까지 접수함

④ 시험 장소
- 인터넷 접수시에 개설된 시험장 중에서 본인이 지정할 수 있음

⑤ 시험 일시 및 시험 시간
- 선택한 시험장에서 개설된 시험일시 및 시험시간 중 원하는 일정 선택

 **합격자 발표**

① 시험일
- 해당 지역상공회의소 확인

② 합격 발표
- 필기 : 다음날 오전 10시
- 실기 : 시험일 포함 주 제외한 2주 뒤 금요일

 **자격증 교부**

① 교부 신청
- 인터넷으로 자격증 발급 신청은 매일 가능함.

② 교부 방법 및 기한
- 신청일로부터 10~15일 이내에 방문 또는 등기우편 (자격증 교부수수료 3,100원, 등기수수료 3,000원)

제1과목 · 재무회계편

제1장 · 회계와 순환 과정

01. 회계의 기초

① 회계(accounting)의 기본개념

(1) 회계의 뜻 : 회계는 회계 정보의 이용자가 기업실체와 관련하여 합리적인 판단이나 의사 결정을 할 수 있도록 기업의 재무상태와 경영활동에 관한 유용한 정보를 측정하여 제공하는 정보생산체계(information generation system)이다.

(2) 회계의 목적
 ① 회계 정보 이용자의 합리적인 의사결정에 유용한 정보 제공
 ② 기업의 미래 현금창출능력에 대한 정보 제공
 ③ 기업의 재무상태와 재무성과, 현금흐름 및 자본의 변동에 관한 정보 제공

(3) 회계 정보 이용자의 목적에 따른 회계의 분류
 ① 재무회계 : 기업의 외부 정보 이용자(투자자 등)에게 회계 정보 제공
 ② 관리회계 : 기업의 내부 정보 이용자(경영자 등)에게 회계 정보 제공
 ③ 세무회계 : 기업의 외부 정보 이용자(세무관서)에게 회계 정보 제공

(4) 회계의 역할
 ① 회계는 기업의 정보이용자인 투자자와 채권자들이 보유하고 있는 희소한 경제적 자원(economic resources)의 배분과 관련된 의사 결정을 하는데 공헌한다.
 ② 주식회사는 소유자 인 주주와 전문경영진이 분리되어 있다. 이에 경영진은 주주나 채권자로부터 받은 재산을 효율적으로 관리·운용하고 보고하는 책임을 수탁책임(stewardship)이라 하고, 이를 회계의 수탁책임 보고의 기능이라고 한다.
 ③ 회계정보는 그 밖에 세무 당국의 과세결정을 위하거나, 노사간의 임금협약 및 국가정책수립 등 사회적 통제의 합리화에 많이 활용되고 있다.

② 회계 정보의 이용자

경 영 자	미래의 경영 방침 수립에 정보 제공
투 자 자	투자 수익성과 투자 위험도 평가를 위한 정보 제공
채 권 자	원금과 이자의 상환 능력 평가를 위한 정보 제공
거 래 처	판매 대금의 지급 능력 평가를 위한 정보 제공
정 부 기 관	과세 표준의 결정을 위한 정보 제공
종 업 원	급여와 보너스 및 퇴직금 지급 능력 평가를 위한 정보 제공
일 반 대 중	기업의 성장 추세와 최근 동향에 대한 정보 제공

③ 부기와 회계의 차이점

구 분	부 기	회 계
개 념	기업실체의 거래나 사건을 기록·계산·정리·해석하는 행위	정보이용자가 합리적인 의사 결정을 할 수 있도록 경제적 정보를 식별·측정하여 전달하는 과정
정보범위	화폐적 정보, 과거의 정보	과거의 정보, 화폐적 정보, 비화폐적 정보 및 미래에 관한 정보
중 요 성	회계정보의 공급측면이 중요	회계정보의 수요측면이 중요

02. 재무상태와 경영성과의 이해

① 재무상태표(statement of financial position)

재무상태표란 일정 시점의 재무 상태를 나타내는 재무제표로써 기업이 소유하고 있는 경제적 자원인 자산과 그 경제적 자원에 대한 의무인 부채 및 소유주 지분인 자본에 관한 정보를 제공한다.

(1) 자산 계정 : 과거사건의 결과로 기업이 통제하는 현재의 경제적자원이다. 이 때의 경제적자원은 경제적효익을 창출할 잠재력을 지닌 권리이다.

---

01 재무회계 정보를 통해 경제적 의사 결정을 하는 기업의 외부정보이용자로 옳지 않은 것은?
 ① 경영자   ② 소비자
 ③ 채권자   ④ 투자자

02 회계의 가장 기본적인 기능에 해당하는 것은?
 ① 재무보고서의 작성   ② 수탁책임의 평가
 ③ 회계정보의 측정과 제공   ④ 경영분석

03 회계정보에 대한 설명으로 틀린 것은?
 ① 회계정보는 보고기업의 거래 기록외 경제적 상태를 보고하는 것도 포함한다.
 ② 인식은 장부에 기록하여 재무제표에 반영할 수 있도록 하는 것이다.
 ③ 측정은 거래를 기록할 때 화폐단위로 표시하는 것을 의미한다.
 ④ 보고기업의 거래에 대한 자료를 어떻게 분류하고 요약, 저장할 것인지는 이용자가 다르더라도 통일되어야 한다.

04 회계정보와 회계의 역할에 대한 설명으로 잘못된 것은?
 ① 회계정보를 이용하려는 사람들에 따라 회계정보도 다르게 산출하여야 한다.
 ② 회계는 정보이용자들이 희소한 경제적 자원의 배분과 관련된 의사결정을 하는데 도움이 되는 유용한 정보를 제공하는 역할을 수행한다.
 ③ 회계는 수탁책임의 이행정도를 평가하는데 유용한 정보를 제공하는 역할을 수행하기도 한다.
 ④ 기업은 세무보고 목적을 위한 세무신고서를 별도로 작성하지 않고 일반목적 보고서로 대신할 수 있다.

05 다음 중 회계정보이용자별 이용 목적으로 옳은 것을 모두 고른 것은?

> 가. 경영자는 현금보유액이 충분한지 또는 신제품 개발이나 신규 사업의 유치 계획 수립 등에 관한 의사결정을 할 수 있다.
> 나. 종업원은 현재 종사하고 있는 기업이 안정적으로 운영이 되어 급여나 보너스를 원활하게 받을 수 있는 의사결정을 할 수 있다.
> 다. 투자자는 자신이 투자한 자본에 대하여 미래에 발생할 수 있는 배당수익에 대한 기대와 투자위험을 예측할 수 있다.
> 라. 일반대중은 관련 회사의 제품의 질과 디자인이 좋은지 파악하기 위해 기업의 경영계획수립에 직접 참여할 수 있다.

 ① 가, 나   ② 가, 나, 다
 ③ 가, 나, 라   ④ 나, 다

(2) **부채 계정** : 과거사건의 결과로 기업이 경제적자원을 이전해야 하는 현재의무이다.

(3) **자본 계정** : 자본이란 기업의 자산에서 모든 부채를 차감한 후의 잔여 지분을 말한다.

(4) **자산, 부채의 인식과 제거**
 ① **인식** : 인식은 자산, 부채, 자본, 수익 또는 비용과 같은 재무제표 요소 중 하나의 정의를 충족하는 항목을 재무상태표나 재무성과표(포괄손익계산서)에 포함하기 위하여 포착하는 과정이다.
 ② **제거** : 제거는 기업의 재무상태표에서 인식된 자산이나 부채의 전부 또는 일부를 삭제하는 것이다. 제거는 일반적으로 해당 항목이 더 이상 자산 또는 부채의 정의를 충족하지 못할 때 발생한다.

(5) **자산, 부채의 측정** : 재무제표에 인식된 요소들은 화폐단위로 수량화되어 있다. 이를 위해 측정기준을 선택해야 한다. 측정기준은 측정 대상 항목에 대해 식별된 속성(예 역사적원가, 공정가치 또는 이행가치)이다. 자산이나 부채에 측정기준을 적용하면 해당 자산이나 부채, 관련 수익과 비용의 측정치가 산출된다. 그러한 측정기준은 역사적원가와 현행가치로 구분된다.
 ① **역사적원가**(historical cost) ; 자산을 취득하거나 창출할 때의 역사적 원가는 자산의 취득 또는 창출에 발생한 원가의 가치로서, 자산을 취득 또는 창출하기 위하여 지급한 대가와 거래원가를 포함하여, 취득원가(acquisition cost)라고도 한다. 부채가 발생하거나 인수할 때의 역사적 원가는 발생시키거나 인수하면서 수취한 대가에서 거래원가를 차감한 가치이다.
 ② **현행가치**(current value) : 현행가치는 측정일의 조건을 반영하기 위해 갱신된 정보를 사용하여 자산, 부채 및 관련 수익 및 비용에 대한 화폐적 정보를 제공하는 것으로 식별한다.
  ㉠ **공정가치**(fair value) : 공정가치는 측정일에 시장참여자 사이의 정상거래에서 자산을 매도할 때 받거나 부채를 이전할 때 지급하게 될 가격이다.
  ㉡ **사용가치**(value in use)와 **이행가치**(settlement value) : 사용가치는 기업이 자산의 사용과 궁극적인 처분으로 얻을 것으로 기대하는 현금흐름 또는 그 밖의 경제적효익의 현재가치이다. 이행가치는 기업이 부채를 이행할 때 이전해야 하는 현금이나 그 밖의 경제적자원의 현재가치이다.
  ㉢ **현행원가**(current cost) : 자산의 현행원가는 측정일 현재 동등한 자산의 원가로서 측정일에 지급할 대가와 그 날에 발생할 거래원가를 포함한다. 부채의 현행원가는 측정일 현재 동등한 부채에 대해 수취할 수 있는 대가에서 그 날에 발생할 거래원가를 차감한다.

2 포괄손익계산서(statement of comprehensive income, I/S)

포괄손익계산서란 일정기간 동안 기업 실체의 재무(경영)성과에 대한 정보를 제공하는 재무제표이다.

(1) **수익과 비용 및 차익과 차손**

구성요소	내 용
수 익	자산의 증가 또는 부채의 감소로서 자본의 증가를 가져오며, 자본청구권 보유자의 출자와 관련된 것을 제외한다.
차 익	기업의 정상 영업 활동 이외의 활동(비유동자산의 처분)에서 발생한 것
비 용	자산의 감소 또는 부채의 증가로서 자본의 감소를 가져오며, 자본청구권 보유자에 대한 분배와 관련된 것을 제외한다.
차 손	기업의 정상영업활동 이외의 활동(화재나 홍수와 같은 자연재해 또는 비유동자산의 처분)에서 발생한 것

(2) **이익의 측정 방법**

이익(당기순이익 또는 포괄이익)을 측정하는 방법에는 자본 유지 접근법과 거래 접근법 두 가지가 있는데 오늘날 회계에서는 거래 접근법에 의하여 이익을 측정한다.
 ① **자본 유지 접근법**(capital maintenance approach) : 자본 유지 접근법은 기초와 기말의 자본(순자산)을 비교하여 기말자본이 기초자본보다 많으면 순이익이 발생하고, 적으면 순손실이 발생한 것으로 보는 방법으로 재산법 또는 순자산접근법, 경제적접근법, 가치평가법이라고도 한다.

> (기말 자본 − 기초 자본) − 기중 자본 거래 = 당기순이익
> 기초 자본 + 기중 자본 거래 + 당기 순이익 = 기말 자본

06 자산으로 인정받기 위한 본질적인 특징이라 할 수 없는 것은?
 ① 자산은 재화와 용역을 수취할 권리가 있어야 한다.
 ② 자산은 객관적인 판매가치가 보장되어야 한다.
 ③ 자산의 경제적효익을 창출할 잠재력을 지녀야 한다.
 ④ 자산은 기업이 경제적자원을 통제하고 있어야 한다.

07 재무제표 구성요소에 대한 설명으로 옳지 않은 것은?
 ① 자산은 과거사건의 결과로 기업이 통제하는 현재의 경제적자원이다. 이 때의 경제적자원은 경제적효익을 창출할 잠재력을 지닌 권리이다.
 ② 부채는 과거사건의 결과로 기업이 경제적자원을 이전해야 하는 현재의무이다.
 ③ 자본은 기업의 자산에서 모든 부채를 합계한 후의 잔여지분이다.
 ④ 수익은 자산의 증가 또는 부채의 감소로서 자본의 증가를 가져오며, 자본청구권 보유자의 출자와 관련된 것을 제외한다.

08 자산의 측정기준에 대한 설명이다. 잘못된 것은?
 ① 역사적원가로 자산을 측정하는 경우에는 취득 후에 그 가치가 변동하더라도 역사적원가를 그대로 유지한다.
 ② 현행원가는 측정일 현재 동등한 자산의 원가로서 측정일에 지급할 대가와 그 날에 발생할 거래원가를 포함한다.
 ③ 사용가치는 기업이 부채를 이행할 때 이전해야 하는 현금이나 그 밖의 경제적자원의 현재가치이다.
 ④ 공정가치는 측정일에 시장참여자 사이의 정상거래에서 자산을 매도할 때 받거나 부채를 이전할 때 지급하게 될 가격이다.

09 다음 수익과 비용에 대한 설명으로 틀린 것은?
 ① 수익을 인식하면 자산이 증가하거나 부채가 감소하여 자본이 증가한다.
 ② 비용을 인식하면 자산이 감소하거나 부채가 증가하여 자본이 감소한다.
 ③ 수익과 비용은 주요 경영활동 이외의 부수적인 거래나 사건에서 발생하는 차익과 차손을 포함한다.
 ④ 수익은 특정 회계기간 동안에 발생한 자본의 증가를 의미한다.

10 다음의 설명 중 옳지 않은 것은?(단, 기중에 추가적인 출자(증가)나 자본의 인출(감자)은 없는 것으로 한다.)
 ① 자본유지접근법(재산법)이란 기말자본과 기초자본을 비교하여 당기순손익을 산출하는 방법을 말한다.
 ② 기말자본이 기초자본보다 더 많으면 당기순손실이 되고, 기말자본이 기초자본보다 더 적으면 당기순이익이다.
 ③ 기말자본이 기초자본보다 더 많으면 당기순이익이 되고, 기말자본이 기초자본보다 더 적으면 당기순손실이다.
 ④ 자본유지접근법(재산법)이란 거래접근법(손익법)과 같이 당기순손익을 측정하는 방법 중의 하나이다.

② 거래 접근법(transaction approach) : 거래 접근법은 기업의 일정기간 동안 영업활동의 결과로 획득한 수익총액과 그 수익을 획득하는 과정에서 소비된 비용총액을 대응시켜서 순이익을 측정하는 방법으로 손익법이라고도 한다.

수익 총액 - 비용 총액 = 당기순이익

③ 현금주의와 발생주의

기업의 영업 활동을 통하여 수익과 비용은 계속적으로 발생한다. 따라서 일정 기간 동안의 경영(재무)성과를 파악하기 위해서는 발생한 수익과 비용을 특정 기간의 손익계산에 속하는 금액이 얼마인지를 결정해야 하는데, 이를 결정하기 위한 기준으로 현금주의와 발생주의가 있다.

(1) 현금주의(cash basis)

현금주의란 현금의 수입이 있는 시점에 그 받은 금액을 수익으로 인식하고, 비용은 현금의 지출이 있는 시점에 인식하는 방법을 말한다.

(2) 발생주의(accrual basis)

발생주의란 수익과 비용의 인식을 현금의 수취나 지급시점에 하는 것이 아니라, 거래가 발생한 기간에 인식하는 방법을 말한다. 따라서 발생주의는 현금의 수입과 지출이 없어도 기업의 손익에 영향을 미치는 거래가 발생한 때에 수익과 비용을 기록하는 것으로 현행 회계제도에서는 발생주의를 인정하고 있다.

03. 재무보고를 위한 개념 체계

1 개념 체계의 목적과 위상

이 개념 체계는 외부 이용자를 위한 재무제표의 작성과 표시에 있어 기초가 되는 개념을 정립한다. 이 개념 체계는 회계기준이 아니다. 따라서 이 개념체계의 어떠한 내용도 회계기준이나 회계기준의 요구사항에 우선하지 아니한다. 개념 체계의 목적은 다음과 같다.

(1) 한국회계기준위원회가 일관된 개념에 기반하여 한국채택국제회계기준을 제·개정하는 데 도움을 준다.

(2) 특정 거래나 다른 사건에 적용할 회계기준이 없거나 회계기준에서 회계정책 선택이 허용되는 경우에 재무제표 작성자가 일관된 회계정책을 개발하는 데 도움을 준다.

(3) 모든 이해관계자가 회계기준을 이해하고 해석하는 데 도움을 준다.

2 일반목적 재무보고의 목적

일반목적 재무보고의 목적은 현재 및 잠재적 투자자, 대여자와 그 밖의 채권자가 기업에 자원을 제공하는 것과 관련된 의사결정을 할 때 유용한 보고기업의 재무정보를 제공하는 것이다.

3 재무정보의 질적 특성

유용한 재무정보의 질적 특성이란 재무보고서에 포함된 정보(재무정보)에 근거하여 보고기업에 대한 의사결정을 할 때 현재 및 잠재적 투자자, 대여자 및 기타 채권자에게 가장 유용할 정보의 유형을 식별하는 것이다.

재무제표	목 적
근본적 질적 특성	목적 적합성, 표현 충실성(충실한 표현)
보강적 질적 특성	비교가능성, 검증가능성, 적시성, 이해가능성

(1) 근본적 질적 특성

(가) 목적적합성(relevance) : 관련성이라고도 하는 것으로, 목적적합성이란 재무정보가 정보이용자의 의사결정에 차이가 나도록 하는 정보의 능력을 말한다.

구 분		내 용
목적 적합성	예측가치	미래 예측을 위한 정보로서의 가치
	확인가치	과거 의사 결정의 확인과 수정을 위한 정보로서의 가치
	중요성	의사 결정에 영향을 미칠 수 있는 정보로서의 가치

(나) 표현충실성(representation faithful)

재무보고서는 경제적 현상을 글과 숫자로 나타내는 것이다. 재무정보가 유용하기 위해서는 목적적합한 현상을 표현하는 것뿐만 아니라 나타내고자 하는 현상의 실질을 충실하게 표현해야 한다. 완벽한 표현충실성을 위해서는 서술에 세 가지의 특성이 있어야 할 것이다. 서술은 완전하고, 중립적이며, 오류가 없어야 할 것이다.

---

11 다음 중에서 재무제표 작성시 미지급비용이나, 선급비용, 각종 충당금 설정 등에 대한 수정분개를 정당화시키는 회계개념과 가장 가까운 개념은?

① 계속기업 ② 발생기준
③ 비교가능성 ④ 기업실체

12 발생주의에 입각한 회계처리가 아닌 것은?

① 기말상품의 실제재고와 장부상 실제재고의 차이 조정
② 감가상각
③ 매출채권에 대한 대손충당금 설정
④ 퇴직급여금의 설정

13 다음은 재무보고를 위한 개념체계에 대한 설명이다. 틀린 것은?

① 모든 이해관계자가 회계기준을 이해하고 해석하는 데 도움을 준다.
② 특정 거래나 다른 사건에 적용할 회계기준이 없거나 회계기준에서 회계정책의 선택이 허용되는 경우에 재무제표 작성자가 일관된 회계정책을 개발하는 데 도움을 준다.
③ 한국회계기준위원회가 일관된 개념에 기반하여 한국채택국제회계기준을 제·개정하는 데 도움을 준다.
④ 개념체계는 특정 한국채택국제회계기준과 상충되는 경우에는 개념체계가 그 한국채택국제회계기준에 우선한다.

14 재무정보의 유용성을 증대시키는 가장 근본이 되는 정보의 속성(질적 특성)은?

① 이해가능성과 충분성 ② 목적적합성과 표현충실성
③ 충실한 표현과 명료성 ④ 비교가능성과 충분성

15 재무보고의 근본적 질적 특성 중 목적적합성의 하부개념과 관계가 먼 것은?

① 비교가능성 ② 예측가치
③ 확인가치 ④ 중요성

16 다음 설명에 해당하는 재무정보의 질적 특성은?

> 재무정보가 정보이용자의 의사 결정에 차이가 나도록 하는 정보의 능력을 말한다. 재무정보가 (   )을 가지려면 예측가치와 확인가치를 가지고 있어야 하며 중요성이 고려되어야 한다.

① 표현충실성 ② 검증 가능성
③ 목적적합성 ④ 비교 가능성

17 다음 근본적 질적 특성인 충실한 표현과 관계없는 것은?

① 완전한 서술 ② 중요한 서술
③ 중립적 서술 ④ 오류가 없는 서술

구 분		내 용
표현 충실성	완전한 서술	정보이용자가 의사결정에 필요한 모든 정보의 제공
	중립적 서술	정보의 선택이나 표시에 편의가 없는 재무정보의 제공
	오류가 없는 서술	경제적 현상의 서술이나 절차 상에 오류나 누락이 없는 정보 제공

▶ **신중성의 원칙** : 중립성은 신중을 기함으로써 뒷받침된다. 신중성은 불확실한 상황에서 판단할 때 주의를 기울이는 것이다. 신중을 기한다는 것은 자산과 수익이 과대평가(overstated)되지 않고 부채와 비용이 과소평가(understated)되지 않는 것을 의미한다. 마찬가지로, 신중을 기한다는 것은 자산이나 수익의 과소평가나 부채나 비용의 과대평가를 허용하지 않는다. 그러한 그릇된 평가(misstatements)는 미래 기간의 수익이나 비용의 과대평가나 과소평가로 이어질 수 있다.

(2) **보강적 질적 특성** : 보강적 질적 특성은 만일 어떤 두 가지 방법이 현상을 동일하게 목적적합하고 충실하게 표현하는 것이라면 이 두 가지 방법 가운데 어느 방법을 현상의 서술에 사용해야 할지를 결정하는 데에도 도움을 줄 수 있다.

구 분	내 용
비교가능성	기업 간 비교 가능성과 기간 간 비교 가능성이 있는 정보의 제공
검증가능성	나타난 경제적 현상에 대해 정보 이용자가 검증가능 할 수 있는 정보의 제공
적시성	의사 결정에 영향을 미칠 수 있도록 적시성 있는 정보의 제공
이해가능성	정보 이용자가 쉽게 이해할 수 있는 정보의 제공

(3) **유용한 재무보고에 대한 원가 제약** : 원가는 재무보고로 제공될 수 있는 정보에 대한 포괄적 제약요인이다. 재무정보의 보고에는 원가(cost)가 소요되고, 해당 정보 보고의 효익이 그 원가를 정당화하기 때문이다. 즉, 특정 재무정보로 기대되는 효익이 그 정보를 얻기 위해 소요되는 원가보다 커야 한다는 것이다.

4 재무보고의 기본 가정

기본가정(basic assumption)은 회계공준·환경적 가정·기본전제라고도 하는데 이는 기업실체를 둘러싼 환경으로부터 도출해 낸 회계 이론 전개의 기초가 되는 사실들을 말하는 것으로 개념체계에서는 계속기업을 유일한 기본가정으로 규정하고 있다.

▶ **계속기업** (going concern)

(1) 계속기업이란, 기업이 예상가능한 기간 동안 영업을 계속할 것이며, 그 경영활동을 청산하거나 중요하게 축소할 의도나 필요성을 갖고 있지 않다는 것을 의미한다. 따라서 재무제표는 일반적으로 계속기업이라는 가정하에서 작성하게 된다.

(2) 주요 회계원칙들은 계속기업의 가정에 근거하고 있다. 예를들어 유형자산에 대하여 감가상각을 하는 것과 기업의 자산을 취득원가(역사적 원가라고도 함)로 기록하는데 있어 정당성을 제공한다. 다만, 기업이 곧 청산할 것이라면 역사적 원가에 의한 정보는 아무런 유용성이 없기 때문에 기업이 보유하고 있는 자산은 역사적 원가보다는 청산가치로 평가되는 것이 타당할 것이다.

▶ 계속기업의 기본가정과의 관련 개념
1. 자산가치를 역사적 원가로 평가 2. 원가의 배분(감가상각비 등)
3. 유동성배열에 따른 재무보고서 작성 4. 발생주의
5. 계속성 등의 회계 개념 6. 개발비의 무형자산으로 인식가능
7. 기업 특유의 가치(사용가치)를 측정요소로 사용 가능

04. 회계 관련 규정

회계 관련 규정이란 기업 내부의 회계 처리와 관련한 기준을 정하고 기업 경영에 대한 원활한 업무 처리를 수행하기 위해 필요한 거래 정보나 제반 사항을 명시하는 것을 말한다.

1 일반적으로 인정된 회계 원칙

(1) **일반적으로 인정된 회계 원칙의 의의** : 일반적으로 인정된 회계 원칙(GAAP, generally accepted accounting principles)이란, 기업실체에 영향을 미치는 특정 거래나 사건을 측정하고, 이를 재무제표에 보고하는 방법을 말한다.

---

18 다음 중 재무정보의 보강적 질적 특성이 아닌 것은?
① 비교가능성 ② 적시성
③ 이해가능성 ④ 표현충실성

19 다음은 재무보고의 질적 특성에 대한 설명이다. 옳은 것만을 모두 고른 것은?

> 가. 비교 가능성, 검증 가능성, 중요성 및 이해 가능성은 목적 적합하고, 충실하게 표현된 정보의 유용성을 보강시키는 질적 특성이다.
> 나. 재무정보가 유용하기 위해서는 목적적합해야 하고, 나타내고자 하는 바를 충실하게 표현해야 한다.
> 다. 예측가치, 확인가치, 중요성, 검증 가능성은 재무보고의 근본적 질적 특성이다.
> 라. 정보가 누락되거나 잘못 기재된 경우 재무정보에 근거한 정보 이용자의 의사결정에 영향을 줄 수 있다면 그 정보는 중요한 것이다.

① 가, 나 ② 가, 다 ③ 나, 다 ④ 나, 라

20 다음 중에서 재무보고를 위한 개념체계에서 규정하고 있는 유용한 질적 특성이 아닌 것은?
① 원가 ② 목적적합성
③ 표현충실성 ④ 이해가능성

21 다음 중 재무보고의 기본가정에 대한 설명으로 틀린 것은?
① 재무제표의 작성에 있어 가장 기본이 되는 명제 또는 전제가 기본 가정이며, 유일하게 계속기업의 가정이 있다.
② 기업이 곧 청산하더라도 자산은 역사적원가로 평가한다.
③ 계속기업이란, 기업이 예상가능한 기간 동안 영업을 계속할 것이며, 경영활동을 청산하거나 중요하게 축소할 의도나 필요성을 갖고 있지 않다는 것을 의미한다.
④ 계속기업은 기업의 자산을 역사적원가로 평가하는 근거를 제공한다.

22 다음 중 계속기업의 가정에 근거하고 있지 않은 개념은?
① 유형자산에 대한 감가상각
② 유동성 배열에 따른 재무보고서의 작성
③ 자산의 가치를 현행 원가로 인식
④ 발생주의

23 다음 중 일반적으로 인정된 회계원칙의 특성이 아닌 것은?
① 회계실무를 이끌어가는 지도지침(원리)이다.
② 이해관계자 집단간의 합의 가능성
③ 경제적 환경변화에 관계없이 영구불변이다.
④ 회계실무에서 사용 가능하다.

(2) 회계원칙은 다음과 같은 특성을 갖고 있다.
① 회계원칙은 기업의 회계 실무를 이끌어가는 지도 원리이다.
② 회계원칙은 보편 타당성과 이해 조정적 성격을 가지고 있다.
③ 회계원칙은 사회·경제적 환경이 변화하면 그에 따라서 변화한다.

② 기타의 원칙

(1) **역사적 원가의 원칙** (historical cost principle)

역사적 원가란 기업이 자산을 취득할 때 지급한 현금 및 현금성 자산을 말하는 것으로 취득원가라고도 한다. 일반적으로 취득원가는 해당 자산의 교환 시점에서 자산의 공정 가치를 가장 잘 나타내기 때문에 확정적이고 검증 가능한 것이다. 따라서, 재무상태에 자산을 역사적 원가(취득원가)로 기록하게 되면 회계 정보가 객관적이고 검증가능성이 높아져 신뢰성을 갖게 된다는 장점이 있다.

(2) **수익·비용 대응의 원칙** (matching principle)

일정 회계기간 동안 인식된 수익과 그 수익을 창출하기 위하여 발생한 비용을 관련 수익이 보고되는 기간에 인식한다는 원칙이다. 예) 매출액과 매출원가의 대응

(3) **완전공시의 원칙** (full disclosure principle)

완전공시의 원칙이란, 정보이용자들의 합리적인 판단이나 의사 결정에 상당한 영향을 미칠 수 있는 중요한 경제적 정보는 모두 공시해야 한다는 원칙이다.

③ 재무제표의 작성과 표시의 일반 사항

(1) **공정한 표시와 한국채택국제회계기준의 준수** : 재무제표는 기업의 재무상태·재무성과 및 현금흐름을 공정하게 표시해야 한다. 한국채택국제회계기준에 따라 작성된 재무제표는 공정하게 표시된 재무제표로 본다.

(2) **계속기업** : 경영진은 재무제표를 작성할 때 계속기업으로서의 존속가능성을 평가해야 한다. 경영진이 기업을 청산하거나 경영활동을 중단할 의도를 가지고 있지 않거나, 청산 또는 경영활동의 중단 외에 다른 현실적 대안이 없는 경우가 아니면 계속기업을 전제로 재무제표를 작성한다.

(3) **발생기준 회계** : 기업은 현금흐름 정보를 제외하고는 발생기준 회계를 사용하여 재무제표를 작성한다.(예를 들면 회계기간 말의 손익의 이연과 예상에 대한 정리분개)

(4) **중요성과 통합 표시** : 유사한 항목은 중요성 분류에 따라 재무제표에 구분하여 표시한다. 상이한 성격이나 기능을 가진 항목은 구분하여 표시한다. 다만 중요하지 않은 항목은 성격이나 기능이 유사한 항목과 통합하여 표시할 수 있다.

(5) **상계** : 한국채택국제회계기준에서 요구하거나 허용하지 않는 한 자산과 부채, 그리고 수익과 비용은 상계하지 아니한다. 상계표시는 재무제표 이용자의 능력을 저해한다. 단, 매출채권에 대한 대손충당금과 같은 평가충당금을 차감하여 관련자산을 순액으로 측정하는 것은 상계표시에 해당하지 아니한다.

(6) **보고 빈도** : 전체 재무제표(비교정보를 포함)는 적어도 1년마다 작성한다.

(7) **비교 정보** : 한국채택국제회계기준이 허용하거나 달리 요구하는 경우를 제외하고는 당기 재무제표에 보고되는 모든 금액에 대해 전기 비교정보를 공시한다.

(8) **표시의 계속성** : 재무제표항목의 표시와 분류는 사업내용의 유의적인 변화나 재무제표를 검토한 결과 다른 표시나 분류방법이 더 적절한 것이 명백한 경우와 한국채택국제회계기준에서 표시방법의 변경을 요구하는 경우를 제외하고는 매기 동일하여야 한다.

05. 회계의 순환 과정

▶ **일반 회계의 회계 순환 과정**

재무회계에서 회계 순환 과정 (accounting cycle)이란 기업에서 발생한 경제적 사건인 회계상의 거래를 식별·측정하여 장부에 기록·계산·정리하는 회계 처리 과정을 거쳐 재무제표의 형태로 만들어서 정보 이용자에게 유용한 회계 정보를 제공하는 일련의 과정을 말한다. 회계 순환 과정은 다음과 같이 표시할 수 있고 회계 정보처리 시스템상의 작업이 되기 전에는 수작업으로 해 왔다.

24 취득원가회계(역사적원가)를 주장하는 근거로서 타당하다고 생각되는 것은?

① 보수적이다.
② 기업의 구매력 변동을 나타낸다.
③ 객관적이어서 신뢰가능한 정보를 제공한다.
④ 적시에 정보를 제공한다.

25 수익과 비용의 인식에 대한 설명으로 적합한 것은?

① 수익은 특정 회계기간 동안에 발생한 자본의 증가를 의미한다.
② 비용은 관련된 수익이 인식된 회계기간에 인식한다.
③ 수익은 발생주의에 따라서 인식하고 비용은 현금주의에 따라서 인식할 수 있다.
④ 현금주의가 발생주의보다 재무성과를 더욱 잘 나타낸다.

26 다음 중 정보이용자의 의사결정에 영향을 미치는 중요한 정보는 모두 보고해야 한다는 회계원칙은?

① 실질우선의 원칙
② 완전공시의 원칙
③ 대응의 원칙
④ 계속성의 원칙

27 다음 중 재무제표 작성과 표시의 일반사항이 아닌 것은?

① 계속기업
② 공정한 표시
③ 진실성
④ 상계

28 다음 중 재무제표를 작성하고 표시할 때 따라야 할 일반사항으로 적절치 않은 것은?

① 기업은 재무제표를 작성할 때 계속기업으로서의 존속가능성을 평가해야 한다.
② 한국채택국제회계기준에서 정하는 경우를 제외하고는 재무제표항목의 표시와 분류는 매기 변경해도 된다.
③ 재무제표는 기업이 재무상태, 재무성과 및 현금흐름을 공정하게 표시하여야 한다.
④ 한국채택국제회계기준이 달리 허용하거나 요구하는 경우를 제외하고는 당기 재무제표에 보고되는 금액에 대해 전기 비교정보를 공시해야 한다.

29 다음 회계정보의 순환과정과 관련된 내용 중 옳지 않은 것은?

① 거래의 인식에서부터 출발하여 분개, 전기, 결산 등의 과정을 통해 재무제표가 작성된다.
② 거래의 이중성이란 모든 거래는 자산·부채·자본에 변화를 초래하는 원인과 결과라는 두가지 속성이 함께 포함되어 있다는 것을 의미한다.
③ 분개란 거래를 인식해서 기록하는 것을 말하며, 모든 회계정보 생산의 기초가 된다.
④ 전기 절차는 계정과목 결정, 금액 결정, 차·대변 결정 등의 순서로 이루어진다.

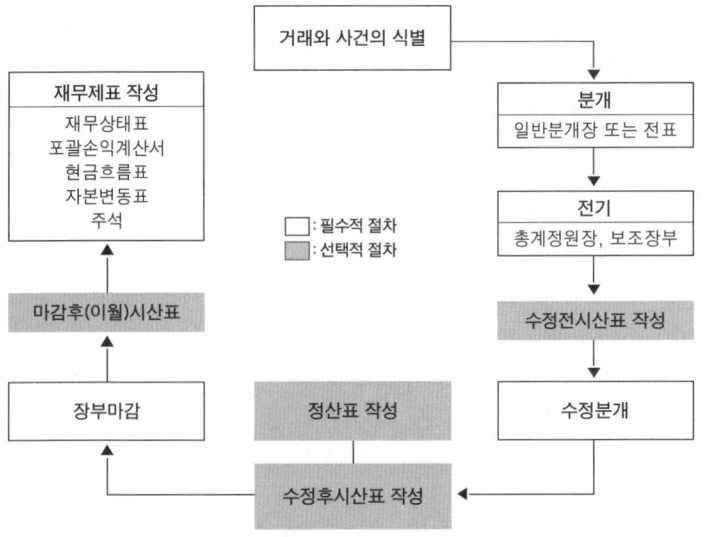

제2장 · 자산에 관한 회계 처리

01. 현금및현금성자산

① **현금 및 현금성자산**(cash and cash equivalents account)

현금 및 현금성자산 ─ 보유 현금
            ─ 은행예금 중 요구불예금(당좌예금·보통예금 등)
            ─ 현금성자산

(1) 보유 현금
- **통화** : 주화, 지폐
- **통화대용증권** : 타인발행수표, 자기앞수표, 가계수표, 송금수표, 여행자수표, 송금환, 우편환증서, 일람출급어음, 공사채만기이자표, 배당금지급통지표, 우편대체예금환급증서, 만기도래어음, 정부보조금송금통지서 등

(2) 은행예금 중 요구불예금 : 당좌예금, 보통예금 등과 같이 만기가 정해져 있지 않고 수시로 입·출금이 가능한 예금 등

(3) 현금성자산(cash equivalents) : 현금의 전환이 용이하고 가치변동의 위험이 경미한 것으로 취득 당시, 만기가 3개월 이내에 도래하는 유가증권(공·사채 등) 또는 단기금융상품(1년이내의 단기예금)을 말한다.

② **선일자수표** : 선일자수표란, 장차 당좌예금 할 것을 예상하여 당좌수표의 발행일 자란에 미래의 날짜로 기록하여 발행하는 수표로 어음에 준하여 회계처리한다.

③ **수표의 부도** : 소유하고 있던 타인발행의 수표가 지급거절되는 것을 수표의 부도라 하며, 부도수표계정 차변에 기록한다.

④ **은행계정조정표**(bank reconciliation statement) : 당좌예금의 잔액은 회사측의 장부기록과 은행측의 기록이 일치하여야 하는데, 시간적 차이로 인하여 어느 한 쪽에 통지의 미달 또는 오류가 발생함으로써 일치하지 않는 경우에 그 원인을 찾아 당좌예금의 잔액을 일치시키는 표를 말한다.

02. 단기금융상품

① **단기금융상품 계정**

단기금융상품 ─ 은행예금 중 저축성 예금(정기예금, 정기적금 등)
         ─ 사용이 제한되어 있는 예금(양건예금 등)
         ─ 기타 정형화된 금융상품(양도성예금증서 등)

▶ 사용이 제한된 예금 : 양건예금(대출시 예·적금 예치), 차입금에 대한 담보제공예금, 당좌개설보증금이며, 단기금융상품은 재무상태표에 '단기금융자산'으로 표시한다. 단, 보고기간 종료일로부터 만기가 1년 이상인 것은 장기금융상품(투자자산)으로 분류한다.

---

30 회계 거래에 대한 설명으로 적합하지 않은 것은?
① 모든 회계 거래는 자산의 증가와 감소, 부채의 증가와 감소, 자본의 증가와 감소, 수익과 비용의 발생이라는 8가지 요소로 분류한다.
② 모든 회계 거래는 반드시 한 개 이상의 차변기입과 한 개 이상의 대변기입을 발생시킨다.
③ 각 거래가 개별 원장 계정의 차변과 대변에 미치는 영향이 같지만 이를 집합한 모든 원장 계정의 차변총액과 대변총액은 차이가 날 수 있다.
④ 한 거래에 의하여 두 개보다 많은 계정이 영향을 받더라도 차변에 기입되는 금액의 합계와 대변에 기입되는 금액의 합계는 항상 같다.

31 다음 자료에 의할 때, 재무상태표에 현금및현금성자산으로 기록될 금액은 얼마인가?

(1) 지폐 ₩400,000
(2) 타인발행수표 ₩300,000
(3) 자기앞수표 ₩100,000
(4) 정기예금(만기가 6개월 남음) ₩200,000
(5) 당좌예금 ₩500,000
(6) 단기자금 운용목적으로 보유한 주식 ₩600,000

① ₩ 800,000 ② ₩1,300,000
③ ₩1,500,000 ④ ₩2,100,000

32 서울회사는 월말에 거래은행으로부터 은행예금잔액이 ₩45,000이라는 통지를 받았다. 은행계정조정표상에서 조정해야 할 항목이 다음과 같을 경우, 서울회사의 월말 재무상태표에 표시되어야 할 정확한 예금잔액은 얼마인가?

(1) 기발행 미인출수표   ₩ 12,600
(2) 은행수수료(회사측 미기입액)   2,400
(3) 은행 미기록예금   9,000
(4) 거래처로부터 은행에 직접 입금된 미통지예금 5,800

① ₩39,000 ② ₩41,400
③ ₩44,800 ④ ₩47,200

33 다음 중 단기금융상품으로 분류될 수 있는 항목을 모두 고른 것은?

(a) 6개월 만기 정기예금
(b) 선일자수표
(c) 우편환증서
(d) 환매채(90일 환매조건)
(e) 양도성예금증서(180일 만기)
(f) 당좌개설보증금

① a, b, e, f ② a, c, e, f
③ a, e, f   ④ a, e

② 기타 정형화된 금융상품의 종류
① 양도성예금증서(CD)   ② 종합자산관리계좌(CMA)
③ MMF   ④ 환매채(RP)   ⑤ 발행어음
⑥ 기업어음(CP)   ⑦ 표지어음   ⑧ 금전신탁
⑨ MMT   ⑩ MMDA

03. 당기손익-공정가치측정 금융자산

1 당기손익-공정가치측정 금융자산 (financial assets fair value profit loss, FVPL금융자산)

당기손익-공정가치측정 금융자산이란 주로 단기간 내에 매각하거나 재매입 할 목적으로 취득하는 지분증권과 채무증권을 말한다.

2 당기손익-공정가치측정 금융자산의 취득과 처분

No.	구 분	차 변	대 변
(1)	취 득 시 (매입수수료 비용처리)	당기손익-공정가치측정금융자산 6,000 수 수 료 비 용 100	현 금 6,100
(2)	처 분 시 (취득원가 < 처분금액)	현 금 6,500	당기손익-공정가치측정금융자산 6,000 당기손익-공정가치측정금융자산처분이익 500
(3)	처 분 시 (취득원가 > 처분금액)	현 금 5,800 당기손익-공정가치측정금융자산처분손실 200	당기손익-공정가치측정금융자산 6,000

3 끝수이자 (경과이자, 단수이자, 우수리이자)

끝수이자 = 액면금액 × 연이율 × $\dfrac{경과일수}{365}$

No.	구 분	차 변	대 변
(1)	취득시 끝수이자 지급	당기손익-공정가치측정금융자산 10,000 미 수 이 자 250	현 금 10,250
(2)	처분시 끝수이자 수입 (취득원가 < 처분금액)	현 금 12,300	당기손익-공정가치측정금융자산 10,000 당기손익-공정가치측정금융자산처분이익 2,000 미 수 이 자 250 이 자 수 익 50

4 당기손익-공정가치측정 금융자산에 대한 수익 계정

No.	구 분	차 변	대 변
(1)	소유 공·사채 등에 대한 이자를 받으면	현 금 ×××	이 자 수 익 ×××
(2)	소유주식에 대한 현금배당을 받으면	현 금 ×××	배 당 금 수 익 ×××

5 당기손익-공정가치측정 금융자산의 평가

No.	구 분	차 변	대 변
(1)	공정가치(시가)가 하락되면	당기손익-공정가치측정금융자산평가손실 ×××	당기손익-공정가치측정금융자산 ×××
(2)	공정가치(시가)가 상승되면	당기손익-공정가치측정금융자산 ×××	당기손익-공정가치측정금융자산평가이익 ×××

04. 채권, 채무(매출채권의 손상)

1 미결산 계정 (suspense account)

No.	구 분	차 변	대 변
(1)	외상매출금 회수하여 행방불명	미 결 산 100,000	외 상 매 출 금 100,000
(2)	대여금의 회수를 위한 소송제기	미 결 산 415,000	단 기 대 여 금 400,000 현금(소송비용) 15,000
(3)	화재발생, 보험금 청구	건물감가상각누계액 150,000 자산손상차손 850,000	건 물 800,000 매 입 200,000
	보험금 확정 통지 받으면 (미결산 > 보험금)	미 수 금 700,000	보 험 금 수 익 700,000
	보험금 확정 통지 받으면 (미결산 < 보험금)	미 수 금 900,000	보 험 금 수 익 900,000

34 (주)대한은 단기적 이익획득을 목적으로 주식 ₩100,000을 현금으로 매입하였으며, 이 주식의 취득을 위해 직접적으로 관련된 수수료 ₩50,000을 현금으로 지급하였다. 다음 중 이 거래에 대한 회계처리로 옳은 것은?

① (차) 당기손익-공정가치측정금융자산 150,000 (대) 현 금 150,000
② (차) 상각후원가측정금융자산 150,000 (대) 현 금 150,000
③ (차) { 당기손익-공정가치측정금융자산 100,000
수 수 료 비 용 50,000 } (대) 현 금 150,000
④ (차) { 상각후원가측정금융자산 100,000
수 수 료 비 용 50,000 } (대) 현 금 150,000

35 다음 유가증권에 대한 내용으로 옳은 것은?

① 공정가치를 신뢰성있게 측정할 수 없는 지분상품이라 하더라도 단기투자 목적으로 취득했다면 당기손익-공정가치측정금융자산으로 분류할 수 있다.
② 당기손익-공정가치측정금융자산의 취득에 직접 관련된 거래 원가는 취득원가에 가산한다.
③ 당기손익-공정가치측정금융자산을 공정가치로 평가함에 따라 발생하는 미실현보유손익은 자본항목으로 계상한 후 처분시점에 당기손익으로 대체한다.
④ 이자 지급일 사이에 채무상품을 취득한 경우 취득을 위하여 지급한 금액 중 최종 이자 지급일 이후 취득일까지 발생한 미수이자는 채무상품의 취득원가와 별도로 구분해야 한다.

36 회계기간 말 (주)서울이 일시적으로 보유하고 있는 다음 당기손익-공정가치측정금융자산을 한국채택국제회계기준에 따라 평가하였다. 당기순손익에 미치는 영향 중 바른 것은?

종 목	장부금액	기말 현재 공정가치
한강(주) 주식	₩1,250,000	₩1,450,000
금강(주) 주식	780,000	630,000

① 순이익이 ₩150,000 증가한다.
② 순이익이 ₩50,000 증가한다.
③ 순이익이 ₩150,000 감소한다.
④ 순이익이 ₩200,000 증가한다.

37 서울상사는 영업용 트럭(취득원가 ₩100,000, 감가상각누계액 ₩58,000)에 화재가 발생하여 보험회사에 보험금을 청구하였다. 서울상사가 보험사로부터 보험금 ₩45,000을 현금으로 받은 경우 화재와 관련되어 포괄손익계산서에 보고하는 것으로 적합한 것은?

① 보험금수익 ₩ 3,000   ② 손 상 차 손 ₩100,000
③ 손 상 차 손 ₩58,000   ④ 보험금수익 ₩ 45,000

38 아래의 계정 중 잔액은 항상 차변에 있으며, 임시 계정으로 원인이 판명되거나 또는 상품 매매활동 등이 완료되면 없어지는 계정으로 짝지어 진 것은?

① 가수금, 선급금   ② 선수금, 가수금
③ 가지급금, 선급금   ④ 선수금, 가지급금

② 상품권선수금 계정 (coupon for goods account)

(1) 상품권을 액면금액으로 판매하는 경우

No.	구 분	차 변		대 변	
①	상품권 판매 시	현 금	100,000	상품권선수금	100,000
②	상품 매출 시	상품권선수금	100,000	매 출	100,000

(2) 상품권을 할인 판매하는 경우

No.	구 분	차 변		대 변	
①	상품권 판매 시	현 금 상품권할인액	95,000 5,000	상품권선수금	100,000
②	상품 매출 시	상품권선수금 매 출	100,000 5,000	매 출 상품권할인액	100,000 5,000

③ 장기대여금(자산)과 장기차입금(부채)

No.	구 분	차 변		대 변	
(1)	현금 대여 시	장기대여금	300,000	현 금	300,000
(2)	대여금 회수 시	현 금	305,000	장기대여금 이 자 수 익	300,000 5,000
(3)	현금 차입 시	현 금	500,000	장기차입금	500,000
(4)	차입금 지급 시	장기차입금 이 자 비 용	500,000 20,000	현 금	520,000

④ 장기성채무의 유동성 대체

구 분	차 변		대 변	
장기차입금이 보고기간 종료일로부터 1년 이내 만기가 도래하는 경우	장기차입금	×××	유동성장기부채	×××

⑤ 매출채권의 손상(대손)에 관한 회계처리

1. **대손의 예상과 대손충당금의 설정** : 매출채권이 거래처의 파산 등의 사유로 회수불가능하게 되는 경우를 대손 또는 매출채권의 손상이라고 하고 회계처리방법에는 직접상각법(발생손실법)과 충당금설정법(기대손실법)이 있는데, 한국채택국제회계기준에서는 충당금설정법을 적용한다.

   (1) **직접상각법**(direct write-off method) : 직접상각법은 매 회계기간 말에 대손(손상) 발생에 대한 객관적인 증거가 있을 때 이를 대손상각비 또는 손상차손이라 하고 매출채권에서 직접 차감하는 방법을 말한다.

   ▶ 20X1년 12월 31일 기말 결산 시 외상매출금에 대한 대손(손상)발생에 대한 검토를 한 결과 ₩30,000이 대손되는 것이 확실한 경우

차 변	금액	대 변	금액
대 손 상 각 비 (금융자산손상차손)	30,000	외 상 매 출 금	30,000

   (2) **충당금설정법**(allowance method) : 충당금설정법은 대손충당금 계정을 사용하여 대손(손상) 발생금액을 매출채권에서 차감하는 방법을 말한다. 기말 결산시 대손충당금을 설정하는 일반적인 방법은 매출채권잔액 비율법이 있으나 편법으로 연령분석법이 있다.

   ① **매출채권잔액비율법**(percentage of receivables method) : 당기에 발생한 매출채권 중 기말 결산 시 현재 회수되지 않고 남아 있는 매출채권 잔액에 일정비율(대손추정율)을 대손가능금액으로 추정하는 방법이다.

No.	예상액	대손충당금	차 변		대 변	
(1)	30,000	없 음	대손상각비	30,000	대손충당금	30,000
(2)	30,000	5,000	대손상각비	25,000	대손충당금	25,000
(3)	30,000	30,000	분개 없음			
(4)	30,000	35,000	대손충당금	5,000	대손충당금환입	5,000

   ▶ 대손충당금환입 : 판매비와관리비 부(-)의 항목

   ② **연령분석법**(aging method) : 매출채권이 발생된 후 오랜 기간 동안 회수되지 않은 채권에 대하여는 높은 대손추정률을 적용하고 최근에 발생한 채권에 대하여는 상대적으로 낮은 대손추정율을 적용하는 방법으로 채권의 발생시점부터 경과된 일수에 따라서 대손가능비율을 달리 적용하는 방법이다.

---

39 상품권과 관련된 설명으로 틀린 것은?
① 상품권을 할인 판매한 경우 할인액을 차감한 잔액을 선수금 계정에 계상한다.
② 상품권에 대한 매출수익의 인식시기는 수익인식 시기의 일반원칙과 같다.
③ 장기미회수상품권의 상법상 소멸시효가 완성된 경우에는 완성된 시점에서 잔액을 전부 기타수익으로 인식하여야 한다.
④ 매출수익은 상품과의 교환에 따라 상품권을 회수할 때 인식한다.

40 한국백화점은 상품권의 발행 시 "상품권선수금"계정을 이용하여 회계처리하고 있다. 상품 ₩150,000을 판매하고, 자사가 발행한 상품권 ₩100,000과 현금 ₩50,000을 받았다. 적절한 분개는?

① (차) { 외상매출금 100,000 / 현 금 50,000 } (대) 매 출 150,000
② (차) { 가 수 금 100,000 / 현 금 50,000 } (대) 매 출 150,000
③ (차) { 가 지 급 금 100,000 / 현 금 50,000 } (대) 매 출 150,000
④ (차) { 상품권선수금 100,000 / 현 금 50,000 } (대) 매 출 150,000

41 (주)상공의 20×1년 기말 외상매출금 잔액은 ₩800,000이며, 결산 정리분개를 하기 전의 관련 대손충당금 잔액은 ₩12,000이다. (주)상공은 기말 외상매출금의 1%에 해당하는 금액이 매출채권의 손상(대손)될 것으로 예상하고 있다. 기말 결산 시 적절한 정리분개는?

① (차) 대손상각비 8,000 (대) 대손충당금 8,000
② (차) 대손상각비 4,000 (대) 대손충당금 4,000
③ (차) 대손충당금 4,000 (대) 대손충당금환입 4,000
④ (차) 대손충당금 8,000 (대) 대손충당금환입 8,000

42 다음 중 매출채권의 손상(대손)회계에 관한 설명으로 옳지 않은 것은?
① 매출채권의 대손상각비는 판매비와관리비로 분류한다.
② 기업회계기준서는 충당금설정법을 허용한다.
③ 연령분석법은 매출채권잔액비율법보다 매출채권의 순실현가능가치를 보다 더 적절히 반영한다.
④ 수익과 비용의 대응관점에서 보면 직접상각법이 충당금설정법보다 적절한 방법이다.

43 한강주식회사의 기말 결산 시 수정 전 매출채권은 ₩350,000이고, 대손충당금 잔액은 ₩5,000이다. 기말 수정 분개 시 대손상각비를 얼마를 계상하여야 할 것인가? 한강주식회사는 대손을 연령분석법을 이용하여 추정하고 있다. 이에 필요한 자료는 다음과 같다.

경과기간	매출채권	대손추정율(%)
미경과분	₩300,000	0.5
1-30일	30,000	5
31-60일	10,000	10
61일 이상	10,000	20

① ₩1,000
② ₩2,000
③ ₩3,000
④ ₩4,000

(3) 대손 발생 시 회계 처리 (외상매출금 ₩35,000이 회수불능이다.)

No.	구 분	차 변		대 변	
①	대손충당금잔액 없음	대 손 상 각 비	35,000	외 상 매 출 금	35,000
②	대손충당금잔액 20,000	대 손 충 당 금 대 손 상 각 비	20,000 15,000	외 상 매 출 금	35,000
③	대손충당금잔액 50,000	대 손 충 당 금	35,000	외 상 매 출 금	35,000

(4) 대손 처리한 채권의 회수

No.	구 분	차 변		대 변	
①	전기에 대손처리한 채권회수	현 금	×××	대 손 충 당 금	×××
②	당기에 대손처리한 채권회수	현 금	×××	대손충당금(대손상각비)	×××

6 신용카드 거래

(1) 신용카드에 의한 상품의 매출

No.	구 분	차 변		대 변	
①	상품매출시	외 상 매 출 금	1,000	매 출	1,000
②	신용카드대금 입금시	보 통 예 금 매출채권처분손실	980 20	외 상 매 출 금	1,000

(2) 신용카드에 의한 상품의 매입

No.	구 분	차 변		대 변	
①	상품매입시	매 입	1,000	외 상 매 입 금	1,000
②	신용카드대금 지급시	외 상 매 입 금	1,000	현 금	1,000

▶ 상품이 아닌 비품 등의 구입시 신용카드 거래는 미지급금계정으로 처리한다.

05. 어음과 매출채권의 담보 및 양도

1 어음의 배서 (endorsement)

(1) 어음의 추심위임 배서

No.	구 분	차 변		대 변	
①	추심의뢰·추심료 지급시	수 수 료 비 용	×××	현 금	×××
②	추심완료 통지가 온 경우	당 좌 예 금	×××	받 을 어 음	×××

(2) 대금결제를 위한 배서양도

No.	구 분	차 변		대 변	
①	상품을 매입하고 배서 양도시	매 입	×××	받 을 어 음	×××
②	만기일 무사히 결제 통보시	분 개 없 음			

(3) 어음할인을 위한 배서양도(매각거래)

No.	구 분	차 변		대 변	
①	거래은행에 어음 할인시	당 좌 예 금 매출채권처분손실	480,000 20,000	받 을 어 음	500,000
②	만기일 무사히 결제 통보시	분 개 없 음			

2 어음의 부도 (dishonored)

No.	구 분	차 변		대 변	
①	소유 어음의 부도시	부 도 어 음	1,020	받 을 어 음 현금(청구비용)	1,000 20
②	부도어음 회수시	현 금	1,050	부 도 어 음 이 자 수 익	1,020 30
③	배서 또는 할인한 어음이 부도시	부 도 어 음	×××	당 좌 예 금	×××

3 어음의 개서 (renewal)

No.	구 분	차 변		대 변	
(1)	받을어음의 개서 (수취인)	받을어음(신) 현 금	××× ×××	받을어음(구) 이 자 수 익	××× ×××
(2)	지급어음의 개서 (지급인)	지급어음(구) 이 자 비 용	××× ×××	지급어음(신) 현 금	××× ×××

---

44 20×1년 1월 3일에 고려상사는 전년도 외상매출금 중 ₩3,000이 대손발생(확정)되었으나, 이 금액을 5월 8일에 현금으로 회수할 수 있었다. 20×1년 1월 3일 고려상사는 대손처리를 할 당시에 대손충당금 잔액이 ₩5,000 있었다. 5월 8일의 회계처리로 가능한 것은?

① (차) 대손상각비 3,000 (대) 외상매출금 3,000
　　　 현　　　금 3,000 　　 대손충당금 3,000
② (차) 대손상각비 3,000 (대) 외상매출금 3,000
③ (차) 현　　　금 3,000 (대) 대손충당금 3,000
④ (차) 현　　　금 3,000 (대) 외상매출금 3,000

45 상품 ₩30,000을 판매하였는데, 대금은 카드회사에서 발행한 신용카드로 결제되었다. 카드 수수료율은 판매대금의 5%이다. 매출과 관련된 회계처리로 올바른 것은?

① (차) 외상매출금 28,500 (대) 매　출 30,000
　　 매출채권처분손실 1,500
② (차) 현　　금 28,500 (대) 매　출 30,000
　　 수수료비용 1,500
③ (차) 외상매출금 30,000 (대) 매　출 30,000
④ (차) 현　　금 30,000 (대) 매　출 30,000

46 '경기상사가 소지하고 있던 약속어음 ₩100,000을 거래은행에 추심 의뢰하고, 수수료 ₩2,000을 현금으로 지급하다.'의 분개로 올바른 것은?

① (차) 당좌예금 100,000 (대) 받을어음 100,000
　　 수수료비용 2,000 　　 현　　금 2,000
② (차) 매입채무 100,000 (대) 받을어음 100,000
　　 수수료비용 2,000 　　 현　　금 2,000
③ (차) 수수료비용 2,000 (대) 현　　금 2,000
④ (차) 당좌예금 100,000 (대) 지급어음 100,000
　　 수수료비용 2,000 　　 현　　금 2,000

47 "경기상사에 상품대금으로 받은 동점 발행 약속어음 ₩100,000을 거래은행에 할인하고 할인료 ₩5,000을 차감한 실수금을 당좌예금하다."에 대한 분개로 옳은 것은? 단, 이 약속어음의 할인은 매각거래에 해당된다.

① (차) 당좌예금 95,000 (대) 받을어음 100,000
　　 매출채권처분손실 5,000
② (차) 당좌예금 5,000 (대) 받을어음 5,000
③ (차) 당좌예금 95,000 (대) 단기차입금 100,000
　　 이자비용 5,000
④ (차) 매출채권처분손실 5,000 (대) 단기차입금 5,000

48 부도어음은 어느 계정으로 회계처리 하여야 하는가?

① 자산 계정　　② 평가 계정
③ 부채 계정　　④ 비용 계정

④ 매출채권을 이용한 자금조달 방법
  (1) 매출채권의 담보 차입 : 매출채권(외상매출금)의 담보 차입이란 건물이나 토지 등의 부동산을 담보로 제공하는 대신 매출채권을 담보로 제공하고 제3자인 금융기관으로부터 운영자금을 조달하는 형태를 말하는 것으로 현재 우리나라에서는 매출채권의 담보력을 인정하지 않기 때문에 많이 발생하지 않는다.
  (2) 매출채권의 양도 : 기업이 자금융통을 위하여 외상매출금을 제3자인 금융기관에게 양도하는 것을 팩토링(factoring)이라 하고, 매각거래와 차입거래로 회계처리한다.

⑤ 무이자부어음과 이자부어음의 할인
   어음의 할인료는 어음의 만기가치를 기준으로 산정한다. 무이자부어음은 액면금액이 만기가치이며, 이자부어음은 액면금액에 만기까지의 표시이자를 가산한 금액을 어음의 만기가치로 한다. 무이자부어음을 할인하면 할인료와 매출채권처분손실이 동일하지만 이자부어음을 할인하면 할인료와 매출채권처분손실이 다르다.

   > 할인료 = 어음의 만기가치 × 연이율 × 할인일수/365(할인월수/12)

【예제 문제】 ⋯ 정답 및 해설은 164쪽
(1) 20×1년 4월 1일 서울상사는 상품 ₩200,000을 경기상사에 매출하고 대금은 만기 3개월의 이자부약속어음(액면 표시이자율 연 6%)으로 수령하다.
(2) 20×1년 6월 1일 서울상사는 상기 이자부약속어음을 거래은행에서 연 12% 이자율로 할인하고 할인액을 차감한 실수금은 당좌예입하다. 단, 어음의 할인은 매각거래이다.

06. 재고자산

① 재고자산의 개념
  (1) 재고자산의 정의 : 재고자산이란 일반적으로 기업의 정상적인 영업활동과정에서 판매를 목적으로 소유하거나(상품), 생산중에 있는 자산(재공품) 또는 판매할 제품을 생산하는데 사용될 자산(원재료, 저장품)을 말한다.

  (2) 재고자산의 종류

종 류	내 용
상 품	판매를 목적으로 매입한 상품을 말하며, 부동산 매매업에 있어서 판매를 목적으로 소유하는 토지, 건물은 이를 상품에 포함한다.
제 품	판매를 목적으로 기업 내부에서 제조한 생산품
반 제 품	자가 제조한 중간제품과 부분품
재 공 품	제품 제조를 위하여 제조과정에 있는 것
원 재 료	제품 제조를 위하여 매입한 재료
저 장 품	소모품, 수선용부품, 기타저장품

② 매입할인과 매출할인
  (1) 매입할인

구 분	차 변	대 변
외상매입금을 지급약정일 이전에 지급한 경우	외 상 매 입 금 300,000	현 금 295,000 매 입 5,000

  (2) 매출할인

구 분	차 변	대 변
외상매출금을 지급약정일 이전에 회수한 경우	현 금 295,000 매 출 5,000	외 상 매 출 금 300,000

③ 재고자산의 감모손실과 평가손실
  (1) 감모손실
    재고상품의 품질 저하, 파손, 부패, 도난, 증발 등에 의하여 실제재고수량이 장부재고수량보다 부족한 경우 발생하는 손실을 감모손실이라 한다. 한국채택국제회계기준에서는 감모손실이 발생하면 당기비용으로 인식한다.

    > (차) 재고자산감모손실 ××× (대) 이월상품 ×××

---

49 갑상사는 을상사에 대한 외상매출금 ₩1,000,000을 병은행에 양도하고 할인료 ₩50,000을 차감한 잔액을 현금으로 받았다. 동 양도계약은 상환청구가 불가능한 실질적 양도라고 가정할 때 다음 중 이 거래에 대한 올바른 분개는 어느 것인가?

① (차) 현   금   950,000   (대) 외상매출금   950,000
② (차) 현   금 1,000,000   (대) 외상매출금 1,000,000
③ (차) { 현   금   950,000   (대) 차 입 금 1,000,000
         이 자 비 용   50,000 }
④ (차) { 현   금   950,000   (대) 외상매출금 1,000,000
         매출채권처분손실 50,000 }

50 (주)상공은 20X1년 3월 1일에 상품판매대금 ₩400,000을 만기 3개월의 어음(액면이자율 연 9%)으로 수령하였다. (주)상공은 5월 1일에 대한은행에서 연 12% 이자율로 동 어음을 할인하였다. 이 받을어음이 금융자산 제거조건을 충족할 때 (주)상공의 회계처리로 옳은 것은? (단, 이자는 월할 계산한다.)

	차 변		대 변	
①	현 금	404,910	매 출 채 권	400,000
	매출채권처분손실	1,090	이 자 수 익	6,000
②	현 금	404,800	매 출 채 권	400,000
	매출채권처분손실	1,200	이 자 수 익	6,000
③	현 금	406,000	매 출 채 권	400,000
	매출채권처분손실	3,000	이 자 수 익	9,000
④	현 금	402,000	매 출 채 권	400,000
	매출채권처분손실	2,000	이 자 수 익	4,000

51 (주)대한은 '2/10, n/30'의 매출할인 조건으로 상품 ₩200,000을 고객에게 외상 판매하고, 20일 후에 외상대금을 현금으로 회수하였다. 외상대금 회수 시의 회계처리로 올바른 것은?

① (차) 외상매출금 200,000   (대) 매   출 200,000
② (차) { 현   금 196,000   (대) 외상매출금 200,000
         매 출 할 인   4,000 }
③ (차) { 현   금 190,000   (대) 외상매출금 200,000
         매 출 할 인   10,000 }
④ (차) 현   금 200,000   (대) 외상매출금 200,000

52 그림은 기말 결산 시 재고조사에 관한 대화이다. 이에 나타난 거래를 회계처리한 결과로 옳은 것은?

① 매출원가가 감소한다.　　② 금융비용이 감소한다.
③ 기타비용이 증가한다.　　④ 판매비와관리비가 증가한다.

▶ 한국채택국제회계기준에서는 감모손실 중 원가성이 있을 때와 없을 때에 대한 구체적인 회계처리가 없으므로 회사의 경제적 실질에 맞게 처리해야할 것이다. 즉, 문제에서 원가성이 있다면 매출원가에 산입하고 원가성이 없는 것은 당기기타비용으로 처리해야 한다.

(2) 평가손실

기말 결산 시 재고상품을 저가법을 적용하여 시가인 순실현가능가치가 장부금액보다 하락한 경우에 발생하는 손실을 평가손실이라 한다. 한국채택국제회계기준에서는 평가손실이 발생하면 재고자산의 차감 계정으로 표시하고, 당기비용(매출원가)으로 인식한다.

No.	구분	차변		대변	
①	평가손실의 계상 시	재고자산평가손실 (또는 매입)	×××	재고자산평가충당금	×××
②	평가손실의 회복(최초 장부금액을 초과하지 못함)	재고자산평가충당금	×××	재고자산평가충당금환입	×××

4 재고자산의 수량 결정 방법

(1) **계속기록법**(perpetual inventory method) : 상품의 매입, 매출 시마다 장부에 계속적으로 기록하는 방법으로 장부상의 재고수량을 기말재고수량으로 결정하는 방법이다. 따라서 상품관련 계정의 결산정리분개를 하지 않는다.

> 기초재고수량 + 당기매입수량 − 당기매출수량 = 기말재고수량

▶ 계속기록법에 의할 경우 기초재고수량과 당기매입수량, 당기매출수량을 모두 기입하기 때문에 언제든지 기간 중에 장부상의 재고수량을 파악할 수 있는 장점이 있는 반면에, 재고자산의 기록 유지비용이 많이 발생하는 단점이 있다. 그러나 계속기록법은 재고자산의 내부관리목적에 부합하는 방법이다.

(2) **실제재고조사법**(periodic inventory method) : 장부상에는 기초수량과 매입수량만 기록하고, 매출 시에는 기록하지 않았다가 기말에 실제 재고조사를 통하여 기말재고수량을 결정하고, 매출원가는 기말에 산출한다.

> 기초재고수량 + 당기매입수량 − 기말재고수량 = 당기매출수량

(3) **혼합법** : 계속기록법과 실제재고조사법을 혼합하여 사용하면 장부상의 기말재고수량과 창고 속의 실제재고수량이 모두 파악되므로 보관 중에 발생한 재고감모수량을 쉽게 파악할 수 있다.

5 재고자산의 단위원가 결정 방법

(1) 실물흐름에 따른 단가 결정방법

▶ **개별법**(specific identification method) : 개별상품 각각에 대하여 가격표(또는 바코드)를 붙여 개별 상품별로 매입가격을 알 수 있도록 함으로써 판매된 상품과 재고상품을 구별하여 매출원가와 기말재고상품으로 구분하는 방법이다. 개별법은 원가흐름과 실물흐름이 일치하므로 수익과 비용이 정확히 대응된다.

(2) 가정된 원가흐름에 따른 단가 결정방법

① **선입선출법** : 먼저 매입한 상품을 먼저 매출하는 방법으로 매입순법이라고도 하며, 가장 최근의 시가로 기말 상품 재고액이 표시된다.

② **후입선출법** : 나중에 매입한 상품을 먼저 매출하는 방법으로 매입역법이라고도 하며, 가장 최근의 시가로 매출 원가가 표시된다. 단, 한국채택국제회계기준(K−IFRS)에서는 인정하지 않는다.

③ **가중평균법(이동평균법)** : 단가가 다른 상품을 매입할 때마다 평균단가를 구하여 그것을 매출하는 상품에 적용한다.

④ **가중평균법(총평균법)** : 일정기간의 순매입액을 순매입 수량으로 나누어 총평균단가를 산출하여 매출 단가로 적용하는 방법이다.

6 재고자산의 추정 방법

(1) **매출총이익률법**(gross profit method) : 과거의 평균매출총이익률을 이용하여 추정매출원가를 산출하고, 판매가능상품에서 매출원가를 차감하는 방법이다.

① 추정매출원가 : 매출액 × (1−매출총이익률)
② 기말재고자산 : 판매가능상품 − 추정매출원가

53 다음은 상품을 저가법으로 평가하고 있는 경기상사의 상품에 관한 자료이다. 재고자산평가손실은 얼마인가?

- 기초상품재고액 ₩10,000
- 당기상품매입액 ₩50,000
- 장부상 기말상품재고액 (@₩100, 50개) ₩5,000
- 기말상품재고실사량 (45개)
- 기말상품 개당 시가 (순실현가능가치 기준) ₩90

① ₩950 ② ₩500
③ ₩450 ④ ₩ 50

54 다음은 (주)서울이 당기 말에 보유하고 있는 재고자산에 대한 자료이다.

- 취득원가   ₩ 70,000
- 당기 말의 추정 판매가격   60,000
- 판매시까지 발생하는 추정 비용 2,000

(주)서울이 재고자산을 한국채택국제회계기준에 의해 저가법으로 평가할 때, 적절한 분개는?

① (차) 재고자산평가손실 10,000 (대) 재고자산평가충당금 10,000
② (차) 재고자산평가손실 10,000 (대) 재 고 자 산 10,000
③ (차) 재고자산평가손실 12,000 (대) 재고자산평가충당금 12,000
④ (차) 재고자산평가손실 12,000 (대) 재 고 자 산 12,000

55 재고자산 수량 결정 방법에 대한 설명이다. 옳지 않은 것은?

① 실지재고조사법을 사용할 경우 재고자산감모손실 파악이 어렵다.
② 계속기록법을 사용할 경우 기중에도 재고수량 및 금액의 파악이 가능하다.
③ 계속기록법의 경우 재고자산의 기록유지비용이 적게 발생한다.
④ 일반적으로 계속기록법은 내부관리목적에 부합하는 방법이다.

56 재고자산 평가방법에 대하여 잘못 설명한 것은?

① 개별법은 실제수익과 실제원가가 대응되어 이론적으로 가장 우수하다고 할 수 있으나 실무에서 적용하는데는 어려움이 있다.
② 재고수량이 동일할 때 물가가 지속적으로 상승하는 경우에는 선입선출법을 적용하면 다른 평가방법을 적용하는 경우보다 상대적으로 이익이 크게 표시된다.
③ 가중평균법(이동평균법)은 매입거래가 발생할 때마다 단가를 재산정해야 하는 번거로움이 있다.
④ 후입선출법은 일반적인 물량흐름과 일치한다.

57 순매출액이 ₩200,000이고, 판매가능액이 ₩180,000이며, 매출총이익률이 35%인 경우 기말재고액을 산출하면?

① ₩70,000 ② ₩30,000
③ ₩50,000 ④ ₩63,000

(2) 소매재고법(retail inventory method) : 매출가격환원법이라고도 하며, 소매가(판매가)로 파악된 기말재고자산에 원가율을 곱하는 방법이다.(백화점)

① 매가에 의한 기말재고액 : (매가)판매가능상품 - 매출액

② 원가율 = $\frac{(원가)기초재액 + (원가)당기매입액}{(매가)기초재액 + (매가)당기매입액}$

7 재고자산의 단가결정의 효과

(1) 물가가 상승하는 가정하에 각 방법의 기말상품재고액과 당기순이익의 크기는 정비례한다.

선입선출법 > 이동평균법 > 총평균법 > 후입선출법

(2) 매출원가의 크기는 기말재고액과는 정반대이다.

선입선출법 < 이동평균법 < 총평균법 < 후입선출법

8 재고자산 기록오류의 효과

회계기간 말 결산 시 기말재고자산의 금액은 당기매출원가의 결정에 영향을 주므로 당기순이익에 영향을 초래한다.

(1) 기말 재고 자산이 과대계상된 경우

당기말 재고자산의 과대계상 → 매출원가 과소계상 → 당기순이익의 과대계상

(2) 기말 재고 자산이 과소계상된 경우

당기말 재고자산의 과소계상 → 매출원가 과대계상 → 당기순이익의 과소계상

 07. 재고자산의 소유권 결정(특수매매)

1 미착상품(goods transit)

No.	구 분		차 변		대 변	
(1)	화물대표증권을 받은 경우		미 착 상 품	800	외 상 매 입 금	800
(2)	상품의 도착 시		매 입	800	미 착 상 품	800
(3)	매 출 시	순액주의 (분기법)	외 상 매 출 금	850	미 착 상 품 미착상품매출이익	800 50
		총액주의 (총기법)	외 상 매 출 금 매입(미착상품매출원가)	850 800	미 착 상 품 매 출 미 착 상 품	850 800

▶미착상품의 소유권 결정
① 선적지인도조건인 경우 : 미착상품은 매입자의 기말재고자산에 포함시킨다.
② 도착지인도조건인 경우 : 미착상품은 매출자의 기말재고자산에 포함시킨다.

2 위탁판매(consignment sales)

No.	구 분		차 변		대 변	
(1)	상품을 적송한 경우		적 송 품	520	매 입 현금(적송비용)	500 20
(2)	매출계산서가 도착한 경우	총액주의 (총기법)	판 매 수 수 료 현 금 (적송품매출원가) 매입(적송품매출원가)	30 570 520	적 송 품 매 출 적 송 품	600 520
		순액주의 (분기법)	현 금	570	적 송 품 적송품매출이익	520 50

▶수익의 실현시기 및 소유권 결정 : 위탁판매는 수탁자가 위탁품을 판매한 날에 매출수익이 실현된다. 따라서 위탁판매가 성립되기까지의 적송품은 위탁자의 기말재고자산에 포함시킨다.

3 수탁판매(consignment inwards)

No.	구 분	차 변		대 변	
①	수탁판매품 도착 인수비용 지급	수 탁 판 매	10	현 금	10
②	수 탁 품 의 판 매	현 금	600	수 탁 판 매	600
③	매 출 계 산 서 의 송 부	수 탁 판 매	20	보 관 료(등) 수 수 료 수 익	5 15
④	실 수 금 의 송 금	수 탁 판 매	570	현 금	570

▶수탁판매품이 도착하면 분개하지 않고, 인수비용 지급 시만 분개한다.

58 상공백화점은 소매재고법 중에서 평균법을 사용하여 기말재고자산의 원가를 결정하고 있다. 만약 상공백화점의 재고자산 관련자료가 다음과 같고 당기의 매출액이 ₩2,000,000이라면 매출원가는 얼마인가?

	원 가 기 준	매출가격기준
기초재고자산	₩ 880,000	₩1,200,000
당 기 매 입 액	2,000,000	2,400,000

① ₩1,720,000　　② ₩1,600,000
③ ₩1,280,000　　④ ₩2,000,000

59 상품의 매입가격이 계속상승하는 경우 보수주의 관점으로 보아 기말재고액과 당기순이익이 적게 계상되는 순서가 옳은 것은?

① 선입선출법 > 이동평균법 > 총평균법 > 후입선출법
② 선입선출법 > 총평균법 > 이동평균법 > 후입선출법
③ 후입선출법 > 선입선출법 > 이동평균법 > 총평균법
④ 선입선출법 > 후입선출법 > 이동평균법 > 총평균법

60 기말상품재고액 ₩98,000을 ₩89,000으로 잘못 계상한 경우 매출원가와 당기순이익에 미치는 효과중 옳은 것은?

① 매출원가 : 커진다.　　당기순이익 : 적어진다.
② 매출원가 : 커진다.　　당기순이익 : 커진다.
③ 매출원가 : 적어진다.　　당기순이익 : 적어진다.
④ 매출원가 : 적어진다.　　당기순이익 : 커진다.

61 다음은 재고자산이 소유권 결정과 관련된 거래 유형이다. 옳지 않은 것은?

① 전북 고창에서 수박을 재배하고 있는 고창상사는 서울 가락동 청과 시장 상인에게 수박의 판매를 위탁한 경우, 수탁자는 단지 판매대행 수수료만을 수익으로 인식하기 때문에 수탁자가 보관하고 있는 수박의 재고는 위탁자인 고창상사의 재고자산이다.
② 용산전자는 에어컨을 10개월 할부로 판매한 경우, 용산전자의 재고자산에서 제외한다.
③ 매입자가 시험적으로 사용해본 후에 매입 의사표시를 하게 되면 판매가 성립되는 시용판매의 경우, 매입자가 상품을 보유하고 있더라도 매입 의사표시 이전까지는 판매자의 재고자산으로 인식한다.
④ 미착상품은 결산일 현재 운송 중에 있는 매입상품을 말하는 것으로 선적지인도기준인 경우 판매자의 재고자산으로, 도착지인도기준인 경우 매입자의 재고자산으로 인식한다.

62 (주)파스칼은 위탁판매를 위해 수탁자인 (주)제주에 상품을 인도하고 외상매출로 회계처리하였다. 이 오류로 인해 (주)파스칼의 재무제표에 미치는 영향으로 옳지 않은 것은?(단, 상품매매거래는 계속기록법을 적용한다.)

① 매출채권의 과대계상　　② 재고자산의 과소계상
③ 매출액의 과대계상　　④ 매출원가의 과소계상

/요점정리 및 대표문제/

④ 위탁매입

No.	구 분	차 변	대 변
①	착수금의 지급시	선급금 100	현금 100
②	매입위탁상품의 도착시	매입 740	선급금 100 외상매입금 640

⑤ 수탁매입(indent)

No.	구 분	차 변	대 변
①	착수금(계약금)을 받은 경우	현금 100	수탁매입 100
②	수탁매입상품의 매입시	수탁매입 700	외상매입금 700
③	매입계산서 송부 후 대신 지급금 청구시	수탁매입 40	제비용 15 수수료수익 25
④	대신 지급금을 받은 경우	현금 640	수탁매입 640

⑥ 시용판매(sales on approval)

No.	구 분	차 변	대 변
(1)	시용판매조건으로 상품을 발송하면 … 대조계정 사용(비망기록)	시송품 1,000	시용가매출 1,000
(2)	고객으로부터 전액 매입하겠다는 통보가 오면	시용가매출 1,000 외상매출금 1,000	시송품 1,000 시용매출 1,000

▶수익의 실현시기 및 소유권 결정 : 시용판매는 매입자가 매입의사를 표시한 날에 매출수익이 실현된다. 따라서 시송품은 매입의사 통보가 오기전까지는 판매자의 기말재고자산에 포함시킨다.

⑦ 할부판매(instalment sales) … 단기 할부판매

No.	구 분	차 변	대 변
(1)	할부매출시	(할부)외상매출금 ×××	(할부)매출 ×××
(2)	할부금회수시	현금 ×××	(할부)외상매출금 ×××
(3)	결산시	분개없음	

▶수익의 실현시기와 소유권 결정 : 할부판매에 대한 매출수익은 상품이나 제품을 인도한 날, 즉 판매시점에서 실현된다. 따라서 상품이 인도되는 시점에서 매출자의 재고자산에서 제외된다.

08. 투자자산

① 투자자산(investments)의 개념

투자자산이란 장기적으로 투자수익을 얻을 목적 또는 다른 기업을 지배 또는 중대한 영향력을 행사할 목적 등의 부수적인 기업활동의 결과로 보유하는 자산을 말한다.

② 투자자산의 종류

종류	내 용
투자부동산	영업활동에 사용하지 않는 토지와 설비자산
장기금융상품	결산일로 부터 만기가 1년 이상인 장기성예금과 사용이 제한되어 있는 예금(감채기금)및 기타 정형화된 장기금융상품
상각후원가측정 금융자산	만기가 확정된 채무증권으로 만기까지 보유할 적극적인 의도와 능력을 가지고 소유하는 채무증권(국, 공, 사채) … (AC금융자산)
기타포괄손익-공정 가치측정금융자산	당기손익-공정가치측정 금융자산이나 상각후원가측정 금융자산으로 분류되지 아니하거나 시장성이 없는 유가증권 … (FVOCI금융자산)
관계기업투자	다른 회사에 중대한 영향력을 행사할 목적으로 보유하는 주식
장기대여금	대여기간이 보고기간 종료일로부터 1년 이상인 대여금

③ 기타포괄손익-공정가치측정금융자산의 회계처리

(1) 장기투자 목적으로 주식 등을 매입하면(단기매매와 만기보유목적이 아닌 경우)

(차) 기타포괄손익-공정가치측정금융자산 5,000 (대) 현금 5,000

---

63 제주상사로 부터 상품 ₩4,000,000의 매입 위탁을 받고, 착수금으로 송금수표 ₩100,000을 받다. 이 거래에 대한 올바른 분개는?

① (차) 현금 100,000 (대) 선수금 100,000
② (차) 현금 100,000 (대) 수탁매입 100,000
③ (차) 현금 100,000 (대) 수탁판매 100,000
④ (차) 현금 100,000 (대) 위탁매입 100,000

64 경기상사는 수탁받은 상품 ₩150,000을 매입하고, 대금은 외상으로 하다. 올바른 분개는?

① (차) 매입 150,000 (대) 외상매입금 150,000
② (차) 매입 150,000 (대) 수탁매입 150,000
③ (차) 수탁매입 150,000 (대) 외상매입금 150,000
④ (차) 외상매출금 150,000 (대) 매입 150,000

65 한국채택국제회계기준에 의할 때, 다음 중 일반적으로 판매자의 재고자산으로 볼 수 없는 것은?

① 소비자가 매입의사표시를 하지 않은 시용품
② 도착지인도기준에 따라 항해 운송 중인 미착 상품
③ 할부로 판매된 상품
④ 수탁자가 보관하고 있는 위탁 상품

66 다음 중 한국채택국제회계기준에 의한 수익인식 시점이 아닌 것은?

① 예약매출 : 진행기준에 따라 실현되는 것으로 한다.
② 위탁매출 : 수탁자가 위탁품을 판매한 날
③ 시용매출 : 시용품을 인도한 날
④ 용역매출 : 진행기준에 따라 실현되는 것으로 한다.

67 다음 세가지 조건에 모두 해당하는 유가증권은?

• 보유기간 중 평가 방법은 원칙적으로 공정가치법에 의한다.
• 보유기간 중 평가손익은 재무상태표상 자본항목에 표시한다.
• 지분증권 또는 채무증권에 해당한다.

① 당기손익-공정가치측정금융자산
② 기타포괄손익-공정가치측정금융자산
③ 상각후원가측정금융자산
④ 관계기업투자주식

68 다음 거래로 취득한 금융자산의 세부분류와 측정금액으로 옳은 것은?

(주)서울은 한국거래소에서 투자목적으로 (주)광화문의 주식 100주를 ₩1,000,000에 구입하고 수수료 ₩20,000을 현금으로 지급하였다. (주)서울은 당해 주식의 공정가치 변동을 기타포괄손익으로 인식하기로 선택하였다.

① 당기손익-공정가치측정금융자산 ₩1,020,000
② 당기손익-공정가치측정금융자산 ₩1,000,000
③ 기타포괄손익-공정가치측정금융자산 ₩1,020,000
④ 기타포괄손익-공정가치측정금융자산 ₩1,000,000

(2) 기타포괄손익-공정가치측정 금융자산의 처분

No.	구 분	차 변		대 변	
①	처 분 시 (취득원가 < 처분금액)	현 금	6,000	기타포괄손익-공정 가치측정금융자산 기타포괄손익-공정가치 측정금융자산처분이익	5,000 1,000
②	처 분 시 (취득원가 > 처분금액)	현 금 기타포괄손익-공정가치 측정금융자산처분손실	4,800 200	기타포괄손익-공정 가치측정금융자산	5,000

(3) 기타포괄손익-공정가치측정 금융자산의 평가

① 보유 금융자산이 채무증권(공·사채 등)인 경우 : 재순환(recycling)이 허용되어 평가손익을 제거하면서 처분손익에 반영된다.(개정 전의 회계 처리와 동일)
② 보유 금융자산이 지분증권(주식)인 경우 : 매각처분 시 공정가치로 재측정하여 공정가치 변동분을 기타포괄손익으로 처리하므로 당기손익에 반영이 되지 않는다. 즉 재순환(recycling)이 금지되어 처분손익은 없다.

No.	구 분	차 변		대 변	
①	공정가치(시가)가 취득 원가보다 하락하면	기타포괄손익-공정가치 측정금융자산평가손실	×××	기타포괄손익-공정 가치측정금융자산	×××
②	공정가치(시가)가 취득 원가보다 상승하면	기타포괄손익-공정 가치측정금융자산	×××	기타포괄손익-공정가치 측정금융자산평가이익	×××

▶ 기타포괄손익-공정가치측정금융자산평가손익은 기타포괄손익누계액항목으로 재무상태표 자본에 가감표시한다.

09. 유형자산

1 유형자산(property plant and equipment)의 개념과 인식

유형자산은 재화의 생산이나 용역의 제공 또는 관리 활동에 사용할 목적으로 보유하는 물리적 형태가 있는 자산으로 한 회계 기간을 초과하여 사용할 것이 예상되는 토지, 건물, 기계장치 등을 말하며, 유형자산으로 인식되기 위해서는 자산으로부터 발생하는 미래 경제적 효익이 기업에 유입될 가능성이 높고, 자산의 원가를 신뢰성있게 측정할 수 있어야 한다.

2 유형자산의 취득원가의 구성

(1) 구입가격(취득관련 세금을 가산하고 매입할인과 리베이트 등을 차감한 금액)
(2) 경영진이 의도하는 방식으로 유형자산을 사용할 수 있도록 준비하는데 직접 관련된 원가
  ① 유형자산의 매입 또는 건설과 직접적으로 관련되어 발생한 종업원급여
  ② 설치장소 준비원가
  ③ 최초의 운송 및 취급관련 원가
  ④ 설치원가 및 조립원가
  ⑤ 유형자산이 정상적으로 작동되는지 여부를 시험하는 과정에서 발생하는 원가. 단, 시험과정에서 생산된 시제품의 순매각금액(매각금액에서 매각부대원가를 뺀 금액)을 당해 원가에서 차감하는 것을 금지하고, 재화를 판매하여 얻은 매각금액과 관련원가는 각각 당기손익으로 인식한다. [2020. 12. 22. 개정, 2022. 1. 1. 시행]
  ⑥ 전문가에게 지급하는 수수료
(3) 유형자산을 해체, 제거하거나 부지를 복구하는 데 소요될 것으로 최초에 추정되는 원가

플러스Tip

1. 다음의 지출은 유형자산의 원가에 포함하지 않고 발생 즉시 비용으로 처리한다.
   ① 새로운 시설을 개설하는 데 소요되는 원가
   ② 새로운 상품과 서비스를 소개하는 데 소요되는 원가(광고 및 판촉활동과 관련된 원가)
   ③ 새로운 지역에서 또는 새로운 고객층을 대상으로 영업을 하는 데 소요되는 원가(직원 교육훈련비)
   ④ 관리 및 기타 일반간접원가
2. 유형자산이 경영진이 의도하는 방식으로 가동될 수 있는 장소와 상태에 이른 후에는 원가를 더 이상 인식하지 않는다. 따라서 유형자산을 사용하거나 이전하는 과정에서 발생하는 원가는 당해 유형자산의 장부금액에 포함하지 아니한다.
   ① 유형자산이 경영진이 의도하는 방식으로 가동될 수 있으나 아직 실제로 사용되지 않고 있는 경우 또는 가동수준이 완전조업도 수준에 미치지 못하는 경우에 발생하는 원가
   ② 유형자산과 관련된 산출물에 대한 수요가 형성되는 과정에서 발생하는 가동손실과 같은 초기 가동손실
   ③ 기업의 영업 전부 또는 일부를 재배치하거나 재편성하는 과정에서 발생하는 원가

---

69 다음 거래로 취득한 금융자산의 세부분류와 측정금액으로 옳은 것은?

> (주)설악은 한국투자증권에서 투자목적으로 인천광역시 발행 만기 5년의 도시개발공채 액면 ₩5,000,000을 ₩4,700,000에 구입하고 수수료 ₩50,000을 현금으로 지급하였다. (주)설악은 당해 도시개발공채를 만기까지 보유할 예정이다.

① 당기손익-공정가치측정금융자산 ₩4,700,000
② 기타포괄손익-공정가치측정금융자산 ₩4,750,000
③ 상각후원가측정금융자산 ₩4,700,000
④ 상각후원가측정금융자산 ₩4,750,000

70 (주)파스칼은 20×1년 중에 (주)금강의 주식 10%를 장기투자목적으로 1주당 ₩26,000에 총 10주를 취득하였다. (주)파스칼은 취득 시 동 주식의 공정가치 변동 분을 기타포괄손익으로 인식하기로 선택하였다. (주)금강의 1주당 공정가치가 20×1년 말 ₩30,000이고, 20×2년 말 현재 ₩24,000이라면 20×2년 말 현재 재무상태표상 표시될 기타포괄손익-공정가치측정 금융자산평가손익은 얼마인가?

① 기타포괄손익-공정가치측정금융자산평가손실 ₩20,000
② 기타포괄손익-공정가치측정금융자산평가이익 ₩20,000
③ 기타포괄손익-공정가치측정금융자산평가손실 ₩60,000
④ 기타포괄손익-공정가치측정금융자산평가이익 ₩60,000

71 다음은 (주)상공의 기계장치의 취득과 관련된 자료이다. 이 기계장치가 경영진이 의도하는 방식으로 가동할 수 있게 되었을 때 기계장치의 취득원가는 얼마인가?

가. 구입가격	₩500,000	나. 설치장소까지의 운송비	₩20,000
다. 관세 및 취득세	10,000	라. 시운전비	40,000
마. 매입할인	10,000		
바. 다른 기계장치의 재배치 과정에서 발생한 원가 ₩50,000			

① ₩520,000 ② ₩550,000
③ ₩560,000 ④ ₩570,000

72 다음 유형자산과 관련한 설명으로 옳지 않은 것은?

① 중요한 예비부품과 대기성 장비로서 한 회계기간 이상 사용할 것으로 예상되는 경우 이를 유형자산으로 분류한다.
② 금형·공구 및 틀 등과 같이 개별적으로 경미한 항목은 통합하여 그 전체가치에 대하여 인식기준을 적용하는 것이 적절하다.
③ 유형자산과 관련된 모든 원가는 그 발생시점에 인식기준을 적용하여 평가한다.
④ 일상적인 수선유지와 관련하여 발생한 원가는 해당 유형자산의 장부금액에 포함하여 인식하여야 한다.

73 다음 중 건설중인 유형자산이나 유형자산을 취득하여 목적하는 활동에 사용하기까지 소요되는 비용으로 유형자산의 취득원가에 포함되는 비용과 가장 거리가 먼 것은?

① 관리 및 기타 일반간접비
② 최초의 운송비 및 수수료
③ 기계장치 설치비 및 시운전비
④ 건설과 직접적으로 관련되어 발생한 종업원급여 또는 토지정지비

③ 유형자산의 취득과 처분

No.	구 분	차 변		대 변	
①	취 득 시	건 물(등)	×××	현 금	×××
②	처 분 시 (취득원가 < 처분금액)	현 금	×××	건 물(등) 유형자산처분이익	××× ×××
③	처 분 시 (취득원가 > 처분금액)	현 금 유형자산처분손실	××× ×××	건 물(등)	×××

④ 건설중인 자산 (construction in progress)

No.	구 분	차 변		대 변	
①	공사착수금·중도금을 지급한 경우	건설중인자산	×××	현 금	×××
②	완성한 경우	건 물	×××	건설중인자산	×××

▶ 건물, 토지 등을 취득하기 위하여 지급된 계약금은 선급금 계정이 아닌 건설중인자산으로 처리한다.

⑤ 자본적지출과 수익적지출

No.	구 분	차 변		대 변	
①	자 본 적 지 출	건 물(등)	×××	현 금	×××
②	수 익 적 지 출	수 선 비	×××	현 금	×××

⑥ 유형자산의 감가상각 (depreciation)

(1) 감가상각의 계산 방법 : 정액법, 체감잔액법, 생산량비례법 등이 있다.

(가) 정액법

$$감가상각비 = \frac{취득원가 - 잔존가치}{내용연수}$$

(나) 체감잔액법

① 정률법

$$감가상각비 = (취득원가 - 감가상각누계액) \times 정률$$

② 연수합계법

$$감가상각비 = (취득원가 - 잔존가치) \times \frac{해당 내용연수}{내용연수합계}$$

(다) 생산량비례법

$$감가상각비 = \frac{취득원가 - 잔존가치}{예정 총 생산량} \times 실제생산량$$

⑦ 원가모형과 재평가모형

(1) 원가모형(cost model) : 원가모형은 전통적 회계처리 방법으로 유형자산을 최초로 인식할 때 취득원가를 기초로 감가상각비와 손상차손을 인식하여 유형자산의 장부금액으로 하고 그 이후 자산의 공정가치가 변동해도 이를 장부에 반영하지 않는 방법이다.

(2) 재평가모형(revaluation model) : 최초로 인식할 때 취득원가로 측정된 유형자산을 그 이후 공정가치가 변동하면 유형자산을 현재의 공정가치로 재평가하고 재평가된 금액을 장부금액으로 하는 방법으로 재평가잉여금은 자본(기타포괄손익누계액)으로, 재평가손실은 당기의 기타비용으로 처리한다.

⑧ 취득 상황별 유형자산의 취득원가

취득 관련 상황		취 득 원 가
토지의 취득		구입가격 + 직접관련원가 + 영구적 부대시설원가
건물의 취득		구입가격 + 직접관련원가 + 금융비용
일괄 구입	모두 사용	일괄구입가격을 자산별 공정가치를 기준으로 배분
	토지만 사용	일괄구입가격 + 순 철거비용
자가 건설한 유형자산		매입가 + 전환원가 + 기타원가
기존 건물 철거 후 신 건물 취득		기존 건물의 장부금액과 철거비용을 당기비용으로 처리
장기 연불 구입		인식시점의 현금가격 상당액 = 미래 지출액의 현재가치
국·공채 등의 의무매입으로 인한 차액손실		유형자산의 취득원가에 가산
저가구입, 고가구입, 무상취득		취득한 자산의 공정가치
주식발행에 의한 취득 (현물출자)		취득한 자산의 공정가치 또는 발행한 주식의 공정가치

---

74 기계장치(취득원가 ₩600,000, 내용연수 5년, 잔존가치 ₩50,000)를 3년간 사용하다가 현금 ₩250,000을 받고 팔았다. 이 때 유형자산 처분손익은 얼마이며, 포괄손익계산서에 무엇으로 분류되는가? 단, 기계장치는 정액법으로 상각하였다.

	유형자산처분손익	금 액
①	기 타 비 용	₩10,000
②	기 타 수 익	₩10,000
③	기 타 비 용	₩20,000
④	기 타 수 익	₩20,000

75 (주)서울산업은 신축 중인 건물이 완성되어 도급대금의 잔액을 현금으로 지급하였다. 이 거래를 분개했을 때 다음 중 (주)서울산업의 재무상태에 미치는 영향으로 옳은 것은?

① 자산 증가
② 자산 감소
③ 자산 불변
④ 자본 증가

76 영업용 건물을 증축하고 대금 ₩500,000을 수표를 발행하여 지급하고 아래와 같이 틀리게 처리한 경우 나타나는 현상으로 옳은 것은?

(옳은 분개) : (차) 건 물 500,000 (대) 당좌예금 500,000
(틀린 분개) : (차) 수선비 500,000 (대) 당좌예금 500,000

① 비용의 과소계상
② 자산의 과대계상
③ 자본의 과대계상
④ 순이익의 과소계상

77 12월 결산 법인인 A사는 20×1년 초에 ₩50,000에 기계를 취득하였다. 기계의 내용연수는 5년 잔존가치는 취득원가의 10%이다. 연수합계법을 택한 A사의 20×2년 12월 말 현재 감가상각누계액은?

① 정액법보다 ₩6,000 많다.
② 정액법보다 ₩9,000 많다.
③ 정액법보다 ₩3,000 많다.
④ 정액법보다 ₩12,000 많다.

78 한국채택국제회계기준상 유형자산에 대한 원가모형과 재평가모형에 대한 설명으로 잘못된 것은?

① 원가모형은 객관적인 취득원가를 사용한다는 장점이 있다.
② 원가모형은 유형자산의 실제가치를 반영하지 못한다는 한계가 있다.
③ 재평가모형은 자산을 공정가치로 표시하여 정보이용자에게 목적적합한 정보를 제공한다.
④ 재평가손익은 당기손익으로 처리한다.

79 (주)경기는 사옥을 신축하기 위하여 (주)수원으로부터 장부금액이 각각 ₩100,000과 ₩200,000인 사옥과 토지를 함께 ₩300,000에 매입하였다. 매입 후 즉시 ₩5,000을 들여 (주)수원의 사옥을 철거하고 신축공사를 시작하였다. (주)경기가 위 거래와 관련하여 계상하여야 하는 토지의 취득원가는 얼마인가?

① ₩200,000
② ₩300,000
③ ₩305,000
④ ₩205,000

⑨ 교환에 의한 취득

기업이 현재 보유하고 있는 유형자산과 동종 또는 이종의 유형자산을 교환하여 취득하는 경우가 있다. 한국채택국제회계기준(K-IFRS)제1016호에서는 다음과 같이 취득원가를 결정하도록 하고 있다.

(1) 상업적 실질이 있는 경우

측 정 기 준	처분손익의 인식
제공한 자산의 공정가치	처분손익을 인식함
(예외) ① 취득한 자산의 공정가치가 더 명백한 경우 : 취득한 자산의 공정가치 ② 교환대상 자산의 공정가치를 신뢰성있게 측정할 수 없는 경우 : 제공한 자산의 장부금액	

(2) 상업적 실질이 없는 경우

측 정 기 준	처분손익의 인식
제공한 자산의 장부금액	처분손익을 인식하지 않음

▶ 현금이 수반되는 교환의 경우에는 취득원가 측정기준에 현금 추가지급액은 가산하고, 현금 수령액은 차감한다.

⑩ 유형자산의 손상 차손

기업이 보유하고 있는 유형자산의 시장가치가 급격히 하락하거나 진부화되어 유형자산의 미래 경제적 효익(미래에 현금의 유입을 증가시키는 능력)이 현재 보유하고 있는 유형자산의 장부금액에 미달하는 징후가 있을 때에는 해당 유형자산에 대하여 손상검사(impairment test)를 실시하여 유형자산의 회수가능액(순공정가치와 사용가치 중 큰 금액으로 결정 함)을 측정하고 해당 자산의 회수가능액이 장부금액에 미달하는 경우 회수가능액을 유형자산의 장부금액으로 계상함과 동시에 그 차액은 자산으로 계상할 수 없으므로 손상차손으로 하여 당기의 손실로 처리하여야 한다.

(1) 건물 장부금액 ₩10,000,000 > 회수가능액 ₩6,000,000

(차) 유형자산손상차손 4,000,000 (대) 건물손상차손누계액 4,000,000

(2) 차기 이후에 회복된 경우

(차) 건물손상차손누계액 4,000,000 (대) 건물손상차손누계액환입 4,000,000

 10. 무형자산

① 무형자산(intangible assets)의 정의와 인식 및 취득

(1) 무형자산의 정의 : 무형자산은 물리적 형체가 없는 식별가능한 비화폐성자산으로, 과거 사건의 결과로서 기업의 통제하에 있으며, 미래 경제적 효익의 유입이 기대되는 자원이다.

(2) 무형자산의 인식 : 다음 인식요건을 모두 충족해야 한다.
① 무형자산의 정의를 충족하고
② 자산에서 발생하는 미래 경제적 효익이 기업에 유입될 가능성이 높아야 하고
③ 자산의 취득원가를 신뢰성있게 측정할 수 있어야 한다.

(3) 무형자산의 취득원가
① 구입가격
② 자산을 의도한 목적에 사용할 수 있도록 준비하는 데 직접 관련되는 원가
  ㉠ 그 자산을 사용 가능한 상태로 만드는 데 직접적으로 발생하는 종업원급여
  ㉡ 그 자산을 사용가능한 상태로 만드는 데 직접적으로 발생하는 전문가수수료
  ㉢ 그 자산이 적절하게 기능을 발휘하는지 검사하는 데 발생하는 원가

▶ 다음의 지출은 무형자산의 취득원가에 포함하지 않고 발생 즉시 비용으로 처리한다.
① 새로운 제품이나 용역의 홍보원가(광고와 판매촉진활동 원가를 포함한다.)
② 새로운 지역에서 또는 새로운 계층의 고객을 대상으로 사업을 수행하는 데에서 발생하는 원가(교육훈련비를 포함한다.)
③ 관리원가와 기타 일반경비원가

② 무형자산의 종류

(1) 영업권(good-will)

No.	구 분	차 변		대 변	
①	다른 회사를 흡수합병하면	제 자 산 영 업 권	2,000 300	제 부 채 당좌예금(자본금)	500 1,800
②	결산시 영업권에 대하여 손상검사(회수가능액 ₩200)	영업권손상차손	100	영 업 권	100

80 (주)상공은 장부금액이 ₩52,000(취득원가 ₩90,000, 감가상각누계액 ₩38,000)인 기계장치와 현금 ₩50,000을 제공하고 토지를 취득하였다. 제공한 기계장치의 공정가치가 ₩68,000일 때, 토지의 취득원가는 얼마인가?

① ₩90,000 ② ₩102,000
③ ₩118,000 ④ ₩120,000

81 (주)마포는 사용하고 있는 기계장치(취득원가 ₩2,000,000, 감가상각누계액 ₩1,000,000)를 A사의 차량운반구(취득원가 ₩1,400,000, 감가상각누계액 ₩600,000)와 교환하고 추가로 현금 ₩600,000을 받았다. 공정가치는 기계장치 ₩1,200,000, 차량운반구 ₩600,000일 때, 이 교환거래로 발생하는 (주)마포의 회계처리로 옳은 것은? 단, 상업적실질이 있는 교환이다.

① 이 거래를 통하여 처분손익을 인식하지 않는다.
② 주어진 자료만 가지고는 처분손익이나 취득원가는 판단할 수 없다.
③ 차량운반구의 취득원가는 ₩1,200,000이다.
④ 기계장치의 처분이익은 ₩200,000이다.

82 물리적 실체가 없지만 식별 가능하고 기업이 통제하고 있으며, 미래 경제적 효익이 있는 비화폐성 자산으로 옳지 않은 것은?

① 임차보증금 ② 프랜차이즈
③ 개발비 ④ 영업권

83 다음 중 무형자산 원가에 포함되지 않는 총 지출액은 얼마인가?

가. 새로운 제품이나 용역의 홍보원가 ₩2,000 나. 새로운 지역에서 또는 새로운 계층의 고객을 대상으로 사업을 수행하는 데서 발생하는 원가 ₩3,000 다. 관리원가와 기타 일반경비원가 ₩2,500 라. 무형자산을 사용 가능한 상태로 만드는데 직접적으로 발생하는 종업원급여 ₩5,000

① ₩4,500 ② ₩5,000
③ ₩7,500 ④ ₩12,500

84 다음 중 무형자산에 대한 설명으로 올바른 것은?

① 회사를 설립하는데 발생하는 법률상의 비용 중 중요한 지출액은 무형자산으로 계상하여야 한다.
② 고정고객 또는 거래처, 고객충성도, 시장점유율 등은 미래 경제적 효익을 제공한다는 점에서 무형자산의 인식요건을 충족시켜주므로 무형자산으로 계상할 수 있다.
③ 무형자산에는 산업재산권, 라이선스와 프랜차이즈, 광업권, 저작권, 컴퓨터소프트웨어, 개발비 등이 속한다.
④ 무형자산은 취득한 시점부터 합리적인 기간동안 상각하며 상각기간은 관련법령이나 계약에 정해진 경우를 제외하고는 20년을 초과할 수 있다.

1. 기업의 인수, 합병 시 인수한 순자산액보다 인수 대가가 적은 경우
   - 염가매수차익(기타수익)
2. 무형자산의 내용연수는 경제적요인과 법적요인에 의해 결정된 기간 중 짧은 기간으로 정하고, 무형자산의 상각금액은 전부 관리비에 속한다. 단, 상각방법은 정액법, 체감잔액법과 생산량비례법이 있으며, 자산의 경제적 효익이 소비되는 형태를 반영한 방법이어야 한다. 다만, 소비되는 형태를 신뢰성있게 결정할 수 없는 경우에는 정액법을 사용한다. 무형자산 상각의 기장 방법은 직접법을 원칙으로 하지만 유형자산과 같이 간접법도 적용할 수 있다.

(2) 산업재산권 (Intellectual proprietary rights)

특 허 권	새로운 발명품에 대하여 일정기간 독점적으로 이용할 수 있는 권리
실용신안권	물품의 구조, 형상 등을 경제적으로 개선하여 생활의 편익을 줄 수 있도록 신규의 공업적 고안을 하여 얻은 뒤의 권리
디자인권	특정 디자인이나 로고 등을 일정기간 독점적으로 사용하는 권리
상 표 권	특정 상표를 등록하여 일정기한 독점적으로 이용하는 권리

(3) 개발비 (pre-operating costs)

No.	구 분	차 변		대 변	
①	신제품 개발비 지급시	개 발 비	5,000	현 금	5,000
②	결산시 상각(5년 가정)	무형자산상각비	1,000	개 발 비	1,000
③	신제품 발명 성공하여 특허권 취득시(출원비용)	산 업 재 산 권	2,000	현 금	2,000

(4) 기타의 무형자산
① 라이선스(license) : 다른 기업의 상표, 특허 제품 등을 사용할 수 있는 권리를 말한다.
② 프랜차이즈(franchise) : 특정 체인사업에 가맹점을 얻어 일정한 지역에서 특정상표나 제품을 제조, 판매할 수 있는 권리를 말한다.
③ 저작권 : 저작자가 자기 저작물을 복제, 번역, 방송, 상연 등을 독점적으로 이용할 수 있는 권리를 말한다.
④ 컴퓨터소프트웨어 : 소프트웨어란 컴퓨터와 관련된 운용프로그램을 말하는 것으로 상용 소프트웨어의 구입을 위하여 지출한 금액을 말한다. 단, 소프트웨어 개발비용은 개발비에 속한다.
⑤ 임차권리금 : 토지나 건물을 빌릴 때, 그 이용권을 가지는 대가로 보증금 이외로 추가 지급하는 금액을 말한다.
⑥ 광업권, 어업권, 차지권 등이 있다.

(5) 웹사이트 원가 (web site costs)
내부 또는 외부 접근을 위한 기업 자체의 웹사이트의 개발과 운영에 내부 지출이 발생할 수 있다. 개발 단계에서 발생한 지출이 웹 사이트의 창출, 제조 및 경영진이 의도하는 방식, 특히 웹 사이트가 수익을 창출할 수 있을 때 무형자산의 취득원가에 포함한다.

③ 내부적으로 창출한 무형자산 (internally generated intangible assets)
내부적으로 창출된 브랜드, 출판표제, 제호, 고객목록 등에 대한 지출과 내부창출 영업권은 무형자산으로 인식하지 않는다. 한국채택국제회계기준 제1038호에서는 내부적으로 창출한 무형자산이 인식기준에 부합하는지를 평가하기 위하여 무형자산의 창출과정을 연구단계와 개발단계로 구분한다.

(1) 연구단계 (research phase)
연구단계에서는 미래경제적효익을 창출할 무형자산이 존재한다는 것을 입증할 수 없기 때문에 연구단계에서 발생한 지출은 무형자산으로 인식할 수 없고 발생한 기간의 비용(연구비계정)으로 인식한다. 연구단계에 속하는 활동은 다음과 같다.
① 새로운 지식을 얻고자 하는 활동
② 연구결과 또는 기타 지식을 탐색, 평가, 최종선택 및 응용하는 활동
③ 재료, 장치, 제품, 공정, 시스템, 용역 등에 대한 여러 대체 안을 탐색하는 활동
④ 새롭거나 개선된 재료, 장치, 제품, 공정, 시스템, 용역 등에 대한 여러 가지 대체 안을 제안, 설계, 평가 및 최종 선택하는 활동

(2) 개발단계 (development phase)
개발단계는 연구단계보다 훨씬 더 진전되어 있는 상태이므로 미래 경제적 효익이 기업에 유입될 가능성이 높은 지출이거나 취득원가를 신뢰성있게 측정할 수 있으면 '개발비'라는 과목으로 무형자산으로 인식하고, 그 외의 경우에는 '경상개발비' 과목으로 발생한 기간의 비용으로 인식한다. 개발단계에 속하는 활동은 다음과 같다.
① 생산이나 사용 전의 시제품과 모형을 설계, 제작 및 시험하는 활동
② 새로운 기술과 관련된 공구, 금형, 주형 등을 설계하는 활동
③ 상업적 생산목적이 아닌 소규모의 시험공장을 설계, 건설 및 가동하는 활동
④ 새롭거나 개선된 재료, 장치, 제품, 공정, 시스템, 용역 등에 대하여 최종적으로 선정된 안을 설계, 제작 및 시험하는 활동

85 다음은 (주)서울의 무형자산 평가에 관한 내용이다. 괄호 안의 ㉠에 해당하는 금액은 얼마인가?

> (주)우리는 사업을 확장하기 위하여 2019년 1월 1일에 (주)나라를 매수, 합병하였다. 매수, 합병 당시 (주)나라의 자산과 부채는 다음과 같다.
>
> | 구분 | 장부금액 | 공정가치 |
> |---|---|---|
> | 자산 | ₩20,000 | ₩26,000 |
> | 부채 | ₩10,000 | ₩11,000 |
>
> (주)우리는 (주)나라의 자산과 부채를 모두 인수하고, 인수대가로 현금 ₩17,000을 지급하였다. 이 자료를 이용하여 무형자산으로 인식할 영업권 금액을 산정하면 (㉠)이다.

① ₩2,000   ② ₩7,000   ③ ₩13,000   ④ ₩20,000

86 무형자산으로 계상된 개발비의 취득원가에 포함되지 않는 것은?

① 무형자산이 계획된 성과를 달성하기 전에 발생한 명백한 비효율로 인한 손실
② 무형자산의 창출에 직접 종사한 종업원에 대한 급여·상여금
③ 무형자산 창출에 직접 사용된 재료비
④ 무형자산의 창출과 직접 관련된 자본화 대상 금융 비용

87 12월 결산 법인인 (주)서울상사는 20×1년 중에 신제품 개발을 위한 연구활동관련비용 ₩200,000과 개발활동관련비용 ₩240,000을 지출하였다. 개발활동 관련 지출금액은 모두 무형자산의 인식기준을 충족한 것이며, 10월초부터 개발비의 사용이 가능하다. 개발비는 5년동안 정액법으로 상각할 때 20×1년 12월 31일 (주)서울상사의 재무상태표에 보고되는 무형자산은 얼마인가?

① ₩228,000   ② ₩180,000   ③ ₩440,000   ④ ₩240,000

88 다음 글을 읽고 밑줄 친 내용에 대한 회계처리가 바르게 된 것은?

> (주)남한산성은 20×1년 5월에 오랜 연구개발 끝에 '복분자 숙성주'를 개발하여 특허를 받았다. ㉠ 개발에 소요된 비용은 대략 2억 원이 사용되었고, ㉡ 특허출원을 위한 비용은 5천만 원이 지출되었다. 막상 (주)남한산성은 신제품 개발에 성공은 하였지만 유통 경로의 개척이 문제가 되었다. 우선 사람이 많이 붐비는 ㉢ 서울의 명동과 강남, 홍대거리 등에서 제품 홍보를 위한 신제품을 증정하며 시음행사도 열었고, 각종 대중 언론 매체를 통하여 홍보도 적절히 하였다. 또한 ㉣ 거래처 확보를 위해 전국 이름 난 모범 음식점 등에 신제품을 증정하며 많은 예산을 지출하기도 하였다. 이후 '복분자 숙성주'는 시장에서 품귀현상이 발생했고, 제품이 입소문을 타면서 성공적으로 시장을 넓힐 수 있었다.

① ㉠은 연구비 계정으로 당기의 판매비와관리비로 처리하였다.
② ㉡은 개발비 계정으로 무형자산으로 분류하였다.
③ ㉢은 기부금 계정으로 당기의 기타비용으로 처리하였다.
④ ㉣은 접대비 계정으로 당기의 판매비와관리비로 처리하였다.

89 다음은 연구 및 개발활동과 관련된 지출 내역이다. 개발활동으로 분류해야 하는 금액은 얼마인가?

- 새로운 지식을 얻고자 하는 활동	₩ 10,000
- 생산이나 사용전의 시제품과 모형을 제작하는 활동	15,000
- 새로운 기술과 관련된 공구를 설계하는 활동	20,000
- 연구결과나 기타 지식을 응용하는 활동	30,000

① ₩75,000   ② ₩40,000   ③ ₩35,000   ④ ₩25,000

④ 광물자원의 탐사와 평가

광물자원(mineral resources)이란 광물, 석유, 천연가스 등을 말한다. 광물자원을 탐사하고 평가하기 위해서는 먼저 특정 지역에 탐사를 위한 법적 권리를 취득해야 한다. 이후 지질학적 연구와 더불어 시추와 굴착을 하여 광물자원의 탐사를 실시하고, 광물자원을 추출할 수 있는지에 대한 기술적 실현 가능성이 있는지를 평가하게 되는데 이 단계의 지출을 탐사평가자산(exploration and evaluation assets)이라 하고, 해당 자산이 기술적 실현가능성과 상업화가능성이 있다고 판단되어 개발활동이 시작되면 이 단계의 지출은 무형자산인 개발비로 인식한다.

탐사평가자산은 취득시점에 원가로 측정한다. 탐사평가자산은 그 성격에 따라 재무제표에 무형자산이나 유형자산(시추장비, 차량운반구 등)으로 분류하고, 무형자산으로 분류되는 경우에는 광업권이나 시추권과 같은 계정과목으로 표시되어 감가상각을 한다.

Ⅱ. 투자부동산

1 투자부동산(investment property)

(1) **투자부동산의 인식 및 분류**: 투자부동산은 임대수익이나 시세차익 또는 두 가지 모두를 얻기 위하여 보유하고 있는 건물이나 토지와 같은 부동산 말한다. 다만, 재화의 생산이나 용역의 제공 또는 관리목적에 사용하거나, 통상적인 영업과정에서 판매하는 부동산은 제외한다. 그 예로서 다음과 같은 부동산이 있다.

① 장기 시세차익을 얻기 위하여 보유하고 있는 토지. 통상적인 영업과정에서 단기간에 판매하기 위하여 보유하는 토지는 제외한다.
② 장래 사용목적을 결정하지 못한 채로 보유하고 있는 토지. (만약, 토지를 자가 사용할지 또는 통상적인 영업 과정에서 단기간에 판매할지를 결정하지 못한 경우 당해 토지는 시세차익을 얻기 위하여 보유하고 있는 것으로 본다.)
③ 직접 소유(또는 금융리스를 통해 보유)하고 운용리스로 제공하고 있는 건물
④ 운용리스로 제공하기 위하여 보유하고 있는 미사용 건물
⑤ 미래에 투자부동산으로 사용하기 위하여 건설 또는 개발 중인 부동산

▶ 다음은 투자부동산이 아닌 항목이다.
① 통상적인 영업 과정에서 판매하기 위한 부동산이나 이를 위하여 건설 또는 개발 중인 부동산(예를 들면, 가까운 장래에 판매하거나 개발하여 판매하기 위한 목적으로만 취득한 부동산)
② 자가 사용 부동산과 미래에 자가 사용하기 위한 부동산, 미래에 개발 후 자가 사용할 부동산, 종업원이 사용하고 있는 부동산(종업원이 시장가격으로 임차료를 지급하고 있는지 여부는 관계없음), 처분 예정인 자가 사용 부동산을 포함한다.
③ 금융리스로 제공한 부동산

(2) **투자부동산의 측정**: 투자부동산은 최초 인식 시점에 원가로 측정하고, 취득 시 부대비용은 취득원가에 포함되며, 투자부동산은 최초로 인식한 후에 당해 자산에 대한 측정은 원가모형과 공정가치모형 중 하나를 선택하여 모든 투자부동산에 적용한다. 원가모형을 적용할 경우 내용연수에 걸쳐 감가상각을 해야 하며 주석에 부동산의 공정가치를 공시해야 한다. 반면, 공정가치모형을 적용할 경우에는 모든 투자부동산에 대하여 감가상각을 수행하지 않고 공정가치로 평가하여 측정하며, 공정가치의 변동으로 발생하는 손익은 당기 손익에 반영한다. 이는 감가상각을 수행하여 감가상각비를 당기손익에 반영하더라도 공정가치 평가를 통해 감가상각비 효과가 상쇄되기 때문이다. 또한, 투자부동산의 폐기나 처분으로 발생하는 손익은 순 처분금액과 장부금액의 차액이며, 폐기나 처분이 발생한 기간에 당기손익으로 인식한다.

제3장 · 부채 및 자본에 관한 회계 처리

01. 주식회사의 자본

1 주식회사의 설립

주식회사의 설립은 1인 이상의 발기인이 상법의 규정에 따라 정관을 작성하고, 발행한 주식대금을 전액 납입받아 법원에 등기함으로써 설립된다.

---

90 다음 설명에 해당하는 자산 계정으로 옳은 것은?

> 석유나 가스 등의 광물자원을 개발하기 위해 광물자원에 대한 탐사와 평가 과정에서 발생한 지출

① 개발비
② 광업권
③ 산업재산권
④ 탐사평가자산

91 다음 중에서 투자부동산의 예로 옳지 않은 것은?

① 제3자를 위하여 건설 또는 개발 중인 부동산
② 장기 시세차익을 얻기 위하여 보유하고 있는 토지
③ 장래 사용목적을 결정하지 못한 채로 보유하고 있는 토지
④ 미래에 투자부동산으로 사용하기 위하여 건설 또는 개발 중인 부동산

92 다음 중 투자부동산으로 분류하여야 하는 것은?

① 자가사용 부동산
② 정상적인 영업활동과정에서 판매를 목적으로 보유하는 부동산
③ 임대수익이나 시세차익을 얻기 위하여 보유하는 부동산
④ 재화의 생산이나 용역의 제공에 사용하는 부동산

93 20X1년 초에 운용리스로 제공할 목적으로 건물을 취득하였다. 건물의 취득원가는 ₩10,000이며, 잔존가치는 ₩0, 내용연수는 10년으로 추정된다. 동 건물에 대하여 공정가치모형을 적용하기로 한다. 20X1년 말 현재 공정가치가 ₩11,000이라면, 20X1년도의 포괄손익계산서에 계상되는 동 건물에 대한 감가상각비와 투자부동산평가손익은 각각 얼마인가? 단, 법인세효과는 없다.

① 감가상각비 ₩1,000   투자부동산평가이익 ₩2,000
② 감가상각비 ₩1,000   투자부동산평가이익 ₩1,000
③ 감가상각비 ₩0   투자부동산평가이익 ₩2,000
④ 감가상각비 ₩0   투자부동산평가이익 ₩1,000

94 주식회사에서 잔여지분은 마지막으로 누구에게 귀속되는가?

① 종업원
② 채권자
③ 보통주 주주
④ 우선주 주주

95 다음 거래로 인하여 재무상태의 증감을 옳게 분석한 것은 어느 것인가?

> (주)아주여행이 설립되었다. 이 기업은 주당 액면 ₩5,000인 보통주 1,000주를 발행하고, 현금 ₩8,000,000을 납입받았다.

① (차) 자산의 증가   (대) 부채의 증가
② (차) 자산의 증가   (대) 자본의 증가
③ (차) 자본의 감소   (대) 자산의 감소
④ (차) 부채의 감소   (대) 자산의 감소

(1) **수권 자본 제도**(authorized capital system) : 회사가 발행할 주식 총수와 1주의 액면금액을 정관에 정해 두고, 회사가 설립 시 그 중 일부를 발행하여 전액 납입받아 법원에 설립등기를 하고, 잔여 주식은 설립 후 이사회의 결의에 따라 신주를 발행할 수 있는 제도를 말한다. 단, 설립 시 발행하는 주식 수의 제한(발행 예정 주식 총수의 1/4)은 폐지되었다.

(2) **설립 시 납입 자본** : 회사 설립 시에 필요한 납입 자본금은 발행주식 수에 1주의 액면금액을 곱한 금액이며, 설립 시 최저 자본금제도는 폐지되었다.

> 자 본 금 = 발행주식 수 × 1주의 액면금액

(3) **주식회사의 설립 방법** : 발기 설립, 모집 설립

No.	구 분	차 변		대 변	
①	주식의 공모시(청약시)	별 단 예 금	5,000	신주청약증거금	5,000
②	주식을 발행교부시	신주청약증거금 당 좌 예 금	5,000 5,000	보통주자본금 별 단 예 금	5,000 5,000

▶ 신주청약증거금은 자본조정(가산항목)항목으로 재무상태표에 표시한다.

② 주식의 종류

(1) **보통주**(common stock) : 보통주란 발행주식 중 기본이 되는 주식으로서 보통주주들은 주주총회에서 의결권이 있으며, 배당을 통한 이익분배를 받을 권리와 회사가 신주를 발행할 때 우선적으로 신주를 매입할 수 있는 권리(신주인수권)를 부여받을 수 있는 주식을 말한다.

(2) **우선주**(preferred stock) : 우선주란 보통주에 비해 주주의 기본권리 중 이익분배와 잔여재산분배 등에 대하여 우선적으로 청구권을 가지고 있는 주식을 말한다.
  ① **참가적우선주**(participating preferred stock) : 보통주보다 앞서 일정액의 배당을 우선적으로 받은 후 보통주에 대한 배당을 하고 남은 이익에 대하여 보통주와 동일한 배당률이 되도록 권리가 부여된 우선주이다. 이러한 권리가 부여되지 않은 것을 **비참가적 우선주**라 한다.
  ② **누적적우선주**(cumulative preferred stock) : 회사가 전기에 영업 부진 등의 이유로 약정된 배당금을 받지 못하거나 일정 미만으로 배당하여 배당액의 부족분이 생겼을 때 그 부족액(연체배당금)을 당기의 이익에서 우선적으로 배당을 받을 수 있는 우선주이다. 이러한 소급 권리가 부여되지 않은 것을 **비누적적 우선주**라 한다.
  ③ **전환우선주**(convertible preferred stock) : 전환 우선주란 우선주 주주의 의사에 의하여 보통주로 전환될 수 있는 권리를 부여받은 우선주를 말한다.
  ④ **상환우선주**(callable preferred stock) : 상환 우선주란 일정 기간이 지나서 특정 시점에 약정된 금액으로 상환하거나 우선권을 해제할 수 있는 우선주를 말한다.

③ 현물출자

회사가 주식을 발행하고 받는 대가는 현금이 원칙이지만, 현금 이외의 토지, 건물 등으로 납입받는 경우가 있는데, 이를 현물출자라 한다.
▶ 보통주식을 발행하고 토지를 납입받은 경우
 (차) 토 지 5,000 (대) 보통주자본금 5,000

1. 출자자산이 과대평가되면 : 순자산(자본)이 과대계상 – 혼수자본이 된다.
2. 출자자산이 과소평가되면 : 순자산(자본)이 과소계상 – 비밀적립금의 발생

④ 주식의 발행

No.	구 분	차 변		대 변	
(1)	평가발행(액면 = 발행금액)	당 좌 예 금	5,000	보통주자본금	5,000
(2)	할증발행(액면 < 발행금액)	당 좌 예 금	6,000	보통주자본금 주식발행초과금	5,000 1,000
(3)	할인발행(액면 > 발행금액)	당 좌 예 금 주식할인발행차금	4,700 300	보통주자본금	5,000

1. 한국채택국제회계기준 제1032호 '금융상품 표시' 기준서 문단 37에서는 '일반적으로 자기 지분상품(주식)을 발행하는 과정에서 직접 관련되어 발생한 주식발행비는 자본(주식의 발행금액)에서 차감하여 회계 처리한다.'고 규정하고 있다. (일반기업회계기준 제15장 '자본' 문단 15.5에서도 동일함)
2. 자기 지분상품(주식)을 발행하는 과정에서 직접 관련되어 발생한 주식발행비에는 등록 및 그 밖의 감독과 관련된 수수료, 법률, 회계, 자문수수료, 주권인쇄비, 인지세 등을 포함하고, 설립 시에 발생하는 다양한 비용 중 주식 발행과 직접 관련이 없는 창립 사무실 임차료, 수도광열비 등의 지출액은 공통 간접 관련 원가이므로 당기의 비용으로 처리하되, 창립비 계정을 사용하지 않고 '임차료', '수도광열비' 등으로 각각 개별 과목으로 처리해야 한다.

---

96 특정 연도의 이익배당액이 소정의 우선배당률에 미달할 때는 그 부족액을 다음 연도의 이익에서 배당을 청구할 수 있는 주식은 다음 중 어느 것인가?

① 누적적 우선주
② 참가적 우선주
③ 비누적적 우선주
④ 비참가적 우선주

97 다음 우선주의 연결이 잘못된 것은?

① 연체배당금의 우선청구권 – 누적적 우선주
② 보통주로 우선전환권 – 전환우선주
③ 이익배당의 우선권 – 비참가적우선주
④ 일정기간 후 우선상환권 – 상환우선주

98 다음 (   )안에 알맞은 용어는?

> 현물출자가 적절히 평가되었는가에 따라 다음의 두 문제가 발생할 수 있다. 현물을 시가보다 과대평가함으로써 현물의 실질가치보다 더 많은 주식을 발행하여 (㉠)의 문제가 발생한다. 이와 반대로 현물을 시가보다 과소평가함으로써 현물의 실질가치보다 적은 주식을 발행할 경우 (㉡)의 문제가 발생한다.

	㉠	㉡
①	비밀적립금	혼수자본
②	재평가적립금	결손금
③	혼수자본	비밀적립금
④	결 손 금	재평가적립금

99 (주)경기는 20×1년 초 보통주 400주(주당 액면금액 ₩5,000, 주당 발행금액 ₩6,000)를 발행하였으며, 주식 발행과 관련된 직접원가 ₩160,000과 간접원가 ₩20,000이 발생하였다. (주)경기의 주식발행에 대한 설명으로 옳은 것은? 단, 기초 주식할인발행차금은 없다고 가정한다.

① 주식 발행과 관련된 직·간접원가 ₩180,000은 비용으로 인식한다.
② 주식발행초과금의 증가는 ₩220,000이다.
③ 자본잉여금의 증가는 ₩240,000이다.
④ 자본의 증가는 ₩2,400,000이다.

100 (주)인천은 주당 액면금액 ₩5,000인 보통주 200주를 ₩1,600,000에 유상증자하였다. 유상증자 시 (주)인천의 장부에는 ₩220,000의 주식할인발행차금이 계상되어 있었고, 주식발행과 직접 관련된 원가 ₩100,000과 간접원가 ₩30,000이 발생하였다. (주)인천의 유상증자로 인한 납입자본의 증가액은 얼마인가?

① ₩1,250,000
② ₩1,280,000
③ ₩1,470,000
④ ₩1,500,000

02. 자본잉여금

1 주식회사의 자본 분류

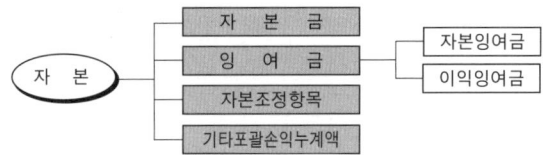

▶ 주식회사의 자본은 그 성격상 자본금, 자본잉여금, 자본조정, 기타포괄손익누계액, 이익잉여금으로 분류되는데, 기말재무상태표상에는 납입자본, 이익잉여금, 기타자본구성요소로 분류 표시한다.

2 자본잉여금(capital surplus)

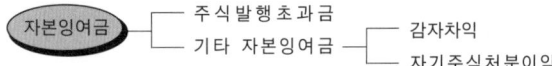

(1) 주식발행초과금(paid-in capital in excess of par-value)

구 분	차 변	대 변
할 증 발 행 시 (액면 ₩5,000 〈 발행가 ₩5,800)	당 좌 예 금　5,800	보통주자본금　5,000 주식발행초과금　600 현금(발행비용)　200

(2) 감자차익(surplus from redtirement of capital sotck)

구 분	차 변	대 변
무 상 감 자 시	보통주자본금　5,000	미처리결손금　4,800 감 자 차 익　200

(3) 자기주식처분이익

No.	구 분	차 변	대 변
①	자기주식을 매입한 경우	자 기 주 식　4,500	당 좌 예 금　4,500
②	자기주식을 처분한 경우	당 좌 예 금　4,800	자 기 주 식　4,500 자기주식처분이익　300
③	자기주식을 처분하지 않고 소각한 경우(액면 ₩5,000)	보통주자본금　5,000	자 기 주 식　4,500 감 자 차 익　500

3 증자와 감자 (increase of capital and reduction of legal capital)

(1) 증 자

No.	구 분	차 변	대 변
①	실 질 적 증 자	당 좌 예 금　×××	보통주자본금　×××
②	형 식 적 증 자	잉 여 금　×××	보통주자본금　×××

(2) 감 자

No.	구 분	차 변	대 변
①	실 질 적 감 자	보통주자본금　×××	당 좌 예 금　×××
②	형 식 적 감 자	보통주자본금　5,000	미처리결손금　4,700 감 자 차 익　300

03. 이익잉여금

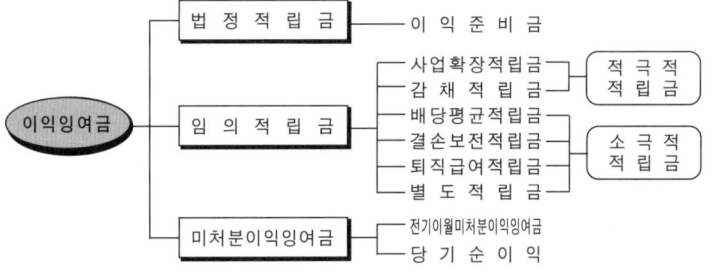

101 "대한주식회사는 사업확장을 위하여 신주 150,000주(액면 @₩100)를 1주당 ₩130에 발행하고, 납입금은 당좌예입하다. 그리고, 주식발행에 필요한 광고료 ₩300,000과 인쇄비 ₩200,000은 현금으로 지급하다"의 거래에 대한 분개로 알맞은 것은?

① (차) 당 좌 예 금　19,500,000　(대) 보통주자본금　15,000,000
　　　　신주발행비　　 500,000　　　주식발행초과금　4,500,000
　　　　　　　　　　　　　　　　　현　　　　금　　500,000

② (차) 당 좌 예 금　19,500,000　(대) 보통주자본금　15,000,000
　　　　　　　　　　　　　　　　　주식발행초과금　4,000,000
　　　　　　　　　　　　　　　　　현　　　　금　　500,000

③ (차) 당 좌 예 금　19,500,000　(대) 보통주자본금　15,000,000
　　　　창 업 비　　 500,000　　　주식발행초과금　4,500,000
　　　　　　　　　　　　　　　　　현　　　　금　　500,000

④ (차) 당 좌 예 금　19,500,000　(대) 보통주자본금　19,500,000
　　　　신주발행비　　 500,000　　　현　　　　금　　500,000

102 다음 중에서 자본잉여금에 속하지 않는 것은?

① 이익준비금　　　　② 주식발행초과금
③ 감자차익　　　　　④ 자기주식처분이익

103 상공상사(주)는 자기주식 100주를 주당 ₩7,000에 매입하여 보유하다가 주당 ₩8,000에 처분하였다. 자기주식 매각에 따른 차액 ₩100,000은 어떻게 처리하여야 하는가?

① 당기손익-공정가치측정금융자산처분이익
② 기타포괄손익누계액
③ 자본잉여금
④ 자본조정

104 (주)강원은 자신이 발행한 주식 중 300주를 주당 ₩700에 매입하였는데, 그 중 100주를 주당 ₩800에 처분하고 전액 현금으로 받았다. 주식을 처분하는 시점에서 원가법에 따라 바르게 분개한 것은?

① (차) 현 금　80,000　(대) 자 본 금　70,000
　　　　　　　　　　　　　주식발행초과금　10,000

② (차) 자 본 금　70,000　(대) 자 기 주 식　70,000
　　　　현　　금　10,000　　　감 자 차 익　10,000

③ (차) 현 금　80,000　(대) 자 기 주 식　70,000
　　　　　　　　　　　　　자기주식처분이익　10,000

④ (차) 현 금　80,000　(대) 자 기 주 식　70,000
　　　　　　　　　　　　　감 자 차 익　10,000

105 자본금 ₩45,000,000의 회사가 미처리결손금 ₩10,000,000을 보전하기 위하여 3주를 2주로 무상으로 병합하였을 경우의 분개에서 나타나는 자본잉여금 과목은?

① 자기주식처분이익 ₩5,000,000
② 이익준비금 ₩5,000,000
③ 감자차익 ₩5,000,000
④ 자산수증이익 ₩5,000,000

요점정리 및 대표문제

1 법정적립금
▶ 이익준비금(legal reserve) : 회사는 자본금의 1/2에 달할 때까지 매 결산기의 이익에 의한 배당액의 1/10 이상의 금액을 이익준비금으로 적립하여야 한다.

1. 상법의 개정으로 주식회사는 배당을 현금 및 주식 외에 현물로도 배당을 할 수 있다.(중간 배당 포함) 따라서 종전 상법에서는 이익준비금의 적립에 있어 금전 배당액의 10분의 1 이상을 적립하였던 규정을 이익 배당액(금전 또는 현물배당액의 경우만 해당되고 주식배당은 제외)의 10분의 1 이상을 적립하도록 개정되었다. (2012. 4. 15 개정 시행)
2. 종전 상법에서는 이익준비금과 자본잉여금(상법에서는 자본준비금이라 함)은 결손보전과 자본전입 외에는 사용할 수 없도록 제한하였으나 개정 상법에서는 적립된 자본잉여금 및 이익준비금의 총액이 자본금의 150%를 초과하는 경우에 그 초과한 금액 범위 내에서 주주총회의 결의에 따라 배당 등의 용도로 다양하게 사용할 수 있도록 허용하였다.

2 임의적립금(voluntary reserve)

No.	구분	차변		대변	
①	적극적적립금의 목적이 달성되면(건물 취득 시)	건물 사업확장적립금	10,000 10,000	당좌예금 별도적립금	10,000 10,000
②	소극적적립금의 목적이 달성되면(임원 퇴직 시)	퇴직급여적립금	8,000	당좌예금	8,000

3 미처분이익잉여금
전기이월 미처분이익잉여금과 당기순이익을 합한 금액으로서 배당금이나 다른 잉여금으로 처분되지 않고 남아있는 이익잉여금이다.

4 배당금
배당금(dividends)이란 기업이 영업활동을 통하여 획득한 이익을 주주들에게 투자에 대한 보상의 의미로 분배 지급하는 것을 말한다. 배당은 지급 형태에 따라 현금 배당, 주식 배당, 현물 배당 등으로 구분한다.

(1) 현금 배당(cash dividends) : 현금배당은 가장 일반적인 배당의 유형이다.
① **배당 기준일(date of record)** : 배당을 받을 권리가 있는 주주를 확정짓는 날로서 배당기준일은 통상 회계기간 말이다.
② **배당 선언일(date of declaration)** : 주주총회에서 배당이 결의된 날로서 통상 정기배당의 경우 주주총회는 사업년도 종료 후 90일 이내에 개최되므로 다음 회계기간의 초이다.
⇒ 배당선언일 : (차) 미처분이익잉여금 ×××   (대) 미지급배당금 ×××
③ **배당 지급일(date of payment)** : 주주명부에 기재된 주주들에게 실제로 배당금을 지급하는 날이다.
⇒ 배당지급일 : (차) 미지급배당금 ×××   (대) 현금 ×××

(2) 주식 배당(stock dividends) : 일반적으로 대부분의 배당은 현금으로 이루어진다. 주식배당이란 현금이 충분하지 않은 회사들이 현금으로 배당하지 않고 주식을 교부하는 것을 말한다. 주식배당은 이익배당 총액의 1/2 범위 내에서 현금으로 배당하지 않고 주식으로 교부하는 것을 말하며, 액면금액법으로 회계처리하여야 한다.
① 배당선언일 : (차) 미처분이익잉여금 ×××   (대) 미교부주식배당금 ×××
② 배당지급일 : (차) 미교부주식배당금 ×××   (대) 보통주자본금 ×××

1. 현물배당(dividends in kind)이란 금전이나 주식이 아닌 상품 등 기타의 자산으로 배당하는 것을 말한다. 개정 상법에서는 현물배당을 신설함으로써 회사가 소유하고 있는 현물을 처분하여 금전으로 배당해야 하는 불편이 해소되었다.
2. 주식배당(stock dividends)은 이익잉여금을 원천으로 하는 배당으로서 발행주식수는 증가시키지만, 미처분이익잉여금을 자본금으로 대체(전입)시키는 것이므로 자본총액은 변하지 않는 납입자본금과 이익잉여금 간의 재분류에 지나지 않는다.(회계상 거래로 보아야 한다.)
3. 주식분할(stock splits)은 이미 발행한 주식의 액면금액을 1:2, 1:3 등과 같이 여러 개의 주식으로 분할하여 재발행하는 것이다. 주식분할을 하면 발행주식수가 증가하고 액면금액은 낮아지지만 자본금계정에는 증감이 없다. 따라서 주식분할은 어느 계정에도 영향이 없어 회계상 거래가 아니다.
4. 주식병합(reverse stock splits)은 주식분할과 반대되는 것으로 여러 주식을 하나의 주식으로 통합하는 것이다. 주식병합을 하면 발행주식수는 감소하고 액면금액은 증가하지만 이는 주식분할과 마찬가지로 회계상 거래가 아니다. 단, 주식의 분할 및 병합이 누적된 결손금을 보전하기 위해 이루어지는 경우에는 주식분할과 주식병합은 회계상 거래가 아니지만 결손금 보전은 자본금의 감소로 계정의 재분류가 이루어지므로 회계상 거래이다.

---

106 다음 중 이익잉여금에 대한 설명으로 올바른 것은?
① 이익잉여금은 당기순이익과 함께 재무상태표에 표시된다.
② 이익잉여금은 배당금으로 지급할 수 있는 현금 보유액을 나타낸다.
③ 포괄손익계산서에서 수익·비용을 합계한 금액으로 표시된다.
④ 이익잉여금은 매 기간마다 발생하는 순이익과 증자에 의한 자본의 증가가 그 원인이 된다.

107 다음 설명 중 틀린 것은?
① 이익준비금은 상법규정에 의하여 자본금의 1/2에 달할 때까지 매결산기 이익배당액의 1/10 이상의 금액을 사내에 유보하는 것이다.
② 임의적립금은 기업의 운영목적상 필요한 자금을 마련하기 위하여 회사의 정관 또는 주주총회의 의결에 따라 결정하는 적립금이다.
③ 법정적립금은 자본잉여금, 이익준비금으로 구분한다.
④ 재무구조개선적립금은 유가증권의 발행 및 공시 등에 관한 규정의 개정으로 강제적립조항이 폐지되어 기존의 적립금액은 임의적립금으로 분류한다.

108 다음 자료에 의하여 이익준비금으로 적립할 최소한의 금액은?

> ㉠ 자본금 : ₩5,000,000(결산 연 1회)
> ㉡ 당기순이익 : ₩2,000,000
> ㉢ 배당금 연 20%(현금배당 50%, 현물배당 20%, 주식배당 30%)
> ㉣ 당기 말 이전까지 이익준비금 누계액 : ₩800,000

① ₩100,000   ② ₩ 70,000
③ ₩ 50,000   ④ ₩200,000

109 회사가 주주에게 배당을 지급하기로 하였다. 동 배당에 대한 회계처리가 처음으로 발생하는 일자는 다음 중 어느 것인가?
① 배당기준일   ② 배당결의일
③ 배당지급일   ④ 사업연도종료일

110 (주)광화문은 주당 액면 ₩1,000의 보통주 200,000주를 발행하고 있고, 이익잉여금 잔액이 ₩50,000,000인 (주)광화문은 2019년 2월에 5%의 주식배당과 주당 ₩20의 현금배당을 선언하였다. 이러한 배당선언이 회사의 자본에 미치는 영향으로 잘못된 것은?
① 현금 배당액은 ₩4,000,000이 될 것이다.
② 주식 배당액은 ₩2,500,000이 될 것이다.
③ 배당선언으로 부채 ₩4,000,000이 증가한다.
④ 이익잉여금 ₩14,000,000이 배당의 재원으로 사용되었다.

04. 자본조정과 기타포괄손익누계액

1 자본조정

(1) **자기주식**(treasury stock) : 회사가 이미 발행한 주식을 주주로부터 취득한 경우 그 취득가액으로 자기주식 계정 차변에 기록하며 자본에서 차감하는 형식으로 표시한다.

(2) **주식할인발행차금**(discount on stock issuance)

No.	구 분	차 변	대 변
①	주식의 할인발행 시	당 좌 예 금 4,700 주식할인발행차금 300	보 통 주 자 본 금 5,000
②	주식할인발행차금 상각 시	미처분이익잉여금 100	주식할인발행차금 100

(3) 그외 감자차손, 자기주식처분손실, 미교부주식배당금, 주식선택권, 출자전환채무 등이 있다.

> 상법의 개정으로 종전의 배당건설이자를 규정하고 있던 463조가 폐지되었다. 그 이유는 대규모 건설의 경우 오늘날 컨소시엄(건설공사 따위의 수주에서 여러 기업체가 공동으로 참여하는 방식)의 형태로 시행하는 경우가 많고, 또한 우리나라의 신인도가 높아졌으므로 대규모 공사를 실시할 때 투자자를 모집하는 것에 대한 부담도 없어졌기 때문이다. 한편, 상법에서는 배당건설이자를 이연자산으로 규정하고 있었는데 회계기준에는 이연자산 자체가 없으므로 회계처리가 불가능하여 폐지한 것이다.

2 기타포괄손익누계액

일정기간 주주와의 자본거래를 제외한 모든 거래나 사건에서 발생한 순재산(자본)의 변동을 포괄손익(comprehensive income)이라 하며, 기타포괄손익누계액은 포괄손익 중 포괄손익계산서상의 당기순이익에 포함되지 않은 포괄손익의 잔액을 말한다.

(1) 기타포괄손익-공정가치측정금융자산평가손익
(2) 해외사업환산손익
(3) 현금흐름위험회피 파생상품평가손익 중 효과적인 부분
(4) 재평가잉여금
(5) 확정급여제도의 보험수리적 손익

 05. 자본변동표

1 자본변동표(statement of changes in equity)의 개념

자본변동표란 기업의 자본금, 자본잉여금, 자본조정, 기타포괄손익누계액, 이익잉여금(또는 결손금)의 크기와 그 변동에 관한 정보를 포괄적으로 제공하기 위한 재무제표를 말한다.

2 자본변동표의 유용성

(1) 재무제표 간의 연계성을 제고시키며 재무제표의 이해가능성을 높인다.
(2) 포괄손익계산서에서 나타낼 수 없는 기타포괄손익-공정가치측정 금융자산 평가손익에 대한 변동 내용 등 포괄적인 경영성과에 대한 정보를 직접 또는 간접적으로 제공하게 된다.
(3) 다른 재무제표 정보와 더불어 기업의 재무적 탄력성, 수익성 및 위험 등을 평가하는 데 유용하다.

 06. 사 채

1 사채의 발행 방법

No.	구 분	차 변	대 변
(1)	평 가 발 행 (액면 = 발행금액)	당 좌 예 금 10,000	사 채 10,000
(2)	할 인 발 행 (액면 > 발행금액)	당 좌 예 금 8,000 사채할인발행차금 2,000	사 채 10,000
(3)	할 증 발 행 (액면 < 발행금액)	당 좌 예 금 11,000	사 채 10,000 사채할증발행차금 1,000

▶ 사채발행비용은 사채발행금액에서 차감한다.

---

111 다음 중 자본조정항목이 아닌 것은?

① 감자차손
② 자기주식
③ 주식할인발행차금
④ 기타포괄손익-공정가치측정금융자산평가이익

112 다음 중 재무상태표상 같은 그룹에 속하지 않는 계정은?

① 재평가잉여금
② 기타포괄손익-공정가치측정금융자산처분손익
③ 해외사업환산손익
④ 기타포괄손익-공정가치측정금융자산평가손익

113 (주)남한강의 자본항목은 다음과 같다. 자본조정과 기타포괄손익누계액의 금액으로 맞는 것은?

자본금	₩30,000,000	주식할인발행차금	₩1,500,000
퇴직급여적립금	1,000,000	이익준비금	750,000
자기주식처분이익	200,000	기타포괄손익-공정가치측정금융자산평가이익	100,000
자기주식	250,000	별도적립금	1,600,000
감자차손	125,000	재평가잉여금	50,000

	자본조정	기타포괄손익누계액
①	₩1,875,000	₩150,000
②	₩1,750,000	₩100,000
③	₩1,975,000	₩ 50,000
④	₩2,025,000	₩350,000

114 다음 자본변동표에 대한 설명으로 잘못된 것은?

① 다른 재무제표 정보와 더불어 기업의 재무적 탄력성과 수익성 및 위험 등을 평가한다.
② 자본의 크기와 변동내역뿐만 아니라 총지분인 자산의 변동에 대한 정보도 제공한다.
③ 기업회계기준서에서 정한 재무제표 중 하나이다.
④ 기업의 일정기간 자본의 크기와 변동에 관한 정보를 제공한다.

115 다음 중 사채에 대한 설명으로 틀린 것은?

① 액면이자 < 시장이자 : 할인발행
② 액면이자 > 시장이자 : 할증발행
③ 유효이자율법하에서 사채할인발행차금 상각액은 매년 증가한다.
④ 사채할인발행차금은 발행금액에서 차감하는 형식으로 표시함

116 (주)대한은 다음과 같이 20×1년 1월 1일에 사채를 발행하였다. 유효이자율법에 의할 경우 20×1년 12월 31일에 이자비용으로 계상될 금액은 얼마인가?

• 액면금액 ₩200,000	• 액면이자율 10%
• 발행금액 ₩180,000	• 유효이자율 12%
• 상환 연수 5년	• 이자지급일 : 20×1년 12월 31일

① ₩24,000   ② ₩21,600
③ ₩20,000   ④ ₩19,000

② 사채이자 : 액면금액 × 이자율 × 지급월수 / 12

No.	구 분	차 변		대 변	
(1)	할인발행한 경우	이 자 비 용	12,000	현 금 사채할인발행차금	10,000 2,000
(2)	할증발행한 경우	이 자 비 용 사채할증발행차금	8,000 2,000	현 금	10,000

③ 사채의 상환
  (1) 만기 상환 (일시상환) … 액면금액으로 상환
  (2) 만기전 상환 (수시상환) … (가) 연속상환 : 액면금액으로 상환
                              (나) 매입상환 : 시가로 상환

구 분	차 변		대 변	
매 입 상 환 시 (할인발행한 경우)	사 채	×××	당 좌 예 금 사채할인발행차금 사 채 상 환 이 익	××× ××× ×××

④ 감채기금과 감채적립금

No.	구 분	차 변		대 변	
(1)	감채적립금과 감채기금을 동시 설정 시	미처분이익잉여금 장기금융상품	××× ×××	감 채 적 립 금 현 금	××× ×××
(2)	예금에 대한 이자 발생시	장 기 금 융 상 품	×××	감 채 적 립 금	×××
(3)	사 채 상 환 시	사 채 감 채 적 립 금	××× ×××	장 기 금 융 상 품 별 도 적 립 금	××× ×××

07. 확정급여부채와 충당부채

① 퇴직급여제도

(1) 확정기여제도(defined contribution plans : DC) : 확정기여제도는 기업이 별개의 실체(보험회사 등)에 사전에 확정된 고정 기여금을 납부하는 제도이다. 따라서 그 기금이 종업원의 퇴직급여를 지급할 만큼 충분하지 못하더라도 기업에게는 추가로 기여금을 납부해야 하는 법적 의무가 없다.
  ▶ 확정기여제도 하에서 기여금을 현금으로 납부하는 경우

(차) 퇴 직 급 여 ×××	(대) 현 금 ×××

(2) 확정급여제도(defined benefit plans : DB) : 확정급여제도는 확정기여제도 이외의 모든 퇴직급여제도를 말하는 것으로 이 제도하에서는 종업원이 받을 퇴직급여의 규모와 내용이 종업원의 임금과 근무연수에 기초하는 산정식에 의하여 사전에 약정된다. 이 제도는 기업이 퇴직급여와 관련된 기금의 운용을 책임지기 때문에 기금이 부족한 경우에는 기업이 추가적으로 기여금을 납부해야 할 의무가 있는 경우가 이에 해당한다.

② 확정급여부채 (defined benefit liabilities)

No.	구 분	차 변		대 변	
①	회계기간 말 확정급여채무를 ₩300,000 설정한 경우	퇴 직 급 여	300,000	확정급여채무	300,000
②	보험회사에 기여금 ₩250,000을 현금으로 적립한 경우	사외적립자산	250,000	현 금	250,000
③	종업원이 퇴직하여 퇴직금 ₩250,000을 사외적립자산에서 지급한 경우	확정급여채무	250,000	사외적립자산	250,000

③ 충당부채 (provision liabilities)

충당부채는 다음의 세 가지 인식조건을 모두 충족하는 경우에만 인식한다.
  ① 과거 사건의 결과로 현재의무가 존재해야 한다.
  ② 그 의무를 이행하기 위해서는 경제적효익이 내재된 자원이 유출될 가능성이 높아야 한다.
  ③ 그 의무의 이행에 소요되는 금액을 신뢰성있게 추정할 수 있어야 한다.
충당부채의 적용대상이 되는 거래나 사건은 제품 판매 후 품질 등을 보증하는 경우의 관련 부채, 구조조정계획관련 부채, 손실부담계약, 타인의 채무 등에 대한 보증, 계류중인 소송사건 등이다. 단, 정기적 대규모 수선의 경우는 수선비 지출 시점에 자산으로 처리하여 감가상각하므로 충당부채의 설정 대상이 아니다.

---

117 서울(주)는 1년 전 발행한 사채 ₩1,000,000을 만기 전에 이자비용을 제외한 사채의 대가로 현금 ₩900,000을 지급하고 상환하였다. 단, 상환시점에 미상각된 사채할인발행차금은 ₩120,000이었다. 서울(주)의 사채상환으로 인한 당기순이익에 미치는 영향으로 옳은 것은?

① 당기순이익 ₩20,000 감소
② 당기순이익 ₩100,000 감소
③ 당기순이익 ₩20,000 증가
④ 당기순이익 ₩100,000 증가

118 종업원의 퇴직급여제도에 대한 설명으로 틀린 것은?

① 퇴직급여제도에는 확정기여제도와 확정급여제도가 있다.
② 확정기여제도는 기업이 보험회사 등에 사전에 확정된 고정 기여금을 납부하고 그 이후에는 기업은 추가로 납부할 책임이 없는 제도이다.
③ 확정급여제도는 기업이 종업원의 퇴직과 관련된 기금의 운용을 책임지기 때문에 기금이 부족한 경우에는 기업이 추가적으로 기여금을 납부해야할 의무가 있는 제도이다.
④ 확정급여제도에서 사외적립자산은 회계기간 말 재무상태표에 비유동자산으로 표시해야 한다.

119 서울회사의 종업원 홍길동씨가 퇴직하게 되어 확정급여채무 중에서 퇴직금 ₩5,000,000을 적립해 두었던 사외적립자산으로 지급하였다. 이 거래가 서울회사의 재무상태에 미치는 영향 중 옳은 것은?

① 자산증가, 부채증가
② 자산증가, 부채감소
③ 자산감소, 부채증가
④ 부채감소, 자산감소

120 다음 중 충당부채의 인식과 관련된 설명으로 옳지 않은 것은?

① 과거 사건의 결과로 현재 의무가 존재해야 한다.
② 당해 의무를 이행하기 위하여 경제적 효익을 갖는 자원이 유출될 가능성이 높아야 한다.
③ 입법 예고된 법규의 세부사항이 아직 확정되지 않은 경우에는 당해 법규안대로 제정될 것이 거의 확실한 때에만 의무가 발생한 것으로 본다.
④ 신뢰성 있는 금액의 추정이 불가능한 경우에도 부채로 인식해 재무상태표의 본문에 표시한다.

121 다음 중 충당부채가 적용되는 거래나 사건에 해당하는 것을 고르면?

| 가. 정기적으로 이루어지는 대규모 수선 |
| 나. 판매 후 품질 등을 보증 |
| 다. 손실부담계약 |
| 라. 타인의 채무 등에 대한 보증 |
| 마. 구조조정계약 |
| 바. 계류 중인 소송사건 |

① 가, 나, 다, 라, 마, 바
② 나, 다, 라, 마, 바
③ 나, 라, 바
④ 가, 나, 라, 바

충당부채의 현재의무 중 법적의무와 의제의무

1. 법적의무란 명시적 또는 묵시적 조항에 따른 계약, 법률, 기타 법적효력에 의하여 발생하는 의무를 말한다. (판매된 제품에 큰 하자가 있어 교환을 해주어야 하는 경우)
2. 의제의무란 과거의 실무관행이나 발표된 경영방침 또는 구체적이고 유효한 약속 등을 통하여 기업이 특정 책임을 부담하겠다는 것을 상대방에게 표명하고, 그 결과 기업이 당해 책임을 이행할 것이라는 정당한 기대를 상대방이 가지게 되었을 때 발생하는 의무를 말한다. (판매하고 있는 제품의 홍보를 위해 고급 아파트나 고급 자동차를 경품으로 제공하는 경우 등)

④ **우발부채** (contingent liabilities)

우발부채는 잠재적인 부채로서 자원의 유출을 초래할 현재 의무가 있는지의 여부가 아직 확인되지 않거나 현재 의무가 존재하지만, 그 의무를 이행하는데 자원의 유출가능성이 높지 않거나 그 금액을 신뢰성 있게 추정할 수 없는 것으로 부채의 인식기준을 충족하지 못해 부채로 인식하지 아니하고 주석에 기재한다. 만약, 어떤 의무에 대하여 회사가 직접 이행하기 위하여 자원의 유출이 높으며, 금액을 신뢰성있게 추정할 수 있는 부분에 대하여는 충당부채를 인식한다. (예 타인의 채무보증) 단, 과거에 우발부채로 처리하였더라도 이후 충당부채의 인식조건을 충족하였다면 재무상태표에 충당부채로 인식한다.

⑤ **우발자산** (contingent assets)

우발자산은 과거사건이나 거래의 결과로 발생 가능성이 있으며, 기업이 전적으로 통제할 수 없는 불확실한 미래사건의 발생 여부에 의하여서만 그 존재 여부가 확인되는 잠재적자산을 말하는 것으로 미래에 확정되기까지 자산으로 인식하지 아니하고 자원의 유입가능성이 매우 높은 경우에만 주석에 기재한다. 단, 상황변화로 인하여 자원이 유입될 것이 확정된 경우에는 그러한 상황변화가 발생한 기간에 관련 자산과 이익을 인식한다. (예 기업이 제기하였으나 그 결과가 불확실한 소송)

08. 기업의 세무

① **세금의 종류**

No.	세 금 의 내 용	계정과목
(1)	건물, 차량 등 유형자산의 취득시 부과되는 취득세, 등록세, 인지세	취득원가에 가산
(2)	영업과 관련되는 재산세, 자동차세, 사업소세, 도시계획세, 종합토지세	세 금 과 공 과
(3)	개인기업의 기업주에 부과되는 종합소득세(사업소득세), 소득할주민세	인 출 금
(4)	급여지급 시 원천징수한 근로소득세	소득세예수금
(5)	법인의 소득에 부과되는 법인세	법 인 세 비 용
(6)	상품의 매입과 매출에 부과되는 부가가치세	부가가치세대급금·예수금

▶ 세금과공과에는 상공회의소회비, 적십자회비, 협회비, 조합비 등의 공과금이 포함된다.

② **부가가치세** (value-added tax : V.A.T)

No.	구 분	차 변	대 변
①	상품을 매입 시	매 입 5,000 부가가치세대급금 500	현 금 5,500
②	상품을 매출 시	현 금 7,700	매 출 7,000 부가가치세예수금 700
③	부가가치세 납부 시	부가가치세예수금 700	부가가치세대급금 500 현 금 200
④	결산시 부가가치세 정리	부가가치세예수금 500	부가가치세대급금 500

1. **전자 신고** : 납세자 또는 세무 대리인이 세법에 의한 신고 관련 서류를 자신의 컴퓨터에서 작성한 후 인터넷을 통하여 국세 전자 신고 시스템에 신고하는 것을 말한다. 이는 지금까지의 방문 신고, 우편 신고, 서면 작성 후 전산 매체 신고와는 구별되는 새로운 신고 방법으로 최근 들어 인터넷 인구의 급속한 증가로 전자 신고의 필요성이 크게 대두되면서 국세 기본법에서도 전자 신고에 관한 규정을 명문화하게 되었다.
2. 부가가치세 확정신고 시 납세자가 전자신고를 하는 경우 납부할 세액에서 일정한 금액을 경감받는데 이 경감액은 납부세액의 크기에 관계없이 누구나 일정하게 ₩10,000을 경감받는다. 이 경감액은 잡이익으로 회계처리한다. 단, 예정신고 시 전자신고를 하더라도 경감 혜택은 없다.
   ▶ 예를 들어 매출세액 ₩500,000, 매입세액 ₩300,000을 확정신고 납부 시 전자신고를 하는 경우
   (차) 부가가치세예수금 500,000 (대) 부가가치세대급금 300,000
   　　　　　　　　　　　　　　　　　현 　　　　금 190,000
   　　　　　　　　　　　　　　　　　잡 　 이 　 익 10,000

---

122 충당부채와 우발부채, 우발자산에 대한 설명으로 틀린 것은?

① 충당부채는 부채의 인식 기준이 충족하였으나 우발부채는 부채의 인식 기준을 충족하지 못한다.
② 우발부채는 어떠한 경우에도 재무상태표에 부채로 인식할 수 없다.
③ 우발자산은 신중성의 관점(보수주의 관점)에서 재무상태표에 자산으로 인식하지 않지만 우발부채는 재무상태표에 부채로 인식한다.
④ 우발자산은 어떠한 경우에도 재무상태표에 자산으로 인식할 수 없다.

123 다음 자료 중 세금과공과 계정으로 처리되는 요소는 어느 것인가?

> a. 영업용 토지에 대한 종합토지세
> b. 종업원급여 지급 시 원천징수한 근로소득세
> c. 상공회의소 회비, 조합비, 협회비
> d. 건물 구입 시 지급한 취득세 및 등록세
> e. 영업용 차량에 대한 자동차세
> f. 점포에 대한 사업소세 및 도시계획세, 면허세
> g. 개인기업의 기업주에 부과된 종합소득세

① d, e, f, g 　② b, d, g
③ a, b, c, d 　④ a, c, e, f

124 상품을 ₩60,000에 외상매출하고 부가가치세 10%를 현금으로 받은 경우에 적절한 분개는?

① (차) 외상매출금 60,000 (대) 매 출 60,000
　　　현 금 6,000　　　　　　부가가치세대급금 6,000

② (차) 외상매출금 60,000 (대) 매 출 60,000
　　　현 금 6,000　　　　　　부가가치세예수금 6,000

③ (차) 외상매출금 60,000 (대) 매 출 66,000
　　　현 금 6,000

④ (차) 외상매출금 60,000 (대) 매 출 60,000
　　　현 금 6,000　　　　　　선 수 금 6,000

125 전남상사는 20×1년 7월 25일 제1기 부가가치세 확정 신고를 하고 부가가치세를 현금으로 납부하였다. 부가가치세 관련 계정이 다음과 같을 때 7월 25일 부가가치세 납부와 관련된 분개로 적절한 것은? (단, 예정 신고를 하지 않았다고 가정한다.)

부가가치세대급금	부가가치세예수금
3/10　30,000	2/10　40,000
6/10　20,000	6/15　50,000
7/ 3　10,000	

① (차) 부가가치세예수금 90,000 (대) 부가가치세대급금 60,000
　　　　　　　　　　　　　　　　　　현 금 30,000

② (차) 부가가치세예수금 90,000 (대) 부가가치세대급금 50,000
　　　　　　　　　　　　　　　　　　현 금 40,000

③ (차) 세금과공과 30,000 (대) 현 금 30,000

④ (차) 세금과공과 40,000 (대) 현 금 40,000

제4장 · 수익과 비용

 수익과 비용

1 매출액과 매출원가

1. 매출액
매출액이란 기업의 주된 영업 활동에서 상품이 판매되어 구매자에게 인도되면 이에 따른 판매 대금의 수입 시기와 관계없이 상품을 판매함으로써 발생하는 수익을 '상품 매출'이라는 수익 계정 대변에 기록하는 것을 말한다.

2. 매출원가와 매출총이익
(1) 매출원가란 상품 매출액에 대응하는 상품의 매입원가를 말하는 것으로 기초상품재고액과 당기 순매입액의 합계액에서 당기에 판매되지 않은 기말상품재고액을 차감하여 산출한다.

> 매출원가 = 기초상품재고액 + 당기 순매입액 - 기말상품재고액

(2) 매출총이익이란 상품매출액에서 매출원가를 차감하여 산출한다.

> 매출총이익 = 순매출액 - 매출원가

2 수익의 개념과 회계 처리

1. 수익의 뜻과 분류

(1) **수익의 뜻** : 수익이란 "자산의 유입이나 증가 또는 부채의 감소에 따라 자본의 증가를 초래하는 특정 회계 기간 동안에 발생한 경제적 효익의 증가로서, 지분 참여자(소유주)에 의한 출연과 관련된 것은 제외한다."라고 할 수 있다.

(2) **수익의 인식** : 한국채택국제회계기준 제1115호 '고객과의 계약에서 생기는 수익' 기준서에서는 아래와 같이 5단계의 절차를 거쳐 수익을 인식하고, 회계 처리를 하도록 규정하고 있다.

① 고객과의 계약을 식별 → ② 수행 의무를 식별 → ③ 거래 가격을 선정 → ④ 거래 가격을 계약 내 수행 의무에 배분 → ⑤ 수행 의무를 이행할 때 수익의 인식

〈예제〉 수익 인식의 5단계

▶ (주)하이마트는 원가 ₩500,000의 세탁기 한 대를 고객에게 ₩800,000에 판매하고 현금을 받았다. (주)하이마트는 계속기록법으로 재고자산을 기록하는 경우 수익 인식의 5단계를 적용하여 회계 처리를 하시오.

【풀이】
1. 고객과의 계약을 식별 : 현금 판매 영수증을 통하여 고객과의 계약이 확인되었다.
2. 수행 의무를 식별 : 세탁기 인도라는 하나의 수행 의무가 있다.
3. 거래 가격을 산정 : ₩800,000에 판매하였다.
4. 거래 가격을 계약 내 수행 의무에 배분 : 거래 가격 ₩800,000을 모두 하나의 수행 의무에 배분
5. 수행 의무를 이행할 때 수익의 인식 : 세탁기를 고객에게 인도하였으므로 다음과 같이 판매 시점에서 매출 수익을 인식하고, 직접 관련 비용(매출원가)을 인식한다.

(차변) 현　　　금	800,000	(대변) 매　　　출	800,000
매 출 원 가	500,000	상　　　품	500,000

(3) **수익의 분류**

(가) 영업수익 : 영업수익이란 기업의 가장 중요한 영업 활동을 수행함으로써 재화 또는 용역을 제공함에 따라 얻어지는 수익을 말하는 것으로 백화점의 상품 매출액이나, 가구 제조업의 가구 판매액, 호텔업에서의 객실료, 병원 의료업에서의 진료비, 부동산 임대업의 임대료 등이 영업수익으로 분류된다.

(나) 기타(영업외)수익 : 기타(영업외)수익이란 기업의 주요 영업 활동과는 관련이 없으나 영업 활동의 결과 부수적으로 발생하는 수익을 말하는 것으로 단기대여금이나 은행예금에 대한 이자수익이나, 유형자산처분이익 등이 기타(영업외)수익으로 분류된다. 한국채택국제회계기준에서는 이자수익과 배당금수익을 금융수익으로 분류하고 나머지는 기타수익으로 규정하고 있다.

① **이자수익** : 금융기관에 예치한 각종 은행예금이나 단기대여금에 대한 이자를 받았을 때

② **배당금수익** : 투자 수익을 목적으로 보유하고 있는 당기손익-공정가치측정 금융자산이나 기타포괄손익-공정가치측정 금융자산에 대하여 주주로서 배당금을 받았을 때

---

126 다음 개인기업인 ○○상사의 당일 상품 거래를 통해 알 수 있는 내용으로 옳은 것만을 〈보기〉에서 있는 대로 고른 것은?

> ○○상사의 직원은 아침에 출근하여 어제 팔고 남은 사과 100개(@₩1,000)를 확인하고 판매를 시작하였다. 오전에는 어제 주문한 사과 500개(@₩1,000)가 도착하여 검수에 합격한 사과 450개를 매장에 진열하고 불량품 50개는 반품하였다. 당일의 영업을 종료한 후 재고를 조사한 결과, 사과는 200개가 남았으며 총 판매 금액은 100만 원이었다.

〈 보기 〉
ㄱ. 순매입액은 ₩500,000
ㄴ. 매출 수량은 400개
ㄷ. 매출총이익은 ₩650,000이다.

① ㄱ　　② ㄷ　　③ ㄱ, ㄴ　　④ ㄴ, ㄷ

127 다음 중 한국채택국제회계기준 제1115호 '고객과의 계약에서 생기는 수익' 기준서에 따른 수익 인식 5단계를 순서대로 바르게 나열한 것은?

가. 고객과의 거래 식별　　나. 수행 의무의 식별
다. 거래 가격의 산정　　　라. 거래 가격의 배분
마. 수행 의무의 이행으로 수익의 인식

① 가, 나, 다, 라, 마　　② 가, 다, 나, 라, 마
③ 나, 가, 라, 다, 마　　④ 다, 나, 가, 라, 마

128 수익에 관한 내용으로 옳지 않은 것은?

① 수익은 거래와 관련된 경제적 효익의 유입가능성이 높고, 신뢰성 있게 측정할 수 있을 때 인식한다.
② 재화의 판매시 소유에 따른 중요한 위험과 보상이 구매자로 이전되고, 재화에 대한 통제를 하지 아니할 경우 수익을 인식한다.
③ 기업의 경영활동에서 수익에 의해 자산의 감소나 부채의 증가가 나타난다.
④ 재화의 판매 또는 용역의 제공에 따른 대가를 받아 자본이 증가하는 원인이 된다.

129 다음은 업종별 경영활동 관련 내역이다. 각 회사의 입장에서 수익으로 인식되는 거래가 아닌 것은?

① 대한호텔은 고객으로부터 객실료를 현금으로 받다.
② 대한상사는 거래처로부터 외상매입금 전액을 면제받다.
③ 부동산임대업인 (주)미래부동산은 건물 임대료를 현금으로 받다.
④ 거래처와 상품 판매계약을 체결하고, 계약금액의 20%를 현금으로 먼저 받다.

130 다음 자료에서 중 기타(영업외)수익을 계산하면 얼마인가?

매　출　액	₩1,000,000	매 출 총 이 익	₩300,000
보 험 차 익	100,000	이 자 수 익	200,000
대손충당금환입	200,000		

① ₩1,300,000　　② ₩300,000
③ ₩800,000　　　④ ₩500,000

③ 임대료 : 토지, 건물 등을 임대하고 임대료를 받았을 때
④ 당기손익-공정가치측정금융자산처분이익 : 당기손익-공정가치측정금융자산을 장부금액 이상으로 처분하였을 때의 이익
⑤ 당기손익-공정가치측정금융자산평가이익 : 당기손익-공정가치측정금융자산을 결산 시 공정가치로 평가하였을 때의 평가이익
⑥ 유형자산처분이익 : 토지·건물 등을 장부금액 이상으로 처분하였을 때의 이익
⑦ 투자자산처분이익 : 기타포괄손익-공정가치측정금융자산 등의 투자자산을 장부금액 이상으로 처분하였을 때의 이익(기타포괄손익-공정가치측정금융자산처분이익 등)
⑧ 자산수증이익 : 제3자로부터 자산(토지 등)을 무상으로 기증받았을 때
⑨ 채무면제이익 : 채권자로부터 장기차입금과 같은 채무를 일부 면제받았을 때 (채무조정이익)
⑩ 보험금수익 : 화재 보험에 가입한 건물 등이 화재로 발생한 피해액을 보상받았을 때의 금액
⑪ 환율변동이익(외환 차이) : 결산 시 화폐성 외화자산과 부채에 대하여 원화로 환산 시 환율의 변동으로 발생한 외환환산이익과 기간 중에 외화자산의 회수 또는 외화부채의 상환 시 환율 변동으로 발생한 외환차익을 통합한 것

③ 비용의 개념과 회계 처리

1. **비용의 뜻** : 비용이란 "자산의 유출이나 소멸 또는 부채의 증가에 따라 자본의 감소를 초래하는 특정 회계 기간 동안 발생한 경제적 효익의 감소로, 지분 참여자(소유주)에 대한 분배와 관련된 것은 제외한다."라고 할 수 있다.

2. **비용의 인식** : 비용의 인식이란 비용의 발생 시점에 관한 것으로 비용이 속하는 회계 기간을 결정하는 것을 말하는 것으로 비용도 수익과 마찬가지로 이를 신뢰성 있게 측정할 수 있을 때 당기의 손익계산에 포함할 수 있다. 비용은 수익이 인식된 시점에서 수익과 관련하여 비용을 인식하게 되는데 이를 수익·비용 대응의 원칙이라고 하고, 이 원칙은 비용의 인식기준이 된다.

    (1) **직접 대응** : 수익을 얻는 것을 수익의 획득이라고 한다. 직접 대응이란 수익 획득 시점에서 인과 관계가 성립하는 비용의 대응을 말하는 것으로 매출액에 대한 매출원가나 판매비(판매수수료, 운반비) 등이 이에 속한다.

    (2) **간접 대응** : 간접 대응은 기간 대응이라고도 하며 발생한 비용이 특정 수익과 직접적인 인과 관계를 명확히 알 수는 없지만 일정 기간 동안 수익 창출 활동에 기여한 것으로 판단되는 비용의 대응을 말하는 것으로 감가상각비, 광고선전비 등과 같은 일반관리비가 이에 속한다.

3. **비용의 분류**

    (1) **매출원가** : 매출원가란 상품 매출액에 대응하는 상품의 매입원가를 말하는 것으로 기초상품재고액과 당기 순매입액의 합계액에서 당기에 판매되지 않은 기말상품재고액을 차감하여 산출한다.

    (2) **판매비와관리비** : 판매비와관리비란 상품의 판매 활동과 기업의 관리 활동에서 발생하는 비용으로 매출원가에 속하지 않는 모든 영업비용을 말한다. 단, 대손충당금 환입은 판매비와 관리비의 부(-)의 금액이다.

    ① 종업원급여 : 판매 관리 활동 담당 종업원에 대한 급여, 임금 및 제수당을 지급한 경우
    ② 퇴직급여 : 판매 활동 담당 종업원의 퇴직 시 퇴직금을 지급한 경우와 결산 시 퇴직 급여 부채를 설정한 경우
    ③ 광고선전비 : 기업의 홍보를 위하여 신문, 방송, 잡지 등에 지급한 광고 비용
    ④ 기업업무추진비 : 영업과 관련한 거래처의 접대, 향응 등의 접대비와 기밀비, 사례금 등(일종의 마케팅 비용이다.) ···개정
    ⑤ 보관료 : 상품 등의 재고자산을 창고 회사에 보관하고 보관료를 지급한 경우
    ⑥ 운반비 : 상품을 매출하고 지급한 발송 비용
    ⑦ 판매수수료 : 상품을 판매 위탁하고 지급하는 수수료
    ⑧ 복리후생비 : 관리부 종업원의 복리·후생을 위한 의료, 경조비, 직장 체육 대회, 회식비, 휴양비, 야유회 비용 등과 회사가 부담하는 종업원의 산재 보험료, 고용 보험료, 건강 보험료 등
    ⑨ 통신비 : 관리 활동과 관련한 우편, 전신, 전화, 전보 요금 등
    ⑩ 수도광열비 : 관리 활동에 사용된 수도, 전기, 가스요금 및 난방 비용 등
    ⑪ 세금과공과 : 관리 활동과 관련된 종합토지세, 재산세, 자동차세, 도시계획세, 면허세 및 상공회의소회비, 조합회비, 협회비, 적십자회비, 회사가 부담하는 종업원의 국민연금, 과태료 등
    ⑫ 임차료 : 토지나 건물을 임차하고 지급한 임차료 등

131 다음은 비용의 인식에 대한 설명이다. 옳지 않은 것은?

① 비용은 수익을 인식하는 기간에 대응하여 인식한다.
② 비용은 수익을 창출하는 과정에서 희생된 자원으로 순자산의 감소(자산의 감소, 부채의 증가)로 나타난다.
③ 수익과 비용을 대응시키는 방법에는 직접대응, 체계적이고 합리적인 배분 및 즉시 비용화가 있다.
④ 미래경제적효익이 기대되지 않는 지출은 비용으로 인식할 수 없다.

132 다음 중 직접적인 인과관계의 대응이라는 비용인식기준의 예로 가장 적절한 것은?

① 보험료의 배분 ② 판매수수료
③ 유형자산의 감가상각비 ④ 종업원급여

133 상품매매업을 경영하는 (주)상공이 다음 항목 중 판매비와관리비로 분류할 수 없는 것은?

① 광고선전비
② 매출채권에 대한 대손상각비(손상)
③ 업무용 건물에 대한 감가상각비
④ 당기손익-공정가치측정금융자산평가손실

134 다음 중 거래에 따른 회계 처리 시 계정 과목과 그 연결이 옳지 않은 것은?

① 소모품 구입(비용 처리 시) - 소모품비
② 업무용차량의 주유비 지출 - 차량유지비
③ 거래처 직원의 결혼 축의금 지출 - 기업업무추진비
④ 직원의 회계업무 교육 강사비 지출 - 종업원급여

135 다음 중 복리후생비에 속하지 않는 것은?

① 종업원 작업복 지급 ② 직원 경조사비 지급
③ 사원 자녀학자금 지급 ④ 거래처 식사대 지급

136 다음 자료에서 제시하고 있는 계정과목이 속한 비용의 분류 영역은?

> • 마케팅부서 종업원의 회식비용
> • 영업사무실의 인터넷사용요금
> • 영업용 매장의 월세
> • 매출광고를 위한 전단지 제작비용

① 매출원가 ② 판매비와관리비
③ 기타비용 ④ 중단사업비용

137 본사 직원들의 사기 진작을 위하여 체육대회를 개최하고 상품비 등 ₩500,000을 현금으로 지출한 경우의 회계 처리 시 차변 계정과목으로 옳은 것은?

① 기부금 ② 기업업무추진비
③ 복리후생비 ④ 광고선전비

⑬ **보험료** : 영업용 건물, 기계장치 등의 화재보험료를 지급한 경우
⑭ **수선비** : 영업용 건물·비품·기계장치 등의 현 상태 유지를 위한 수리비를 지급한 경우
⑮ **감가상각비** : 건물·기계장치 등의 유형자산에 대한 감가상각을 계상한 경우
⑯ **대손상각비** : 매출채권이 회수 불능되었을 때와 결산 시 대손충당금을 설정하는 경우
⑰ **무형자산상각비** : 기업의 특허권 등의 무형자산을 상각한 경우
⑱ **교육훈련비** : 종업원의 직무 능력 향상을 위해 외부 전문 교육기관에 위탁 교육을 하여 교육훈련비를 지출한 경우
⑲ **소모품비** : 사무에 필요한 복사용지, 장부 등의 문방구용품을 사용한 경우
⑳ **경상개발비** : 현재 판매되고 있는 제품의 품질 향상을 위하여 매월 지급되는 경상적인 연구비
㉑ **도서인쇄비** : 신문구독료, 도서구입대금, 명함인쇄비용 등(잡비로 처리 가능)
㉒ **차량유지비** : 영업용 차량에 대한 유류 비용, 엔진 오일 교체 비용, 주차 요금, 타이어 교체 비용, 세차 비용 등의 유지 비용
㉓ **여비교통비** : 종업원이 영업상의 이유로 지출한 출장 경비인 교통비와 숙박비 등

(3) **기타(영업외)비용** : 기타(영업외)비용이란 기업의 주요 영업 활동과는 관련이 없으나 영업 활동의 결과 부수적으로 발생하는 비용을 말하는 것으로 단기차입금에 대한 이자비용이나, 유형자산처분손실 등이 기타(영업외)비용으로 분류된다. 한국채택국제회계기준에서는 이자비용을 금융원가로 분류하고 나머지는 기타비용으로 규정하고 있다.

① **이자비용** : 단기차입금에 대한 이자나 발행 사채에 대한 이자를 지급하면 이자비용 계정 차변에 기입한다.
② **기타의 대손상각비** : 매출채권 이외의 기타 채권(단기대여금, 미수금 등)이 회수 불능 되었을 때와 결산 시 기타 채권의 대손충당금을 설정하는 경우
③ **당기손익-공정가치측정금융자산처분손실** : 당기손익-공정가치측정금융자산을 장부 금액 이하로 처분하였을 때의 손실
④ **당기손익-공정가치측정금융자산평가손실** : 당기손익-공정가치측정금융자산을 결산 시 공정 가치로 평가하였을 때의 평가 손실
⑤ **유형자산처분손실** : 토지, 건물 등을 장부 금액 이하로 처분하였을 때의 손실
⑥ **투자자산처분손실** : 기타포괄손익-공정가치측정금융자산 등의 투자자산을 장부 금액 이하로 처분하였을 때의 손실(기타포괄손익-공정가치측정금융자산처분손실 등)
⑦ **기부금** : 국가 또는 지방 자치 단체 및 공공 단체, 학교, 종교 단체 등에 아무런 대가를 받지 않고 무상으로 지급한 재화의 가치
⑧ **재고자산감모손실** : 결산 시 상품 등의 재고 자산의 장부재고액과 실제재고액의 차이로 발생하는 수량 부족으로 인한 손실 중 원가성이 없는 것
⑨ **매출채권처분손실** : 받을어음의 어음 할인 시 할인료
⑩ **잡손실** : 현금의 도난 손실 또는 원인 불명의 현금 부족액 등
⑪ **환율변동손실(외환차이)** : 결산 시 화폐성 외화자산과 부채에 대하여 원화로 환산 시 환율의 변동으로 발생한 환산손실과 기간 중에 외화자산의 회수 또는 외화부채의 상환 시 환율변동으로 발생한 외환차손

4. **법인세비용**(income taxes expenses)

(1) **법인세비용**

법인기업의 각 사업연도 소득에 대하여 과세되는 세금을 말하며, 보고기간 종료일로부터 3개월 이내에 관할 세무서에 자진신고 납부해야 한다.

① 중간 예납 시

| (차) 선 급 법 인 세 2,000 | (대) 현 금 2,000 |

② 결산 시 법인세 추산액 ₩5,000

| (차) 법 인 세 비 용 5,000 | (대) 선 급 법 인 세 2,000
미지급법인세 3,000 |

③ 확정신고 납부 시

| (차) 미 지 급 법 인 세 3,000 | (대) 현 금 3,000 |

1. 법인세 중간예납액은 직전 사업연도 법인세비용의 1/2 이상을 납부하면 된다.
2. 법인세비용은 법인세에 부과되는 소득할주민세와 농어촌특별세를 포함한다.
3. 미지급법인세는 재무상태표에 당기법인세부채로 표시한다.

138 그림은 기업 활동에서 지출한 광고선전비, 기부금, 기업업무추진비를 분류하는 내용을 나타낸 것이다. (가)~(다)에 해당하는 차변 계정과목으로 옳은 것은?

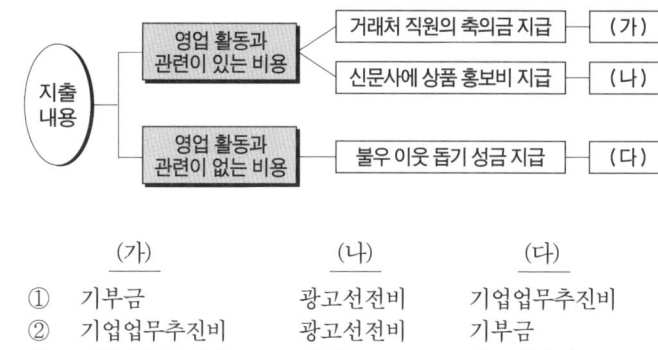

	(가)	(나)	(다)
①	기부금	광고선전비	기업업무추진비
②	기업업무추진비	광고선전비	기부금
③	기업업무추진비	기부금	광고선전비
④	광고선전비	기부금	기업업무추진비

139 다음 중 영업외비용(기타비용)만으로 묶은 것은?

| ㉠ 여비교통비 | ㉡ 기타의대손상각비 | ㉢ 기부금 |
| ㉣ 기업업무추진비 | ㉤ 퇴직급여 | ㉥ 개발비 |

① ㉠, ㉣
② ㉡, ㉢
③ ㉤, ㉥
④ ㉣, ㉥

140 기말에 당 회계연도의 법인세비용이 ₩100,000으로 결정되었을 때, 적절한 회계처리는? 단, 당 회계연도의 법인세 중간예납으로 ₩20,000을 이미 납부하였으며, 이연법인세자산과 이연법인세부채는 발생하지 않았다.

① (차) 법 인 세 비 용 100,000 (대) 미지급법인세 100,000
② (차) { 선 급 법 인 세 20,000 / 법 인 세 비 용 80,000 } (대) 미지급법인세 100,000
③ (차) 법 인 세 비 용 100,000 (대) { 선 급 법 인 세 20,000 / 미지급법인세 80,000 }
④ (차) 법 인 세 비 용 80,000 (대) 미지급법인세 80,000

141 (주)개성의 회계 담당자는 법인세에 대한 회계 처리를 다음과 같이 하였다. 이러한 회계 처리에 대하여 바르게 설명한 것은?

(1) 중간 예납 시 : (차) 선급법인세 3,000 (대) 현금 3,000
(2) 결산 시 당기법인세미지급액 ₩2,000을 회계처리하지 않았다.

① 법인세비용이 과대 표시되었다.
② 포괄손익계산서의 법인세비용 계정은 ₩5,000으로 표시된다.
③ 당기순이익이 실제보다 ₩2,000 과소 계상되었다.
④ 당기순이익이 실제보다 ₩2,000 과대 계상되었다.

④ 종업원급여

종업원급여란 종업원이 제공한 근무 용역과 교환하여 기업이 제공하는 모든 종류의 대가를 말한다. 종업원에는 이사와 그 밖의 경영진까지 포함되며, 종업원 뿐만 아니라 그 피부양자 또는 수익자에게 제공하는 급여까지 포함한다. 종업원 급여는 다음 네 가지로 분류한다.

(1) **단기종업원급여** : 종업원이 관련 근무 용역을 제공하는 회계 기간 말 이후 12개월 이전에 전부 결제될 것으로 예상되는 종업원 급여[임금, 사회 보장 분담금(국민연금), 유급 연차 휴가와 유급 병가 등의 단기 유급 휴가, 이익분배금, 상여금, 비화폐성 급여(의료, 주택, 무상 또는 일부 보조로 제공되는 재화나 용역) 등]

(2) **퇴직급여** : 퇴직 후 급여(퇴직 연금과 퇴직 일시금), 그 밖의 퇴직 급여(퇴직 후 생명 보험, 퇴직 후 의료 급여 등)

(3) **기타장기종업원급여** : 단기종업원급여, 퇴직급여 및 해고급여를 제외한 종업원급여[장기 유급 휴가(장기 근속 휴가, 안식년 휴가), 그 밖의 장기근속급여, 장기장애급여 등]로 종업원이 관련 근무 용역을 제공한 회계 기간 말 부터 12개월이 지난 후에 지급될 이익분배금과 상여금

(4) **해고급여** : 종업원을 해고하는 대가로 제공되는 종업원 급여

1. 단기종업원급여는 현재 가치로 할인되지 않은 금액으로 측정하여 회계처리한다.
2. 이익분배금 및 상여금은 과거 사건의 결과로 현재의 지급의무가 발생하고 채무금액을 신뢰성 있게 추정할 수 있다면 예상원가를 당기에 비용으로 인식하여야 한다.
3. 누적유급휴가란 당기에 사용되지 않으면 이월되어 차기 이후에 사용되는 유급휴가를 말하며, 아직 가득되지 않은 경우에도 관련 부채는 존재하므로 그 부채를 인식해야 한다.
4. 비누적유급휴가란 이월되지 않으므로 당기에 사용되지 않은 유급휴가는 소멸된다.

제5장 · 결산과 재무제표

 01. 포괄손익계산서

① **포괄손익계산서**(statement of comprehensive income)

포괄손익계산서는 일정기간 동안 기업의 재무성과에 대한 정보를 제공하기 위해 그 회계기간에 속하는 모든 수익과 비용을 적정하게 표시하는 재무제표이다. 포괄손익계산서에 표시되는 수익과 비용 항목은 다음 중 한 가지 방법으로 표시해야 한다.

(1) 단일 포괄손익계산서

(2) 두 개의 손익계산서 : 당기순손익의 구성요소를 표시하는 손익계산서와 당기순손익에서 시작하여 기타포괄손익의 구성요소까지 포함하는 포괄손익계산서를 별도로 작성한다.

단일포괄손익계산서	손익계산서		포괄손익계산서
수 익 - 비 용	수 익 - 비 용		
당기순이익	당기순이익	→	당기순이익
± 기타포괄손익			± 기타포괄손익
총포괄손익			총포괄손익

1. 수익과 비용의 분류

(1) **수익** : 수익은 매출액과 기타수익 및 금융수익으로 구분 표시한다. 여기서 기타수익이란 기업의 주된 영업활동과 관련이 없으나 영업활동 결과 부수적으로 발생하는 수익으로 임대료, 유형자산처분이익, 투자자산처분이익, 잡이익 등이 있으며, 금융수익은 기업이 재무활동(기업외부에 투자)으로 얻는 수익으로 이자수익, 배당금수익 등이 있다.

(2) **비용** : 한국채택국제회계기준에서는 비용을 성격별분류와 기능별분류 방법을 제시하고 있다.

142 다음은 K-IFRS 제1019의 '종업원급여'와 관련하여 단기종업원급여에 대한 설명이다. 옳지 않은 것은?

① 이익분배제도와 관련하여 발생한 원가는 배당금으로 인식한다.
② 국민연금과 같은 사회보장분담금은 단기종업원급여에 해당한다.
③ 종업원에는 이사와 그 밖의 경영진까지 포함되며, 종업원 뿐만 아니라 그 피부양자에게 제공하는 급여도 포함한다.
④ 누적유급휴가란 당기에 사용되지 않으면 이월되어 차기 이후에 사용되는 것을 말하며, 아직 가득되지 않은 경우에도 관련 부채를 인식한다.

143 다음 중 종업원급여에 대한 설명 중 옳지 않은 것은?

① 근무를 제공한 회계기간의 말부터 12개월이 지난 후에 지급 될 이익분배금과 상여금은 당기비용으로 인식할 수 없다.
② 퇴직급여제도는 확정기여제도와 확정급여제도가 있다.
③ 이익분배금 및 상여금은 과거사건의 결과로 현재의 지급의무가 발생하고 채무금액을 신뢰성있게 추정할 수 있다면 예상원가를 당기에 비용으로 인식하여야 한다.
④ 단기종업원급여는 현재 가치로 측정하지 아니한다.

144 다음 중 기능별 포괄손익계산서 작성에 관한 설명으로 틀린 것은?

① 포괄손익계산서상 매출액은 총매출액에서 매출할인, 매출환입 및 매출에누리 등을 차감한 금액이다.
② 포괄손익계산서상 매출원가는 기초제품(상품)재고원가에서 당기제품제조원가(당기상품순매입원가)를 가산한 금액에서 기말제품(상품)재고원가를 차감한 금액이다.
③ 포괄손익계산서상 수익과 비용은 상계하여 순액에 의해 기재함을 원칙으로 한다.
④ 한국채택국제회계기준에서의 영업손익에 관련한 내용은 주석으로 공시하여야 한다.

145 다음은 포괄손익계산서의 기본요소 및 표시방법에 대한 설명이다. 옳지 않은 것은?

① 총포괄손익은 회계기간 동안 발생한 모든 거래에서 인식한 자본의 변동을 말한다.
② 포괄손익계산서는 성격별 표시방법과 기능별 표시방법을 선택하여 표시할 수 있다.
③ 수익과 비용의 어느 항목도 포괄손익계산서 또는 주석에 특별손익 항목으로 표시할 수 없다.
④ 수익이란 자산의 유입이나 증가 또는 부채의 감소에 따른 자본의 증가를 말하며, 지분참여자의 출연과 관련된 것을 제외한다.

【 K-IFRS 표준계정과목체계에 따른 포괄손익계산서 형태 】

성격별 분류	기능별 분류
수익	매출액(수익)
영업비용	매출원가
제품과 재공품의 변동	**매출총이익**
원재료와 소모품 사용액	판매비와관리비
종업원급여	물류비
감가상각비와 기타 상각비	일반관리비
기타의 영업비용	마케팅비용
영업이익	**영업이익**
기타수익	기타수익
이자비용	기타비용
기타비용	금융수익
법인세비용차감전순이익	금융원가
법인세비용	**법인세비용차감전순이익**
당기순손익	법인세비용
기타포괄손익	**당기순손익**
총포괄손익	기타포괄손익
주당손익	**총포괄손익**
	주당손익

2. 기업의 순손익 산출 과정
(1) 당기매출액 − 매출원가 = 매출총손익
(2) 매출총손익 − 판매비와관리비 = 영업손익
(3) 영업손익 + 기타수익 − 기타비용 + 금융수익 − 금융원가 = 법인세비용차감전순손익
(4) 법인세비용차감전순손익 − 법인세비용 = 당기순손익

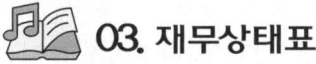

02. 주당이익

① 주당이익 (earning per share, EPS)

주당이익이란 기업의 당기순이익을 사외에 유통되고 있는 보통주식수로 나누어 얻은 1주당 순이익으로서 한 회계기간 동안의 회사의 1주당 기업의 수익력을 나타내는 것이다.

$$\text{주당이익} = \frac{\text{당기순이익}}{\text{유통보통주식수}}$$

03. 재무상태표

① 재무상태표 (statement of financial position)

재무상태표는 일정시점 현재 기업이 보유하고 있는 경제적 자원인 자산과 경제적 의무인 부채 그리고 자본의 재무상태에 관한 정보를 제공하는 재무보고서로서, 정보이용자들이 기업의 재무구조, 유동성과 지급능력 등을 평가하는데 유용한 정보를 제공한다.

1. 재무상태표의 작성에 관한 내용

(1) 재무상태표에 표시되는 정보

개정전 기업회계기준서는 재무제표 표준양식을 제공하고 자산·부채·자본의 항목을 소분류 수준까지 구체적으로 예시하고 있지만, 한국채택국제회계기준에서는 재무상태표 본문에 구분하여 표시해야 하는 최소한의 항목만 제시하고 있다. 다만, 회사의 재무상태를 이해하는 데 필요한 경우에는 항목, 제목 및 중간합계를 추가로 표시할 수 있다.

146 다음 중에서 포괄손익계산서에 공시되는 정보가 아닌 것은?
① 포괄손익계산서가 나타내는 보고실체(기업)의 명칭
② 회계기간 동안 실제 납부한 법인세
③ 포괄손익계산서가 작성된 회계기간
④ 주당이익

147 기업은 비용을 분류하는 방식에 따라 성격별과 기능별포괄손익계산서를 선택할 수 있다. 다음 항목 중 성격별 포괄손익계산서와 기능별 포괄손익계산서에 공통으로 나타나지 않는 것은?
① 매출원가 ② 수익
③ 금융원가 ④ 법인세비용

148 ㈜상공의 다음 자료를 이용하여 당기순이익과 총포괄이익을 계산한 것으로 옳은 것은?

가. 매출총이익	₩530,000	나. 물류원가	₩150,000
다. 기 타 수 익	₩90,000	라. 금 융 원 가	₩25,000
마. 법인세비용	₩70,000	바. 재평가잉여금	₩60,000
사. 기타포괄손익−공정가치측정 금융자산평가손실			₩20,000

	당기순이익	총포괄손익
①	₩305,000	₩345,000
②	₩325,000	₩365,000
③	₩350,000	₩390,000
④	₩375,000	₩415,000

149 다음 중 기업의 순손익 산출과정으로 잘못된 것은? 단, 중단영업손익은 없다.
① 당기매출액−매출원가−판매비와관리비 = 영업손익
② 영업손익+기타수익−기타비용+금융수익−금융원가 = 법인세비용차감전순손익
③ 법인세비용차감전순손익−법인세비용 = 당기순손익
④ 당기순손익+기타포괄손익 = 주당손익

150 다음 자료에 의할 경우 주당이익은 얼마인가?

- 당기순이익 ₩100,000
- 보통주배당금 ₩20,000
- 보통주 발행주식총수 5,000주

① ₩16 ② ₩18 ③ ₩20 ④ ₩22

151 다음 중 재무상태표에 관한 설명으로 틀린 것은?
① 재무상태표 등식이라 함은 [자산=부채+자본]을 말한다.
② 한국채택국제회계기준에 의하면 재무상태표는 보고식만 사용할 수 있다.
③ 자산의 실제가치는 재무상태표에 보고된 취득원가보다 더 클 수가 없다.
④ 재무상태표는 정보이용자의 이해를 높이기 위하여 비교식으로 작성하도록 규정하고 있다.

(2) **유동과 비유동의 구분** : 유동성 순서에 따른 표시방법이 신뢰성 있고 더욱 목적적합한 정보를 제공하는 경우를 제외하고는 유동자산과 비유동자산, 유동부채와 비유동부채로 재무상태표에 구분하여 표시한다. 유동성 순서에 따른 표시방법을 적용할 경우 모든 자산과 부채는 유동성의 순서에 따라 표시한다. 어느 표시방법을 채택하더라도 자산과 부채의 각 개별 항목이 다음의 기간에 회수되거나 결제될 것으로 기대되는 금액이 합산하여 표시되는 경우, 12개월 후에 회수되거나 결제될 것으로 기대되는 금액을 공시한다.
신뢰성 있고 더욱 목적적합한 정보를 제공한다면 하나의 재무제표에 자산과 부채의 일부는 유동/비유동 구분법으로, 나머지는 유동성 순서에 따른 표시방법으로 표시하는 것이 허용된다. 이러한 혼합표시방법은 기업이 다양한 사업을 영위하는 경우에 필요할 수 있다.

(3) **유동자산** : 자산은 다음의 경우에 유동자산으로 분류하고, 그 외의 자산은 비유동자산으로 분류한다.
① 기업의 정상영업주기 내에 실현될 것으로 예상하거나, 정상영업주기 내에 판매하거나 소비할 의도가 있다. (매출채권, 재고자산 등)
② 주로 단기매매 목적으로 보유하고 있다.(당기손익-공정가치측정금융자산 등)
③ 보고기간(재무상태표 작성일)후 12개월 이내에 실현될 것으로 예상한다. (단기대여금, 선급금, 미수금, 선급비용 등)
④ 현금이나 현금성자산으로 교환이나 부채상환 목적으로 사용되는 데 제한기간이 보고기간 후 12개월 이상이 아니다. (특정 현금과 예금 중 사용제한 기간이 12개월 이내인 것)

(4) **유동부채** : 부채는 다음의 경우에 유동부채로 분류하고, 그 외의 부채는 비유동부채로 분류한다.
① 정상영업주기 내에 결제될 것으로 예상하고 있다. (매입채무)
② 주로 단기매매목적으로 보유하고 있다. (단기매매목적의 금융부채)
③ 보고기간 후 12개월 이내에 결제하기로 되어 있다. (미지급금, 단기차입금, 당좌차월, 유동성장기부채 등)
④ 보고기간 후 12개월 이상 부채의 결제를 연기할 수 있는 무조건의 권리를 가지고 있지 않다. (매입채무, 미지급비용 등은 기업의 정상영업주기 내에 사용되는 운전자본의 일부로서 이들은 보고기간 후 12개월 후에 결제일이 도래한다 하더라도 유동부채로 분류한다.)

(5) **자본** : K-IFRS 표준계정과목체계에서는 자본은 크게 납입자본, 이익잉여금, 기타자본구성요소의 3가지로 분류하고 있다. 여기서 납입자본은 법정자본금과 주식발행초과금으로 실제 주주로부터 납입된 자본을 말하며, 이익잉여금은 법정준비금과 임의적립금 및 미처분이익잉여금으로 구성된다. 또한 기타자본구성요소는 기타자본잉여금과 자본조정 및 기타포괄손익누계액으로 구성된다.

04. 현금흐름표

1 **현금흐름표**(cash flow ststement) … 2급 출제 범위에 한정하여 설명한다.
 (1) **현금흐름표의 의미** : 현금흐름표란, 기업의 재무상태의 변동원인을 파악하기 위하여 일정기간 동안의 현금흐름을 분석하여 현금의 유입과 유출에 대한 정보를 제공해 주는 보고서를 말한다.
 (2) **현금흐름표의 작성 목적** : 일정기간 동안 기업의 현금흐름(cash flow)을 영업활동, 투자활동, 재무활동으로 구분하여 현금의 유입과 유출을 표시함으로써 기업의 영업, 투자 및 재무활동에 관한 정보를 제공하는 것이 현금흐름표의 작성 목적이다.

2 **현금흐름표의 분류와 구분**
현금흐름표에서는 기업의 활동을 영업활동, 투자활동과 재무활동으로 분류하여 이와 관련된 활동에서의 현금 유입과 유출을 구분하여 표시하도록 하고 있다.

---

152 한국채택국제회계기준상의 재무상태표 작성과 관련한 내용이다. 틀린 것은?
① 재무상태표는 일정시점의 기업의 재무상태에 대한 정보를 제공한다.
② 정상적인 영업주기 내에 실현될 것으로 예상되는 자산은 12개월 이내에 실현되지 않더라도 유동자산으로 분류한다.
③ 재무상태표 자산과 부채는 유동과 비유동으로만 구분표시해야 한다.
④ 정상적인 영업주기 내에 실현될 것으로 예상되는 부채는 12개월 이내에 결제되지 않더라도 유동부채로 분류한다.

153 다음 중 한국채택국제회계기준에서 유동자산으로 분류하도록 규정하고 있지 않은 것은?
① 회계기간 말로부터 만기가 1년을 초과하여 사용제한이 있는 현금 및 현금성자산
② 단기매매목적으로 보유하는 자산
③ 기업의 정상적인 영업주기 내에 실현될 것으로 예상되거나 판매목적 또는 소비목적으로 보유하고 있는 자산
④ 보고기간 종료일로 부터 1년 이내에 현금화 또는 실현될 것으로 예상되는 자산

154 다음 중 금융상품 표시에 관련한 내용 중 잘못된 것은?
① 금융상품은 거래 당사자 일방에게 금융자산을 발생시키고 동시에 다른 거래 상대방에게 금융부채나 지분상품을 발생시키는 모든 계약을 말한다.
② 매출채권과 당기손익-공정가치측정금융자산은 금융자산에 속한다.
③ 선급비용 및 선급금은 금융자산에 속한다.
④ 매입채무는 금융부채에 속한다.

155 다음 중 재무상태표의 표시에 대한 설명 중 타당하지 않은 것은?
① 재고자산에 대한 재고자산평가충당금과 같은 평가충당금을 차감하여 관련 자산을 순액으로 측정하는 것은 상계표시에 해당하지 아니한다.
② 투자자산 및 영업용자산을 포함한 비유동자산의 처분손익은 처분대금에서 그 자산의 장부금액과 관련처분비용을 차감하여 표시한다.
③ 외환손익 또는 당기손익-공정가치측정금융자산에서 발생하는 손익과 같이 유사한 거래의 집합에서 발생하는 차익과 차손은 순액으로 표시한다.
④ 매출채권에 대한 대손충당금과 같은 평가충당금을 차감하여 관련 자산을 순액으로 측정하는 것은 상계표시에 해당한다.

156 간접법에 의하여 현금흐름표를 작성하고자 한다. 영업활동 현금흐름을 계산할 때 당기순이익에서 차감하여야 하는 항목은 어느 것인가?
① 이자수익
② 퇴직급여
③ 당기손익-공정가치측정금융자산평가이익
④ 무형자산상각비

157 다음 중 현금흐름의 성격이 다른 것은?
① 토지의 처분   ② 단기대여금의 회수
③ 개발비의 지급   ④ 유상감자

(1) 영업활동 현금흐름 (cash flows from operating activities)

영업활동 현금유입	영업활동 현금유출
재화의 판매와 용역제공에 따른 현금유입	재화의 판매와 용역제공에 따른 현금유출
로열티, 수수료, 중개료 및 기타수익에 따른 현금유입	수수료 및 로열티의 지급
법인세의 환급	법인세의 납부
당기손익-공정가치측정금융자산의 처분으로 인한 현금유입	당기손익-공정가치측정금융자산의 취득으로 인한 현금유출
-	종업원과 관련하여 발생하는 현금유출

(2) 투자활동 현금흐름 (cash flows from investing activities)

투자활동 현금유입	투자활동 현금유출
유형자산, 무형자산 및 기타 장기성자산의 처분에 따른 현금유입	유형자산, 무형자산 및 기타 장기성자산의 취득에 따른 현금유출
다른 기업의 지분상품이나 채무상품 등의 처분에 따른 현금유입	다른 기업의 지분상품이나 채무상품 등의 취득에 따른 현금유출
대여금의 회수에 따른 현금유입	대여금의 지급에 따른 현금유출

(3) 재무활동 현금흐름 (cash flows from financing activities)

재무활동 현금유입	재무활동 현금유출
주식이나 기타 지분상품의 발행에 따른 현금 유입	자기주식의 취득이나 상환에 따른 소유주에 대한 현금 유출
사채의 발행과 장·단기 차입금에 따른 현금의 유입	사채 및 장·단기차입금의 상환에 따른 현금 유출
-	리스이용자의 금융리스 부채상환에 따른 현금유출

③ 현금흐름표 중 영업으로부터 창출되지 않은 손익 제거

간접법은 발생주의에 의한 당기순이익에서 시작하므로 현금주의에서 실제 비용과 수익이 아닌 현금의 유출, 유입이 없는 비용과 수익은 가감을 해주어야 하고, 또한 투자활동, 재무활동과 관련이 있는 비용, 수익은 각 항목에서 조정되어야 하므로 영업활동에서 제외해주어야 한다. 예를 들어 유형자산처분이익은 투자활동에서 처분금액 총액으로 계상되므로 영업활동에서 차감하지 않으면 이중 계산되기 때문이다.

(1) 영업으로부터 창출되지 않은 비용의 가산

이자관련 비용	이자비용
투자활동관련 비용	유형·무형감가상각비, 기타의대손상각비, 외환손실(대여금 및 미수금 해당분), FVOCI금융자산 및 AC금융자산 처분손실 및 손상차손, 유형, 무형자산처분손실 및 손상차손
재무활동관련 비용	사채상환손실

(2) 영업으로부터 창출되지 않은 수익의 차감

이자와 배당관련 수익	이자수익, 배당금수익
투자활동관련 수익	대손충당금환입(대여금 및 미수금 해당분), 외환이익(대여금 및 미수금 해당분), FVOCI금융자산 및 AC금융자산 처분이익 및 손상차손환입, 유형·무형자산처분이익 및 손상차손환입
재무활동관련 수익	사채상환이익

【 용어 해설 】
- FVOCI금융자산 : 기타포괄손익공정가치측정-금융자산
- AC금융자산 : 상각후원가측정금융자산

---

158 다음 자료를 이용하여 영업활동 현금흐름을 구하면 얼마인가?

포괄손익계산서상의 당기순이익	₩ 120,000
감가상각비	10,000
사채이자(현금지급이자)	5,000
외상매출금의 감소	15,000
당기손익-공정가치측정금융자산평가손실	6,000
건물의 처분	30,000
장기차입금의 상환	20,000

① ₩151,000　　② ₩201,000
③ ₩196,000　　④ ₩136,000

159 다음은 20×1년도 (주)상공의 현금흐름표 작성을 위한 기초자료이다. 영업활동 현금흐름액을 간접법으로 계산하면?

〈 포괄손익계산서 자료 〉
- 당기순이익 ₩200,000　감가상각비 ₩50,000

〈 재무상태표 자료 〉

	20×1년 1월 1일	20×1년 12월 31일
매 출 채 권	₩140,000	₩150,000
미지급 급여	30,000	18,000

① ₩198,000　　② ₩228,000
③ ₩248,000　　④ ₩272,000

제2과목 · 원가회계편

제1장 · 원가회계의 기초 개념

 01. 원가의 기초

① 원가회계의 목적
 (1) 재무제표 작성에 필요한 원가정보의 제공
 (2) 원가통제에 필요한 원가정보의 제공
 (3) 경영의사 결정에 필요한 원가정보의 제공

② 원가회계와 관리회계의 범위

독자들께서 김밥천국을 운영한다고 해 보면, 김밥 한줄에 재료비 등의 원가가 얼마나 들어가는지가 궁금할 것이다.(원가계산) 그리고, 어느 고객이 김밥 100줄을 주문하면서 정상가격보다 싸게 해 달라고 하면 이를 판매할 것인지의 여부를 결정해야 하며(의사결정), 장사가 잘되어 2, 3군데 김밥가게가 늘어난 경우 각 영업점별로 책임자를 두어 영업실적을 평가하려고 할 것이다(성과평가). 이러한 원가계산, 의사결정, 성과평가는 서로 연결되어 있으며, 원가계산이 정확히 되면 의사결정과 성과평가도 따라서 정확하게 된다.

```
[제품원가계산] ──── [의사결정(계획)] ──── [성과평가(통제)]
 (원가회계)          (관리회계)            (관리회계)
```

③ 상기업과 제조기업의 비교

No.	상 기 업 (회 계 원 리)	제 조 기 업 (원 가 회 계)
(1)	주로 외부와의 거래를 중심으로 회계처리	제조과정에서 원가흐름 중심으로 회계처리
(2)	한 회계연도가 6개월 또는 1년	원가계산 기간을 보통 1개월로 한다.
(3)	재무상태표 계정과 포괄손익계산서 계정만 기록	이외에도 재료비 계정, 노무비 계정, 제조경비 계정 등을 설정하므로 계정의 수가 많다.
(4)	집합 계정은 결산 때 설정되는 손익 계정뿐이다	제품의 원가를 집계하는 집합 계정의 수가 많고 계정간의 대체 기입이 많다.
(5)	수익을 창출하기 위하여 소비된 가치는 비용으로 처리된다.	제조과정에서 발생한 가치의 소비액은 원가로 처리된다.

④ 재무회계와 관리회계의 비교

구 분	재 무 회 계	관 리 회 계
목적	외부보고 목적(외부정보이용자)	내부보고 목적(내부정보이용자)
보고서 종류	재무상태표, 포괄손익계산서 등	마케팅보고서, 원가명세서 등
조직 관리 기반	기업 전체 조직을 관리	기업 조직 중 제조부문 등을 관리
성격 및 시간적 관점	검증 가능성이 강조되며, 과거지향적이다.	주관적이더라도 미래 지향적인 목적적합성이 강조된다.
원가회계와의 관련성	원가계산을 실시한다.	경영자의 계획과통제가 필요하다.

 02. 원가의 개념과 분류

① 원가(costs)의 뜻

원가란 제조기업이 제품을 생산하는데 사용한 모든 원재료, 노동력, 기계나 건물 등의 생산 설비 및 전기, 가스 등의 소비액을 말한다.

(1) 원가와 비용과의 관계
 ① 공통점 : 둘 다 기업의 경영활동을 위하여 소비되는 경제적 가치이다.
 ② 차이점 : 원가는 재화나 용역의 생산을 위하여 소비되는 경제적 가치인데 비해 비용은 일정 기간의 수익을 얻기 위하여 소비되는 경제적 가치이다.

(2) 원가의 특성 ① 경제적 가치의 소비이다.
 ② 제품의 생산을 위하여 소비된 것이다.
 ③ 정상적인 가치의 소비액이다.

01 다음 중 원가회계의 목적이 아닌 것은?

① 원가의 관리와 통제의 목적
② 성과의 측정과 평가를 위한 정보의 제공
③ 기업의 잠재적 투자가치평가 및 기업실제가치 측정에 필요한 정보 제공
④ 제품원가의 계산

02 다음 중 원가회계의 특징이 아닌 것은?

① 주로 기업 외부와의 거래를 대상으로 한다.
② 원가계산기간은 보통 1개월이다.
③ 집합 계정이 많다.
④ 제조과정에서 발생하는 경제가치 소비액은 제조원가로 계상한다.

03 다음 표의 (가) ~ (라)에 들어갈 내용으로 옳은 것은?

구 분	(가)	(나)
목 적	외부보고 목적	내부관리 목적
정보전달수단	재무제표 (일정기준 있음)	특수목적보고서 (일정기준 없음)
원가회계와의 관련성	(다)	(라)

① 가. (재무회계) 나. (관리회계) 다. (원가계산) 라. (계획,통제)
② 가. (재무회계) 나. (관리회계) 다. (계획,통제) 라. (원가계산)
③ 가. (관리회계) 나. (재무회계) 다. (원가계산) 라. (계획,통제)
④ 가. (관리회계) 나. (재무회계) 다. (계획,통제) 라. (원가계산)

04 다음은 재무회계와 관리회계와의 차이점에 관한 내용들이다. 그 내용이 맞지 않은 것은?

① 재무회계는 목적적합성을 강조하고, 관리회계는 검증가능성을 강조한다.
② 재무회계는 외부보고 목적을 강조한 반면, 관리회계는 내부 보고 목적을 강조한다.
③ 재무회계는 기업 전반에 초점을 맞춘 반면, 관리회계는 조직의 부문에 초점을둔다.
④ 재무회계는 과거지향적이며, 관리회계는 미래지향적이다.

05 원가회계의 역할이 제품 가격결정을 위한 기초자료를 제공하는데 있다는 해석은 다음 중 누구의 정보수요를 충족시키는 것이 주된 목적인가?

① 주주
② 잠재적 투자자
③ 외부이용자(금융기관)
④ 내부이용자(경영진)

06 다음은 원가의 특성에 대한 설명이다. 잘못된 것은?

① 원가는 그 발생한 기간에 발생액 전부를 비용화 한다.
② 원가는 급부창출 과정에서 발생하는 경제적 가치의 소비이다.
③ 원가는 정상적인 경영활동을 전제로 한다.
④ 원가는 과거뿐만 아니라 미래를 대상으로도 계산할 수 있다.

② 사용 목적에 따른 원가의 분류

No.	분류기준	종류
(1)	발생형태에 따라	재료비, 노무비, 제조경비
(2)	추적 가능성에 따라	직접비, 간접비
(3)	제조활동과의 관련성에 따라	제조원가, 비제조원가
(4)	경제적 효익의 소멸여부에 따라	미소멸원가, 소멸원가
(5)	원가행태에 따라	고정비, 변동비, 준변동비, 준고정비
(6)	통제가능성에 따라	통제가능원가, 통제불능원가
(7)	발생시점에 따라	제품원가, 기간원가
(8)	의사결정과의 관련성에 따라	관련원가와 비관련원가, 회피가능원가와 회피불가능원가, 매몰원가, 기회원가

③ 발생형태에 따른 분류

(1) 재료비 : 제품의 제조를 위한 재료의 소비액(가구제작업의 목재 등)
(2) 노무비 : 제품의 제조를 위해 투입된 인간의 노동력에 대한 대가(임금, 급료, 상여 수당 등)
(3) 제조경비 : 재료비와 노무비를 제외한 기타의 모든 원가요소(전력비 등)

④ 추적가능성에 따른 분류

(1) 직접비(direct costs : 직접원가) : 특정 제품의 제조를 위하여 직접 소비된 금액이므로 직접 추적하여 부과할 수 있는 원가 (자동차 제조업의 타이어 등)
(2) 간접비(indirect costs : 간접원가) : 여러 제품의 제조를 위하여 공통적으로 소비되므로 특정제품에 발생한 금액을 추적할 수 없는 원가(전력비, 가스수도비 등)

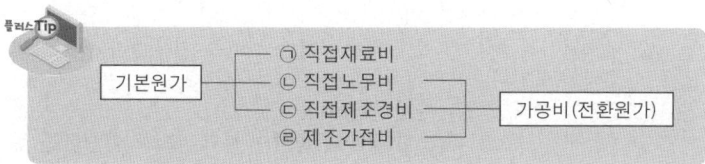

⑤ 제조활동과의 관련성에 따른 분류

(1) 제조원가(manufacturing costs) : 제조원가란 제품을 생산하는 과정에서 발생하는 모든 경제적 가치의 소비액을 말한다.
(2) 비제조원가(nonmanufacturing costs)
  기업의 제조활동과 직접적인 관련이 없이 발생한 원가로서 제품의 판매활동과 일반관리활동에서 발생하는 원가 예 광고선전비 등의 판매비와관리비

⑥ 경제적 효익의 소멸여부에 따른 분류

(1) 미소멸원가(unexpired costs) : 미래에 경제적 효익을 제공할 수 있는 원가로서, 미래용역 잠재력(미래에 현금유입을 창출하는 능력)을 가지고 있으므로 재무상태표에 자산으로 표시된다. 예 원재료의 미사용액
(2) 소멸원가(expired costs) : 용역 잠재력이 소멸되어 더 이상의 경제적 효익을 제공할 수 없는 원가로서 수익창출에 기여했는가에 따라 비용과 손실로 나눈다. 예 원재료의 소비액

⑦ 원가행태에 따른 분류

(1) 고정비 : 조업도(생산량)의 증감에 관계없이 그 총액이 항상 일정하게 발생하는 원가(임차료, 보험료, 세금과공과(재산세), 감가상각비)
(2) 변동비 : 조업도(생산량)의 증감에 따라 총액이 비례적으로 증감하는 원가 (직접재료비, 직접노무비 등)
(3) 준변동비(semi-variable costs) : 조업도의 증감에 관계없이 발생하는 고정비 즉, 조업도가 0일 때에도 발생하는 고정원가와 조업도의 변화에 따라 일정비율로 증가하는 변동비의 두 부분으로 구성된 원가를 말하며, 준변동비(mixed costs)라고도 한다. 예 전력비, 전화요금, 수선유지비 등
(4) 준고정비(semi-fixed costs) : 특정한 범위의 조업도 내에서는 일정한 금액이 발생하지만, 그 범위를 벗어나면 총액이 달라지는 원가를 말하며, 계단원가(step costs)라고도 한다. 예 1명의 생산감독자가 10명의 근로자를 감독하는 경우 10명의 근로자가 초과할 때마다 1명의 생산감독자를 추가로 고용해야 한다. 이 때, 만약 생산감독자를 0.1명, 0.2명 등과 같이 분할고용할 수 있다면 생산감독자의 급여는 근로자의 수에 비례하는 변동비라 할 수 있지만, 이것은 불가능한 일이므로 생산감독자의 급여는 계단형으로 표시되는 준고정원가가 된다.

07 다음 중 원가발생형태에 따른 원가의 3요소가 아닌 것은?
① 노무비　　② 재료비
③ 제조경비　　④ 고정비

08 다음 중 원가를 추적가능성에 따라 분류하는 경우 특정제품에 직접적인 관련을 가지고 있으며, 언제나 그 발생액을 쉽게 추적할 수 있는 원가는?
① 준변동비(혼합원가)　　② 제조간접비
③ 기본원가　　④ 고정비

09 제조활동과의 관련성에 따른 원가의 분류로 옳지 않은 것은?
① 판매비와관리비는 비제조원가이다.
② 제품의 생산과 관련된 원가는 제조원가이다.
③ 직접재료비와 직접노무비를 제외한 제조원가는 제조간접비이다.
④ 제조간접비는 간접노무비와 기타 제조원가로 구성된다.

10 다음은 소멸원가와 미소멸원가를 설명한 것이다. 맞지 않는 것은?
① 자산과의 관련성에 따른 원가분류이다.
② 감가상각비는 소멸원가에 속한다.
③ 매출원가는 소멸원가에 속한다.
④ 자산의 장부가치(취득원가-감가상각누계액)는 소멸원가이다.

11 다음 설명 중 틀린 것은?
① 원가란 재화나 용역을 생산하는 과정에서 소비되는 모든 경제적 가치를 말한다.
② 특정제품 또는 특정부문에 직접적으로 추적가능한 원가를 직접비라 하고, 추적 불가능한 원가를 간접비라 한다.
③ 재공품이란 제조과정 중에 있는 미완성제품을 말한다.
④ 가공비란 직접재료비와 직접노무비를 합계한 원가를 말한다.

12 다음 중 조업도가 증가함에 따라 변동원가와 고정원가의 형태를 바르게 나타낸 항목은?

	단위당원가	총원가
① 변동원가	불 변	증 가
② 변동원가	감 소	불 변
③ 고정원가	불 변	불 변
④ 고정원가	불 변	감 소

13 다음에서 설명하고 있는 원가행태는 무엇인가?

> 전력비의 원가행태는 사용량과 무관하게 납부하는 기본요금과 조업도(사용량)가 증가함에따라 납부해야 할 금액이 비례적으로 증가하는 추가요금으로 구성되어 있다.

① 변동비(변동원가)　　② 고정비(고정원가)
③ 준변동비(준변동원가)　　④ 준고정비(준고정원가)

⑧ 통제가능성에 따른 분류

(1) **통제가능원가**(controllable costs) : 특정 계층의 경영진이 일정회계기간에 걸쳐 원가 발생액의 크기에 관해 주된 영향을 미칠 수 있는 원가 ◎ 직접재료비 등의 변동비 - 특정관리자의 업적 평가시 유용한 개념

(2) **통제불능원가**(uncontrollable costs) : 특정 계층의 경영진이 원가발생액의 크기에 관해 주된 영향을 미칠수 없는 원가 ◎ 공장 건물의 임차료, 정액법에 의한 감가상각비 등의 고정비

⑨ 발생시점에 따른 분류

(1) **제품원가**(product costs) : 제품을 생산할 때 소비되는 모든 원가를 말하는 것으로 제품원가는 원가가 발생되면 먼저 재고자산으로 계상하였다가 제품의 판매시점에 비용화되어 매출원가계정으로 대체된다. 따라서 제품원가는 재고자산의 원가로서 판매시점까지 연장되기 때문에 재고가능원가라고도 한다.

(2) **기간원가**(period costs) : 제품생산과 관련없이 발생하는 모든 원가로서 발생한 기간에 비용으로 인식하므로 기간원가라고 하며, 판매비와관리비가 여기에 속한다. 이와 같이 기간원가는 발생한 기간의 비용으로 처리되므로 재고불능원가라고도 한다.

⑩ 의사결정과의 관련성에 따른 분류

(1) **관련원가**(relevant costs)**와 비관련원가**(irrelevant costs)

관련원가는 특정의사결정과 직접적으로 관련이 있는 원가로서 의사결정의 여러대안 간에 금액상 차이가 있는 미래원가를 말한다.

비관련원가는 특정의사결정과 관련이 없는 원가로서 이미 발생한 원가이므로 의사결정의 여러 대안간에 금액상 차이가 없는 기발생원가(역사적 원가)를 말한다. ◎ 대한상사는 현재까지 일반냉장고만 판매하여 왔으나, 내년부터는 일반냉장고 대신 김치냉장고를 판매하기로 하였다. 이를 홍보하기 위하여 한 달전부터 광고비 ₩10,000을 지출하였고, 일반냉장고를 판매하는 경우 단위당 변동판매비는 ₩20, 김치냉장고의 단위당 변동판매비는 ₩30이 지출되는 경우, 두 달 전부터 지출된 광고비 ₩10,000은 이미 지출된 것이고, 일반냉장고를 판매하는 대안과 김치냉장고를 판매하는 대안 중 어떤 대안을 선택하더라도 회수할 수 없으므로 비관련원가이고, 변동판매비는 두 대안간에 차이가 나는 미래원가이므로 관련원가이다.

(2) **회피가능원가**(avoidable costs)**와 회피불가능원가**(unavoidable costs)

위의 예제에서 일반냉장고를 더 이상 생산하지 않으면 단위당 판매비 ₩20은 감소하는데 이를 회피가능원가(의사결정에 따라 줄어드는 원가)라 하고, 이미 지출한 광고선전비는 의사결정과 무관하므로 회피불가능원가라 한다.

(3) **매몰원가**(sunk costs)

기발생원가(역사적 원가)라고도 하는 것으로 과거의 의사결정의 결과로 이미 발생된 원가로서 현재 또는 미래의 의사결정에는 아무런 영향을 미치지 못하는 원가를 말한다. ◎ (주)한국은 스마트폰을 단위당 500,000원에 구입하여 800,000원에 판매해 왔다. 그러나 최근 휴대폰시장의 가격하락으로 더 이상 판매할 수 없게 되었다. (주)한국은 스마트폰 재고를 200단위 보유하고 있다. 어느 거래처가 이 스마트폰을 단위당 300,000원에 구입하려고 하는 경우, 이 때 500,000원은 역사적원가로서 매몰원가이다.

(4) **기회원가**(opportunity costs)

기회비용이라고도 하며, 의사결정의 여러 대안 중 하나를 선택하면 다른 대안은 포기할 수 밖에 없는데, 이 때 포기해야 하는 대안에서 얻을 수 있는 최대의 금액(효익)을 말한다. 기회원가는 회계장부에는 기록되지 않지만, 의사결정시에는 반드시 고려되어야 한다. ◎ 대한공업에서 A기계로 갑제품을 생산하기로 한 경우 A기계로는 을제품도 생산할 수 있고, A기계를 매각처분할 수도 있는데, 을제품을 생산하면 제조원가 ₩30,000을 투입하여 ₩40,000에 판매할 수 있고, 그냥 A기계를 매각처분한다면 처분차익을 ₩15,000 얻을 수 있을 때 대한공업은 A기계로 갑제품을 생산하는 것 이외로 대체안으로 각각 ₩10,000과 ₩15,000의 순현금 유입액이 발생한다. 이 중 차선의 대체안은 A기계를 매각하여 ₩15,000을 얻을 수 있는 것으로 이것이 바로 A기계로 갑제품을 생산할 때의 기회원가인 것이다.

⑪ 원가의 구성

(1) **직접원가** = 직접재료비+직접노무비+직접제조경비
(2) **제조원가** = 직접원가+제조간접비(간접재료비+간접노무비+간접제조경비)
(3) **판매원가** = 제조원가+판매비와관리비
(4) **판매가격** = 판매원가+이익

---

14 다음 중 원가를 통제가능성에 따라 분류하는 경우 통제가능원가에 직접적으로 영향을 미치는 요인은?

① 특정계층의 경영진 ② 생산량
③ 경영활동의 변화 ④ 판매실적

15 다음은 제조원가에 대한 설명이다. 옳지 않은 것은?

① 제조원가는 제품의 생산과 관련하여 소비된 경제적 자원의 가치만을 포함하며, 비정상적으로 발생한 경제적 자원의 소비는 제조원가에 포함하지 아니한다.
② 제조원가요소는 재료비, 노무비 및 경비로 분류하거나 회사가 채택하고 있는 원가계산방법에 따라 직접재료비, 직접노무비 및 제조간접비 등으로 분류할 수 있다.
③ 제품제조와 관련된 제조간접원가는 원가발생시점에 비용화하며, 제품제조와 관련없는 판매관리비는 제품판매시점에 비용화한다.
④ 제조원가요소와 판매관리비요소는 구분하여 집계한다. 다만, 그 구분이 명확하지 아니한 경우에는 발생원가를 비목별로 집계한 후 일정한 기준에 따라 제조원가와 판매관리비로 구분하여 배부할 수 있다.

16 다음 설명 중 틀린 것은?

① 기발생원가(매몰원가)는 의사결정시점 이전에 이미 발생된 원가로서 비관련원가이다.
② 제조원가의 형태별 분류에서 직접노무비는 기본원가와 전환원가에 포함된다.
③ 모든 현금지출액은 관련원가이다.
④ 변동비는 조업도의 증감에 따라 총액이 비례적으로 발생하는 원가를 말한다.

17 의사결정과 관련된 설명이다. 틀린 것은?

① 관련원가는 특정의사결정과 직접적으로 관련이 있는 원가로서 고려중인 대안들 간의 차이가 있는 미래원가이다.
② 비관련원가는 특정의사결정과 관련이 없는 원가이다.
③ 매몰원가는 과거 의사결정의 결과로 이미 발생된 원가이다.
④ 기회비용은 특정대안을 채택할 때 포기해야 하는 대안이 여러 개일 경우 이들 대안들의 효익 중 가장 작은 것이다.

18 다음의 내용을 읽고 이미 지급한 책의 가격 25,000원은 환불이 불가능하므로 어디에 속하는 원가인가?

> 한 달전 대형서점에서 어느 원가회계 책을 25,000원에 구입하여 공부를 하게 되었는데 처음 보기와는 다르게 내용이 너무 어렵고 지루하며 군더더기가 많아 보이며 중요한 부분이 누락되어 있음을 알게 되었고, 인터넷을 검색한 결과 더 좋은 P사의 원가회계책을 알게 되었다.

① 기회원가 ② 기발생원가(매몰원가)
③ 고정원가 ④ 관련원가

19 다음 자료에 의하여 제품의 판매가격을 계산하면 얼마인가?

직접재료비	₩90,000	직접제조경비	₩20,000
직접노무비	50,000	제조간접비	40,000
판매비와관리비는 제조원가에 20%			
제품의 판매는 판매원가에 25% 이익을 가산한다.			

① ₩160,000 ② ₩200,000
③ ₩240,000 ④ ₩300,000

제2장 · 원가의 흐름

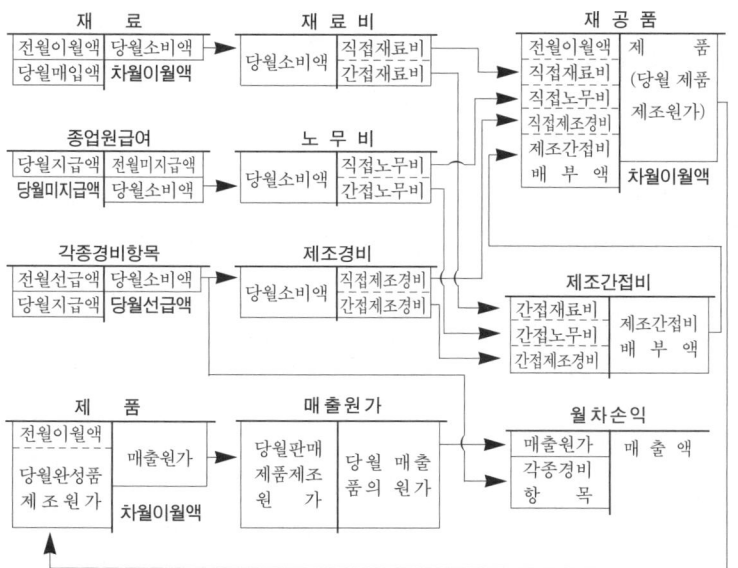

【 제품의 제조와 판매 및 결산시의 분개 】

No	구 분	차 변		대 변	
(1)	재료를 외상으로 매입	재 료	×××	외상매입금	×××
(2)	임금을 수표발행 지급	종 업 원 급 여	×××	당 좌 예 금	×××
(3)	각종경비항목을 현금지급	각종경비항목	×××	현 금	×××
(4)	재료를 현장에 출고	재 료 비	×××	재 료	×××
(5)	노무비 항목의 발생액	노 무 비	×××	종 업 원 급 여	×××
(6)	재료비의 소비	재 공 품 제 조 간 접 비	××× ×××	재 료 비	×××
(7)	노무비의 소비	재 공 품 제 조 간 접 비	××× ×××	노 무 비	×××
(8)	각종경비 항목의 발생	제 조 경 비	×××	각종경비항목	×××
(9)	제조경비 소비액의 대체	재 공 품 제 조 간 접 비	××× ×××	제 조 경 비	×××
(10)	제조간접비를 제품에 배부	재 공 품	×××	제조간접비	×××
(11)	완성품 원가를 제품계정에 대체	제 품	×××	재 공 품	×××
(12)	제품을 외상매출한 경우	외 상 매 출 금 매 출 원 가	1,000 800	매 출 제 품	1,000 800
(13)	월차손익계정에 대체	매 출 월 차 손 익	1,000 850	월 차 손 익 매 출 원 가 각종경비항목	1,000 800 50

【 원가소비액 및 기타 등식 】

(1) 재 료 소 비 액 = 월초 재료 재고액 + 당월 재료 매입액 − 월말 재료 재고액
(2) 노 무 비 소 비 액 = 당월 지급액 + 당월 미지급액 − 전월 미지급액
(3) 제조경비소비액 = 당월지급액 + 전월선급액 − 당월선급액
(4) 당월제품 제조원가 = 월초 재공품 재고액 + 당월 총 제조비용 − 월말 재공품 재고액
 ※당월 총 제조비용 = 직접재료비 + 직접노무비 + 직접제조경비 + 제조간접비배부액
(5) 매 출 원 가 = 월초 제품 재고액 + 당월 제품 제조원가 − 월말 제품 재고액
(6) 완 성 품 수 량 = 월초 재공품 수량 + 당월 제조착수 수량 − 월말 재공품 수량
 = 당월 매출 제품 수량 + 월말 제품 수량 − 월초 제품 수량
(7) 제품 단위당 원가 = 당월 제품 제조원가 ÷ 완성품 수량

---

20 다음 원가의 집계를 위한 원가흐름이 옳은 것은?

① 재료비 − 재공품 − 제품 − 매출원가
② 재료비 − 재공품 − 매출원가 − 제품
③ 노무비 − 제품 − 재공품 − 매출원가
④ 재료비 − 제품 − 재공품 − 매출원가

21 제품의 완성과 관련된 기장으로 옳은 것은?

① 제품 계정의 대변에 기입된다.
② 재공품 계정의 대변에 기입된다.
③ 제조간접비 계정의 대변에 기입된다.
④ 제조경비 계정의 대변에 기입된다.

22 다음의 ( ) 안에 알맞은 말은 무엇인가?

> 제품의 제조에 따라 발생하는 재료비, 노무비, 제조경비 등의 원가는 제품이 판매되기 전까지는 재공품 또는 제품 등 (가)이 되며, 판매되면 매출원가로서 (나)이 된다.

① (가) 비용　　　　(나) 재고자산
② (가) 비유동자산　(나) 유동자산
③ (가) 재고자산　　(나) 비용
④ (가) 재고자산　　(나) 자산

23 다음 중 재공품 계정 차변에 기입되지 않은 것은?

① 직접재료비　　　　② 제조간접비 배부액
③ 직접제조경비　　　④ 당월 제품제조원가

24 계속기록법에서 현금 매출 시 2개의 분개가 이루어진다. 하나는 차변에 현금, 대변에 매출이 기록된다. 그리고 또 다른 분개는?

① 차변에 재공품, 대변에 제품
② 차변에 제품, 대변에 매출원가
③ 차변에 매출원가, 대변에 제품
④ 차변에 제품, 대변에 재공품

25 다음은 이번 달의 재공품 계정에 관한 자료이다. 이 달의 제품제조원가는 얼마인가?

직 접 재 료 비	₩50,000	직 접 노 무 비	₩12,000
제 조 간 접 비	18,000	기 초 재 공 품	16,000
기 말 재 공 품	24,000		

① ₩96,000　　　　② ₩80,000
③ ₩88,000　　　　④ ₩72,000

제3장 · 요소별 원가계산

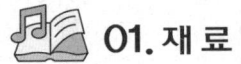

01. 재료비

1 재료비(material costs)의 뜻과 분류

(1) 재료비의 뜻 : 제품을 생산하는 데 사용할 목적으로 외부로부터 매입한 물품을 재료라 하고, 제품의 제조과정에서 소비된 재료의 가치를 말하는 것으로 재료비라 한다.

(2) 재료비의 분류

(가) 제조활동에 사용되는 형태에 따른 분류
① 주요재료비 : 가구제조회사의 목재, 자동차제조업의 철판, 제과회사의 밀가루 등
② 부 품 비 : 자동차제조업의 타이어 등
③ 보조재료비 : 가구제조회사의 못, 의복제조회사의 실과 단추 등
④ 소모공구기구비품비 : 제조기업에서 사용하는 망치, 드라이버 등

(나) 제품과의 관련성에 따른 분류
① 직접재료비 : 특정제품의 제조에서만 소비된 재료비(주요재료비, 부품비)
② 간접재료비 : 여러 종류의 제품을 제조하기 위하여 공통적으로 소비된 재료비 (보조재료비, 소모공구기구비품비)

2 재료의 매입(입고)과 출고

(1) 재료 매입 시 분개

No	구 분	차 변	대 변
(1)	재료 계정만을 두는 경우	재 료 ×××	외 상 매 입 금 ×××
(2)	재료의 종류별로 계정을 설정하는 경우	주 요 재 료 ××× 부 품 ××× 보 조 재 료 ××× 소모공구기구비품 ×××	외 상 매 입 금 ×××

(2) 재료의 출고 · 소비 시 분개

No	구 분	차 변	대 변
(1)	재료 출고 시	재 료 비 ×××	주 요 재 료 ××× 부 품 ××× 보 조 재 료 ××× 소모공구기구비품 ×××
(2)	재료 소비 시	재 공 품 ××× 제 조 간 접 비 ×××	재 료 비 ×××

(3) 재료감모손실

No	구 분		차 변	대 변
(1)	재료의 감모를 발견한 경우		재료감모손실 ×××	재 료 ×××
(2)	재료감모손실의 원인이 판명된 경우	정상적인 원인에 의한 경우	제조간접비 ×××	재료감모손실 ×××
		비정상적인 원인에 의한 경우	손 익 ×××	재료감모손실 ×××

3 재료비의 계산 : 재료비는 재료의 소비량에 소비단가를 곱하여 계산한다.

> 재 료 비 = 재료의 소비량 × 재료의 소비단가

(1) 재료소비량의 결정

(가) 계속기록법
> 당월 소비량 = 장부상 출고란에 기록된 수량의 합계
> 재료 감모수량 = 장부상의 재고수량 − 창고 속의 실제 재고수량

(나) 실제재고조사법
> 당월소비량 = (전월이월수량+당월매입수량) − 당월말 실제 재고수량

(2) 재료 소비단가의 결정
실제매입원가를 이용하여 재료의 소비단가를 결정하는 방법에는 개별법, 선입선출법, 후입선출법, 가중평균법(이동평균법, 총평균법) 등이 있다.

---

26 3월 초 재료 ₩50,000을 작업 현장에 출고하였는데 ₩30,000은 직접재료비로, 나머지 ₩20,000은 간접재료비로 소비되었다. 재료의 소비와 관련한 분개로 옳은 것은?

① (차) 재 공 품 50,000 (대) 재 료 비 50,000
② (차) 재 공 품 50,000 (대) 재 료 50,000
③ (차) {재 품 30,000
제조간접비 20,000} (대) 재 료 50,000
④ (차) {재 공 품 30,000
제조간접비 20,000} (대) 재 50,000

27 다음 자료에 의하여 재료비 소비액을 계산하면 얼마인가?

월초재료재고액	₩ 50,000	당월재료매입액	₩ 360,000
매 입 제 비 용	10,000	매입에누리액	15,000
매입재료환출액	8,000	월말재료재고액	65,000

① ₩322,000 ② ₩332,000
③ ₩340,000 ④ ₩330,000

28 다음의 자료를 이용하여 선입선출법의 가정 하에서 계속기록법으로 7월의 재료소비액을 계산하면 얼마인가?

7/1	전월이월	A재료	200개	@₩200	₩40,000
4	입 고	A재료	300개	@₩200	₩60,000
7	출 고	A재료	400개		
17	입 고	A재료	300개	@₩220	₩66,000
25	출 고	A재료	200개		

① ₩100,000 ② ₩122,000
③ ₩120,000 ④ ₩132,000

29 재료의 소비량을 파악하는 방법에는 계속기록법과 실지재고조사법이 있다. 다음 중 재료의 감모수량을 파악할 수 있는 방법은?

① 실지재고조사법과 계속기록법을 병행할 경우
② 계속기록법
③ 실지재고조사법
④ 실지재고조사법과 계속기록법 각각에서 모두 파악할 수 있다.

30 다음은 원재료의 소비단가를 결정하는 방법이다. 이 중 수익비용의 대응에 있어서 가장 정확한 방법은 무엇인가? 단, 한국채택국제회계기준(K-IFRS) 규정은 무시한다.

① 후입선출법 ② 개별법
③ 가중평균법 ④ 선입선출법

02. 노무비

1 노무비(labor costs)의 뜻과 분류

(1) 노무비의 뜻 : 노무비란 제품의 제조를 위하여 인간의 노동력을 소비함으로써 발생하는 원가요소를 말한다.

(2) 노무비의 분류
  (가) 지급형태에 따른 분류
    ① 임금 ② 급료 ③ 잡급 ④ 종업원여수당
  (나) 제품과의 관련성에 따른 분류
    ① 직접노무비 ② 간접노무비

2 노무비의 계산

개인별 임금 총액 = 기본 임금 + 할증급 + 각종수당

(1) 시간급제에 의한 노무비 계산

기본임금 = 작업시간 수 × 작업 1시간당 임률

$$평균임률 = \frac{1개월간의 임금총액}{동 기간의 총 작업시간 수}$$

(2) 성과급제에 의한 노무비 계산

기 본 임 금 = 생산량 × 제품 1단위당 임률

$$평균임률 = \frac{1개월간의 총 임금액}{동 기간의 총 생산량}$$

【 노무비의 지급과 발생에 관한 분개 】

No	구 분	차 변		대 변	
(1)	임금, 급료 등 지급 시	종 업 원 급 여	×××	현 금	×××
(2)	노무비의 발생 시	노 무 비	×××	종 업 원 급 여	×××
(3)	노무비의 소비 시	재 공 품 제 조 간 접 비	××× ×××	노 무 비	×××

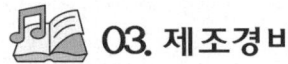

03. 제조경비

1 제조경비(manufacturing expenses)의 뜻과 분류

(1) 제조경비의 뜻 : 제품의 제조를 위하여 소비되는 원가 중에서 재료비와 노무비를 제외한 기타의 모든 원가요소를 말한다.

(2) 제조경비의 분류
  (가) 발생형태에 따른 분류 : 전력비, 가스수도비, 감가상각비, 임차료, 보험료
  (나) 제품과의 관련성에 따른 분류
    ① 직접제조경비 : 특허권사용료, 외주가공비, 설계비 등
    ② 간접제조경비 : 전력비, 가스수도비, 운반비 등
  (다) 제조원가에 산입하는 방법에 따른 분류 : 월할제조경비, 측정제조경비, 지급제조경비, 발생제조경비

2 제조경비의 계산

(1) 월할제조경비 : 보험료, 임차료, 감가상각비, 세금과공과, 특허권사용료

당월 소비액 = 발생 금액 ÷ 해당 개월 수

(2) 측정제조경비 : 전력비, 가스 수도비 등

당월 소비액 = 당월 사용량(검침량) × 단위당 가격

(3) 지급제조경비 : 수선비, 운반비, 잡비, 외주가공비

당월 소비액 = 당월지급액 + (전월선급액 + 당월 미지급액)
              − (당월선급액 + 전월미지급액)

(4) 발생제조경비 : 재료감모손실, 반품차손비 등

재료감모손실 = 재료장부재고액 − 재료실제재고액

---

31 금월 중의 총임금지급액이 ₩240,000이고, 금월 중 총생산량이 30,000개이나, 이 중에서 A제품 생산량이 10,000개 일때, 제품 A에 부과하여야 할 노무비는 얼마인가? (임률은 총 임금지급액을 총 생산량으로 나눈 평균 임률에 따라서 계산한다.)

① ₩40,000 ② ₩ 80,000
③ ₩20,000 ④ ₩100,000

32 자동차 제조업체인 (주)신흥의 회계담당자는 제조원가를 다음과 같이 분류하였다. 잘못 분류된 것을 고르면?

① 타이어 − 직접재료비
② 망치, 드라이버 등 소모성 비품 − 간접재료비
③ 공장장 임금 − 직접노무비
④ 공장 기계의 감가상각비 − 간접경비

33 다음 자료를 이용하여 당월의 노무비 지급액을 구하면 얼마인가?

전월말 노무비 미지급액	₩ 10,000
당월말 노무비 미지급액	12,000
당월 노무비 발생액	110,000

① ₩108,000 ② ₩120,000
③ ₩102,000 ④ ₩112,000

34 생산부장의 급여와 인사부장의 급여에 관한 설명 중 가장 옳은 것은?

① 생산부장의 급여 : 제조원가, 인사부장의 급여 : 판매(물류)관리비
② 생산부장의 급여 : 직접노무비, 인사부장의 급여 : 간접노무비
③ 생산부장의 급여 : 기초원가, 인사부장의 급여 : 가공비
④ 생산부장의 급여 : 제조원가, 인사부장의 급여 : 기타비용

35 다음은 3월 말 경비에 대한 계산자료이다. 3월의 경비소비액은 얼마인가?

· 전월말미지급액 ₩ 20,000	· 당월말선급액 ₩ 50,000
· 당월말미지급액 40,000	· 전월말선급액 30,000
· 당월 중 지급액 270,000	

① ₩310,000 ② ₩280,000
③ ₩270,000 ④ ₩250,000

36 제조원가에의 산입 방법에 따라 경비는 월할 경비, 측정 경비, 지급 경비, 발생 경비 등으로 구분 할 수 있는데, 그 중 월할 경비만으로 짝지어진 것은?

① 가스수도비 − 수선비 ② 감가상각비 − 임차료
③ 보험료 − 전력비 ④ 수선비 − 세금과공과

37 당월 수선비 현금 지급액이 ₩100,000, 전월선급액이 ₩20,000, 당월 미지급액이 ₩50,000인 경우 당월 제조경비에 반영될 수선비 소비액은 얼마인가?

① ₩70,000 ② ₩100,000
③ ₩130,000 ④ ₩170,000

제4장 · 원가의 배부

01. 원가배부의 기초

① 원가배부의 의의

원가의 배부란 제품의 생산을 위하여 소비된 공통원가를 집계하여 인위적인 배부기준에 따라 제품 또는 제조부문, 보조부문 등의 원가배부대상으로 배부하는 과정을 말한다.

② 원가배부의 목적
(1) 경제적 의사결정을 합리적으로 수행
(2) 경영진에 대한 올바른 성과평가와 동기 부여
(3) 외부보고를 위한 재고자산의 평가와 이익 측정
(4) 계약금액(판매가격) 결정

③ 원가의 배부기준

원가배부기준이란 집계된 공통원가를 각 원가배부 대상에 대응시키는 기준을 말하는 것으로 (1) 인과관계기준 ~ 전력비(결과)는 전력소비량(원인)을 기준으로 배부, (2) 수혜기준(수익자부담 기준) ~ 광고선전비의 효과를 광고전, 후의 매출액의 증가분을 기준으로 배부, (3) 부담능력기준 ~ 방위성금을 각 부서 수익성(매출액)을 기준으로 배부, (4) 공정성과 공평성 기준(원칙) 등이 있다.

02. 제조간접비의 배부

① 제조간접비(manufacturing overhead costs)**의 뜻**

간접재료비, 간접노무비, 간접제조경비 등과 같이 두 종류이상의 제품을 제조하기 위하여 공통적으로 발생하는 원가요소를 말한다.

② 제조간접비의 배부 방법

(1) 실제배부법

(가) 가액법

① 직접재료비법

$$\text{제조간접비 배부율} = \frac{1\text{개월간의 제조간접비 총액}}{\text{동 기간의 직접재료비 총액}}$$

제조간접비 배부액 = 특정 제품의 직접재료비 × 배부율

② 직접노무비법

$$\text{제조간접비 배부율} = \frac{1\text{개월간의 제조간접비 총액}}{\text{동 기간의 직접노무비 총액}}$$

제조간접비 배부액 = 특정 제품의 직접노무비 × 배부율

③ 직접원가법 : 각 제품에 소비된 직접원가를 기준으로 배부하는 방법

$$\text{제조간접비 배부율} = \frac{1\text{개월간의 제조간접비 총액}}{\text{동 기간의 직접원가 총액}}$$

제조간접비 배부액 = 특정 제품의 직접비(직접원가) × 배부율

(나) 시간법

① 직접노동시간법

$$\text{제조간접비 배부율} = \frac{1\text{개월간의 제조간접비 총액}}{\text{동 기간의 직접노동 총 시간수}}$$

제조간접비 배부액 = 특정 제품의 직접노동시간 수 × 배부율

② 기계작업시간법

$$\text{제조간접비 배부율} = \frac{1\text{개월간의 제조간접비 총액}}{\text{동 기간의 기계작업시간 총 시간 수}}$$

제조간접비 배부액 = 특정 제품의 기계작업시간 수 × 배부율

38 원가배부의 일반적인 목적을 설명한 것 중 옳지 않은 것은?
① 재고자산 평가와 이익 측정을 위한 매출원가를 계산하기 위해 관련된 원가를 재고자산과 매출원가에 배부하여야 한다.
② 개별 제품과 직접적인 인과관계가 없는 원가는 제품에 배부하면 안된다.
③ 부문경영자나 종업원들의 합리적인 행동을 하도록 하기 위해서는 각 부문이나 활동별로 원가를 배부한다.
④ 내부이해관계자에게 원가에 관한 적정한 보고를 하는 데 있다.

39 생산자동화가 잘 이루어져 있는 공장에서 여러 가지 제품을 동시에 생산할 때 제조간접비를 재공품으로 배부하기 위한 기준으로 가장 적합한 것은?
① 직접노동시간 ② 직접노무비
③ 기계작동시간 ④ 직접재료비

40 (주)금강은 당월에 발생한 전력비를 각 부문의 전력소비량에 따라 배부하고자 하는 경우에 해당하는 원가배부기준은?
① 부담능력기준 ② 인과관계기준
③ 공정성과 공평성기준 ④ 수익자부담기준

41 다음 중 제조간접원가 항목이 아닌 것은?
① 공장내 의무실에 근무하는 의사의 급료
② 공장근로자의 공휴일 작업에 대한 초과시간급
③ A/S(after service) 센터에 근무하는 전자제품 수리공의 임금
④ 공장사무실 컴퓨터의 감가상각비

42 다음 자료에 의할 때 제조지시서 #1의 제조원가는 얼마인가? 단, 제조간접비는 직접노무비법을 이용하여 구한다.

분 류	제조지시서 #1	총 원 가
직접재료비	₩20,000	₩200,000
직접노무비	₩18,000	₩108,000
제조간접비	( )	₩180,000

① ₩30,000 ② ₩68,000
③ ₩56,000 ④ ₩38,000

43 다음 자료에 의하여 X, Y제품을 제조하는 기업의 X제품에 대한 제조간접비 배부액을 직접원가법으로 계산하면 얼마인가? (단, 총제조간접비 실제 발생액은 ₩300,0000이다)

제 품	직접재료비	직접노무비
X 제품	₩150,000	₩ 50,000
Y 제품	₩250,000	₩150,000

① ₩ 50,000 ② ₩100,000
③ ₩200,000 ④ ₩400,000

(2) 예정배부법

제조간접비 예정배부율 = 제조간접비 연간 예상액 / 배부기준의 연간 예상액

제조간접비 예정배부액 = 제품별 배부기준의 실제발생액 × 제조간접비 예정배부율

구 분	차 변	대 변
제조간접비 예정 배부시	재 공 품 1,000	제조간접비 1,000
제조간접비 실제 발생액	제조간접비 1,050	재 료 비 400 노 무 비 300 제 조 경 비 350
제조간접비 실제발생액 > 예정소비액(과소배부)	제조간접비배부차이 50	제조간접비 50
제조간접비 실제발생액 < 예정소비액(과대배부)	제조간접비 ×××	제조간접비배부차이 ×××

제5장 · 부문별원가계산

1 부문별원가계산(departments costing)의 기초

(1) 부문별원가계산의 뜻

부문별원가계산이란 제품의 원가를 산정함에 있어 제조간접비(부문비)를 각 제품에 보다 더 엄격하게 배부하기 위해 우선적으로 그 발생 장소인 부문별로 분류, 집계하는 절차를 말한다.

(2) 원가부문의 설정

(가) 제조부문 : 조립부문, 완성부문, 절단부문 등
(나) 보조부문 : 동력부문, 수선부문, 재료관리부문, 사무관리부문 등

2 부문별원가계산의 절차

① 제1단계 부문개별비를 각 부문에 부과
② 제2단계 부문공통비를 각 부문에 배부
③ 제3단계 보조부문비를 제조부문에 배부
④ 제4단계 제조부문비를 각 제품에 배부

3 부문공통비의 배부기준

부문공통비	배 부 기 준
간 접 재 료 비	각 부문의 직접재료비
간 접 노 무 비	각 부문의 직접노무비, 종업원 수, 직접노동시간
감 가 상 각 비	기계 : 기계사용시간, 건물 : 면적
전 력 비	각 부문의 전력소비량 또는 마력 × 운전시간
수 선 비	각 부문의 수선 횟수 또는 시간
가 스 수 도 비	각 부문의 가스 수도 사용량
운 반 비	각 부문의 운반물품의 무게, 운반거리, 운반횟수
복 리 후 생 비	각 부문의 종업원 수
임차료, 재산세, 화재보험료	각 부문의 차지하는 면적 또는 기계의 가격

4 보조부문비의 배부 방법

(1) **직접배부법** : 보조부문 상호간에 용역을 주고 받는 관계를 완전히 무시하고, 모든 보조부문비를 제조부문에 제공하는 용역비율에 따라 제조부문에만 직접 배부하는 방법으로 그 절차가 매우 간단하다.

(2) **단계배부법** : 보조부문들 간에 일정한 배부순서를 정한 다음 그 배부순서에 따라 보조부문비를 단계적으로 다른 보조부문과 제조부문에 배부하는 방법

(3) **상호배부법** : 보조부문 상호간의 용역수수관계를 완전하게 고려하는 방법으로서, 보조부문비를 제조부문 뿐만 아니라, 보조부문 상호간에도 배부하는 방법으로 경제적 실질에 따른 가장 정확한 배부방법이다.

5 보조부문비의 배부 목적

(1) 부문간의 상호통제 및 관리
(2) 외부보고 목적을 위한 재고자산평가와 매출원가의 결정
(3) 경제적 의사결정을 위한 최적의 자원 배분

---

44 (주)탐라는 제조간접비를 예정배부하고 있다. 당월 중에 배부한 제조간접비는 ₩12,000이었으나, 당월 말에 실제로 발생한 제조간접비는 ₩10,000인 것으로 밝혀졌다. 이 차이를 조정하기 위한 적절한 분개는?

① (차) 재 공 품 2,000 (대) 제조간접비 2,000
② (차) 제조간접비배부차이 2,000 (대) 제조간접비 2,000
③ (차) 제조간접비 2,000 (대) 제조간접비배부차이 2,000
④ (차) 제조간접비 2,000 (대) 재 공 품 2,000

45 (주)목포는 제조간접비를 직접노동시간에 따라 배부한다. 연간 직접노동시간과 제조간접비의 예산과 실제자료가 아래와 같을 때 (주)목포의 연간 제조간접비배부차이는 얼마인가?

구 분	예 산	실 제
직접노동시간	600시간	550시간
총제조간접비	₩7,200	₩6,800

① ₩200 과대배부   ② ₩400 과대배부
③ ₩200 과소배부   ④ ₩400 과소배부

46 부문별원가계산에서 보조부문의 원가를 제조부문에 배부하는 방법이 아닌 것은?

① 직접배부법   ② 간접배부법
③ 단계배부법   ④ 상호배부법

47 다음은 보조부문원가의 배부에 관한 설명이다. 적절하지 않은 것은?

① 단계배부법은 보조부문의 배부순서에 따라 배부결과가 달라진다.
② 직접배부법은 제품에 대하여 직접 배부한다.
③ 상호배부법은 보조부문 상호간의 용역 수수관계를 모두 고려한다.
④ 단계배부법은 직접배부법과 상호배부법의 절충형이다.

48 다음 보조부문의 원가를 직접 배부법을 사용하여 제조부문에 배부할 경우 제조부문 중 절단부문에 배부되는 보조부문의 원가는 얼마인가?

	제 조 부 문		보 조 부 문	
	절단부문	조립부문	동력부문	수선부문
자기부문발생액	₩72,000	₩68,000	₩30,000	₩14,000
동력부문(kW/h)	600	400	–	500
수선부문(횟수)	40	60	50	–

① ₩18,000   ② ₩ 5,600
③ ₩23,600   ④ ₩34,000

49 보조부문비를 제조부문에 배부하는 다음의 방법들 중 경제적 실질을 가장 정확하게 반영하는 방법은 무엇인가?

① 직접배부법   ② 단계배부법
③ 상호배부법   ④ 인과기준배부법

⑥ 보조부문비의 배부 기준

보 조 부 문	배 부 기 준
구 매 부 문	주문 횟수, 주문비용
식 당 부 문	종업원 수
창 고 부 문	재료의 출고청구 회수, 취급품목 수
건물관리부문(청소부문)	점유 면적
수선유지부문	수선유지 횟수, 작업시간
전 력 부 문	전력 소비량(KWh)
공장인사관리부문	종업원 수
자재관리부문	근무시간, 취급품목 수
원가계산부문	근무시간

제6장 · 개별원가계산

01. 개별원가계산

① **개별원가계산**(job-order costing)**의 뜻**
성능, 규격, 품질 등이 서로 다른 여러 종류의 제품을 주로 고객의 주문에 의하여 소량씩 개별적으로 생산하는 건설업, 항공기제조업, 가구 및 기계제작업 등에서 각 개별, 작업별로 원가를 집계하여 제품별 원가계산을 하는 방법이다.

② **제조지시서와 원가계산표**
(1) **제조지시서** : 제조지시서에는 특정 제조지시서와 계속제조지시서로 분류되는데, 개별원가계산에는 특정제조지시서를 발행한다.
(2) **원가계산표**(cost sheet)**와 원가원장**(cost ledger)
 (가) 원가계산표 : 지시서별 원가계산표
 (나) 원 가 원 장 : 재공품 계정에 대한 보조원장

③ **개별원가계산의 절차**

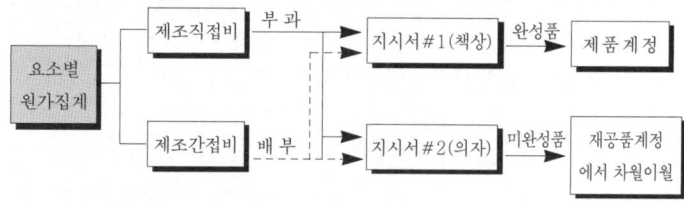

④ **공장전체와 부문별배부율에 의한 제조간접비 배부**
(1) **공장전체 제조간접비배부율** : 공장내의 모든 제조부문에 동일한 제조간접비배부율을 적용하여 제조간접비를 배부하는 방법이다.

$$공장전체\ 제조간접비\ 배부율 = \frac{공장전체\ 제조간접비}{공장전체\ 배부기준\ 합계}$$

(2) **부문별 제조간접비배부율** : 각 제조부문별로 서로 다른 부문별 제조간접비배부율을 적용하여 개별적인 배부율에 의하여 제조간접비를 배부하는 방법이다.

$$부문별\ 제조간접비배부율 = \frac{제조부문별\ 제조간접비}{제조부문별\ 배부기준\ 합계}$$

03. 작업폐물과 공손품

① **작업폐물**(scraps)
(1) **작업폐물의 뜻** : 작업폐물이란 제품의 제조과정에서 발생하는 원재료의 부스러기를 말한다. 예를들면 가구제조업의 나무토막이나 톱밥, 기계제작업에서의 철판조각이나 쇳가루, 의류제조업의 천조각 등이 이에 속한다.

50 다음은 부문별원가계산시 보조부문원가를 제조부문에 배부하는 기준을 제시한 것이다. 배부기준으로 적절치 못한 것은?
① 전력부문비 : 사용한 전력량
② 식당부문비 : 종업원 수
③ 감가상각비 : 매출액
④ 창고부문비 : 취급품목 수 및 청구건수

51 다음 중 개별원가계산의 특징이 아닌 것은?
① 직접비와 간접비로 분리하여 간접비를 제품별로 배부한다.
② 원가의 계산은 제조지시서가 중심이 되어 제조지시서별로 원가계산표를 작성한다.
③ 기말재공품의 평가는 평균법과 선입선출법으로 한다.
④ 주문생산형태이므로 재고누적에 대한 영향이 거의 없다.

52 다음 자료를 이용하여 제조지시서 #1에 발생한 제조원가를 구하면 얼마인가?

구 분	제조지시서#1	제조지시서#2	제조지시서#3
직접재료비	₩10,000	₩16,000	₩14,000
직접노무비	₩12,000	₩18,000	₩10,000

위의 세 작업에서 발생한 제조간접비 총액은 ₩24,000이며, 직접노무비법을 이용하여 제조간접비를 배부한다.

① ₩ 7,200   ② ₩ 6,000
③ ₩28,000   ④ ₩29,200

53 공장전체 제조간접비 배부와 부문별 제조간접비배부에 관한 다음 설명 중 적합하지 않은 것은?
① 공장전체 제조간접비배부 총액과 부문별 제조간접비배부 총액은 일치한다.
② 공장전체 제조간접비배부가 부문별 제조간접비배부보다 더 정확하다.
③ 부문별 제조간접비배부는 부문별로 다른 배부기준을 사용할 수 있다.
④ 공장 전체 제조간접비배부는 단일 배부기준을 사용한다.

54 큰나라 주식회사는 제조간접비를 기계시간에 근거한 예정배부율을 이용하여 개별작업에 배부하고 있다. 작은 마을 회사가 주문한 작업에 대한 자료는 다음과 같다. 이 작업의 총원가는 얼마인가?

• 직접재료비 소비액	₩ 4,200,000
• 직접노무시간	300시간
• 시간당 직접노무임율	₩ 8,000
• 기계시간	200시간
• 기계시간당 예정배부율	₩ 15,000

① ₩ 9,600,000   ② ₩ 8,000,000
③ ₩10,300,000   ④ ₩11,100,000

(2) 작업폐물의 회계처리
  (가) 작업폐물의 금액이 큰 경우
    ① 특정제품의 제조과정에서 발생한 경우

    | (차) 작 업 폐 물 | 10,000 | (대) 재 공 품 | 10,000 |

    ② 여러제품의 제조과정에서 발생한 경우

    | (차) 작 업 폐 물 | 10,000 | (대) 제 조 간 접 비 | 10,000 |

    ③ 현금 받고 처분한 경우

    | (차) 현 금 | 12,000 | (대) 작 업 폐 물 | 10,000 |
    | | | 작업폐물처분이익 | 2,000 |

  (나) 작업폐물의 금액이 적은 경우
    ① 제조과정에서 소액발생한 경우 : 분개하지 않음
    ② 현금받고 처분한 경우

    | (차) 현 금 | 3,000 | (대) 잡 이 익 | 3,000 |

② 공손품(spoiled units)
  (1) 공손품의 뜻 : 공손품이란 파손품이라고도 하며 제품을 제조하는 과정에서 작업자의 부주의, 원재료의 불량, 기계설비의 결함 등으로 인하여 품질 및 규격이 표준에 미달한 불합격품을 말한다.
  (2) 정상공손과 비정상공손 : 양질의 제품을 얻기 위하여 제조과정에서 불가피하게 발생하는 공손은 정상공손(normal spoilage)이라하고 그 발생원가를 재공품이나 완성품에 포함시켜야 한다. 이와 반대로 비정상공손(abnormal spoilage)은 제품이나 재공품의 원가가 아닌 기간비용(영업외비용)으로 처리한다.
  (3) 공손비뜻 : 공손품이 발생하면 공손정도에 따라 그 정도가 적으면 추가로 가공하여 합격품으로 완성하거나 그 정도가 큰 경우에는 대체품을 제조하기도 하는데 이 때 추가로 발생하는 원가를 공손비라 한다.

제7장 · 종합원가계산

 ### 01. 종합원가계산의 기초

① 종합원가계산(process costing)의 뜻
  성능, 규격 등이 동일한 한 종류의 제품을 연속적으로 대량생산하는 정유업, 제지업, 제분업, 제당업, 화학공업 등

② 종합 원가계산의 절차
  당월제품제조원가 = (당월 총제조비용+월초재공품원가) - 월말재공품원가

  $$제품의 단위당원가 = \frac{당월제품제조원가}{당월완성품수량}$$

③ 개별원가계산과 종합원가계산의 비교

구 분	개별원가계산	종합원가계산
① 생산형태	개별제품의 주문생산	동종제품의 연속대량생산
② 적용대상산업	건설업, 조선업, 항공업, 기계공업, 주문인쇄업, 주문가구제작업.	정유업, 제분업, 철강업, 식품가공업, 제지업, 제화업, 화학공업, 양조업.
③ 생산수량	주문에 의한 소량생산	생산계획에 따른 연속대량생산
④ 제조지시서 종류	특정 제조지시서	계속제조지시서
⑤ 원가의 분류	직접비와 간접비의 구분이 중요하다.	직접재료비와 가공비의 구분이 중요하다.
⑥ 기말재공품의 평가	미완성된 작업의 작업원가표에 집계된 원가로 자동계산됨.	완성품과 기말재공품에 배분하는 절차가 필요하다.
⑦ 단위당 원가계산	완성된 작업의 작업원가표에 집계된 원가를 완성수량으로 나누어 계산한다.	일정기간(보통 1개월)동안의 완성품제조원가를 완성품수량으로 나누어 계산한다.

55 제품의 제조과정상에서 발생한 원재료의 부스러기를 무엇이라 하는가?
  ① 공손품 ② 파손품
  ③ 작업폐물 ④ 감손

56 다음은 공손원가에 대한 설명이다. 틀린 것은?
  ① 공손품이란 품질검사시 표준규격이나 품질에 미달하는 불합격품을 말한다.
  ② 공손품원가는 정상공손원가와 비정상공손원가로 구분되는데, 정상공손원가는 제조비용에 가산하고, 비정상공손원가는 기타(영업외)비용으로 처리한다.
  ③ 공손품의 발생시점(불량품 검사시점)이 기말재공품의 완성도 이후인 경우에는 정상공손품의 원가를 완성품과 기말재공품에 산입한다.
  ④ 작업폐물이란 원재료를 가공하는 과정에서 발생하는 매각 또는 이용가치가 있는 폐물로써 공손품과는 별개의 개념이다.

57 다음 중 종합원가계산에 적합한 기업들을 모두 고르면?

| 가. 도로 및 항만을 건설하는 기업 |
| 나. 선박을 주문생산하는 기업 |
| 다. 개인주택 건설에 사용되는 붉은 벽돌을 생산하는 기업 |
| 라. 건축을 위한 설계를 실시하는 기업 |

  ① 가 ② 다
  ③ 가, 다, 라 ④ 가, 나, 라

58 다음 종합원가계산과 개별원가계산의 차이를 설명한 것으로 타당하지 않은 것은?

	개별원가계산	종합원가계산
①	개별생산형태	대량생산형태
②	특정제조지시서	계속제조지시서
③	간접비배부 불필요	간접비배부 필수적
④	재공품평가 필요없음	재공품평가 필수적

59 다음은 종합원가계산의 주요단계를 순서없이 나열한 것이다. 각 단계를 옳은 순서대로 나열한 것은 어느 것인가?

| 가. 단위당 원가계산 | 나. 완성도 파악 |
| 다. 환산량 계산 | 라. 제조원가 요소별 집계 |

  ① 가 - 나 - 다 - 라 ② 라 - 가 - 나 - 다
  ③ 라 - 나 - 다 - 가 ④ 나 - 다 - 가 - 라

④ 완성품 환산량(equivalent units)
(1) 완성도 : 공정에 투입되어 현재 생산 진행 중에 있는 제품이 어느 정도 완성되었는가를 나타내는 수치로서 50% 또는 80%와 같은 형태로 표현된다.
(2) 완성품 환산량 : 생산활동에 투입한 모든 노력을 제품을 완성하는 데에만 투입하였더라면 완성되었을 완성품 수량으로 환산한 것을 말한다.

월초재공품 완성품환산량 = 월초재공품수량 × 완성도
월말재공품 완성품환산량 = 월말재공품수량 × 완성도

⑤ 재공품의 평가 방법

(1) 선입선출법

❖ 선입선출법을 사용하여 월말재공품 원가를 구하는 등식은 다음과 같다. ❖

월말재공품 원가 = 월말재공품 직접재료비(가) + 월말재공품 가공비(나)

$$직접재료비의 완성품환산량 단위당 원가 = \frac{당월 투입 직접 재료비}{직접재료비의 당월 완성품환산량}$$

$$가공비의 완성품 환산량 단위당 원가 = \frac{당월 투입 가공비}{가공비의 당월 완성품 환산량}$$

(가) 월말재공품 직접 재료비 = 월말재공품의 직접재료비 완성품 환산량
　　　　　　　　　　　　　× 직접재료비의 완성품 환산량 단위당 원가
(나) 월 말 재 공 품 가 공 비 = 월말재공품의 가공비 완성품 환산량
　　　　　　　　　　　　　× 가공비의 완성품 환산량 단위당 원가

• 완성품환산량 = 당월완성품수량 − 월초재공품의 완성품환산량 + 월말재공품의 완성품환산량

(2) 평 균 법(average method)

❖ 평균법을 사용하여 월말 재공품원가를 구하는 등식은 다음과 같다. ❖

월말 재공품 원가 = 월말재공품 직접 재료비(가) + 월말재공품 가공비(나)

• 직접 재료비의 완성품 환산량 단위당 원가
$$= \frac{월초재공품 직접재료비 + 당월 직접재료비 투입액}{직접재료비의 완성품 환산량}$$

• 가공비의 완성품 환산량 단위당 원가
$$= \frac{월초재공품 가공비 + 당월 가공비 투입액}{가공비의 완성품 환산량}$$

(가) 월말 재공품 직접 재료비 = 월말 재공품의 직접 재료비 완성품 환산량
　　　　　　　　　　　　　× 직접재료비의 완성품 환산량 단위당 원가
(나) 월 말 재 공 품 가 공 비 = 월말 재공품의 가공비 완성품 환산량
　　　　　　　　　　　　　× 가공비의 완성품 환산량 단위당 원가

• 완성품 환산량 = 당월완성품 수량 + 월말 재공품 완성품 환산량

02. 단일종합원가계산

▶ 단일종합원가계산(single process costing)의 뜻
　얼음 제조업, 소금 제조업, 기와 제조업 등과 같이 단 하나의 제조공정만을 가지고 있는 기업에서 사용하는 원가계산방법이다.

60 생산활동에 투입한 모든 노력을 제품을 완성하는데만 투입하였더라면 완성되었을 완성품 수량으로 환산한 것을 무엇이라 하는가?
① 제품착수수량　　　　② 완성품환산량
③ 재공품수량　　　　　④ 단위당원가

61 종합원가계산에서 평균법을 이용하여 재공품을 평가하는 경우 완성품환산량의 단위당 원가를 계산할 때 고려해야 할 원가는?
① 당기총제조비용
② 당기총제조비용과 기초재공품원가의 합계
③ 당기총제조비용과 기초재공품원가의 차액
④ 당기총제조비용과 기말재공품원가의 합계

62 다음 자료에 의하여 재료가 제조착수와 동시에 소비된 경우에 월말 재공품의 원가를 평균법으로 계산하면 얼마인가?

┌──┐
│ ㉠ 월초재공품 : 재료비 ₩ 36,000 가공비 ₩ 24,000 │
│ ㉡ 당월제조비용 : 재료비 ₩144,000 가공비 ₩120,000 │
│ ㉢ 당월 완성품 수량 1,500개 │
│ ㉣ 월말 재공품 수량 500개 (완성도 60%) │
└──┘

① ₩69,000　　　　② ₩85,000
③ ₩24,000　　　　④ ₩45,000

63 재료를 제조착수와 동시에 소비한 경우 다음 자료에 의하여 월말재공품의 원가를 선입선출법으로 계산하면 얼마인가?

┌──┐
│ ㉠ 월 초 재 공 품 : 재 료 비 ₩ 90,000 │
│ 　　　　　　　　　　가 공 비 ₩ 34,000 │
│ 　　　　　　　　　　수　　량 300개(완성도20%) │
│ ㉡ 당월제조비용 : 재 료 비 ₩525,000 │
│ 　　　　　　　　　가 공 비 ₩795,000 │
│ ㉢ 당 월 완 성 품 : 수　량 1,550개 │
│ ㉣ 월 말 재 공 품 : 수　량 250개(완성도 40%) │
└──┘

① ₩137,500　　　　② ₩127,500
③ ₩140,000　　　　④ ₩150,000

64 다음은 무엇을 설명한 것인가?

┌──┐
│ • 한 종류의 제품을 한 공정에서 대량으로 제조하는 경우의 원가계산 │
│ • 얼음 제조업, 기와 제조업, 소금 제조업 등에서 사용 │
└──┘

① 단일(단순) 종합원가계산　　② 공정별 종합원가계산
③ 개별원가계산　　　　　　　④ 부문별원가계산

03. 공정별종합원가계산

▶ 공정별 종합원가계산(sequential process costing)의 뜻

화학공업, 제지공업, 제당공업 등과 같이 여러 단계의 제조공정을 가지고 있는 기업에서 각 공정별로 종합원가계산을 하는데, 이러한 방법을 공정별 종합원가계산이라고 한다.

(1) 제1공정완성품 전부를 차공정에 대체하는 경우

No.	구 분	차 변	대 변
(1)	제1공정 완성품원가	제2공정재공품 ×××	제1공정재공품 ×××
(2)	제2공정(최종공정) 완성품원가	제 품 ×××	제2공정재공품 ×××

(2) 반제품이 있는 경우의 기장

No.	구 분	차 변	대 변
(1)	제1공정완성품을 제1공정 반제품계정에 대체	제1공정반제품 ×××	제1공정재공품 ×××
(2)	제1공정반제품 중 일부를 제2공정에 대체	제2공정재공품 ×××	제1공정반제품 ×××
(3)	제2공정완성품을 제품계정에 대체	제 품 ×××	제2공정재공품 ×××

04. 조별종합원가계산

▶ 조별종합원가계산(class costing)의 뜻

식료품 제조업, 제과업, 통조림 제조업, 직물업 등과 같이 종류가 다른 제품을 연속적으로 대량생산하는 기업에서는 제품의 종류별로 조 또는 반을 설정하여 각 조별로 종합원가계산을 하는데, 이러한 방법을 조별종합원가계산이라고 한다.

No.	구 분	차 변	대 변
(1)	각 조의 제품이 완성되면	A조 제품 ××× B조 제품 ×××	A조 재공품 ××× B조 재공품 ×××

05. 등급별종합원가계산

① 등급별종합원가계산(grade costing)의 뜻

제분업, 제화업, 양조업, 화학약품업 등과 같이 동일한 공정에서 동일한 재료를 사용하여 계속적으로 생산되는 동일한 종류의 제품으로 품질, 모양, 크기, 무게 등이 서로 다른 제품(등급품)을 생산하는 기업에서 등급별로 종합원가계산을 하는데, 이러한 방법을 등급별종합원가계산이라 한다.

【 완성품 원가 분개 】

구 분	차 변	대 변
결합원가 배부시	1급 제품 ××× 2급 제품 ××× 3급 제품 ×××	재 공 품 ×××

▶ 등급품 중에서 생산량이나 가치면에서 다른 제품들에 비하여 중요성이 크게 떨어지는 제품이 있을 수 있는데, 이러한 제품을 부산물(By-Product)이라고 하고, 중요성이 큰 제품들을 주산물(Main Products)이라 한다. 예를 들어 정미업의 경우 쌀이 주산물이고, 쌀겨는 부산물이다. 부산물은 부차적으로 생산된다는 점에서 작업폐물과 유사하지만, 작업폐물은 원재료와 동질적인 파생물인데 비하여, 부산물은 이질적인 파생물이라는 점이 다르다. 부산물은 순실현가치(판매가격-추가가공원가)로 평가하여 주산물원가에서 차감할 수 있다.

---

65 다음 중 공정별 종합원가계산에 대한 설명으로 옳은 것은?

① 항공기제조업, 조선업에서 주로 적용하는 원가계산방법이다.
② 동일 재료를 동일 공정에서 가공하여 상이한 제품이 생산되는 공정을 보유한 업종에 적합한 원가계산방법이다.
③ 2개 이상의 연속 제조공정을 거쳐 제품을 대량생산하는 생산형태에 적용되는 원가계산방법이다.
④ 종류가 다른 제품을 연속적으로 대량 생산하는 제과업, 통조림제조업 등에 사용하는 원가계산 방법이다.

66 (주)송탄기업은 제1공정에서 완성된 완성품 전액을 제2공정에 대체하며, 제2공정에서 완성된 전액은 제3공정으로 대체하여 최종공정인 제3공정에서 제품이 완성된다. 제1공정 완성품원가 ₩3,000,000, 제2공정 완성품원가 ₩1,500,000, 제3공정의 월초재공품 ₩600,000, 월말재공품 ₩500,000, 직접재료비 ₩800,000, 가공비 ₩1,200,000일 경우 완성품 제조원가는 얼마인가?

① ₩3,680,000 ② ₩3,691,000
③ ₩3,600,000 ④ ₩3,720,000

67 다음과 같은 특징에 적합한 원가계산 유형은?

(가) 종류가 다른 제품을 연속적으로 대량 생산
(나) 제과업, 통조림 제조업, 식품 제조업에 적용되는 원가계산

① 단일 종합원가계산 ② 공정별 종합원가계산
③ 조별 종합원가계산 ④ 등급별 종합원가계산

68 다음은 무엇을 설명한 것인가?

• 동일한 공정에서 여러 종류의 유사품이 제조되는 경우 이 제품들에 대한 원가계산
• 제분업에서 품질이 다른 밀가루, 제화업에서 모양, 크기 등이 다른 구두
• 양조업에서 순도가 다른 같은 종류의 술, 화학공업에서 순도가 다른 화학약품 등

① 등급별 종합원가계산 ② 공정별 종합원가계산
③ 가공비 공정별 종합원가계산 ④ 조별 종합원가계산

69 다음의 등급별 종합원가계산표를 기초로 판매가치법에 의하여 1등급품의 단위당 원가를 계산하면? 단, 등급품의 결합원가는 ₩110,000이다.

등급	생산량	판매단가	판매가치
1등급	100개	₩1,000	₩100,000
2등급	150개	700	105,000
3등급	50개	300	15,000

① ₩450 ② ₩500
③ ₩550 ④ ₩600

제8장 · 결합원가계산

1 결합원가계산의 뜻
(1) 동일한 공정에서 동일한 재료를 사용하여 두 종류 이상의 서로 다른 제품을 생산하는 경우에 이들 제품을 총칭하여 연산품이라 한다. 연산품의 예로는 정유업에서의 휘발유, 등유, 경유 등과 정육업에서의 뼈와 고기, 가죽 등이다.
(2) 연산품은 일정한 생산 단계에 도달하기 전에는 개별제품으로 식별되지 않으며, 분리점(split-off point)이후에야 비로소 개별제품으로 식별할 수 있다.
(3) 분리점에 도달하기 전까지 연산품을 생산하는 과정에서 발생한 모든 원가를 결합원가(joint costs)라 하며, 분리점 이후의 추가 가공과정에서 발생하는 원가를 추가가공비 또는 분리원가라 한다.

2 결합원가의 배분
연산품이 개별제품으로 분리되기 전까지의 결합원가를 집계하여 인위적인 방법인 판매가치법과 물량기준법에 의하여 결합원가를 배분한다.
(1) 판매가치법 : 연산품의 분리점에서의 판매가치를 기준으로 결합원가를 배부하는 방법이다.
  ① 분리점에서 판매가치를 알 수 있는 경우는 단위당 판매가격에 생산수량을 곱한 것이 배부기준이 된다.
  ② 분리점 이후에 추가가공을 해야만 하는 연산품인 경우(즉, 분리점에서 판매가치를 모르는 경우)에는 개별제품의 판매가격에서 추가가공원가를 차감한 금액을 결합원가의 배부기준으로 사용한다는 점에서 상대적 판매가치법을 순실현가능가액법이라고도 한다.
(2) 물량기준법 : 연산품의 분리점에서의 수량, 중량, 부피, 크기, 면적 등을 기준으로 결합원가를 배분하는 방법이다.

제9장 · 재 무 제 표

▶ 제조원가명세서 … 포괄손익계산서의 부속명세서

제 조 원 가 명 세 서

과　　　　목	금	액
재　　　　료　　　　비		
기　초　재　료　재　고　액	×××	
당　기　재　료　매　입　액	×××	
계	×××	
기　말　재　료　재　고　액	×××	×××
노　　　　무　　　　비		
종　업　원　급　여	×××	
퇴　　직　　급　　여	×××	×××
경　　　　　　　　　비		
전　　　력　　　비	×××	
가　　스　　수　　도　　비	×××	
감　　가　　상　　각　　비	×××	
수　　　선　　　비	×××	
세　　금　　과　　공　　과	×××	
보　　　　　　　　험	×××	×××
당　기　총　제　조　비　용		×××
기　초　재　공　품　원　가		×××
합　　　계		×××
기　말　재　공　품　원　가		×××
당　기　제　품　제　조　원　가		×××

상기업과 제조기업의 포괄손익계산서 1구분 비교

포괄손익계산서 (상기업)

과　목	금	액
매　　　　출　　　　액		×××
매　　　　출　　　　원　　　　가		×××
기　초　상　품　재　고　액	×××	
당　기　매　입　액	×××	
기　말　상　품　재　고　액	×××	
매　　출　　총　　이　　익		×××
판　매　비　와　관　리　비		×××
종　업　원　급　여	×××	

포괄손익계산서 (제조기업)

과　목	금	액
매　　　　출　　　　액		×××
매　　　　출　　　　원　　　　가		×××
기　초　제　품　재　고　액	×××	
당　기　제　품　제　조　원　가	×××	
기　말　제　품　재　고　액	×××	
매　　출　　총　　이　　익		×××
판　매　비　와　관　리　비		×××
종　업　원　급　여	×××	

---

70 다음은 무엇을 설명한 것인가?

- 동일한 공정에서 동일한 재료를 사용하여 두 종류 이상의 다른 제품을 생산하는 경우의 원가계산
- 낙농업의 경우 생우유로 버터, 치즈, 생크림 등 생산
- 정육업에서 돼지로 베이컨, 햄, 돼지갈비 등 생산
- 석유산업에서 원유를 휘발유, 등유, 경유, 중유 등 생산

① 연산품 종합원가계산　② 조별 종합원가계산
③ 공정별 종합원가계산　④ 부문별 원가계산

71 (주)한국은 ₩20,000에 광산을 취득하여 ₩4,000을 투자하여 채굴한 결과 금 5kg과 구리 10kg을 채굴하였다. 금은 1kg당 ₩600에 판매되며, 구리는 1kg당 ₩150에 판매된다. 물량기준법을 이용하여 결합원가를 배부하면 금에 배부되는 결합원가는 얼마인가?

① ₩8,000　② ₩16,000
③ ₩6,667　④ ₩13,333

72 다음은 결합원가와 분리원가의 설명 중 옳지 않은 것은?
① 분리원가는 분리점 이후에 발생한 원가이다.
② 분리점 이전에 발생한 가공원가는 결합원가에 포함된다.
③ 분리원가는 결합원가에 포함된다.
④ 결합원가는 일정한 기준에 의해 연산품에 배부된다.

73 제조원가명세서에서 당기 제품제조원가가 의미하는 것은?
① 일정한 기간 동안 재공품계정에 투입된 금액
② 전기에 시작되었건 당기에 시작되었건 관계없이 일정한 기간동안 완성된 제품원가 금액
③ 일정한 기간동안 완성품계정에서 매출원가계정으로 대체된 금액
④ 일정한 기간 동안 생산에 투입된 원가 금액

74 다음 중 제조원가명세서에 포함되는 항목을 모두 고르면?

가. 직접재료비 기초재고액　나. 직접재료비 기말재고액
다. 재공품 기초재고액　라. 제품 기초재고액

① 가　② 나
③ 가, 나, 다　④ 가, 나, 다, 라

75 다음의 자료를 이용하여 당기의 영업이익을 계산하면 얼마인가?

기초제품재고액	₩ 100	기말제품재고액	₩ 200
당기제품제조원가	1,200	매　출　액	2,000
판　매　비	400	관　리　비	200

① ₩0　② ₩300
③ ₩500　④ ₩600

모의고사

제01회 실전대비 모의고사
제02회 실전대비 모의고사
제03회 실전대비 모의고사
제04회 실전대비 모의고사
제05회 실전대비 모의고사
제06회 실전대비 모의고사
제07회 실전대비 모의고사
제08회 실전대비 모의고사
제09회 실전대비 모의고사

국가기술자격검정
상시 전산회계운용사 2급필기 모의고사

01회
대한상공회의소 시행

2급	A형	시험일(소요시간)	문항수
		00월 00일(총60분)	총40개

수험번호 :
성　명 :

※ 다음 문제를 읽고 알맞은 것을 골라 답안카드의 답란(①, ②, ③, ④)에 표기하시오.

< 제1과목 : 재 무 회 계 >

1. 유형자산 감가상각방법을 정당한 사유없이 정액법에서 정률법으로 변경할 경우 다음 중 어느 질적특성과 관련이 있는 변경인가?

① 목적적합성　　　② 이해가능성
③ 비교가능성　　　④ 적시성

2. 무형자산으로 인식하기 위한 충족 조건과 관계가 없는 것은?

① 화폐성 자산　　　② 식별 가능성
③ 미래 경제적 효익　④ 통제

3. 다음 중 유형자산에 해당되는 것은?

① 서해안에 양식 중인 5년된 양식장의 물고기
② 건설경기의 침체로 인하여 건설회사가 소유하고 있는 미분양 아파트
③ 해양 천연가스 발굴을 위하여 설치한 대형 해양탐사 구조물
④ 시세상승을 예상하고 취득하였으나 아직 사용목적을 결정하지 못한 대도시 외곽의 토지

4. (주)파스칼은 20×1년 초 차량 A(내용연수 4년, 잔존가치 ₩0, 감가상각방법 연수합계법 적용)를 ₩900,000에 매입하면서 취득세 ₩90,000을 납부하였고, 의무적으로 매입해야 하는 국공채를 액면가 ₩100,000(현재가치 ₩90,000)에 매입하였다. 차량 A를 취득한 후 바로 영업활동에 사용하였을 때, 차량 A와 관련하여 (주)파스칼이 인식할 20×2년 감가상각비는?

① ₩432,000　　　② ₩400,000
③ ₩324,000　　　④ ₩300,000

5. (주)상공의 20×2년 말 현재 감가상각비가 가장 많이 계상될 수 있는 감가상각방법은 다음 중 어느 것인가?

20×1년 1월 1일에 기계장치 ₩5,000,000(내용연수 5년, 잔존가치는 취득원가의 10%)을 취득하였다. 만약 정률법을 선택하면 정률은 25%이며, 이 기계의 예정총생산량은 30,000개이고, 20×1년에 6,000개, 20×2년에 10,000개를 생산하였다.

① 정액법　　　② 정률법
③ 생산량비례법　④ 연수합계법

6. 다음은 금융상품에 대한 설명이다. 옳은 것만을 모두 고른 것은?

가. 지분상품은 최초 인식 시점에 당기손익-공정가치측정금융자산으로 분류하는 것이 원칙이다.
나. 단기매매목적으로 취득한 지분상품에 대하여 후속적인 공정가치 변동을 기타포괄손익으로 인식하기로 선택한 경우에는 기타포괄손익-공정가치측정금융자산으로 분류할 수 있다.
다. 원리금을 수취할 목적으로 지분상품을 취득한 경우에는 상각후원가측정금융자산으로 분류할 수 있다.
라. 단기매매목적 이외의 지분 상품 중 기타포괄손익-공정가치측정금융자산으로 분류하여 선택한 경우, 선택 이후에는 어떠한 경우라도 취소할 수 없다.

① 가, 라　② 가, 나, 다　③ 가, 나, 다, 라　④ 나, 다, 라

7. 다음은 여러 가지 감가상각 방법의 이론적 배경이 되는 유형자산의 가정들이다. 감가상각의 방법과 지지하는 가정들을 바르게 연결한 것은?

㉠ 자산의 가치는 시간의 경과에 따라 균등하게 감소한다.
㉡ 상각률은 물리적인 사용 정도에 따라 비례하여 결정된다.
㉢ 기술발전 등에 따른 진부화가 중요한 가치 감소 요인이다.
㉣ 수선유지비는 시간의 경과에 따라 급격하게 증가한다.

① 정액법 : ㉠, ㉡　　② 정률법 : ㉢, ㉣
③ 연수합계법 : ㉡, ㉢　④ 생산량비례법 : ㉡, ㉢

8. 20×1년 12월15일 (주)강원은 개당 ₩1,600의 전자만화시계 400개를 (주)울산에 판매를 위탁하고 운송비용 ₩2,000을 현금으로 지급하였다. 20×2년 12월 31일 현재 200개의 전자만화시계를 판매하고 200개는 남아 있으며 판매수수료 10%, 판매촉진비 ₩3,000을 차감한 잔액을 회수하였다. 20×2년 현재 (주)강원의 재고자산 금액은 얼마인가?

① ₩284,000　　② ₩304,000
③ ₩320,000　　④ ₩321,000

9. 다음은 한국채택국제회계기준(K-IFRS)의 제1019호 '종업원급여' 중 퇴직급여제도와 관련된 용어의 정의이다. 바르게 나타낸 것은?

기업이 별도로 실체(기금)에 고정 기여금을 납부하여야 하고, 그 기금이 당기와 과거 기간에 제공된 종업원 근무용역과 관련된 모든 종업원급여를 지급할 수 있을 정도로 충분한 자산을 보유하지 못하더라도 기업에게는 추가로 기여금을 납부해야 하는 법적 의무나 의제의무가 없는 퇴직급여제도이다.

① 확정기여제도　　② 확정급여제도
③ 퇴직급여제도　　④ 종업원급여제도

10. 자본금의 증가는 실질적 증자(유상증자)와 형식적 증자(무상증자)가 있다. 형식적 증자와 관계가 없는 것은?

① 주식발행초과금의 자본전입 ② 이익준비금의 자본전입
③ 주식배당 ④ 주식할인발행

11. (주)대한백화점은 재고자산 평가를 소매재고법(매출가격환원법)을 사용하고 있다. 수정전잔액시산표의 내역은 다음과 같다.

이월상품	₩ 100,000	당기매입액	₩ 500,000
당기매출액	850,000		

당기말 재고자산(매가)는 ₩150,000인 경우에 원가에 의한 기말재고자산은 얼마인가?

① ₩150,000 ② ₩100,000
③ ₩ 90,000 ④ ₩120,000

12. K-IFRS에서 규정하고 있는 유형자산의 취득원가 구성항목으로 옳지 않은 것은?

① 유형자산의 취득과 관련하여 국·공채 등을 불가피하게 매입하는 경우 당해 채권의 매입가액
② 설치 장소 준비를 위한 지출
③ 자본화 대상인 금융비용
④ 취득세, 등록세 등 유형자산의 취득과 직접 관련된 제세공과금

13. 다음 중 재무제표 보고양식에 대한 설명 중 틀린 것은?

① 재무제표는 간단하고 명료하게 표시하여야 한다.
② 재무제표 이용자에게 오해를 줄 염려가 없는 경우에는 금액을 천원이나 백만원 단위 등으로 표시할 수 있다.
③ 재무제표는 재무상태표, 포괄손익계산서, 현금흐름표, 자본변동표 및 주석으로 구분하여 작성한다.
④ 재무제표에 재무상태표일 또는 회계기간은 생략할 수 있다.

14. (주)명동은 20×1년 초에 (주)종로를 인수하기로 하였다. (주)종로의 순자산 장부금액은 ₩2,000,000이며, 순자산의 공정가치는 ₩3,200,000이다. (주)명동이 (주)종로의 영업권을 ₩400,000으로 평가하였다면 (주)명동이 (주)종로를 인수하기 위하여 지급할 최대 금액은 얼마인가?

① ₩3,600,000 ② ₩3,200,000
③ ₩2,400,000 ④ ₩5,600,000

15. 다음 중 무형자산 원가에 포함될 수 있는 총 지출액은 얼마인가?

| 가. 무형자산을 사용 가능한 상태로 만드는 데 직접 발생한 전문가 수수료 ₩5,000 |
| 나. 새로운 제품을 홍보하기 위한 광고와 판매촉진활동원가 ₩2,500 |
| 다. 무형자산이 적절하게 기능을 발휘하는지 검사하는 데 발생하는 원가 ₩3,000 |
| 라. 관리원가 및 기타 일반경비 원가 ₩4,000 |

① ₩8,000 ② ₩7,500
③ ₩10,500 ④ ₩6,500

16. 20×1년 10월 1일에 앞으로 1년분의 임차료 ₩36,000과 6개월분의 이자 ₩24,000을 지급하였다. 다른 거래가 전혀 없었다면 20×1년 12월 31일 회계기말의 재무상태표와 포괄손익계산서의 잔액은 각각 얼마인가? 단, 20×1년 10월 1일의 기업재산은 임차료와 이자를 지급하기 전 현금 ₩60,000뿐이었다.

	재무상태표	포괄손익계산서
①	자산 ₩39,000	₩ (21,000)
②	자산 ₩60,000	0
③	자산 ₩99,000	₩ (60,000)
④	자산 ₩45,000	₩ (15,000)

17. (주)서울의 20×1년 기말상품재고원가는 ₩100,000, 순실현가능가치는 ₩95,000이다. 20×2년 당기매입액은 ₩850,000이고, 기말재고자산 평가와 관련된 자료는 다음과 같다. (주)서울은 재고자산감모손실을 제외한 금액을 매출원가로 인식할 때, 20×2년 매출원가는 얼마인가? 단, 20×1년 말 재고자산은 20×2년에 모두 판매되었다.

장부수량	실지재고수량	취득원가	단위당 순실현가능가치
100개	95개	₩1,100	₩1,000

① ₩844,500 ② ₩849,500
③ ₩850,000 ④ ₩855,000

18. 다음 자료를 이용하여 당기순이익을 계산하면 얼마인가? 단, 기중 추가적인 자본의 납입이 ₩300,000이 있었으며, 기타포괄이익 ₩40,000이 발생하였다.

기초자산	₩ 4,000,000	기초부채	₩ 2,500,000
기말자산	7,000,000	기말부채	4,800,000

① ₩400,000 ② ₩360,000
③ ₩700,000 ④ ₩660,000

19. (주)서울의 회계담당직원이 20×1년도 매출채권 회수대금의 일부를 횡령하여 그 해 연말 결산 전에 종적을 감추었다. (주)서울은 모든 거래처에 대한 정밀 조사를 실시하여 20×1년도 12월 31일자 현재 매출채권 잔액이 ₩960,000임을 확인하였다. (주)서울은 상품매매업체로서 거래처에 신용으로만 판매하며, 상품가격은 매출원가에 30%이익을 가산하여 결정하고 있다. 다음 20×1년도 (주)서울의 매출관련 장부자료에 의하여 계산한 회계담당직원의 횡령금액은 얼마인가?

• 기초 매출채권 잔액	₩ 920,000
• 기초 상품 재고액	480,000
• 기중 상품 매입액	2,240,000
• 기중 매출채권 회수액	2,700,000
• 기말 상품 재고액	220,000

① ₩192,000 ② ₩440,000
③ ₩510,000 ④ ₩520,000

20. (주)서울은 월말재고를 매출총이익률을 적용하여 추산한다. 최근의 월 평균 매출총이익은 순매출액의 30%가 되고 있다. 다음은 1월달의 자료이다.

1월 1일 재고액	₩ 26,580	총 매 입 액	₩120,000
매 입 환 출	5,000	매 입 운 임	6,000
총 매 출 액	169,000	매출환입및에누리	10,000

(주)서울의 1월 말 재고액은?

① ₩ 9,700　　　② ₩24,280
③ ₩29,280　　　④ ₩36,280

< 제2과목 : 원 가 회 계 >

21. 다음 중 총원가(판매원가)에 계상하지 아니하는 것은?

① 판매촉진을 위한 광고선전비
② 단기대여금에 대한 대손예상액
③ 공장건물의 감가상각비
④ 직원의 급여

22. 희망공업사의 다음 자료에 의하여 10월 중에 생산된 제품의 제조원가와 매출원가를 바르게 나열한 것은?

재고자산	10월 1일 재고	10월 31일 재고
원 재 료	₩180,000	₩240,000
재 공 품	240,000	280,000
제 품	300,000	360,000

10월 중	원재료 매입액	₩1,440,000
	직접노무비 발생액	₩800,000
	직접노동시간당 직접노무비	@₩16
	직접노동시간당 제조간접비	@₩20
	실제 제조간접비 발생액	₩940,000

- 제조간접비는 직접노동시간을 기준으로 예정배부하며, 배부차이는 매출원가에서 조정한다.

　　완성품제조원가　　매출원가
① 　₩3,080,000　　₩3,020,000
② 　₩3,140,000　　₩3,080,000
③ 　₩3,140,000　　₩3,020,000
④ 　₩3,240,000　　₩3,180,000

23. 재료비 계산 시 계속기록법에만 적용할 수 있고 실지재고조사법에는 적용할 수 없는 단가결정 방법은 어느 것인가?

① 선입선출법　　　② 후입선출법
③ 이동평균법　　　④ 총평균법

24. 다음은 등급품과 연산품을 설명한 것이다. 적절하지 않은 것은?

① 등급품은 동종제품으로서 품질이나 순도가 다른 제품을 말한다.
② 연산품은 동일한 원료에서 생산되는 이종제품을 말한다.
③ 생우유에서 생산되는 버터, 크림, 탈지유 등은 등급품이라 할 수 있다.
④ 광석에서 추출되는 구리, 은, 납 등은 연산품이라 할 수 있다.

25. 개별원가계산제도 하에서 제조간접비배부차이가 발생하는 이유에 대한 설명으로 옳지 않은 것은?

① 제조간접비 배부율 계산시 예측치를 사용했기 때문이다.
② 특정 제조간접비 항목의 실제 발생액이 예측치와 차이가 발생하였기 때문이다.
③ 완성품 환산량 계산에 오류가 있기 때문이다.
④ 예상하지 못한 조업도 수준의 변동 때문이다.

26. 다음 중 변동원가로 분류되지 않는 항목은?

① 직접재료비　　　② 직접노무비
③ 기본원가　　　　④ 전환원가

27. (주)대한은 단일의 생산공장에서 단일 제품을 생산하고 있다. 회계연도 말에 원가를 계산하면서 기말재공품에 대한 완성도를 실제보다 30% 낮게 평가하여 계산하였다. 재공품 완성도의 오류가 결산 재무제표에 미치는 영향으로 옳지 않은 것은? (단, 당기 생산 제품은 모두 판매되었고, 기말제품재고액은 없다)

① 영업이익의 과소계상　　② 매출원가의 과소계상
③ 기말재공품의 과소계상　④ 이익잉여금의 과소계상

28. 다음 중 제조간접비에 포함되는 항목에 대한 설명으로 가장 적합한 것은?

① 모든 제조원가가 포함된다.
② 간접노무비는 포함되지만 간접재료비는 포함되지 않는다.
③ 직접재료비와 직접노무비를 제외한 모든 제조원가가 포함된다.
④ 간접재료비는 포함되지만 간접노무비는 포함되지 않는다.

29. 평균법으로 완성품 단위당 원가를 계산할 때 필요하지 않은 자료는 무엇인가?

① 기말재공품의 완성도　　② 기초재공품의 물량
③ 완성품의 물량　　　　　④ 당기총제조원가

30. 제조원가명세서에서 산출된 당기제품제조원가는 포괄손익계산서 작성시 어떤 항목을 계산하는데 사용되는가?

① 기타비용　　　② 매출원가
③ 매출액　　　　④ 판매관리비

31. 다음 중 기본원가(prime costs) 에 대한 설명으로 맞는 것은?

① 제품생산에 발생한 모든 제조원가
② 직접재료비와 직접노무비를 제외한 모든 제조원가
③ 직접제조원가와 간접제조원가의 합계
④ 직접재료비와 직접노무비의 합계

32. 대전공업사의 당기 매출총이익률은 20%이다. 당기 총제조비용은 ₩120,000이며, 기말재공품원가는 기초재공품원가보다 ₩10,000 증가했고, 기말제품원가는 기초제품원가보다 ₩6,000감소했다. 당기의 매출액은 얼마인가?

① ₩163,000   ② ₩156,000
③ ₩145,000   ④ ₩137,000

33. 기초재공품은 없고 기말재공품의 가공비 완성도는 60%이다. 기말재공품의 가공비 완성품환산량에 대한 설명으로 정확한 것은?

① 완성품 수량보다 적다.
② 완성품 수량보다 많다.
③ 기말재공품 수량보다 적다.
④ 기말재공품 수량과 같다.

34. 다음 중 제품 A의 제조간접비 배부액으로 옳은 것은?

충남산업(주)는 제1제조부문과 제2제조부문을 통하여 제품 A와 제품 B를 생산하며, 제조간접비 배부는 예정배부에 의하고 있다. 제1제조부문과 제2제조부문의 예정배부율은 각각 ₩400/노동시간과 ₩300/기계시간이고, 제품 A에 대한 부문별 작업시간은 다음과 같다.

	제 1 제조부문		제 2 제조부문	
구 분	노동시간	기계시간	노동시간	기계시간
제품A	350시간	250시간	100시간	200시간

① ₩200,000   ② ₩180,000
③ ₩135,000   ④ ₩105,000

35. 다음은 고정비를 설명한 것이다. 올바른 것은?

① 생산량이 증가하면 단위원가는 증가한다.
② 생산량이 증가하더라도 단위원가는 불변이다.
③ 생산량이 증가하면 단위원가는 감소한다.
④ 생산량이 감소하면 단위원가는 감소한다.

36. 다음 각 제조부문비의 예정배부 자료에 대한 분개로 맞는 것은?

구 분	작 업 시 간	예 정 배 부 율
절 단 부 문	150시간	@₩2,500
조 립 부 문	120시간	@₩2,000

① (차) 재 공 품 615,000 (대) 절단부문비 375,000 / 조립부문비 240,000
② (차) 절단부문비 375,000 / 조립부문비 240,000 (대) 제조간접비 615,000
③ (차) 제 품 615,000 (대) 절단부문비 375,000 / 조립부문비 240,000
④ (차) 제조간접비 615,000 (대) 절단부문비 375,000 / 조립부문비 240,000

37. 개별원가계산과 종합원가계산을 비교한 것이다. 옳지 않은 것은?

구 분	개별원가계산	종합원가계산
① 제조간접비의 배부	원칙적으로 불필요	필요
② 제품의 종류	제품별로 종류, 모양, 크기 등이 서로 다름	단일 내지 동일 종류의 제품
③ 기말재공품의 평가	자동적으로 계산됨	특별히 배분 계산함
④ 생산 수량	수주 수량에 따라 결정됨	생산계획에 따라 연속 생산

38. 다음 중 결합원가계산에 대한 설명으로 옳지 않은 것은?

① 분리점 이전에는 개별제품으로 식별하기 곤란하다.
② 분리점 이후의 추가적인 가공원가를 포함하여 결합원가라 한다.
③ 휘발유, 경유, 등유 등의 제품을 생산하는 정유업종에서 사용된다.
④ 동일한 재료로 동일한 공정에서 다양한 제품을 생산하지만 주산물과 부산물의 구분이 어려운 경우에 사용한다.

39. 다음은 설악공업(주)의 20×1년 8월 중 제조와 관련된 자료이다. 재공품계정 차변에 기록되는 원가요소 중에서 가공원가에 해당하는 금액은 얼마인가?

- 제조간접비는 예정배부하며 그 배부율은 직접노무비 발생액의 80%이다.
- 20×1년 8월 노무비 발생액은 ₩2,100,000이었다. 이 중에서 간접노무비는 ₩600,000이다.
- 20×1년 8월 제조간접비 실제 발생액은 ₩1,000,000이었다.
- 제조간접비 배부차이는 매출원가에서 조정한다.

① ₩2,500,000   ② ₩2,700,000
③ ₩3,100,000   ④ ₩3,300,000

40. (주)세진공업사의 5월 중의 제조관계 자료는 다음과 같다.

(1) 월초재공품 : 1,000개, 진척도 60%
    원가:₩600,000(재료비 ₩400,000, 가공비 ₩200,000)
(2) 당월 제조비용 : ₩6,550,000
    (재료비 ₩4,500,000, 가공비 ₩2,050,000)
(3) 당월 완성품 수량 : 8,000개
(4) 월말재공품 수량 및 진척도 : 2,000개, 40%
(5) 재료는 제조개시 때 전부 투입됨.

위의 자료에 의하여 월말재공품을 선입선출법에 의하여 평가하면 얼마가 되겠는가?

① ₩ 900,000   ② ₩1,000,000
③ ₩1,150,000   ④ ₩1,200,000

국 가 기 술 자 격 검 정

상시 전산회계운용사 2급필기 모의고사
02회
대한상공회의소 시행

2급	A형	시험일(소요시간) 00월 00일(총60분)	문항수 총40개

수험번호 :
성 명 :

※ 다음 문제를 읽고 알맞은 것을 골라 답안카드의 답란(①, ②, ③, ④)에 표기하시오.

< 제1과목 : 재 무 회 계 >

1. (주)상공의 자본항목들은 다음과 같다. 재무상태표의 자본계정 금액이 잘못된 것은?

  • 자 본 금 ₩1,200,000   • 주식할인발행차금 ₩100,000
  • 이익준비금 150,000   • 별도적립금 200,000
  • 감자차익 100,000   • 자기주식처분이익 130,000
  • 자기주식 250,000   • 감채적립금 120,000
  • 기타포괄손익-공정가치측정금융자산평가손실 60,000

  ① 기타포괄손익누계액은 ₩60,000이다.
  ② 자본잉여금은 ₩100,000이다.
  ③ 이익잉여금은 ₩470,000이다.
  ④ 자본조정은 ₩350,000이다.

2. (주)대한은 20×1년 1월 1일에 사채(표시이자율 10%, 만기 3년, 액면금액 ₩100,000, 이자 후급)를 ₩95,200에 발행하였다. 20×1년 이자비용이 ₩11,400 발생하였을 경우, 20×1년 말 사채의 장부금액은?

  ① ₩93,800   ② ₩96,600
  ③ ₩98,600   ④ ₩101,400

3. 다음 (주)영산강의 현금 및 예금에 관한 자료에 의하여 20×1년 기말 재무상태표에 현금및현금성자산으로 보고되는 금액은 얼마인가?

  가. 대한은행 : 당좌예금 ₩150,000 보통예금 ₩100,000
  나. 상공은행 : 당좌예금 △20,000(당좌차월)
           정기예금 ₩60,000(20×4년 사채상환용 예금)

  ① ₩310,000   ② ₩230,000
  ③ ₩250,000   ④ ₩290,000

4. 다음 설명 중 잘못된 것은?

  ① 취득 당시 만기가 3개월 이내인 표지어음, 신종기업어음, 양도성예금증서는 모두 현금성자산이다.
  ② 사용이 제한되어 있는 예금은 모두 투자자산으로 분류한다.
  ③ 타인발행의 수표, 배당증권, 송금환, 여행자수표는 모두 통화대용증권이다.
  ④ 결산 기말까지 현금부족액의 사유가 밝혀지지 않는 경우에는 포괄손익계산서상 잡손실로 보고한다.

5. 무형자산의 회계처리에 대한 설명으로 옳지 않은 것은?

  ① 무형자산을 최초로 인식할 때에는 원가로 측정한다.
  ② 무형자산이란 물리적 실체는 없지만 식별할 수 있는 비화폐성자산이다.
  ③ 내부적으로 창출한 영업권은 자산으로 인식하지 아니한다.
  ④ 연구(또는 내부 프로젝트의 연구단계)에 대한 지출은 무형자산으로 인식한다.

6. 다음 (주)엘리야의 상품 관련 자료에 의한 매출액은 얼마인가?

  (1) 기초 및 기말 재무상태표에서 추출한 자료

	기초 재무상태표	기말 재무상태표
매출채권	₩200,000	₩240,000
선 수 금	70,000	108,000

  (2) 기중 거래내역
  ① 당기 현금의 증가액
     - 매출채권 회수액 ₩976,000
     - 선 수 금 수령액 ₩340,000
  ② 당기 대손발생액은 ₩8,000이다.

  ① ₩1,024,000   ② ₩1,224,000
  ③ ₩1,166,000   ④ ₩1,326,000

7. 다음 중 회계상의 거래로 보지 않는 것은?

  ① 주식배당   ② 잉여금의 자본전입
  ③ 주식분할   ④ 현금배당

8. 다음 중 투자부동산으로 분류하지 않는 것은?

  ① 장기 시세차익을 얻기 위하여 보유하고 있는 부동산
  ② 정상적인 영업과정에서 단기간에 판매하기 위하여 보유하는 부동산
  ③ 장래 사용목적을 결정하지 못한 채로 보유하고 있는 부동산
  ④ 미래 투자목적으로 사용하기 위해 건설, 개발 중인 부동산

9. 물리적 형체가 없지만 식별 가능하고 기업이 통제하고 있으며, 미래 경제적 효익이 있는 비화폐성 자산으로 옳지 않은 것은?

  ① 임차보증금   ② 프랜차이즈
  ③ 개발비   ④ 영업권

10. 다음 중 수익인식의 원칙으로 한국채택국제회계기준(K-IFRS)에서 인정하고 있는 것은?

① 발생주의 ② 완성주의
③ 현금주의 ④ 진행주의

11. 다음 중 현행 수익에 과거 원가가 대응되고 수익비용의 대응이 부적절하고 물가 상승시 이익이 과대계상되는 재고자산의 평가방법은?

① 선입선출법 ② 이동평균법
③ 후입선출법 ④ 총평균법

12. 다음 거래의 회계처리를 누락하였을 경우 당기순이익에 미치는 영향은?

가. 미수수익	₩800,000
나. 매출채권의 회수액	₩250,000
다. 미지급비용	₩310,000
라. 선수수익의 실현	₩420,000

① ₩910,000 과대 ② ₩910,000 과소
③ ₩1,160,000 과대 ④ ₩1,160,000 과소

13. 다음 중 서로 관련이 없는 것을 고른다면?

① 경제실체의 전제 – 회계보고의 범위
② 역사적 원가주의 – 검증가능성
③ 원가법 – 표현 충실성
④ 중간재무제표 – 수익비용대응의 원칙

14. 회계장부는 기능에 따라 주요부와 보조부로 구분된다. 옳지 않은 것은?

① 주요부는 회계의 기본이 되는 장부로 분개장과 총계정원장을 말한다.
② 총계정원장은 분개장에 기록된 거래를 계정과목별로 기록한다.
③ 보조부는 주요부의 부족한 점을 보충하거나 주요부 내의 어떤 금액의 내역을 상세하게 표시하는 장부이다.
④ 보조원장은 거래를 발생순서에 따라 기입하는 장부이고, 보조기입장은 원장계정의 명세를 기입하는 장부이다.

15. (주)한국은 20×2년 11월 30일 창고 건물에 화재가 발생하여 모두 소실되었다. 이 건물은 20×1년 5월 1일에 ₩9,200,000에 취득(내용연수 5년, 잔존가치 ₩200,000)하여 정액법으로 감가상각하였다. 소실 건물에 대한 보험금을 청구한 결과 ₩7,000,000의 보험금을 수령하였다. (주)한국의 20×2년 당기손익에 영향을 미치는 금액은 얼마인가?

① 손실 ₩1,000,000 ② 이익 ₩7,000,000
③ 손실 ₩6,350,000 ④ 손실 ₩2,000,000

16. (주)상공의 회계담당자가 잔액시산표를 작성한 결과 차변과 대변의 합계가 일치하지 않았다. 그 원인이 될 수 있는 사례로 옳은 것은?

① 외상매출금 ₩100,000을 현금으로 회수한 거래 전체를 기장 누락하였다.
② 건물 화재보험료 ₩200,000을 현금으로 지급한 거래를 차변에 세금과공과 계정으로 기입하였다.
③ 소모품 ₩30,000을 현금으로 지급한 거래를 소모품비계정 차변에는 기입하였으나 현금계정 대변에는 기장 누락하였다.
④ 현금 ₩100,000을 보통예금으로 입금한 거래의 분개를 현금계정 차변과 보통예금계정 대변에 전기하였다.

17. 다음 중 재고자산에 대하여 계속기록법을 적용하는 경우에 나타나는 계정과목과 거리가 먼 것은?

① 매출원가 ② 매입환출
③ 매입 ④ 재고자산감모손실

18. (주)파스칼은 액면금액 ₩5,000의 주식 10,000주를 평가발행하였다. (주)파스칼은 유통주식수의 과다로 인한 주가관리목적으로 20×1년 중 1,000주를 매입소각하기로 주주총회에서 결의하였다.

- 20×1. 6. 1 주당 ₩4,000에 500주를 매입소각하다.
- 20×1. 8. 2 주당 ₩8,000에 500주를 매입소각하다.

(주)파스칼의 20×1년 말 재무상태표에 보고되는 감자차손익은 얼마인가?

① 감자차익 ₩500,000 ② 감자차손 ₩1,000,000
③ 감자차손 ₩1,500,000 ④ 감자차익 ₩1,000,000

19. 물가 상승 시를 가정하는 경우, 다음 중 맞는 것은?

① 당기순이익 : 선입선출법 > 가중평균법 > 후입선출법
② 기 말 재 고 : 선입선출법 < 가중평균법 < 후입선출법
③ 매 출 원 가 : 선입선출법 > 가중평균법 > 후입선출법
④ 법인세비용 : 선입선출법 < 가중평균법 < 후입선출법

20. 12월 결산법인인 (주)요한은 20×1년 1월 1일에 다음과 같은 조건의 사채를 ₩9,279,100에 발행하였다. (주)요한이 20×2년 12월 31일에 인식할 사채이자비용과 이자지급 후 사채의 장부금액(순액)은 얼마인가?

| 가. 액면금액 : ₩10,000,000 |
| 나. 만기 : 5년 |
| 다. 유효이자율 : 연 12% |
| 라. 이자지급 : 매년 12월 31일에 액면금액의 연 10% 지급 |

	사채이자비용	장부금액
①	₩1,127,111	₩9,519,703
②	₩1,000,000	₩9,279,100
③	₩1,113,492	₩9,392,592
④	₩1,200,000	₩9,479,100

< 제2과목 : 원 가 회 계 >

21. (주)요한은 당기에 원가 ₩30,000을 투입하여 100개의 제품을 완성하였다(기초제품은 없음). 100개의 제품 중 70개를 1개당 ₩500에 판매하였다면, 이 경우 미소멸원가는 얼마인가?

① ₩9,000　　② ₩21,000
③ ₩15,000　　④ ₩35,000

22. 다음은 개별원가계산을 시행하고 있는 낙동강공업의 5월 원가자료이다. 5월말 현재 제조지시서 #101, #102가 완성되었고 #103은 미완성상태이다. 5월과 관련하여 설명한 것이 틀린 것은?

제조지시서	#101	#102	#103	계
월초재공품	₩2,000	-	-	₩2,000
직접재료비	5,000	₩4,500	₩4,000	13,500
직접노무비	3,000	2,500	2,000	7,500
제조간접비	2,000	1,500	1,000	4,500
계	₩12,000	₩8,500	₩7,000	₩27,500

① 당기에 완성되어 재공품계정에서 제품계정으로 대체되는 금액은 ₩20,500이다.
② 당기 제품에 배부되는 제조간접비는 ₩4,500이다.
③ 재공품계정 대변의 차월이월액은 ₩7,000이다.
④ 재공품계정의 차변합계액은 ₩20,500이다.

23. 다음 중 종합원가계산의 재공품 평가에서 선입선출법과 평균법에 의한 완성품제조원가가 동일하게 계산되는 경우는?

① 기말재공품이 없는 경우　② 기초재공품이 없는 경우
③ 기말제품이 없는 경우　　④ 기초제품이 없는 경우

24. 결합원가를 연산품에 배분하기 위하여 판매시점에서의 판매가격에서 분리점 이후의 추가원가를 차감한 것은 다음의 어느 것과 같은가?

① 분리점에서의 상대적 판매가치
② 판매시점에서 판매가격에서 정상이윤을 차감한 것
③ 결합원가
④ 매출원가

25. 개별원가계산과 종합원가계산의 적용 산업에 관한 설명 중 가장 옳지 않은 것은?

① 제조업의 경우 섬유업, 제분업, 철강업, 광업 등의 산업에서는 개별원가계산을 적용한다.
② 서비스업의 경우 법률 상담, 회계 및 세무 상담, 수산업 등에서는 개별원가계산을 적용한다.
③ 제조업의 경우 석유 화학업, 플라스틱업, 화학약품 제조업, 시멘트 생산업, 전력업 등에서는 종합원가계산을 적용한다.
④ 서비스업의 경우 보험회사, 증권회사, 은행 등에서는 종합원가계산을 적용한다.

26. 다음은 기말재공품 평가시 평균법과 선입선출법의 비교 설명이다. 잘못된 것은?

① 어떤 방법을 사용하는가에 따라 기말재공품 원가가 달라진다.
② 기초재공품의 완성도를 모를 경우에는 평균법만이 적용가능하다.
③ 선입선출법은 평균법에 비하여 계산된 완성품환산량이 작거나 같다.
④ 선입선출법은 기초재공품의 완성도를 모를 경우에도 적용가능하다.

27. 다음 중 준변동원가 또는 혼합원가의 원가형태를 나타내고 있는 것은? 단, X 축은 조업도를 Y축은 원가를 나타낸다.

① 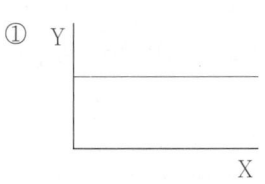　②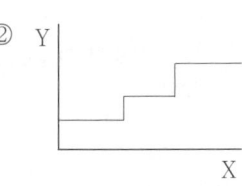

③ 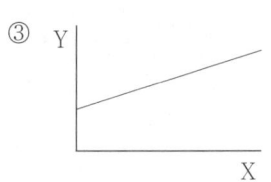　④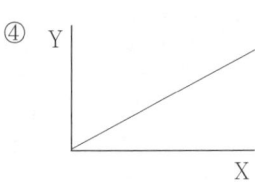

28. 직접원가와 간접원가는 어떤 관점에 의한 원가 분류인가?

① 원가의 행태성　　② 원가의 관련성
③ 원가의 발생시점　④ 원가의 추적가능성

29. 다음 자료에 의하여 당월 완성제품의 제조단가를 계산하면 얼마인가?

> ㉠ 당월의 총제조비용은 ₩542,000이다.
> ㉡ 월초재공품원가는 ₩30,000이고, 수량은 50개이다.
> ㉢ 월말재공품 원가는 ₩52,000이고, 수량은 100개이다.
> ㉣ 당월 제품제조 착수수량은 250개이다.

① @₩2,710　② @₩2,600
③ @₩2,500　④ @₩2,820

30. 남양기업은 평균법에 의한 종합원가계산을 사용하는데 이 달에 20,000단위의 생산을 시작하였다. 기초재공품에 있는 10,000단위의 경우, 전환원가가 50% 투입되어 있었으며, 기말재공품에 있는 6,000단위의 경우, 전환원가가 30% 투입되었다. 전환원가의 완성품환산량은 얼마인가?

① 21,800단위　② 25,800단위
③ 20,800단위　④ 16,800단위

31. 자동차 제조회사의 판매부에서 사용하고 있는 컴퓨터를 정액법에 의한 감가상각비로 분류할 경우 그 분류 방법으로 타당한 것은?

① 고정비이며, 제품 원가
② 고정비이며, 기간 비용
③ 컴퓨터를 교환할 때를 대비하여 자금을 모아두는 자산계정
④ 컴퓨터를 교환할 때 이루어 질 자금지출에 대비하여 부채계정

32. 평균법으로 종합원가계산을 하고 있다. 기말재공품 180개에 대하여 재료비는 100%, 가공비는 70%의 완성도를 보이고 있다. 만일 완성품 환산량 단위당 재료비와 가공비가 각각 ₩375, ₩125이라면, 기말재공품의 원가는 얼마인가?

① ₩83,250
② ₩67,500
③ ₩90,000
④ ₩63,000

33. 20×1년 9월에 (주)인천은 월말재공품의 완성도(진척도) 계산 시 80%를 50%로 적용시키는 오류가 있었다. 이 오류가 완성품환산량, 완성품환산량 단위당 원가, 완성품원가에 미치는 효과로 맞는 것은?

	완성품환산량	환산량단위당원가	완성품원가
①	감소	증가	증가
②	감소	감소	증가
③	증가	증가	감소
④	증가	감소	감소

34. 다음 중 보조부문 상호간의 용역 수수 관계가 없거나 그다지 중요하지 않은 경우에 적절한 배분방법이 될 수 있는 것은?

① 직접배부법
② 단계배부법
③ 상호배부법
④ 연속배부법

35. 다음은 대전공업의 제조간접비에 관한 자료이다. 예정배부법에 따른 갑제품의 제조간접비는 얼마인가?

- 실제제조간접비 : ₩98,400 예정제조간접비 : ₩80,000
- 실제조업도 : 240시간(직접노동시간)
- 예정조업도 : 200시간(직접노동시간)
- 갑제품 직접노동시간 : 표준(25시간)
  실제(23시간)

① ₩10,000
② ₩10,250
③ ₩ 9,430
④ ₩ 9,200

36. 다음 중 종합원가계산 시 완성도가 언제나 100%인 것은?

① 전공정비
② 직접재료비
③ 가공비
④ 제조간접비

37. 다음 자료에 의하여 제품의 판매가격을 계산하면 얼마인가?

직접재료비	₩70,000	직접제조경비	₩20,000
직접노무비	50,000	제조간접비	30,000
판매비와관리비는 제조원가에 20%			
제품의 판매는 판매원가에 15%이익을 가산한다.			

① ₩204,000
② ₩234,600
③ ₩244,800
④ ₩195,500

38. 다음에 의하여 전력비 전월미지급액(A)과 보험료 당월선급액 (B)을 산출하면 얼마인가?

전력비 : 당월지급액 ₩245,000 당월미지급액 ₩30,000
         당월소비액 ₩250,000

보험료 : 당월지급액 ₩100,000 전월선급액 ₩45,000
         당월소비액 ₩115,000

① (A) ₩25,000, (B) ₩60,000
② (A) ₩25,000, (B) ₩30,000
③ (A) ₩30,000, (B) ₩25,000
④ (A), (B) 모두 ₩30,000이다.

39. (주)파스칼은 정상원가계산을 적용하여 제조간접원가 배부차이 금액을 재공품, 제품, 매출원가의 조정 전 기말잔액의 크기에 비례하여 배분한다. 다음 자료를 이용하여 제조간접원가 배부차이 조정 전후 설명으로 옳지 않은 것은?

	조정전 기말잔액
재공품	₩500,000
제품	₩300,000
매출원가	₩1,200,000
합계	₩2,000,000

- 실제발생 제조간접비
  ₩1,000,000
- 예정배부된 제조간접비
  ₩1,100,000
- 재공품과 제품의 기초재고는 없는 것으로 가정한다.

① 조정 전 기말잔액에 제조간접원가가 과대배부되었다.
② 제조간접원가 배부차이 금액 중 기말 재공품에 ₩25,000이 조정된다.
③ 제조간접원가 배부차이 조정 후 기말 제품은 ₩315,000이다.
④ 제조간접원가 배부차이 조정 후 매출원가 ₩60,000이 감소된다.

40. 20×1년 5월에 84,000단위의 제품을 판매하였으며, 재공품계정의 기초재고와 기말재고는 없다. 완성품 1단위를 생산하기 위해서는 3kg의 원재료가 필요하여 재공품의 5월 기초재고 및 기말재고가 다음과 같다고 가정할 경우 원재료를 얼마만큼 구입해야 하는가?

	5월 1일	5월 31일
원 재 료	200,000kg	220,000kg
완 제 품	44,000단위	48,000단위

① 220,000kg
② 252,000kg
③ 364,000kg
④ 284,000kg

국가기술자격검정
상시 전산회계운용사 2급 필기 모의고사
대한상공회의소 시행

 03회

| 2급 | A형 | 시험일(소요시간)
00월 00일(총60분) | 문항수
총40개 |

수험번호 :
성　　명 :

※ 다음 문제를 읽고 알맞은 것을 골라 답안카드의 답란(①, ②, ③, ④)에 표기하시오.

< 제1과목 : 재 무 회 계 >

1. 다음 중 계속기업의 전제가 유지되지 않는 경우 자산으로 계상할 수 없는 것은?
① 개발비　　② 건 물
③ 선급비용　　④ 미수수익

2. 다음 중 회계상의 거래와 회계등식에 대한 설명으로 올바른 것은?
① 비품의 현금구입과 보험료의 현금지급은 회계등식에 동일한 영향을 미친다.
② 배당금의 현금지급은 이익잉여금을 감소시키므로 자본에는 영향이 없다.
③ 부채를 현금으로 상환하면 총자산의 변동은 없지만 총부채는 감소한다.
④ 포괄손익계산서상의 순이익은 자본변동표에 표시되는 동시에 그 기말 현재 재무상태표의 이익잉여금에 반영된다.

3. 12월 결산법인 (주)상공은 20×1년 10월 1일에 건물과 기계를 ₩360,000에 일괄 구입하였다. 구입 당시 건물과 기계의 공정가치는 각각 ₩320,000과 ₩80,000이다. 기계의 내용연수는 10년, 잔존가치는 ₩4,000이다. 20×1년 기계의 감가상각비는 얼마인가? 단, 기계에 대해 원가모형을 적용하고, 정액법으로 감가상각하며, 기중 취득한 자산은 월할 상각한다.
① ₩1,700　　② ₩1,800
③ ₩1,888　　④ ₩2,000

4. (주)금강의 20×1년도 총매출액은 ₩900,000, 매출에누리 및 환입액은 ₩100,000, 기초재고원가는 ₩300,000, 총매입액은 ₩500,000, 매입환출 및 에누리는 ₩50,000이다. 원가 대비 매출총이익률이 25%인 경우 20×1년의 기말재고원가는 얼마인가?
① ₩110,000　　② ₩150,000
③ ₩190,000　　④ ₩230,000

5. (주)해금강은 영업용 차량운반구 ₩500,000을 취득하면서 취득세 및등록세 ₩20,000과 도시개발공채(액면금액 ₩50,000, 현재가치 ₩46,000)를 교부받은 경우 (주)해금강이 취득한 차량운반구의 취득원가는 얼마인가? 단, 공채는 현재가치로 매각하였다.
① ₩524,000　　② ₩570,000
③ ₩520,000　　④ ₩516,000

6. (주)광화문은 20×1년 1월 1일에 사채 액면₩100,000(표시이자율 연10%, 시장이자율 12% 만기3년 이자지급일은 매년 12월 31일)을 ₩95,196에 발행하였다. 사채할인발행차금을 유효이자율법으로 상각하는 경우 20×2년 말의 총이자비용은 얼마인가?
① ₩11,423　　② ₩11,787
③ ₩11,594　　④ ₩10,000

7. 다음 자료에 의하여 기업주가 당기에 인출해 간 금액을 계산하면 얼마인가?

가. 기초자본 ₩3,100,000	나. 기말자본 ₩4,580,000
다. 추가출자액 ₩200,000	라. 수익총액 ₩9,850,000
마. 비용총액 ₩7,250,000	

① ₩1,120,000　　② ₩1,280,000
③ ₩1,320,000　　④ ₩1,480,000

8. 발생주의에 입각한 회계처리가 아닌 것은?
① 기말상품의 실제재고와 장부상 실제재고의 차이 조정
② 감가상각
③ 매출채권에 대한 대손충당금 설정
④ 퇴직급여금의 설정

9. 다음 중 퇴직급여에 관한 설명으로 옳지 않은 것은?
① 퇴직급여제도는 경제적 실질에 따라 확정기여제도 또는 확정급여제도로 분류한다.
② 확정기여제도에서는 기업의 법적의무나 의제의무는 기업이 기금에 출연하기로 약정한 금액으로 한정된다.
③ 확정급여제도에서는 기업이 퇴직급여에 관한 모든 의무를 부담한다.
④ 퇴직급여제도에서는 해당 직원이 퇴직하기 전까지는 비용으로 인식하지 않는다.

10. 다음은 재고자산 단위원가 결정방법에 대한 설명이다. 다음 각 항의 설명에 알맞은 재고자산 평가방법을 <보기>에서 바르게 고른 것은?

(가) 물가가 계속 상승하는 경우 재고자산이 낮게 평가되어, 당기순이익이 가장 적게 계상된다.
(나) 재고감모손실이 없는 경우 계속기록법과 실지재고조사법 모두 기말재고액이 동일하게 산출된다.
(다) 계속기록법으로만 평균단가를 산출할 수 있고, 실지재고조사법으로는 계산할 수 없다.

―――――< 보기 >―――――
㉠ 선입선출법　㉡ 후입선출법　㉢ 이동평균법　㉣ 총평균법

① (가) - ㉠　　② (나) - ㉡
③ (다) - ㉢　　④ (다) - ㉣

11. 다음 각 항목이 재무상태표의 자본에 미치는 영향으로 옳지 않은 것은?

(구분)	자본금	이익잉여금	자본총계
① 유상증자	증가	불변	증가
② 무상증자	증가	증가	증가
③ 주식배당	증가	감소	불변
④ 주식분할	불변	불변	불변

12. (주)한양의 다음 자료에 의하여 포괄손익계산서에 표시되는 과목과 금액으로 옳은 것은? 단, 충당금설정법에 의한다.

> ㉠ 대손충당금의 기초잔액   ₩ 8,000
> ㉡ 전기이월된 매출채권 중 대손처리액   13,000
> ㉢ 전기에 대손처리된 매출채권 중 당기 현금회수액   3,500
> ㉣ 당기말 매출채권 ₩600,000에 대하여 1%의 대손충당금을 설정하다.

① 대손상각비 ₩2,500   ② 대손상각비 ₩6,000
③ 대손상각비 ₩7,500   ④ 대손충당금환입 ₩3,500

13. 다음 중 현금흐름의 성격이 다른 것은?

① 토지의 처분   ② 단기대여금의 회수
③ 개발비의 지급   ④ 유상감자

14. 다음 중 시산표의 차변합계와 대변합계가 일치하지 않을 경우 그 원인이 될 수 있는 것은?

① 시산표 작성시 외상매출금 계정의 잔액과 미수금 계정의 잔액이 뒤바뀐 경우
② 특정한 날의 거래전체를 누락한 경우
③ 현금 계정의 차변과 단기차입금 계정의 대변에 기입할 거래를 단기차입금 계정의 차변과 현금 계정의 대변에 기입한 경우
④ 외상매입금 계정의 잔액을 잘못 계산한 경우

15. 다음 금융상품에 대한 설명으로 적절하지 않은 것은?

① 대여금은 금융자산으로 분류되며, 차입금은 금융부채로 분류한다.
② 기타포괄손익-공정가치측정금융자산은 공정가치로 가치변동을 인식하는 금융자산이며, 이러한 가치변동은 당기손익으로 인식한다.
③ 만기까지 보유할 목적으로 취득하는 사채나 만기에 돌려받을 목적으로 자금을 빌려준 대여금은 상각후 원가로 측정한다.
④ 채권이라도 당기손익-공정가치측정금융자산으로 분류하고 이에 따라 공정가치로 평가할 수 있다.

16. 회사가 주주에게 배당을 지급하기로 하였다. 동 배당에 대한 회계처리가 처음으로 발생하는 일자는 다음중 어느 것인가?

① 배당기준일   ② 배당결의일
③ 배당지급일   ④ 사업연도종료일

17. 다음은 (주)금강산의 외상거래와 관련된 내용이다. 20×2년도 재무제표에 미치는 영향으로 옳지 않은 것은?

> (주)금강산은 20×1년 4월 1일 계약금 명목으로 거래처로부터 ₩20,000을 수령하고, 20×2년 2월 1일 원가 ₩50,000인 상품을 ₩80,000에 외상으로 판매하였다. 외상대금 ₩60,000은 20×3년 12월 1일에 회수할 예정이다.(단, 재고자산은 계속기록법을 적용한다.)

① 선수금의 감소   ② 수익의 증가
③ 비유동자산의 증가   ④ 순유동자산의 증가

18. (주)상공은 단일 포괄손익계산서를 기능별로 작성하고 있다. 다음 자료에 의하여 (주)상공이 회계처리해야 할 당기 말의 결산정리 분개로 옳은 것은? 단, 기타포괄손익은 발생하지 않았다.

> 〈기중자료〉
> 가. 당기매출액 ₩3,000,000   나. 당기매출원가 ₩1,200,000
> 다. 물류원가   500,000   라. 관리비   300,000
> 마. 기타수익   600,000   바. 금융비용   400,000
> 〈결산정리사항〉
> 결산 시 법인세비용은 법인세비용차감전순이익의 20%를 추산하다. 단, 법인세 중간예납액은 ₩160,000이며, 예납 시 자산으로 처리하였음.

① (차) 법인세비용 160,000 (대) 미지급법인세 160,000
② (차) 법인세비용 80,000 (대) 미지급법인세 80,000
③ (차) 법인세비용 240,000 (대) { 선급법인세   80,000
                                미지급법인세 160,000
④ (차) 법인세비용 240,000 (대) { 선급법인세 160,000
                                미지급법인세 80,000

19. 다음 중 사채에 대한 설명으로 잘못된 것은?

① 시장이자율보다 표시이자율이 낮은 경우 사채는 할인발행된다.
② 사채발행비가 존재하는 경우에는 유효이자율이 시장이자율보다 높아진다.
③ 사채할증발행차금을 유효이자율법으로 상각할 경우 그 상각액은 기간의 경과와 함께 증가한다.
④ 기 발행 사채의 할인발행차금상각액은 발행후 시장이자율의 변동에 영향을 받는다.

20. (주)마포는 사용하고 있는 기계장치(취득원가 ₩2,000,000, 감가상각누계액 ₩1,000,000)를 A사의 차량운반구(취득원가 ₩1,400,000, 감가상각누계액 ₩600,000)와 교환하고 추가로 현금 ₩600,000을 받았다. 공정가치는 기계장치 ₩1,200,000, 차량운반구 ₩600,000일 때, 이 교환거래로 발생하는 (주)마포의 회계처리로 옳은 것은? 단, 상업적실질이 있는 교환이다.

① 이 거래를 통하여 처분손익을 인식하지 않는다.
② 주어진 자료만 가지고는 처분손익이나 취득원가는 판단할 수 없다.
③ 차량운반구의 취득원가는 ₩1,200,000이다.
④ 기계장치의 처분이익은 ₩200,000이다.

< 제2과목 : 원가회계 >

21. 다음은 이번 달의 재공품 계정에 관한 자료이다. 이 달의 제품제조원가는 얼마인가?

직접재료비	₩ 80,000	직접노무비	₩ 50,000
제조간접비	62,000	기초재공품	15,000
기말재공품	20,000		

① ₩207,000 ② ₩127,000
③ ₩187,000 ④ ₩192,000

22. 다음 자료에 의하여 당월의 전력비 소비액은 얼마인가?

전월말 검침량 1,980 kwh,
당월말 검침량 2,130 kwh, 1kwh당 전력비는 ₩500
당월에 지급한 전력비는 ₩70,000 이다.

① ₩70,000 ② ₩1,225,000
③ ₩75,000 ④ ₩1,150,000

23. 다음 자료에 의하여 갑제품의 제조간접비 배부액을 직접원가법으로 계산하면?

제조간접비 합계	:	₩ 675,000
직접재료비 합계	:	1,650,000
직접노무비 합계	:	1,350,000
갑제품의 직접재료비	:	450,000
갑제품의 직접노무비	:	380,000

① ₩186,750 ② ₩225,000
③ ₩190,000 ④ ₩415,000

24. 제조명령서가 다른 여러 종류의 제품이 생산될 때 어떤 원가계산 방법을 사용하는 것이 가장 좋은가?

① 개별원가계산 ② 공정별종합원가계산
③ 실제원가계산 ④ 표준원가계산

25. (주)대구는 선입선출법에 따라 종합원가계산을 하고 있다. 당월 완성품환산 단위당 원가는 재료비가 ₩5, 가공비가 ₩10이다. 당월 중 생산과 관련된 자료는 다음과 같다.

기초재공품	:	500단위(완성도 40%)
기말재공품	:	800단위(완성도 50%)
당기완성품	:	4,200단위

재료는 공정 초기에 전량 투입된다고 할 때, 이 회사의 당월에 실제발생한 재료비는 얼마인가?

① ₩44,000 ② ₩21,000
③ ₩27,500 ④ ₩22,500

26. 다음 자료에 의하여 노무비 당월 소비액은 얼마인가?

㉠ 전월 노무비 미지급액	₩ 24,000
㉡ 당월 노무비 지급액	356,000
㉢ 당월 노무비 미지급액	12,000

① ₩368,000 ② ₩344,000
③ ₩380,000 ④ ₩356,000

27. 종합원가계산에서는 일반적으로 선입선출법과 평균법을 사용하여 완성품환산량을 계산한다. 다음 중에서 선입선출법에 대한 설명이 아닌 것은?

① 당기의 활동과 전기의 활동을 구별하지 않는 방법이다.
② 각 기별 성과를 측정할 수 있는 방법이다.
③ 일반적으로 평균법에 비하여 더 비용이 많이 드는 방법이다.
④ 평균법에 비하여 완성품환산량이 같거나 더 적다.

28. (주)대한은 직접노동시간을 기준으로 제조간접비를 예정배부하고 있다. 당기 중 제조간접비 예산액이 ₩600,000, 직접노동시간 10,000시간으로 예상되고, 실제조업도가 12,000시간, 제조간접비 실제발생액이 ₩660,000인 경우 제조간접비 예정배부율은 얼마인가?

① 50 ② 55
③ 60 ④ 66

29. 경영진은 실제로 발생한 원가와 생산하기 전 예정원가와 비교함으로써 절약과 낭비, 능률과 비능률이 어느 부서에서 발생하였는지 알게 되고 나아갈 개선책을 마련한다. 다음 중 이와 가장 밀접한 관계가 있는 것은?

① 원가통제 ② 포괄손익계산서 작성
③ 재무상태표 작성 ④ 신용의사 결정

30. 당기의 기초와 기말재공품원가는 동일하다. 당기에 판매가능한 제품의 원가는 ₩105,000이고, 기말제품원가는 기초제품원가보다 ₩5,0000이 더 많다. 기초제품원가가 ₩20,0000이라면, 매출원가는 얼마이겠는가?

① ₩105,000 ② ₩95,000
③ ₩ 85,000 ④ ₩80,000

31. 다음은 제조간접비의 부문별 배부와 공장전체 배부율에 관한 설명이다. 옳지 않은 것은?

① 부문별 배부가 공장전체 배부보다 더 정확하다.
② 모든 부문이 동일한 배부기준을 사용하면 배분결과는 같다.
③ 부문별로 서로 다른 배분기준을 사용할 수 있다.
④ 공장전체 배부가 더 간단하다.

32. (주)낙동강은 종합원가계산제도를 채택하고 있다. 기말재공품의 평가에는 평균법을 사용하며, 모든 원가는 공정전체를 통하여 균등하게 발생한다. 당기의 제조활동에 관한 자료는 다음과 같다. 기말재공품의 원가는 얼마인가?

기초재공품	200단위 원가₩409,250(완성도 40%)
투 입 원 가	₩2,500,000
완 성 품	600단위
기말재공품수량	150단위 (완성도 50%)

① ₩312,500 ② ₩323,250
③ ₩303,047 ④ ₩274,458

33. 종합원가계산에서 평균법으로 월말 재공품을 평가하는 경우, 월말 재공품의 완성도를 계산하면?(단, 모든 원가는 공정의 진행도에 따라 투입된다.)

월초 재공품 원가	₩15,000	당월 투입제조비용	₩360,000
월말 재공품 원가	₩37,500	당월 완성품 수량	450개
월말 재공품 수량	100개		

① 20% ② 30%
③ 40% ④ 50%

34. 제조과정에서 불량, 작업기술의 미숙, 기계공구의 정비불량 등의 원인에 의하여 표준규격 및 품질에 미치지 못한 불합격품이 발생한 경우, 즉 작업을 제대로 완성하지 못한 불완전한 생산들을 무엇이라 하는가?

① 공손품 ② 감손품
③ 연산품 ④ 작업폐물

35. 연산품과 등급품의 차이점을 설명한 것이다. 옳지 않은 것은?

① 연산품은 생산계획에 따라 제품 구성의 조정이 가능하지만, 등급품은 인위적으로 제품 구성을 조정하기가 곤란하다.
② 연산품은 주로 유사제품이나, 등급품은 주로 동종 제품이다.
③ 연산품은 분리점에 이를때까지는 개별제품으로 식별할 수 없으나, 등급품은 경우에 따라 개별제품으로 추적이 가능하다.
④ 연산품의 결합원가배분은 어떠한 배부기준을 이용하더라도 인위적인 배분임에 비하여, 등급품은 보다 정확한 결합원가 배분을 행할 수 있다.

36. 종합원가계산에서 평균법에 의한 완성품환산량이 재료비 600개, 가공비 720개인 경우, 다음 자료를 이용하여 완성품 환산량 단위당 원가를 계산하면 얼마인가?

기 초 재 공 품	재료비 ₩60,000	가공비 ₩12,000
당기발생원가	재료비 ₩24,000	가공비 ₩34,800

① 재료비 ₩140, 가공비 ₩65 ② 재료비 ₩160, 가공비 ₩65
③ 재료비 ₩140, 가공비 ₩68 ④ 재료비 ₩160, 가공비 ₩68

37. 공정별 종합원가계산에 대한 설명으로 가장 올바른 것은?

① 2개 이상의 제조공정을 거쳐 제품을 연속 대량생산하는 생산형태에서 적용한다.
② 하나의 공정만을 가지고 있는 제품을 반복적으로 연속 대량생산하는 생산형태에서 적용한다.
③ 원가요소의 소비액을 제조직접비와 제조간접비로 구분하여 계산한다.
④ 일반적으로 조선소에서 선박의 건조에 적용한다.

38. 다음 중 연산품의 특징이 아닌 것은?

① 분리점에 이르기 전까지 개별 제품으로 식별할 수 있다.
② 생산계획에 따라 제품배합의 인위적 조정이 가능하나 한계가 있다.
③ 분리점 후 추가가공을 하기도 한다.
④ 두 종류 이상 다른 제품의 생산을 같이 하여야 한다.

39. 다음은 (주)충청의 당월 재료와 관련된 자료이다. 분개한 재료감모손실을 회계처리한 것으로 옳은 것은?

월초재고수량	200개	당월매입수량	1,500개
당월소비수량	1,400개	월말실제수량	200개

당월재료의 단위당 취득원가는 모두 ₩30이며, 재료감모수량 중 30개는 정상적이고, 나머지는 비정상적인 것으로 간주한다. (주)충청은 재료감모손실이 발생한 사실을 알고 다음과 같은 분개를 하였다.

(차변) 재료감모손실 (   ) (대변) 재 료 (   )

① (차) 제조간접비 3,000 (대) 재료감모손실 3,000
② (차) { 제조간접비 900 (대) 재료감모손실 3,000
         손   익 2,100
③ (차) { 제조간접비 2,100 (대) 재료감모손실 3,000
         손   익 900
④ (차) 제조간접비 9,000 (대) 재료감모손실 9,000

40. 다음의 자료에 의하여 기말재공품에 대한 직접재료비와 가공비의 완성품환산량을 계산하면 얼마인가?

	수 량	완 성 도	
기초재공품	300단위	직접재료비	100%
		가공비	30
기말재공품	350	직접재료비	100
		가공비	40
당기투입량	700		
당기완성량	650		

	직접재료비	가공비
①	350 단위	140 단위
②	350 단위	350 단위
③	300 단위	90 단위
④	300 단위	300 단위

국가기술자격검정
상시 전산회계운용사 2급필기 모의고사
대한상공회의소 시행

2급	A형	시험일(소요시간)	문항수
		00월 00일(총60분)	총40개

수험번호 :
성　　명 :

※ 다음 문제를 읽고 알맞은 것을 골라 답안카드의 답란(①, ②, ③, ④)에 표기하시오.

< 제1과목 : 재 무 회 계 >

1. (주)BTS는 20×1년 5월 12일에 (주)싱싱푸드 발행의 사채를 ₩5,000,000에 취득하고 기타포괄손익-공정가치측정금융자산으로 분류하였다. 동 사채의 공정가치는 20×1년 말 ₩4,800,000이었으며, 20×2년 말 ₩5,300,000이었다. (주)BTS가 20×3년 중에 동 사채를 ₩5,450,000에 현금으로 처분하였을 경우, 20×3년의 처분손익은 얼마인가? 단, 제시된 자료 외에는 고려하지 않는다.

① 처분이익 ₩0
② 처분이익 ₩150,000
③ 처분이익 ₩300,000
④ 처분이익 ₩450,000

2. 기말 재고자산을 과대평가하였을 때 나타나는 현상으로 옳은 것은?

① 매출원가 : 과소, 당기순이익 : 과대
② 매출원가 : 과대, 당기순이익 : 과소
③ 매출원가 : 과소, 당기순이익 : 과소
④ 매출원가 : 과대, 당기순이익 : 과대

3. 다음 중 세법상 허용된다면 내용연수 초기에 법인세 측면에서 가장 불리한 감가상각방법에 해당하는 것은?

① 정률법
② 연수합계법
③ 이중체감잔액법
④ 정액법

4. 재무제표 요소의 측정에 대한 다음의 설명과 가장 관련이 있는 측정기준은?

  - 자산의 측정일 현재 동등한 자산의 원가로서 측정일에 지급할 대가와 그 날에 발생할 거래원가를 포함한다.
  - 부채의 측정일 현재 동등한 부채에 대해 수취할 수 있는 대가에서 그날에 발생할 거래원가를 차감한다.

① 역사적원가
② 현행원가
③ 사용가치와 이행가치
④ 공정가치

5. 경기상사는 수탁받은 상품 ₩150,000을 매입하고, 대금은 외상으로 하다. 올바른 분개는?

① (차) 매　　　입 150,000　(대) 외상매입금 150,000
② (차) 매　　　입 150,000　(대) 수 탁 매 입 150,000
③ (차) 수 탁 매 입 150,000　(대) 외상매입금 150,000
④ (차) 외상매입금 150,000　(대) 매　　　입 150,000

6. 사채할인발행차금과 사채할증발행차금을 유효이자율법으로 상각하는 경우 발행연도부터 상환 시까지의 기간에 매년 그 상각금액의 변화를 올바르게 나타낸 것은?

① 사채할인발행차금 : 증가, 사채할증발행차금 : 증가
② 사채할인발행차금 : 감소, 사채할증발행차금 : 감소
③ 사채할인발행차금 : 증가, 사채할증발행차금 : 감소
④ 사채할인발행차금 : 감소, 사채할증발행차금 : 증가

7. 다음은 환어음 발행과 관련된 거래 내용이다. A상사의 분개로 옳은 것은?

> A상사는 B상사로부터 상품 ₩1,000,000을 매입하고, 상품대금 지급을 위하여 외상매출금이 있는 C상사를 지급인으로 환어음을 발행하여 C상사의 인수를 받아 B상사에게 지급하였다.

① (차) 매　　입 1,000,000　(대) 받 을 어 음 1,000,000
② (차) 매　　입 1,000,000　(대) 지 급 어 음 1,000,000
③ (차) 매　　입 1,000,000　(대) 외상매입금 1,000,000
④ (차) 매　　입 1,000,000　(대) 외상매출금 1,000,000

8. 다음 중 한국채택국제회계기준 제1115호 '고객과의 계약에서 생기는 수익' 기준서에서 규정하고 있는 내용으로 옳지 않은 것은?

① 고객과의 계약은 둘 이상의 당사자 사이에 집행 가능한 권리와 의무가 생기게 하는 합의이다.
② 거래 가격은 고객에게 약속한 재화나 용역을 이전하고 그 대가로 기업이 받을 권리를 갖게 될 것으로 예상하는 금액이다.
③ 수익을 인식하기 위해 거래가격을 산정할 때 제3자를 대신해서 회수한 금액은 거래가격에 포함되지 않는다.
④ 기업이 고객에게서 받은 대가는 약속한 재화나 용역을 고객에게 이전하기 전에 수익으로 인식한다.

9. 장부상 상품의 기초잔액 ₩60,000, 당기매입액 ₩540,000, 기말잔액 ₩80,000이고, 기말상품재고를 실제조사한 결과 ₩70,000으로 밝혀졌다. 상품 장부잔액과 실제액과의 차이 중 60%는 정상적인 것이고 나머지는 비정상적인 것이라면 포괄손익계산서에 표시될 매출원가를 계산하면? 단, 정상적인 것은 매출원가에 산입하고 비정상적인 것은 당기의 기타비용으로 처리한다.

① ₩520,000
② ₩524,000
③ ₩526,000
④ ₩530,000

10. 회계의 기초개념에 대한 설명이다. 옳은 것은?
① 회계기간의 시작 시점을 당기라 한다.
② 기업의 재무상태와 재무성과를 알리기 위해 인위적으로 구분한 기간을 회계기간이라 한다.
③ 회계연도란 기업의 재산 및 자본의 증감 변화를 기록, 계산, 정리하기 위한 장소적 범위를 말한다.
④ 대차평균의 원리란 회계상의 거래를 원인과 결과에 따라 차변과 대변에 같은 금액으로 기록하는 것을 말한다.

11. 다음은 (주)상공의 주주총회 결의사항이다. 이를 회계처리 할 때 미지급배당금으로 계상될 금액은 얼마인가? 단, 배당률은 자본금의 1%로 하기로 한다.

> 가. 보통주 자본금 총액 ₩100,000,000
> 나. 미처분이익잉여금 ₩2,000,000
> 다. 이익준비금 : 상법상 최저 한도액
> 라. 임의적립금 : ₩500,000
> 마. 배당내역 : 현금배당 50%, 주식배당 50%

① ₩50,000　　② ₩450,000
③ ₩500,000　　④ ₩1,000,000

12. 다우리(주)는 도매업에 종사하고, 재고자산 평가는 종목별로 저가기준을 적용하고 있다. 다음 자료는 20×1년 12월 31일 다우리(주)의 재고자산 기록에서 입수한 자료이다.

상품명	재고수량	취득원가	추정판매가격	추정판매비
A	1,000	₩3,000	₩4,000	₩900
B	1,500	3,500	3,200	200
C	800	2,300	2,200	100

20×1년 12월 31일 포괄손익계산서에 기록할 재고자산평가손실은 얼마인가?

① ₩160,000　　② ₩750,000
③ ₩910,000　　④ ₩1,010,000

13. 취득원가 ₩6,000,000, 내용연수가 5년인 기계장치에 대하여 정액법으로 3년간 감가상각한 결과 감가상각누계액이 ₩3,600,000 이었다. 처음부터 연수합계법을 적용하였다면 감가상각누계액은 얼마인가?

① ₩2,000,000　　② ₩4,800,000
③ ₩3,600,000　　④ ₩2,400,000

14. 20×1년 7월 2일에 (주)안양은 단기적 시세차익 목적으로 액면금액 ₩400,000인 (주)성결의 이자율 연9%인 사채를 ₩397,000에 취득하였다. 사채의 만기일은 20×2년 7월 1일이며, 이자는 1월 1일과 7월 1일에 지급한다. (주)안양은 이 사채를 20×1년 12월 1일에 ₩413,000에 처분한 경우 정확한 처분이익은 얼마인가?

① ₩1,000　　② ₩16,000
③ ₩17,000　　④ ₩13,000

15. (주)상공은 ₩600,000의 매출과 ₩400,000의 매입거래가 있었다. 매출과 매입거래가 모두 부가가치세 과세거래일 때, 부가가치세가 없는 경우에 비해 부가가치세가 있는 경우가 재무제표에 미치는 영향은?

① 자산의 증가와 부채의 증가
② 자산의 감소와 부채의 감소
③ 부채의 증가와 자본의 감소
④ 영향없음

16. 다음 자료에 의하여 은행계정조정표를 작성하면 수정전 회사측 당좌예금 잔액은 얼마인가?

> ㉠ 은행 잔액증명서의 잔액 : ₩350,000
> ㉡ 발행한 수표 ₩75,000이 은행에서 미지급
> ㉢ 거래처의 외상대금 ₩70,000이 은행에 입금되었으나, 회사에 통지미달
> ㉣ 은행수수료 ₩5,000 차감액이 회사에 통지미달

① ₩275,000　　② ₩210,000
③ ₩285,000　　④ ₩360,000

17. (주)서울의 20×1 회계연도 기초자산 총계는 ₩4,000,000이며, 기초와 기말 시점 부채총계는 각 ₩2,000,000과 ₩1,500,0000이다. 또한, 당기 포괄손익계산서상 수익총액이 ₩7,000,000, 비용총액이 ₩6,500,0000이고, 당기 중 유상증자 금액이 ₩1,000,000일 때 기말자산총계는 얼마인가? 단, 기타포괄손익은 없는 것으로 가정한다.

① ₩3,500,000　　② ₩4,000,000
③ ₩5,000,000　　④ ₩6,000,000

18. (주)서울은 장부금액 ₩80,000(취득원가 ₩120,000, 감가상각누계액 ₩40,000)인 기계장치와 현금 ₩60,000을 제공하고 토지를 취득하였다. 제공한 기계장치의 공정가치가 ₩100,000일 때, 토지의 취득원가는 얼마인가?

① ₩140,000　　② ₩120,000
③ ₩160,000　　④ ₩180,000

19. (주)서울의 기말재고자산금액에 다음과 같은 사항이 포함되어 있다.

> (가) 타회사에게 판매를 위탁한 상품 매가 ₩7,000 단, (주)서울은 판매가의 40%이익률로 판매한다.
> (나) 시송품 ₩2,500(원가 ₩2,000)
> (다) 판매하여 운송 중인 상품 ₩6,000(도착지 인도조건)
> (라) 수탁상품 ₩4,000

상기 사항을 고려하여 감액 할 재고자산금액은 얼마인가?

① ₩12,500　　② ₩7,300
③ ₩13,300　　④ ₩15,300

20. 수익적지출을 자본적지출로 처리했을 때 나타나는 결과는?
① 부채가 과대평가된다.
② 가공의 자산이 계산된다.
③ 비밀적립금이 생긴다.
④ 감가상각비가 과소계상된다.

< 제2과목 : 원 가 회 계 >

21. 다음 중에서 판매원가(총원가)에 속하지 않는 것은 무엇인가?
① 제조원가　　　　　② 판매원의 급여
③ 포장 및 운반비　　　④ 판매이익

22. 다음 자료에 의하여 당월의 완성품수량을 계산하면 몇 개인가? (단, 재료는 제조착수와 동시에 소비되고, 월말 재공품의 평가는 평균법에 의한다)

> 월초 재공품 : 수량 800개(완성도 50%)
> 월말 재공품 : 수량 500개(완성도 60%)
> 당월 제조 착수량 : 2,300개

① 2,000개　　　　　② 2,400개
③ 2,600개　　　　　④ 2,800개

23. 우리나라 원가계산준칙은 부산품에 대한 정확한 원가계산을 위하여 다음 중 어느 원가계산 방법을 준용하도록 규정하고 있는가?
① 개별원가계산　　　② 조별종합원가계산
③ 표준원가계산　　　④ 등급별원가계산

24. 다음은 원가의 특성에 대한 설명이다. 잘못된 것은?
① 원가는 그 발생한 기간에 발생한 전부를 비용화한다.
② 원가는 급부창출 과정에서 발생하는 경제적 가치의 소비이다.
③ 원가는 정상적인 경영활동을 전제로 한다.
④ 원가는 과거 뿐만 아니라 미래를 대상으로도 계산할 수 있다.

25. 종합원가계산을 설명한 개념으로 옳지 않은 것은?
① 제조간접비의 배부가 필요없다.
② 수주 수량에 따라 생산 수량이 결정된다.
③ 일반적으로 원가를 가공비와 재료비로 구분하여 계산한다.
④ 한 종류의 제품을 연속적으로 대량생산하는 기업에서 사용한다.

26. 등급별 종합원가회계에서 추가가공원가란 무엇을 의미하는가?
① 직접재료비를 제외한 직접노무비와 제조간접비
② 기초재공품과 당기총제조원가의 합계액
③ 분리점 이후의 가공원가
④ 결합원가에 분리점 이후의 가공비를 합한 금액

27. (주)낙동강은 종합원가계산제도를 채택하고 있다. 기말재공품의 평가에는 평균법을 사용하며, 모든 원가는 공정전체를 통하여 균등하게 발생한다. 당기의 제조활동에 관한 자료는 다음과 같다. 기말재공품의 원가는 얼마인가?

> 기초재공품　200단위 원가 ₩818,500(완성도 40%)
> 투 입 원 가　₩5,000,000
> 완 성 품　　600단위
> 기말재공품수량 150단위(완성도 50%)

① ₩625,000　　　　② ₩646,500
③ ₩606,094　　　　④ ₩548,916

28. 제2공정에서 원재료를 완성도 60% 시점에서 투입할 때, 50%가 완성된 기말재공품은 다음의 어느 경우에 해당하는가?

	재료비	가공비
①	비포함	포함
②	포함	비포함
③	포함	포함
④	비포함	비포함

29. 부문별 원가계산의 목적과 거리가 먼 것은?
① 원가의 발생 장소별 계산　② 정확한 제조원가의 산정
③ 원가의 요소별 소비액 계산　④ 제조간접비의 합리적 배부

30. 기초재공품은 없고 기말재공품의 가공비 완성도는 60%이다. 기말재공품의 가공비 완성품 환산량에 대한 설명으로 정확한 것은?
① 완성품 수량보다 적다.　　② 완성품 수량보다 많다.
③ 기말재공품 수량보다 적다.　④ 기말재공품 수량과 같다.

31. (주)대한의 당기매출총이익은 ₩19,200이었다. 당기제품제조원가는 ₩68,000, 재공품과 제품의 기초재고액은 각각 ₩5,600과 ₩9,000, 기말재고액은 각각 ₩7,600과 ₩10,400이었다. (주)대한의 당기 매출액은 얼마인가?
① ₩83,800　　　　② ₩85,800
③ ₩86,800　　　　④ ₩87,200

32. 보조부문에서 발생한 원가를 제조부문으로 배분하는 이유 중에서 가장 적합한 것을 고르면?
① 각 부문의 수익성을 파악하기 위하여
② 각 부문이 서로 어떻게 서비스를 주고 받는지 파악하기 위하여
③ 제조부문의 관리자들이 보조부문의 원가절감을 독려하기 위하여
④ 보조부문의 서비스를 제조부문에서 더 활발하게 활용하도록 권장하기 위하여

33. (주)대한은 평균법을 이용하여 재공품 평가를 하고 있다. 완성품환산량 단위당 원가를 계산하기 위하여 필요하지 않은 것을 포함한 것은?

① 기초재공품의 수량과 완성도
② 기초재공품원가
③ 기말재공품의 수량과 완성도
④ 완성품수량과 당기제조비용

34. 다음은 20×1년 3월에 대한 회계기록이다. 20×1년 3월에 실제로 발생한 제조간접비는 얼마인가?

• 직접재료비	₩ 120,000
• 직접노무비(₩120,000/시간)	360,000
• 공장 설비 임차료	200,000
• 공장 설비 보험료	100,000
• 기계, 설비 감가상각비	180,000
• 판매수수료	140,000
• 관 리 비	300,000

① ₩300,000
② ₩420,000
③ ₩480,000
④ ₩780,000

35. 한국채택국제회계기준(K-IFRS)에서는 재고자산의 평가를 공정가치(또는 순실현가능가치)를 인정하고 있지만 대체방법으로 현행원가를 적용할 수 있는 것은?

① 상품 ② 제품
③ 재공품 ④ 원재료

36. 다음 중 원가회계의 목적이 아닌 것은?

① 성과의 측정과 평가를 위한 정보의 제공
② 원가의 관리와 통제의 목적
③ 기업회계의 장부기장의 목적
④ 제품원가의 계산

37. 다음 자료를 이용하여 10월 중의 매출원가를 계산하면? (제품의 단위원가는 총원가를 생산량으로 나눈 평균원가를 사용하시오.)

㉠ 10월 중 발생한 직접재료비와 직접노무비가 각각 ₩400,000과 ₩1,000,000이며, 간접제조경비(제조간접원가)는 ₩600,000이다.
㉡ 10월의 기초재공품과 기말재공품 잔액은 모두 0이다.
㉢ 10월의 기초제품 잔액은 0이다.
㉣ 이 기간에 생산한 제품은 1,000개이며, 이 중에서 800개는 판매되고, 나머지 200개는 재고로 남아 있다.

① ₩1,600,000 ② ₩2,000,000
③ ₩ 400,000 ④ ₩1,000,000

38. 다음은 서울공업사의 원가 흐름에 관한 자료 중 일부이다. (가)와 (나)에 들어갈 금액으로 옳은 것은?

원 재 료

전월이월	80,000	직접재료비	?
매입채무	(가)	차월이월	100,000
	?		?

재 공 품

전월이월	400,000	제 품	6,200,000
직접재료비	?	차월이월	200,000
직접노무비	(나)		
제조간접비	?		
	6,400,000		6,400,000

- 가공비는 당월총제조원가의 80%이다.
- 제조간접비는 직접노무비의 150%이다.

	(가)	(나)
①	₩1,220,000	₩1,638,400
②	₩1,180,000	₩2,048,000
③	₩1,180,000	₩1,920,000
④	₩1,220,000	₩1,920,000

39. 다음은 기말재공품 평가 시 평균법과 선입선출법의 비교 설명이다. 올바른 것은?

① 선입선출법은 기초재공품의 완성도를 모를 경우에도 적용가능하다.
② 어떤 방법을 사용하더라도 기말재공품원가는 동일하게 계산된다.
③ 선입선출법은 평균법에 비하여 계산된 완성품환산량이 크거나 같다.
④ 기초재공품의 완성도를 모를 경우에는 평균법만이 적용가능하다.

40. 다음은 어떤 원가를 나타낸 것인가?

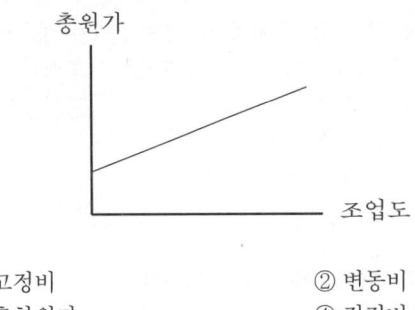

① 고정비 ② 변동비
③ 혼합원가 ④ 직접비

국가기술자격검정
상시 전산회계운용사 2급필기 모의고사
05회
대한상공회의소 시행

2급	A형	시험일(소요시간)	문항수
		00월 00일(총60분)	총40개

수험번호 :
성　명 :

※ 다음 문제를 읽고 알맞은 것을 골라 답안카드의 답란(①, ②, ③, ④)에 표기하시오.

< 제1과목 : 재 무 회 계 >

1. (주)설악은 20×1년 1월 1일에 액면금액 ₩100,000, 만기 3년, 이자지급일이 매년12월 31일인 사채를 ₩92,269에 할인발행하였다. 이 사채의 20×2년 1월 1일 장부금액이 ₩94,651일때 액면이자율은?(유효이자율은 연 8%이고, 문제풀이 과정 중에 계산되는 모든 금액은 소수점이하 반올림한다.)

① 4%　　　　　　② 5%
③ 6%　　　　　　④ 7%

2. (주)서울은 다음의 결산수정사항이 누락된 상태에서 당기순이익을 ₩100,000으로 보고하였다. 누락된 수정사항을 고려한 정확한 당기순이익은 얼마인가?

• 기타포괄손익-공정가치측정금융자산평가이익	₩1,000
• 당기의 보험료비용으로 계상한 현금지급액 중 차기 귀속분	2,000
• 당기의 수수료수익으로 계상한 현금수입액 중 차기 귀속분	5,000
• 이자 미수액	3,000
• 미지급급여	4,000
• 감자차손	6,000

① ₩96,000　　　　② ₩97,000
③ ₩104,000　　　④ ₩105,000

3. 무형자산의 인식에 대한 설명으로 옳은 것은?

① 내부 프로젝트의 연구단계에 대한 지출은 자산의 요건을 충족하는지를 합리적으로 판단하여 무형자산으로 인식할 수 있다.
② 개발단계에서 발생한 지출은 모두 무형자산으로 인식한다.
③ 사업결합으로 취득하는 무형자산의 취득원가는 취득일의 공정가치로 인식하고, 내부적으로 창출한 영업권은 무형자산으로 인식하지 아니한다.
④ 내부적으로 창출한 브랜드, 출판제표, 고객목록과 이와 실질이 유사한 항목은 부형자산으로 인식한다.

4. 지속적으로 물가가 상승하는 상황을 가정할 경우, 재무상태표상 재고자산의 가액이 공정가치에 가장 근접하게 표시될 수 있는 특징을 가진 재고자산의 단가 결정방법은?

① 개별법　　　　② 선입선출법
③ 후입선출법　　④ 총평균법

5. 다음은 (주)다니엘의 신용거래 및 대금회수 자료이다. 11월에 유입된 현금은 얼마인가?

11월 8일	서울상사에 상품 ₩50,000을 외상판매하였다.
11월 10일	대금의 50%가 회수되었다.
11월 30일	대금의 20%가 회수되었다.
(단, 외상매출에 대한 신용조건은 5/10, n/30이다.)

① ₩32,950　　　② ₩33,750
③ ₩34,250　　　④ ₩34,750

6. 다음 중 종업원 급여에 대한 설명 중 옳지 않은 것은?

① 근무를 제공한 회계기간의 말부터 12개월이 지난 후에 지급 될 이익분배금과 상여금은 당기비용으로 인식할 수 없다.
② 퇴직급여제도는 확정기여제도와 확정급여제도가 있다.
③ 이익분배금 및 상여금은 과거사건의 결과로 현재의 지급의무가 발생하고 채무금액을 신뢰성있게 추정할 수 있다면 예상원가를 당기에 비용으로 인식하여야 한다.
④ 단기종업원급여는 현재 가치로 측정하지 아니한다.

7. 북강회사의 선수임대료 계정의 기초잔액은 ₩6000이었으며, 기말 현재 작성된 당기의 포괄손익계산서상의 임대료는 ₩48,000이며, 재무상태표상의 선수임대료는 ₩1,100이다. 북강회사가 당기에 임차인으로부터 받은 임대료의 현금 수취액은 얼마인가?

① ₩49,700　　　② ₩49,100
③ ₩48,500　　　④ ₩47,400

8. 사채 발행에 대한 설명으로 옳지 않은 것은?

① 사채의 액면이자율보다 시장의 유효이자율이 낮으면 할증발행된다.
② 발행시의 유효이자율보다 상환시의 시장이자율이 높으면 사채상환손실이 발생한다.
③ 유효이자율법 적용시 사채할인발행차금 상각액은 매기 증가한다.
④ 유효이자율법 적용시 사채할증발행차금 상각액은 매기 증가한다.

9. 거래형태별 수익인식 시점에 대한 설명으로 옳은 것은?

① 이자수익은 현금을 수취하는 시점
② 재화의 판매는 대금이 회수되는 시점
③ 상품권을 이용한 판매의 수익은 상품권을 판매하는 시점
④ 배당금 수익은 받을 권리가 확정되는 시점

10. (주)상공은 포괄손익계산서상의 당기순이익은 ₩350,000이다. 다음 자료를 이용하여 영업활동으로 인한 현금흐름을 계산하면 얼마인가? 단, 간접법에 의한다.

| 가. 감가상각비 ₩50,000 | 나. 재고자산의 증가 ₩30,000 |
| 다. 매출채권 감소 ₩60,000 | 라. 매입채무 증가 ₩40,000 |

① ₩370,000　　② ₩410,000
③ ₩450,000　　④ ₩470,000

11. 현행 기준서에 의한 자본변동표에 제공되지 않는 정보는?

① 기타포괄손익-공정가치측정금융자산처분손익
② 전기오류수정이익
③ 해외사업장환산손익
④ 유상감자

12. 한국백화점은 상품권 10장 @₩100,000을 3% 할인 판매하고, 대금은 현금으로 받아 곧 당좌예입하다. 적절한 분개는?

① (차) 당 좌 예 금 1,000,000　　(대) 매　　　출 1,000,000
② (차) 현　　　금 970,000　　(대) 상품권선수금 970,000
③ (차) {당 좌 예 금 970,000 / 상품권할인액 30,000}　(대) 상품권선수금 1,000,000
④ (차) {현　　　금 970,000 / 상품권할인액 30,000}　(대) 상품권선수금 1,000,000

13. 다음 수익인식기준에 대한 설명으로 틀린 것은?

① 이자수익은 원칙적으로 유효이자율을 적용하여 발생기준에 따라 인식한다.
② 배당금수익은 주주로서 배당지급기일에 인식한다.
③ 로얄티 수익은 관련 계약의 경제적실질을 반영하여 발생기준에 따라 인식한다.
④ 용역의 제공으로 인한 수익은 용역제공거래의 결과를 신뢰성있게 추정할 수 있을 때 회계기간 말에 그 거래의 진행률에 따라 인식한다.

14. 정보 이용자가 어떤 회계 정보를 이용하여 의사 결정을 할 때 그 정보가 없는 경우와 비교하여 보다 유리한 차이를 낼 수 있는 회계 정보의 질적 특성은?

① 목적적합성　　② 표현충실성
③ 적시성　　　　④ 비교가능성

15. 다음 중 자본의 구성 항목은 변동이 없고, 주당 액면금액의 변동만 발생하는 자본거래는?

① 유상증자　　② 주식분할
③ 무상증자　　④ 주식배당

16. 다음은 (주)경성의 건물에 대한 거래내역이다. 이 거래의 결과 유형자산처분이익은 얼마인가?

- 2012년 1월 1일 : 건물 취득원가 ₩500,000(내용연수 20년, 잔존가치 ₩0, 정액법 상각)
- 2022년 6월 30일 : ₩300,000을 받고 처분
- 단, 2022년 1월 1일부터 처분 시까지는 월할 상각

① ₩50,000　　② ₩37,500
③ ₩60,000　　④ ₩62,500

17. 다음 중에서 재무제표 작성 시 미지급비용이나, 선급비용, 각종 충당금 설정 등에 대한 수정분개를 정당화시키는 회계개념과 가장 가까운 개념은?

① 계속기업　　② 발생기준
③ 비교가능성　④ 기업실체

18. 다음의 부채 중 금융부채에 해당하는 금액은 얼마인가?

| 가. 매입채무 ₩50,000 | 나. 선수수익 ₩40,000 |
| 다. 미지급금 ₩30,000 | 라. 선 수 금 ₩20,000 |

① ₩50,000　　② ₩70,000
③ ₩80,000　　④ ₩100,000

【 19~20 】 다음 금융자산 중 채무증권과 관련한 자료이다. 이 자료를 이용하여 물음에 답하시오. 단, 한국채택국제회계기준에 의하며 자료에 제시된 사채에 한정하며, 회계처리과정에서 나타나는 금액의 원 단위 이하는 절사할 것.

(주)파스칼은 여유 자금을 증식시킬 목적으로 20×1년 1월 1일에 (주)서울이 발행한 사채 액면금액 ₩100,000(만기 3년, 이자지급일 매년 말, 표시이자율 8%)를 ₩95,024으로 취득하였다. 유효이자율은 10%이며, 사채발행차금상각은 유효이자율법에 의한다. 당해 사채의 20×1년 말 공정가치는 ₩98,000이다.

19. (주)파스칼이 취득한 사채를 상각후원가측정금융자산으로 분류하였을 경우 20×1년 말 장부금액은 얼마인가?

① ₩95,024　　② ₩96,526
③ ₩104,526　④ ₩108,000

20. (주)파스칼이 취득한 사채를 기타포괄손익-공정가치측정금융자산으로 분류하였을 경우 20×1년의 수익으로 인식할 금액은 얼마인가?

① ₩8,000　　② ₩10,000
③ ₩10,976　④ ₩12,976

< 제2과목 : 원가회계 >

21. 다음 중 어떠한 성격을 갖는 공장에서 직접노무원가의 중요도가 가장 높겠는가?

① 생산제품의 종류가 매우 다양한 공장
② 고객서비스를 중시하는 공장
③ 생산라인의 자동화가 거의 이루어지지 않은 공장
④ 기계와 설비 등에 집중투자를 한 공장

22. 월초재공품(완성도 50%)은 400개이며, 월 중 3,000개를 새로이 생산 착수하였다. 완성품 수량은 2,800개이며, 공손은 없다. 월말 재공품의 완성도는 80%이다. 재공품 평가방법으로 선입선출법을 이용하는 경우, 완성품 환산량은 몇 개인가?

① 3,280개 ② 3,080개
③ 2,720개 ④ 2,520개

23. 다음은 (주)금호산업의 8월 중 재료의 입고와 출고에 대한 내역이다. 총평균법을 이용하는 경우, 재료의 8월말 재고액은 얼마인가?

```
1일 : 전월이월액은 ₩40,000(수량 100개, 단가 ₩400)
       이다.
18일 : 40개를 소비하다.
10일 : 100개를 단가 ₩415에 구입하다.
18일 : 80개를 소비하다.
25일 : 50개를 단가 ₩425에 구입하다.
30일 : 80개를 소비하다.
```

① ₩22,750 ② ₩53,430
③ ₩20,550 ④ ₩21,250

24. 제조간접비를 예정배부하는 경우, 제조간접비 배부차이를 반드시 조정하여야 한다. 그 이유는 무엇인가?

① 매출원가를 높이기 위하여
② 원가관리를 합리적으로 수행하기 위하여
③ 의사결정에 유용한 정보 제공을 위하여
④ 외부공표용 재무제표는 실제원가로 작성하여야 하기 때문에

25. 결합원가를 배분하는 일반적인 기준이 아닌 것은?

① 평균 단위원가 ② 상대적 수익성
③ 상대적 판매가치 ④ 상대적 생산량

26. 보조부문원가의 배분방법인 직접배부법과 상호배부법 및 단계배부법의 세 가지를 서로 비교하는 설명으로서 부적당한 것은?

① 가장 간단한 것은 직접배부법이다.
② 가장 정확성이 덜한 것은 단계배부법이다.
③ 가장 절충적인 것은 단계배부법이다.
④ 가장 번거로운 것은 상호배부법이다.

27. 어느 회사는 단순종합원가계산을 이용하고 있다. 다음 중 평균법과 선입선출법에 의한 완성품 환산량이 동일하게 계산되는 경우는?

① 기초제품이 없는 경우 ② 기말제품이 없는 경우
③ 기초재공품이 없는 경우 ④ 기말재공품이 없는 경우

28. 당기에는 재료와 재공품의 기초재고액과 기말재고액이 동일했으나 기초제품재고액은 ₩5,000이었으며, 기말제품재고액은 기초제품재고액보다 ₩2,000이 증가하였다. 당기총제조비용이 ₩100,000이었다면 판매(매출)가능제품액은 얼마인가?

① ₩105,000 ② ₩102,000
③ ₩107,000 ④ ₩103,000

29. 다음은 무엇을 설명한 것인가?

> • 동일한 공정에서 여러 종류의 유사품이 제조되는 경우 이 제품들에 대한 원가계산
> • 제분업에서 품질이 다른 밀가루, 제화업에서 모양, 크기 등이 다른 구두
> • 양조업에서 순도가 다른 같은 종류의 술, 화학공업에서 순도가 다른 화학약품 등

① 등급별 종합원가계산 ② 공정별 종합원가계산
③ 가공비 공정별 종합원가계산 ④ 조별 종합원가계산

30. 다음은 부문직접비와 부문간접비의 예를 든 것이다. 옳지 않은 것은?

	부문직접비	부문간접비
①	부문감독자의 급여	공장장의 급여
②	부문기계의 감가상각비	공장건물의 재산세
③	부문의 소모품비	공장건물의 감가상각비
④	부문기계의 특별수리비	특정부문의 간접노무비

31. 다음 자료에 의하여 제조지시서 #105의 제조원가는 얼마인가? 단, 제조간접비는 직접원가법을 이용하여 구한다.

구 분	제조지시서 #105	총 원 가
직 접 재 료 비	₩ 200,000	₩ 720,000
직 접 노 무 비	300,000	1,200,000
제 조 간 접 비	( )	1,440,000

① ₩875,000 ② ₩900,000
③ ₩860,000 ④ ₩500,000

32. 당기총제조비용에 기초재공품원가를 가산한 총제조원가를 완성품과 기말재공품에 균등하게 배분하는 방법은?

① 선입선출법 ② 후입선출법
③ 평균법 ④ 이동평균법

33. (주)상공의 보조부문은 수선부문과 동력부문으로 구성되어 있으며, 서로 용역을 주고 받고 있다. 어떤 특정 기간동안 각 부문이 다른 부문에 제공한 용역의 비율은 아래와 같다. 이 기간동안 수선부문과 동력부문의 발생원가는 각각 ₩40,000과 ₩60,000이다. 상호배부법에 의해 보조부문원가를 배부할 때의 연립방정식으로 옳은 것은? 단, 수선부문의 총원가를 X라 하고, 동력부문의 총원가를 Y라 한다.

구 분	수선부문	동력부문
수 선 부 문	-	20%
동 력 부 문	30%	-
제 조 부 문	70%	80%
합	100%	100%

① X = 60,000 + 0.3Y : Y = 40,000 + 0.2X
② X = 60,000 + 0.2Y : Y = 40,000 + 0.3X
③ X = 40,000 + 0.3Y : Y = 60,000 + 0.2X
④ X = 40,000 + 0.2Y : Y = 60,000 + 0.3X

34. (주)낙동강의 다음 원가자료에 의하여 기말재공품을 선입선출법에 의할 때 직접재료비와 가공비에 대한 완성품환산량은 각각 얼마인가?

㉠ 기초재공품 600개(완성도:직접재료비 50%, 가공비 30%)
㉡ 완성품 수량 3,200개
㉢ 기말재공품 1,000개(완성도:직접재료비 60%, 가공비 40%)

① 직접재료비 3,500개, 가공비 3,420개
② 직접재료비 3,800개, 가공비 3,600개
③ 직접재료비 3,420개, 가공비 3,780개
④ 직접재료비 3,100개, 가공비 3,020개

35. 다음 자료에 의하여 영업이익을 계산하면 얼마인가?

제품매출액	₩425,000	기 초 제 품	₩60,000
기 말 제 품	50,000	완성품원가	290,000
판매비와관리비	40,000		

① ₩125,000 ② ₩145,000
③ ₩ 85,000 ④ ₩ 95,000

36. 다음 중 원가에 대한 설명으로 틀린 것은?
① 원가는 기업의 의사결정에서 중요한 위치를 차지한다.
② 원가의 관리와 통제는 기업회계기준의 준수가 요구되지 않는다.
③ 원가는 이미 투입된 것이므로 미래의 경제적 효익과 무관하다.
④ 원가란 특정 재화나 용역을 획득 또는 제조하기 위하여 소비된 경제적 희생을 말한다.

37. (주)서문은 직접노무비법에 의하여 제조간접비를 예정배부하고 있다. 당월에 제조를 착수하여 완성된 제조지시서 No.116의 제품 제조원가는 얼마인가?

• 당월 공장 전체 제조원가 :
  직접재료비 ₩180,000
  직접노무비   280,000
  제조간접비   420,000
• 제조지시서 No.116의 직접원가 :
  직접재료비 ₩11,000
  직접노무비   26,000

① ₩68,000 ② ₩76,000
③ ₩85,000 ④ ₩99,000

38. 다음은 (주)상공의 원가계산표이다. 이에 대한 설명으로 옳지 않은 것은? 단, 제조지시서 #1과 제조지시서 #2는 완성되었다.

지시서 비목	제조 지시서#1	제조 지시서#2	제조 지시서#3	합계
월초재공품	①	②	③	④
직접재료비	⑤	⑥	⑦	⑧
직접노무비	⑨	⑩	⑪	⑫
제조간접비	⑬	⑭	⑮	⑯
합계	⑰	⑱	⑲	⑳

① ① + ② = 월초재공품재고액
② ⑧ + ⑫ + ⑯ = 당월총제조비용
③ ⑰ + ⑱ = 당월제품제조원가
④ ⑲ = 월말재공품재고액

39. 갑회사는 선입선출법에 따라 종합원가계산을 하고 있다. 당월 완성품환산단위당 원가는 재료비가 ₩5, 가공비가 ₩10 이다. 당월 중 생산과 관련된 자료는 다음과 같다. 재료는 공정초기에 전량 투입된다고 할 때 이 회사의 당월에 실제 발생한 가공비는 얼마인가?

기 초 재 공 품	1,000단위 (완성도 40%)
기 말 재 공 품	1,600단위 (완성도 50%)
당 기 완 성 품	8,400단위

① ₩88,000 ② ₩87,000
③ ₩84,000 ④ ₩83,000

40. 다음 자료에 의하여 당월의 경비소비액을 계산하면 얼마인가? 단, 특별비와 재료감모손실을 제외한 경비는 공장 3, 본사 1의 비율로 배부한다.

㉠ 건 물 : 취득원가 ₩8,400,000, 잔존가치는 ₩0
           내용연수 10년
㉡ 전력비 : 당월 측정액 ₩300,000, 당월 지급액 276,000
㉢ 외주가공비 : 당월 지급액 ₩416,000, 전월 선급액 ₩30,000
                당월 선급액 ₩40,000
㉣ 재료감모손실 : 장부재고액 ₩590,000, 실제재고액 ₩542,000
                  단, 감모손실은 전액 정상적 발생분이다.

① 공장분 ₩ 630,000, 본사분 ₩194,000
② 공장분 ₩ 731,500, 본사분 ₩ 92,500
③ 공장분 ₩ 618,000, 본사분 ₩206,000
④ 공장분 ₩1,309,000, 본사분 ₩285,000

국가기술자격검정

상시 전산회계운용사 2급필기 모의고사

대한상공회의소 시행

06회

2급	A형	시험일(소요시간)	문항수
		00월 00일(총60분)	총40개

수험번호 :
성   명 :

※ 다음 문제를 읽고 알맞은 것을 골라 답안카드의 답란(①, ②, ③, ④)에 표기하시오.

< 제1과목 : 재 무 회 계 >

1. (주)파스칼은 20×1년 1월 1일에 서울 명동 사옥을 ₩8,000,000에 취득하였다. 20×1년 11월 30일 현재 동일한 상태의 건물을 재취득할 수 있는 가격은 ₩7,500,000이고, 처분가격은 ₩7,200,000, 처분비용은 ₩200,000으로 예상된다. 이 건물의 (가) 현행원가와 (나) 순실현가능가치로 평가한 금액은 얼마인가?

	(가)	(나)
①	₩7,000,000	₩7,000,000
②	₩7,000,000	₩7,200,000
③	₩7,200,000	₩7,500,000
④	₩7,500,000	₩7,000,000

2. 다음 사항 중 회계상의 거래에 포함되지 않는 것은?

① 진열장에 진열된 상품이 변질되었다.
② 상품을 판매하고 대금을 받지 않았다.
③ 거래처로부터 상품을 구입하기로 계약하였다.
④ 건물이 장마에 침수되어 일부 파손되었다.

3. (주)대한유통은 20×1년 제2기 회계기간 말에 총자산과 총부채를 각각 ₩700,000과 ₩240,000으로 보고하였다. 제2기의 순이익은 ₩160,000이었고, 전기이월미처분이익잉여금이 ₩40,000이었다면 설립 시 납입된 자본금 총액은 얼마인가?

① ₩260,000   ② ₩360,000
③ ₩300,000   ④ ₩460,000

4. 동해상사는 의류와 가방을 판매하는 회사이다. 다음 중 동해상사가 작성하는 재무상태표의 매출채권계정에 영향을 주지 않는 거래는?

① 잠바 20벌을 판매하고 대금은 보름 후에 받기로 하다.
② 여행용 가방 7개를 판매하고 대금은 약속어음을 받다.
③ 포장용 빈박스를 처분하고 대금은 월말에 받기로 하다.
④ 여성의류를 판매하고 대금으로 받은 약속어음이 만기가 되어 입금되다.

5. 다음 중 판매수익의 인식시기로서 적절하지 않은 것은?

① 상품의 판매계약 체결
② 위탁품의 판매
③ 할부판매의 물품 인도
④ 시용판매에서 매입의사표시의 접수

6. (주)갑을은 외상매출금의 대손을 연령분석법으로 추정한다. 20×1년 12월 31일 현재의 대손추정관련 내용은 다음과 같다.

기 간	금 액	대손추정율
60일 이하	₩10,000,000	5%
60일 이상	₩ 5,000,000	20%

20×1년 말에 재무상태표상에서 회사의 대손충당금은 얼마로 계상하여야 하는가?

① ₩   300,000   ② ₩   500,000
③ ₩1,000,000   ④ ₩1,500,000

7. 취득원가 ₩10,000,000, 내용연수가 9년인 기계장치에 대하여 정액법으로 5년간 감가상각한 결과 감가상각누계액이 ₩5,000,000이었다. 처음부터 연수합계법을 적용하였다면 감가상각누계액은 얼마인가?

① ₩8,000,000   ② ₩6,000,000
③ ₩7,500,000   ④ ₩7,000,000

8. 상품 ₩30,000을 판매하였는데, 대금은 카드회사에서 발행한 신용카드로 결제되었다. 카드 수수료율은 판매대금의 5%이다. 매출과 관련된 회계처리로 올바른 것은?

		차변		대변	
①	(차)	외상매출금	28,500	(대) 매 출	30,000
		매출채권처분손실	1,500		
②	(차)	현 금	28,500	(대) 매 출	30,000
		수수료비용	1,500		
③	(차)	외상매출금	30,000	(대) 매 출	30,000
④	(차)	현 금	30,000	(대) 매 출	30,000

9. 다음 충당부채 및 우발부채와 관련된 설명 중 옳지 않은 것은?

① 미래영업을 위하여 발생하게 될 비용의 추계액에 상당하는 금액을 충당부채로 인식한다.
② 미래에 대한 불확실성과 관련하여 발생하는 잠재적 불이익 중 재무상태표에 인식하는 것을 충당부채라 한다.
③ 충당부채로 인식하기 위하여는 의무발생사건의 결과로 인한 현재의무로서 자원유출가능성이 높고 금액을 신뢰성 있게 추정가능하여야 한다.
④ 우발부채는 미래에 대한 불확실성과 관련하여 발생하는 잠재적 불이익 중 재무상태표에 인식하지 않고 편의상 주석으로 공시만 하며, 부채로 인식하지는 않는다.

10. (주)한라는 20×1년 12월 31일 장부금액 ₩91,322 (액면금액 ₩100,000 액면이자율 5%, 이자지급일 매년 12월 31일 후급, 만기 20×3년 12월 31일)인 사채를 20×2년 12월 31일 현금이자를 포함하여 총 ₩101,000에 상환하였다. (주)한라가 사채상환과 관련하여 인식할 손익은 얼마인가? 단, 발행 당시 사채의 유효이자율은 10%이고, 금액은 소수점 첫째자리에서 반올림한다.

① 사채상환손실 ₩546
② 사채상환손실 ₩684
③ 사채상환손실 ₩726
④ 사채상환이익 ₩684

11. 상품을 외상매입하고 분개장에서 원장으로 전기하면서 상품 계정의 차변과 외상매입금 계정의 차변에 동일한 금액을 전기하였다. 다른 거래의 전기는 모두 옳게 되었으며, 자산 계정의 잔액은 차변에, 부채 계정의 잔액은 대변에 남았다고 가정하면 잔액시산표를 작성했을 때 나타나는 오류는 다음 중 어느 것인가?

① 부채가 과대 계상됨
② 부채가 과소 계상됨
③ 자산이 과대 계상됨
④ 자산이 과소 계상됨

12. 상품계정 3분법 중 총액법에 대한 설명이다. 옳지 않은 것은?

① 매출계정에는 매출할인, 매출환입 등을 차변에 표시한다.
② 결산 대체분개 후 매입계정의 잔액은 매출원가를 의미하게 된다.
③ 매입에누리액, 매입환출액, 매입할인액은 매입계정대변에 기장된다.
④ 매출계정은 차변에 발생하며 순매출액을 의미한다.

13. 다음 중 무형자산 원가에 포함되지 않는 총 지출액은 얼마인가?

가. 무형자산을 사용 가능한 상태로 만드는 데 직접적으로 발생한 종업원급여 ₩4,000
나. 새로운 지역에서 또는 새로운 계층의 고객을 대상으로 사업을 수행하는 데에서 발생하는 교육훈련비 ₩3,000
다. 새로운 제품이나 용역의 홍보원가 ₩5,000
라. 관리원가와 기타 일반경비 원가 ₩2,000

① ₩7,000
② ₩12,000
③ ₩10,000
④ ₩14,000

14. 다음은 초당상사의 20×1년 재고자산 관련 자료이다. 다음 중 재무상태표에 표시될 재고자산으로 옳은 것은?

종목	수량	원가(개당)	예상판매가격(개당)	예상판매비(개당)
P	100개	₩30	₩35	₩7
Q	50	40	45	3

① ₩4,800
② ₩4,900
③ ₩5,000
④ ₩5,100

15. 다음 중 현금흐름의 성격이 다른 것은?

① 토지의 처분
② 단기대여금의 회수
③ 개발비의 지급
④ 유상감자

16. (주)대한의 다음 20×1년 12월 31일 은행계정조정표에서 기발행 미인출수표 금액은 얼마인가?

(1) 은행예금잔액증명서상의 잔액 ₩28,500
  (주)대한의 장부상의 잔액 ₩32,000
(2) 은행의 예금잔액증명서에는 반영되어 있으나 장부에 반영되지 않은 금액
  ① 예금이자 ₩2,000 ② 부도수표 ₩14,000
(3) (주)대한에 통보되지 않은 매출채권 추심액 ₩7,500
(4) (주)대한이 20×1년 12월 31일 입금했으나 은행 직원의 실수로 다른 회사 당좌계좌로 입금 처리한 금액 ₩15,000
(5) 나머지 잔액차이는 모두 기발행 미인출수표에 의한 것으로 확인됨

① ₩16,000
② ₩17,000
③ ₩18,000
④ ₩18,500

17. 다음은 종업원의 퇴직급여제도에 대한 설명이다. 이 제도와 관련이 없는 내용은?

가. 종업원의 퇴직급여를 기업이 책임지는 제도이다.
나. 노사 간의 협약에 의하여 종업원의 퇴직 후 지급할 금액의 규모를 확정한다.
다. 외부의 기금에 기여금을 출연하여 운영하고 이를 퇴직급여 지급에 사용하는 경우 사외적립자산으로 계상한다.

① 확정급여제도
② 확정기여제도
③ 퇴직급여부채
④ 퇴직급여

18. (주)상공의 11월 말 현재 장부상에 계상된 현금과부족계정 차변잔액은 ₩50,000이었다. 또한 12월 한 달 동안 실제로 증가된 현금은 ₩570,000이며, 장부상 증가된 현금은 ₩600,000이다. 위의 모든 원인은 밝혀지지 않았다. (주)상공의 결산일에 잡손실로 처리해야 할 금액은 얼마인가?

① ₩20,000
② ₩30,000
③ ₩50,000
④ ₩80,000

19. 무형자산에 대한 다음 설명 중 틀린 것은?

① 무형자산으로 인식되기 위해서는 자산으로부터 발생하는 미래 경제적 효익이 기업에 유입될 가능성이 매우 높고 자산의 취득원가를 신뢰성있게 측정할 수 있어야 한다.
② 국고보조 등에 의해 무형자산을 무상 또는 공정가치보다 낮은 대가로 취득한 경우의 취득원가는 취득일의 공정가치로 한다.
③ 무형자산의 내용연수는 경제적요인과 법적요인에 의해 결정된 기간 중 짧은 기간으로 정한다.
④ 무형자산의 경제적효익이 소비되는 형태를 신뢰성 있게 결정할 수 없는 경우에는 생산량비례법을 사용한다.

20. (주)대한은 20×1년 중 장기투자목적으로 A주식을 매입하여 공정가치 변동 분을 기타포괄손익으로 인식하기로 선택하였고, 단기시세차익을 목적으로 B주식을 매입하였다. (주)대한은 20×1년 말 A주식과 B주식을 보유하고 있으며, 두 주식에 대한 취득원가와 공정가치는 다음과 같다. 20×1년 말 재무제표에 미치는 영향으로 옳지 않은 것은? (단, 취득한 주식은 발행기업에 유의적인 영향을 미치지 않는다.)

종목	취득원가	공정가치
A주식	₩200,000	₩180,000
B주식	₩120,000	₩140,000

① 당기순이익이 ₩20,000 증가한다.
② 기타포괄손익이 ₩20,000 감소한다.
③ 이익잉여금은 변하지 않는다.
④ 총포괄손익은 변하지 않는다.

< 제2과목 : 원가회계 >

21. 다음은 무엇을 설명한 것인가?

- 서로 다른 종류의 제품을 주문에 의하여 생산하는 경우의 원가계산
- 건설업, 항공기 제조업, 조선업 등에서 사용

① 연산품 종합원가계산 ② 조별 종합원가계산
③ 개별 원가계산 ④ 단일 종합원가계산

22. 다음 종합원가계산과 개별원가계산의 차이를 설명한 것으로 타당하지 않은 것은?

	개별원가계산	종합원가계산
①	재료비와 가공비로 구분	직접비와 간접비로 구분
②	특정제조지시서	계속제조지시서
③	주문생산	계획생산
④	재공품평가 필요없음	재공품평가 필수적

23. 제조기업의 부문별 원가계산 절차를 바르게 나열한 것은?

㉠ 부문간접비를 각 부문에 배부
㉡ 보조부문비를 제조부문에 배부
㉢ 부문직접비를 각 부문에 부과

① ㉠ - ㉡ - ㉢ ② ㉠ - ㉢ - ㉡
③ ㉢ - ㉠ - ㉡ ④ ㉡ - ㉠ - ㉢

24. (주)상공의 20×1년 12월 31일로 종료되는 회계기간 말의 제조원가와 관련된 자료는 다음과 같다. 당기의 기말재공품 재고액은 얼마인가?

직접재료비 ₩2,400 제조간접비 (   )
기초재공품재고액 4,400 직접노무비 ₩2,800
당기총제조비용 8,000 당기제품제조원가 10,000

① ₩22,400 ② ₩3,200
③ ₩6,400 ④ ₩2,400

25. 개별원가계산에 대한 설명 중 옳지 않은 것은?

① 제조간접비가 발생하지 않는다.
② 조선업, 출판업, 건축업 등의 업종에 적합하다.
③ 개별 작업별 원가는 원가계산표에 의하여 관리된다.
④ 다양한 제품을 주문에 의해 소량으로 생산하는 기업에 적합하다.

【문제 26~27】 희망공업사의 20×1년도 제조원가는 다음과 같다.

직접재료비   ₩ 600,000
직접노무비   800,000
제조간접비 : 변동비 160,000
          고정비 100,000

26. 기초원가는 얼마인가?

① ₩ 600,000 ② ₩ 780,000
③ ₩1,400,000 ④ ₩1,660,000

27. 가공비는 얼마인가?

① ₩ 800,000 ② ₩ 260,000
③ ₩1,060,000 ④ ₩1,660,000

28. 개별원가계산을 사용하는 상공기업의 기준조업도는 600시간, 제조간접비 예상액은 ₩9,000이었다. 제조지시서 #3의 예정작업시간은 170시간이고 실제작업시간은 164시간이었다. 실제제조간접비 발생액이 ₩2,600이었을 경우 제조간접비배부차이는 얼마인가?

① ₩140 과소배부 ② ₩140 과대배부
③ ₩280 과소배부 ④ ₩280 과대배부

29. 결합제품이 A와 B 두 종류이고, 두 제품이 모두 분리 후 즉시 판매가능하며, 결합원가의 배분에 상대적 판매가치법(순실현가치법)을 사용하고 있는 회사가 제품A의 단위당 판매가격을 20% 인상하면 다음 중 어떤 결과가 발생하는가?

① 제품 B에 배분되는 결합원가가 증가된다.
② 제품 A의 판매량도 증가한다.
③ 제품 A의 매출총이익률이 제품 B의 그것보다 커진다.
④ 제품 A에 배분되는 결합원가가 증가한다.

30. 다음은 개별원가계산을 시행하고 있는 낙동강공업의 9월 원가자료이다. 9월 말 현재 제조지시서 #201, #202가 완성되었고 #203은 미완성상태이다. 9월과 관련하여 발생한 분개가 아닌 것은?

제조지시서	#201	#202	#203	계
월초재공품	₩1,000	–	–	₩1,000
직접재료비	4,000	₩5,500	₩2,000	11,500
직접노무비	2,500	3,000	2,500	8,000
제조간접비	2,000	2,500	1,000	5,500
계	₩9,500	₩11,000	₩5,500	₩26,000

① (차) 재 공 품 11,500 (대) 직접재료비 11,500
② (차) 제   품 20,500 (대) 재 공 품 20,500
③ (차) 재 공 품   5,500 (대) 제조간접비   5,500
④ (차) 월초재공품 1,000 (대) 제   품   1,000

31. 종합원가계산 제도를 채택하고 있는 (주)구미공업은 3월 1일에 사업을 시작하여 제품을 생산하고 있다. 생산이 순조롭게 잘 진행되던 중 3월 중순부터 주요원자재의 값이 폭등하였다. 원가계산을 선입선출법과 평균법을 사용하는 경우 3월 말 재공품원가는 어떻게 되겠는가?

① 선입선출법을 사용하면 더 크게 나타난다.
② 평균법을 사용하면 더 크게 나타난다.
③ 선입선출법이나 평균법이나 동일하게 나타난다.
④ 차이가 있는지 없는지 알 수 없다.

32. 기초재공품이 없고, 직접재료원가에 관한 기말재공품의 완성도가 100%일 경우 직접재료원가의 완성품 환산량은?

① 당기 착수량과 같다.　　② 당기 완성량과 같다.
③ 당기 착수량보다 적다.　　④ 당기 완성량보다 적다.

33. 공정별 종합원가계산에 있어서 원가를 각 공정별로 파악하는 목적이 아닌 것은?

① 보다 정확한 원가계산
② 효율적인 원가관리
③ 부문관리자의 업적평가
④ 노무비와 제조간접비의 구분파악 용이

34. 다음 중 수요의 계절적, 주기적 정기변동의 영향을 받는 경우에 제조간접비 예정배부율을 계산하기 위한 조업도로 가장 적절한 것은?

① 이론적 조업도(theoretical capacity)
② 실제적 조업도(practical capacity)
③ 정상조업도(normal capacity)
④ 기대실제조업도(expected actual capacity)

35. (주)금화의 20×1년 3월 직접재료사용액은 ₩13,000이다. 3월 말 직접재료는 월초에 비해 ₩2,000이 감소하였다. (주)금화의 3월 중 직접재료구입액은 얼마인가?

① ₩10,000　　② ₩11,000
③ ₩12,000　　④ ₩13,000

36. 다음 중 보조부문 상호간의 용역수수관계가 없거나 그다지 중요하지 않은 경우에 적절한 배분방법이 될 수 있는 것은?

① 직접배부법　　② 단계배부법
③ 상호배부법　　④ 연속배부법

37. (주)경남은 20×1년도에 48,000. 직접노동시간이 발생할 것을 예상하여 직접노동시간당 ₩2,961의 제조간접비를 배부하였다. 20×1년도에 실제로 발생한 원가 및 시간은 다음과 같다. 20×1년의 과소 혹은 과대 배부 제조간접비는 얼마인가?

| 실제 제조간접비 | ₩165,816,000 |
| 실제 직접노동시간 | 54,000시간 |

① ₩17,766,000 과대 배부
② ₩5,922,000 과소 배부
③ ₩5,922,000 과대 배부
④ ₩23,688,000 과소 배부

38. 다음 자료에 의하여 재료비 소비액을 계산하면 얼마인가?

월초재료재고액	₩60,000	당월재료매입액	₩425,000
매입제비용	12,500	매입재료환출액	7,500
매입할인액	4,000	월말재료재고액	30,000

① ₩443,500　　② ₩460,000
③ ₩456,000　　④ ₩455,000

39. 경북공업사는 당기 완성품의 전부를 그 제조원가에 20%의 이익을 가산하여 판매하고 있다. 다음 자료로 기초재공품 원가를 계산하면 얼마인가? 단, 기초제품은 없다.

직접재료비	₩310,000	직접노무비	₩190,000
제조간접비	140,000	매출액	720,000
기말재공품	75,000		

① ₩35,000　　② ₩10,000
③ ₩20,000　　④ ₩25,000

40. 우리나라 원가계산준칙에 의한 종합원가계산을 설명한 것 중 옳지 않은 것은?

① 종합원가계산은 동일 종류 또는 다른 종류의 제품을 연속하여 반복적으로 생산하는 생산형태에 적용한다
② 종합원가계산의 단위당 원가는 발생한 모든 원가요소를 집계한 당기총제조비용에 기초재공품원가를 가산한 후 그 합계액을 완성품과 기말재공품에 안분배분함으로써 완성품 총원가를 계산하고, 이를 제품 단위에 배분하여 산정한다.
③ 종합원가계산에 있어서 완성품원가와 기말재공품원가는 완성품 환산량에 의하여 선입선출법, 후입선출법 또는 총 평균법 등 기타 합리적인 방법을 적용하여 계산한다.
④ 기말재공품의 완성품환산량은 재료의 투입정도 또는 가공정도 등을 고려하여 직접재료비와 노무비 및 경비로 구분하여 산정한다.

07회 상시 전산회계운용사 2급필기 모의고사

국가기술자격검정
대한상공회의소 시행

2급	A형	시험일(소요시간)	문항수
		00월 00일(총60분)	총40개

수험번호 :
성　명 :

※ 다음 문제를 읽고 알맞은 것을 골라 답안카드의 답란(①, ②, ③, ④)에 표기하시오.

< 제1과목 : 재무회계 >

1. 포괄손익계산서에서 당기순손익과 총포괄손익 간에 차이를 발생시키는 항목은?

① 재평가잉여금　　　② 감자차손
③ 자기주식처분이익　　④ 사채상환손실

2. 다음은 (주)상공이 20×1년 초에 취득하여 보유하고 있는 유가증권의 정보이다.

종목	주식수	취득단가	20×1년공정가치	20×2년공정가치	계정분류
갑주식	2,000	1,200	1,000	1,300	단기매매목적
을주식	1,000	1,000	1,500	1,400	단기매매목적
병주식	1,000	1,300	1,000	1,500	기타포괄손익처리

갑, 을, 병주식 모두 시장성이 있다. 법인세효과를 무시한다면 한국채택국제회계기준에 따른 20×2년도 포괄손익계산서에 나타나는 순이익은?

① ₩500,000　　　② ₩1,000,000
③ ₩600,000　　　④ ₩800,000

3. 취득원가 ₩1,000,000, 내용연수 8년, 잔존가치가 정액법의 경우는 ₩0, 정률법의 경우 5%인 유형자산을 감가상각할 경우 정액법에 의한 상각액이 정률법에 의한 상각액보다 더 커지는 연도는 언제인가? 단, 정률법에 의한 상각률은 연 31.2%이다.

① 3차년도 말　　　② 4차년도 말
③ 5차년도 말　　　④ 6차년도 말

4. 재무보고를 위한 개념체계에서 재무정보의 질적 특성에 대한 설명으로 옳지 않은 것은?

① 재무정보에 예측가치, 확인가치 또는 이 둘 모두가 있다면 그 재무정보는 목적적합성을 가진다고 할 수 있다.
② 보강적 질적 특성은 근본적 특성을 보강시키는 특성으로 비교가능성, 검증가능성, 적시성, 이해가능성이 있다.
③ 동일한 경제현상에 대해 대체적인 회계처리방법을 허용하면 비교가능성은 증가한다.
④ 적시성은 의사결정에 영향을 미칠 수 있도록 의사결정자가 정보를 제때에 이용가능하게 하는 것을 의미한다.

5. 다음 중 금융자산으로 분류되는 계정과목으로 옳지 않은 것은?

① 선급비용　　　② 단기대여금
③ 외상매출금　　④ 현금성자산

6. 회계기간 말이 20×1년 12월 31일인 (주)서울은 20×2년 3월 20일 주주총회를 통하여 보통주 100주를 배당할 것을 결의하였다. 주식의 실제교부일은 20×2년 4월 1일에 실시하며 주당 액면금액은 ₩5,000이고 공정가치(시가)는 ₩9,000이다. (주)서울의 20×2년 4월 1일 행한 분개로 옳은 것은?

① (차) 미지부주식배당금 500,000　(대) 보통주자본금 500,000
② (차) 미처분이익잉여금 900,000　(대) 미교부주식배당금 900,000
③ (차) 미처분이익잉여금 500,000　(대) 미교부주식배당금 500,000
④ (차) 미교부주식배당금 900,000　(대) { 보통주자본금 500,000
　　　　　　　　　　　　　　　　　　　 주식발행초과금 400,000

7. 재무제표 요소들에 대한 설명으로 옳지 않은 것은?

① 자본은 기업의 자산에서 부채를 차감한 후의 잔여지분이다.
② 부채는 과거 사건에 의하여 발생하였으며, 기업이 경제적 자원을 이전해야 하는 현재의무이다.
③ 수익은 자본의 증가를 초래하는 특정 회계기간 동안에 발생한 경제적 효익의 증가로서, 자본청구권 보유자의 출자와 관련된 것도 포함한다.
④ 비용은 자본의 감소를 초래하는 특정 회계기간 동안에 발생한 경제적 효익의 감소로서, 자본청구권 보유자에 대한 분배와 관련된 것은 제외한다.

8. 자산은 '과거사건의 결과로 기업이 통제하는 현재의 경제적자원이다. 이 때의 경제적자원은 경제적효익을 창출할 잠재력을 가진 권리'로 정의되는데 이에 대한 설명으로 옳지 않은 것은?

① 과거사건의 결과라는 것은 미래에 발생할 것으로 예상되는 거래나 사건만으로는 자산을 인식하지 않는다는 것을 의미한다.
② 경제적 효익은 직접 혹은 간접으로 기업의 미래현금 흐름창출에 기여하는 잠재력을 의미한다.
③ 기업이 통제하고 있다는 것은 자산으로부터 발생하는 미래 경제적 효익을 해당 기업만이 누릴 수 있어야 한다는 것을 의미한다.
④ 경제적 효익에 대한 기업의 통제력은 일반적으로 법률적 권리로부터 나오므로 법적인 소유권이 없으면 자산으로 인식할 수 없다는 것을 의미한다.

09. 재무제표 작성과 관련된 설명으로 옳은 것은?

① 기업의 재무제표는 발생기준 회계만을 사용하여 작성하며, 현금기준 회계는 사용하지 않는다.
② 포괄손익계산서상의 비용은 성격별 분류법과 기능별 분류법 중에서 매출원가를 다른 비용과 분리하여 공시하는 기능별 분류법만으로 표시해야 한다.
③ 재무제표 표시에 있어 반드시 유사한 항목은 통합하고, 상이한 성격이나 기능을 가진 항목은 구분하여 표시하여야 한다.
④ 한국채택국제회계기준에서 요구하거나 허용하지 않는 한 자산과 부채 그리고 수익과 비용은 상계 처리하지 아니한다.

10. 다음 계정에 의하여 7월 25일 제1기 부가가치세 확정 신고시 납부세액은 얼마인가?

부가가치세대급금	
4 / 3	2,000,000
7 / 1	1,400,000

부가가치세예수금	
5 / 8	2,600,000
7 /20	1,800,000

① ₩ 600,000 ② ₩2,400,000
③ ₩1,200,000 ④ ₩3,000,000

11. 재무상태표는 자산·부채·자본으로 구성한다. 여기서 자본과 일치하는 용어가 아닌 것은?

① 자기자본 ② 보통주주지분
③ 순자산 ④ 소유주의 잔여청구권

12. 20×1년 1월 1일에 (주)대한은 기계장치를 취득하고 정액법을 이용하여 감가상각하기로 하고, 20×1년과 20×2년의 감가상각비로 각각 ₩40,000을 계상하였다. 20×3년 1월 1일에 새로운 기계를 취득함에 따라 20×1년에 취득한 기계장치를 ₩500,000에 처분하고 ₩130,000의 처분이익을 계상하였다. 20×1년에 취득한 기계장치의 취득원가는 얼마인가?

① ₩710,000 ② ₩370,000
③ ₩410,000 ④ ₩450,000

13. 시산표 작성 시 복리후생비 ₩10,000을 접대비 계정 차변에 기입하는 오류가 발생하였다. 이 오류는 시산표의 차변합계와 대변합계에 어떤 영향을 미치겠는가?

① 차변합계만 ₩10,000만큼 과소계상된다.
② 대변합계만 ₩10,000만큼 과대계상된다.
③ 차변합계와 대변합계 모두에 영향을 미치지 않는다.
④ 차변합계가 ₩10,000만큼 과대계상되고 대변합계가 ₩10,000만큼 과소계상된다.

14. 서울상사의 회계담당자는 20×1년 초 구입한 사무용 컴퓨터에 대한 적절한 감가상각 방법(내용연수 : 3년)을 결정하는 중이다. 정액법과 정률법에 대한 그의 생각 중 잘못된 것은?

① 20×1년도 감가상각비는 정액법이 더 많다.
② 수익비용 대응의 원칙은 정률법이 더 부합된다.
③ 추정 잔존가치가 없는 경우 정률법은 사용할 수 없다.
④ 20×3년 말의 감가상각누계액은 두 가지 방법 모두 같다.

15. 한국채택국제회계기준(K-IFRS)에 의할 때 다음 중 일반적으로 판매자의 재고자산으로 볼 수 없는 것은?

① 소비자가 매입의사 표시를 하지 않은 시용품
② 도착지 인도기준에 따라 항해 운송 중인 미착상품
③ 할부로 판매된 상품
④ 수탁자가 보관하고 있는 위탁상품

16. 상공회사의 20×1 회계기간의 영업활동에 관한 정보는 다음과 같으며, 상품매매는 모두 현금 또는 외상거래로만 이루어진다. 상공회사의 20×1년 12월 31일 매출채권 잔액은 얼마인가?

1월 1일 매출채권 잔액	₩4,000	당기 매출채권 회수액	₩13,000
현금 매출액	2,500	1월 1일 상품 잔액	6,000
12월 31일 상품 잔액	5,500	당기 상품 매입액	10,000
매출 총이익	4,500		

① ₩6,500 ② ₩8,500
③ ₩6,000 ④ ₩3,500

17. (주)서울이 발행한 보통주식 50주(1주당 액면금액 ₩5,000)를 1주당 ₩4,200에 현금으로 구입하여 소각하였다. 당기순이익에 미치는 영향은?

① 영향 없음
② 당기순이익 ₩40,000 증가
③ 당기순이익 ₩20,000 증가
④ 당기순이익 ₩10,000 증가

18. 다음 자료에 의하여 미처분이익잉여금을 계산하면 얼마인가? 단, 법인세 비용은 없는 것으로 한다.

전기이월이익잉여금	₩ 250,000	임 대 료	₩ 75,000
유형자산처분손실	100,000	영 업 이 익	1,500,000
외 환 차 익	125,000		

① ₩1,600,000 ② ₩1,850,000
③ ₩1,775,000 ④ ₩1,525,000

19. 다음 중 투자자산에 속하지 않는 것은?
① 장기대여금
② 투자부동산
③ 상각후원가측정금융자산
④ 영업권

20. ㈜한국의 회계 담당자는 간접법에 의해 현금흐름표를 작성하고자 한다. 다음 중 현금흐름표를 작성할 때, 성격이 다른 것으로 분류되는 것은?
① 감가상각비
② 퇴직급여
③ 단기차입금의 상환
④ 사채상환이익

< 제2과목 : 원 가 회 계 >

21. 다음 자료에 의하여 월말재공품 원가를 평균법으로 계산하면 얼마인가?

- 월초 재공품 재고액 : ₩50,000
- 당월 완성품 수량 : 1,200개
- 당월 총 제조비용 : ₩300,000
- 월말 재공품 수량 : 100개 (완성도 50%)

원재료는 제조 진행에 따라 투입되었다.

① ₩12,000　　② ₩13,000
③ ₩14,000　　④ ₩15,000

22. 직접노무비의 선급액은 없다고 가정할 때 다음 중 직접노무비 당기발생액의 계산식으로 맞는 것은?
① 당기지급액 + 전기미지급액
② 당기지급액 + 당기미지급액
③ 당기지급액 − 당기미지급액 + 전기미지급액
④ 당기지급액 + 당기미지급액 − 전기미지급액

23. ㈜상공산업은 다양한 종류의 제품을 생산하고 있다. 다음의 제조원가항목 중 직접비가 아닌 것은?
① 외주가공비
② 공장부지의 재산세
③ 자가제조 부분품비
④ 생산라인 근로자의 임금

24. 다음 중 부문간접비의 배부기준으로 적당하지 않은 것은?
① 전력비 : 종업원수
② 가스수도비 : 각 부문의 가스수도 사용량
③ 기계감가상각비 : 기계 운전시간
④ 복리후생비 : 각 부문의 종업원수

25. 당기총제조비용에 기초재공품원가를 가산한 총제조원가를 완성품과 기말재공품에 균등하게 배분하는 방법은?
① 선입선출법
② 후입선출법
③ 평균법
④ 이동평균법

26. 동일한 원재료를 이용하여 동일한 공정에서 두 가지 이상의 제품을 생산하는 경우, 주산품과 부산품을 구분하는 가장 합리적인 기준은 무엇인가?
① 제품별 생산량
② 제품단위당 판매가격
③ 제품별 노동력 투입량
④ 제품별 총판매가치

【 27~29 】 다음 원가자료를 이용하여 물음에 답하시오.

(1) 재　　료 : 월초재고액　₩160,000　당월매입액　₩500,000
　　　　　　　월말재고액　₩140,000
(2) 임　　금 : 전월미지급액　50,000　당월지급액　300,000
　　　　　　　당월미지급액　60,000
(3) 제조경비 : 전월선급액　30,000　당월지급액　124,000
　　　　　　　당월선급액　36,000
(4) 재 공 품 : 월초재고액　200,000　월말재고액　240,000
(5) 제　　품 : 월초재고액　(　　)　월말재고액　200,000
(6) 당월 제품매출은 ₩1,248,000이며, 매출액은 매출원가에 20%의 이익을 가산한 금액이다.

27. 당월의 제품 총제조원가는 얼마인가?
① ₩948,000　　② ₩938,000
③ ₩956,000　　④ ₩1,148,000

28. 당월의 제품제조원가는 얼마인가?
① ₩898,000　　② ₩916,000
③ ₩908,000　　④ ₩1,108,000

29. 당월의 월초제품재고액은 얼마인가?
① ₩290,400　　② ₩204,000
③ ₩200,000　　④ ₩332,000

30. ㈜송탄기업은 제1공정에서 완성된 완성품 전액을 제2공정에 대체하며, 제2공정에서 완성된 전액은 제3공정으로 대체하여 최종공정인 제3공정에서 제품이 완성된다. 제1공정 완성품원가 ₩3,000,000, 제2공정 완성품원가 ₩1,500,000, 제3공정의 월초재공품 ₩600,000, 월말재공품 ₩500,000, 직접재료비 ₩800,000, 가공비 ₩1,200,000일 경우 완성품 제조원가는 얼마인가?
① ₩3,680,000　　② ₩3,691,000
③ ₩3,600,000　　④ ₩3,720,000

31. 다음 중 개별원가계산을 사용하기가 가장 적절한 업종은 어느 것인가?

① 정유업 ② 제지업
③ 화학공업 ④ 조선업

32. 안산공업에서는 제조간접비 배부차이를 재공품, 제품, 매출원가에 안분하고 있다. 지난 달 기초제품이 없는 상태에서 제조간접비 과소 배부가 발생하였다. 배부차이를 안분한 후 발생한 일이 아닌 것은?

① 지난 달 기말제품원가가 증가했다.
② 이번 달 기초재공품원가가 증가했다
③ 지난달 매출원가가 증가했다
④ 이번 달 기초재료원가가 증가했다.

33. (주)한라산은 종합원가계산제도를 채택하고 있다. 20×1년 10월말 재공품은 20,000개(완성도 재료비 100%, 가공비 70%)이다. 완성품 환산량 단위당원가는 재료비 ₩2,600, 가공비 ₩4,940이다. 월말 재공품 원가는 얼마인가?

① ₩ 81,640,000 ② ₩105,560,000
③ ₩150,800,000 ④ ₩121,160,000

34. 다음 보조부문의 원가를 직접배부법을 사용하여 제조부문에 배부할 경우 제조부문 중 조립부문에 배부되는 보조부문의 원가는 얼마인가?

구 분	제 조 부 문		보 조 부 문	
	절단부문	조립부문	동력부문	수선부문
자기부문발생액	₩50,000	₩38,000	₩18,000	₩12,000
동력부문(Kwh)	300	300	–	200
수선부문(횟수)	40	20	20	–

① ₩13,000 ② ₩17,000
③ ₩14,000 ④ ₩30,000

35. 조업도의 증감에 관계없이 일정한 범위의 조업도 내에서는 그 총액이 항상 일정하게 발생하는 원가요소는?

① 전력비 ② 동력비
③ 임차료 ④ 가스수도비

36. 제주기업은 많은 기업들이 입주해 있는 사무실 건물을 관리하고 있다. 청소담당 직원들은 모든 입주기업들의 사무실과 복도 등 건물 전체를 청소한다. 건물 전체의 청소비를 각 기업에 배부하기 위한 기준으로 가장 적합한 것은?

① 각 입주기업의 직원수
② 각 입주기업의 임대 면적
③ 각 입주기업의 주차 차량수
④ 각 입주기업의 관리비 부과액

37. 제조간접비 예정배부율을 산정하면서 간접노무원가를 실수로 누락시켰을 때 초래될 수 있는 결과는 다음 중 어느 것인가?

① 제조간접비가 과대 배부된다.
② 당기 제조제품원가가 과소 계상된다.
③ 제조간접비계정의 차변 기입액이 과소 계상된다.
④ 재공품계정의 기말 잔액이 과대 계상된다.

38. 다음의 자료에서 제조간접비는 얼마인가?

- 직접재료비   ₩ 300,000
- 직접노무비   200,000
- 제조간접비   ?
- 제조원가는 직접재료비, 직접노무비, 제조간접비로 구성되어 있다.
- 판매비와관리비는 제조원가의 20%이다.
- 판매이익은 판매가의 20%이다.
- 판매가격은 ₩1,152,000이다.

① ₩960,000 ② ₩800,000
③ ₩300,000 ④ ₩460,000

39. 다음 자료에 의하여 B조제품의 월말재공품재고액을 선입선출법으로 평가하고 당기완성품 제조원가를 계산하면 얼마인가? 단, 재료비는 제조착수 시 전부 투입되고, 가공비는 제조진행에 따라, 조간접비 ₩400,000의 배부는 직접재료비를 기준으로 배부한다.

- 직접재료비 : A조 ₩650,000, B조 : ₩800,000
- 가 공 비 : A조 ₩360,000, B조 : ₩460,000
- 월초재공품원가 :
   A조 재료비 ₩280,000   B조 재료비 ₩260,000
       가공비 ₩280,000   가공비 ₩140,000
       450개(완성도40%)   600개(완성도40%)
- 월말재공품원가 :
   A조 500개(완성도60%)   B조 400개(완성도50%)
- 완성품 수량 : A조 2,600개 B조 : 3,400개

① ₩1,530,594 ② ₩1,691,309
③ ₩1,740,173 ④ ₩1,720,309

40. 종합원가계산에서 선입선출법과 평균법에 의한 완성품의 제조원가에 대한 설명 중 틀린 것은?

① 기초재공품이 없을 경우 완성품의 제조원가는 같게 나타난다.
② 기초재공품을 포함시키는가의 여부에 따라 제조원가가 다르게 나타난다.
③ 기초재공품과 기말재공품의 완성도가 같은 경우 완성품의 제조원가가 같게 나타난다.
④ 선입선출법은 완성품환산량 단위당 원가를 계산할 때 기초재공품 원가를 고려하지 않는다.

국가기술자격검정
상시 전산회계운용사 2급필기 모의고사
대한상공회의소 시행

| 2급 | A형 | 시험일(소요시간) 00월 00일(총60분) | 문항수 총40개 |

수험번호 :
성　　명 :

※ 다음 문제를 읽고 알맞은 것을 골라 답안카드의 답란(①, ②, ③, ④)에 표기하시오.

< 제1과목 : 재 무 회 계 >

1. 간접법에 의하여 현금흐름표를 작성하고자 한다. 영업활동으로 인한 현금흐름을 계산할 때 당기순이익에서 차감하여야 하는 항목은 어느 것인가?

① 이자수익
② 퇴직급여
③ 당기손익-공정가치측정 금융자산평가이익
④ 무형자산상각비

2. 재무보고의 기본가정(기본전제 또는 회계의 공준) 중에서 '원가배분(감가상각)'의 필요성 때문에 등장한 것은?

① 발생주의　　② 기업실체
③ 실질우선　　④ 계속기업

3. 다음 중 한국채택국제회계기준에서 규정하고 있는 재고자산의 평가에 있어 저가법의 설명으로 맞지 않는 것은?

① 재고자산평가손실은 당기비용으로 인식한다.
② 순실현가능가치가 취득원가보다 낮은 경우에는 반드시 저가법을 적용한다.
③ 차기이후에 시가가 회복한 경우에는 이를 허용하지 않는다.
④ 총계기준보다 종목별기준을 원칙으로 한다.

4. 재무보고를 위한 개념체계에서 재무제표 기본요소의 인식에 대한 설명으로 옳지 않은 것은?

① 특정 자산과 부채를 인식하기 위해서는 측정을 해야 하며 많은 경우 그러한 측정은 추정될 수 없다.
② 자산, 부채 또는 자본의 정의를 충족하는 항목만이 재무상태표에 인식되며 그러한 요소 중 하나의 정의를 충족하는 항목이라고 할지라도 항상 인식되는 것은 아니다.
③ 거래나 그 밖의 사건에서 발생된 자산이나 부채의 최초 인식에 따라 수익과 관련된 비용을 동시에 인식할 수 있다.
④ 경제적효익의 유입가능성이나 유출가능성이 낮더라도 자산이나 부채가 존재할 수 있다.

5. 다음 각 거래에 대하여 현금흐름표상의 경영활동 구분이 잘못된 것은?

① 무형자산상각비-영업활동　② 매출채권의 회수-영업활동
③ 현금대여와 회수-투자활동　④ 건물취득-재무활동

6. 다음 중에서 시산표를 작성하게 되면 발견할 수 있는 오류는?

① 외상매출에 대한 분개시에 매출채권과 매출계정을 모두 실제 금액보다 2배 많은 금액으로 기록한 경우
② 매출채권 증가액 ₩100,000을 ₩10,000으로 잘못 기록한 경우
③ 단기대여금으로 분개해야 할 것을 장기대여금으로 분개한 경우
④ 분개를 한 후에 전기를 하지 않은 경우

7. (주)상공은 20×1년 초에 (주)대한의 주식 10주를 ₩700,000(@₩70,000)에 취득하고 수수료 ₩30,000을 별도로 지급하였으며, 동 주식을 당기손익-공정가치측정금융자산으로 분류하였다. 20×1년 말 동 주식의 공정가치가 주당 ₩69,000인 경우, (주)상공이 동 주식에 대하여 인식해야 할 평가손실은 얼마인가?

① ₩10,000　　② ₩20,000
③ ₩30,000　　④ ₩40,000

8. '고객과의 계약에서 생기는 수익'에 제시되어 있는 고객과의 계약을 식별하기 위한 기준과 일치하는 내용은?

① 계약당사자들이 계약을 서면으로만 승인해야 하며, 각자의 의무를 수행하기로 확약한다.
② 이전할 재화나 용역에 대한 각 당사자의 권리를 식별할 수 있다면, 재화나 용역의 대가로 받는 지급조건은 식별할 수 없어도 된다.
③ 계약에 상업적 실질 없이 재화나 용역을 서로 주고받을 수 있다.
④ 고객에게 이전할 재화나 용역에 대하여 받을 권리를 갖게 될 대가의 회수 가능성이 높다.

9. 사채를 액면가 이하로 할인발행한 경우 회사가 한 해 동안 인식할 이자비용은 다음 중 어느 것인가?

① 현금이자
② 현금이자 - 사채할인발행차금상각액
③ 장부금액 × 표시이자율
④ 현금이자 + 사채할인발행차금상각액

10. 다음은 자본조정과 기타포괄손익누계액의 항목들이다. 이 중 당기 또는 차기에 결과적으로 당기순손익 계산에 영향을 미칠 수 있는 항목은 어느 것인가? 단, 기타포괄손익-공정가치측정금융자산평가손실은 채무상품에 대한 공정가치 변동분이다.

① 주식할인발행차금
② 자기주식처분손실
③ 기타포괄손익-공정가치측정금융자산평가손실
④ 감자차손

11. (주)경북은 (주)서울에게 판매 위탁한 상품 중 기말 현재 판매되지 않은 상품 원가 ₩24,000을 기말재고자산에 ₩42,000으로 포함시켰다. 이로 인한 당기와 차기의 순이익에 미치는 영향으로 옳은 것은?

① 당기에만 순이익이 과대 계상된다.
② 당기에만 순이익이 과소 계상된다.
③ 순이익이 당기에는 과대, 차기에는 과소 계상된다.
④ 순이익이 당기에는 과소, 차기에는 과대 계상된다.

12. (주)상공의 20×1년 12월 31일 현재 재고자산은 다음의 사항이 고려되지 않은 상태에서 ₩250,000이다. (주)상공의 20×1년 12월 31일 재고자산 금액으로 옳은 것은?

> (가) 구입가격 ₩30,000의 상품이 선적지인도조건(20×1년 12월 28일 선적)으로 구입하고, 송장을 수령하였으나 20×2년 1월 3일에 도착할 예정이다.
> (나) (주)상공의 고객에게 도착지기준으로 20×1년 12월 31일에 상품 ₩30,000(원가 ₩20,000)을 판매하고 송장을 발송하였는데, 이는 20×2년 1월 4일 도착할 예정이다.
> (다) 시용판매조건으로 거래처에 판매한 상품 ₩20,000(원가 ₩15,000)이 있으나, 20×1년 12월 31일 현재 상품의 구입 의사 표시가 없는 상태이다.

① ₩265,000 ② ₩280,000
③ ₩300,000 ④ ₩315,000

13. (주)북악은 20×1년 1월 1일에 액면금액 ₩100,000 액면이자율 10% 3년 만기인 사채를 ₩105,150에 발행하였다. 시장이자율은 8%이며, (주)북악은 사채할증발행차금을 유효이자율법을 적용하여 상각한다. (주)북악이 3년 동안 단일포괄손익계산서에 인식한 사채이자비용 총액은 얼마인가?

① ₩24,000 ② ₩24,850
③ ₩30,000 ④ ₩35,150

14. 다음 중 일반적으로 통제계정과 보조원장으로 유지되는 계정이 아닌 것은?

① 당좌예금 계정 ② 재고자산 계정
③ 외상매출금 계정 ④ 외상매입금 계정

15. 무형자산에 대한 설명으로 가장 옳지 않은 것은?

① 내용연수가 비한정인 무형자산은 손상검사를 수행하지 않는다.
② 내부적으로 창출한 영업권은 자산으로 인식하지 아니한다.
③ 무형자산의 회계정책으로 원가모형이나 재평가모형을 선택할 수 있다.
④ 내용연수가 유한한 무형자산의 상각기간과 상각방법은 적어도 매 회계연도 말에 검토한다.

16. 한국채택국제회계기준(K-IFRS)상 무형자산에 관한 다음의 내용 중 옳지 않은 것은?

① 무형자산의 합리적 상각방법을 정할 수 없는 경우에는 정액법을 사용한다.
② 외부에서 구입한 무형자산을 자산으로 처리한다.
③ 특정 의장이나 로고 등을 일정기간 독점적으로 사용할 수 있는 권리도 무형자산에 속한다.
④ 계약상 권리로부터 발생하는 무형자산의 내용연수는 예외적으로 계약상 권리기간을 초과할 수 있다.

17. (주)충북은 20×1년 기초상품재고는 ₩100,000이고, 당기매입원가는 ₩160,000이다. 20×1년 말 기말상품재고는 ₩60,000이며, 순실현가능가치는 ₩46,000이다. 재고자산평가손실을 인식하기 전 재고자산평가충당금 잔액으로 ₩4,000이 있는 경우, 20×1년 말에 인식할 재고자산평가손실은 얼마인가?

① ₩6,000 ② ₩10,000
③ ₩14,000 ④ ₩18,000

18. 20×1년 자본과 관련한 다음 정보를 이용할 때, 20×1년 말 재무상태표에 표시될 이익잉여금은?

> • 20×1년 기초 이익잉여금 ₩200
> • 2월 25일 : 주주총회에서 현금 ₩100 배당 결의와 함께 이익준비금 ₩10과 배당평균적립금 ₩20 적립 결의
> • 6월 30일 : 전기 이전부터 보유하던 장부금액 ₩30의 자기주식을 ₩32에 매각
> • 20×1년 당기순이익 ₩250

① ₩320 ② ₩350
③ ₩352 ④ ₩450

19. 한국채택국제회계기준에 의한 충당부채의 설정요건으로서 가장 거리가 먼 것은?

① 과거 사건이나 거래의 결과로 현재 의무가 존재한다.
② 당해 의무를 이행하기 위한 자원 유출가능성이 높다.
③ 과거 사건과 관계없이 미래에 발생할 비용이어야 한다.
④ 그 의무 이행에 소요되는 금액을 신뢰성있게 추정할 수 있어야 한다.

20. 다음은 (주)대한의 기말재고상품에 관한 자료이다.

> - 취득원가 ₩1,500,000
> - 당기 말의 추정판매금액 ₩1,400,000
> - 판매시까지 발생하는 비용 ₩50,000

(주)대한의 기초상품재고액은 ₩1,000,000이며, 당기매입액은 ₩6,000,000이고, 기말상품을 저가법으로 평가하는 경우 포괄손익계산서상의 매출원가는 얼마인가?

① ₩5,650,000 ② ₩5,500,000
③ ₩5,550,000 ④ ₩5,450,000

< 제2과목 : 원 가 회 계 >

21. 다음 자료에 의하여 제조경비에 해당하는 당월 가스수도비 소비액을 계산하면 얼마인가?

> 당월 지급액 ₩200,000
> 당월 측정액 ₩230,000
> 당월 발생액 중(영업부 30%, 제조부 70%)

① ₩140,000   ② ₩69,000
③ ₩161,000   ④ ₩60,000

22. 다음 중 완성품환산량에 대한 설명으로 틀린 것은?

① 작업의 정도가 서로 다른 완성품과 재공품에 제조원가를 공정하게 배부하기 위한 기준이 된다.
② 공정에 투입되어 현재 생산중에 있는 제품이 어느 정도 완성되었는가를 나타내는 수치이다.
③ 월말재공품 완성품환산량 = 월말재공품 × 완성도
④ 생산활동에 투입한 모든 노력을 제품을 완성하는데에만 투입하였더라면 완성되었을 완성품수량으로 환산한 것

23. 다음 중 보조부문들 간에 배부순서를 정한 다음, 그 배부 순서에 따라 보조부문비를 순차적으로 다른 보조부문과 제조부문에 배부하는 방법은?

① 직접배부법   ② 연속배부법
③ 상호배부법   ④ 단계배부법

24. 기초재공품이 없고, 직접재료원가에 관한 기말재공품의 완성도가 100%일 경우 직접재료원가의 완성품 환산량은?

① 당기 착수량보다 많다.   ② 당기 완성량과 같다.
③ 당기 완성량보다 적다.   ④ 당기 착수량과 같다.

25. 종합원가계산시 선입선출법을 사용할 경우 주어진 기간 동안의 총 완성품환산량의 계산식은 다음 중 어느 것인가?

① 기초재공품수량+당기투입수량
② 기초재공품수량+당기투입수량+기말재공품수량
③ 기초재공품수량+당기투입수량-기말재공품 완성에 필요한 양
④ 기초재공품 완성에 필요한 양+당기투입량-기말재공품 완성에 필요한 양

26. (주)한라의 당기매출총이익은 ₩9,600이었다. 당기제품제조원가는 ₩34,000, 재공품과 제품의 기초재고액은 각각 ₩2,800과 ₩4,500, 기말재고액은 각각 ₩3,800과 ₩5,200이었다. (주)한라의 당기 매출액은 얼마인가?

① ₩41,900   ② ₩42,900
③ ₩43,400   ④ ₩43,600

27. 다음 자료에 의하여 제조간접비를 계산하면 얼마인가? 단, 판매비와관리비는 제조원가의 25%이다.

> 직접재료비 ₩670,000   직접노무비 ₩250,000
> 제조간접비 (X)   판 매 원 가 2,000,000

① ₩590,000   ② ₩580,000
③ ₩680,000   ④ ₩690,000

28. 다음 설명 중 잘못된 것은?

① 개별원가계산은 각 개별작업별로 원가를 집계하여 제품별원가계산을 하는 방법이다.
② 각 제품별로 제조과정에서 발생하는 제조원가를 집계하기 위한 명세서로 직접재료비, 직접노무비, 제조간접비가 상세히 기록되는 표를 제조지시서라고 한다.
③ 재공품 중에서 완성된 것은제품이 되며, 이 완성된 제품의 원가를 당기제품제조원가라고한다.
④ 제품의 원가는 제품이 판매되었을 때 포괄손익계산서에 비용으로 계상된다.

29. 다음 자료에 의하여 제조지시서 #5의 제품에 대한 제조간접비 배부액을 (A)직접노동시간법과 (B)기계작업시간법으로 계산하면 얼마인가? 단, 1개월 간의 제조간접비 총액은 ₩1,296,000이다.

> • 1개월 간의 직접노동시간 수 : 1,200시간
> • 제조지시서 #5의 직접노동시간 : 325시간
> • 1개월 간의 기계작업시간 수 : 180시간
> • 제조지시서 #5의 기계작업시간 : 55시간

① A : 354,000, B : 385,000   ② A : 350,000, B : 398,000
③ A : 351,000, B : 396,000   ④ A : 345,000, B : 386,000

30. (주)경북에서 9월 중에 발생한 원가에 대한 자료는 아래와 같다. 이 자료를 이용하여 제조간접비와 당기 총제조비용을 구하면 각각 얼마인가?

> 직 접 재 료 비 ₩ 2,000   직 접 노 무 비 ₩ 3,000
> 기계감가상각비   2,400   공장건물감가상각비   1,500
> 본사건물감가상각비 1,200   공장감독자급여   2,000
> 본 사 임 원 급 여 3,000   판 매 수 수 료   1,600
> 본사건물화재보험료 1,300   공장건물화재보험료   1,800

	제조간접비	당기총제조비용
①	₩ 7,700	₩12,700
②	₩ 7,700	₩19,300
③	₩14,800	₩12,700
④	₩14,800	₩19,300

【 31~34 】 다음은 제조간접비를 직접작업시간을 기준으로 배부하는 (주)희망공업사의 10월의 원가자료이다. 이 자료에 의하여 물음에 답하시오. 단, 재료비와 노무비 소비액은 전액 직접비이다.

	10월 1일	10월 31일	<당월 원가 자료>	
원 재 료	₩240,000	₩280,000	당월 원재료 매입액	₩1,480,000
재 공 품	360,000	420,000	당월 노무비 지급액	₩3,232,000
제 품	460,000	520,000	작업시간당 직접노무비	@₩4,000
임금미지급액	132,000	100,000	작업시간당 제조간접비	@₩1,500
			당월 매출액	₩6,500,000

31. 당월의 노무비 소비액은 얼마인가?
① ₩3,200,000   ② ₩3,232,000
③ ₩3,264,000   ④ ₩3,464,000

32. 당월의 제조간접비 소비액은 얼마인가?
① ₩1,200,000   ② ₩1,212,000
③ ₩1,224,000   ④ ₩1,299,000

33. 당월의 제품제조원가는 얼마인가?
① ₩5,780,000   ② ₩5,804,000
③ ₩5,820,000   ④ ₩5,879,000

34. 당월의 매출총이익은 얼마인가?
① ₩681,000   ② ₩740,000
③ ₩756,000   ④ ₩780,000

35. 다음 자료에 의하여 당월의 완성품수량을 계산하면 몇 개인가? (단, 재료는 제조착수와 동시에 소비되고, 월말 재공품의 평가는 평균법에 의한다)

월초재공품 : 수량 400개(완성도 50%)
월말재공품 : 수량 250개(완성도 60%)
당월 제조 착수량 : 1,150개

① 1,400개   ② 1,300개
③ 1,200개   ④ 500개

36. 조별원가계산에 관한 설명 중 틀린 것은?
① 조별원가계산은 각기 다른 종류의 제품을 조별로 연속하여 생산하는 생산형태에 적용한다.
② 조별원가계산은 당해 기간의 제조원가를 조직접비와 조간접비로 구분하여 조직접비는 각 조에 직접부과하고, 조간접비는 일정한 배부기준에 의하여 각 조별로 배부하여 조별 총제조원가를 산출한다.
③ 조별원가계산에서 조별이란 부문별이란 뜻이다.
④ 조별원가계산은 원가를 각 조별로 집계한 다음, 이를 각 조별 완성품 수량으로 나누어 제품의 단위당 원가를 계산한다.

37. 제품원가와 기간비용을 구분하는 목적은 무엇인가?
① 고정원가와 변동원가를 분리하기 위해서
② 비제조원가와 제조원가를 분리하기 위해서
③ 어떤 원가가 통제가능한 원가인지 결정하기 위해서
④ 어떤 원가가 재고가능한 원가인지 결정하기 위해서

38. (주)서울은 직접노무시간에 근거한 예정배부율을 이용한다. 9월 중 10,000 직접노무시간에 예정 제조간접비는 ₩30,000 이었다. 실제 직접노무시간은 11,000시간이고, 실제 제조간접비는 ₩32,500이 었다. 제조간접비의 과대 또는 과소 배부액은 얼마인가?
① ₩ 500 과소   ② ₩ 500 과대
③ ₩3,000 과소   ④ ₩3,000 과대

39. 다음은 평균법을 사용하고 있는 원가자료의 일부다. 제1공정에서는 공정초기에 재료를 전량 투입하고 제2공정에서는 50% 시점에 재료를 전량 투입한다. 재료에 대한 제1공정과 제2공정의 완성품환산량을 계산하면 얼마인가?

	제1공정		제2공정	
	수량	완성도	수량	완성도
기초재공품	200	0.4	100	0.3
기말재공품	300	0.6	200	0.4
당기투입량	600		?	
당기완성품	?		?	

	제1공정	제2공정
①	800	400
②	820	600
③	740	480
④	740	600

40. 다음은 제조간접비 예정배부에 관한 자료이다. 제조간접비배부차액은 얼마인가?

(1) 당월 중에 완성된 제품의 제조간접비 배부액은 다음과 같다.
   제 품 A   ₩ 20,000
   제 품 B   30,000
(2) 당월말에 밝혀진 제조간접비 실제발생액은 다음과 같다.
   간 접 재 료 비 ₩ 24,000
   간 접 노 무 비   20,000
   간 접 제 조 경 비   8,000

① ₩2,000 과대 배부   ② ₩22,000 과대 배부
③ ₩2,000 과소 배부   ④ ₩22,000 과소 배부

상시 전산회계운용사 2급필기 모의고사

대한상공회의소 시행

2급	A형	시험일(소요시간)	문항수
		00월 00일(총60분)	총40개

수험번호 :
성　　명 :

※ 다음 문제를 읽고 알맞은 것을 골라 답안카드의 답란(①, ②, ③, ④)에 표기하시오.

< 제1과목 : 재무회계 >

1. 동대문(주)는 20×1년 1월 1일부터 12월 31일까지의 매입기간이 소요되면서 판매목적의 상품을 100개 @₩5,000에 매입하였고 운반비는 ₩20,000을 지급하였다. 또한 상품매입에 따른 자금 ₩500,000을 거래은행에서 차입하였으며 그에 대한 이자는 연10%로 연말에 한꺼번에 지급하기로 하였다. 위 거래에 대한 상품(재고자산)의 취득원가는 얼마인가?

① ₩500,000　　② ₩520,000
③ ₩545,000　　④ ₩570,000

2. 20×1년 1월에 (주)태백은 지질검사결과 1,000,000톤의 채굴가능한 매장량을 가진 광산을 ₩6,000,000에 매입하였다. 폐광 후의 광산부지는 ₩200,000으로 평가되었다. (주)태백은 생산을 준비하는 과정에서 ₩1,200,000의 시설비를 지출하였다. 20×1년에 200,000톤이 채굴되어 100,000톤이 매각되었다. 20×1년의 이 광업권에 대한 총 상각액은 얼마인가?

① ₩　700,000　　② ₩1,160,000
③ ₩1,200,000　　④ ₩1,400,000

3. 다음 중에서 영업활동으로 인한 현금흐름을 간접법으로 계산할 때 고려되지 않는 항목은?

① 매출채권의 증가　　② 유형자산처분이익
③ 사채할인발행차금의 상각　　④ 미지급배당금의 증가

4. 재무보고의 질적특성 중 목적적합성의 하부개념과 관계가 먼 것은?

① 중립적서술　　② 예측가치
③ 확인가치　　④ 중요성

5. 경기상사는 20×1년 1월 1일 설립되었으며 20×1년 경기상사의 당기순이익은 ₩250,000이다. 경기상사의 선입선출법에 의한 기말재고자산은 ₩20,000이다. 만약 경기상사가 이동평균법을 적용하여 계상한 당기순이익이 ₩242,000이라고 가정한다면, 이동평균법을 적용한 기말재고자산 금액은 얼마인가?

① ₩12,000　　② ₩8,000
③ ₩20,000　　④ ₩28,000

6. 제조업을 영위하는 (주)상공이 결산 시 이자비용 미지급분에 대한 거래를 누락하였을 경우 재무제표에 미치는 영향으로 옳은 것은?

① 매출총이익이 과소계상된다.
② 영업이익이 과대계상된다.
③ 비유동부채가 과소계상된다.
④ 당기순이익이 과대계상된다.

7. 다음은 20×1년에 발생한 (주)피노키오의 연구 및 개발활동에 관련된 자료이다.

가. 시제품과 모형 설계비	₩ 120,000
나. 새로운 과학적 지식을 얻기 위한 탐구비	80,000
다. 신기술과 관련된 공구, 금형, 주형설계비	150,000
라. 신제품의 생산공정을 시험하기 위한 시험공장의 설계 및 건설비	300,000
마. 새로운 공정 및 시스템 등을 최종 선택하는 활동	170,000

(주)피노키오가 최초 인식 시 비용으로 인식할 금액과 무형자산으로 인식할 금액은 각각 얼마인가? 단, 개발단계에서 발생한 지출은 무형자산의 인식요건을 충족하였다.

	연 구 비	개 발 비
①	₩ 200,000	₩ 620,000
②	₩ 250,000	₩ 570,000
③	₩ 370,000	₩ 450,000
④	₩ 470,000	₩ 350,000

8. (주)상공은 20×1년 초 채무상품 A를 ₩950,000에 취득하고, 상각후원가 측정 금융자산으로 분류하였다. 채무상품 A로부터 매년 말 ₩80,000의 현금이자를 수령하며, 취득일 현재 유효이자율은 10%이다. 채무상품 A의 20×1년 말 공정가치는 ₩980,000이며, 20×2년 초 해당 채무상품 A의 50%를 ₩490,000에 처분하였을 때 (주)상공이 인식할 처분손익은?

① 처분손실 ₩7,500　　② 처분손익 ₩0
③ 처분이익 ₩7,500　　④ 처분이익 ₩15,000

9. 20×1년 7월 1일 (주)대한(결산일은 12월 31일)은 여유자금을 일시 활용하기 위해 (주)상공 사채(액면금액 ₩10,000,000, 만기일 20×4년 9월 30일, 이자율 연10%, 이자지급일 매년 3월말, 9월말)를 발생이자를 포함하여 ₩9,400,000에 취득하고, 거래수수료 ₩20,000을 지급하였다. (주)상공 사채의 취득원가는 얼마인가?

① ₩9,150,000　　② ₩9,170,000
③ ₩9,400,000　　④ ₩9,420,000

10. 다음 중 '재무제표 표시'에 따를 경우 포괄손익계산서에 반드시 표시되어야 할 항목에 해당되지 않는 것은?
① 당기순손익　　② 법인세비용
③ 금융원가　　　④ 금융자산

11. 다음은 20×1년 12월 31일 현재 (주)서울이 보유하고 있는 항목들이다. (주)서울이 20×1년 12월 31일의 재무상태표에 현금및현금성자산으로 표시할 금액은?

- 지급기일이 도래한 공채이자표 ₩10,000
- 당좌거래 개설보증금 ₩6,000
- 당좌차월 ₩2,000　　- 수입인지 ₩8,000
- 선일자수표(20×2년 4월 1일 이후 통용) ₩4,000
- 지폐와 동전 합계 ₩100,000
- 20×1년 12월 20일에 취득한 만기 20×2년 2월 20일인 양도성예금증서 ₩4,000
- 20×1년 10월 1일에 취득한 만기 20×2년 3월 31일인 환매채 ₩2,000

① ₩112,000　　② ₩114,000
③ ₩116,000　　④ ₩118,000

12. (주)상공상사는 20×1년 1월 1일 액면금액 ₩1,000,000의 사채(표시이자율 연5%, 이자 지급은 매년 12월 31일 지급)를 발행하였다. 20×2년 12월 31일 동 사채의 장부금액은 ₩946,462 이며, 20×2년도 사채할인발행차금상각액은 ₩23,812이다. 사채발행일의 유효이자율은 몇 %인가?
① 6%　　② 7%　　③ 8%　　④ 9%

13. 다음 중 당기에 대손처리했던 외상매출금이 당기에 다시 회수되었을 경우 기말 재무상태표에 미치는 영향으로 옳은 것은?
① 외상매출금의 증가　　② 대손충당금의 증가
③ 대손충당금의 감소　　④ 대손충당금의 불변

14. (주)서울은 사옥을 신축하기 위하여 (주)제주로부터 건물과 토지를 함께 ₩400,000,000에 매입하였다. 장부금액은 토지와 건물 각각 ₩200,000,000이다. (주)서울은 매입즉시 ₩6,550,000을 들여 건물을 철거하고 사옥신축공사를 시작하였다. 건물 철거시 나온 골조는 ₩1,000,000에 매각하였다. 토지의 취득원가는 얼마인가?
① ₩200,000,000　　② ₩400,000,000
③ ₩405,550,000　　④ ₩406,550,000

15. 다음 항목들이 기말재고자산에 포함되어 있다. 정확한 기말재고액을 산출하기 위하여 제외하여야 할 금액은?

• 위탁상품(원가)	₩ 30,000
• 미착상품(FOB, 선적지인도조건)	20,000
• 수탁판매상품(원가)	15,000

① ₩45,000　　② ₩50,000
③ ₩15,000　　④ ₩35,000

16. 대규모 수선을 행하고 이를 취득원가에 가산하여야 하는데 수선비계정으로 당기 비용처리하는 오류가 생긴 경우 나타나는 결과와 거리가 먼 것은?
① 감가상각비가 과소하게 계상된다.
② 자산총계가 실제보다 적게 계상된다.
③ 당기순이익이 과소하게 계상된다.
④ 이익잉여금에는 영향을 미치지 않는다.

17. (주)대한은 20×1년 7월 1일 은행으로부터 ₩1,000,000을 5년간 차입하였으며, 상환은 매년 6월 30일에 균등액으로 상환하기로 하였다. 차입금의 연이자율은 6%이며, 6개월 단위로 이자를 지급하는 조건이다. 20×2년 12월 31일 결산 시 은행차입금은 재무상태표상에 어떻게 표시되는가? 단, 이자비용은 모두 지급되었다.

비유동부채	유동부채	비유동부채	유동부채
① ₩400,000	₩400,000	② ₩600,000	₩200,000
③ ₩800,000	₩0	④ ₩800,000	₩200,000

18. 다음 설명에 해당하는 재무정보의 질적 특성은?

재무정보가 유용하기 위해서는 서술이 완전하고, 중립적이며, 오류가 없어야 한다.

① 목적적합성　　② 검증가능성
③ 표현충실성　　④ 비교가능성

19. 다음 중 제품보증충당부채 등과 같은 충당부채의 설정과 관련이 있는 회계개념은?
① 실질우선　　　② 보수주의
③ 수익·비용 대응　④ 중요성

20. 고객과의 계약에서 생기는 수익에 대한 설명으로 옳지 않은 것은?
① 고객에게 이전할 재화나 용역에 대하여 받을 권리를 갖게 될 대가의 회수 가능성이 높지 않더라도, 계약에 상업적 실질이 존재하고 이전할 재화나 용역의 지급조건을 식별할 수 있으면 고객과의 계약으로 회계처리 한다.
② 수익을 인식하기 위해서는 '고객과의 계약 식별', '수행의무 식별', '거래가격 산정', '거래가격을 계약 내 수행의무에 배분', '수행의무를 이행할 때 수익 인식'의 단계를 적용한다.
③ 거래가격 산정 시 제3자를 대신해서 회수한 금액은 제외하며, 변동대가, 비현금 대가, 고객에게 지급할 대가 등이 미치는 영향을 고려한다.
④ 고객에게 약속한 자산을 이전하여 수행의무를 이행할 때 수익을 인식하며, 자산은 고객이 그 자산을 통제할 때 이전된다.

< 제2과목 : 원 가 회 계 >

21. 다음 중 제품 계정 대변에 기록되는 것은?

① 제조간접비배부액 ② 당기완성품제조원가
③ 당기매출품제조원가 ④ 당기제조비용

22. 다음 자료에 의하여 제조원가명세서에 반영하여야 할 당기 원재료비는 얼마인가?

• 기초 원재료 재고액	₩ 70,000
• 기말 원재료 재고액	55,000
• 기중 원재료 외상매입액	350,000
• 기중 원재료 현금매입액	100,000
• 기중 원재료 매입환출액	50,000

① ₩415,000 ② ₩315,000
③ ₩465,000 ④ ₩365,000

23. 당기에 1,000단위를 착수하여 600단위는 완성하고 400단위는 기말 현재 작업이 진행중에 있다. 원재료는 공정초기에 모두 투입되고, 기초재공품은 없다. 가공비가 공정 전반에 걸쳐 발생한다면, 기말재공품의 완성도가 40%일 경우 기말재공품의 재료비와 가공비의 완성품 환산량은 얼마인가?

① 재료비: 600, 가공비:400
② 재료비: 600, 가공비: 160
③ 재료비: 400, 가공비:600
④ 재료비: 400, 가공비: 160

24. 다음 자료에 의하여 완성품 단위당 원가를 계산하면?

월초제품수량	3,200개	월말제품수량	1,200개
당월제품 매출수량	18,000개		
당월제품 제조원가	₩8,160,000		

① @₩510 ② @₩501
③ @₩408 ④ @₩574

25. 어느 회사는 2개의 제조부문과 3개의 보조부문으로 구성되어 있다. 보조부문 원가를 제조부문에 배부하는 직접배부법, 단계배부법, 상호배부법에 관한 설명으로 잘못된 것은?

① 이용하기에 가장 쉬운 방법은 단계배부법이다.
② 단계배부법은 배부순서를 결정하여야 한다.
③ 가장 정확한 방법은 상호배부법이다.
④ 상호배부법은 자기부문 소비용역도 고려하여 배부할 수 있다.

26. 다음 ( ) 속에 적합한 것은?

"( )는 조업도의 변화에 관계없이 발생하는 고정원가와 조업도의 변화에 따라 일정하게 변동하는 변동원가의 두 부문으로 구성되어 있다."

① 준고정원가 ② 준변동원가(혼합원가)
③ 미소멸원가 ④ 변동원가

27. 다음 자료에서 당월 제조경비 소비액은 얼마인가?

전월 경비 선급액	₩ 100,000
당월 경비 지급액	300,000
당월 경비 선급액	80,000
당월 경비 미지급액	50,000

① ₩330,000 ② ₩370,000
③ ₩430,000 ④ ₩530,000

28. 다음은 (주)상공의 원가계산과 관련된 자료이다. 직접원가배부법에 의해 제조간접비를 배부하는 경우 제조지시서 #101의 총원가는?

직접재료비 합계액		₩ 240,000
직접노무비 합계액		480,000
제조간접비 총액		96,000
총작업시간	10,000시간	
제조지시서 #101 :	직접재료비	₩ 9,600
	직접노무비	4,800
	작업시간	500시간

① ₩18,240 ② ₩15,360
③ ₩19,200 ④ ₩16,320

29. 다음 중 원가를 자산화 여부(발생시점)에 따라 분류할 경우 기간원가에 포함되지 않는 것은?

① 대표이사의 급여 ② 판매원의 급여
③ 생산직 종업원의 급여 ④ 광고선전비

30. 제조원가 ₩380,000의 제품을 ₩540,000에 외상으로 매출한 거래의 분개로 가장 알맞은 것은 어느 것인가?

① (차) 제 품 380,000 (대) 재 공 품 380,000
   외상매출금 540,000   매 출 540,000

② (차) 제 품 380,000 (대) 매 출 원 가 380,000
   매 출 540,000   외상매출금 540,000

③ (차) 매 출 원 가 380,000 (대) 제 품 380,000
   외상매출금 540,000   매 출 540,000

④ (차) 제 품 380,000 (대) 매 출 원 가 380,000
   외상매출금 540,000   매 출 540,000

31. 보조부문비의 배부에 관한 내용으로 가장 거리가 먼 것은?
① 보조부문의 원가는 제품으로의 추적가능성이 비교적 취약하다.
② 보조부문의 원가는 제조부문으로 배부하여 제품원가에 반영되어야 한다.
③ 보조부문의 기업에 제조활동에 간접적으로 기여한다.
④ 보조부문 간에는 원가를 배부하지 않는다.

32. 종합원가계산에서 평균법을 사용하는 경우, 재료비에 관한 아래의 자료를 이용하여 환산량 단위당 원가를 계산하면 얼마인가?

- 완성품환산량 12,000개
- 기초재공품 ₩192,000
- 당기발생원가 ₩720,000

① ₩16   ② ₩60
③ ₩76   ④ ₩44

33. 다음 중 통제가능원가에 속하는 것은?
① 공장건물의 임차료   ② 직접재료 소비액
③ 정액법에 의한 감가상각비   ④ 공장건물의 보험료

34. 다음 자료에 속하지 않는 원가요소는?

원가발생액	₩500,000	₩500,000	₩500,000
조업도(생산량)	1,000개	2,000개	4,000개
단위당원가	@₩500	@₩250	@₩125

① 재산세   ② 보험료
③ 임차료   ④ 직접재료비

35. 다음 자료에 의하여 당월 완성품 원가를 계산하면 얼마인가? 단, 재료는 제조착수 시에 전부 투입되었으며, 재공품의 평가는 평균법에 의한다.

- ㉠ 월초재공품: 재료비 ₩210,000 가공비 ₩150,000
- ㉡ 당월제조원가: 재료비 ₩750,000 가공비 ₩700,000
- ㉢ 당월완성품 수량: 1,400개
- ㉣ 월말재공품 수량: 600개 (완성도 50%)

① ₩1,438,000   ② ₩1,450,000
③ ₩1,810,000   ④ ₩1,372,000

36. 다음 제조간접비 예정배부에 관한 자료에 의한 계정기입에 대한 분개 중 맞지 않은 것은?

- ㉠ 당월 중에 완성된 제품의 제조간접비 예정배부액
  A제품 ₩30,000   B제품 ₩50,000
- ㉡ 당월 말에 밝혀진 제조간접비 실제 발생액
  간접재료비 ₩25,000   간접노무비 ₩24,000
  간접제조경비 35,000

① (차) A재공품 30,000   (대) 제조간접비 80,000
       B재공품 50,000
② (차) 제조간접비 84,000 (대) 재료비 25,000
                              노무비 24,000
                              제조경비 35,000
③ (차) 제조간접비 4,000   (대) 제조간접비배부차이 4,000
④ (차) 제조간접비배부차이 4,000 (대) 제조간접비 4,000

37. 종합원가계산에서 다음의 자료를 이용하여 평균법으로 계산하는 경우 기말재공품의 가공비 완성도를 계산하면 얼마인가?

- 기초재공품 가공비 ₩19,000
- 당기 투입 가공비   35,000
- 당기 완성품 수량   300개
- 기말재공품 수량   120개
- 가공비 단위당 원가 ₩150

① 50%   ② 60%   ③ 65%   ④ 70%

38. 3월 중 실제로 발생한 총원가 및 제조지시서 #201의 제조에 실제로 발생한 원가는 다음과 같다.

	총원가	제조지시서 #201
직접재료비	₩60,000	₩5,500
직접노무비	40,000	2,500
제조간접비	35,000	?

당월 중 실제직접노동시간은 1,000시간이었으며 이 중 제조지시서 #201의 제조에 투입된 시간은 45시간이었다. 제조간접비를 직접노동시간에 기준하여 실제배부하는 경우 제조지시서 #201에 배부되는 제조간접비는 얼마인가?

① ₩1,575   ② ₩2,500
③ ₩3,000   ④ ₩5,500

39. 다음은 평균법을 사용하고 있는 종합원가계산 자료의 일부이다. 기초재공품원가는 얼마인가?

- 기초재공품(150개, 완성도 60%)
- 기말재공품(100개, 완성도 50%) ₩1,600
- 당기투입원가 ₩12,200 완성품(400개)
- 단, 모든 원가는 진척도에 비례해서 발생한다.

① ₩2,200   ② ₩2,000
③ ₩2,600   ④ ₩1,800

40. 다음 자료에 의하여 (주)현대의 제품 매출액은 얼마인가?

매출총이익	₩40,000	기초재공품재고액	₩20,000
기초제품재고액	60,000	기말재공품재고액	30,000
기말제품재고액	37,500	당기총제조비용	420,000

① ₩475,000   ② ₩472,500
③ ₩482,500   ④ ₩462,500

기출문제

제01회 기출문제
제02회 기출문제
제03회 기출문제
제04회 기출문제
제05회 기출문제
제06회 기출문제
제07회 기출문제
제08회 기출문제
제09회 기출문제
제10회 기출문제
제11회 기출문제
제12회 기출문제
제13회 기출문제
제14회 기출문제
제15회 기출문제

상시 전산회계운용사 2급 필기 시험

2016년 1회 기출
대한상공회의소 시행

01회

2급	A형	시험일(소요시간)	문항수	수험번호 :
		2월 20일(총60분)	총40개	성 명 :

※ 다음 문제를 읽고 알맞은 것을 골라 답안카드의 답란(①, ②, ③, ④)에 표기하시오.

< 제1과목 : 재무회계 >

01. 다음 거래 중 수익으로 인식하여 '매출' 계정에 영향을 주는 거래가 아닌 것은?

① 시용판매를 위하여 상품을 소비자에게 인도하였다.
② 수탁자로부터 상품을 판매하였다는 통지를 받았다.
③ 소매업자에게 제품을 인도하고 약속어음을 받았다.
④ 용역업을 하는 회사에서 서비스를 제공하였다.

02. 다음은 '재무제표 표시'에서 재무상태표 표시와 관련된 설명이다. 옳지 않은 것은?

① 유동성 순서에 따른 표시방법이 신뢰성 있고 더욱 목적적합한 정보를 제공하는 경우를 제외하고는 유동자산과 비유동자산, 유동부채와 비유동부채로 재무상태를 구분하여 표시한다.
② 기업이 명확히 식별 가능한 영업주기 내에서 재화나 용역을 제공하는 경우, 재무상태표에 유동자산과 비유동자산 및 유동부채와 비유동부채를 구분하여 표시한다.
③ 유동성 순서에 따른 표시방법을 적용할 경우 모든 자산과 부채는 유동성 순서에 따라 표시한다.
④ 하나의 재무제표에서 유동성/비유동성 구분법과 유동성 순서에 따른 표시방법을 혼합하여 사용할 수 없다.

03. (주)상공의 11월 말 현재 장부상에 계상된 현금과부족 계정 차변잔액은 ₩50,000이었다. 또한 12월 한 달동안 실제로 증가된 현금은 ₩570,000이며, 장부상 증가된 현금은 ₩600,000이다. 위의 모든 원인은 밝혀지지 않았다. (주)상공의 결산일에 잡손실로 처리해야 할 금액은 얼마인가?

① ₩20,000 ② ₩30,000
③ ₩50,000 ④ ₩80,000

04. 한국채택국제회계기준에서는 재고자산의 평가를 공정가치(또는 순실현가능가치)를 인정하고 있지만 대체방법으로 현행원가를 적용할 수 있는 것은?(출제기준 개정으로 기출 교체)

① 상품 ② 제품
③ 재공품 ④ 원재료

05. 다음은 (주)상공의 20×1년도 말 자산 내역이다. 현금및현금성자산에 해당하는 금액은 얼마인가?

가. 지폐와 동전	₩ 40,000
나. 양도성예금증서(180일 만기)	50,000
다. 타인발행 당좌수표	120,000
라. 배당금지급통지표	30,000
마. 일반 상거래상의 약속어음 (만기 : 20×2년 2월 28일)	100,000
바. 만기가 1년 후인 정기예금	150,000
사. 만기가 2개월 이내인 채권 (20×1년 12월 20일 취득)	200,000

① ₩320,000 ② ₩390,000
③ ₩420,000 ④ ₩470,000

06. 금융부채와 지분상품의 분류에 대한 설명으로 옳지 않은 것은?

① 사채를 발행한 회사는 발행한 사채를 금융부채로 분류한다.
② 충당부채, 선수금, 선수수익, 퇴직급여부채는 금융부채로 분류한다.
③ 자금조달 목적으로 발행한 금융상품(주식)은 지분상품으로 분류한다.
④ 거래 상대방에게 일정한 현금 등을 지급하기로 한 계약상의 의무는 금융부채로 분류한다.

07. 다음의 항목 중 금융자산에 대한 회계처리를 적용하지 않는 것은?

① 수취채권 ② 현금
③ 자기주식 ④ 대여금

08. 투자부동산 계정으로 회계 처리하는 예로 옳지 않은 것은?

① 관리 목적에 사용하기 위한 자가 사용 부동산
② 장기간 보유하면서 시세 차익을 얻기 위한 토지
③ 미래의 사용 목적이 결정되지 않은 상태에서 보유하는 토지
④ 운용리스로 제공하고 있거나 또는 제공하기 위해 보유하고 있는 미사용 건물

09. 상거래 회사인 (주)상공이 차량운반구를 외상으로 구입한 거래의 분개 시 대변에 나타날 계정과목은?

① 미수금 ② 선급금
③ 미지급금 ④ 외상매입금

10. (주)상공상사의 손익 계정과 이월시산표에 의하여 추정할 수 있는 내용 중 옳지 않은 것은?

손		익	(단위 : 원)
매　　　　입	550,000	매　　　　출	750,000
종 업 원 급 여	70,000	수 수 료 수 익	20,000
보　험　료	36,000		
대 손 상 각 비	2,000		
미처분이익잉여금	112,000		
	770,000		770,000

이	월 시 산 표		(단위 : 원)
현　　　　금	650,000	외 상 매 입 금	49,000
외 상 매 출 금	100,000	대 손 충 당 금	5,000
이 월 상 품	140,000	자　본　금	750,000
미 수 수 수 료	20,000	미처분이익잉여금	112,000
선 급 보 험 료	6,000		
	916,000		916,000

① 매출총이익은 ₩200,000이다.
② 당기 판매 가능 상품액은 ₩690,000이다.
③ 대손충당금은 매출채권 잔액의 2%를 추산하였다.
④ 재무상태표상의 유동자산은 ₩911,000이다.

11. 다음 거래에서 어음상의 채권이 소멸되는 거래를 모두 고른 것은? 단, 어음의 배서 양도 및 할인 거래는 모두 매각 거래로 처리한다.

> 가. 거래처에서 상품 ₩200,000을 매입하고, 대금은 1개월 후 만기의 약속어음을 발행하여 지급하다.
> 나. 거래처로부터 받은 약속어음 ₩300,000이 만기일에 회수되어 당좌예금에 입금되었다는 통지를 받다.
> 다. 거래처에 상품 ₩500,000을 매출하고, 대금은 동점 발행 상공상사 인수의 환어음으로 받다.
> 라. 거래처에서 받은 약속어음 ₩400,000을 거래은행에서 할인받고, 할인료 ₩20,000을 차감한 실수금은 당좌예입하다.

① 가, 다　　② 가, 라
③ 나, 다　　④ 나, 라

12. 다음은 자본을 분류한 것이다. (가)에 해당하는 계정으로 옳은 것은?

자본	(가)
	이익잉여금
	기타자본 구성 요소

① 자기주식
② 보통주자본금
③ 자기주식처분손실
④ 기타포괄손익-공정가치측정금융자산평가이익

13. 사채의 할인 발행에 관한 설명 중 옳지 않은 것은?

① 시장이자율이 액면이자율보다 크다.
② 사채발행비는 사채할인발행차금에 가산하여 처리한다.
③ 사채할인발행차금은 발행금액에서 차감하는 형식으로 표시한다.
④ 유효이자율법 하에서 사채할인발행차금상각액은 매년 증가한다.

14. (주)상공의 다음 자료에 의하여 기능별 포괄손익계산서상의 영업이익을 계산한 금액으로 옳은 것은?

• 기초상품재고액　₩250,000	• 당기순매입액　₩500,000
• 기말상품재고액　100,000	• 당기순매출액　1,000000
• 광고선전비　50,000	• 이자비용　30,000
• 기부금　10,000	• 임차료　40,000
• 통신비　70,000	• 세금과공과　50,000
• 수도광열비　20,000	• 유형자산처분손실　30,000

① ₩90,000　　② ₩100,000
③ ₩110,000　　④ ₩120,000

15. 다음은 (주)상공의 기말상품 관련 자료이다. 아래의 3가지 품목은 성격과 용도가 서로 유사하지 않다. 재무상태표에 계상될 기말상품재고액과 포괄손익계산서에 보고될 매출원가를 계산하면 얼마인가? 단, 재고자산의 평가는 저가법에 의하고, 재고자산평가손실은 매출원가에 포함시키며, 기초상품재고액은 ₩20,000이고, 당기상품매입액은 ₩100,000이다.

품목	취득원가	예상판매가격	예상판매비용
갑	₩10,000	₩11,000	₩2,000
을	₩10,000	₩15,000	₩2,000
병	₩10,000	₩9,000	₩2,000

① 기말상품재고액 : ₩26,000, 매출원가 : ₩94,000
② 기말상품재고액 : ₩29,000, 매출원가 : ₩91,000
③ 기말상품재고액 : ₩30,000, 매출원가 : ₩90,000
④ 기말상품재고액 : ₩35,000, 매출원가 : ₩85,000

16. (주)상공은 장부금액이 ₩52,000(취득원가 ₩90,000, 감가상각누계액 ₩38,000)인 기계장치와 현금 ₩50,000을 제공하고 토지를 취득하였다. 제공한 기계장치의 공정가치가 ₩68,000일 때, 토지의 취득원가는 얼마인가?

① ₩90,000　　② ₩102,000
③ ₩118,000　　④ ₩120,000

17. 수익과 비용의 인식에 대한 설명으로 적합한 것은?

① 수익은 자산의 감소나 부채의 증가와 관련하여 미래 경제적 효익이 감소하고 이를 신뢰성있게 측정할 수 있을 때 인식한다.
② 비용은 관련된 수익이 인식된 회계기간에 인식한다.
③ 수익은 발생주의에 따라서 인식하고 비용은 현금주의에 따라서 인식할 수 있다.
④ 현금주의가 발생주의보다 경영성과를 더욱 잘 나타낸다.

18. 다음 중 수취채권(매출채권)을 이용한 자금 조달 수단이 아닌 것은?
① 팩토링 ② 받을어음의 개서
③ 매출채권 담보부 차입 ④ 어음 할인

19. 다음은 (주)상공기업의 종업원 퇴직금에 대한 내용이다. 이에 대한 분개로 옳은 것은?

> (주)상공기업은 종업원이 퇴직하여 퇴직금 ₩1,000,000을 미리 적립해 두었던 사외적립자산으로 지급하였다. 단, 퇴직급여제도는 확정급여제도를 채택하고 있다.

① 분개 없음
② (차) 퇴 직 급 여 1,000,000 (대) 사외적립자산 1,000,000
③ (차) 확정급여채무 1,000,000 (대) 임의적립금 1,000,000
④ (차) 확정급여채무 1,000,000 (대) 사외적립자산 1,000,000

20. 다음 중 개별 취득하는 무형자산의 취득원가를 구성하는 항목이 아닌 것은?
① 구입가격
② 자산을 사용 가능한 상태로 만드는 데 직접 관련되는 원가
③ 자산을 사용 가능한 상태로 만드는 데 직접 발생하는 전문가 수수료
④ 관리원가와 일반경비원가

< 제2과목 : 원 가 회 계 >

21. 원가에 산입되는 것을 <보기>에서 고른 것은?

> < 보 기 >
> ㄱ. 재료 ₩1,000을 분실하다.
> ㄴ. 보험료 선급액 ₩1,000을 계상하다.
> ㄷ. 공장 사무원의 출장 여비 ₩1,000을 현금으로 지급하다.
> ㄹ. 생산직 종업원의 급여 ₩1,000을 현금으로 지급하다.

① ㄱ, ㄴ ② ㄱ, ㄹ
③ ㄴ, ㄷ ④ ㄷ, ㄹ

22. 제품 생산에 직접 참여하지 않고 제조 부문이 필요로 하는 서비스를 제공하는 보조 부문은 직접 인과 관계를 추적할 수 없기 때문에 제조 부문에 배부하여야 하는데 이와 같은 보조 부문 원가 배부에 대한 설명으로 옳지 않은 것은?
① 직접배부법은 보조부문 상호간의 용역 수수를 무시하나 상호배분법은 보조부문 상호간의 용역 수수 관계를 완전히 고려한다.
② 직접배부법과 단계배부법은 상호간의 용역 수수 관계를 일부만 고려함으로 이중배부율을 사용하지 못한다.
③ 보조부문의 원가배분은 기업의 이해관계자인 주주나 채권자에게 보고되는 재무 보고에 의한 의사 결정에도 영향을 미친다.
④ 보조부문 원가배부에서 자기 부문이 생산한 용역을 자기부문이 사용하는 자기 부문 원가는 고려하지 않는다.

23. (주)대한공업의 다음 자료에 의하여 가공원가와 판매가격을 계산한 것으로 옳은 것은?

> 가. 직접재료원가 : ₩200,000
> 나. 직접노무원가 : ₩500,000
> 다. 제조간접원가 : 변동제조간접원가 ₩250,000
>   고정제조간접원가 ₩100,000
> 라. 본사 건물 임차료 ₩50,000
> 마. 기대 이익은 판매원가의 30%이다.

	가공원가	판매가격
①	₩700,000	₩1,235,000
②	₩850,000	₩1,365,000
③	₩850,000	₩1,430,000
④	₩950,000	₩1,430,000

24. 원가와 의사결정과의 관련성에 대한 설명으로 적절하지 않은 것은?
① 과거에 발생한 원가도 미래의 의사 결정 과정에 고려할 필요가 있다.
② 매몰원가는 과거의 의사 결정으로 인하여 발생한 원가로서 대안 간의 차이가 발생하지 않는 원가를 말한다.
③ 기회원가는 자원을 현재의 용도에 사용함으로써 얻을 수 있는 순현금 유입과 차선의 대체안에 사용할 때 얻을 수 있는 순현금 유입의 차액이 아니라, 차선의 대체안으로부터의 순현금 유입 그 자체이다.
④ 관련원가에는 여러 가지 대체안들과 실제 선택된 의사 결정 대안 간에서 발생하는 원가의 차이인 차액원가가 있다.

25. 다음은 재무회계와 관리회계와의 차이점에 관한 내용들이다. 그 내용이 맞지 않은 것은?
① 재무회계는 목적적합성을 강조하고, 관리회계는 검증가능성을 강조한다.
② 재무회계는 외부보고 목적을 강조한 반면, 관리회계는 내부 보고 목적을 강조한다.
③ 재무회계는 기업 전반에 초점을 맞춘 반면, 관리회계는 조직의 부문에 초점을 둔다.
④ 재무회계는 과거지향적이며, 관리회계는 미래지향적이다.

26. 다음 자료에 의하여 제품A, B를 제조하는 기업의 제품A에 대한 제조간접원가 배부액을 직접원가법으로 계산하면 얼마인가? 단, 제조간접원가 발생액은 ₩30,000이다.

	제품A	제품B
직접재료원가	₩15,000	₩25,000
직접노무원가	₩ 5,000	₩15,000

① ₩5,000 ② ₩10,000
③ ₩20,000 ④ ₩40,000

27. 다음 중 원가의 분류 중 옳지 않은 것은?

① 원가의 형태별 분류 : 재료원가, 노무원가, 제조경비
② 원가의 행태별 분류 : 변동원가, 고정원가
③ 원가의 자산화에 따른 분류 : 제품원가(재고가능원가), 기간원가(비용)
④ 원가의 추적 가능성에 따른 분류 : 통제가능원가, 통제불능원가

28. 개별원가계산과 종합원가계산의 차이점에 대한 설명 중 옳지 않은 것은?

① 개별원가계산은 다품종 소량 주문 생산에, 종합원가계산은 동종제품 대량 생산에 보다 적합하다.
② 개별원가계산은 일반적으로 종합원가계산에 비해 경제적이나 원가계산의 정확성이 떨어진다.
③ 개별원가계산의 원가집계는 제조지시서별로 이루어지나 종합원가계산은 원가계산기간별로 원가가 집계된다.
④ 개별원가계산은 제조간접원가의 배부, 종합원가계산은 완성품환산량의 계산이 핵심이다.

29. 다음은 (주)상공의 개별원가계산에 의한 제품 생산 원가자료이다. 2019년 초 제품재고액이 ₩1,000,000, 20×1년 말 제품재고액이 ₩1,300,000일 때 20×1년 포괄손익계산서에 계상될 매출원가는 얼마인가? 단, 당기에 작업지시서 #102는 완성되었으나, 작업지시서 #101은 아직 완성되지 않았다.

	작업지시서 #101	작업지시서 #102
기 초 재 공 품		₩500,000
직 접 재 료 원 가	₩300,000	₩200,000
직 접 노 무 원 가	₩400,000	₩100,000
제 조 간 접 원 가	₩200,000	₩200,000

① ₩200,000 ② ₩600,000
③ ₩700,000 ④ ₩1,000,000

30. 다음 중 원가의 특징으로 옳지 않은 것은?

① 제품 생산을 위하여 소비된 것이다.
② 정상적인 경영 활동에서의 재화 소비액이다.
③ 화재나 도난 등으로 인한 손실도 원가에 포함된다.
④ 금전적 지출에 관계없이 생산과정에서 소비된 경제적 가치이다.

31. 다음 자료에서 설명하고 있는 종합원가계산 방법은?

가. 제과업에서 크기가 다른 식빵 생산
나. 제분업에서 품질이 다른 밀가루 생산
다. 제화업에서 모양이나 크기 등이 다른 구두 생산

① 단일종합원가계산 ② 조별종합원가계산
③ 공정별종합원가계산 ④ 등급별종합원가계산

32. 종합원가계산의 종류에 대한 설명 중 옳지 않은 것은?

① 단일종합원가계산 : 제품 생산 공정이 단일 공정인 제품을 생산하는 기업에서 사용
② 조별종합원가계산 : 종류가 다른 다양한 제품을 연속 대량 생산하는 기업에서 사용
③ 공정별종합원가계산 : 성격, 규격 등이 서로 다른 제품을 주문에 의해 생산하는 기업에서 사용
④ 연산품종합원가계산 : 동일한 공정 및 동일한 재료를 사용하여 계속적으로 생산하되 다른 제품을 생산하는 기업에서 사용

33. 다음은 (주)상공기업의 단일종합원가계산을 위한 재공품 계정을 나타낸 것이다. 가공원가가 ₩400,000, 제조간접원가가 ₩150,000일 경우 당월 완성품 원가는 얼마인가?

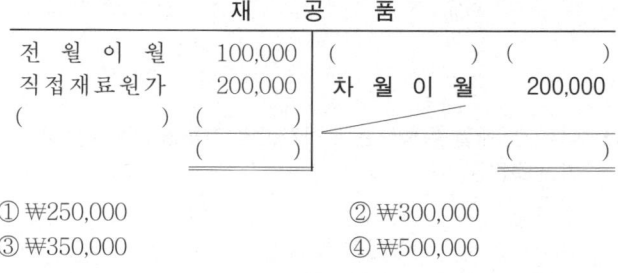

① ₩250,000 ② ₩300,000
③ ₩350,000 ④ ₩500,000

34. 개별원가계산에 대한 설명으로 옳은 것은?

① 제조원가를 재료원가와 가공원가로 구분하여 계산한다.
② 제조지시서별로 원가계산표를 작성하여 원가계산을 한다.
③ 연속 대량생산하는 작업에 적용하는 원가계산방법이다.
④ 완성품원가를 계산하기 위해서는 기말재공품을 평가하여야 한다.

35. 다음은 원가의 배부와 관련된 설명들이다. 그 내용이 옳지 않은 것은?

① 일반적으로 직접원가를 원가의 집적 대상에 할당하는 것을 원가의 추적이라고 한다.
② 일반적으로 간접원가를 원가의 집적 대상에 할당하는 것을 원가의 배부라고 한다.
③ 본질적으로 원가의 배부는 명확하게 검증 가능하므로 임의성이 개입할 여지가 없다.
④ 원가의 배부에 있어서 인과관계를 이용하여 원가를 배부하는 것이 가장 바람직한 방법이다.

36. 다음은 부문공통비의 각 부문 배부 기준이다. 가장 적절하지 않은 것은?

① 건물에 대한 보험료 - 각 부문이 차지하는 면적
② 운반비 - 운반 횟수 및 운반 거리
③ 전력비 - 부문의 종업원 수
④ 복리후생비 - 각 부문의 인원 수

37. 제조간접원가의 원가 배분에 관한 설명으로 옳지 않은 것은?

① 특정 제품에 대하여 추적가능한 원가의 부과
② 하나의 원가부문에서 다른 원가부문으로 배분
③ 제조부문의 원가를 원가대상인 제품에 배분
④ 여러 부문에 공통으로 발생한 원가를 각 부문으로 배분

38. (주)상공은 종합원가계산제도를 채택하고 있다. 재료원가는 공정 초에 전량 투입되며, 가공원가는 공정 전반에 걸쳐 균등하게 발생한다. 물량 흐름이 다음과 같을 때 옳은 것은?

기초재공품 100개 (완성도 30%)	당기완성품 700개
당기착수량 800개	기말재공품 200개 (완성도 40%)

① 평균법에 의한 재료원가의 완성품 환산량은 800개이다.
② 선입선출법에 의한 재료원가의 완성품 환산량은 750개이다.
③ 평균법에 의한 가공원가의 완성품 환산량은 780개이다.
④ 선입선출법에 의한 가공원가의 완성품 환산량은 900개이다.

39. 완성품 환산량에 대한 내용이다. 옳지 않은 것은?

① 기초재공품원가와 당기총제조원가를 완성품과 기말재공품으로 배부하기 위해서는 완성품과 기말재공품을 동질화시켜 줄 공통분모가 필요한데, 이를 완성품 환산량이라 한다.
② 완성품 환산량은 물량 단위에 완성도를 반영한 가상적인 수량 단위이다. 이 때 완성도는 원가의 투입 정도(발생시점)가 아니라 물리적인 완성도를 의미한다.
③ 대부분의 경우 직접 재료 원가와 가공원가는 원가의 투입 시점을 달리하므로 완성품 환산량도 각 각 구해야 한다.
④ 기말재공품의 가공비에 대한 완성도가 60%라면 기말재공품 100개의 가공비에 대한 완성품 환산량은 60개가 될 것이다.

40. 다음 제조부문비 배부에 따른 거래 중 8월 31일의 분개로 옳은 것은?

8월 5일	절단부문비 ₩5,000을 예정배부하다.
31일	월말에 집계된 절단부문비 실제발생액은 ₩4,500이다.

	(차 변)		(대 변)	
①	절 단 부 문 비	500	부문비배부차이	500
②	절 단 부 문 비	4,500	부문비배부차이	4,500
③	부문비배부차이	500	절 단 부 문 비	500
④	부문비배부차이	4,500	절 단 부 문 비	4,500

심화 학습 코너

【문제1】 다음 회계자료에 따라 20×1 회계연도(1월 1일~12월 31일) 말의 재무상태표에 계상해야 할 재고자산 금액은 얼마인가?

- 기말 현재 회사 창고에 보관 중인 재고자산 : ₩400,000
- 12월 15일에 FOB 선적지 조건으로 매입하여 기말 현재 운송 중인 상품 : ₩440,000
- 위탁판매 목적으로 수탁회사에 적송한 상품 ₩1,560,000(판매가) 중에서 기말 현재 수탁회사가 판매하지 못하고 보관 중인 상품은 ₩520,000(판매가)이다. 이 상품의 판매가는 원가에 30%의 이익이 가산된 금액이다.

① ₩400,000   ② ₩840,000
③ ₩920,000   ④ ₩1,240,000

【문제2】 다음은 (주)서울의 재고자산 평가에 관한 내용이다. 괄호 안의 ㉠, ㉡에 해당하는 용어와 금액을 바르게 나열한 것은?

(주)서울은 서로 유사하거나 관련성이 없는 각기 다른 상품 4가지를 판매하고 있다. 20×1년도 기말 결산을 위하여 재고조사를 실시한 결과, 20×1년도 말 재고자산에 대한 장부금액과 순실현가능가치는 다음과 같다.

구 분	장부금액	순실현가능가치
갑 상 품	₩ 20,000	₩ 16,000
을 상 품	40,000	50,000
병 상 품	60,000	44,000
정 상 품	80,000	86,000
합 계	200,000	196,000

한국채택국제회계기준에 따르면 재고자산의 평가 방법은 (㉠)에 의하고, 이 자료를 이용하여 재고자산을 평가하면 재고자산 금액은 (㉡)이다.

	㉠	㉡		㉠	㉡
①	원가법	₩200,000	②	시가법	₩196,000
③	저가법	₩196,000	④	저가법	₩180,000

【정답 및 해설】 01. ④   02. ④

01. 보관 상품 + 미착상품 +[520,000÷(1+30%)] = 1,240,000

02. 한국채택국제회계기준에서는 재고자산의 평가를 종목별로 저가법을 적용하고 있다. 따라서 각 상품별로 장부금액과 순실현가능가치를 비교하여 낮은 금액으로 평가한다. 갑 16,000+을 40,000+병 44,000+정 80,000 = 180,000

상시 전산회계운용사 2급필기 시험

대한상공회의소 시행

2016년 2회기출

| 2급 | A형 | 시험일(소요시간) 5월 21일(총60분) | 문항수 총40개 |

수험번호:
성　　명:

※ 다음 문제를 읽고 알맞은 것을 골라 답안카드의 답란(①, ②, ③, ④)에 표기하시오.

< 제1과목 : 재무회계 >

01. 다음 중 '재무보고를 위한 개념 체계'에 대한 설명으로 옳지 않은 것은?(기출 수정)

① 재무회계의 기본 가정은 계속기업의 가정이다.
② 재무제표를 통해 제공되는 정보는 정보이용자가 그 정보를 쉽게 이해할 수 있도록 제공되어야 한다.
③ 목적적합성과 표현충실성은 서로 상충 관계가 될 수 있다.
④ 한국채택국제회계기준상 현금주의에 따라 수익을 인식한다.

02. 부채의 분류 중 계정과목의 성격이 다른 하나는?

① 장기차입금　　　　　② 사채
③ 유동성장기부채　　　④ 장기매입채무

03. 다음 중 포괄손익계산서에 표시되는 기타포괄손익에 영향을 미치는 항목이 아닌 것은?

① 기타포괄손익-공정가치측정금융자산평가손익
② 해외사업환산손익
③ 토지재평가잉여금
④ 당기손익-공정가치측정금융자산평가손익

04. 결산 결과 당기순이익이 ₩300,000이 계상되었으나, 다음과 같은 결산정리사항이 누락되었다. 이를 수정한 후의 정확한 당기순이익으로 옳은 것은? 단, 보험료는 지급 시 비용 계정으로, 임대료는 수입 시 수익 계정으로 처리하였다.

| 가. 보험료 선급분 | ₩ 5,000 | 나. 임대료 선수분 | ₩ 20,000 |
| 다. 이자 미수분 | 15,000 | 라. 급여 미지급분 | 30,000 |

① ₩270,000　　　　　② ₩290,000
③ ₩300,000　　　　　④ ₩330,000

05. (주)상공의 당좌예금 계정 잔액은 ₩500,000이다. 다음 오류를 수정한 후의 당좌예금 계정의 잔액을 계산한 것으로 옳은 것은?

(오류 내용)
- 매입처에 발행한 당좌수표 ₩230,000을 ₩320,000으로 기입하였다.
- 매출처로부터 당좌 입금된 ₩150,000을 기입 누락하였다.

① ₩590,000　　　　　② ₩650,000
③ ₩740,000　　　　　④ ₩820,000

06. 다음은 (주)상공기업의 장부상 당좌예금 잔액과 은행의 당좌예금 잔액과의 차이를 나타낸 것이다. 12월 31일 은행계정조정표 작성 후 조정된 당좌예금 잔액은 얼마인가?

| 잔액 | 가. 12월 31일 장부상 당좌예금 잔액 ₩500,000
나. 12월 31일 은행 당좌예금계좌 잔액 ₩600,000 |
| 불일치
원인 | 다. 12월 29일 발행한 당좌수표 ₩100,000이 아직 은행에서 인출되지 않음. |

① ₩400,000　　　　　② ₩500,000
③ ₩600,000　　　　　④ ₩700,000

07. 다음 중 금융자산으로 분류되는 계정과목을 짝지은 것으로 옳지 않은 것은?

① 받을어음, 선급비용　　② 단기대여금, 외상매출금
③ 외상매출금, 미수금　　④ 당좌예금, 현금성자산

08. 전자제품 매매업을 하는 상공상사가 본사 확장이전을 목적으로 건물 구입 계약을 체결하고, 계약금을 지급한 경우 회계처리 해야 할 계정과목으로 옳은 것은?

① 투자부동산　　　　　② 건물
③ 건설중인자산　　　　④ 구축물

09. 투자부동산으로 회계 처리하는 경우로 옳은 것은?

① 자가 사용 부동산
② 제3자를 위하여 건설 중인 부동산
③ 장기 시세 차익을 얻기 위하여 보유하고 있는 토지
④ 통상적인 영업 과정에서 판매를 목적으로 보유 중인 부동산

10. 어음거래와 관련하여 장부에 기입하는 내용으로 옳지 않은 것은? 단, 어음의 할인은 매각거래로 처리한다.

① 환어음을 인수하면 지급어음 계정 대변에 기입한다.
② 어음 대금을 회수하면 받을어음 계정 대변에 기입한다.
③ 환어음을 수취하면 받을어음 계정 차변에 기입한다.
④ 약속어음을 은행으로부터 할인받으면 받을어음 계정 차변에 기입한다.

11. (주)상공의 외상매입금 기말 잔액은 기초의 잔액과 비교하여 ₩50,000은 감소하였고, 당기의 외상매입액은 ₩600,000이다. 당기의 외상매입금 지급액은 얼마인가?

① ₩550,000　　② ₩600,000
③ ₩650,000　　④ ₩700,000

12. (주)상공기업은 거래은행으로부터 3년 뒤에 갚기로 하고, ₩1,000,000을 대출받아 보통예금계좌에 입금하였다. 이를 분개할 경우 대변의 계정과목으로 옳은 것은?

① 선수금　　② 미지급금
③ 단기차입금　　④ 장기차입금

13. 취득원가 ₩500,000의 건물에 대하여 취득 후 다음과 같은 지출이 발생하였다. 건물의 장부금액과 수선비는 각각 얼마인가? 단, 주어진 자료만 활용한다.

가. 엘리베이터 설치비	₩ 50,000
나. 건물의 증축비	100,000
다. 형광등 교체비	1,000
라. 파손된 유리 교체비	8,000
마. 건물 내부 도색비	10,000
바. 건물 옥상에 방수 처리비(내용연수 연장 됨)	70,000

① 건물의 장부금액 : ₩220,000　수선비 : ₩19,000
② 건물의 장부금액 : ₩230,000　수선비 : ₩18,000
③ 건물의 장부금액 : ₩720,000　수선비 : ₩19,000
④ 건물의 장부금액 : ₩719,000　수선비 : ₩18,000

14. (주)상공은 신약 개발과 관련하여 발생한 개발비 ₩300,000이 무형자산의 요건을 충족하여 20×1년 1월 1일부터 개발비로 기록한 후 정액법(내용연수 : 5년)으로 상각해 오고 있는 중에 20×3년 1월 1일에 이 신약 제조기술에 대해서 성공적으로 특허권을 취득하고, 그 비용으로 ₩700,000을 지출하였다. 특허권의 취득원가로 기록할 금액은 얼마인가?

① ₩180,000　　② ₩700,000
③ ₩820,000　　④ ₩1,000,000

15. 다음 중 사채의 특징으로 옳은 것은?

① 금융부채에 해당한다.
② 경영 참가권을 가지고 있다.
③ 순이익에 따라 배당금을 지급한다.
④ 자본 조달 형태가 자기자본에 해당한다.

16. 다음은 개인기업인 상공상사의 자본금 거래 내용이다. 기말 자본금으로 옳은 것은?

가. 1월 1일 현금 ₩1,000,000을 출자하여 영업을 시작하다.
나. 3월 10일 기업주가 현금 ₩500,000을 추가 출자하다.
다. 9월 30일 기업주가 개인적인 용도로 ₩200,000을 인출하다.
라. 12월 31일 입금되지 않은 인출금 계정을 정리하고, 당기순이익 ₩300,000을 자본금 계정에 대체하다.

① ₩1,300,000　　② ₩1,500,000
③ ₩1,600,000　　④ ₩1,800,000

17. 다음 자료에 의하여 (주)상공이 회계 처리해야 할 당기 말의 결산정리분개로 옳은 것은?

<결산정리사항>
결산 시 법인세비용차감전순이익은 ₩1,200,000이다. 법인세비용은 법인세비용차감전순이익의 20%를 추산한다. 단, 법인세 중간 예납액은 ₩160,000이며, 예납 시 자산으로 처리하였음.

① (차) 법인세비용 160,000　(대) 미지급법인세 160,000
② (차) 법인세비용 80,000　(대) 미지급법인세 80,000
③ (차) 법인세비용 240,000　(대) { 선급법인세 80,000 / 미지급법인세 160,000 }
④ (차) 법인세비용 240,000　(대) { 선급법인세 160,000 / 미지급법인세 80,000 }

18. 다음은 종업원의 퇴직급여제도에 대한 설명이다. 이 제도와 관련이 없는 내용은?

가. 종업원의 퇴직급여를 기업이 책임지는 제도이다.
나. 노사 간의 협약에 의하여 종업원의 퇴직 후 지급할 금액의 규모를 확정한다.
다. 외부의 기금에 기여금을 출연하여 운영하고 이를 퇴직급여 지급에 사용하는 경우 사외적립자산으로 계상한다.

① 확정급여제도　　② 확정기여제도
③ 퇴직급여부채　　④ 퇴직급여

19. (주)한국의 주식 취득원가를 계산한 금액으로 옳은 것은?(개정)

(주)한국은 20×1년 7월 26일에 장기 투자 목적으로 액면금액이 1주당 ₩5,000인 (주)홍콩의 주식 500주를 1주당 ₩6,200에 구입하고, 주식 취득수수료 30,000은 현금으로 지급하였다. (주)한국은 당해 주식의 공정가치 변동분은 기타포괄손익으로 선택하였다.

① ₩2,500,000　　② ₩2,530,000
③ ₩3,100,000　　④ ₩3,130,000

20. 재고자산의 평가방법이 재무상태와 경영성과에 미치는 영향으로 옳은 것은? 단, 물가는 지속적으로 상승하고 있으며, 기말재고수량이 기초재고수량보다 많다.

① 재고자산의 금액은 이동평균법이 가장 크게 나타난다.
② 평균법에서 재고자산과 매출원가가 가장 크게 나타난다.
③ 당기순이익의 크기는 총평균법 > 이동평균법 > 선입선출법의 순이다.
④ 선입선출법에서 재고자산의 금액이 상대적으로 크게 나타나고, 매출원가는 가장 낮게 나타난다.

< 제2과목 : 원 가 회 계 >

21. 다음에서 설명하는 원가의 종류에 해당하는 항목으로 옳은 것은?

> 제품 생산량의 증감에 따라 그 총액이 변동하는 원가를 말한다. 즉 단위당 원가는 생산량에 관계없이 항상 일정하다.

① 공장건물 감가상각비   ② 공장건물 보험료
③ 직접노무비   ④ 공장기계 임차료

22. 경영자는 실제로 발생한 원가와 생산하기 전 예정원가와 비교함으로써 절약과 낭비, 능률과 비능률이 어느 부서에서 발생하였는지 알게 되고 나아갈 개선책을 마련한다. 다음 중 이와 가장 밀접한 관계가 있는 것은?

① 재무상태표 작성   ② 손익계산서 작성
③ 원가 통제   ④ 신용 의사 결정

23. 다음은 (주)대한의 개별원가계산에 의해 제품 원가를 계산하기 위한 자료이다. 당기에 발생한 제조간접비 ₩1,000,000을 직접 노무비에 비례하여 배분하는 경우 작업지시서 #302의 제조원가의 금액으로 옳은 것은? 단, 당기의 작업은 아래 세 가지 이외에는 없다.

	#301	#302	#303
직접재료비	₩500,000	₩300,000	₩200,000
직접노무비	₩200,000	₩200,000	₩100,000

① ₩500,000   ② ₩900,000
③ ₩1,000,000 ④ ₩1,100,000

24. 원가배부에 대한 설명으로 옳지 않은 것은?

① 인과관계기준은 발생된 공통비와 원가대상 간에 밀접한 인과관계가 존재하는 경우에 적용한다.
② 수혜기준은 공통원가로부터 제공받은 경제적 효익의 크기에 따라 원가를 배부하는 기준이다.
③ 상호배부법은 보조부문 상호간의 용역 수수 관계를 고려하지 않는 보조부문비 배부 방법이다.
④ 단계배부법은 보조부문 상호간의 용역 수수 관계를 부분적으로 고려하여 보조부문비를 배부하는 방법이다.

25. 다음 ( )안에 들어갈 내용으로 알맞은 것은?

> 정상원가계산에서는 제조간접비의 실제발생액과 배부총액에 차이가 발생한다. 이러한 배부차이를 조정하는 방법으로 기말 재공품이나 기말제품이 부담하여야 할 배부차이를 무시하는 방법은 (   )이다.

① 매출원가조정법   ② 총원가기준법
③ 원가요소기준법   ④ 안분법

26. 다음은 (주)상공의 9월의 원가계산 관련 자료와 제품계정이다. 9월의 매출원가를 계산한 금액으로 옳은 것은?

원가 항목	작업지시서 #1 (완성품)	작업지시서 #2 (미완성품)
전 월 이 월	₩200,000	₩300,000
직 접 재 료 비	₩400,000	₩500,000
직 접 노 무 비	₩300,000	₩400,000
제조간접비배부액	₩100,000	₩200,000

```
          제          품
전월이월  500,000   (    ?    )
(   ?   )           차월이월  300,000
```

① ₩800,000   ② ₩1,000,000
③ ₩1,200,000   ④ ₩1,300,000

27. 다음은 종합원가계산 자료이다. 평균법에 의하여 계산한 재료원가와 가공원가의 완성품 환산량으로 옳은 것은? 단, 기초재공품 수량은 없다.

- 당기 착수 수량 800개 중 60% 완성
- 기말재공품(완성도 40%)
- 재료원가는 공정 초기에 전량 투입
- 가공원가는 공정 전반에 걸쳐 균등하게 투입

① 재료원가 800개, 가공원가 640개
② 재료원가 800개, 가공원가 608개
③ 재료원가 480개, 가공원가 320개
④ 재료원가 480개, 가공원가 128개

28. 제1공정의 완성품을 전액 제2공정에 대체하는 경우 제2공정의 전공정비에 대한 설명으로 옳은 것은?

① 제1공정의 재료비의 소비액
② 제1공정의 완성품제조원가
③ 제1공정의 월초재공품재고액
④ 제1공정의 월말재공품재고액

29. (주)상공화학은 하나의 공정을 가지고 있으며, 단일종합원가계산으로 원가를 계산하고 있다. 다음의 기말재공품에 관련된 자료에 의하면 기말재공품원가는 얼마인가? 단, 모든 원가요소는 전공정을 통하여 균등하게 발생하며, 원가계산방법은 평균법으로 하고 있다.

> 가. 기초재공품 : 5,000개, 원가 ₩100,000(완성도 40%)
> 나. 당기투입원가 : ₩1,100,000
> 다. 당기완성량 : 58,800개
> 라. 기말재공품 : 4,000개(완성도 30%)

① ₩22,930　　② ₩23,500
③ ₩24,000　　④ ₩24,500

30. 다음 (   )안에 들어갈 내용으로 알맞은 것은?

> 부문별 원가계산에 있어 1단계로 부문공통비를 배부하게 되면 2단계로 보조부문비를 배부한다. 보조부문 상호간의 용역수수관계를 완전히 무시하고 배부하는 방법은 (   )이다.

① 직접배부법　　② 단계배부법
③ 상호배부법　　④ 단일배부법

31. 다음은 공정별 종합원가계산에 대한 설명이다. 옳지 않은 것은?

① 전공정비의 완성도는 제조진행의 정도에 따라 계산한다.
② 제1공정에서 제2공정으로 대체되는 원가를 전공정비라고 한다.
③ 전공정 완성품이 다음 공정으로 대체되지 않을 경우에는 반제품 계정에 대체한다.
④ 2개 이상의 제조공정을 거쳐 연속 대량생산하는 기업에서 사용하는 원가계산 방법이다.

32. 개별원가계산과 종합원가계산을 비교 설명한 것 중 옳은 것은?

① 개별원가계산은 공정별로 원가를 집계한다.
② 개별원가계산은 계속제조지시서를 사용한다.
③ 종합원가계산은 다품종 소량생산에 적합하다.
④ 종합원가계산은 완성품환산량 계산이 중요하다.

33. (주)상공은 단일공정에서 단일제품을 대량으로 생산하고 있다. 재료는 공정 시점에 전부 투입되며, 가공원가는 공정 전반에 걸쳐 균등하게 발생한다고 가정할 때, 선입선출법에 의하여 가공원가의 완성품환산량을 계산한 것으로 옳은 것은?

> 가. 기초재공품 : 재료비 ₩150,000, 가공비 ₩60,000
> 　　　　　　수량 500개(완성도 60%)
> 나. 당기착수수량 : 2,000개
> 다. 기말재공품 수량 : 400개(완성도 25%)
> 라. 당기투입원가 : 재료비 ₩1,200,000, 가공비 ₩1,650,000

① 1,900개　　② 2,000개
③ 2,100개　　④ 2,200개

34. 경영자가 조직의 희소한 자원을 효율적으로 활용하기 위하여 계획수립, 집행, 감독, 통제 등의 기능을 수행하는데 필요한 정보를 제공하고 있는 회계분야는?

① 회계원리　　② 세무회계
③ 관리회계　　④ 재무회계

35. 종합원가계산과 관련된 설명으로 옳지 않은 것은?

① 기말재공품의 완성도가 50%인데 이를 30%로 잘못 파악하여 종합원가계산을 수행하면 기말재공품의 원가가 과소계상된다.
② 평균법에 의해 원가계산할 때 기초재공품의 완성도는 계산상 불필요하다.
③ 평균법에서는 기초재공품도 당기에 착수하여 생산한 것처럼 가정한다.
④ 평균법을 사용하면 선입선출법에 비해 당기의 성과와 이전의 성과를 보다 명확하게 구분하여 평가할 수 있다.

36. 제조간접비를 직접원가법을 사용하여 배부할 때, 제조지시서 #3의 제조원가는 얼마인가?

분류	작업지시서 #3	총원가
직접재료비	₩250,000	₩800,000
직접노무비	₩350,000	₩1,000,000
제조간접비	( )	₩900,000

① ₩900,000　　② ₩750,000
③ ₩550,000　　④ ₩300,000

37. (주)상공보석은 하나의 공정에서 원석 40캐럿을 투입하여 결합제품 A와 B를 생산하고 있다. 다음 자료에 의하여 A제품의 결합원가 배부액을 계산하면 얼마인가? 단, 배부기준은 판매가치에 의한다.

제품	생산량(캐럿)	단위당 판매가격	결합원가 배부액
A	10	₩10,000	
B	30	2,000	
계	40		₩360,000

① ₩90,000　　② ₩135,000
③ ₩200,000　　④ ₩225,000

38. 다음은 제조경비를 제조원가에 산입하는 방법에 따라 분류한 것이다. (가)~(나)에 들어갈 제조경비 분류로 옳은 것은?

| (가) | 전력비, 가스수도료 |
| (나) | 임차료, 보험료, 감가상각비 |

① (가) 발생제조경비   (나) 지급제조경비
② (가) 측정제조경비   (나) 월할제조경비
③ (가) 측정제조경비   (나) 지급제조경비
④ (가) 발생제조경비   (나) 월할제조경비

39. 다음과 같은 특징을 갖는 원가의 분류에 해당하는 항목으로 옳은 것은?

- 재무상태표에 자산으로 표시된다.
- 미소멸원가에 해당한다.
- 미래의 수익 창출을 위해 사용될 원가이다.

① 원재료   ② 보조재료비
③ 공장감독자급여   ④ 임차료

40. 다음 그래프는 원가와 조업도와의 관계를 나타낸 것이다. 이에 해당하는 발생 원가로 옳은 것은?

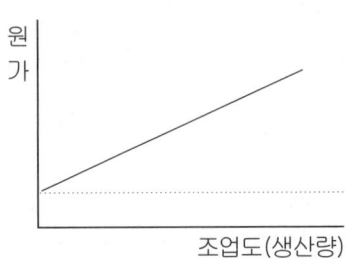

① 직접노무비   ② 공정 건물 임차료
③ 전기, 가스, 수도료 ④ 기계장치 감가상각비

심화 학습 코너...

【문제1】 다음은 (주)○○의 포괄손익계산서를 작성하기 위한 자료이다. 이를 이용하여 (가) 법인세비용, (나) 기타포괄손익(법인세 차감 후 순액), (다) 총포괄손익의 금액은 얼마인가?

- 당기 순매출액은 ₩10,000,000이고, 매출원가는 ₩8,000,000이다.
- 판매비와관리비는 ₩600,000이고, 금융원가는 ₩200,000이다.
- 당기에 부담할 법인세율은 20%이다.
- 법인세 부담액을 차감한 후의 기타포괄손익-공정가치측정금융자산평가손실은 ₩200,000이고 재평가잉여금은 ₩300,000이다.

	(가)	(나)	(다)
①	₩240,000	₩100,000	₩1,060,000
②	₩240,000	₩300,000	₩1,260,000
③	₩280,000	₩140,000	₩1,100,000
④	₩400,000	₩300,000	₩1,700,000

【문제2】 다음은 ○○회사의 20×1년도 말에 발견된 오류에 대한 자료이다. 이 오류들을 수정한 후 계상하여야 할 당기순이익은 얼마인가? 단, 오류들은 중요한 오류이며, 오류 수정에 대한 법인세 효과는 고려하지 않는다.

- 20×1년 말 당기순이익은 아래 오류를 발견하기 전에 ₩2,500,000으로 보고되었다.

오류 내용	금 액
선급비용 계상 누락	₩250,000
미지급비용 계상 누락	100,000
선수수익 계상 누락	150,000
미수수익 계상 누락	200,000
기말 재고자산 과소 계상	300,000

① ₩2,400,000   ② ₩2,800,000
③ ₩3,000,000   ④ ₩3,150,000

【정답 및 해설】 01. ①   02. ③

01. • 법인세비용 : 순매출액-매출원가=2,000,000(매출총이익)-판매비와관리비-금융원가 = 1,200,000(법인세차감전순이익)×20%=240,000
   • 기타포괄이익 : 재평가잉여금-기타포괄손익:공정가치측정 금융자산(매도가능금융자산) 평가손실=100,000
   • 총포괄손익 : 당기순이익(1,200,000-240,000=960,000)+기타포괄이익 =1,060,000

02. 오류수정 전 순이익+선급비용-미지급비용-선수수익+미수수익+재고자산 과소계상액=3,000,000

국가기술자격검정
상시 전산회계운용사 2급필기 시험

2016년 3회기출

대한상공회의소 시행

2급	A형	시험일(소요시간)	문항수
		10월 8일(총60분)	총40개

수험번호 :
성   명 :

※ 다음 문제를 읽고 알맞은 것을 골라 답안카드의 답란(①, ②, ③, ④)에 표기하시오.

< 제1과목 : 재무회계 >

01. 다음은 개인기업인 상공상사의 회계연도별 자료이다. 20×3년의 당기순손익을 계산한 것으로 옳은 것은? 단, 회계기간은 1월 1일 부터 12월 31일까지이다.

20×1년 : 기말자산 ₩1,000,000	기말부채 ₩300,000
20×2년 : 수익총액 800,000	비용총액 600,000
20×3년 : 기말자산 1,500,000	기말부채 700,000

① ₩100,000(이익) ② ₩100,000(손실)
③ ₩200,000(이익) ④ ₩200,000(손실)

02. 다음의 현금 계정에 기입된 일자별 거래 내용을 추정한 것으로 옳지 않은 것은?

	현	금	
1/1 자 본 금	1,000,000	1/20 외상매입금	200,000
23 보통예금	500,000	30 복리후생비	300,000

① 1/1 현금 ₩1,000,000을 출자하여 영업을 개시하다.
② 1/20 상품의 외상대금 ₩200,000을 현금으로 지급하다.
③ 1/23 현금 ₩500,000을 보통예금계좌에 예입하다.
④ 1/30 직원 회식비 ₩300,000을 자기앞수표로 지급하다.

03 다음 중 단기종업원급여에 해당하지 않는 것은?

① 월급여 ② 상여금
③ 퇴직급여 ④ 연차휴가비

04 다음 중 현금흐름표상 현금 흐름의 활동별 현금흐름이 아닌 것은?

① 영업활동 현금흐름 ② 투자활동 현금흐름
③ 재무활동 현금흐름 ④ 관리활동 현금흐름

05 다음 중 기능별 분류법에 위한 포괄손익계산서에서 그 성격이 다른 것은?

① 운반비 ② 임차료
③ 감가상각비 ④ 종업원급여

06. 다음 중 복식부기의 기본기능과 대차평균의 원리에 대한 설명으로 옳지 않은 것은?

① 거래의 이중성에 따라 회계상의 거래를 원인과 결과로 나누어 이중으로 기록한다.
② 거래의 이중성에 의하여 전체 계정의 차변 합계액과 대변 합계액은 다를 수도 있다.
③ 아무리 많은 거래가 발생하여도 회계등식 '자산=부채+자본'의 등호를 그대로 유지시킨다.
④ 수익은 자본을 증가시키고 비용은 자본을 감소시키므로 수익에서 비용을 차감한 금액이 (+)인 경우 곧 자본의 증가액이 된다.

07 (주)상공의 다음 자료를 이용하여 전기이월미처분이익잉여금을 계산한 것으로 옳은 것은?

가. 차기이월미처분이익잉여금	₩ 1,000,000
나. 중간 배당액	100,000
다. 당기순이익	1,000,000
라. 임의적립금 이입액	200,000
마. 현금 배당금	500,000
바. 이익준비금은 법정 최소금액 적립하였음.	

① ₩460,000 ② ₩510,000
③ ₩700,000 ④ ₩900,000

08 다음 중 주당이익에 대한 설명으로 옳지 않은 것은?

① 보통주 1주당 귀속되는 순손익을 말한다.
② 주당이익은 기업의 수익력을 나타낸다.
③ 주가수익율로서 주가 수준의 적정성을 평가하는 유용한 정보가 될 수 있다.
④ 포괄손익계산서에는 주당이익을 표시하지 않는다.

09 다음의 거래 중 차변에 현금및현금성자산 계정으로 회계처리 할 수 없는 것은?

① 만기가 2개월 후인 정기예금에 가입하고, 현금 ₩10,000,000을 예입하다.
② 거래은행에서 환매 조건이 180일 후인 환매체를 매입하고, 현금 ₩10,000,000을 예탁하다.
③ 상환 기한이 60일 후인 사채(액면 10,000,000)를 ₩9,500,000에 취득하고, 대금은 당좌수표를 발행하여 지급하다.
④ 만기가 90일 후인 공채 액면₩5,000,000을 매입하고, 대금은 현금으로 지급하다.

10. 한국채택국제회계기준(K-IFRS)하에서 금융자산으로 분류되지 않는 것은?

① 대여금　　　　　② 재고자산
③ 매출채권　　　　④ 상각후원가측정금융자산

11. 다음 중 금융상품에 대한 설명으로 옳지 않은 것은?

① 금융상품은 거래당사자 일방에게 금융자산을 발생시키고 동시에 다른 거래 상대방에게 금융부채나 지분상품을 발생시키는 모든 계약을 말한다.
② 금융자산 중 보고기간 말로부터 1년 이후에 만기가 도래하는 금융자산은 비유동자산으로 분류한다.
③ 매출채권과 미수금은 금융자산에 포함한다.
④ 미지급비용 및 선수금은 금융부채에 포함한다.

12. A회사는 받을어음 ₩100,000을 거래은행에서 할인하여 ₩90,000을 수취하였다. 매출채권의 할인이 매각거래(위험과 보상의 이전)에 해당한다면 다음의 회계처리에서 괄호 안에 들어가야 할 계정과목은 무엇인가?

(차 변)		(대 변)	
현　금	90,000	받을어음	100,000
(　　)	10,000		

① 이자비용　　　　② 매출채권처분손실
③ 매출할인　　　　④ 잡손실

13. 다음 자료를 각 기업의 입장에서 회계처리한 결과, 재무상태표에 미치는 영향으로 옳은 것은?

(주)상공은 (주)대한으로부터 기계장치 1대를 ₩800,000에 구입하고, 3개월 후 만기의 약속어음을 발행하여 지급하다.

① (주)상공은 매입채무가 증가한다.
② (주)상공은 미지급금이 증가한다.
③ (주)대한은 유형자산이 증가한다.
④ (주)대한은 매출채권이 감소한다.

14. 다음의 거래를 분개할 경우 차변의 외상매출금 금액은 얼마인가?

(주)상공기업은 (주)대한기업에 상품 ₩1,000,000(부가가치세 10% 별도)을 외상으로 매출하고, 운임 ₩50,000은 현금으로 지급하다.

① ₩1,000,000　　　② ₩1,050,000
③ ₩1,100,000　　　④ ₩1,150,000

15. 다음은 (주)상공의 거래 내용이다. 20×1년 9월 25일의 분개로 옳은 것은?

가. 8월 30일 (주)대한에 상품 ₩300,000을 외상매출하다.
나. 9월 25일 (주)서울의 외상대금 ₩300,000을 지급하기 위하여 매출처 (주)대한 앞 환어음을 발행하여 인수받아 지급하다.

① (차) 외상매입금 300,000　　(대) 지 급 어 음 300,000
② (차) 외상매입금 300,000　　(대) 받 을 어 음 300,000
③ (차) 받 을 어 음 300,000　　(대) 외상매출금 300,000
④ (차) 외상매입금 300,000　　(대) 외상매출금 300,000

16. 다음 한국채택국제회계기준(K-IFRS) 제 1019호에 근거한 퇴직급여에 관한 설명 중 옳지 않은 것은?

① 기업이 퇴직급여에 관한 모든 의무를 부담하는 제도를 확정급여제도라 하고, 종업원이 받을 퇴직급여액은 기업과 종업원 사이에 합의된 공식적인 제도나 협약에 의해서 결정된다.
② 확정기여제도에서는 기업은 기여금을 납부함으로써 퇴직급여에 대한 모든 의무는 종료된다.
③ 확정기여제도에 납부해야 할 기여금은 자산의 원가를 포함하는 경우를 제외하고는 비용으로 인식한다.
④ 사외적립자산은 장부 가치로 평가한다.

17. 다음 중 비용의 인식에 대한 설명으로 옳지 않은 것은?

① 비용은 수익을 인식하는 기간에 대응하여 인식한다.
② 비용은 수익을 창출하는 과정에서 희생된 자원으로 순자산의 감소(자산의 감소, 부채의 증가)로 나타난다.
③ 수익과 비용을 대응시키는 방법에는 직접 대응, 체계적이고 합리적인 배분 및 즉시 비용화가 있다.
④ 미래 경제적 효익이 기대되지 않는 지출은 비용으로 인식할 수 없다.

18. 다음은 (주)상공의 20×1년 말 현재 자산 관련 자료이다. 이를 토대로 재무상태표를 작성하고자 할 때, 유동자산의 합계는 얼마인가? 단, 제시된 자료 이외에는 고려하지 않는다.

가. 현금및현금성자산	₩ 1,500,000
나. 투자부동산	1,600,000
다. 재고자산	700,000
라. 상각후원가측정금융자산(만기:20×2년 1월 31일)	1,000,000
마. 임차보증금(계약기간 종료일:20×3년 6월 30일)	1,200,000
바. 산업재산권	600,000

① ₩2,200,000　　　② ₩2,800,000
③ ₩3,200,000　　　④ ₩4,400,000

19 다음 중 (주)상공기업의 사채 발행과 관련된 분개로 옳은 것은?

> (주)상공기업은 사채 액면 ₩5,000,000(액면 이자율 연 5%, 상환기간 5년)을 ₩4,500,000에 발행하고, 납입금은 당좌예금 하다.

① (차) 당 좌 예 금 4,500,000 (대) 사 채 4,500,000
② (차) { 당 좌 예 금 4,500,000 / 이 자 비 용 500,000 } (대) 사 채 5,000,000
③ (차) { 당 좌 예 금 4,500,000 / 사채할인발행차금 500,000 } (대) 사 채 5,000,000
④ (차) { 당 좌 예 금 4,500,000 / 사채할증발행차금 500,000 } (대) 사 채 5,000,000

20 다음 중 회계연도 말에 행하는 결산수정분개로 옳지 않은 것은?

① (차) 임 차 료 ××× (대) 미지급비용 ×××
② (차) 보 험 료 ××× (대) 선 급 비 용 ×××
③ (차) 매   입 ××× (대) 보 통 예 금 ×××
④ (차) 미 수 수 익 ××× (대) 이 자 수 익 ×××

< 제2과목 : 원가회계 >

21. 다음 중 과거 의사 결정의 결과로 이미 발생된 원가로서 현재 또는 미래의 의사 결정에 아무런 영향을 미치지 못하는 원가는 무엇인가?

① 관련원가 ② 기회원가
③ 매몰원가 ④ 직접원가

22. 다음 원가에 대한 설명 중 밑줄 친 부분에 해당하는 것을 <보기>에서 모두 고른 것은?

> ─── < 원가 > ───
> 제조기업이 재화나 용역을 생산하기 위해서 투입하여 소비되는 일체의 경제적 가치, 즉 제품을 생산하는 데 사용된 원재료, 노동력, 기계나 건물 등의 생산설비 및 용역 등의 소비액 전부를 말한다.

> ─── < 보기 > ───
> 가. 재료원가 나. 노무원가 다. 고정원가 라. 제조경비

① 가, 나 ② 가, 나, 다
③ 가, 다 ④ 나, 다, 라

23. 다음 중 보조부문원가 배부기준으로 옳지 않은 것은?

① 전력부문 : 각 제조부문의 종업원 수
② 수선부문 : 수선유지횟수 또는 수선작업시간
③ 품질검사부문 : 검사수량, 검사인원 또는 검사시간
④ 공장건물관리부문 : 각 제조부문이 차지하고 있는 점유면적

24. 다음 중 부문별 제조간접비 배부에 대한 내용으로 옳지 않은 것은?

① 보조부문비를 제조부문별로 배부하는 문제는 공장전체제조간접비 배부율을 사용할 경우에 한해서 고려될 수 있다.
② 보조부문비를 직접배부법, 단계배부법, 상호배부법 중 어떤배부 방법에 의하여 배부하느냐에 따라 각 제조부문에 집계된 제조간접비가 달라지게 된다.
③ 부문별 제조간접비 배부율을 사용한다면, 각 제조부문별로 서로 다른 제조간접비 배부기준을 적용하게 된다.
④ 공장전체 제조간접비 배부총액과 부문별 제조간접비 배부총액은 일치하나, 공장전체 제조간접비 배부보다 부문별 제조간접비 배부가 더 정확할 수 있다.

25. 제조부문비(총액 ₩42,000) 제품별 배부액을 직접재료비를 기준으로 계산할 때, 절단부문비와 조립부문비의 배부율은 각각 얼마인가?

> • 제조부문비 : 절단부문비 ₩28,000 조립부문비 ₩14,000
> • 직접재료비 : ₩50,000(A제품 ₩20,000, B제품 ₩30,000)
> • 직접노무비 : ₩20,000(A제품 ₩9,000, B제품 ₩11,000)

① 절단부문 배부율 : ₩0.4   조립부문 배부율 : ₩0.2
② 절단부문 배부율 : ₩0.56 조립부문 배부율 : ₩0.28
③ 절단부문 배부율 : ₩0.4   조립부문 배부율 : ₩0.28
④ 절단부문 배부율 : ₩0.56 조립부문 배부율 : ₩0.2

26. 다음의 부문별 원가계산 자료를 토대로 보조부문비를 상호배부법으로 배부할 경우 옳지 않은 설명은?

부문 항목	제조부문		보조부문		합계
	A부문	B부문	C부문	D부문	
자가부문발생액	₩200,000	₩100,000	₩120,000	₩70,000	₩490,000
제공용역					
C부문	50%	30%	–	20%	100%
D부문	40%	30%	30%	–	100%

① 보조부문 상호간에 이루어지는 용역의 수수에 대해서도 엄격하게 대체 계산을 수행하는 방법이다.
② 보조부문 상호간의 용역수수 관계를 전부 반영하기에, 보조부문 상호간의 대체 계산은 용역의 수수가 전제되는 한 한없이 되풀이 될 수 있다.
③ 일반적으로는 보조부문 상호간의 대체를 단 한번으로 한정하고, 그 결과로서 집계된 보조부문비는 직접배부법에 의하여 각 제조부문에 배부하는 방법이사용된다.
④ C보조부문에서 A제조부문으로 배부되는 금액은 ₩115,000이다.

27. (주)상공은 국내 소비자 동향 변화에 따라 정육업과 와인 사업을 신규 사업 분야로 확장하기로 했다. 새로운 생산라인을 증설할 경우 각 사업 분야별로 고려해야 할 원가계산 방법으로 바르게 구성된 것은?

① 연산품원가계산, 등급별원가계산
② 조별원가계산, 공정별원가계산
③ 공정별원가계산, 연산품원가계산
④ 조별원가계산, 등급별원가계산

28. 다음의 자료를 이용하여 재공품계정의 차기이월 금액을 계산한 것으로 옳은 것은? 단, 제조간접비는 직접재료비를 기준으로 배부하며, 제조지시서 #1은 완성되었다.

지시서 비목	제조지시서#1	제조지시서#2	합계
직접재료비	₩3,000	₩2,000	₩5,000
직접노무비	₩1,000	₩1,000	₩2,000
제조간접비	( )	( )	₩10,000

① ₩3,000
② ₩4,000
③ ₩7,000
④ ₩10,000

29. 다음은 제조간접원가에 대한 자료이다. 직접노동시간을 기준으로 한 제조간접원가 예정배부율(시간당)과 예정배부액은 각각 얼마인가?

가. 예상 제조간접원가 :	₩360,000
나. 예상 직접노동시간 :	7,200시간
다. 실제 제조간접원가 :	₩270,000
라. 실제 직접노동시간 :	6,000시간

① 예정배부율 : ₩50 예정배부액 : ₩300,000
② 예정배부율 : ₩50 예정배부액 : ₩360,000
③ 예정배부율 : ₩60 예정배부액 : ₩300,000
④ 예정배부율 : ₩60 예정배부액 : ₩360,000

30. 다음 중 측정 제조경비에 대한 내용으로 옳지 않은 것은?

① 계량기에 의해 측정하고, 보통 지급일이 사용기간보다 늦기 때문에 사용기간에 대한 검침을 통해 당해 원가의 소비액을 계산한다.
② 측정제조경비에는 전력비·수도료 등이 있다.
③ 검침일과 원가계산일이 일치하는 경우에는 그 지급액을 당월의 경비로 할 수 있다.
④ 6월초 계량기를 측정해 보니 2,000kW/h이었고, 6월말에 계량기를 측정해 보니 3,000kW/h이었다. 단, 1kW/h당 단가는 @₩100이다. 따라서 6월의 전력비는 ₩300,000이다.

31. 다음 중 고객이 주문한 특정 제품의 규격, 수량, 완성일 등을 작업 현장에 지시하는 문서는 무엇인가?

① 원가계산표
② 제조지시서
③ 부문비배부표
④ 제조원가명세서

32. 다음에서 설명하는 종합원가계산의 종류로 옳은 것은?

> 동일한 설비 또는 작업 장소에서 종류가 다른 제품을 연속적으로 대량 생산하는 기업에서 제품의 종류별로 원가 계산을 하는 방법이다.

① 단일 종합원가계산
② 조별 종합원가계산
③ 공정별 종합원가계산
④ 등급별 종합원가계산

33. 다음 표의 (가) ~ (라)에 들어갈 내용으로 옳은 것은?

구 분	(가)	(나)
목 적	외부보고 목적	내부관리 목적
정보전달수단	재무제표 (일정기준 있음)	특수목적보고서 (일정기준 없음)
원가회계와의 관련성	(다)	(라)

① 가. (재무회계) 나. (관리회계) 다. (원가계산) 라. (계획,통제)
② 가. (재무회계) 나. (관리회계) 다. (계획,통제) 라. (원가계산)
③ 가. (관리회계) 나. (재무회계) 다. (원가계산) 라. (계획,통제)
④ 가. (관리회계) 나. (재무회계) 다. (계획,통제) 라. (원가계산)

34. 다음 자료를 토대로 (주)상공제지의 20×1년 5월 재료비와 가공비의 완성품환산량 단위당 원가를 계산하면 얼마인가?

> (주)상공제지의 20×1년 5월 제조원가는 다음과 같이 집계되었다. 또한 원가계산방법은 종합원가계산 평균법으로 계산한다.
>
> | | 물량(EA) | 재료비 | 가공비 |
> |---|---|---|---|
> | 기초재공품 (완성도 30%) | 1,000 | 50,000 | 16,000 |
> | 당기착수량 | 3,000 | 130,000 | 52,000 |
> | | ₩4,000 | ₩180,000 | ₩68,000 |
> | 당기완성량 | 3,000 | | |
> | 기말재공품 (완성도 40%) | 1,000 | | |
> | | ₩4,000 | | |
>
> 투입시기 : 재료비 (공정초기 전량투입) 가공비 (전공정 균등투입)

① 재료비 ₩45, 가공비 ₩20
② 재료비 ₩50, 가공비 ₩30
③ 재료비 ₩55, 가공비 ₩40
④ 재료비 ₩60, 가공비 ₩50

35. 다음은 등급별 종합원가계산의 절차를 요약한 것이다. (가)에 해당하는 내용으로 옳은 것은?

```
1단계 : 완성품 전체의 제조원가를 계산한다.
2단계 :    (가)    를 결정한다.
3단계 : 완성품환산량을 계산하여    (가)    를 곱한다.
4단계 : 각 등급품의 제조원가를 계산한다.
5단계 : 각 등급품의 단위당 제조원가를 계산한다.
```

① 등가계수 ② 결합원가
③ 간접원가 ④ 요소별원가

36. 다음의 자료를 토대로 단계배부법에 의하여 수선부문비를 A제조부문에 배부한 금액으로 옳은 것은? 단, 수선부문을 먼저 배부한다.

항 목	제조부문		보조부문	
	A부문	B부문	동력부문	수선부문
부문비발생액	₩250,000	₩200,000	₩180,000	₩120,000
수선부문(시간)	300	200	100	
동력부문비(kwh)	5,000	4,000		3,000

① ₩40,000 ② ₩60,000
③ ₩72,000 ④ ₩120,000

37. 다음 자료에 의하여 월말재공품 원가를 계산한 것으로 옳은 것은? 단, 직접재료비는 제조 착수시에 전부 투입되고, 가공비는 균등하게 투입되며, 월말재공품 평가는 평균법에 의한다.

구분(진척도)	물량흐름	직접재료비	가공비
월초재공품(30%)	100개	₩200,000	₩150,000
당월제조 착수수량	500개	₩400,000	₩100,000
당월완성품 수량	400개		
월말재공품수량(50%)	200개		

① ₩150,000 ② ₩200,000
③ ₩250,000 ④ ₩300,000

38. 다음은 정유업을 하는 (주)상공정유의 공정 흐름도이다. (가)에 해당하는 원가로 옳은 것은?

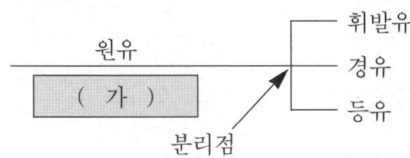

① 개별원가 ② 결합원가
③ 조별원가 ④ 공정별원가

39. 다음 중 종합원가계산의 특징으로 옳지 않은 것은?

① 완성품환산량 계산이 필요하다.
② 직접재료원가와 가공원가로 나뉜다.
③ 원가흐름에 대한 가정이 필요하다.
④ 개별 제품단위별로 원가가 집계된다.

40. (주)상공식품은 제조간접원가를 기계시간 기준으로 배부한다. 20×1년 제빵에 대한 제조간접원가 배부율과 배부될 제조간접원가는 얼마인가?

< 20×1년 원가자료 >

원 가 자 료	합 계	제 빵
직접재료원가	3,000,000원	1,200,000원
직접노무원가	2,500,000원	1,050,000원
제조간접원가	1,800,000원	?
배 부 기 준		
직접노동시간	10,000시간	4,500시간
기계시간	6,000시간	3,000시간

① 제조간접원가 배부율 @₩0.72 제조간접원가 ₩756,000
② 제조간접원가 배부율 @₩0.60 제조간접원가 ₩720,000
③ 제조간접원가 배부율 @₩180 제조간접원가 ₩810,000
④ 제조간접원가 배부율 @₩300 제조간접원가 ₩900,000

국가기술자격검정
상시 전산회계운용사 2급필기 시험

2017년 1회기출 — 대한상공회의소 시행

2급 A형 / 시험일(소요시간) 2월 18일(총60분) / 문항수 총40개

※ 다음 문제를 읽고 알맞은 것을 골라 답안카드의 답란(①, ②, ③, ④)에 표기하시오.

< 제1과목 : 재 무 회 계 >

01. 회계정보의 근본적 질적 특성에 대한 설명으로 옳은 것은?
① 재무정보의 근본적인 질적특성은 목적적합성, 표현충실성, 비교가능성, 적시성 등이 있다.
② 비교가능성은 근본적 질적 특성의 하나로 정보이용자가 항목간의 유사점과 차이점을 식별하고 이해할 수 있게 하는 질적특성이다.
③ 재무정보에 예측가치, 확인가치 또는 이 둘 모두가 있다면 그 재무정보는 의사결정에 차이가 나도록 할 수 있다.
④ 적시성은 의사결정에 영향을 미칠수 있도록 의사결정자에게 제 때에 이용가능하게 하는 근본적 질적 특성을 말한다.

02. 다음은 회계순환과정 중 결산에 대한 내용이다. 옳지 않은 것은?
① 한 회계기간 동안의 재무성과와 재무상태를 파악하기 위하여 장부의 기록을 계산, 정리하여 마감하는 절차를 결산이라 한다.
② 결산의 절차는 예비절차, 본절차, 결산보고서 작성 절차 순으로 진행된다.
③ 포괄손익계산서는 현금주의 회계에 따라 작성되어 보고된다.
④ 결산수정분개 이전에 수정전 시산표를 작성하고 결산수정분개 및 전기 이후에는 수정후 시산표를 작성한다.

03. 다음 중 현금흐름표 작성 시 영업활동에 의한 현금흐름에 속하지 않는 것은?
① 이자수취
② 당기손익-공정가치측정금융자산의 처분
③ 유형자산의 처분
④ 매출채권의 현금회수액

04. 다음은 (주)상공의 임대료에 관한 거래이다. 기말 결산일(12/31) 정리분개로 옳은 것은?

3/1 소유하고 있던 오피스텔을 하늘상사에 임대(보증금 ₩10,000,000, 월세 ₩100,000)하고, 임대료 600,000을 현금으로 받아 즉시 보통예금에 예입하다.
12/31 임대료 미수분을 계상하다.

① (차) 미 수 수 익 400,000 (대) 임 대 료 400,000
② (차) 임 대 료 400,000 (대) 미 수 수 익 400,000
③ (차) 임 대 료 600,000 (대) 미 수 수 익 600,000
④ (차) 미 수 수 익 600,000 (대) 임 대 료 600,000

05. 전기 말에 상품재고액 ₩560,000을 ₩650,000으로 잘못 계상한 경우, 당기의 매출원가와 당기순이익에 미치는 영향으로 옳은 것은? 단, 재고자산 평가는 실지재고조사법을 적용한다.

	매출원가	당기순이익
①	과대	과소
②	과대	과대
③	과소	과소
④	과소	과대

06. 다음 결산수정분개 항목 중 당기순손익에 직접 영향을 주지 않는 것은?
① 감가상각비 계상
② 선급보험료 계상
③ 소모품의 미사용액 계상
④ 기타포괄손익-공정가치측정금융자산평가이익 계상

07. 다음 중 포괄손익계산서에 표시되는 판매비와관리비에 해당하는 계정과목으로 옳지 않은 것은?
① 접대비   ② 퇴직급여
③ 무형자산상각비   ④ 기타의 대손상각비

08. 다음 자료를 이용하여 (주)상공의 당기순이익과 총포괄이익을 계산한 것으로 옳은 것은?

가. 매출총이익	₩ 530,000
나. 물류원가	150,000
다. 기타수익	90,000
라. 기타포괄손익-공정가치측정금융자산평가손실	20,000
마. 금융원가	25,000
바. 토지재평가잉여금	60,000
사. 법인세비용	70,000

	당기순이익	총포괄손익
①	₩355,000	₩390,000
②	₩355,000	₩415,000
③	₩375,000	₩435,000
④	₩375,000	₩415,000

09. 다음은 포괄손익계산서의 표시방법에 대한 내용이다. 옳지 않은 것은?

① 비용을 포괄손익계산서에 성격별로 분류할 것인지, 기능별로 분류할 것인지 선택할 수 있다.
② 당기순손익이란 수익에서 비용을 차감한 금액(기타포괄손익의 항목 제외)을 말한다.
③ 수익과 비용을 포괄손익계산서에 표시할 때는 순액으로 표시하는 것을 원칙으로 한다.
④ 당기순손익을 포괄손익계산서 본문에 반드시 표시하여야 한다.

10. 다음 중 현금흐름표와 관련된 설명으로 옳지 않은 것은?

① 현금흐름표는 회계기간 동안 발생한 현금흐름을 영업활동, 투자활동 및 재무활동으로 분류하여 보고한다.
② 영업활동은 기업의 주요 수익 창출 활동, 그리고 투자활동이나 재무활동이 아닌 기타의 활동을 말한다.
③ 투자활동은 장기성 자산과 현금성자산에 속하지 않는 기타투자자산의 취득과 처분을 말한다.
④ 재무활동은 기업의 금융자산의 크기 및 구성 내용에 변동을 가져오는 활동을 말한다.

11. 다음 자산 내역에서 금융자산의 합계액으로 옳은 것은?

• 통화 ₩50,000	• 자기앞수표 ₩100,000
• 선급금 ₩50,000	• 타인발행수표 ₩300,000
• 3개월 후 만기의 타인발행 약속어음(상거래채권) ₩500,000	

① ₩450,000   ② ₩500,000
③ ₩950,000   ④ ₩1,000,000

12. 금융부채와 지분상품의 분류에 대한 설명으로 옳지 않은 것은?

① 사채를 발행한 회사는 발행한 사채를 금융부채로 분류한다.
② 충당부채, 선수금, 선수수익, 퇴직급여부채는 금융부채로 분류한다.
③ 자금 조달 목적으로 발행한 금융상품(주식)은 지분상품으로 분류한다.
④ 거래 상대방에게 일정한 현금 등을 지급하기로 한 계약상의 의무는 금융부채로 분류한다.

13. (주)상공은 상품매매기업이다. 다음 중 직불카드 및 신용카드의 사용에 대한 내용으로 옳지 않은 것은? 단, 직불카드 및 신용카드 결제계좌는 보통예금이다.

① 직불카드 및 신용카드는 대금결제수단이다.
② 상품 매출 대금을 신용카드로 결제한 경우 외상매출금으로 처리한다.
③ 상품이 아닌 재화의 매입대금을 신용카드로 결제한 경우 외상매입금으로 처리한다.
④ 상품을 매입하고 직불카드로 결제한 경우 보통예금으로 처리한다.

14. 경영진이 의도하는 방식으로 자산을 가동하고자 필요한 장소와 상태에 이르게 하는데 직접 관련되는 원가의 예로 옳은 것은?

① 설치원가 및 조립원가
② 새로운 상품과 서비스를 소개하는 데 소요되는 원가
③ 관리 및 기타 일반간접원가
④ 새로운 기술을 개발하는데 소요되는 원가

15. 다음 그림은 환어음의 거래 내용을 나타낸 것이다. 이를 각 상점의 입장에서 분개할 경우 옳은 것은? 단, 상품 계정은 3분법에 의한다.

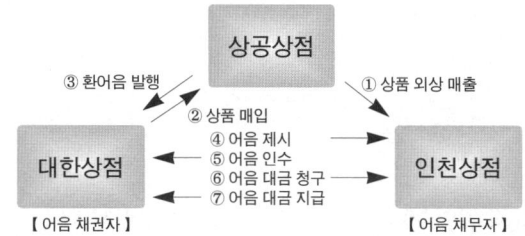

① 상공상점 : (차) 받을어음 ××× (대) 매 출 ×××
② 상공상점 : (차) 매 입 ××× (대) 지급어음 ×××
③ 인천상점 : (차) 외상매입금 ××× (대) 지급어음 ×××
④ 대한상점 : (차) 매 입 ××× (대) 외상매출금 ×××

16. 다음 거래에 대한 (주)상공의 회계처리로 옳은 것은? 단, 받을어음의 배서양도는 매각거래로 한다.

| (주)상공은 외상매입금 ₩500,000을 지급하기 위하여 (주)대한으로부터 받아 보관중인 약속어음을 배서양도하였다. |

① (차) 받 을 어 음 500,000   (대) 외상매입금 500,000
② (차) 지 급 어 음 500,000   (대) 외상매입금 500,000
③ (차) 외상매입금 500,000   (대) 지 급 어 음 500,000
④ (차) 외상매입금 500,000   (대) 받 을 어 음 500,000

17. 다음 거래의 결합 관계로 옳은 것은?

| 단기차입금 ₩1,000,000을 현금으로 상환하고 동시에 관련 이자 ₩30,000을 현금으로 지급하였다. |

① (차) 자산의 증가   (대) 부채의 증가
                        수익의 발생
② (차) 자산의 증가   (대) 자산의 감소
                        수익의 발생
③ (차) 자산의 증가   (대) 자산의 감소
     비용의 발생
④ (차) 부채의 감소   (대) 자산의 감소
     비용의 발생

18. 다음은 중고자동차매매업을 하는 (주)상공의 판매용 승용차를 구입한 내역이다. 회계처리로 옳은 것은? 단, 상품계정은 3분법에 의한다.

- 매입가격 : ₩ 8,000,000
- 취득 시 수리 비용 : ₩ 500,000
- 대금 지급 수단 : 현금

① (차) { 매   입 8,000,000   (대) 현   금 8,500,000
         차량유지비   500,000
② (차)   매   입 8,500,000   (대) 현   금 8,500,000
③ (차) { 차량운반구 8,000,000 (대) 현   금 8,500,000
         차량유지비   500,000
④ (차)   차량운반구 8,500,000 (대) 현   금 8,500,000

19. 다음과 같이 (주)상공은 20×1년 1월 1일에 사채를 발행하고 대금은 현금으로 받았다. 20×1년 12월 31일 포괄손익계산서에 표시될 이자비용은 얼마인가? 단, 유효이자율법을 적용한다.

가. 액면금액	₩ 1,000,000	나. 액면 이자율	연 8%
다. 발행금액	950,000	라. 유효 이자율	연10%
마. 상환기한	5년	바. 이자지급일 : 매년 12월 31일

① ₩76,000 ② ₩80,000
③ ₩95,000 ④ ₩100,000

20. 기업이 주당이익을 공시하는 경우 표시되는 재무제표의 종류를 <보기>에서 고른 것은?

<보기>
ㄱ. 재무상태표   ㄴ. 포괄손익계산서
ㄷ. 주석   ㄹ. 현금흐름표

① ㄱ, ㄴ   ② ㄱ, ㄷ
③ ㄴ, ㄷ   ④ ㄷ, ㄹ

< 제2과목 : 원 가 회 계 >

21. 제조기업의 제조원가명세서에 대한 설명으로 옳지 않은 것은?
① 당기총제조원가는 직접재료비, 직접노무비, 제조간접비의 합계액을 의미한다.
② 당기의 제품 제조 원가의 내용을 상세히 알기 위해 작성하는 명세서를 말한다.
③ 재무상태표에 표시되는 재료, 재공품, 제품 등의 재고자산 가격을 결정하기 위한 원가정보를 제공한다.
④ 당기총제조원가는 기능별포괄손익계산서의 매출원가를 산정하는데 필요한 당기제품제조원가와 항상 일치한다.

22. 다음 재공품 계정을 자료로 알 수 있는 당월총제조원가는 얼마인가?

재 공 품

전 월 이 월	200,000	제 품	900,000
재 료 비	400,000	차 월 이 월	300,000
노 무 비	300,000		
제 조 경 비	100,000		
제 조 간 접 비	200,000		
	1,200,000		1,200,000

① ₩800,000   ② ₩900,000
③ ₩1,000,000 ④ ₩1,200,000

23. 다음 중 비제조원가에 해당하는 항목으로 옳은 것은?
① 외주가공비   ② 주요재료비
③ 공장근로자임금 ④ 대손상각비

24. 재료의 출고 때 개별 작업 또는 제품의 직접재료비가 추적가능한 경우에는 어떤 계정에 대체하는가?
① 재공품   ② 제조간접비
③ 보조재료비   ④ 간접재료비

25. 다음은 (주)상공의 20×1년 제조원가 자료이다. 직접노무비를 계산하면 얼마인가?

가. 직접재료비 : ₩400,000
나. 제조간접비
  - 변동비 : ₩ 80,000 - 고정비 : ₩ 50,000
다. 기본원가 : ₩900,000
라. 가공원가 : ₩630,000

① ₩130,000   ② ₩270,000
③ ₩500,000   ④ ₩530,000

26. 다음은 부문별 원가계산 자료이다. 보조부문비를 단계배부법으로 배부할 때의 내용으로 옳지 않은 것은?

부문 비목	제조부문 A부문	제조부문 B부문	보조부문 C부문	보조부문 D부문	합계
자가부문발생액	₩200,000	₩100,000	₩120,000	₩70,000	₩490,000
제공용역					
C부문	50%	30%	-	20%	100%
D부문	40%	30%	30%	-	100%

① 보조부문 중에서 가장 많은 수의 부문에 용역을 제공하는 순서대로 보조부문비를 배부하여 단계적으로 보조부문비의 배부가 완결되도록 하는 방법이다.
② 가장 많은 수의 부문에 용역을 제공하는 보조부문의 배열을 우 → 좌로 설정하여야 한다.
③ 보조부문의 배부순서에 따라 배부액이 달라질 수 있다.
④ D부문부터 배부한 경우 모든 보조부문비를 배부 후의 B제조부문 합계액은 ₩152,875이다.

27. 다음 중 재무회계와 관리회계의 차이점에 대한 설명으로 옳지 않은 것은?
① 재무회계는 목적적합성을 강조하고, 관리회계는 검증가능성을 강조한다.
② 재무회계는 외부보고 목적을 강조한 반면, 관리회계는 내부보고 목적을 강조한다.
③ 재무회계는 기업 전반에 초점을 맞춘 반면, 관리회계는 조직의 부문에 초점을 둔다.
④ 재무회계는 과거지향적이며, 관리회계는 미래지향적이다.

28. 원가배분은 일반적으로 3단계 과정을 거친다. 다음 중 원가배분의 과정을 순차적으로 가장 적절히 나열한 것은?

(가) 간접원가를 제품에 배분
(나) 직접원가를 원가대상에 추적
(다) 한 원가대상(부문)에서 다른 원가 대상(부문)으로 원가를 배분 또는 재배분

① (나) → (다) → (가)
② (가) → (나) → (다)
③ (다) → (나) → (가)
④ (나) → (가) → (다)

29. 제조부문비 제품별 배부액 총액 ₩42,000을 직접원가법으로 계산할 때, A제품에 배부되는 제조부문비 총액은 얼마인가?

- 제조부문비 : 절단부문비 ₩28,000, 조립부문비 ₩14,000
- 직접재료비 : ₩50,000(A제품 ₩20,000, B제품 ₩30,000)
- 직접노무비 : ₩20,000(A제품 ₩9,000, B제품 ₩11,000)

① ₩8,200
② ₩11,600
③ ₩17,400
④ ₩42,000

30. 다음 (주)대한공업의 5월말 재공품원가를 계산한 것으로 옳은 것은? 단, 제조지시서 #1은 완성되었다.

가. 연간 제조간접비 예상 총액 : ₩900,000
나. 동 기간 동안 직접노동 예상 시간 총수 : 3,000시간
다. 5월 중 원가 자료

원 가	제조지시서 #1	제조지시서 #2	합계
직접재료비	₩350,000	₩500,000	₩850,000
직접노무비	₩200,000	₩300,000	₩500,000
직접노동시간	500시간	700시간	1,200시간

라. 제조간접비 예정배부는 직접노동시간법에 의한다.

① ₩700,000
② ₩800,000
③ ₩1,010,000
④ ₩1,710,000

31. 다음은 부문별 원가계산에 관한 설명이다. 적절하지 않은 것은?
① 직접배부법은 보조부문 상호간의 용역수수를 완전히 무시하는 방법이다.
② 부문별 제조간접비배부는 공장전체 제조간접비배부보다 정확하다.
③ 단계배부법은 보조부문 상호간의 용역수수를 완전하게 고려한다.
④ 제조부문은 부문의 특성에 따라 배부기준을 달리할 수 있다.

32. 다음 중 개별원가계산에 대한 설명으로 옳지 않은 것은?
① 각 제품의 제조지시서별로 원가를 집계하여 제품별로 원가계산을 하는 방법이다.
② 주문에 의하여 소량으로 생산하는 기계제조업, 항공기제조업 등에 사용하는 방법이다.
③ 제품의 제조과정에서 발생하는 직접재료비, 직접노무비, 제조간접비를 구분하여 원가를 계산한다.
④ 원가의 기간별 배부가 중요하며 작업의 진척도에 따라 배부하는 원가를 다르게 계산하는 방법이다.

33. 다음은 개별원가계산 제도를 채택하고 있는 (주)상공의 원가자료이다. 6월 제품제조원가를 계산한 금액으로 옳은 것은?

제조지시서 No.11은 5월에 생산을 시작하여 6월에 완성되었고, No.12와 No.13은 6월에 제조가 착수되었으며, 그 중 No.13은 6월 말 현재 미완성이다.

< 미완성품 원가 자료 >

	5월 31일(No.11)	6월 30일(No.13)
직접재료비	₩2,000	₩11,000
직접노무비	₩6,000	₩27,000
제조간접비	₩3,000	₩19,000
계	₩11,000	₩57,000

6월 중 직접재료비 ₩37,000, 직접노무비 ₩97,000, 제조간접비 ₩67,000이 투입되었다.

① ₩68,000
② ₩98,000
③ ₩144,000
④ ₩155,000

34. (주)상공화학은 동일공정에서 결합제품 A와 B를 생산하고 있다. 다음 자료에 의하여 연산품 A의 단위당 제조원가를 계산한 금액으로 옳은 것은? 단, 결합제품 A와 B에 투입된 결합원가는 ₩24,000이며 결합원가는 상대적 순실현가치를 기준으로 배부하고 있다.

제품	생산수량	분리점에서의 판매가치	분리점 이후 추가 가공비	최종판매가치
A	100	₩15,000	₩2,000	₩20,000
B	200	₩22,000		₩42,000

① ₩82 ② ₩84
③ ₩92 ④ ₩95

35. 다음 중 종합원가계산의 개념에 대한 설명으로 옳지 않은 것은?

① 제조간접비의 배부가 필요 없다.
② 일반적으로 원가를 가공비와 재료비로 구분하여 계산한다.
③ 수주 수량에 따라 생산 수량이 결정 된다.
④ 한 종류의 제품을 연속적으로 대량생산하는 기업에서 사용한다.

36. 종합원가계산의 종류에 대한 설명으로 옳지 않은 것은?

① 공정별원가계산은 제조공정이 2개 이상의 연속되는 공정으로 구분되고 각 공정별로 당해 공정제품의 제조원가를 계산할 경우에 적용한다.
② 조별원가계산은 동일 종류의 제품을 조별로 연속하여 생산하는 생산형태에 적용한다.
③ 등급별원가계산은 동일 종류의 제품이 동일공정에서 연속적으로 생산되나 그 제품의 품질 등이 다른 경우에 적용한다.
④ 연산품원가계산은 동일재료로 동일공정에서 생산되는 다른 종류의 제품으로서 주산물과 부산물을 명확히 구분하기 곤란한 경우에 적용한다.

37. 다음은 종합원가계산에서 원가를 기말재공품과 완성품에 배부하기 위한 절차이다. 순서를 올바르게 나열한 것은?

가. 완성품 환산량 단위당 원가의 계산
나. 배부될 원가의 요약
다. 완성품과 기말재공품으로 원가 배분
라. 물량 흐름의 파악
마. 완성품 환산량의 계산

① 가-나-다-라-마 ② 라-마-나-가-다
③ 가-나-라-마-다 ④ 나-라-마-가-다

38. 다음 자료를 기초로 평균법에 의한 공정별 종합원가계산에서 재료비와 가공비의 완성품환산량을 계산한 것으로 옳은 것은? 재료비는 공정초기에 전량 투입되고, 가공비는 공정전반에 걸쳐 균등하게 투입된다. 단, 기말재공품의 완성도는 40%이다.

기초재공품 수량	0개
당기 착수 수량	600개
당기 완성품 수량	500개
기말재공품 수량	100개

① 재료비 600개, 가공비 600개
② 재료비 600개, 가공비 540개
③ 재료비 540개, 가공비 600개
④ 재료비 540개, 가공비 540개

39. 다음 중 공정별 종합원가계산에 대한 설명으로 옳지 않은 것은?

① 원가요소를 공정개별비·공정공통비로 구분하여, 공정공통비는 각 공정에 직접 배부하지만 공정개별비는 합리적인 배부기준에 의하여 인위적으로 배부한다.
② 연속 공정하에서는 제 1공정의 완성품 수량과 제2공정의 당기 착수량은 항상 일치한다.
③ 전 공정의 완성품을 다음 공정에 대체시켜 사용하는 경우에는 다음 공정에서 전 공정의 완성품원가를 재료비로 간주한다.
④ 각 공정마다 단일 종합원가계산의 방식에 의하여 완성품의 제조원가를 산출한다.

40. 완성품 환산량에 대한 전반적인 내용이다. 옳지 않은 것은?

① 평균법은 기초의 재공품원가와 당기의 제조비용이 평균적으로 완성품과 기말재공품에 분산되어 있다는 것을 전제로 한다. 따라서 재공품의 평가도 평균적인 개념으로 수행하여야 한다.
② 제품의 제조 개시 시점에서 직접재료의 전량을 투입한다고 한다면, 직접재료비에 대한 완성품 환산비율은 항상 100%를 적용시켜야 한다.
③ 평균법은 기초재공품원가와 당기총제조비용을 구분하여 계산하므로 계산과정이 선입선출법보다 복잡하지만, 전기의 작업능률과 당기의 작업능률이 명확히 구분되기 때문에 원가통제상 유용한 정보를 제공한다.
④ 선입선출법을 이용하여 종합원가계산을 수행하는 회사에서 기초재공품의 완성도를 실제보다 과소평가할 경우 당연히 기초재공품의 원가는 과소평가되고 완성품 환산량 단위당 원가가 과소평가되므로 기말재공품의 원가는 과소평가되고 완성품 환산량은 과대평가된다.

국 가 기 술 자 격 검 정
상시 전산회계운용사 2급필기 시험
대한상공회의소 시행

2017년 2회기출

2급	A형	시험일(소요시간)	문항수
		5월 27일(총60분)	총40개

수험번호 :
성　명 :

※ 다음 문제를 읽고 알맞은 것을 골라 답안카드의 답란(①, ②, ③, ④)에 표기하시오.

< 제1과목 : 재무회계 >

01. 수정분개 전 당기순이익이 ₩600,000이고 기말수정사항이 다음과 같을 때 수정분개 후 정확한 당기순이익은 얼마인가?

가. 대여금 이자미수액	₩ 30,000
나. 수수료 선수액	55,000
다. 임차료 선급액	20,000
라. 종업원급여 미지급액	40,000

① ₩455,000　② ₩515,000
③ ₩555,000　④ ₩665,000

02. 제조업을 영위하는 (주)상공이 결산 시 이자비용 미지급분에 대한 거래를 누락하였을 경우 재무제표에 미치는 영향으로 옳은 것은?

① 매출총이익이 과소계상된다.
② 영업이익이 과대계상된다.
③ 비유동부채가 과소계상된다.
④ 당기순이익이 과대계상된다.

03. 다음의 기말 결산 시 작성한 수정 전 시산표에 대한 설명으로 옳지 않은 것은?

잔 액 시 산 표

차 변	계 정 과 목	대 변
	현　　　　　　금	
(가)	외 상 매 출 금	
(나)	개　　발　　비	
	외 상 매 입 금	(다)
	자　　본　　금	(라)
	매　　　　　출	(마)
(바)	매　　　　　입	
(사)	여 비 교 통 비	
(아)		(자)

① '라'는 기초자본금이다.
② '마'는 순매출액이다.
③ '바'는 매출원가이다.
④ 분개와 전기상의 오류가 없다면 '아'와 '자'의 금액은 일치한다.

04. 다음은 포괄손익계산서에 기입된 자료의 일부이다. 당기순이익을 추정한 금액으로 옳은 것은?

• 매출총이익	₩1,500,000	• 기타수익	₩500,000
• 기타포괄이익	300,000	• 총포괄이익	900,000

① ₩600,000　② ₩800,000
③ ₩1,200,000　④ ₩2,000,000

05. 다음의 포괄손익계산서를 토대로 영업활동으로 인한 현금흐름액을 계산하면 얼마인가?

포괄손익계산서

매　출　액	₩ 100,000
매 출 원 가	70,000
매 출 총 이 익	30,000
종 업 원 급 여	10,000
감 가 상 각 비	5,000
당 기 순 이 익	15,000

① ₩10,000　② ₩15,000
③ ₩20,000　④ ₩30,000

06. (주)상공의 자료를 이용하여 포괄손익계산서에 표시되는 당기순이익을 계산한 것으로 옳은 것은?

가. 수익(매출액)	₩1,000,000	나. 매출원가	₩700,000
다. 물류원가	100,000	라. 관리비	50,000
마. 금융원가	30,000		
바. 기타포괄손익-공정가치측정금융자산평가손실			20,000

① ₩100,000　② ₩120,000
③ ₩170,000　④ ₩200,000

07. 액면가액 ₩100,000의 전환사채가 ₩100,000의 보통주로 전환되는 기업활동이 현금흐름표에 표시되는 방법으로 옳은 것은?

① 비현금거래로서 현금흐름표의 보충적 주석정보로 보고한다.
② ₩100,000의 재무활동 현금흐름의 유출 및 ₩100,000의 재무활동 현금흐름의 유입
③ ₩100,000의 재무활동 현금흐름의 유출 및 ₩100,000의 투자활동 현금흐름의 유입
④ ₩100,000의 영업활동 현금흐름의 유출 및 ₩100,000의 투자활동 현금흐름의 유입

08. 현금및현금성자산에 대한 설명으로 옳지 않은 것은?

① 현금성자산은 단기의 현금수요를 충족하기 위한 목적으로 보유한다.
② 현금성자산으로 분류되기 위해서는 확정된 금액이 현금으로의 전환이 용이하고, 가치변동의 위험이 경미하여야 한다.
③ 취득당시 장기로 분류되었던 국·공채 중 결산일 현재 만기일이 3개월 이내인 국·공채를 현금성자산으로 분류한다.
④ 상환일이 정해져 있고 취득일로부터 상환일까지 기간이 3개월 이내인 우선주의 경우 현금성자산으로 처리한다.

09. 금융자산과 금융부채에 속하는 항목으로 바르게 나타낸 것은?

	금융자산	금융부채
①	선 급 금	미지급비용
②	미 수 금	선 수 금
③	단기대여금	장기차입금
④	재 고 자 산	선 수 수 익

10. 금융자산에 대한 설명으로 옳지 않은 것은?

① 통화 및 통화대용증권은 금융자산에 속한다.
② 당기손익-공정가치측정금융자산의 평가손익은 당기손익으로 인식한다.
③ 당기손익-공정가치측정금융자산의 취득에 따른 제 비용은 취득원가에 포함한다.
④ 거래 상대방에게 현금 등을 수취할 계약상의 권리는 금융자산에 속한다.

11. 다음 거래 내용 중 회계처리 결과가 재무제표의 매출채권을 증가시키는 것끼리 짝지어진 것은?

① 타인발행 약속어음 수취, 어음의 부도
② 외상매출금의 실제 대손, 약속어음 배서양도
③ 약속어음 대금의 회수, 약속어음의 할인양도
④ 재화의 외상 판매, 약속어음의 수취

12. 다음 자료에서 외상매입금의 전기이월액으로 옳은 것은?(단, 부가세는 고려하지 않는다.)

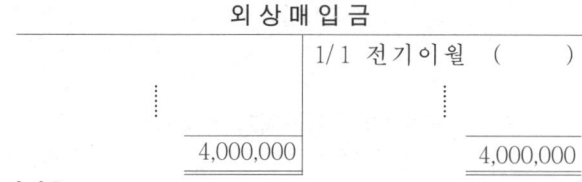

【거래】
• 3월 1일 외상대금 중 ₩1,000,000을 현금으로 결제하다.
• 6월 5일 상품 ₩2,000,000을 외상으로 구입하고, 운송비 ₩20,000은 현금으로 지급하다.

① ₩1,000,000   ② ₩2,000,000
③ ₩2,020,000   ④ ₩2,040,000

13. (주)상공기업은 대한상점에 상품 ₩1,000,000을 매출하고 대금은 신용카드로 결제 받았다. 이에 대한 분개로 옳은 것은?(단, 상품 거래는 3분법으로 처리한다.)

① (차) 외상매출금 1,000,000 (대) 매 출 1,000,000
② (차) 받 을 어 음 1,000,000 (대) 매 출 1,000,000
③ (차) 가 수 금   1,000,000 (대) 매 출 1,000,000
④ (차) 미 수 금   1,000,000 (대) 매 출 1,000,000

14. (주)상공은 20×1년 1월 1일에 보유하고 있는 투자부동산인 토지(장부금액 : ₩300,000)를 ₩500,000에 처분하였다. 처분대가 중 ₩200,000은 20×1년 1월 1일에 받았으며, 나머지 금액은 20×1년 말부터 매년 12월 31일에 ₩100,000씩 3회 분할하여 받기로 하였다. 20×1년 말 장기미수금의 장부금액은 얼마인가? 단, 토지 처분일 현재 유효이자율은 연 10%이고 기간 3, 10%, 연금현가계수는 2.4868이다. 답은 가장 근사치를 선택하라.

① ₩148,680   ② ₩153,812
③ ₩173,550   ④ ₩200,000

15. (주)상공은 공장건물을 신축하기로 하고, A건설사와 ₩7,000,000에 도급계약을 체결하였다. 신축 기간 중 차입금과 관련하여 자본화될 차입원가는 ₩500,000이며, 건물의 취득세로 납부한 금액은 ₩250,000일 때, 공장건물의 취득원가는 얼마인가?

① ₩7,000,000   ② ₩7,250,000
③ ₩7,500,000   ④ ₩7,750,000

16. 다음은 (주)상공기업의 6월 중 A상품의 매입과 관련된 거래 내용이다. 6월 중 A상품의 순매입액은 얼마인가?

> 가. 6월 10일 A상품 ₩100,000(100개 @₩1,000)을 외상매입하고 운임 ₩10,000은 현금으로 지급하였다.
> 나. 6월 12일 A상품에 대한 외상대금을 현금으로 지급하면서 ₩5,000을 할인받았다.

① ₩95,000   ② ₩100,000
③ ₩105,000   ④ ₩110,000

17. 결산일은 12월 말이다. 사채권면의 발행일이 20×1년초인 사채를 20×1년 3월초에 발행하였다. 발행일의 시장이자율은 연 7%이며 사채발행비용을 포함한 유효이자율은 연 8%이다. 이 사채는 액면이자율 연 6%, 액면금액 ₩100,000, 매년 말 이자 지급, 만기 2년의 조건으로 발행되다. 20×1년 3월의 사채발행금액은 얼마인가? (2년, 8% : 현가 0.8573 연금현가 1.7833) 단, 가장 근사치를 정답으로 한다.

① ₩96,430   ② ₩96,483
③ ₩97,716   ④ ₩100,000

18. 사채발행에 대한 설명 중 옳지 않은 것은?

① 사채발행가액 = 만기 사채 원금의 현재 가치 + 표시 이자액의 현재 가치
② 할인발행 : 표시이자합계 > 유효이자합계
③ 할증발행 : 표시이자율 > 시장이자율
④ 할인발행 : 액면가액 > 발행가액

19. 금융자산에 대한 전반적인 내용이다. 옳지 않은 것은?

① 금융자산은 금융상품의 계약당사자가 되는 때에만 재무상태표에 인식한다.
② 금융자산의 정형화된 매입이나 매도는 매매일 또는 결제일에 인식하거나 제거한다.
③ 「금융자산의 현금흐름에 대한 계약상 권리가 소멸한 경우」또는 「금융자산을 양도하며 그 양도가 제거의 조건을 충족하는 경우」중 하나에 해당하는 경우에만 금융자산을 제거한다.
④ 상각후원가측정금융자산의 취득과 직접 관련되는 거래원가는 발생시점에서 당기손익으로 인식한다.

20. 다음은 주당이익에 대한 내용이다. 옳지 않은 것은?

① 기본주당이익은 회계기중 실제 발행된 보통주식수를 기준으로 산출한 것이며, 희석주당이익은 실제 발행된 보통주뿐만 아니라 보통주로 전환될 수 있는 잠재적보통주까지 감안하여 산출한 것으로 이는 기본주당이익에 비해 낮은 금액이 된다.
② 가중평균유통보통주식수는 기초의 유통보통주식수에 회계기간 중 취득된 자기주식수 또는 신규 발행된 보통주식수를 각각의 유통기간에 따른 가중치를 고려하여 조정한 보통주식수이다.
③ 희석주당이익을 계산하기 위해서는 모든 희석효과가 있는 잠재적보통주의 영향을 고려하여 지배기업의 보통주에 귀속되는 당기순손익 및 가중평균유통보통주식수를 조정한다.
④ 기본주당이익과 희석주당이익은 제시되는 모든 기간에 대하여 동등한 비중으로 제시하며, 기본주당이익과 희석주당이익이 부(-)의 금액(즉 주당손실)의 경우에는 표시하지 아니한다.

< 제2과목 : 원 가 회 계 >

21. 다음의 재공품 계정을 토대로 알 수 있는 당월 제품제조원가는 얼마인가?

재 공 품			
전 월 이 월	100,000	제 품	800,000
재 료 비	400,000	차 월 이 월	200,000
노 무 비	200,000		
제 조 간 접 비	300,000		
	1,000,000		1,000,000

① ₩600,000 ② ₩800,000
③ ₩900,000 ④ ₩1,000,000

22. 통제가능원가와 통제불가능원가에 대한 설명으로 옳지 않은 것은?

① 통제가능하다고 하는 것은 경영자가 원가 발생액을 통제할 수 있는 재량권을 갖고 있음을 의미한다.
② 관리계층에 따라 동일한 원가에 대한 통제가능성이 달라지지는 않는다.
③ 특정 과거에 이루어진 의사결정에 의해서 발생하는 감가상각비와 같은 비용은 이미 정해져 있거나, 이미 발생한 원가로서 경영자가 이를 통제할 수 없으므로 통제 불가능한 원가이다.
④ 통제가능원가의 경우 특정 부문 경영자의 성과를 평가하는데 활용한다.

23. 공장전체 제조간접비 배부에 대한 내용이다. 옳지 않은 것은?

① 공장전체 제조간접비 배부율을 사용한다면, 제조부문과 보조부문에서 발생한 총제조간접비를 단일 배부기준에 의하여 개별 제품에 배부하게 된다.
② 공장전체 제조간접비 배부율을 사용한다면, 보조부문의 제조간접비를 제조부문에 배부하는 문제가 발생한다.
③ 보조부문비를 직접배부법, 단계배부법, 상호배부법 중 어떤 배부방법에 의하여 제조부문에 배부하여도 공장전체의 제조간접비는 변함이 없다.
④ 공장전체 제조간접비 배부총액과 부문별 제조간접비 배부총액은 일치하나, 공장전체 제조간접비 배부보다 부문별 제조간접비 배부가 더 정확하다.

24. 다음은 (주)상공의 원가계산표이다. 이에 대한 설명으로 옳지 않은 것은? 단, 제조지시서 #1과 제조지시서 #2는 완성되었다.

지시서 비목	제조 지시서#1	제조 지시서#2	제조 지시서#3	합계
월초재공품	①	②	③	④
직접재료비	⑤	⑥	⑦	⑧
직접노무비	⑨	⑩	⑪	⑫
제조간접비	⑬	⑭	⑮	⑯
합계	⑰	⑱	⑲	⑳

① ① + ② = 월초재공품재고액
② ⑧ + ⑫ + ⑯ = 당월총제조비용
③ ⑰ + ⑱ = 당월제품제조원가
④ ⑲ = 월말재공품재고액

25. (주)한빛전자는 전화기를 제조하는 기업이며 서울에는 관리부, 영업부, 연구소가 있으며, 수원에는 제조공장이 있다. 다음 자료에 의하면 제조간접비 총액은 얼마인가? (단위 : 원)

	관리부	영업부	연구소	공장
급여(임금)	400,000	700,000	500,000	1,120,000
접 대 비	20,000	50,000	10,000	200,000
지급수수료	1,000,000	500,000	50,000	100,000
외주용역비	101,000	250,000	180,000	2,000,000
소 모 품 비	120,000	105,000	50,000	750,000
수도광열비	90,000	50,000	350,000	850,000
감가상각비	210,000	105,000	75,000	2,500,000

① ₩3,900,000 ② ₩6,200,000
③ ₩6,400,000 ④ ₩7,520,000

26. 다음은 제조간접비에 대한 자료이다. 제조간접비 배부차이는 얼마인가?

가. 예상 제조간접비	₩360,000
나. 예상 직접노동시간	7,200시간
다. 실제 제조간접비	₩27,000
라. 실제 직접노동시간	600시간

① ₩3,000 과대배부 ② ₩3,000 과소배부
③ ₩9,000 과대배부 ④ ₩9,000 과소배부

27. 다음은 제조경비에 대한 설명이다. (가)와 (나)에 들어갈 용어로 옳은 것은?

제조과정에 제조경비가 어느 곳에 투입되었는가를 추적하여 특정 제품의 생산 과정에서 직접적으로 추적할 수 있으면 (가)(으)로, 특정 제품의 생산과 직접적인 관계가 없는 둘 이상의 제품의 제조에 공통으로 소비된 경비는 (나)(으)로 분류한다.

① (가) 직접제조경비 (나) 간접제조경비
② (가) 간접제조경비 (나) 직접제조경비
③ (가) 제조경비   (나) 소비비용
④ (가) 소비비용   (나) 제조경비

28. (주)상공의 다음 자료에 의하면 당기에 구매처에서 구입한 원재료는 얼마인가?

가. 원재료 : 기초재고 ₩40,000, 기말재고 ₩50,000
나. 재공품 : 기초재고 ₩85,000, 기말재고 ₩65,000
다. 당기제품제조원가 : ₩210,000
라. 직접노무비 : ₩25,000
마. 제조간접비 : ₩100,000

① ₩65,000   ② ₩75,000
③ ₩190,000   ④ ₩210,000

29. 다음에서 설명하는 보조부문비 배부 방법으로 옳은 것은?

보조부문 상호간의 용역 수수관계를 완전히 고려하여 보조부문 원가를 다른 보조부문과 제조부문에 배부하는 방법으로 복잡하지만 가장 정확하다.

① 단계배부법   ② 상호배부법
③ 간접배부법   ④ 직접배부법

30. 연산품 종합원가계산에 대한 설명으로 옳지 않은 것은?

① 연산품 종합원가계산은 동일 재료로 동일 공정에서 생산되는 다른 종류의 제품으로서 주산물과 부산물을 명확히 구분하기 곤란한 경우에 적용한다.
② 연산품이 개별적으로 식별가능한 시점을 분리점이라 하며, 분리점 이전에 발생한 제조원가를 결합원가라 한다.
③ 분리원가(즉 추가가공원가)는 개별 제품과 직접 관련하여 발생하므로 원가발생액을 각 제품별로 추적할 수 있기 때문에 원가회계상 별다른 문제를 일으키지 않는다.
④ 연산품의 제조원가는 결합원가의 배분원가에서 분리후의 추가가공원가를 차감한 잔액으로 계산된다.

31. 다음 종합원가계산에 대한 설명 중 옳지 않은 것은?

① 종합원가계산에서 사용되는 원가계산표는 개별원가계산의 경우와는 달리 제품의 종류마다 작성할 필요가 없으며, 각 원가계산기간마다 1부를 작성하고 여기에다 그 기간에 발생한 모든 원가를 집계하면 된다.
② 종합원가계산은 표준규격 제품을 대량으로 연속생산하는 업종에 적합하다.
③ 종합원가계산은 경우(예: 조별)에 따라서 제조공정(부문)에 대한 직접비와 간접비의 구분이 필요하다.
④ 종합원가계산에서는 미완성된 특정 제품의 제조지시서별 원가계산표에 집계되어 있는 금액이 기말재공품이 된다.

32. 다음은 원가관리회계의 특성과 관련된 설명들이다. 이 중에서 옳지 않은 것은?

① 원가관리회계는 기업의 경영자나 관리자에게 의사결정에 필요한 원가나 세부부문의 재무정보를 제공한다.
② 원가관리회계는 원가측정 및 계산을 주로 다루는 원가회계와 원가정보를 의사결정에 사용하는 기법을 다루는 관리회계로 세분하기도 한다.
③ 원가관리회계의 정보는 외부에 보고하는 재무회계의 정보와 아무런 관련성이 없다.
④ 원가관리회계는 각종 업무활동을 위해 원가를 측정/관리/분석하는 분야이므로 기업의 기획/구매/판매/생산/설계 등 모든 분야의 경영관리자에게 필수적인 지식이다.

33. 다음 중 개별원가계산에 대한 회계처리로서 옳은 것은?

① 재료 구입 시 : (차) 재 공 품 ××× (대) 재   료 ×××
② 노무비 지급 시 : (차) 재 공 품 ××× (대) 노 무 비 ×××
③ 제조간접비배부시 : (차) 재 공 품 ××× (대) 제조간접비 ×××
④ 생 산 완 료 시 : (차) 재 공 품 ××× (대) 제   품 ×××

34. 제조간접비는 직접노무비 실제발생액을 기준으로 제품에 배부하며, 제조간접비 실제발생 총액은 ₩8,400이다. 작업지시서 No.1의 제조원가는 얼마인가?

	직접재료비	직접노무비
작업지시서 No.1	₩4,000	₩8,000
작업지시서 No.2	₩2,000	₩6,000
계	₩6,000	₩14,000

① ₩4,800　　② ₩12,000
③ ₩16,800　　④ ₩20,400

35. 다음 중 종합원가계산에 대한 설명으로 옳지 않은 것은?

① 평균법이 비교적 간단하므로 원가통제에 항상 유리하다.
② 선입선출법에 따른 완성품 환산량은 평균법보다 항상 적거나 같다.
③ 평균법에 의할 경우에는 기초재공품원가와 당기발생원가를 동일하게 취급한다.
④ 가격이나 재고수준이 안정적일 경우 평균법이나 선입선출법 중 어떤 방법으로 원가계산을 하여도 그 차이가 크지 않다.

36. 다음 중 선입선출법에 의한 종합원가계산에서 완성품환산량 단위당 원가는 어느 원가를 사용하여 계산하는가?

① 당기투입원가
② 당기투입원가 + 기초재공품원가
③ 당기투입원가 - 기말재공품원가
④ 당기투입원가 + 기초재공품원가 - 기말재공품원가

37. 원가회계의 주요 목적으로 옳지 않은 것은?

① 내부 의사결정
② 예산의 편성 및 통제
③ 기업내 여러 부문의 평가
④ 원가정보를 기업 외부의 회계정보 이용자에게 공시

38. 다음은 원가에 대한 설명이다. 옳지 않은 것은?

① 기간비용은 특정제품과의 직접대응관계를 측정하는 것이 불가능하기 때문에 발생과 동시에 비용으로 계상된다.
② 직접원가는 컴퓨터의 하드디스크(Hard Disk), 선박의 엔진 등과 같이 특정 원가대상에 직접관련 시킬 수 있는 원가이다.
③ 제조와 관련된 기계장치, 공구와 기구는 소멸되지 않으므로 원가로 구성될 수 없다.
④ 원가의 분류상 기초원가(기본원가)에도 포함되고 전환원가(가공원가)에도 포함되는 원가는 직접노무비이다.

39. 다음 계정의 기입 내용에 대한 설명으로 옳은 것은?

부 문 비 배 부 차 이			
조립부문비	30,000	절단부문비	70,000

① 절단부문비는 예정배부액보다 실제발생액이 더 많았다.
② 조립부문비는 실제발생액보다 예정배부액이 과대 배부되었다.
③ 안분(비례배분)법은 재공품, 제품, 매출원가의 금액에 비례하여 부문비배부차이를 안분하는 방법이다.
④ 매출원가조정법에 의할 경우 (차) 부문비배부차이 40,000 (대) 매출원가 40,000으로 대체분개하여 마감한다.

40. (주)상공의 20×1년 원가자료는 아래와 같다.

> 가. 기초재공품 : 900단위(완성도 30%)
> 나. 당기착수량 : 4,100단위
> 다. 기말재공품 : 2,000단위(완성도 70%)

(주)상공은 평균법으로 종합원가계산을 하고 있다. 원재료는 공정 초에 모두 투입되고 가공비는 전공정에 걸쳐 균등하게 계산된다. 재료비와 가공비의 완성품 환산량 합계는 얼마인가?

① 6,000　　② 7,400
③ 9,400　　④ 10,000

국가기술자격검정

상시 전산회계운용사 2급필기 시험

대한상공회의소 시행

2017년 3회기출

06회

2급	A형	시험일(소요시간)	문항수
		9월 16일(총60분)	총40개

수험번호 :
성　명 :

※ 다음 문제를 읽고 알맞은 것을 골라 답안카드의 답란(①, ②, ③, ④)에 표기하시오.

< 제1과목 : 재 무 회 계 >

01. 다음은 (주)상공의 자료에 의한 (가), (다)의 금액으로 옳은 것은? 단, 당기순손익 외에는 자본의 변동이 없다고 가정한다.

회계연도	기초자본	기말자본	총수익	총비용
20×8	3,200,000	(가)	2,500,000	2,200,000
20×9	(나)	3,000,000	(다)	2,700,000

　　　(가)　　　　(다)
① 3,500,000　　2,200,000
② 2,900,000　　2,800,000
③ 3,500,000　　3,200,000
④ 2,900,000　　2,600,000

02. 다음 손익거래 중 발생기준에 의한 회계처리로 옳지 않은 것은?

① 기말에 보험료 미경과액을 계상하다.
② 매출채권에 대한 대손충당금을 설정하다.
③ 기말에 미지급된 급여를 당기 비용으로 계상하다.
④ 상품을 판매하기로 하고 수취한 계약금을 매출수익으로 계상하다.

03. 다음은 (주)상공의 결산정리사항이다. 결산 전 당기순이익이 ₩350,000일 경우 결산정리사항 반영 후의 정확한 당기순이익은 얼마인가? 단, 대손충당금 잔액은 ₩20,000이다.

가. 임차료 미지급액	₩ 70,000
나. 매출채권 대손 예상액	20,000
다. 단기대여금에 대한 이자 미수액	80,000

① ₩180,000　　　　② ₩200,000
③ ₩340,000　　　　④ ₩360,000

04. 다음의 현금 계정에 기입된 일자별 거래 내용을 추정한 것으로 옳지 않은 것은?

현	금
1/ 1 자 본 금 1,000,000	1/20 외상매입금 200,000
1/23 보 통 예 금　500,000	1/30 복리후생비 300,000

① 1/1 현금 ₩1,000,000을 출자하여 영업을 개시하다.
② 1/20 상품의 외상대금 ₩200,000을 현금으로 지급하다.
③ 1/23 현금 ₩500,000을 보통예금계좌에 예입하다.
④ 1/30 직원 회식비 ₩300,000을 자기앞수표로 지급하다.

05. 다음 거래를 분개와 전기한 내용 중 시산표 작성을 통해 발견할 수 있는 오류로 옳은 것은?

| 상품 ₩30,000을 외상으로 매입하다. |

① 매입 ₩30,000 / 외상매출금 ₩30,000으로 분개
② 매입 ₩20,000 / 외상매입금 ₩20,000으로 분개
③ 매입계정 차변과 외상매입금 계정 차변에 전기
④ 매입계정 대변과 외상매입금 계정 차변에 전기

06. (주)상공은 20×1년 12월 31일에 다음과 같은 결산수정분개를 하였다. 20×1년도 중 임차료 ₩280,000을 현금지급하였으며, 전기 말에 미지급임차료 ₩30,000이 계상되어 있다. 포괄손익계산서에 당기 비용으로 표시되는 임차료는 얼마인가?

| (차변) 임 차 료 60,000　　(대변) 미지급임차료 60,000 |

① ₩280,000　　　　② ₩310,000
③ ₩340,000　　　　④ ₩370,000

07. (주)상공의 다음 자료를 이용하여 전기이월미처분이익잉여금을 계산한 것으로 옳은 것은?

가. 차기이월미처분이익잉여금	₩ 1,000,000
나. 중간배당액(현금)	100,000
다. 당기순이익	1,000,000
라. 임의적립금이입액	200,000
마. 현금 배당금	500,000
바. 이익준비금은 법정최소금액 적립하였음	

① ₩460,000　　　　② ₩510,000
③ ₩700,000　　　　④ ₩900,000

08. (주)상공의 다음 자료만을 이용하여 결산 시 대체분개로 옳은 것은?

- 임대료 계정 잔액 ₩50,000을 대체하다.
- 복리후생비 계정 잔액 ₩20,000을 대체하다.
- 손익 계정을 대체하다.

① (차) 손   익 50,000 (대) 임 대 료   50,000
② (차) 복 리 후 생 비 20,000 (대) 손   익   20,000
③ (차) 손   익 30,000 (대) 미처분이익잉여금 30,000
④ (차) 미처리결손금 20,000 (대) 손   익   20,000

09. 수정 전 잔액시산표의 차변 합계액은 ₩1,000,000이다. 보험료 미경과액 ₩30,000과 이자수익 미수액 ₩20,000을 계상한 후의 수정 후 잔액시산표 차변 합계액은 얼마인가?

① ₩970,000   ② ₩990,000
③ ₩1,020,000   ④ ₩1,050,000

10. 다음 중 기타포괄손익에 포함되지 않는 것은?

① 기타포괄손익-공정가치측정금융자산평가손익
② 해외사업환산손익
③ 재평가잉여금
④ 자기주식처분이익

11. 총포괄손익, 기타포괄손익, 당기순손익에 대한 내용이다. 옳지 않은 것은?

① 기타포괄손익 부분은 당해 기간의 기타포괄손익의 금액을 표시하는 항목을 성격별로 분류하고, 다른 한국채택국제회계기준서에 따라 후속적으로 당기손익으로 재분류되지 않는 항목과 특정 조건을 충족하는 때에 후속적으로 당기손익으로 재분류되는 항목으로 구분하여 표시하여야 한다.
② 당기손익과 기타포괄손익은 단일의 포괄손익계산서에 두 부분으로 나누어 표시한다.
③ 포괄손익계산서에 당기손익 부분과 기타포괄손익 부분에 추가하여 당기순손익, 기타포괄손익, 당기손익과 기타포괄손익을 합한 총포괄손익을 표시한다.
④ 수익과 비용의 어느 항목은 당기손익과 기타포괄손익을 표시하는 보고서 또는 주석에 특별손익 항목으로 표시할 수 있다.

12. 현금흐름표에 대한 설명으로 옳지 않은 것은?

① 현금흐름표상 현금흐름의 유형은 영업활동, 투자활동, 재무활동으로 구분된다.
② 매출채권 회수, 종업원 관련 현금 유출, 자금의 차입 등은 영업활동이다.
③ 자금의 대여 및 대여금 회수, 유형자산의 취득과 처분 등은 투자활동이다.
④ 주식 및 사채의 발행을 통한 자금조달은 재무활동이다.

13. (주)상공의 다음 자료에 의하여 기능별 포괄손익계산서상의 영업이익을 계산한 금액으로 옳은 것은?

• 기초상품재고액 ₩250,000	• 당기순매입액 ₩500,000
• 기말상품재고액 100,000	• 당기순매출액 1,000,000
• 광고선전비 50,000	• 이자비용 30,000
• 기부금 10,000	• 임차료 40,000
• 통신비 70,000	• 세금과공과 50,000
• 수도광열비 20,000	• 유형자산처분손실 30,000

① ₩90,000   ② ₩100,000
③ ₩110,000   ④ ₩120,000

14. (주)상공은 5월 1일 우리은행에서 3개월 만기 정기예금 (₩5,000,000)에 가입하였다. 7월 31일 정기예금이 만기가 되어 원금과 이자 ₩45,000을 함께 현금으로 받아 즉시 보통예금에 입금하였다. 7월 31일 (주)상공의 회계처리로 옳은 것은?

① (차) 현   금 5,045,000 (대) 정 기 예 금 5,000,000
                                    이 자 수 익   45,000
② (차) 보 통 예 금 5,045,000 (대) 정 기 예 금 5,000,000
                                    이 자 수 익   45,000
③ (차) 보 통 예 금 5,045,000 (대) 현금성자산   5,000,000
                                    이 자 수 익   45,000
④ (차) 현   금 5,045,000 (대) 현금성자산   5,045,000

15. 한국채택국제회계기준에 따른 금융상품 인식과 측정에 대한 설명 중 옳지 않은 것은?

① 당기손익-공정가치측정금융자산의 취득과 관련되는 제비용은 취득원가에 포함한다.
② 공정가치를 신뢰성 있게 측정할 수 없는 지분상품은 당기손익 인식항목으로 지정할 수 없다.
③ 보유자가 중도 상환을 요구할 수 있는 금융자산은 상각후원가측정금융자산으로 분류할 수 없다.
④ 후속적으로 원가나 상각후원가로 측정하는 자산에 대하여 결제일 회계 처리를 적용하는 경우 당해 자산은 최초인식 시 매매일의 공정가치로 인식한다.

16. 다음은 (주)상공기업의 약속어음 할인과 관련된 거래이다. 이에 대한 분개로 옳은 것은? 단, 회계 처리는 매각거래로 한다.

1개월 전에 (주)대한기업으로부터 받은 약속어음 ₩1,000,000 (만기 3개월)을 은행에서 할인받고 할인료 ₩20,000을 차감한 잔액은 당좌예금하다.

① (차) 당 좌 예 금   980,000   (대) 받 을 어 음 1,000,000
       이 자 비 용   20,000
② (차) 당 좌 예 금   980,000   (대) 받 을 어 음 1,000,000
       매출채권처분손실 20,000
③ (차) 당 좌 예 금   980,000   (대) 단기차입금   1,000,000
       이 자 비 용   20,000
④ (차) 당 좌 예 금   980,000   (대) 단기차입금   1,000,000
       수 수 료 비 용 20,000

17. 다음은 (주)상공기업의 받을어음 계정이다. 기중 받을어음 대금 회수액은 얼마인가?

받 을 어 음			
전 기 이 월	250,000	당 좌 예 금	500,000
매 출	450,000	외 상 매 입 금	100,000
외 상 매 출 금	300,000	차 기 이 월	400,000
	1,000,000		1,000,000

① ₩400,000 ② ₩450,000
③ ₩500,000 ④ ₩600,000

18. 다음은 (주)상공의 거래이다. 이에 대한 회계 처리의 결과 재무제표에 미치는 영향으로 옳지 않은 것은?

> 3년 후 상환 조건으로 대출받았던 원금 ₩10,000,000이 만기가 되어 그 이자 ₩500,000과 함께 현금으로 지급하다.

① 유동자산이 감소 ② 부채가 감소
③ 이익잉여금이 감소 ④ 판매비와관리비가 증가

19. 다음은 (주)상공의 기계장치와 (주)서울의 건물과의 교환 내역이다. 이 거래와 관련하여 (주)상공의 유형자산처분손실 금액으로 옳은 것은? 단, (주)상공은 공정가치의 차액 ₩100,000을 현금으로 지급하였으며, 상업적 실질이 있는 거래이다.

회 사	(주)상공	(주)서울
유 형 자 산	기계장치	건물
취 득 원 가	₩2,000,000	₩4,000,000
감가상각누계액	₩800,000	₩3,100,000
공 정 가 치	₩1,000,000	₩1,100,000

① ₩100,000 ② ₩200,000
③ ₩300,000 ④ ₩400,000

20. 20×1년 7월 초에 (주)상공은 자사가 발행한 사채(자기사채)를 취득시점까지의 발생이자를 포함하여 ₩950,000에 취득하였다. 동 사채의 액면금액은 ₩1,000,000이고 액면이자율은 연 7%이며, 이자는 매년말에 지급한다. 한편, 동 사채의 발행시 유효이자율은 연 10%이다. 상각후원가로 측정하고 있는 동 사채에 대한 (주)상공의 20×1년 6월 말의 장부금액이 ₩930,000이라면, 20×1년 7월 초에 자기사채의 취득과 관련하여 인식할 사채상환손익은 얼마인가? 결산일은 12월 31일이다. 단, 이자는 월수로 계산한다.

① ₩15,000 상환이익 ② ₩20,000 상환이익
③ ₩20,000 상환손실 ④ ₩35,000 상환손실

< 제2과목 : 원 가 회 계 >

21. 다음 중 단기적인 관점에서 통제가능원가에 해당하는 것으로 옳은 것은?

① 직접재료비 ② 공장건물 임차료
③ 기계장치 감가상각비 ④ 공장건물 화재보험료

22. 다음 중 제조원가에 해당하는 항목은?

가. 비정상 공손원가	나. 외주가공비
다. 광고선전비	라. 공장건물 감가상각비

① 가, 나 ② 가, 다
③ 나, 라 ④ 다, 라

23. '완성된 제품의 제조원가가 ₩100,000이다.' 라는 거래를 분개한 것으로 옳은 것은?

① (차) 제 품 100,000 (대) 재 공 품 100,000
② (차) 재 공 품 100,000 (대) 제 품 100,000
③ (차) 매 출 원 가 100,000 (대) 제 품 100,000
④ (차) 매 출 원 가 100,000 (대) 재 공 품 100,000

24. 원가는 발생 시점에 따라 역사적 원가와 예정원가로 분류한다. 다음 중 옳은 것은?

① 역사적 원가가 예정원가보다 원가관리에 있어 더 적시성 있는 정보를 제공한다.
② 역사적 원가와 예정원가는 발생시점에 따라 구분되지만, 두 원가는 특정한 회계시스템 내에 동시에 존재하기도 한다.
③ 예정원가는 과거에 발생한 사건에 근거해서 결정되기 때문에 객관적이며 검증가능하다.
④ 역사적 원가는 특정 사상이 발생하기 전에 분석과 예측을 통하여 결정되는 원가로서, 이미 발생한 사건이 아니라 미래에 발생할 것으로 예상되는 사건에 의해 결정되는 원가이다.

25. (주)상공의 20X1년 부문별 제조원가예산은 아래와 같다.

	금형부문	조립부문	합계
직접재료원가	₩230,000	₩180,000	₩410,000
직접노무원가	₩80,000	₩120,000	₩200,000
제조간접원가	₩20,000	₩330,000	₩350,000
	₩330,000	₩630,000	₩960,000

20X1년 결산시점 작업지시서 #7000 에 집계된 원가자료가 다음과 같을 때 제조간접원가를 공장전체배부율로 배부한다면 #7000의 총제조원가는 얼마인가? 단, (주)상공은 직접노무원가를 기준으로 제조간접원가를 배부하고 있다.

	금형부문	조립부문	합계
직접재료원가	₩220,000	₩185,000	₩405,000
직접노무원가	₩85,000	₩110,000	₩195,000

① ₩323,750 ② ₩341,250
③ ₩923,750 ④ ₩941,250

26. 다음 중 보조부문원가 배부기준으로 가장 옳지 않은 것은?

① 전력부문 : 각 제조부문의 종업원 수
② 수선부문 : 수선유지횟수 또는 수선작업시간
③ 품질검사 : 검사수량, 검사인원 또는 검사시간
④ 공장건물관리부문 : 각 제조부문이 차지하고 있는 점유면적

27. (주)상공은 20X1년 다음과 같이 작업지시서 #1052에 원가가 집계되었다.

작업지시서 #1052	
직접재료비	₩ 11,000
직접노무비	4,000
제조간접비	6,000
	21,000

제조과정에서 작업지시서 #1052 와 관련하여 품질불량으로 인하여 재작업원가(직접재료비 ₩500, 직접노무비 ₩2,000)가 투입되었던 것을 알게 되었다. 작업 #1052의 총제조원가는 얼마인가? 단, 회사는 제조간접비를 직접노무비의 150%를 배부한다.

① ₩17,500 ② ₩21,000
③ ₩23,500 ④ ₩26,500

28. 다음의 자료를 이용하여 재공품 계정의 차기이월 금액을 계산한 것으로 옳은 것은? 단, 제조간접비는 직접재료비를 기준으로 배부하며, 제조지시서#1은 완성되었다.

지시서 비목	제조지시서#1	제조지시서#2	합계
직 접 재 료 비	₩3,000	₩2,000	₩5,000
직 접 노 무 비	₩1,000	₩1,000	₩2,000
제 조 간 접 비	( )	( )	₩10,000

① ₩3,000 ② ₩4,000
③ ₩7,000 ④ ₩10,000

29. 다음 중 부문별 제조간접비 배부에 대한 내용으로 옳지 않은 것은?

① 보조부문비를 제조부문별로 배부하는 문제는 공장전체 제조간접비 배부율을 사용할 경우에 한해서 고려될 수 있다.
② 보조부문비를 직접배부법, 단계배부법, 상호배부법 중 어떤 배부방법에 의하여 배부하느냐에 따라 각 제조부문에 집계된 제조간접비가 달라지게 된다.
③ 부문별 제조간접비 배부율을 사용한다면, 각 제조부문별로 서로 다른 제조간접비 배부기준을 적용하게 된다.
④ 공장전체 제조간접비 배부총액과 부문별 제조간접비 배부총액은 일치하나, 공장전체 제조간접비 배부보다 부문별 제조간접비 배부가 더 정확할 수 있다.

30. 다음 제조부문비 배부에 따른 거래 중 8월 31일의 분개로 옳은 것은?

8월 5일	절단부문비 ₩5,000을 예정배부하다.
8월 31일	월말에 집계된 절단부문비 실제발생액은 ₩4,500이다.

(차변) (대변)
① (차) 절 단 부 문 비 500 (대) 부문비배부차이 500
② (차) 절 단 부 문 비 4,500 (대) 부문비배부차이 4,500
③ (차) 부문비배부차이 500 (대) 절 단 부 문 비 500
④ (차) 부문비배부차이 4,500 (대) 절 단 부 문 비 4,500

31. 제조부문비(총액 ₩42,000) 제품별 배부액을 직접재료비를 기준으로 계산할 때, 절단부문비와 조립부문비의 배부율은 각각 얼마인가?

| 제조부문비 : 절단부문비 ₩28,000, 조립부문비 ₩14,000 |
| 직접재료비 : ₩50,000(A제품 ₩20,000, B제품 ₩30,000) |
| 직접노무비 : ₩20,000(A제품 ₩9,000, B제품 ₩11,000) |

① 절단부문 배부율 : ₩0.4 조립부문 배부율 : ₩0.2
② 절단부문 배부율 : ₩0.56 조립부문 배부율 : ₩0.28
③ 절단부문 배부율 : ₩0.4 조립부문 배부율 : ₩0.28
④ 절단부문 배부율 : ₩0.56 조립부문 배부율 : ₩0.2

32. (주)대한은 가공팀과 조립팀을 통해서 A제품과 B제품을 생산한다. 가공팀의 원가는 기계작업시간을 기준으로 배부하며, 조립팀의 원가는 인원수를 기준으로 배부한다. 다음 중 제조간접비를 A제품과 B제품에 배부한 것으로 옳은 것은?

구분	제조 부문		제 품	
	가공팀	조립팀	A제품	B제품
제조간접비	200,000원	100,000원		
인 원 수	10명	25명	2	3
기계작업시간	200시간	100시간	10	20

① A제품 12,000원, B제품 10,000원
② A제품 10,000원, B제품 12,000원
③ A제품 32,000원, B제품 18,000원
④ A제품 18,000원, B제품 32,000원

33. 다음은 부문별 원가계산 자료이다. 보조부문비를 직접배부법으로 배부한다. 옳지 않은 것은?

부문 비목	제조 부문		보조 부문		합계
	A부문	B부문	C부문	D부문	
자가부문발생액	₩200,000	₩100,000	₩120,000	₩70,000	₩490,000
제공용역					
C부문	50%	30%	–	20%	100%
D부문	40%	30%	30%	–	100%

① 보조부문 상호간에 이루어지는 용역의 수수 관계를 전혀 무시하고 보조부문비를 직접 제조부문에만 배부하는 방법이다.
② 보조부문 상호간의 용역수수 관계가 없거나 그 다지 중요하지 않은 경우에는 적절한 배부방법이다.
③ 보조부문 상호간의 용역수수 관계가 많은 경우에 사용하게 되면 배부액의 부정확성이 크다는 단점이 있다.
④ 모든 보조부문비를 배부 후에, A제조부문 합계액은 ₩275,000이다.

34. 직접원가를 기준으로 제조간접비 총액 ₩30,000을 배부한다. 이때 제품A의 제조간접비 배부액은 얼마인가?

가. 직접재료비 총액	₩ 20,000
나. 제품A의 직접재료비	4,000
다. 직접노무비 총액	40,000
라. 제품A의 직접노무비	6,000

① ₩4,500
② ₩5,000
③ ₩6,000
④ ₩15,000

35. 발생 제조경비에 대한 내용이다. 옳지 않은 것은?

① 재료감모손실과 같이 현금의 지출을 수반하지 않는 내부거래에서 발생하는 비용으로서, 그 발생액을 원가계산기간의 소비액으로 삼는다.
② 재료감모손실은 재료의 장부금액과 실제 재고액의 차액이다.
③ 정상적인 재료감모손실은 제조간접비계정의 차변에 대체하여 제조원가에 산입한다.
④ 장부상의 재료재고액은 ₩5,000이었다. 실제 재료재고액과의 차액(부족액) 중 60%인 ₩600은 원가성이 있는 감모손실로 판단되었다. 따라서 월말에 파악된 실제 재료재고액이 ₩5,600임을 알 수 있다.

36. 다음의 재료 계정을 토대로 알 수 있는 당월 재료 소비액은 얼마인가?

재	료		
전 월 이 월	150,000	( )	450,000
( )	500,000	차 월 이 월	200,000
	650,000		650,000

① ₩200,000
② ₩450,000
③ ₩500,000
④ ₩650,000

37. 종합원가계산에 대한 설명 중 완성품원가와 기말재공품원가의 계산에 대한 설명으로 옳지 않은 것은?

① 평균법과 선입선출법은 기초재공품이 있는 경우에만 필요한 가정이므로 각 방법의 차이는 기초재공품에서 나타난다. 즉 기초재공품이 없다면 평균법과 선입선출법의 결과는 동일하다.
② 기말재공품의 평가에서 만일 원가요소별로 완성도가 서로 다른 경우에는, 원가요소별로 완성품 환산량을 별도로 계산하고 평균법, 선입선출법 등의 방법 중 어느 한 가지 방법을 적용시켜야 한다.
③ 선입선출법은 기초재공품원가와 당기총제조비용을 구분하여 계산하므로 계산과정이 평균법보다 복잡하지만, 전기의 작업능률과 당기의 작업능률이 명확히 구분되기 때문에 원가통제상 유용한 정보를 제공한다.
④ 평균법을 이용하여 종합원가계산을 수행하는 회사에서 기말재공품의 완성도를 실제보다 과대평가할 경우 완성품환산량이 과대평가되고, 완성품 환산량이 과대평가되면 투입된 원가는 일정하므로 완성품 환산량 단위당 원가가 과대평가된다.

38. (주)상공은 국내 소비자 동향 변화에 따라 정육업과 와인 사업을 신규 사업 분야로 확장하기로 했다. 새로운 생산 라인을 증설할 경우 각 사업 분야별로 고려해야 할 원가계산 방법으로 바르게 구성된 것은?

① 연산품원가계산, 등급별원가계산
② 조별원가계산, 공정별원가계산
③ 공정별원가계산, 연산품원가계산
④ 조별원가계산, 등급별원가계산

39. 다음은 종합원가계산 자료이다. 평균법에 의하여 계산한 재료원가와 가공원가의 완성품환산량으로 옳은 것은? 단, 기초재공품수량은 없다.

- 당기 착수 수량 800개 중 60% 완성
- 기말재공품(완성도 40%)
- 재료원가는 공정 초기에 전량 투입
- 가공원가는 공정 전반에 걸쳐 균등하게 투입

① 재료원가 800개, 가공원가 640개
② 재료원가 800개, 가공원가 608개
③ 재료원가 480개, 가공원가 320개
④ 재료원가 480개, 가공원가 128개

40. 다음 자료에서 설명하고 있는 종합원가계산 방법은?

| 가. 제과업에서 크기가 다른 식빵 생산 |
| 나. 제분업에서 품질이 다른 밀가루 생산 |
| 다. 제화업에서 모양이나 크기 등이 다른 구두 생산 |

① 단일종합원가계산
② 조별종합원가계산
③ 공정별종합원가계산
④ 등급별종합원가계산

국가기술자격검정
상시 전산회계운용사 2급필기 시험

2018년 1회기출

대한상공회의소 시행

| 2급 | A형 | 시험일(소요시간) 2월 10일(총60분) | 문항수 총40개 |

수험번호 :
성　　명 :

※ 다음 문제를 읽고 알맞은 것을 골라 답안카드의 답란(①, ②, ③, ④)에 표기하시오.

< 제1과목 : 재 무 회 계 >

01. 다음 중 계정잔액이 대변에 남는 항목으로 옳지 않은 것은?

① 자본금　　　　② 차입금
③ 임대료　　　　④ 자기주식

02. 다음 중 시산표에서 발견할 수 있는 오류로 옳은 것은?

① 이중으로 전기한 경우
② 분개를 누락한 경우
③ 분개 시 차변과 대변 계정과목이 바뀐 경우
④ 전기 시 차변 계정과목의 금액을 틀리게 기입한 경우

03. (주)대한은 20X1년에 상품 ₩1,000,000을 전액 외상매출하였다. 매출채권의 기초 잔액과 기말 잔액은 각각 ₩100,000과 ₩200,000이다. 매출로 인한 현금유입액은 얼마인가?

① ₩800,000　　　　② ₩900,000
③ ₩1,100,000　　　④ ₩1,200,000

04. 한국채택국제회계기준(K-IFRS)에서 재무제표 표시에 적용되는 일반사항으로 옳지 않은 것은?

① 재무제표는 기업의 재무상태, 재무성과 및 현금흐름을 공정하게 표시해야 한다.
② 재무보고를 할 때 기간별 비교가 가능하도록 전기와 당기를 비교하는 형식으로 보고하여야 한다.
③ 재무상태표, 포괄손익계산서, 자본변동표, 현금흐름표의 모든 재무제표는 발생주의회계를 사용하여 작성해야 한다.
④ 중요성에 따라 상이한 성격이나 기능을 가진 항목은 구분하여 표시하되 중요하지 않은 항목은 통합하여 표시할 수 있다.

05. 다음은 (주)상공기업의 장부상 당좌예금 잔액과 은행의 당좌예금 잔액과의 차이를 나타낸 것이다. 12월 31일 은행계정조정표 작성 후 조정된 당좌예금 잔액은 얼마인가?

잔액	가. 12월 31일 장부상 당좌예금 잔액 ₩500,000 나. 12월 31일 은행 당좌예금계좌 잔액 ₩600,000
불일치 원인	다. 12월 29일 발행한 당좌수표 ₩100,000이 아직 은행에서 인출되지 않음

① ₩400,000　　　　② ₩500,000
③ ₩600,000　　　　④ ₩700,000

06. 다음은 상공기업의 5월 중 현금 관련 거래 내용이다. 5월 말 현금 잔액으로 옳은 것은?

- 1일 : 전월이월액 ₩300,000
- 8일 : A상회에서 사무용 비품 ₩50,000을 구입하고, 대금은 현금으로 지급하다.
- 12일 : B상회에서 상품 ₩100,000을 매입하고, 대금 중 ₩50,000은 자기앞수표로 지급하고 잔액은 외상으로 하다.
- 17일 : C상회에 상품 ₩150,000을 매출하고, 대금은 C상사가 발행한 갑은행앞 수표로 받다.
- 28일 : 당월분 종업원급여 ₩30,000을 현금으로 지급하다.

① ₩170,000　　　　② ₩320,000
③ ₩350,000　　　　④ ₩370,000

07. 다음 중 금융상품에 대한 설명으로 옳지 않은 것은?

① 금융상품은 거래당사자 일방에게 금융자산을 발생시키고 동시에 다른 거래상대방에게 금융부채나 지분상품을 발생시키는 모든 계약을 말한다.
② 금융자산 중 보고기간 말로부터 1년 이후에 만기가 도래하는 금융자산은 비유동자산으로 분류한다.
③ 매출채권과 미수금은 금융자산에 포함한다.
④ 미지급비용 및 선수금은 금융부채에 포함한다.

08. 한국채택국제회계기준(K-IFRS)하에서 금융자산으로 분류되지 않는 것은?

① 단기매매 목적 투자주식
② 관계기업주식
③ 매출채권
④ 외화예금자산

09. 투자부동산 계정으로 회계 처리하는 예로 옳지 않은 것은?

① 관리 목적에 사용하기 위한 자가사용부동산
② 장기간 보유하면서 시세차익을 얻기 위한 토지
③ 미래의 사용목적이 결정되지 않은 상태에서 보유하는 토지
④ 미래에 투자부동산으로 사용할 목적으로 건설 중이거나 또는 개발 중인 부동산

10. 20X1년 초에 운용리스로 제공할 목적으로 건물을 취득하였다. 건물의 취득원가는 ₩10,000이며, 잔존가치는 ₩0, 내용연수는 10년으로 추정된다. 동 건물에 대하여 공정가치모형을 적용하기로 한다. 20X1년 말 현재 공정가치가 ₩11,000이라면, 20X1년도의 포괄손익계산서에 계상되는 동 건물에 대한 감가상각비와 투자부동산평가손익은 각각 얼마인가? 단, 법인세효과는 없다.

① 감가상각비 ₩1,000 투자부동산평가이익 ₩2,000
② 감가상각비 ₩1,000 투자부동산평가이익 ₩1,000
③ 감가상각비 ₩0 투자부동산평가이익 ₩2,000
④ 감가상각비 ₩0 투자부동산평가이익 ₩1,000

11. 20X1년 1월 1일부터 6월 30일까지 ₩100,000(부가가치세를 제외한 금액)의 매출과 ₩110,000(부가가치세를 제외한 금액)의 매입이 있었다. 매출과 매입이 모두 부가가치세 과세거래일 때, 20X1년 제1기분 부가가치세 확정신고 시 해야 할 분개는? 단, 예정신고는 없었으며, 부가가치세 신고 시 납부할 세액이 있으면 즉시 납부하고, 환급받을 세액이 있으면 신고 즉시 환급받는다고 가정한다.

① (차) 부가가치세예수금 10,000 (대) 부가가치세대급금 10,000
② (차) { 부가가치세예수금 10,000 / 현금 1,000 } (대) 부가가치세대급금 11,000
③ (차) 부가가치세예수금 11,000 (대) { 부가가치세대급금 10,000 / 현금 1,000 }
④ (차) 부가가치세예수금 11,000 (대) 부가가치세대급금 11,000

12. 다음 거래의 분개로 옳은 것은?(차입거래로 처리한다.)

> 5/ 1 상품매출대금으로 수취한 약속어음 ₩1,000,000을 할인하고 할인료 ₩30,000을 차감한 잔액을 현금으로 받았다.
> 5/31 약속어음의 만기일에 정상적으로 대금 결제가 이루어졌다.

① 5/1 (차) 현금 970,000 (대) 받을어음 1,000,000
     매출채권처분손실 30,000
   5/31 분개 없음
② 5/1 (차) 현금 970,000 (대) 단기차입금 1,000,000
     이자비용 30,000
   5/31 (차) 단기차입금 1,000,000 (대) 받을어음 1,000,000
③ 5/1 (차) 현금 970,000 (대) 받을어음 1,000,000
     이자비용 30,000
   5/31 분개 없음
④ 5/1 (차) 현금 970,000 (대) 단기차입금 1,000,000
     매출채권처분손실 30,000
   5/31 (차) 단기차입금 1,000,000 (대) 받을어음 1,000,000

13. 다음은 갑상품에 대한 매입·매출 관련 자료이다. 재고자산을 이동평균법으로 평가할 때, 10월 중 매출원가는 얼마인가?

10월 1일	기초재고	20개	@₩1,200	₩24,000
	5일 매입	60개	@₩1,600	₩96,000
	10일 매출	40개	@₩2,000	₩80,000
	17일 매입	50개	@₩1,860	₩93,000
	25일 매출	30개	@₩2,300	₩69,000

① ₩104,000
② ₩111,000
③ ₩114,600
④ ₩125,000

14. 다음 거래에 대한 회계 처리 방법으로 옳은 것은?

① 상품을 매출하고 신용카드로 결제받은 경우 차변에 미수금 계정으로 처리한다.
② 사무용 소모품을 구입하고 신용카드로 결제한 경우 대변에 미지급금 계정으로 기입한다.
③ 업무용 비품을 구입하고 직불카드로 결제한 경우 대변에 외상매입금 계정으로 처리한다.
④ 상품을 매입하고 신용카드로 결제한 경우 대변에 미지급금 계정으로 처리한다.

15. A회사는 공정가치가 ₩30,000이고 장부금액이 ₩25,000인 토지를, B회사의 공정가치가 ₩50,000인 토지와 교환하면서 추가로 현금 ₩15,000을 지급하였다. 이 거래가 상업적 실질이 있다면, A회사의 포괄손익계산서에 영향을 미치는 이익은 얼마인가? 단, 취득한 자산과 제공된 자산의 공정가치는 신뢰성 있게 결정할 수 있으며, 취득한 자산의 공정가치가 제공된 자산의 공정가치보다 더 명백하지는 않다.

① ₩5,000
② ₩10,000
③ ₩15,000
④ ₩20,000

16. 다음 중 무형자산이 아닌 것은?

① 산업재산권
② 내부창출 영업권
③ 광업권
④ 라이선스

17. 금융부채에 관한 설명으로 옳지 않은 것은?

① 유동부채에 속하는 항목은 모두 금융부채에 속한다.
② 금융부채란 거래상대방에게 현금 등 금융자산을 인도하기로 한 계약상의 의무를 말한다.
③ 자기지분상품으로 결제되거나 결제될 수 있는 주식수가 변동가능한 비파생상품도 금융부채이다.
④ 공정가치 측정 금융부채는 공정가치로 평가함에 따른 평가손익을 모두 당기손익에 반영한다.

18. 다음 (주)상공기업의 제5기 자료를 통해 알 수 있는 기본주당이익은 얼마인가? 단, 우선주는 발행하지 않았으며, 기중에 자본금의 변동도 없었다.

가. 포괄손익계산서상 매출총이익	₩1,500,000
나. 포괄손익계산서상 당기순이익	₩1,200,000
다. 보통주자본금(@₩5,000, 100주)	₩ 500,000

① ₩ 5,000 ② ₩12,000
③ ₩15,000 ④ ₩27,000

19. 다음 중 당기손익에 반영되는 항목이 아닌 것은?
① 소모품비 ② 감가상각비
③ 종업원급여 ④ 자기주식처분손실

20. 다음은 확정기여제도와 확정급여제도에 관한 각각의 특성이다. 옳지 않은 것은?
① 확정기여제도에서 기업의 법적의무나 의제의무는 기업이 기금에 출연하기로 약정한 금액으로 한정된다. 종업원이 받을 퇴직급여액은 기업과 종업원이 퇴직급여제도나 보험회사에 출연하는 기여금과 그 기여금에서 발생하는 투자수익에 따라 결정된다.
② 확정기여제도에서 보험수리적위험(실제급여액이 기대급여액에 미치지 못할 위험)과 투자위험(기여금을 재원으로 투자한 자산이 기대급여액을 지급하는 데 충분하지 못하게 될 위험)은 기업이 부담한다.
③ 확정급여제도에서 기업의 의무는 약정한 급여를 전·현직종업원에게 지급하는 것이다.
④ 확정급여제도에서 기업이 보험수리적위험과 투자위험을 실질적으로 부담한다. 보험수리적 실적이나 투자실적이 예상보다 저조하다면 기업의 의무는 증가할 수 있다.

< 제2과목 : 원 가 회 계 >

21. 원가와 의사결정과의 관련성에 대한 설명으로 적절하지 않은 것은?
① 과거에 발생한 원가도 미래의 의사결정 과정에 고려할 필요가 있다.
② 매몰원가는 과거의 의사결정으로 인하여 발생한 원가로서 대안 간의 차이가 발생하지 않는 원가를 말한다.
③ 기회원가는 자원을 현재의 용도에 사용함으로써 얻을 수 있는 순현금유입과 차선의 대체안에 사용할 때 얻을 수 있는 순현금유입의 차액이 아니라, 차선의 대체안으로부터의 순현금유입 그 자체이다.
④ 관련원가에는 여러 가지 대체안들과 실제 선택된 의사결정 대안 간에서 발생하는 원가의 차이인 차액원가가 있다.

22. (주)대한공업의 다음 자료에 의하여 가공원가와 판매가격을 계산한 것으로 옳은 것은?

| 가. 직접재료원가 ₩200,000 |
| 나. 직접노무원가 ₩500,000 |
| 다. 제조간접원가 : 변동 제조간접원가 ₩250,000 |
| 고정 제조간접원가 ₩100,000 |
| 라. 본사 건물 임차료 ₩50,000 |
| 마. 기대 이익은 판매원가의 30%이다. |

	가공원가	판매가격
①	₩700,000	₩1,235,000
②	₩850,000	₩1,365,000
③	₩850,000	₩1,430,000
④	₩950,000	₩1,430,000

23. 다음 중 원가의 특성이라고 볼 수 없는 것은?
① 제조과정에서 소비된 것 중 경제적 가치가 있는 요소만이 원가가 될 수 있다.
② 경영 목적인 제품의 제조 및 판매와 직접 관련되어 발생한 것이어야 원가가 될 수 있다.
③ 제조과정에서 정상적으로 발생한 재료 감모손실이나 공장경비원의 급여 등도 원가에 포함된다.
④ 기업의 수익획득 활동에 필요한 공장용 토지나 서비스를 단순히 구입하는 것만으로 원가가 된다.

24. 제조원가에 대한 설명으로 옳지 않은 것은?
① 제조원가는 제품의 생산과 관련하여 소비된 경제적 자원의 가치만을 포함하며, 비정상적으로 발생한 경제적 자원의 소비는 제조원가에 포함하지 아니한다.
② 제조원가요소는 재료비, 노무비 및 경비로 분류하거나, 회사가 채택하고 있는 원가계산방법에 따라 직접재료비, 직접노무비 및 제조간접비 등으로 분류할 수 있다.
③ 제조원가요소와 판매관리비요소는 구분하여 집계한다. 다만, 그 구분이 명확하지 아니한 경우에는 발생원가를 비목별로 집계한 후, 일정한 기준에 따라 제조원가와 판매관리비로 구분하여 배부할 수 있다.
④ 제품제조와 관련된 제조간접원가는 원가발생시점에 비용화하며, 제품제조와 관련 없는 판매관리비는 제품판매시점에 비용화한다.

25. 정상원가계산을 사용하는 (주)대한의 실제제조간접원가는 ₩1,000,0000이었으며 배부액은 ₩900,0000이었다. 제조간접비 배부차이를 매출원가에서 조정하기로 하였을 때 올바른 분개는? 단, (주)대한은 제조간접비의 실제발생이나 예정배부의 계정과목을 제조간접원가로 통일하기로 하였다.

① (차) 매 출 원 가 100,000 (대) 제조간접원가 100,000
② (차) 매 출 100,000 (대) 매 출 원 가 100,000
③ (차) 매 출 원 가 100,000 (대) 매 출 100,000
④ (차) 제조간접원가 100,000 (대) 매 출 원 가 100,000

26. 다음은 (주)대한의 원재료와 관련된 내용들이다. (주)대한은 원재료의 구입이나 원재료 외상대금에 대한 결제를 현금으로만 지급하며, 약속어음은 발행하지 않는다. 기말에 재고자산을 보유하지 않는 정책을 취하고 있다고 할 때 제품에 포함될 재료원가는 얼마인가?

> 가. 원재료에 대한 외상매입금의 기초 잔액은 ₩5,000,000, 기말 잔액은 ₩7,000,000이다.
> 나. 당기 원재료에 대한 현금지급액은 ₩50,000,000이다.

① ₩48,000,000 ② ₩50,000,000
③ ₩52,000,000 ④ ₩54,000,000

27. 원가배분에 대한 전반적인 내용이다. 옳지 않은 것은?

① 원가배분기준의 선택은 원칙적으로 인과관계기준을 바탕으로 하되, 인과관계가 명확하지 않은 경우에는 부담능력기준이나 수혜기준 등을 고려하여 결정하여야 한다.
② 원가를 추적하고 집계할 원가대상을 설정하는데, 원가대상은 경영자의 의사결정에 목적적합하도록 설정한다.
③ 원가집합별로 원가대상과 원가집합의 인과관계를 가장 잘 반영시켜 주는 원가배부기준을 결정하여 원가집합에 집계된 공통비를 원가대상에 배부한다.
④ 제조부문에서 발생한 직접재료비와 직접노무비를 포함한 모든 제조원가는 제조간접비로 분류되며, 제조부문의 제조활동을 보조하기 위하여 보조부문에서 발생한 원가도 또한 제조간접비이다.

28. 다음은 (주)상공의 9월의 원가계산 관련 자료와 제품계정이다. 9월의 매출원가를 계산한 금액으로 옳은 것은?

원가항목	제조지시서#1 (완성품)	제조지시서#2 (미완성품)
전월이월	₩200,000	₩300,000
직접재료비	₩400,000	₩500,000
직접노무비	₩300,000	₩400,000
제조간접비배부액	₩100,000	₩200,000

제 품
전월이월 500,000 | (?)
(?) | 차월이월 300,000

① ₩800,000 ② ₩1,000,000
③ ₩1,200,000 ④ ₩1,300,000

29. 다음은 부문공통비의 각 부문 배부기준이다. 가장 적절하지 않은 것은?

① 건물에 대한 보험료 – 각 부문이 차지하는 면적
② 운반비 – 운반 횟수 및 운반거리
③ 전력비 – 부문의 종업원 수
④ 복리후생비 – 각 부문의 인원수

30. 개별원가계산의 특징에 대한 설명으로 옳지 않은 것은?

① 선박 및 항공기 등의 제품을 생산할 때 사용하는 원가계산방법이다.
② 직접원가와 간접원가를 구분하는 것이 중요하다.
③ 인위적인 월말재공품의 평가문제가 발생한다.
④ 특정제조지시서에 따라 원가계산표가 작성된다.

31. 제조간접비를 예정배부하는 경우, 다음의 제조간접비배부차이 계정에 대한 설명으로 옳은 것은?

제조간접비배부차이
매 출 원 가 10,000 |

① 제조간접비 실제발생액 ₩10,000을 매출원가계정에 대체하다.
② 제조간접비 예정배부액 ₩10,000을 매출원가계정에 대체하다.
③ 제조간접비 과대배부차액 ₩10,000을 매출원가계정에 대체하다.
④ 제조간접비 과소배부차액 ₩10,000을 매출원가계정에 대체하다.

32. 일반적인 개별원가계산의 절차를 올바르게 나열한 것은?

> ㉠ 직접원가를 계산하여 개별작업에 직접 부과한다.
> ㉡ 간접원가를 배부율을 계산하여 개별작업에 배부한다.
> ㉢ 공장별 혹은 부서별로 간접원가를 집계한다.
> ㉣ 원가집적대상이 되는 개별작업을 파악한다.
> ㉤ 간접원가의 배부기준을 설정한다.

① ㉣-㉤-㉢-㉡-㉠ ② ㉤-㉣-㉠-㉢-㉡
③ ㉤-㉢-㉣-㉡-㉠ ④ ㉣-㉠-㉢-㉤-㉡

33. (주)한빛전자는 보조부문원가를 다른 보조부문에 배분하지 않고 제조부문에만 배분한다. 20X1년 자료는 다음과 같다.

	보조부문	
	수선부문	품질부문
제조간접비 발생액	₩240,000	₩360,000
용역제공비율		
수선부문		5%
품질부문	20%	
A조립 제조부문	40%	35%
B조립 제조부문	40%	60%
합 계	100%	100%

20X1년 B 조립 제조부문에 배분할 수선부문원가는 얼마인가?

① ₩96,000 ② ₩120,000
③ ₩216,000 ④ ₩240,000

34. 보조부문원가배부에 대한 설명으로 옳지 않은 것은?

① 직접배부법은 보조부문 상호간의 용역수수를 무시하나 상호배분법은 보조부문 상호간의 용역수수관계를 완전히 고려한다.
② 직접배부법과 단계배부법은 상호간의 용역수수관계를 일부만 고려함으로 이중배부율을 사용하지 못한다.
③ 보조부문의 원가배분은 기업의 이해관계자인 주주나 채권자에게 보고되는 재무보고에 의한 의사결정에도 영향을 미친다.
④ 보조부문원가 배부에서 자기부문이 생산한 용역을 자기부문이 사용하는 자기부문원가는 고려하지 않는다.

35. 조별 종합원가계산의 의의, 절차 및 기장방법에 대한 내용이다. 옳지 않은 것은?

① 제품의 종류마다 조를 설정하고, 각 조별로 재료비·노무비·경비의 각 원가요소의 소비액을 집계한다. 이때 각 원가요소를 특정 조에서만 고유하게 발생하는 조직접비와 여러 조에서 공통적으로 발생하는 조간접비로 나눈다.
② 조간접비는 각 원가요소계정에 직접 각 조별 제조계정으로 대체기입하지만, 조직접비는 조별 배부를 위하여 일시적으로 집계하고, 적절한 배부기준에 의하여 배부된 금액을 조별 제조계정으로 대체한다.
③ 각 조별로 단순 종합원가계산방법(완성품원가=기초재공품원가+당기총제조비용-기말재공품원가)을 이용하여 완성품의 제조원가를 산출한다.
④ 완성품의 제조원가를 완성품 수량으로 나누어 조별 제품의 단위당 원가를 산출한다.

36. 완성품 환산량에 대한 내용이다. 옳지 않은 것은?

① 기초재공품원가와 당기총제조원가를 완성품과 기말재공품으로 배부하기 위해서는 완성품과 기말재공품을 동질화시켜 줄 공통분모가 필요한데, 이를 완성품 환산량이라 한다.
② 완성품 환산량은 물량단위에 완성도를 반영한 가상적인 수량단위이다. 이때 완성도는 원가의 투입정도(발생시점)가 아니라 물리적인 완성도를 의미한다.
③ 대부분의 경우 직접재료원가와 가공원가는 원가의 투입시점을 달리하므로, 완성품 환산량도 각각 구해야 한다.
④ 기말재공품의 가공비에 대한 완성도가 60%라면 기말재공품 100개의 가공비에 대한 완성품 환산량은 60개가 될 것이다.

37. 다음은 평균법을 사용하고 있는 종합원가계산 자료의 일부이다. 기초재공품원가는 얼마인가?

- 기초재공품(150개, 완성도 60%)
- 기말재공품(100개, 완성도 50%) ₩1,600
- 당기투입원가 ₩12,200 완성품(400개)
- 단, 모든 원가는 진척도에 비례해서 발생한다.

① ₩2,200 ② ₩2,000
③ ₩2,600 ④ ₩1,800

38. 결합원가를 상대적 판매가치법에 의해 배부할 경우, 다음 자료에 의해서 휘발유에 배부될 결합원가를 계산하면 얼마인가?

| 가. 분리시점까지의 결합원가 ₩8,000,000 |
| 나. 휘발유: 생산량 2,500ℓ, ℓ당 판매가격 ₩3,000 |
| 다. 등 유: 생산량 2,500ℓ, ℓ당 판매가격 ₩2,000 |

① ₩4,800,000 ② ₩4,000,000
③ ₩3,200,000 ④ ₩2,800,000

39. 종합원가계산에서 기말재공품의 원가를 평가하는 방법에 대한 설명으로 옳지 않은 것은?

① 평균법에 의한 원가계산 시 기초재공품의 완성도는 불필요하다.
② 평균법으로 당기의 완성품 환산량 단위당 원가를 계산하고자 할 때 기초재공품원가는 불필요하다.
③ 선입선출법에 의한 원가계산 시 기말재공품원가는 당기발생원가로만 구성된다.
④ 선입선출법은 전기의 작업능률과 당기의 작업능률을 구분하므로 원가통제상 유용한 정보를 제공한다.

40. 조별 종합원가계산제도를 채택하고 있는 (주)상공의 다음 자료에 의하여 A조 및 B조의 완성품에 대한 단위당 원가를 계산한 것으로 옳은 것은?

가. 조직접비

원가	A조	B조	합계
직접재료비	₩400,000	₩300,000	₩700,000
가공비	₩500,000	₩400,000	₩900,000

나. 조간접비 ₩560,000이며, 직접재료비법으로 배부
다. 월초 재공품 : A조 ₩200,000, B조 ₩120,000
라. 월말 재공품 : A조 ₩300,000, B조 ₩420,000
마. 완성품 수량 : A조 500개, B조 400개

	A조	B조
①	@₩2,100	@₩1,450
②	@₩2,140	@₩1,500
③	@₩2,220	@₩1,550
④	@₩2,240	@₩1,600

국가기술자격검정
상시 전산회계운용사 2급필기 시험

2018년 2회기출 · 대한상공회의소 시행 · 08회

| 2급 | A형 | 시험일(소요시간) 5월 19일(총60분) | 문항수 총40개 |

수험번호 :
성   명 :

※ 다음 문제를 읽고 알맞은 것을 골라 답안카드의 답란(①, ②, ③, ④)에 표기하시오.

< 제1과목 : 재 무 회 계 >

01. 개인기업인 대한상점은 6월 초에 현금 ₩1,000,000을 출자하여 6월 중 발생한 영업 활동 거래 내용이다. 다음 중 옳지 않은 것은?

[6월 중 거래 내역]
6월 5일 상품 ₩500,000을 외상으로 매입하다.
6월 10일 상품 ₩400,000을 ₩600,000에 매출하고, 대금은 외상으로 하다.
6월 16일 1년 후에 갚기로 하고 은행에서 현금 ₩300,000을 차입하다.
6월 30일 통신비 ₩50,000과 임차료 ₩50,000을 현금으로 지급하다.

① 6월 말의 자산은 6월 초보다 ₩800,000이 증가하였다.
② 6월 말 부채 총계는 ₩800,000이다.
③ 6월 한달 동안의 순이익은 ₩100,000이다.
④ 6월 말의 자본은 6월 초보다 ₩100,000이 증가하였다.

02. 다음 중 현금흐름표상의 재무활동 현금흐름으로 분류되는 항목으로 옳지 않은 것은?
① 주식이나 기타 지분증권의 발행에 따른 현금 유입
② 유형자산, 무형자산 및 기타 장기성 자산의 처분에 따른 현금 유입
③ 어음 및 사채의 발행에 따른 현금유입
④ 장·단기 차입금 상환에 따른 현금 유출

03. 자산의 정의와 측정기준에 대한 설명이다. 옳지 않은 것은?
① 특정 실체에 영향을 미치는 거래나 사건이 자산으로 분류되기 위해서는 미래 경제적 효익이 있어야 한다.
② 자산은 반드시 물리적 형태를 가지고 있으며 미래에 현금유입을 창출할 것으로 기대되는 자원을 말한다.
③ 현재가치란 자산을 정상적인 영업과정에서 그 자산이 창출할 것으로 기대되는 미래 순현금유입액의 현재할인가치로 평가하는 것을 말한다.
④ 기업의 자산은 과거의 거래나 그 밖의 사건에서 창출된다.

04. 재무보고의 주된 목적과 관련된 설명으로 옳지 않은 것은?
① 미래 현금 흐름 예측 ② 투자 및 신용의사결정
③ 비재무적 정보의 계량화 ④ 경영자의 수탁책임 이행 평가

05. 다음은 기말(12월 31일) 현재 현금과부족 계정 내역이다. 결산 당일에 현금의 보유액이 장부 잔액 보다 ₩10,000 부족함을 추가로 발견하고 실시한 결산 정리 분개로 옳은 것은? (단, 현금과부족의 원인을 알 수 없음.)

현 금 과 부 족
12/21 현   금 30,000 | 12/24 소모품비 20,000

① (차) 잡 손 실 10,000 (대) 현금과부족 10,000
② (차) 잡 손 실 20,000 (대) { 현금과부족 10,000 / 현   금 10,000 }
③ (차) 현금과부족 10,000 (대) 잡 이 익 10,000
④ (차) 현금과부족 20,000 (대) { 잡 이 익 10,000 / 현   금 10,000 }

06. 다음은 (주)상공의 당좌예금과 관련된 자료이다. 당사의 정확한 당좌예금잔액은 얼마인가?

가. 회사장부 잔액	₩100,000
나. 은행잔액증명서 잔액	₩120,000
다. 기발행 은행미인출수표	₩10,000
라. 외상매출금 입금 중 회사의 미기록액	₩15,000
마. 당좌차월이자 인출액 중 회사의 미기록액	₩5,000

① ₩100,000 ② ₩105,000
③ ₩110,000 ④ ₩120,000

07. 다음 중 금융자산에 대한 설명으로 옳은 것은?
① 선급비용과 같이 미래 경제적 효익이 재화나 용역의 수취인 자산
② 잠재적으로 불리한 조건으로 거래상대방과 금융자산이나 금융부채를 교환하기로 한 계약상 처리
③ 재고자산이나 유형자산 및 리스자산 등과 같이 현금 등 금융자산이 유입될 기회를 제공하는 자산
④ 계약상 현금 흐름의 수취 목적으로 보유하는 상각후원가측정금융자산

08. 다음 자료에서 20×1년 결산 시 (주)상공의 보유 자산에 대한 투자부동산평가이익 인식 금액으로 옳은 것은? (단, 유형자산으로 분류된 건물에 대하여 정액법을 적용하여 감가상각한다.)

[(주) 상공 보유 자산 자료]
• 20×1년 1월 1일 임대목적의 건물 ₩1,000,000 취득
• 투자부동산으로 분류(공정가치모형 적용)
• 내용연수 10년, 잔존가치 ₩0
• 20×1년 12월 31일 결산 시 공정가치 ₩1,200,000

① ₩0 ② ₩200,000
③ ₩250,000 ④ ₩300,000

09. 다음 중 투자부동산에 해당되지 않는 것은?
① 장기 시세차익을 얻기 위하여 보유하고 있는 토지
② 자가사용부동산
③ 장래 사용 목적을 결정하지 못한 채로 보유하고 있는 토지
④ 운용리스로 제공하기 위하여 보유하고 있는 미사용 건물

10. (주)상공의 20×1년 중 매출채권과 관련된 다음 자료에 의하여 20×1년 12월 31일 결산 시 분개로 옳은 것은?

2월 1일	기초 매출채권에 대한 대손충당금 계정 잔액은 ₩4,500이다.
3월 15일	거래처의 파산으로 ₩3,200의 매출채권이 대손 처리 되었다.
11월 12일	전기에 대손 처리한 매출채권 ₩2,000이 현금으로 회수되었다.
12월 31일	결산 시 매출채권 잔액 ₩500,000에 대하여 2%의 대손을 예상하다.

① (차) 대손상각비 6,700 (대) 대손충당금 6,700
② (차) 대손상각비 8,700 (대) 대손충당금 8,700
③ (차) 대손상각비 10,000 (대) 대손충당금 10,000
④ (차) 대손충당금 10,000 (대) 대손충당금환입 10,000

11. 자본에 대한 설명으로 옳지 않은 것은?
① 자본은 납입자본, 이익잉여금, 기타자본요소로 분류할 수 있다.
② 자본금은 발행주식수와 주당 발행금액의 곱으로 산출된다.
③ 주식할인발행차금은 기타자본요소로 분류된다.
④ 기타포괄손익누계액은 당기순손익에 포함되지 않고 자본으로 분류, 표시한다.

12. 다음은 종업원급여 지급과 관련된 거래이다. 8월 10일 분개로 옳은 것은?

| 가. 7월 25일 | 7월분 종업원급여 ₩1,000,000 중 소득세 ₩40,000, 국민건강보험료 ₩30,000을 원천징수하고, 잔액은 현금으로 지급하다. |
| 나. 8월 10일 | 7월분 종업원급여 지급 시 차감한 소득세와 국민건강보험료(회사 부담금 ₩30,000 포함)와 함께 현금으로 납부하다. |

① (차) 예 수 금 70,000 (대) 현 금 100,000
   보 험 료 30,000
② (차) 예 수 금 70,000 (대) 현 금 100,000
   복리후생비 30,000
③ (차) 예 수 금 40,000 (대) 현 금 100,000
   복리후생비 60,000
④ (차) 세금과공과 100,000 (대) 현 금 100,000

13. 다음은 (주)상공기업의 5월 중 갑상품 관련 거래 내역이다. 이를 통해 5월의 기말상품 재고액이 가장 높게 나타나는 재고자산평가방법과 회계처리 결과에 대한 설명으로 옳은 것은?

가. 5월 1일	전월이월	100개	@₩1,000
나. 5월 10일	매 입	100개	@₩1,200
다. 5월 15일	매 출	100개	@₩1,500
라. 5월 20일	매 입	100개	@₩1,300

① 총평균법이며 매출총이익은 ₩50,000이다.
② 선입선출법이며 기말상품재고액은 ₩250,000이다.
③ 이동평균법이며 매출원가는 ₩110,000이다.
④ 후입선출법이며 매출원가는 ₩120,000이다.

14. 다음은 (주)상공상사의 20×1년 기타포괄손익-공정가치측정금융자산(비유동)에 대한 거래 내용이다. 12월 31일 결산 시에 포괄손익계산서에 계상될 기타포괄손익-공정가치측정금융자산의 처분손익으로 옳은 것은? 단, 결산은 연 2회(6월 30일, 12월 31일) -【수정】

2월 5일	(주)대한상사 발행 주식 1,000주(액면 @₩5,000)를 @₩7,000에 취득하고 대금은 현금으로 지급하다.
6월 30일	결산 시 보유 주식에 대하여 1주당 ₩8,000으로 평가되다.
10월 10일	(주)대한상사 발행 주식 1,000주 전부를 1주당 @₩5,500에 처분하고 처분수수료 ₩25,000을 제외한 잔액은 현금으로 회수하다.

① ₩500,000(이익)   ② ₩1,525,000(손실)
③ ₩25,000(손실)   ④ ₩1,525,000(이익)

15. 다음은 금융자산과 금융부채 및 지분상품에 대한 용어 정의 및 표시에 관한 내용이다. 옳지 않은 것은?
① 미래경제적효익이 현금 등 금융자산을 수취할 권리가 아니라 재화나 용역의 수취인 자산은 금융자산이 아니다.
② 선수수익은 현금 등 금융자산을 지급할 계약상 의무가 아니라 재화나 용역의 인도를 통하여 경제적효익이 유출될 것이므로 금융부채이다.
③ 계약에 의하지 않은 부채나 자산은 금융부채나 금융자산이 아니다.
④ 의제의무도 계약에서 발생한 것이 아니며, 금융부채가 아니다.

16. 다음 중 사채에 대한 설명으로 옳지 않은 것은?
① 액면이자율이 시장이자율과 같으면 사채는 액면발행된다.
② 사채가 할증발행된 경우 유효이자율법에 따라 이자비용으로 인식되는 금액은 매년 감소한다.
③ 사채가 할인발행된 경우 유효이자율법에 따른 사채할인발행차금 상각액은 매년 증가한다.
④ 사채가 할인발행된 경우 손익계산서에 이자비용으로 인식되는 금액은 현금으로 지급하는 이자(표시이자)보다 작다.

17. 다음 자료에 의하여 결산일 현재 재무상태표에 나타난 자본총액을 계산하면 얼마인가?

| 가. 보통주 자본금 ₩200,000 | 나. 우선주자본금 ₩300,000 |
| 다. 주식발행초과금 ₩90,000 | 라. 자기주식 ₩50,000 |

① ₩640,000 ② ₩590,000
③ ₩550,000 ④ ₩540,000

18. 다음은 수익의 인식에 대한 설명이다. 옳지 않은 것은?

① 시용판매는 고객이 매입의사 표시를 한 시점에서 수익을 인식한다.
② 상품권발행과 관련된 수익은 상품권 판매 시점에 수익을 인식한다.
③ 할부판매는 원칙적으로 상품이나 제품을 인도한 시점에서 수익을 인식한다.
④ 위탁판매는 수탁자가 적송품을 제 3자에게 판매한 시점에 수익을 인식한다.

19. 다음은 (주)대한의 법인세 관련 거래이다. 법인세가 확정되어 납부할 때 분개로 옳은 것은? 단, 이연법인세자산과 이연법인세부채는 없는 것으로 가정한다.

가. 중간예납 시 법인세 ₩300,000을 현금으로 지급하다.
나. 결산 시 법인세비용이 ₩650,000으로 추산되다.
다. 법인세비용이 ₩650,000으로 확정되어 당좌수표를 발행하여 납부하다.

① (차) 선 급 법 인 세 350,000 (대) 당 좌 예 금 350,000
② (차) 미지급법인세 350,000 (대) 당 좌 예 금 350,000
③ (차) 법 인 세 비 용 650,000 (대) {미지급법인세 300,000 / 당 좌 예 금 350,000}
④ (차) 법 인 세 비 용 650,000 (대) {선 급 법 인 세 300,000 / 당 좌 예 금 350,000}

20. (주)상공은 3전표제를 적용하여 회계처리를 하고 있다. 다음 거래 시 작성되는 전표의 종류는?

상품 ₩2,000,000을 매출하고 대금 중 ₩1,000,000은 현금으로 받고, 잔액은 우리은행 발행 자기앞수표로 받다.

① 출금전표 ② 입금전표
③ 대체전표 ④ 입금전표, 대체전표

< 제2과목 : 원 가 회 계 >

21. 노후화된 기계장치를 처분하고 새로운 기계장치를 구입하려고 한다. 새로운 기계장치를 사용하면 품질이 향상되어 현재 년 매출보다 10% 증가할 것을 예상한다. 다음 자료에 의하면 매몰원가는 얼마인가?

가. 기계장치의 취득원가	₩8,000,000
나. 노후화된 기계장치의 매각수익	₩1,000,000
다. 년 매출액	₩100,000,000
라. 새로운 기계의 취득가액	₩15,000,000

① ₩ 1,000,000 ② ₩ 8,000,000
③ ₩10,000,000 ④ ₩15,000,000

22. 다음과 같이 원가를 파악할 수 있는 계정과목으로 옳은 것은?

• 당월에 완성된 제품의 제조원가와 월말재공품원가를 파악할 수 있는 계정이다.
• 월초재공품원가와 당월 재료비, 노무비, 경비를 파악할 수 있는 계정이다.

① 재료비 계정 ② 노무비 계정
③ 경비 계정 ④ 재공품 계정

23. 당기에 발생한 제조원가의 내역은 직접재료비 ₩25,000, 직접노무비 ₩50,000, 제조간접비 ₩40,000이다. 기초재공품원가가 ₩20,000이고, 당기제품제조원가가 ₩80,000이라면 기말재공품 원가는 얼마인가?

① ₩55,000 ② ₩50,000
③ ₩40,000 ④ ₩30,000

24. 원가에 관한 설명이다. 그 내용이 옳지 않은 것은?

① 관련원가(relevant cost)는 고려 중인 대체안 간에 차이가 있는 미래의 원가로서 특정 의사결정과 관련된 원가를 의미한다.
② 비관련원가(irrelevant cost)는 대체안 간에 차이가 없는 원가이거나 과거의 원가로서 특정 의사결정과 관련이 없는 원가를 의미한다.
③ 기회원가(opportunity cost)는 자원을 현재 사용하는 용도가 아닌 대체적인 다른 용도에 사용하였을 때 실현할 수 있는 최대금액 또는 차선의 대체안을 포기함으로써 상실한 효익을 의미한다.
④ 매몰원가(sunk cost)는 기발생원가라고도 하며 과거 의사결정의 결과 이미 발생한 원가로 미래의 의사결정과 밀접하게 관련되는 원가이다.

25. 다음은 (주)상공기업의 공장 전력료 사용 내역이다. 당월 전력비 소비액은 얼마인가?

가. 전월 검침량	400kwh	나. 당월 검침량	600kwh
다. kwh당 가격	₩1,000		

① ₩200,000 ② ₩400,000
③ ₩500,000 ④ ₩600,000

26. (주)상공은 보조부문(X, Y)과 제조부문(A, B)을 이용하여 제품을 생산하고 있으며, 보조부문과 제조부문에 관련된 자료는 아래와 같다. 보조부문 X와 Y에 집계된 부문원가는 각각 ₩600,000, ₩800,000이다. 다음 설명 중 옳지 않은 것은?

제공 부문	보조부문		제조부문		합계
	X	Y	A	B	
X	-	400단위	400단위	200단위	1,000단위
Y	200단위	-	400단위	400단위	1,000단위

① 직접배부법은 보조부문 상호간의 용역수수를 고려하지 않는 방법이다.
② 단계배부법은 보조부문 상호간의 용역수수를 일부 고려한다.
③ 상호배부법은 보조부문 상호간의 용역수수를 전부 고려한다.
④ 직접배부법에 의할 경우 제조부문 A에는 ₩560,000의 보조부문의 제조간접비가 집계된다.

27. 다음 자료에 의하여 제조간접비 배부차이를 계산하면 얼마인가?

가. 당월 제조간접비 예정배부액 ₩500,000
나. 당월 제조간접비 실제 발생액
  - 재료비 ₩200,000
  - 노무비 ₩250,000
  - 제조경비 ₩100,000

① 과다 배부 ₩50,000 ② 과소 배부 ₩50,000
③ 과다 배부 ₩150,000 ④ 과소 배부 ₩150,000

28. 개별원가계산에 대한 설명으로 옳지 않은 것은?

① 여러 가지 제품을 주문에 의해 생산하거나 동종의 제품을 일정 간격을 두고 비반복적으로 생산하는 업종에 적합한 원가계산제도이다.
② 조선업, 기계제작업 등과 같이 수요자의 주문에 기초하여 제품을 생산하는 업종에서 주로 사용한다.
③ 종합원가계산에 비해 각 제품별로 원가를 집계하기 때문에 직접원가와 간접원가의 구분이 보다 중요한 의미를 갖는다.
④ 개별원가계산은 제조간접원가의 배부절차가 필요 없다.

29. (주)상공은 2개의 제조부문과 2개의 보조부문이 있으며, 각 부문에서 발생한 원가와 보조부문이 제공한 용역수수관계는 다음과 같다. 단계배부(수선부문비를 먼저 배부)법을 사용하여 조립부문에 배부될 보조부문의 원가총액은 얼마인가? 단, 동력부문비는 동력공급량을, 수선부문비는 수선공급시간을 배부기준으로 사용한다.

구분	제조부문		보조부문	
	조립부문	선박부문	동력부문	수선부문
발생원가	300,000	250,000	80,000	60,000
수선공급(시간)	30	20	10	-
동력공급(kWh)	200	100	-	50

① ₩50,000 ② ₩80,000
③ ₩90,000 ④ ₩100,000

30. 다음 중 개별원가계산에 대한 설명으로 옳은 것은?

① 제조원가를 재료원가와 가공원가로 구분하여 계산한다.
② 제조지시서별로 원가계산표를 작성하여 원가 계산을 한다.
③ 연속 대량 생산하는 작업에 적용하는 원가 계산 방법이다.
④ 완성품원가를 계산하기 위해서는 기말재공품을 평가하여야 한다.

31. 다음은 대한공업사의 제품 생산과 관련하여 당월에 발생한 원가 자료이다. A제품의 당월 총 제조원가를 계산한 것으로 옳은 것은? 단, 제조간접비는 직접노무비법을 기준으로 배부한다.

원가 항목	A제품	B제품	합계
직접재료비	₩100,000	₩200,000	₩300,000
직접노무비	₩600,000	₩400,000	₩1,000,000
제조간접비			₩2,000,000

① ₩700,000 ② ₩1,000,000
③ ₩1,700,000 ④ ₩1,900,000

32. A, B, C의 등급품을 취급하고 있는 (주)상공의 다음 자료에 의하여 등급별 종합원가계산을 할 경우, 완성된 A급품의 단위당 원가를 계산한 것으로 옳은 것은? 단, 판매가치법에 의하며, 등급품의 총 제조원가(결합원가)는 ₩2,500,000이다.

등급품	생산량	판매단가
A급품	500개	@₩6,000
B급품	300개	@₩4,000
C급품	400개	@₩2,000

① @₩1,000 ② @₩2,000
③ @₩2,500 ④ @₩3,000

33. 종합원가계산에 대한 설명으로 옳지 않은 것은?

① 종합원가계산에서는 직접비와 간접비의 구분이 불필요하고 특정 원가계산기간 중에 정상적으로 소비된 모든 경제적 가치를 동 원가계산기간에 제조한 완성품(즉 당기제품제조원가)과 기말재공품에 배분하는 계산이 중요시된다.
② 종합원가계산이란 단일 종류의 제품을 연속적으로 대량생산하는 경우에 적용되는 원가계산형태로서, 원가계산기간에 발생한 총제조원가를 동 기간에 완성한 제품의 총수량으로 나누어서 제품 단위당의 평균원가를 산출하는 방법이다.
③ 종합원가계산에서 발행되는 제조지시서는 특정 제조지시서로 이는 특정 제품의 제조를 위하여 개별적으로 발행하는 것으로서, 지시된 제품의 생산이 완료되면 그 제조지시서는 효력이 상실된다.
④ 종합원가계산에서 기초재공품원가와 당기총제조비용을 완성품과 기말재공품에 배분할 때 완성품 환산량을 기준으로 배분한다.

34. 종합원가계산에 대한 설명 중 옳지 않은 것은?

① 공정별 종합원가계산 : 여러 단계의 제조공정을 거쳐 연속 대량생산하는 기업에서 행하는 종합원가계산을 말한다.
② 조별 종합원가계산 : 종류가 다른 제품을 연속적으로 대량생산하는 기업에서 제품의 종류별로 원가를 계산하는 방법을 말한다.
③ 등급별 종합원가계산 : 동일한 공정에서 동일한 재료를 사용하여 계속적으로 생산되는 동일한 종류의 제품으로 품질, 모양, 크기, 무게 등이 서로 다른 제품을 생산하는 기업의 종합원가계산방법을 말한다.
④ 결합원가계산 : 2개 이상의 공정에서 동일한 재료를 사용하여 동일한 제품을 생산하는 경우의 종합원가계산을 말한다.

35. 원가계산방법 중 정육업과 같이 동일재료, 동일공정에서 서로 다른 제품을 생산하는 방식에 적합한 것으로 적절한 것은?

① 개별원가계산
② 단일종합원가계산
③ 연산품 종합원가계산
④ 공정별 종합원가계산

36. (주)상공은 종합원가계산제도를 채택하고 있다. 재료원가는 공정초에 전량투입되며, 가공원가는 공정전반에 걸쳐 균등하게 발생한다. 물량흐름이 다음과 같을 때 옳은 것은?

기초재공품 100개(완성도 30%)	당기 완성품 700개
당기 착수량 800개	기말재공품 200개(완성도 40%)

① 평균법에 의한 재료원가의 완성품 환산량은 800개 이다.
② 선입선출법에 의한 재료원가의 완성품 환산량은 750개 이다.
③ 평균법에 의한 가공원가의 완성품 환산량은 780개 이다.
④ 선입선출법에 의한 가공원가의 완성품 환산량은 900개 이다.

37. (주)상공은 한 가지 종류의 고추장을 생산한다. 모든 재료는 공정의 초기단계에 100% 투입되며 가공원가는 공정의 진행에 따라 균일한 비율로 발생한다. 기초 재공품의 완성도가 50%였으며, 기말 재공품의 완성도가 30%라고 한다. 이 회사가 종합원가계산에 의해 제품의 원가를 계산한다고 할 때 기말재공품의 원가는 얼마인가? 단, 원가흐름에 대한 가정으로 선입선출법(FIFO)을 사용하고 있으며, 공손은 발생하지 않았다고 가정한다.

	단위	재료원가	가공원가
기초재공품	10,000	₩60,000	₩50,000
당기 착수	50,000	₩200,000	₩410,000
기말 재공품	20,000	-	-

① ₩120,000
② ₩140,000
③ ₩160,000
④ ₩180,000

38. 다음 중 종합원가계산과 관련된 설명으로 옳지 않은 것은?

① 기말재공품의 완성도가 50%인데 이를 30%로 잘못 파악하여 종합원가계산을 수행하면 기말재공품의 원가가 과소계상 된다.
② 평균법에 의해 원가계산 할 때 기초재공품의 완성도는 계산상 영향을 미치지 않는다.
③ 평균법에서는 기초재공품도 당기에 착수하여 생산한 것처럼 가정한다.
④ 평균법을 사용하면 선입선출법에 비해 당기의 성과와 이전의 성과를 보다 명확하게 구분하여 평가할 수 있다.

39. 다음은 등급별 종합원가계산의 절차를 요약한 것이다. (가)에 해당하는 내용으로 옳은 것은?

- 1단계 : 완성품 전체의 제조원가를 계산한다.
- 2단계 : (가) 를 결정한다.
- 3단계 : 완성품환산량을 계산하여 (가) 를 곱한다.
- 4단계 : 각 등급품의 제조원가를 계산한다.
- 5단계 : 각 등급품의 단위당 제조원가를 계산한다.

① 등가계수
② 결합원가
③ 간접원가
④ 요소별원가

40. 다음은 제조경비에 대한 설명이다. (가)와 (나)에 들어갈 용어로 옳은 것은?

제조과정에 제조경비가 어느 곳에 투입되었는가를 추적하여 특정 제품의 생산 과정에서 직접적으로 추적할 수 있으면 (가)(으)로, 특정 제품의 생산과 직접적인 관계가 없는 둘 이상의 제품의 제조에 공통으로 소비된 경비는 (나)(으)로 분류한다.

① (가) 직접제조경비 (나) 간접제조경비
② (가) 간접제조경비 (나) 직접제조경비
③ (가) 제조경비 (나) 소비비용
④ (가) 소비비용 (나) 제조경비

국가기술자격검정

상시 전산회계운용사 2급필기 시험

대한상공회의소 시행

2018년 3회기출

09회

| 2급 | A형 | 시험일(소요시간)
9월 8일(총60분) | 문항수
총40개 | 수험번호 :
성 명 : |

※ 다음 문제를 읽고 알맞은 것을 골라 답안카드의 답란(①, ②, ③, ④)에 표기하시오.

< 제1과목 : 재 무 회 계 >

01. 다음 중 회계정보이용자별 이용 목적으로 옳지 않은 것은?

① 경영자는 회계정보를 이용하여 예산과 실적 차이를 분석하고 성과를 파악함으로써 합리적인 기업경영을 할 수 있다.
② 투자자는 자신이 투자한 자본에 대하여 미래에 발생할 수 있는 배당수익에 대한 기대와 그 위험을 예측할 수 있다.
③ 채권자는 대여한 대여금의 원금회수 가능성과 그 이자수취 가능성을 예측할 수 있다.
④ 종업원은 경영층과 노동계약 및 근로조건에 대한 협상을 통하여 기업경영 계획수립에 직접 참여할 수 있다.

02. 다음은 (주)상공의 20×1년도 보험료 관련 자료이다. 당기의 포괄손익계산서에 기입되는 보험료 금액으로 옳은 것은? 단, 보험료 지급 시 비용으로 처리한다.

[20×1년도 자료]

과목	1월 1일	12월 31일
선급보험료	₩30,000	₩37,500

4/1 건물 화재보험료 1년분 ₩150,000을 현금으로 지급하다.

① ₩142,500 ② ₩150,000
③ ₩157,500 ④ ₩180,000

03. 다음 포괄손익계산서의 기본요소 중 제조기업의 주된 영업활동에서 발생하는 비용에 해당하는 것은?

① 이자비용
② 감가상각비
③ 유형자산처분손실
④ 당기손익-공정가치측정금융자산평가손실

04. 다음 중 간접법에 의한 현금흐름표 작성에서 현금흐름의 구분과 사례에 대한 설명으로 옳지 않은 것은?

① 투자활동으로 인한 토지의 처분
② 재무활동으로 인한 단기차입금의 차입
③ 영업활동으로 인한 유형자산의 매입
④ 영업활동으로 인한 단기매매목적 금융상품평가이익

05. 다음 중 자본변동표에 대한 설명으로 옳지 않은 것은?

① 자본의 구성요소는 각 분류별 납입자본, 각 분류별 기타포괄손익의 누계액과 이익잉여금의 누계액 등을 포함한다.
② 자본의 각 구성요소별로 장부금액의 각 변동액을 공시한 기초시점과 기말시점의 장부금액 조정내역을 표시한다.
③ 자본의 각 구성요소에 대하여 자본변동표에 기타포괄손익의 항목별 분석 내용을 표시하나, 주석에는 표시하지 않는다.
④ 자본변동표란 납입자본, 기타자본구성요소, 이익잉여금의 각 항목별로 기초 잔액, 당기 변동사항, 기말 잔액을 일목요연하게 나타낸 재무보고서이다.

06. 다음은 (주)상공이 당기손익-공정가치측정금융자산을 취득하고 처분한 내역이다. 처분이익을 계산한 것으로 옳은 것은?

<20×1년>
10월 1일 (주)서울의 주식 100주를 1주당 @₩5,000에 취득하고 수수료 ₩10,000과 함께 현금으로 지급하다.
12월 31일 결산일 위 주식의 공정 가치는 @₩6,000이다.
<20×2년>
8월 31일 위 주식 전부를 @₩8,000에 처분하고 수수료 ₩20,000을 차감한 실수금을 현금으로 받다.

① ₩180,000 ② ₩200,000
③ ₩280,000 ④ ₩300,000

07. 다음 중 투자부동산에 대한 설명으로 옳지 않은 것은?

① 투자부동산은 최초 인식시점에 원가로 측정한다.
② 외부구입한 투자부동산의 원가는 구입금액과 구입에 직접 관련이 있는 지출로 구성된다.
③ 자가 건설한 투자부동산의 원가는 건설 또는 개발이 완료된 시점까지의 투입원가이다.
④ 운용리스에서 리스이용자가 보유하는 부동산에 대한 권리를 투자부동산으로 분류하는 경우에는 모든 투자부동산에 대하여 원가모형을 적용하여 평가한다.

08. 다음 중 밑줄 친 통합 계정의 금액과 동일한 금액이 나타날 수 있는 재무제표는?

재 무 상 태 표

자산	부채
Ⅰ. 유동자산 　현금및현금성자산　××× 　⋮	Ⅰ. 유동부채 　⋮

① 현금흐름표 ② 포괄손익계산서
③ 자본변동표 ④ 이익잉여금처분계산서

09. 회계기말 현재 수정 전 매출채권은 ₩350,000이고 대손충당금 잔액은 ₩5,000이다. 기말 현재 대손추정액은 ₩6,000으로 산출되었다. 기말 수정분개 시 대손상각비를 얼마로 계상하여야 할 것인가? 또한 수정사항 반영 후의 재무상태표에 표시될 매출채권의 장부금액(순액)은 얼마인가?

	대손상각비	매출채권(순액)
①	₩1,000	₩344,000
②	₩2,000	₩344,000
③	₩3,000	₩350,000
④	₩5,000	₩350,000

10. 다음 중 받을어음 계정의 기입 내용을 토대로 거래를 추정한 것으로 옳지 않은 것은?

```
                    받 을 어 음
1/ 1 전월이월   500,000 | 2/18 매      입   300,000
1/15 매    출   300,000 | 3/19 외상매입금   500,000
4/20 외상매출금 600,000 |
```

① 1월 15일 : 거래처에 상품 ₩300,000을 매출하고, 대금은 동점 발행 약속어음으로 받다.
② 2월 18일 : 상품 ₩300,000을 매입하고, 대금은 소지하고 있던 약속어음을 배서양도 후 매각 거래로 회계 처리한다.
③ 3월 19일 : 거래처의 외상매입금 ₩500,000에 대해 약속어음을 발행하여 지급하다.
④ 4월 20일 : 거래처의 외상매출금 ₩600,000을 동점 발행, 당점 수취의 환어음으로 회수하다.

11. 다음은 (주)상공의 6월 중 매출처 원장이다. 이를 통해 알 수 있는 내용으로 옳은 것은? 단, 제시된 자료 외에는 고려하지 않는다.

```
                매 출 처 원 장
                    ○ ○ 상 점
6/ 1 전월이월    30,000 | 6/13 매    출    50,000
6/11 매    출   370,000 | 6/24 현    금   340,000
6/25 매    출    60,000 | 6/30 차월이월    70,000
               460,000 |                460,000

                    △ △ 상 점
6/ 1 전월이월    20,000 | 6/17 현    금   250,000
6/15 매    출   300,000 | 6/28 매    출    60,000
6/27 매    출   400,000 | 6/29 당좌예금   330,000
                       | 6/30 차월이월    80,000
               720,000 |                720,000
```

① 6월 중 외상매출 총액은 ₩1,180,000이다.
② 6월 중 외상매출금 회수액은 ₩1,030,000이다.
③ 6월 말 외상매출금 미회수액은 ₩50,000이다.
④ 6월 중 매출환입 및 매출에누리액은 ₩110,000이다.

12. (주)상공은 제조업 및 도소매업을 영위하고 있다. 다음 중 선급금으로 회계 처리할 수 없는 것은?

① 미리 지급한 상품 대금의 일부 금액
② 건물 신축을 위해 지급한 계약금
③ 제품의 외주가공처에 미리 지급한 가공비
④ 원재료를 구입하고 계약금으로 지급한 금액

13. (주)상공은 사용 중이던 기계장치(취득금액 ₩5,000,000, 감가상각누계액 ₩1,500,000)를 새로운 기계장치와 교환하면서 현금 ₩1,000,000을 지급하였다. 새 기계장치의 공정가치가 ₩5,000,000일 때, 다음 중 기계장치 교환 분개로 옳은 것은? 단, 동 교환거래는 상업적 실질이 없다고 가정한다.

	(차변)		(대변)
①	(차) { 기 계 장 치 4,500,000 감가상각누계액 1,500,000	(대)	{ 기 계 장 치 5,000,000 현 금 1,000,000
②	(차) { 기 계 장 치 5,000,000 감가상각누계액 1,500,000	(대)	{ 기 계 장 치 5,000,000 현 금 1,000,000 유형자산처분이익 500,000
③	(차) { 기 계 장 치 6,000,000	(대)	{ 기 계 장 치 3,500,000 현 금 1,000,000 유형자산처분이익 1,500,000
④	(차) { 기 계 장 치 5,500,000 유형자산처분손실 500,000	(대)	{ 기 계 장 치 5,000,000 현 금 1,000,000

14. 다음은 (주)상공기업의 토지 취득과 관련된 거래이다. 토지의 취득원가는 얼마인가?

> (주)상공기업은 건물 신축을 위한 토지를 ₩10,000,000에 구입하고, 대금은 보통예금 계좌에서 이체하여 지급하고, 취득세 ₩500,000, 부동산 중개수수료 ₩700,000은 현금으로 지급하였다.

① ₩10,000,000
② ₩10,500,000
③ ₩10,700,000
④ ₩11,200,000

15. 다음 중 무형자산의 설명으로 옳지 않은 것은?

① 비한정내용연수를 가진 무형자산은 상각한다.
② 기업의 경영성과를 높일 수 있는 자산이다.
③ 무형자산은 물리적인 실체가 없다.
④ 무형자산은 특성상 미래경제적 효익의 창출에 기여할 수 있다.

16. 다음 중 금융부채에 해당하는 것은?

① 다른 기업의 지분상품
② 거래상대방으로부터 현금 등 금융자산을 수취할 계약상 권리
③ 거래상대방에게 현금 등 금융자산을 인도하기로 한 계약상 의무
④ 자기지분상품을 미래에 수취하거나 인도하기 위한 계약인 금융상품

17. 다음 중 확정기여형 및 확정급여형 퇴직연금제도에 대한 설명으로 옳지 않은 것은?

① 퇴직급여제도는 제도의 주요 규약에서 도출되는 경제적 실질에 따라 확정기여제도 또는 확정급여제도로 분류된다.
② 확정기여제도에서는 기업이 별개의 실체(기금, 보험회사)에 사전에 확정된 기여금을 납부하는 것으로 기업의 의무가 종결된다.
③ 확정급여제도에서는 기업이 퇴직급여에 관한 모든 의무를 부담한다.
④ 확정기여제도에서는 보험수리적위험과 투자위험을 기업이 실질적으로 부담한다.

18. 다음 중 진행기준에 따라 수익을 인식하는 것으로 옳은 것은?

① 무형자산의 제공에 의한 로열티수익
② 소유 건물의 임대에 의한 임대료수익
③ 용역의 제공에 의한 건설형 공사계약
④ 재화의 판매대금 분할회수에 의한 할부판매

19. 다음은 유통업을 영위하는 (주)대한의 20×1년도 경영성과에 대한 회계 자료이다. 기능별 포괄손익계산서상에 기입될 당기 매출원가, 당기순손익과 총포괄손익을 계산한 것으로 옳은 것은?(단, 매출총이익률은 30%이며, 법인세 비용은 고려하지 않는다.)

가. 당기매출액 ₩1,000,000 나. 이자수익 ₩20,000
다. 상품매출운임 ₩10,000 라. 판매원 급여 ₩350,000
마. 감가상각비 ₩20,000 바. 통신비 ₩10,000
사. 수도광열비 ₩20,000 아. 임대수익 ₩100,000
자. 기타포괄손익-공정가치측정금융자산평가이익 ₩100,000

	매출원가	당기순손익	총포괄손익
①	₩700,000	₩10,000	₩90,000
②	₩300,000	₩-90,000	₩10,000
③	₩700,000	₩10,000	₩110,000
④	₩700,000	₩-90,000	₩100,000

20. 회사는 100명의 종업원에게 1년에 5일의 근무일수에 해당하는 유급휴가를 제공하고 있으며, 미사용유급휴가는 다음 1년 동안 이월하여 사용할 수 있다. 유급휴가의 사용에 관해서는 당기에 부여된 권리가 먼저 사용된 후에 전기에서 이월된 권리가 사용되는 것으로 본다. 과거의 경험에 비추어서 20×1년 12월 31일 현재 추정한 결과 20×2년도 중에 종업원 90명이 사용할 유급휴가일수는 5일 이하, 나머지 10명이 사용할 유급휴가일수는 평균 7일이 될 것으로 예상된다. 회사의 20×1년 말 유급휴가와 관련된 회계처리에서 부채로 인식할 금액은 얼마인가? 단, 유급휴가 1일당 지급할 급여는 ₩100,000이라고 가정한다.

① ₩2,000,000 ② ₩3,000,000
③ ₩5,000,000 ④ ₩6,000,000

< 제2과목 : 원 가 회 계 >

21. 다음 중 경영자가 조직의 희소한 자원을 효율적으로 활용하기 위하여 계획수립, 집행, 감독, 통제 등의 기능을 수행하는데 필요한 정보를 제공하고 있는 회계분야는?

① 회계원리 ② 세무회계
③ 관리회계 ④ 재무회계

22. 다음은 (주)상공의 12월 원가자료와 12월 거래내용이다. 이를 토대로 (주)상공의 매출원가를 구하면 얼마인가?

가. 재고자산

구분	20×1년 12월 1일	20×1년 12월 31일
재공품	₩60,000	₩40,000
제 품	₩70,000	₩50,000

나. 기중 거래 (20×1. 12. 1. ~ 20×1. 12. 31)
- 직접재료원가 소비액 ₩180,000
- 직접노무원가 발생액 ₩240,000
- 제조간접원가는 전환원가(가공원가)의 40%임

① ₩600,000 ② ₩620,000
③ ₩640,000 ④ ₩670,000

23. 다음은 (주)상공의 9월 중 원가자료이다. 판매금액을 계산한 것으로 옳은 것은?

가. 직접재료비 ₩400,000
나. 직접노무비 ₩500,000
다. 본사 건물 임차료 ₩200,000
라. 기대이익 : 판매원가의 20%
마. 제조간접비(변동제조간접비 ₩300,000
　　　　　　　고정제조간접비 ₩200,000)

① ₩1,480,000 ② ₩1,640,000
③ ₩1,880,000 ④ ₩1,920,000

24. 다음 중 보조부문비의 배부와 관련된 설명으로 옳지 않은 것은?

① 생산부문에서 발생한 원가를 생산 지원(보조)부문에 배부한 후 최종적으로 제품에 배부하는 방법을 일반적으로 부문별원가계산이라고 한다.
② 생산부문에서는 부품생산, 조립, 가공처리 등을 수행하면서 제품생산에 직접관여한다.
③ 지원(보조)부문에서는 재료의 보관, 생산설비 점검과 보수, 시설관리와 청소, 경비 등을 담당한다.
④ 제조간접비를 보다 더 정확하게 배부하기 위해 부문별 원가의 발생과 흐름을 추적하는 것이다.

25. (주)상공은 개별원가계산으로 원가계산을 하며 제조간접원가는 직접노무원가 기준으로 배부한다. 당기에 착수하여 완성된 #1001 작업별 원가자료는 다음과 같다.

	조립부문	포장부문
직접재료원가	₩30,000	₩8,000
직접노무원가	₩40,000	₩15,000
제조간접원가	?	?
제조간접원가배부율	200%	50%

(주)상공의 #1001에 집계된 총제조원가는 얼마인가?
① ₩93,000 ② ₩142,500
③ ₩148,000 ④ ₩180,500

26. 다음 중 보조부문비를 배분하는 목적으로 옳지 않은 것은?
① 부문 상호간에 원가통제를 위해
② 제조직접비를 각 부문별로 집계하기 위해
③ 외부보고를 위한 재고자산 및 이익 측정을 위해
④ 경제적 의사결정을 위한 최적의 자원 배분을 위해

27. (주)대한은 제조간접비를 직접노동시간을 기준으로 배부하고 있다. 다음 자료에 의하여 제조간접비 예정배부율을 계산하면 얼마인가?

가. 제조간접비 예정총액	₩330,000
나. 제조간접비 실제발생액	₩350,000
다. 직접노동 예정시간 수	100,000시간

① ₩3.0 ② ₩3.2
③ ₩3.3 ④ ₩3.5

28. (주)대한의 기초원재료재고액은 ₩5,000이고 당기의 원재료 매입액은 ₩15,000이며, 기말원재료재고액이 ₩3,000인 경우 당기 원재료 소비액은 얼마인가?
① ₩7,000 ② ₩13,000
③ ₩17,000 ④ ₩23,000

29. 다음 중 지급임률과 소비임률과의 차이를 설명한 것으로 옳지 않은 것은?
① 소비임률은 주로 기본임금액을 계산하기 위한 임률이지만, 지급임률은 기본임률에 가지급금, 제수당 등이 포함되어 계산된 임률이다.
② 지급임률은 일상업무와 잔업의 구별에 따라 달리 책정되는 것이 일반적이며, 소비임률은 항상 그들을 평균한 개념이 된다.
③ 지급임률은 각 종업원의 실제작업시간에 곱해져서 지급액이 계산되지만, 소비임률은 각 종업원이 특정한 제조작업에 직접 종사한 노동시간에 곱해져서 임금액이 산출된다.
④ 지급임률은 각 종업원의 성별, 연령, 능력, 근속년수 등에 따라 차이가 있으나, 소비임률은 그들을 전혀 고려하지 않고 평균적인 개념으로서 사용된다.

30. 다음 중 종합원가계산에 대한 설명으로 옳지 않은 것은?
① 종합원가계산은 기간별 공정별 평균화 과정으로 인한 제품원가계산 방법이다.
② 종합원가계산에서의 완성품환산량 계산은 완성품뿐만 아니라 기말재공품에 대한 작업량도 포함된다.
③ 조별종합원가계산은 단일제품을 복수의 공정을 통하여 최종 완성품이 생산되는 업종에 적합하다.
④ 얼음, 소금과 같이 단일제품을 단일공정으로 생산하는 업종에는 단일종합원가계산을 사용한다.

31. 다음 중 개별원가계산과 종합원가계산에 대한 설명 중 옳지 않은 것은?
① 개별원가계산은 완성품환산량 계산이 핵심과제이고, 종합원가계산은 제조간접비 배분이 핵심과제이다.
② 개별원가계산은 직접재료비, 직접노무비, 제조간접비로 원가분류를 하고, 종합원가계산은 직접재료비와 가공비로 원가분류를 한다.
③ 개별원가계산은 인쇄, 건설, 조선 등의 업종에 적합한 원가계산방법이고, 종합원가계산은 제지, 제분, 시멘트 업종에 적합한 원가계산방법이다.
④ 개별원가계산방법과 종합원가계산방법 모두 표준원가계산을 함께 사용할 수 있다.

32. 다음 중 단순(단일) 종합원가계산의 의의, 절차 및 기장방법에 대한 설명으로 옳지 않은 것은?
① 단순 종합원가계산이란 제빙업·광산업·양조업·제유업 등과 같이 단일 제품을 단일 공정을 통하여 연속적으로 생산하는 경영에서 사용되는 원가계산방법이다.
② 원가계산기간에 소비된 제조원가의 총계에서 기초재공품 원가를 차감한 후, 여기에서 기말시점의 재공품원가 및 부산물·공손품 등의 평가액을 가산한다.
③ 완성품 제조원가를 그 기간에 완성된 제품의 총수량으로 나누어서 제품 단위당의 원가를 산출한다.
④ 당기제품제조원가는 완성된 제품의 원가이기 때문에 원가계산 기간 말에 제품계정으로 대체시킨다.

33. 다음 자료를 이용하여 평균법으로 당월제품제조원가를 계산한 것으로 옳은 것은? 단, 재료는 제조 착수 시에 전부 투입되고 가공비는 제조 진행에 따라 균등하게 소비된다.

| 가. 월초 재공품 : 재료비 ₩40,000 |
| 가공비 ₩70,000 |
| 수량 300개(완성도 : 50%) |
| 나. 당월 소비액 : 재료비 ₩380,000 |
| 가공비 ₩254,000 |
| 다. 당월 완성품 수량 : 2,500개 |
| 라. 월말 재공품 수량 : 500개(완성도 : 40%) |

① ₩500,000 ② ₩550,000
③ ₩650,000 ④ ₩700,000

34. (주)대한은 종합원가계산제도를 택하고 있다. 원재료는 공정의 초기에 모두 투입되고, 가공원가는 공정의 전반에 걸쳐 균등하게 발생한다. 재료원가의 경우 선입선출법에 의해 완성품환산량을 계산하면 80,000단위이고 평균법에 의해 완성품환산량을 계산하면 100,000단위이다. 가공원가의 경우 선입선출법에 의해 완성품환산량을 계산하면 62,000단위이고 평균법에 의해 완성품환산량을 계산하면 70,000단위이다. 이 경우 (주)대한의 기초재공품의 완성도는 얼마인가?

① 30% ② 40%
③ 50% ④ 60%

35. 다음 중 연산품의 원가계산에 있어서 결합원가만이 이익을 창출하고 분리점 이후의 분리원가는 아무런 이익을 창출하지 못한다고 가정한 배분방법은?

① 수량기준법(물량기준법)
② 매가기준법(상대적 판매가치법)
③ 순실현가치기준법
④ 균등이익률법

36. 종합원가계산제도를 적용함에 있어 선입선출법과 평균법에 대한 설명으로 옳지 않은 것은?

① 기초재공품이 없다고 하더라도 평균법과 선입선출법의 완성품환산량 단위당 원가를 계산하는 방법이 상이하기 때문에 두 방법의 결과는 달라지게 된다.
② 평균법은 완성품환산량을 계산할 때 기초재공품을 당기에 착수한 것으로 간주한다.
③ 원재료의 단가를 산정할 때 선입선출법을 사용하는 기업이라 할지라도 종합원가계산제도 적용 시 평균법을 사용할 수 있다.
④ 평균법 적용하의 완성품환산량은 선입선출법 적용하의 완성품환산량보다 크거나 같다.

37. 다음 중 연산품 종합원가계산에 대한 설명으로 옳지 않은 것은?

① 연산품이란 동일한 종류의 원재료를 투입하여 동시에 생산되는 서로 다른 2종 이상의 제품을 말한다.
② 연산품은 분리점에 도달할 때까지 각각의 제품으로 구별되지 않기 때문에 그 때까지 발생한 결합원가를 일정한 기준에 따라 배분하여야 한다.
③ 결합원가를 연산품에 배분하는 방법에는 물량기준법, 판매가치법 등이 있다.
④ 연산품을 분리점에서 판매할 것인지 아니면 추가가공하여 판매할 것인지에 대한 의사결정 시 고려하여야 할 원가에는 결합원가도 포함된다.

38. 다음 자료에 의하여 당월 노무비 소비액을 계산하면 얼마인가?

• 임금 전월 미지급액	₩200,000
• 임금 당월 지급액	₩1,200,000
• 임금 당월 미지급액	₩300,000

① ₩1,000,000 ② ₩1,200,000
③ ₩1,300,000 ④ ₩1,700,000

39. 다음은 (주)상공의 9월 제품 제조와 관련된 자료이다. 9월에 완성한 제품의 제조원가를 계산한 것으로 옳은 것은? 단, 기말재공품의 평가는 평균법이다. 재료비와 가공비는 제조 진행에 따라 균등하게 소비된다.

가. 기초재공품(재료비 ₩2,400, 가공비 ₩1,800)
   - 수량 600개(완성도 : 재료비 40%, 가공비 30%)
나. 당기착수량 : 3,000개
   - 재료비 ₩39,960   - 가공비 ₩44,220
다. 기말재공품수량 : 100개
   (완성도 : 재료비 30%, 가공비 40%)

① ₩84,780 ② ₩85,980
③ ₩87,500 ④ ₩88,380

40. (주)대한은 단일제품을 생산, 판매하고 있다. 원재료는 공정의 초기에 모두 투입되며, 가공비는 공정의 전반에 걸쳐 균등하게 발생한다. 8월 생산자료는 기초재공품 1,000단위(완성도 60%), 당기착수량 12,000단위, 당기완성수량 11,000단위, 그리고 기말재공품 2,000단위(완성도 40%)이다. 선입선출법에 의한 가공비 완성품 환산량은 얼마인가?

① 11,000단위 ② 11,200단위
③ 11,800단위 ④ 13,000단위

국가기술자격검정
전산회계운용사 2급필기 시험

2019년 1회기출 대한상공회의소 시행

| 2급 | A형 | 시험일(소요시간) 2월 9일(총60분) | 문항수 총40개 |

수험번호 :
성   명 :

※ 다음 문제를 읽고 알맞은 것을 골라 답안카드의 답란(①, ②, ③, ④)에 표기하시오.

< 제1과목 : 재 무 회 계 >

01. 5전표제를 채택하고 있는 (주)상공기업이 상품 ₩100,000을 매입하고 대금은 현금으로 지급하였다. 발행해야 할 전표를 모두 나열한 것으로 옳은 것은?

① 출금전표
② 대체전표
③ 대체전표, 매입전표
④ 출금전표, 매입전표

02. 간접법에 의한 현금흐름표를 작성할 때 영업활동으로 인한 현금흐름에 가산할 항목으로 분류되는 것으로 옳은 것은?

| 가. 매출채권의 감소 | 나. 유형자산의 처분 |
| 다. 재고자산의 감소 | 라. 단기차입금의 차입 |

① 가, 나
② 가, 다
③ 나, 다
④ 다, 라

03. 다음 자료를 이용하여 유통업을 영위하는 (주)상공의 영업활동으로 인한 현금흐름을 계산하면 얼마인가?

가. 당기순이익	₩10,000,000
나. 감가상각비	₩500,000
다. 유형자산(장부금액 ₩900,000)의 처분금액	₩1,000,000
라. 은행차입금의 상환	₩2,000,000
마. 무형자산상각비	₩300,000
바. 퇴직급여부채의 증가	₩200,000

① ₩10,800,000
② ₩10,900,000
③ ₩11,000,000
④ ₩11,800,000

04. 다음 자료에 의하여 (주)상공의 결산 시 수정분개로 옳은 것은?

결산 시점 현금과부족 계정 대변 잔액은 ₩80,000이다. 그 원인을 파악한 결과 종업원식대 ₩36,000을 현금으로 지급한 분개가 이중기입되었음을 확인하고, 나머지는 원인을 알 수 없어 이를 정리하다.

① (차) 복리후생비 36,000 / 잡 손 실 44,000 (대) 현금과부족 80,000
② (차) 현금과부족 80,000 (대) 복리후생비 36,000 / 잡 이 익 44,000
③ (차) 현금과부족 80,000 (대) 접 대 비 36,000 / 잡 이 익 44,000
④ (차) 현금과부족 80,000 (대) 복리후생비 36,000 / 현 금 44,000

05. 다음은 (주)상공의 20X1년도 말 자산 내역 중 일부이다. 현금및현금성자산에 해당하는 금액은 얼마인가?

가. 지폐와 동전 ₩40,000
나. 양도성예금증서(180일 만기) ₩50,000
다. 타인발행 당좌수표 ₩120,000
라. 배당금지급통지표 ₩30,000
마. 일반 상거래상의 약속어음 ₩100,000
   (만기 : 20×3년 2월 28일)
바. 만기가 1년 후인 정기예금 ₩150,000
사. 만기가 2개월 이내인 채권 ₩200,000
   (20×1년 12월 20일 취득)

① ₩470,000
② ₩420,000
③ ₩390,000
④ ₩320,000

06. 다음 중 금융자산에 대한 설명으로 옳지 않은 것은?

① 금융자산의 정형화된 매입 또는 매도는 매매일이나 결제일에 인식하거나 제거한다.
② 금융자산을 재분류하는 경우에 그 재분류를 최초 취득일로 부터 소급법을 적용한다.
③ 당기손익-공정가치측정 금융자산의 취득시 거래원가는 지출시점에 비용으로 인식한다.
④ 금융자산을 관리하는 사업모형을 변경하는 경우에는 이로 인해 영향 받는 모든 금융자산을 재분류해야 한다.

07. 전자제품 매매업을 하는 상공상사가 본사확장이전을 목적으로 건물 구입계약을 체결하고 계약금을 지급한 경우 회계처리 해야 할 계정과목으로 옳은 것은?

① 투자부동산
② 건물
③ 건설중인자산
④ 구축물

08. 투자부동산으로 분류해야 하는 것으로 옳은 것은?

① 자가 사용 부동산
② 제품 생산에 사용하는 부동산
③ 장기 시세 차익을 얻기 위하여 보유하는 부동산
④ 정상적인 영업활동 과정에서 판매를 목적으로 보유하는 부동산

09. (주)상공의 매출처원장에 대한 설명으로 옳지 않은 것은?

< 매 출 처 원 장 >
대 한 상 점

| 1/1 전기이월 | 300,000 | 10/11 현 금 | 200,000 |
| 9/10 매 출 | 500,000 | | |

민 국 상 점

| 1/1 전기이월 | 200,000 | 11/25 현 금 | 500,000 |
| 8/10 매 출 | 400,000 | | |

① 9월 10일 현재 외상매출금 계정의 잔액은 ₩1,400,000이다.
② 10월 11일 대한상점의 외상매출금 회수액은 ₩200,000이다.
③ 11월 25일 현재 외상매출금 계정의 잔액은 ₩100,000이다.
④ 8월 10일 민국상점의 외상매출금 미회수액은 ₩600,000이다.

10. (주)상공의 (가)~(다) 거래를 분개할 경우, 대변 계정과목으로 옳은 것은?

> (가) 삼양식당에서 경리부 직원의 야근 식비 ₩100,000을 법인 신용카드로 결제하다.
> (나) 삼양식당에서 단기차입한 ₩1,000,000을 3개월 만기 어음으로 발행하여 상환하다.
> (다) 삼양식당의 토지 ₩20,000,000을 매입하고 2개월 후에 지급하기로 하다.

① 외상매입금　　　　② 미지급금
③ 복리후생비　　　　④ 단기차입금

11. 대여금과 차입금, 미수금과 미지급금에 대한 설명이다. 옳지 않은 것은?

① 기업이 상품 이외의 자산을 외상으로 처분한 경우에 발생한 채권은 미수금 계정의 차변에 기입한다.
② 기업이 종업원이나 거래처 등으로부터 차용증서를 받고 1년 이내에 회수하는 조건으로 현금 등을 빌려 준 경우 단기대여금 계정의 대변에 기입한다.
③ 기업이 자금 융통을 위하여 차용증서를 써주고 거래처나 은행 등으로부터 현금을 차입하고, 1년 이내에 갚기로 한 경우 단기차입금 계정의 대변에 기입한다.
④ 기업이 상품 이외의 자산을 외상으로 매입한 경우에 발생한 채무는 미지급금 계정의 대변에 기입한다.

12. (주)대망은 20×1년 8월 5일에 발생한 화재로 인하여 모든 재고자산이 소실되었다. 20×1년 1월 1일부터 8월 5일까지의 확인된 자료는 다음과 같다. 매출총이익률이 30%라면 화재로 인해 소실된 재고자산은 얼마인가?

> 가. 1월 1일 기초재고자산 ₩300,000
> 나. 8월 5일까지의 순매출액 ₩2,000,000
> 다. 8월 5일까지의 총매입액 ₩1,500,000
> 라. 8월 5일까지의 매입환출액 ₩20,000

① ₩200,000　　　　② ₩280,000
③ ₩300,000　　　　④ ₩380,000

13. 다음은 (주)상공이 건물을 신축하기 위하여 (주)서울로부터 구입한 건물을 철거한 자료이다. 토지의 취득원가를 계산한 것으로 옳은 것은?

> 가. 구입금액 : 구건물 ₩50,000,000, 토지 ₩30,000,000
> 나. 소유권이전 제비용 : ₩500,000
> 다. 건물철거비용 : ₩1,000,000
> 라. 구건물 철거부수입 : ₩500,000
> 마. 신건물 설계비 : ₩800,000

① ₩30,000,000　　　　② ₩31,000,000
③ ₩80,000,000　　　　④ ₩81,000,000

14. 무형자산의 취득원가에 대한 설명으로 옳지 않은 것은?

① 구입가격에 자산을 의도한 목적에 사용할 수 있도록 준비하는데 직접 관련되는 원가를 가산한다.
② 무형자산과 기타자산을 일괄취득한 경우, 자산의 공정가치에 비례하여 배분한 금액을 취득원가로 한다.
③ 정부보조금에 의해 무형자산을 무상 또는 공정가치보다 낮은 대가로 취득한 경우, 취득원가를 공정가치로 할 수 있다.
④ 무형자산을 취득한 후에 이를 사용하거나 재배치하는데 발생하는 원가는 취득원가에 포함한다.

15. (주)상공은 주주총회에서 미처분이익잉여금을 아래와 같이 처분하기로 의결하였다. 배당금과 이익준비금을 계산한 것으로 옳은 것은?

> 가. 자본금은 ₩10,000,000이다.
> 나. 현금배당 5%
> 다. 이익준비금은 법정 최소금액을 적립한다.
> 라. 당기순이익이 ₩1,000,000이다.

	배당금	이익준비금
①	₩ 10,000	₩100,000
②	₩ 50,000	₩500,000
③	₩100,000	₩ 10,000
④	₩500,000	₩ 50,000

16. 비용의 인식에 대한 설명으로 옳지 않은 것은?

① 자산의 경제적 효익의 감소, 소멸이 명백할 때 비용으로 인식한다.
② 비용은 수익을 창출하는 과정에서 희생된 자원으로서 순자산의 감소를 초래한다.
③ 수익과 비용을 대응시키는 방법에는 직접대응, 체계적이고 합리적인 배분 및 즉시 비용화가 있다.
④ 미래 경제적 효익이 기대되지 않는 지출은 비용으로 인식할 수 없다.

17. 재무제표 분석 기법 중 추세분석에 대한 설명으로 옳은 것은?

① 수직적분석이라고도 한다.
② 기업 간의 회계처리 방법에 차이가 있어도 추세분석을 통해 비교가능하다.
③ 연속되는 몇 회계기간의 자료를 비교함으로써 기업의 상태를 파악하는 것이다.
④ 한 기간의 재무제표를 구성하는 각 재무제표항목의 상대적인 크기를 백분율로 표시하여 비교 분석하는 것이다.

18. 수익은 기업이 고객에게 약속한 재화나 용역의 이전을 나타내도록 해당 재화나 용역의 대가로 받을 권리를 갖게 될 것으로 예상하는 대가를 반영한 금액으로 인식해야 한다. 수익을 인식하기 위한 올바른 순서는?

| 가. 고객과의 계약을 식별 |
| 나. 수행의무를 식별 |
| 다. 거래가격을 산정 |
| 라. 거래가격을 계약 내 수행의무에 배분 |
| 마. 수행의무를 이행할 때 수익을 인식 |

① 가, 나, 다, 라, 마
② 가, 다, 라, 나, 마
③ 나, 가, 다, 라, 마
④ 나, 다, 라, 가, 마

19. 다음은 상공(주)가 매출채권의 대손 추정을 위해 확보한 자료이다. 결산수정분개 시 차변에 기입될 대손상각비 금액으로 옳은 것은?

〈 결산수정분개 반영전 시산표 자료 〉
• 매출채권 총액 : ₩570,000
• 대손충당금 잔액 : ₩5,000

〈 연령분석법에 의한 대손 추정 자료 〉

매출채권	대손추정율(%)
₩500,000	0.5
₩50,000	5
₩10,000	10
₩10,000	20

① ₩1,000
② ₩2,500
③ ₩3,000
④ ₩5,500

20. 다음 중 주식수의 변동과 관련된 설명으로 옳은 것은?

① 회계기간 중의 주식분할은 희석주당순이익의 크기에 영향을 주지 못한다.
② 회계기간 중의 주식분할은 납입자본의 증가를 초래한다.
③ 회계기간 중의 주식배당은 총주식수의 변동을 초래한다.
④ 회계기간 중의 주식배당은 1주당 액면금액을 변동시킨다.

< 제2과목 : 원 가 회 계 >

21. 원가에 대한 설명으로 옳지 않은 것은?

① 경제적 가치가 없는 재화나 용역의 소비(예: 공기 등) 또는 경제적 가치가 있다 하더라도 화폐적 가치를 지니고 있지 않은 재화나 용역의 소비는 원가가 될 수 없다.
② 경영과정에서 소비되는 모든 재화나 용역의 경제적 가치가 원가로 되는 것은 아니다.
③ 원가는 정상적인 경영과정에서 발생된 가치의 소비를 말한다.
④ 비정상적 또는 우발적으로 발생한 가치의 감소 및 과다소비는 원가에 포함한다.

22. 다음은 원가를 행태(cost behavior)에 따라 분류하여 설명한 것이다. 설명하는 원가로 옳은 것은?

조업도의 변화에 따라 그 총액이 변동하는 원가를 말한다. 즉, 단위당 원가는 조업도가 변화하더라도 항상 일정하다.

① 준변동원가
② 준고정원가
③ 변동원가
④ 고정원가

23. 원가에 관련된 설명으로 옳지 않은 것은?

① 원가대상(cost object)이란 원가를 부담하는 목적물을 의미하는 것으로 특정 제품이나 부문 등이 그 예이다.
② 특정 원가대상에 추적가능한 원가를 직접원가라고 한다.
③ 다양한 제품을 만드는 공장의 공장건물 감가상각비는 직접원가의 예이다.
④ 최근에는 활동(activities)이 중요한 원가대상이 되고 있다.

24. 다음은 (주)상공의 개별원가계산에 의한 제품 생산 원가자료이다. 20×1년 초 제품재고액이 ₩1,000,000, 20×1년 말 제품재고액이 ₩1,300,000일 때 20×1년도 손익계산서에 계상될 매출원가는 얼마인가? 단, 당기에 작업지시서 #102는 완성되었으나, 작업지시서 #101은 아직 완성되지 않았다.

	작업지시서 #101	작업지시서 #102
기초재공품		₩500,000
직접재료원가	₩300,000	₩200,000
직접노무원가	₩400,000	₩100,000
제조간접원가	₩200,000	₩200,000

① ₩200,000
② ₩600,000
③ ₩700,000
④ ₩1,000,000

25. 부문별원가계산의 순서를 바르게 나열한 것은?

(ㄱ) 부문 공통비를 각 부문에 배부한다.
(ㄴ) 부문 개별비를 각 부문에 부과한다.
(ㄷ) 보조 부문비를 제조 부문에 배부한다.
(ㄹ) 제조 부문비를 각 제품에 배부한다.

① (ㄱ) → (ㄴ) → (ㄷ) → (ㄹ)
② (ㄴ) → (ㄱ) → (ㄷ) → (ㄹ)
③ (ㄷ) → (ㄴ) → (ㄱ) → (ㄹ)
④ (ㄹ) → (ㄴ) → (ㄱ) → (ㄷ)

26. 원가배부의 일반적인 목적에 대한 설명으로 옳지 않은 것은?

① 재고자산 평가와 이익측정을 위한 매출원가를 계산하기 위해 관련된 원가를 재고자산과 매출원가에 배부하여야 한다.
② 개별 제품과 직접적인 인과관계가 없는 원가는 제품에 배부하면 안 된다.
③ 부문경영자나 종업원들이 합리적인 행동을 하도록 하기 위해서는 각 부문이나 활동별로 원가를 배부한다.
④ 제품의 가격결정, 부품의 자가제조 또는 외부구입과 같은 의사결정에 필요한 정보를 제공할 수 있어야 한다.

27. 복리후생비를 부문별로 배부할 경우 동력부문으로의 배부액은 얼마인가?

가. 공통부문비 : 복리후생비 총 발생액 ₩700,000
나. 배부기준 : 종업원수

항목	제조부문		보조부문	
	A부문	B부문	동력부문	수선부문
종업원수	25명	20명	15명	10명

① ₩100,000
② ₩150,000
③ ₩200,000
④ ₩250,000

28. (주)상공의 제조경비 내역이다. 당월의 제조경비 소비액은 얼마인가? (단, 원가계산기간은 1개월이며, 회계기간은 1년이다.)

가. 공장건물 화재보험료 1년분 ₩600,000
나. 공장건물 임차료 당월 미지급분 ₩100,000
다. 기계장치에 대한 당기 분 감가상각비 ₩1,200,000

① ₩100,000
② ₩150,000
③ ₩200,000
④ ₩250,000

29. (주)상공식품은 제조간접원가를 기계시간 기준으로 배부한다. 제11기 제조간접원가 배부율과 제빵에 배부될 제조간접원가는 얼마인가?

<제11기 원가자료>

원가자료	합 계	제 빵
직접재료원가	₩3,000,000	₩1,200,000
직접노무원가	₩2,500,000	₩1,050,000
제조간접원가	₩1,800,000	?
배부기준		
직접노동시간	10,000시간	4,500시간
기계시간	6,000시간	3,000시간

① 제조간접원가 배부율 @₩0.72 제조간접원가 ₩756,000
② 제조간접원가 배부율 @₩0.60 제조간접원가 ₩720,000
③ 제조간접원가 배부율 @₩180   제조간접원가 ₩810,000
④ 제조간접원가 배부율 @₩300   제조간접원가 ₩900,000

30. (주)한국의 A부문은 종합원가계산에 선입선출법을 적용한다. 다음은 20X1년 6월 한 달 동안 원가관련 자료이다. 직접재료원가는 공정초기에 전량투입되며, 가공원가는 완성도에 따라 비례하여 발생한다. 기초재공품의 완성도는 50%이고 기말재공품의 완성도는 50%이다. 20X1년 6월 한 달 동안의 가공원가의 완성품환산량은 얼마인가?

	조립수량	직접재료원가	가공원가
기초재공품(6월 1일)	8	₩4,933,600	₩910,400
20×1년 6월 착수량	50		
20×1년 6월 완성량	46		
기말재공품(6월30일)	12		
20×1년 6월 투입원가		₩32,200,000	₩13,920,000

① 38단위 ② 41단위 ③ 43단위 ④ 48단위

31. 다음은 공정별 종합원가계산에 대한 설명이다. 옳지 않은 것은?

① 전공정원가의 완성도는 제조진행의 정도에 따라 계산한다.
② 제1공정에서 제2공정으로 대체되는 원가를 전공정원가라고 한다.
③ 전공정 완성품이 다음 공정으로 대체되지 않을 경우에는 반제품 계정에 대체한다.
④ 2개 이상의 제조공정을 거쳐 연속 대량생산하는 기업에서 사용하는 원가계산 방법이다.

32. 개별원가계산과 종합원가계산에 대한 설명으로 옳지 않은 것은?

① 종합원가계산의 단위당 원가는 발생한 모든 원가요소를 집계한 당기총제조원가에 기말재공품원가를 가산한 후 그 합계액을 완성품과 기초재공품에 안분계산함으로써 완성품총원가를 계산하고, 이를 제품단위에 배분하여 산정한다.
② 개별원가계산은 다른 종류의 제품을 개별적으로 생산하는 생산형태에 적용하며, 각 제조지시서별로 원가를 산정한다.
③ 원가의 제품별 계산은 원가요소를 제품단위에 집계하여 단위 제품의 제조원가를 산정하는 절차를 말하며, 이는 생산형태에 따라 개별원가계산방식과 종합원가계산방식등으로 분류한다.
④ 종합원가계산의 기말재공품의 완성품 환산량은 재료의 투입정도 또는 가공정도 등을 고려하여 직접재료원가와 가공원가로 구분하여 산정할 수 있다.

33. 원가는 경제적 효익의 소멸 여부에 따라 소멸원가와 미소멸원가로 분류한다. 옳지 않은 것은?

① 원가는 재무보고로 제공될 수 있는 정보에 대한 포괄적 제약요인으로서, 원가란 재화나 용역을 얻기 위해서 희생된 경제적 효익을 말한다.
② 자산은 미래 경제적 효익이 기업에 유입될 가능성이 높고 해당 항목의 원가 또는 가치를 신뢰성 있게 측정할 수 있을 때 재무상태표에 인식한다.
③ 비용은 발생된 원가와 특정 수익 항목간의 가득 간에 존재하는 직접적인 관련성을 기준으로 포괄손익계산서에 인식한다.
④ 어떤 희생을 치름으로써 미래 경제적 효익을 획득할 수 있을 것으로 예상되는 경우, 그 희생을 미래로 이연하는 원가를 소멸원가라 하며 재무상태표에 자산으로 계상한다.

34. 제조간접원가 배부차이의 회계처리에 관한 설명이다. ( )안에 들어갈 말을 순서대로 나열한 것은?

제조간접원가는 예정배부액을 기준으로 원가 계산을 하므로 실제 발생한 제조간접원가와 차이가 난다. 이때 예정배부한 제조간접원가보다 실제발생한 제조간접원가가 더 많다면 제조간접원가는 ( ) 배부한 것이고, 실제발생한 제조간접원가가 더 적다면 제조간접원가는 ( ) 배부한 것이다.

① 과대, 과소
② 과대, 과대
③ 과소, 과대
④ 과소, 과소

35. (주)상공은 제조간접원가를 작업지시별로 배부할 때 조립부문은 직접노무원가에 근거한 예정배부율을 사용하고 있다. 조립부문의 제조간접원가 과대(또는 과소)배부액으로 옳은 것은?

조립부문의 원가

구분	예정	실제
직접노무원가	₩600,000	₩800,000
제조간접원가	₩1,200,000	₩1,800,000
직접노동시간	30,000시간	32,500시간

① 과대배부 ₩300,000
② 과소배부 ₩300,000
③ 과대배부 ₩200,000
④ 과소배부 ₩200,000

36. 제조기업의 재고자산에 해당하는 계정을 <보기>에서 고른 것은?

〈보기〉
ㄱ. 원재료   ㄴ. 재공품
ㄷ. 노무비   ㄹ. 제조간접비

① ㄱ, ㄴ
② ㄱ, ㄷ
③ ㄴ, ㄹ
④ ㄷ, ㄹ

37. (주)상공은 20X1년 11월에 발생한 제조간접원가를 집계한 후 원가계산을 위하여 재공품 계정으로 대체하였다. 옳은 회계처리는?

① (차) 재 공 품 ××× (대) 제조간접원가 ×××
② (차) 제조간접원가 ××× (대) 재 공 품 ×××
③ (차) 제조간접원가 ××× (대) 제   품 ×××
④ (차) 매 출 원 가 ××× (대) 제조간접원가 ×××

38. (주)상공은 임대공장에서 제조하고 있으며 제조 품목은 의료기와 건강보조기이다. 각 제품에 공장 임차료를 배부하기 위한 원가배부기준으로 가장 옳지 않은 것은?

① 원가대상인 각 제품과의 특정활동과 관련되는 인과관계에 비례하여 배부하였다.
② 원가대상인 각 제품의 수익성(이익)에 의하여 배부하였다.
③ 원가대상인 각 제품매출액의 크기에 비례하여 배부하였다.
④ 원가대상인 각 제품 크기에 따라 비례하여 배부하였다.

39. 다음 자료는 (주)대한의 생산공장에서 발생한 원가이다. (주)대한의 제조간접비는 얼마인가? 단, 외주가공비는 제품별로 추적가능하다.

직접재료비	₩100,000	간접재료비	₩50,000
직접노무비	₩200,000	간접노무비	₩100,000
수선유지비	₩50,000	외주가공비	₩20,000
수도광열비	₩30,000		

① ₩150,000
② ₩200,000
③ ₩230,000
④ ₩250,000

40. 다음은 대한공업사의 제조경비에 관한 자료이다. 제조원가에 산입하는 방법에 따른 분류 중 당월에 발생한 지급 제조경비의 소비액을 계산한 것으로 옳은 것은?

가. 기계수선비 :	전월 선급액	₩25,000
	당월 지급액	₩240,000
	당월 말 선급액	₩45,000
나. 외주가공비 :	전월 미지급액	₩50,000
	당월 지급액	₩500,000
	당월 미지급액	₩80,000

① ₩420,000
② ₩475,000
③ ₩615,000
④ ₩750,000

국가기술자격검정
상시 전산회계운용사 2급필기 시험

2019년 2회기출

대한상공회의소 시행

| 2급 | A형 | 시험일(소요시간) 5월 18일(총60분) | 문항수 총40개 |

수험번호 :
성　명 :

11회

※ 다음 문제를 읽고 알맞은 것을 골라 답안카드의 답란(①, ②, ③, ④)에 표기하시오.

< 제1과목 : 재 무 회 계 >

01. 다음 중 회계에 대한 설명으로 옳지 않은 것은?
① 회계의 목적은 기업의 주요 이해관계자인 투자자, 종업원, 거래처, 채권자 등에게 기업과 관련된 합리적 의사결정에 필요한 유용한 재무정보를 제공하는 것이다.
② 회계는 회계정보시스템에서 산출되는 정보를 이용하는 주된 회계정보이용자의 회계정보 이용목적에 따라 재무회계, 관리회계, 세무회계로 구분한다.
③ 회계가 적용되는 조직의 영리성 유무에 따라 영리회계와 비영리회계로 분류한다.
④ 일정한 원칙에 따라 재화의 증감은 물론, 손익의 발생을 원인별로 계산하는 완전한 기입방법이 단식회계(단식부기)이다. 오늘날 대부분의 기업회계, 정부회계 등은 이러한 단식회계제도를 도입하고 있다.

02. 결산 결과 당기순이익이 ₩300,000이 계상되었으나, 다음과 같은 결산정리사항이 누락되었다. 이를 반영한 후의 정확한 당기순이익으로 옳은 것은? (단, 보험료는 지급할 때 비용 계정으로, 임대료는 받을 때 수익 계정으로 처리하였다.)

| 가. 보험료 선급분 ₩5,000 | 나. 임대료 선수분 ₩20,000 |
| 다. 이자 미수분 ₩15,000 | 라. 급여 미지급분 ₩30,000 |

① ₩270,000　　② ₩290,000
③ ₩300,000　　④ ₩330,000

03. 다음은 재무상태표 작성 시의 통합 과목 중 하나에 대한 설명이다. 해당 과목의 금액에 있어서 변화를 초래하는 거래로 옳은 것은?

보유하고 있는 현금과 요구불예금 및 유동성이 매우 높은 단기투자자산으로서 확정된 금액의 현금으로 전환이 용이하고 가치 변동의 위험이 경미한 자산

① 상품 ₩100,000을 외상으로 구입하다.
② 비품 ₩100,000을 매각하고 대금은 월말에 받기로 하다.
③ 보통예금 ₩1,000,000을 인출하여 1년 만기 정기예금하다.
④ 자기앞수표 ₩100,000을 ₩10,000권 지폐 10매로 교환해 오다.

04. 다음 중 자본변동표를 통해 변동 내용을 알 수 없는 회계정보는?
① 납입자본　　② 이익잉여금
③ 비유동자산　　④ 기타자본요소

05. 다음 중 현금및현금성자산에 관한 설명으로 옳지 않은 것은?
① 현금및현금성자산에는 은행에 예탁한 현금인 보통예금과 당좌예금도 포함된다.
② 현금성자산은 큰 거래비용없이 현금으로 전환이 용이하고, 이자율 변동에 따른 가치변동의 위험이 중요하지 않으며, 취득 당시 만기 또는 상환일이 3개월 이내에 도래하는 금융상품을 말한다.
③ 현금에는 자기앞수표, 송금수표, 우편환증서 등과 같은 통화대용증권도 포함된다.
④ 금융자산 중 현금성자산의 요건을 충족하지 못하는 경우에는 6개월을 기준으로 단기금융자산으로 분류된다.

06. 다음 중 투자부동산에 해당하는 자산으로 적합하지 않은 것은?
① 임대 수익을 목적으로 보유하고 있는 건물
② 장기 시세차익 목적으로 보유하고 있는 토지
③ 자가 사용 목적으로 건설 또는 개발 중인 부동산
④ 운용리스로 제공하기 위하여 보유하는 미사용건물

07. (주)대한은 20X1년 초에 장기 임대수익을 얻을 목적으로 건물을 ₩200,000에 구입하였다. 20X1년 12월 31일과 20X2년 12월 31일 현재의 공정가치는 각각 ₩360,000과 ₩300,000이다. 동 건물에 대하여 공정가치모형을 적용할 경우 20X2년도 당기손익에 영향을 미치는 금액은 얼마인가?(단, 감가상각이 필요할 경우에는 건물의 내용연수 10년, 잔존가치는 없으며, 정액법으로 처리한다.)

① ₩120,000　　② ₩100,000
③ ₩80,000　　④ ₩60,000

08. 다음 중 기업의 주된 영업활동인 재화의 판매나 용역의 제공 이외의 거래에서 발생하는 채권·채무로만 구성된 것은 어느 것인가?
① 미수금, 미지급금　　② 매출채권, 미지급금
③ 미수금, 매입채무　　④ 매출채권, 매입채무

09. 다음 거래에서 어음상의 채권이 소멸되는 거래를 모두 고른 것은? (단, 어음의 배서양도 및 할인 거래는 모두 매각 거래로 처리한다.)

> 가. 거래처에서 상품 ₩200,000을 매입하고, 대금은 1개월 후 만기의 약속어음을 발행하여 지급하다.
> 나. 거래처로부터 받은 약속어음 ₩300,000이 만기일에 회수되어 당좌예금에 입금 되었다는 통지를 받다.
> 다. 거래처에 상품 ₩500,000을 매출하고, 대금은 동점발행 상공상점 인수의 환어음으로 받다.
> 라. 거래처에서 받은 약속어음 ₩400,000을 거래 은행에서 할인받고, 할인료 ₩20,000을 차감한 실수금은 당좌예입하다.

① 가, 다 ② 가, 라 ③ 나, 다 ④ 나, 라

10. 다음 받을어음과 지급어음에 대한 내용으로 옳지 않은 것은?

① 상품을 매출하고 그 대금으로 약속어음 또는 환어음을 받아 어음상의 채권이 발생하면 받을어음 계정의 차변에 기입하고, 만기일에 어음대금을 회수하거나 어음의 배서양도, 어음의 할인 등으로 어음상의 채권이 소멸하면 받을어음 계정의 대변에 기입한다.
② 법적 구분에도 불구하고 약속어음이든 환어음이든 수취인은 교부받은 어음금액을 지급어음(매입채무)으로, 발행인(약속어음의 경우)이나 지급인(환어음의 경우)은 발행된 어음 금액을 받을어음(매출채권)으로 회계처리한다.
③ 환어음이란 발행인이 일정한 금액을 만기일에 어음 수취인에게 지급하도록 지명인에게 의뢰한 증서로 거래관계자는 발행인, 수취인, 지명인(지급인) 3인이다.
④ 상품매입대금으로 약속어음을 발행하여 지급하거나, 매입처가 발행한 환어음을 인수한 경우에는 지급어음계정의 대변에 기입하고, 나중에 어음대금을 지급하면 지급어음 계정의 차변에 기입한다.

11. 다음은 (주)상공의 20X1년 9월 상품 매매 내역이다. 이를 기초로 매출총이익을 계산하면 얼마인가? (단, 원가흐름가정은 이동평균법을 가정한다.)

상품 매매 내역			
• 9월 1일	전 월 이 월	200개	@₩100
• 9월 10일	매 입	200개	@₩200
• 9월 22일	매 출	250개	@₩300

① ₩20,000 ② ₩37,500 ③ ₩45,000 ④ ₩75,000

12. 다음 중 유형자산의 취득원가에 포함되는 항목으로 옳은 것만을 <보기>에서 있는 대로 고른 것은?

> 〈보기〉
> ㄱ. 유형자산의 건설과 직접적으로 관련되어 발생한 종업원급여
> ㄴ. 설치장소 준비 원가
> ㄷ. 유형자산이 정상적으로 작동되는지 여부를 시험하는 과정에서 발생하는 원가
> ㄹ. 유형자산과 관련된 산출물에 대한 수요가 형성되는 과정에서 발생하는 가동손실
> ㅁ. 유형자산 설치 관련 전문가에게 지급하는 수수료

① ㄱ, ㄷ, ㄹ ② ㄱ, ㄴ, ㄷ, ㅁ
③ ㄱ, ㄴ, ㄹ ④ ㄴ, ㄷ, ㄹ, ㅁ

13. (주)상공은 신약 개발과 관련하여 발생한 개발비 ₩300,000이 무형자산의 요건을 충족하여 20X1년 1월 1일부터 개발비로 기록한 후 정액법(내용연수: 5년)으로 상각해오고 있는 중에 20X3년 1월 1일에 이 신약 제조기술에 대해서 성공적으로 특허권을 취득하고, 그 비용으로 ₩700,000을 지출하였다. 특허권의 취득원가로 기록할 금액은 얼마인가?

① ₩180,000 ② ₩700,000
③ ₩820,000 ④ ₩1,000,000

14. 다음은 금융자산과 금융부채 및 지분상품에 대한 용어정의 및 표시에 관한 내용이다. 옳지 않은 것은?

① 미래에 현금을 수취할 계약상 권리에 해당하는 금융자산과 이에 대응하여 미래에 현금을 지급할 계약상 의무에 해당하는 금융부채의 일반적인 예는 매출채권과 매입채무, 받을어음과 지급어음, 대여금과 차입금, 투자사채와 사채 등이 있다.
② 금융상품의 다른 유형으로는 수취하거나 포기하여야 할 경제적효익이 현금 외의 금융자산으로 이루어지는 경우이다. 이러한 예로는 국채지급어음을 들 수 있다. 국채는 발행자인 정부가 현금을 지급할 의무를 나타내므로 금융자산이다. 따라서 당해 어음은 보유자와 발행자에게 각각 금융자산과 금융부채이다.
③ 실물자산(예 재고자산, 유형자산), 리스자산과 무형자산(예 특허권, 상표권)은 금융자산이다.
④ 자기지분상품은 취득한 이유에 관계없이 금융자산으로 인식할 수 없다. 기업이 취득한 자기지분상품은 자본에서 차감하도록 하고 있다.

15. 다음 중 사채에 표시된 액면이자율이 시장이자율보다 낮을 때의 사채 발행방법으로 옳은 것은?(단, 사채발행비는 없다고 가정한다.)

① 할인발행 ② 할증발행
③ 액면발행 ④ 시차발행

16. 다음은 (주)상공기업의 종업원 퇴직금에 대한 내용이다. 이에 대한 분개로 옳은 것은?

> 확정급여제도를 채택하고 있는 (주)상공은 A종업원에 대한 퇴직금 ₩1,000,000을 사외적립자산을 활용하여 지급하였다.

① 분개없음
② (차) 퇴 직 급 여 1,000,000   (대) 사외적립자산 1,000,000
③ (차) 확정급여채무 1,000,000   (대) 임 의 적 립 금 1,000,000
④ (차) 확정급여채무 1,000,000   (대) 사외적립자산 1,000,000

17. 다음 중 거래형태별 수익인식 시점에 대한 설명으로 옳은 것은?

① 이자수익은 현금을 수취하는 시점
② 재화의 판매는 대금이 회수되는 시점
③ 상품권을 이용한 판매의 수익은 상품권을 판매하는 시점
④ 배당금수익은 받을 권리가 확정되는 시점

18. 다음은 (주)상공의 상품매매와 관련된 거래이다. 이를 회계처리한 후 나타나는 재무상태표 계정의 변화에 대한 설명으로 옳은 것은?

> 가. 거래처에 상품 ₩100,000을 매출하고 대금은 신용카드로 결재하다.
> 나. 판매용 책상 ₩100,000을 구입하고 대금은 신용카드로 결재하다.

① 비품 ₩100,000 증가
② 미수금 ₩100,000 증가
③ 미지급금 ₩100,000 증가
④ 외상매출금 ₩100,000 증가

19. (주)상공의 거래를 분개할 때 현금계정이 나타나지 않는 것은?

① 임대료 ₩50,000을 거래처발행 당좌수표로 받다.
② 비품 ₩50,000을 구입하고 자기앞수표로 지급하다.
③ 상품 ₩50,000을 매출하고 당점발행 당좌수표로 받다.
④ 결산일에 현금의 장부금액보다 현금의 실제액이 ₩50,000 부족함을 발견하다.

20. 특수매매의 회계처리에 대한 설명으로 옳은 것은?

① 상품권 판매의 경우 상품권을 발행한 날 매출 계정으로 처리한다.
② 시용판매의 경우 상품을 고객에게 인도한 날 매출 계정으로 처리한다.
③ 위탁판매의 경우 수탁자에게 상품을 발송한 날 매출 계정으로 처리한다.
④ 단기 할부 판매의 경우 상품을 인도한 날 매출 계정으로 처리한다.

< 제2과목 : 원 가 회 계 >

21. 제조원가에 속하는 원가 항목으로 옳지 않은 것은?

① 공장 청소사원의 노무비와 식대
② 제조를 위한 기계장치의 감가상각비, 수리비
③ 생산부서의 시간외 야근수당, 야근식대
④ 영업부서의 급여, 인센티브

22. 다음 중 원가(cost)에 대한 설명으로 옳지 않은 것은?

① 원가란 목적을 위한 수단으로서 상이한 목적에 따라 상이한 원가를 적용할 수 있다.
② 원가 중 기업의 수익획득에 기여하지 못하고 소멸된 부분은 비용으로, 수익획득에 기여하고 소멸된 부분은 손실로 처리한다.
③ 원가 중 기업의 수익획득에 아직 사용되지 않은 부분은 자산 즉 미소멸원가이다.
④ 원가란 특정 재화 및 용역을 얻거나 생산하기 위하여 치른 경제적 자원의 희생을 화폐단위로 측정한 것이다.

23. 다음 중 제조간접비에 관한 설명으로 옳은 것은?

① 기초원가 또는 기본원가라고 한다.
② 모든 공장 노무비를 포함한다.
③ 변동비가 될 수도 있고 고정비가 될 수도 있다.
④ 특정 제품에 소비된 원가를 추적할 수 있기 때문에 직접 부과한다.

24. 다음은 공통원가배분의 전형적인 기준에 대한 설명이다. 이 중 성격이 다른 것은?

① 인과관계기준　　　　　② 수혜기준
③ 부담능력기준　　　　　④ 원가행태기준

25. (주)대한공업사의 9월 중 A주요재료에 관한 자료는 다음과 같다. 9월 말 재료 감모 손실액을 회계 처리한 결과로 옳은 것은? (단, 감모량 중 6개는 정상분이고 나머지는 비정상분으로 발생한 것이다.)

가. 월초 재고 수량	250개
나. 당월 매입 수량	1,250개
다. 월말 장부 재고량	300개
라. 월말 실제 재고량	280개
(단, 장부상의 단위당 원가는 @₩500이다.)	

① (차) 재 공 품　　3,000　　(대) 재료감모손실　10,000
　　　 손　　　 익　　7,000
② (차) 제 조 간 접 비　3,000　　(대) 재료감모손실　10,000
　　　 손　　　 익　　7,000
③ (차) 제 조 간 접 비　10,000　(대) 재료감모손실　10,000
④ (차) 손　　　 익　　10,000　(대) 재료감모손실　10,000

26. (주)상공의 당월 중에 제조부문비 예정배부액은 ₩55,000 이고, 당월 말에 제조부분비 실제배부액은 ₩50,000인 것으로 밝혀졌다. 이 차이를 조절하기 위한 적절한 분개로 옳은 것은?

① (차) 보 조 부 문 비　5,000　(대) 제 조 부 문 비　5,000
② (차) 제 조 부 문 비　5,000　(대) 부문비배부차이　5,000
③ (차) 제 조 부 문 비　5,000　(대) 보 조 부 문 비　5,000
④ (차) 부문비배부차이　5,000　(대) 제 조 부 문 비　5,000

27. 두 개의 제조부문(제1부문과 제2부문)을 이용하여 제품을 생산하고 있는데, 직접노동시간을 기준으로 제조간접비를 배부하고 있다. 공장 전체배부율을 사용하는 경우와 부문별배부율을 사용하는 경우 각각에 대하여 제품A의 제조간접비 배부액을 계산하면 얼마인가?

	제1부문	제2부문	합 계
부문비	₩12,000	₩16,000	₩28,000
직접노동시간	600시간	400시간	1,000시간
제품A	45시간	55시간	100시간

	공장전체배부율 사용	부문별배부율 사용
①	₩3,400	₩3,100
②	₩3,100	₩3,320
③	₩2,800	₩3,100
④	₩2,800	₩3,080

28. 다음 원가배부의 기준 중 공장에서 발생하는 제조간접비를 각 제품생산에 소요된 직접노동시간을 기준으로 배부하는 경우에 해당하는 것으로 옳은 것은?(단, 제조간접비는 직접노동시간과 비례관계에 있다.)
① 효익수혜기준
② 공정성과 형평성기준
③ 부담능력기준
④ 인과관계기준

29. 부문비 내역과 용역수수관계는 다음과 같다. 직접배부법에 의하는 경우 제조부문2에 배분될 보조부문의 부문비 총액을 계산하면 얼마인가?

사용\제공	제조부문		보조부문	
	제조부문1	제조부문2	동력	용수
발생원가	₩100,000	₩30,000	₩75,000	₩60,000
동력	50%	25%	-	25%
용수	40%	40%	20%	-

① ₩55,000
② ₩60,000
③ ₩75,000
④ ₩80,000

30. 개별원가계산에 대한 설명으로 옳지 않은 것은?
① 직접원가는 작업별로 직접 추적하고 간접원가는 배부기준에 따라 배부하여 제품이나 서비스의 원가를 계산한다.
② 조선업이나 건설업 등과 같이 수요자의 주문에 따라 제품을 생산하는 업종에서 주로 사용된다.
③ 직접재료원가, 직접노무원가, 제조간접원가 모두를 실제 원가로 계산하는 것을 실제개별원가계산이라 한다.
④ 직접재료원가, 직접노무원가, 제조간접원가 모두를 예정 배부율을 사용해 예정원가로 계산하는 것을 정상개별원가 계산이라 한다.

31. 결합제품 A와 B를 생산하였다. A와 B의 단위당 판매가격은 각각 ₩1,000과 ₩1,200이고, 생산량은 각각 400개와 1,200개이었다. 결합제품 A에 배부될 결합원가가 ₩50,000일 때, 결합제품 B에 배부될 결합원가는 얼마인가? (단, 물량기준법을 적용하여 결합원가를 배부한다.)
① ₩140,000
② ₩150,000
③ ₩160,000
④ ₩170,000

32. 다음 자료를 이용하여 평균법에 의한 완성품환산량 단위당 원가를 계산하면 얼마인가? (단, 모든 제조원가는 공정전반에 걸쳐 균등하게 발생한다.)

가. 월초재공품 원가 ₩150,000
나. 당월 총 제조비용 ₩600,000
다. 완성품 수량 100개
라. 월말재공품의 완성품환산량 50개

① ₩5,000
② ₩6,000
③ ₩7,500
④ ₩15,000

33. 다음 (   )안에 알맞은 것은?

제품생산이 복수의 공정에 의하여 이루어지는 공정별 원가계산에서 1공정에서 2공정으로 투입되는 완성품을 (   )(이)라고 한다.

① 1공정 완성품
② 2공정 완성품
③ 전공정 대체품
④ 차공정 대체품

34. (주)상경의 다음 자료에 의하면 매출총이익은 얼마인가?(단, 기초제품은 ₩35,000 기말제품은 ₩44,000이며, 매출액은 ₩1,000,0000이다.)

재 공 품			
기 초 재 공 품	62,000	당기제품제조원가 ( )	
직 접 재 료 원 가	180,000	기 말 재 공 품	48,000
직 접 노 무 원 가	240,000		
제 조 간 접 원 가	160,000		

① ₩585,000
② ₩594,000
③ ₩415,000
④ ₩435,000

35. 부문별 원가를 배부하는 순서에 대한 다음의 설명 중 옳은 것은?
① 특정한 배부순서가 없다.
② 제품에 배분, 그 다음에는 원가중심점에 배부한다.
③ 원가중심점에 배부, 보조부문에서 제조부문으로 배부, 그 다음에 제품에 배부한다.
④ 제조부문에 배부, 제조부문에서 보조부문으로 배부, 그 다음에 제품으로 배부한다.

36. 다음은 선진공업사의 연초에 각 부문별로 자기부문에서 발생하리라고 추정한 연간 제조간접비 예상액 및 예정 배부기준과 예상 시간총수와 관련된 자료이다. 제조1부문과 제조2부문의 예정배부율을 계산한 것으로 옳은 것은? (단, 보조부문비 배부는 직접배부법, 제조부문비 배부는 예정배부법에 의한다.)

용역사용 용역제공	제조부문		보조부문		합계
	제조1부문	제조2부문	동력부문	수선부문	
자기부문발생액(원)	500,000	400,000	300,000	200,000	1,400,000
동력부문	40%	40%	-	20%	100%
수선부문	30%	30%	40%	-	100%

제조부문별 예정 배부기준 및 연간 예상 시간총수는 다음과 같다.
  가. 제조1부문비 : 기계작업시간, 연간 1,000시간
  나. 제조2부문비 : 직접노동시간, 연간 500시간

	제조1부문	제조2부문
①	단가 ₩680	단가 ₩1,080
②	단가 ₩680	단가 ₩1,160
③	단가 ₩750	단가 ₩1,300
④	단가 ₩750	단가 ₩1,680

37. 다음은 제조기업인 (주)대한의 회계 자료 중 일부이다. 제조간접원가에 포함될 금액은 얼마인가?

- 원재료구입액   ₩ 200,000
- 생산직원 임금   50,000
- 관리부서 식대   5,000
- 생산부서 식대   8,000
- 감가상각비(공장)   2,000
- 감가상각비(영업물류시설) 1,000
- 보험료(공장화재보험)   1,500
- 보험료(판매차량보험)   500
- 지급임차료(생산설비)   1,500
- 광고선전비   2,000
- 수선비(공장 시설)   1,100
- 수선비(관리부인테리어)   800

① ₩14,100   ② ₩15,900
③ ₩24,100   ④ ₩25,900

38. 다음은 개별원가계산의 절차이다. ㉮, ㉯에 들어갈 내용으로 옳지 않은 것은?

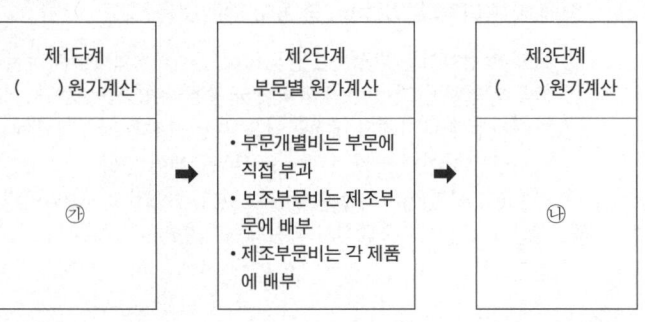

① ㉮ 재료비, 노무비, 경비의 요소별 집계
② ㉮ 부문공통비는 배부기준에 따라 배부
③ ㉯ 제조지시서별 원가를 집계하여 재공품 계정에 집계
④ ㉯ 완성된 것은 제품 계정으로 대체

39. 다음은 (주)상공의 재공품 계정에 대한 자료이다. 기본원가를 계산한 금액으로 옳은 것은?

가. 기초재공품   ₩100,000
나. 직접재료원가   ₩500,000
다. 기말재공품   ₩200,000
라. 완성품(당기제품제조원가) ₩1,000,000
(단, (주)상공은 직접노무원가의 50%를 제조간접원가로 배부한다.)

① ₩600,000   ② ₩800,000
③ ₩900,000   ④ ₩1,000,000

40. (주)상공은 월중에 절단부문비 ₩100,000과 조립부문비 ₩120,000을 예정배부하였다. 월말에 집계된 부문비의 실제 발생액은 절단부문 ₩80,000과 조립부문 ₩90,000으로 집계되었다. 부문비 실제발생액을 인식하는 분개로 옳은 것은?

① (차) 재 공 품 170,000 (대) 절단부문비 80,000 / 조립부문비 90,000
② (차) 제조간접비 170,000 (대) 절단부문비 80,000 / 조립부문비 90,000
③ (차) 절단부문비 80,000 / 조립부문비 90,000 (대) 재 공 품 170,000
④ (차) 절단부문비 80,000 / 조립부문비 90,000 (대) 제 조 간 접 비 170,000

국가기술자격검정
상시 전산회계운용사 2급필기 시험

2019년 3회기출

대한상공회의소 시행

2급	A형	시험일(소요시간)	문항수
		9월 7일(총60분)	총40개

수험번호 :
성　　명 :

※ 다음 문제를 읽고 알맞은 것을 골라 답안카드의 답란(①, ②, ③, ④)에 표기하시오.

< 제1과목 : 재무회계 >

01. 다음 계정과목 중 성격이 다른 것은?

① 산업재산권
② 임대보증금
③ 건설중인자산
④ 기타포괄손익-공정가치측정금융자산

02. 다음 중 회계연도 말에 행하는 결산수정분개로 옳지 않은 것은?

① (차) 임 차 료　×××　(대) 미지급비용　×××
② (차) 보 험 료　×××　(대) 선 급 비 용　×××
③ (차) 매 　 　 입　×××　(대) 보 통 예 금　×××
④ (차) 미 수 수 익　×××　(대) 이 자 수 익　×××

03. 다음 중 재무제표에 대한 설명으로 옳지 않은 것은?

① 재무제표의 작성에 대한 책임은 경영자에게 있다.
② 재무제표는 화폐단위로 측정된 정보를 주로 제공한다.
③ 포괄손익계산서는 일정시점의 기업의 재무상태를 보여주는 보고서이다.
④ 재무제표는 정보이용자의 경제적 의사결정에 유용한 정보를 제공하기 위해 작성된다.

04. 다음 중 '재무제표 표시'에서 규정된 기타포괄손익에 해당되는 것을 모두 고르면 몇 개인가?

· 재평가잉여금
· 해외사업장의 재무제표 환산으로 인한 손익
· 기타포괄손익-공정가치측정금융자산의 재측정 손익
· 관계기업의 이익에 대한 지분

① 1개　② 2개　③ 3개　④ 4개

05. 20×1년 12월 31일 현재 (주)상공의 장부상 당좌예금 잔액(조정전)은 ₩4,500,000이다. 다음과 같은 조정사항이 있을 때, 조정 전 은행측 잔액은 얼마인가?

가. 어음 추심(액면과 이자): ₩205,000
나. 은행수수료: ₩20,500
다. 은행미기입예금: ₩350,000
라. 은행기입 착오(서울상사 입금액을 상공계좌에 입금): ₩200,000
마. 기발행미인출수표: ₩300,000

① ₩4,834,500　② ₩4,684,500
③ ₩4,434,500　④ ₩4,424,500

06. (주)초록은 저장창고를 신축하기 위하여 토지를 구입하였다. (주)초록은 토지 구입직후에 동 토지 위에 있던 낡은 창고를 철거하였는데, 이때 철거비용이 ₩1,000,000이 발생하였다. 철거비용 ₩1,000,000을 회계처리하는 방법으로 옳은 것은?

① 당기 비용으로 처리한다.
② 취득한 토지원가에 가산한다.
③ 신축되는 저장창고의 원가에 가산한다.
④ 별도의 독립적인 구축물계정으로 인식한다.

07. 다음은 환어음 발행과 관련된 거래 내용이다. A상점의 분개로 옳은 것은?

A상점은 B상점으로부터 상품 ₩1,000,000을 매입하고, 상품대금 지급을 위하여 외상매출금이 있는 C상점을 지급인으로 환어음을 발행하여 C상점의 인수를 받아 B상점에게 지급하였다.

① (차) 매　　입　1,000,000　(대) 받을어음　1,000,000
② (차) 매　　입　1,000,000　(대) 지급어음　1,000,000
③ (차) 매　　입　1,000,000　(대) 외상매입금　1,000,000
④ (차) 매　　입　1,000,000　(대) 외상매출금　1,000,000

08. 투자부동산으로 회계 처리하는 경우로 옳은 것은?

① 자가 사용 부동산
② 제3자를 위하여 건설 중인 부동산
③ 장기 시세차익을 얻기 위하여 보유하고 있는 토지
④ 정상적인 영업과정에서 판매를 목적으로 보유 중인 부동산

09. 경기(주)는 20×2년 초에 3년 만기, 액면이자율 연 10%, 액면금액 100,000원인 사채를 95,198원에 발행했다. 사채발행회사가 사채 발행에 따른 다음의 회계처리 중 옳지 않은 것은?

① 사채 발행회사는 발행 시, 현금 95,198원을 받는다. 따라서 액면금액을 차입하는 것이 아니라 95,198원을 차입하는 것이다.
② 기말시점에서 사채의 장부금액은 발행 시점의 장부금액에 차금 상각액만큼 늘어난 금액이 새로운 장부금액이 된다.
③ 1년간의 실질 이자비용은 95,198원의 10%인 9,519원이다.
④ 할인발행이므로 유효이자율은 액면이자율인 10%보다 크다.

10. 내용연수가 5년인 설비자산을 기초에 취득하였다. 회계기간이 1월 1일부터 12월 31일까지라고 할 때, 3차 연도의 정액법에 의한 감가상각 금액과 연수합계법에 의한 감가상각 금액을 비교한 것으로 옳은 것은?

① 정액법이 크다.
② 연수합계법이 크다.
③ 두 방법에 의한 금액이 같다.
④ 잔존가치의 크기에 따라 달라진다.

11. 다음 중 무형자산이 아닌 것은?

① 임차보증금   ② 상표권
③ 산업재산권   ④ 컴퓨터 소프트웨어

12. 다음은 금융자산과 금융부채에 대한 내용이다. 바르게 설명한 것을 모두 고르면 몇 개인가?

> ㉠ 화폐(현금)는 교환의 수단이므로 금융자산이며, 재무제표에 모든 거래를 인식하고 측정하는 기준이 된다.
> ㉡ 미래에 현금을 수취할 계약상 권리에 해당하는 금융자산과 이에 대응하여 미래에 현금을 지급할 계약상 의무에 해당하는 금융부채의 일반적인 예로는 매출채권과 매입채무, 받을어음과 지급어음, 대여금과 차입금 등이 있다.
> ㉢ 실물자산(예: 재고자산, 유형자산), 리스자산과 무형자산(예: 특허권, 상표권)은 금융자산이다.
> ㉣ 미래경제적효익이 현금 등 금융자산을 수취할 권리가 아니라 재화나 용역의 수취인 자산 (예: 선급비용)은 금융자산이다.

① 1개   ② 2개   ③ 3개   ④ 4개

13. 다음 계정에 의하는 경우, 7월 25일 제1기분 부가가치세 확정 신고 시 납부세액 또는 환급세액은 얼마인가?

부가가치세대급금

5/2	100,000		
7/1	70,000		

부가가치세예수금

		5/4	130,000
		7/20	90,000

① 납부세액 ₩30,000   ② 납부세액 ₩50,000
③ 환급세액 ₩30,000   ④ 환급세액 ₩50,000

14. 12월 결산법인 (주)상공의 20X2년 초의 매출채권에 대한 대손충당금 잔액은 ₩50,000이다. 20X2년 중에 매출채권 중 ₩70,000이 회수불능으로 판단되어 대손 처리하였다. 한편, 20X2년 말 매출채권 총액은 ₩600,000이며, 동 매출채권에 대한 대손충당금은 ₩60,000으로 추정하였다. (주)상공의 20X2년 손익계산서에 표시될 대손상각비는 얼마인가?

① ₩20,000   ② ₩60,000
③ ₩80,000   ④ ₩130,000

15. 다음 중 유형자산의 취득원가에 포함되는 것으로 옳지 않은 것은?

① 유형자산 구입 시 중개인에게 지급한 중개수수료
② 유형자산의 취득과 직접 관련된 취득세, 등록세, 관세 등
③ 유형자산의 설계와 관련하여 전문가에게 지급하는 수수료
④ 유형자산의 효율적 운전을 유지하기 위해 발생한 수선유지비

16. 다음은 기말상품 관련 자료이다. 아래의 3가지 품목은 성격과 용도가 서로 유사하지 않다. 재무상태표에 계상될 기말재고자산 금액과 포괄손익계산서에 보고될 매출원가를 계산하면 각각 얼마인가? 단, 재고자산의 평가는 저가법에 의하고 재고자산평가 손실은 매출원가에 포함시키며, 기초재고자산은 ₩2000이고, 당기 상품매입액은 ₩1,000이다.

품목	취득원가	예상판매가격	예상판매비용
갑	₩100	₩110	₩20
을	₩100	₩150	₩20
병	₩100	₩90	₩10

	기말재고자산	매출원가
①	₩300	₩930
②	₩300	₩900
③	₩270	₩930
④	₩270	₩900

17. (주)상공은 1주당 액면금액이 5,000원인 보통주 10,000주를 발행하고 현금 61,000,000원의 납입을 받았다. 이후 주식발행 과정에서 발생한 신주발행비 1,000,000원을 추가로 지급하였다. 이 경우 자본잉여금의 증가분은 얼마인가?

① 10,000,000원   ② 11,000,000원
③ 12,000,000원   ④ 13,000,000원

18. 한국(주)는 20X4년에 일시적 여유자금을 이용하여 당기손익-공정가치측정금융자산으로 분류되는 고려(주)가 발행한 주식 500주(취득원가 @₩100)를 구입하여 기중에 200주(처분금액 @₩120)를 처분하고 기말에 300주를 보유하고 있다. 기말 현재 고려(주) 주식의 공정가치는 @₩1100이다. 20X4년 한국(주)의 재무상태표에 계상될 당기손익-공정가치측정금융자산의 장부금액과 포괄손익계산서에 계상될 관련 손익의 증감금액은 얼마인가?

	당기손익-공정가치측정금융자산	당기순손익	기타포괄손익
①	₩30,000	₩4,000	₩3,000
②	₩30,000	₩7,000	₩0
③	₩33,000	₩4,000	₩3,000
④	₩33,000	₩7,000	₩0

19. (주)상공기업은 1주당 액면금액 ₩5,000의 주식 100주를 1주당 ₩4,000에 현금으로 매입하여 소각하였다. 이에 대한 분개를 다음과 같이 하였다. (가)에 해당하는 계정과목으로 옳은 것은?

| (차) 자 본 금 500,000 | (대) 현 금 400,000 |
| | (가) 100,000 |

① 감자차익
② 이익잉여금
③ 주식발행초과금
④ 자기주식처분이익

20. 다음 중 충당부채와 우발부채에 관한 설명으로 옳지 않은 것은?

① 과거에 우발부채로 처리하였더라도 이후 충당부채의 인식 조건을 충족하였다면 재무상태표에 충당부채로 인식한다.
② 충당부채를 인식할 때의 인식조건인 현재의 의무는 법적 의무와 의제의무를 포함한다.
③ 과거 사건에 의하여 발생하였거나 기업이 전적으로 통제할 수 없는 하나 이상의 불확실한 미래사건의 발생여부에 의하여서만 그 존재가 확인되는 잠재적 의무의 경우 우발부채로 인식하여 주석으로 공시한다.
④ 제품 판매 시 소비자에게 일정기간동안 무상으로 품질보증 서비스를 제공하기로 한 경우 품질보증서비스의 제공가능성이 높고, 금액이 신뢰성 있게 추정된다면 품질보증서비스를 실제로 제공할 때 비용으로 인식하여야 한다.

< 제2과목 : 원 가 회 계 >

21. 다음은 원가행태에 따른 제조원가분류이다. 성격이 다른 하나는?

① 직접재료원가
② 직접노무원가
③ 변동제조간접원가
④ 고정제조간접원가

22. 다음은 (주)대한의 20X1년 원가자료이다. 직접노무원가는 ₩800,000, 제조간접원가는 ₩400,000이 발생하였다. 매출은 매출원가에 10%의 이익을 가산해서 결정한다고 가정한다. (주) 대한의 매출총이익을 계산하면 얼마인가? (단, 원재료는 모두 직접재료라고 가정한다.)

구분	기초 재고	당기 매입액	기말 재고
원재료	₩200,000	₩1,000,000	₩500,000
재공품	₩500,000	-	₩800,000
제 품	₩600,000	-	₩300,000

① ₩190,000
② ₩220,000
③ ₩250,000
④ ₩280,000

23. (주)상공은 3년 전에 업무용 트럭을 ₩50,000,000에 구입하여 사용하고 있으며, 현재까지 감가상각누계액은 ₩25,000,000이다. 이 차량을 (주)대한에서 중고가격 ₩30,000,000으로 구입하겠다고 하였으나, (주)상공은 유니세프에 무상으로 기증하였다. 기회원가는 얼마인가?

① ₩30,000,000
② ₩25,000,000
③ ₩20,000,000
④ ₩5,000,000

24. (주)대한공업의 다음 자료를 이용하여 당월의 매출원가를 계산하면 얼마인가?

가. 월초 및 월말 재고액

구 분	재 료	재공품	제 품
월초재고액	₩30,000	₩80,000	₩150,000
월말재고액	₩40,000	₩60,000	₩200,000

나. 직접재료 매입액 ₩350,000
다. 직접노무원가 발생액 ₩700,000
라. 제조간접원가 발생액 ₩430,000

① ₩1,290,000
② ₩1,440,000
③ ₩1,470,000
④ ₩1,490,000

25. 다음은 원가의 배분과 부문별원가계산에 대한 설명이다. 옳지 않은 것은?

① 부문별원가계산의 마지막 절차는 제조부문에 발생한 원가를 매출원가계정에 대체한다.
② 원가부문은 원가요소를 분류, 집계하는 계산상의 구분으로서 제조부문과 보조부문으로 구분한다.
③ 제조부문은 직접 제품 제조 작업을 수행하는 부문을 말하여 조립부문, 동력부문, 주조부문 등으로 세분할 수 있다.
④ 부문별원가계산은 제조기업에서 원가요소 중 제조간접원가를 발생한 장소별로 분류하고 집계하는 원가계산절차이다.

26. 직접노무시간을 기준으로 제조간접원가를 배부하고 있다. 추정 제조간접원가 총액은 ₩250,000이고 추정 직접노무시간은 100,000시간이다. 제조간접원가 실제발생액은 ₩260,000이고 실제 직접노무시간은 105,000시간이다. 이 기간동안 제조간접원가 과소(대)배부는 얼마인가?

① ₩2,250 과대배부
② ₩2,250 과소배부
③ ₩2,500 과대배부
④ ₩2,500 과소배부

27. 다음은 (주)상공의 제조부문의 연간 예상액과 실제발생액 및 배부기준을 나타낸 것이다. 각 제조부문별 예정배부율을 계산한 것으로 옳은 것은?

항 목	제조1부문	제조2부문
연간 예상액	₩10,000,000	₩5,000,000
연간 기계작업시간	10,000시간	10,000시간
연간 직접노동시간	5,000시간	5,000시간
배부기준	기계작업시간법	직접노동시간법
9월 실제 발생액	₩1,000,000	₩800,000

	제조1부문	제조2부문
①	₩1,000	₩500
②	₩1,000	₩1,000
③	₩2,000	₩1,000
④	₩2,000	₩2,000

28. 다음은 (주)대한의 원가에 대한 자료이다. 그 내용이 옳지 않은 것은? 단, (주)대한에는 자동차사업부와 오토바이사업부의 두 개의 사업부만 존재한다.

> 가. 자동차사업부에서는 20×1년 중에 총 10,000시간의 노무시간과 25,000시간의 기계사용시간이 발생했다.
> 나. 오토바이사업부에서는 20×1년 중에 총 30,000시간의 노무시간과 25,000시간의 기계사용시간이 발생했다.
> 다. 20×1년 (주)대한에서 발생한 전체 제조간접원가는 ₩1,000,000이다.

① 노무시간을 기준으로 제조간접원가를 배부하면 자동차사업부에는 ₩250,000이 배부된다.
② 기계사용시간을 기준으로 제조간접원가를 배부하면 자동차사업부에는 ₩500,000이 배부된다.
③ 제조간접원가의 배부 기준이 무엇이냐에 따라 각 사업부의 성과가 달라진다.
④ 이익을 기준으로 사업부가 평가된다면 오토바이사업부는 노무시간을 기준으로 제조간접원가를 배부받기를 원할 것이다.

29. 다음 자료는 제조지시서 No.1의 제조원가 내역이다. (가)에 해당하는 금액으로 옳은 것은? 단, 제조간접원가는 직접노무원가를 기준으로 배부한다.

구 분	No. 1	총 액
직접재료원가	₩90,000	₩150,000
직접노무원가	₩40,000	₩100,000
제조간접원가	(가)	₩50,000

① ₩20,000 ② ₩30,000
③ ₩40,000 ④ ₩50,000

30. 다음 중 개별원가계산에 대한 설명 중 가장 옳지 않은 것은?

① 개별원가계산은 건설, 조선과 같은 다품종 소량 주문생산 형태에 사용된다.
② 개별원가계산은 원가대상에 대한 추적가능성이 중시된다.
③ 개별원가계산은 공정을 중심으로 원가계산이 이루어진다.
④ 개별원가계산은 제조간접원가의 배분이 핵심과제이다.

31. 연산품이 개별적으로 식별 가능한 시점을 분리점(split-off point)이라고 하며, 분리점 이전에 발생된 원가를 (   )라고 한다. 다음 (   )안에 알맞은 것은?

① 개별원가 ② 조별원가
③ 결합원가 ④ 분리원가

32. 지급임금액(시간급의 경우)의 계산산식은 '각 종업원의 총작업 시간수×계약임률'로 하며, 소비임금액(시간급의 경우)의 계산 산식은 '특정 제품을 위한 총작업시간수×소비임률'로 한다. 이에 대한 비교설명으로 옳지 않은 것은?

① 지급임금이란 종업원 각자에게 임금지급일에 실제 지급하는 금액이다.
② 소비임률은 주로 기본임금액을 계산하기 위한 임률이지만, 지급임률은 기본임금에 가급금·제 수당 등이 포함되어 계산된 임률이다. 그러므로 지급임률이 소비임률보다 높은 것이 일반적이다.
③ 지급임률은 연령, 기술, 경험의 유무 등에 의하여 종업원 개별적으로 결정된다.
④ 소비임금은 제품생산을 위하여 발생된 임금을 말한다.

33. (주)상공전자의 관리팀,영업팀,공장의 6월 관련비용은 다음과 같다. 이중 제조원가항목이 아닌 항목의 합은 얼마인가?

(단위 : 원)

항 목	금 액	항 목	금 액
직접재료원가	100,000	생산임원 식대	20,000
직접생산임금	170,000	영업팀 성과급	2,000
간접생산임금	130,000	대리점 판매수수료	3,000
관리팀 급여	120,000	공장 청소용역	1,000
영업팀 급여	110,000	생산 외주가공비	2,000
공장 건물 감가상각비	2,000	관리팀,영업팀 건물감가상각비	1,000

① ₩230,000 ② ₩231,000
③ ₩236,000 ④ ₩239,000

34. (주)상공기업의 당월 제조간접원가 실제 발생액은 ₩50,000이다. 다음 자료에 의하여 직접재료원가법에 의해 계산한 A제품의 제조간접원가 배부액은 얼마인가?

구 분	직접재료원가	직접노무원가
A 제 품	₩40,000	₩30,000
B 제 품	₩60,000	₩30,000

① ₩20,000 ② ₩25,000
③ ₩30,000 ④ ₩40,000

35. 월할 제조경비에 대한 설명으로 옳지 않은 것은?

① 발생액이 1년 또는 6개월 등과 같이 일정기간을 단위로 하여 결정되는 비용이다.
② 월할 제조경비에 속하는 비용항목에는 보험료, 임차료, 감가상각비, 세금과공과, 특허권사용료 등이 있다.
③ 한 기간의 발생액을 그 기간에 대한 원가계산기간의 비율 만큼 계산하여 원가계산기간의 소비액으로 계상한다.
④ 1월부터 6월까지 건물을 ₩60,000에 임차하였을 경우 6월의 경비 소비액은 ₩5,000이다.

36. 다음은 우수공업(주)의 10월 원가 계산과 관련된 자료이다. 제조지시서 #1의 제조원가를 계산한 것으로 옳은 것은? 단, 제조간접원가 배부 기준은 직접노무원가법, 지시서 #1은 완성되었음.

원 가	제조지시서 #1	제조지시서 #2	합 계
월초재공품	₩50,000	–	
직접재료원가	₩300,000	₩400,000	₩700,000
직접노무원가	₩650,000	₩350,000	₩1,000,000
제조간접원가			₩2,000,000

① ₩1,300,000 ② ₩2,000,000
③ ₩2,250,000 ④ ₩2,300,000

37. 다음은 선입선출법에 따라 공정별원가계산을 시행하고 있는 제2공정의 원가자료이다. 전공정원가에 대한 완성품환산량은 얼마인가?

가. 기초재공품 : 120단위, 완성도 40%
나. 기말재공품 : 100단위, 완성도 50%
다. 완성품 : 420단위

① 400단위 ② 420단위
③ 520단위 ④ 540단위

38. (주)금화공업은 결합공정을 통하여 A제품과 B제품을 제조하고 있다. 분리점에서의 판매가치는 A제품 1,000개에 대하여 ₩140,000, 제품 B 1,500개에 대하여 ₩60,000이다. 분리점에서의 판매가치에 의해서 결합원가를 배분한다면 A제품에 대한 배부액은 ₩35,000이 될 것이다. 총결합원가는 얼마인가?

① ₩40,000 ② ₩50,000
③ ₩60,000 ④ ₩70,000

39. (주)고려는 20×1년 주산물A와 부산물을 생산하였다. 이 제품 생산에서 발생한 결합원가는 ₩300,000이다. 20×1년 기초제품 재고는 없으며, 20×1년의 매출액과 생산관련 활동에 관한 자료는 다음과 같을 때 20×1년 주산물A의 매출원가는 얼마인가? (단, (주)고려는 생산시점에서 부산물의 가치를 인식하고 있다.)

가. 주산물A 매출액	₩400,000
나. 부산물 처분가치	₩40,000
다. 주산물A 기말재고	₩25,000
라. 부산물의 추가적인 원가	
– 판매관리비	₩10,000
– 추가가공비	₩15,000

① ₩250,000 ② ₩260,000
③ ₩270,000 ④ ₩280,000

40. (주)대한은 제1공정에서 완성된 완성품 전액을 제2공정에 대체 하며, 제2공정에서 완성된 전액은 제3공정에 대체하여 최종공정인 제3공정에서 제품이 완성된다. 5월의 원가자료가 다음과 같은 경우 5월의 완성품제조원가로 옳은 것은?

가. 제1공정 완성품원가	₩3,000,000
나. 제2공정 완성품원가	₩4,000,000
다. 제3공정 월초재공품	₩900,000
라. 제3공정 월말재공품	₩800,000
마. 제3공정 5월 원가발생액	
– 직접재료원가	₩2,000,000
– 가공원가	₩1,500,000

① ₩3,500,000 ② ₩7,500,000
③ ₩7,600,000 ④ ₩8,400,000

국가기술자격검정
상시 전산회계운용사 2급필기 시험

2020년 1회기출

대한상공회의소 시행

13회

2급	A형	시험일(소요시간)	문항수
		2월 9일(총60분)	총40개

수험번호 :
성   명 :

※ 다음 문제를 읽고 알맞은 것을 골라 답안카드의 답란(①, ②, ③, ④)에 표기하시오.

< 제1과목 : 재무회계 >

01. 다음 재무정보의 질적특성 중 목적적합성과 관련이 없는 것은?

① 예측가치　　　　　② 중립적 서술
③ 확인가치　　　　　④ 중요성

02. 결산일이 되어 당좌예금 실사 중에 은행의 당좌예금증명서를 받은 결과, 회사측 당좌예금출납장 잔액은 ₩75,0500이고 은행측 당좌 예금원장 잔액은 ₩79,5100이다. 차액의 내용은 다음과 같다. 정확한 당좌예금 잔액은 얼마인가?

<차액의 내용>
가. 매입처 앞으로 발행한 수표 ₩10,300이 은행에서 결제되지 않다.
나. 약속어음이 발행되어 은행구좌에서 지급된 금액 ₩4,800이 회사에 통지 미달되다.
다. 외상매출금을 받아 당좌예입한 수표 ₩6,900을 ₩9,600으로 회사에서 잘못 기장하다.
라. 매출처의 외상매출금 ₩7,600이 당좌 이체되었으나 회사에 통지 미달되다.
마. 당좌차월이자 ₩240이 회사에 통지 누락되다.
바. 회사에서 결산일에 당좌예입한 ₩7,700이 은행에서 마감 후 입금으로 처리되다.
사. 받을어음 ₩2,000이 추심 완료되어 당좌 이체되었으나 회사에 통지 미달되다.

① ₩76,910　　　　　② ₩76,950
③ ₩77,610　　　　　④ ₩78,000

03. 투자부동산에 관한 다음의 설명 중 옳지 않은 것은?

① 투자부동산의 용도로 건설중이거나 개발 중인 자산은 유형 자산 기준서를 적용하지 아니한다.
② 투자부동산은 최초인식시점에 원가로 측정한 후 보고기간 말에 공정가치모형과 원가모형 중 하나를 선택하여 모든 투자부동산에 적용한다.
③ 투자부동산의 사용목적이 변경된 경우에는 투자부동산은 다른 자산항목으로의 계정대체가 발생한다.
④ 투자부동산의 공정가치 변동으로 발생하는 손익은 발생한 기간의 기타포괄손익에 반영한다.

04. 다음 중 포괄손익계산서상의 기타포괄손익에 해당하는 것은?

① 재평가잉여금　　　　② 사채상환이익
③ 자기주식처분이익　　④ 이익준비금

05. 현금흐름표에 보고되는 '영업활동 현금흐름'에 대한 다음의 서술 중 옳지 않은 것은?

① 일반적으로 영업활동 현금흐름을 보고하는 경우에는 간접법을 사용할 것을 권장한다. 간접법을 적용하여 표시한 현금흐름은 직접법에 의한 현금흐름에서는 파악할 수 없는 정보를 제공하며, 미래 현금흐름을 추정하는데 보다 유용한 정보를 제공한다.
② 영업활동 현금흐름은 주로 기업의 주요 수익창출활동에서 발생하므로 일반적으로 당기순이익의 결정에 영향을 미치는 거래나 그 밖의 사건의 결과로 발생한다.
③ 영업활동으로 인한 현금유입과 현금유출의 차이로서 계산하며, 이의 계산과 공시방법으로는 직접법과 간접법의 두 가지가 전부 사용될 수 있다.
④ 직접법과 간접법의 두 가지 방법 중 하나를 선택적으로 적용할 수 있으나, 한번 선택한 방법은 특별한 사정이 없는 한 매기 계속하여 적용하여야 할 것이다.

06. 다음은 (주)상공의 20X1년 7월 11일의 거래 내용을 기입한 약식 전표이다. 이에 대한 회계 처리의 결과로 재무상태에 미치는 영향 중 옳지 않은 것은?

출 금 전 표	
20×1년 7월 11일	
(유동성장기부채)	₩1,000,000

대 체 전 표			
20×1년 7월 11일			
(유동성장기부채)	₩500,000	(당 좌 예 금)	₩500,000

① 유동자산이 감소한다.　　② 비유동부채가 감소한다.
③ 현금계정 잔액이 감소한다.　④ 당좌예금계정 잔액이 감소한다.

07. 다음 중 자본변동표에 표시되지 않는 항목은?

① 자본금　　　　　② 자본잉여금
③ 이익잉여금　　　④ 장기대여금

08. 다음은 제조업을 영위하는 상공(주)가 일시적 시세차익을 목적으로 보유하고 있는 시장성이 있는 주식의 결산일 현재의 자료이다. 기말 평가 시 재무제표에 미치는 영향으로 옳은 것은? 단, 제시 된 자료 외에는 고려하지 않는다.

종목	장부금액	보고기간 말 현재 공정가치
(주)대한	₩1,500,000	₩1,650,000
(주)서울	₩1,000,000	₩ 900,000

① 자본잉여금이 ₩50,000 증가한다.
② 영업이익이 ₩50,000 증가한다.
③ 법인세비용차감전순이익이 ₩50,000 증가한다.
④ 기타포괄손익누계액이 ₩50,000 증가한다.

09. 금융자산의 분류에 대한 내용이다. 옳지 않은 것은?

① 금융자산은 사업모형 및 계약상 현금흐름 특성 모두에 근거 하여 후속적으로 상각후원가, 기타포괄손익-공정가치, 당기손익-공정가치로 측정되도록 분류한다.
② 계약상 현금흐름을 수취하기 위해 보유하는 것이 목적인 사업모형 하에서 금융자산을 보유하면서, 동시에 금융자산의 계약 조건에 따라 특정일에 원리금 지급만으로 구성되어 있는 현금흐름이 발생하는 경우에는 '당기손익-공정가치측정금융자산'으로 분류한다.
③ 계약상 현금흐름의 수취와 금융자산의 매도 둘 다를 통해 목적을 이루는 사업모형 하에서 금융자산을 보유하면서, 동시에 금융자산의 계약조건에 따라 특정일에 원리금 지급 만으로 구성되어 있는 현금흐름이 발생하는 경우에는 '기타포괄손익-공정가치측정금융자산'으로 분류한다.
④ 지분상품에 대한 투자로 단기매매항목이 아니고 사업결합에서 취득자가 인식하는 조건부대가가 아닌 지분상품으로 최초 인식시점에 후속적인 공정가치 변동을 기타포괄손익으로 표시하기로 한 경우에는 '기타포괄손익-공정가치측정지분상품'으로 분류한다.

10. 다음 자료를 이용하여 20X2년도에 회사가 인식한 대손상각비는 얼마인가?

<자료>
1) 각 기말 재무상태표 중 매출채권 관련 항목 현황
   (결산수정분개 반영 후)
   가. 20X2년 말 : 매출채권 ₩100,000, 대손충당금 ₩20,000
   나. 20X1년 말 : 매출채권 ₩70,000, 대손충당금 ₩10,000
2) 20X2년 중 대손이 확정된 매출채권 ₩5,000을 장부에서 제거하다.

① ₩5,000
② ₩10,000
③ ₩15,000
④ ₩20,000

11. 다음 (주)상공전자의 거래를 회계처리할 때 옳은 것은?

업무용 노트북(취득원가 ₩1,650,000)을 법인카드로 매입하고, 신용카드매출전표를 발급받다.

① (차) 매　　입　1,650,000　(대) 미 지 급 금　1,650,000
② (차) 비　　품　1,650,000　(대) 미 지 급 금　1,650,000
③ (차) 매　　입　1,650,000　(대) 외상매입금　1,650,000
④ (차) 비　　품　1,650,000　(대) 외상매입금　1,650,000

12. 서울(주)의 20X1년 말 현재 매출채권의 장부금액과 손상추정액에 대한 자료는 아래와 같다. 회사의 20X1년 말 재무상태표에 표시 될 매출채권 순장부금액과 대손상각비(또는 대손충당금환입)에 해당하는 금액은 얼마인가? 단, 대손충당금 기초잔액은 ₩10,000, 당기 중 거래처 파산으로 인한 대손발생액은 ₩2,000(거래처 부산(주)), 전년도 상각완료한 매출채권에 대한 당기 현금회수액은 ₩1,000이다.

거래처	매출채권 금액	손상추정액
경기(주)	₩88,000	₩0
충북(주)	₩55,000	₩500
강원(주)	₩30,000	₩3,000
인천(주)	₩10,000	₩2,000
제주(주)	₩2,000	₩2,000
합계	₩180,000	₩7,500

① 순장부금액 ₩172,500, 대손충당금환입 ₩3,500
② 순장부금액 ₩172,500, 대손충당금환입 ₩1,500
③ 순장부금액 ₩172,500, 대손상각비 ₩3,500
④ 순장부금액 ₩180,000, 대손상각비 ₩7,500

13. 다음의 계정과목에 대한 설명이 옳지 않은 것은?

① 가지급금과 가수금은 계정이나 금액이 확정되는 시점에 적절한 계정으로 대체하며 최종 재무제표에는 나타나지 않아야 하는 계정이다.
② 가지급금은 여비와 업무추진비의 명목으로 일단 지급한 경우에 계상한다.
③ 예수금은 종업원이 부담하는 소득세나 건강보험료 등을 기업이 미리 원천징수한 경우에 계상한다.
④ 장기적으로 거래처에 원료를 공급하기로 계약하고 수취한 계약금은 가수금으로 계상한다.

14. 다음 중 (주)대한의 재고자산에 해당하지 않는 것은?

① (주)대한이 매입하여 창고에 보관하고 있는 재고자산
② (주)대한이 선적지인도조건으로 판매하여 해상운송중인 재고자산
③ (주)대한이 판매를 목적으로 위탁한 재고자산 중 수탁자가 보관하고 있는 잔여분
④ (주)대한이 침수피해를 예방하기 위해 일시적으로 (주)설악의 창고로 옮겨 놓은 재고자산

15. 다음은 (주)상공의 기말상품 관련 자료이다. 아래의 3가지 품목은 성격과 용도가 서로 유사하지 않다. 재무상태표에 계상될 기말재고액과 손익계산서에 보고될 매출원가를 계산하면 각각 얼마인가? 단, 재고자산평가는 저가법을 따르고 재고자산평가손실은 매출원가에 포함시키며, 기초재고액은 ₩20,0000이고 당기상품 매입액은 ₩100,000이다.

품목	취득원가	예상판매가격	예상판매비
갑	₩10,000	₩11,000	₩2,000
을	₩10,000	₩15,000	₩2,000
병	₩10,000	₩9,000	₩2,000

① 기말재고액 : ₩26,000　매출원가 : ₩94,000
② 기말재고액 : ₩29,000　매출원가 : ₩91,000
③ 기말재고액 : ₩30,000　매출원가 : ₩90,000
④ 기말재고액 : ₩35,000　매출원가 : ₩85,000

제13회 (2020년 2월 9일 시행)

16. 다음은 수익인식의 5단계에 대한 설명이다. 옳지 않은 것은?

① 고객과의 계약으로 생기는 수익을 인식할 때는 '계약의 식별 – 수행의무의 식별 – 거래가격의 산정 – 거래가격의 배분 – 수익의 인식'의 단계를 거쳐야 한다.
② 고객에게서 받은 대가는 수익으로 인식하기 전까지 부채로 인식하며, 인식된 부채는 계약과 관련된 사실 및 상황에 따라, 재화나 용역을 미래에 이전하거나 받은 대가를 환불 해야 하는 의무를 나타낸다.
③ 거래가격은 고객에게 약속한 재화나 용역을 이전하고 그 대가로 기업이 받을 권리를 갖게 될 것으로 예상하는 금액이며, 제3자를 대신해서 회수한 금액도 포함한다.
④ 고객에게 약속한 재화나 용역, 즉 자산을 이전하여 수행 의무를 이행할 때 또는 기간에 걸쳐 이행하는 대로 수익을 인식한다.

17. X회사는 사용중인 기계장치를 Y회사와 교환하였다. 이 교환거래는 상업적실질이 존재한다. 교환일 현재 X회사가 보유 중이던 기계장치의 장부금액은 ₩350,000이고, 공정가치는 ₩400,000이다. 한편, Y회사가 보유 중이던 기계장치의 장부금액은 ₩380,000이고, 공정가치는 알 수 없다. X회사가 교환으로 취득한 자산의 취득원가는 얼마인가? 단, 등가교환을 가정한다.

① ₩350,000　　② ₩380,000
③ ₩400,000　　④ ₩520,000

18. 다음의 계정과목 중에서 금융부채가 아닌 것은?

① 매입채무　　② 미지급비용
③ 단기차입금　　④ 퇴직급여부채

19. 구입 후 첫 6개월 이내에 제조상 결함으로 인하여 발생하는 수선비용을 보장하는 보증서와 함께 재화를 판매하는 기업이 있다. 판매한 모든 생산품에서 사소한 결함이 발생할 경우에는 ₩1,000,000의 수선비용이 발생한다. 판매한 모든 생산품에서 중요한 결함이 발생할 경우에는 ₩4,000,000의 수선비용이 발생한다. 기업의 과거경험 및 미래예상에 따르면 내년도에 판매될 재화 중에서 75%는 전혀 결함이 발생하지 아니하는 반면, 20%는 사소한 결함, 나머지 5%는 중요한 결함이 발생할 것으로 예상된다. 이러한 경우 기업은 보증의무와 관련된 자원의 유출가능성을 판단할 때 당해 의무 전체에 대하여 판단한다. 수선비용의 기대가치는 얼마인가?

① ₩200,000　　② ₩400,000
③ ₩1,000,000　　④ ₩4,000,000

20. 자본의 실질적 감소를 가져오는 거래로 옳은 것은?

① 자본잉여금을 재원으로 하여 무상증자를 실시하다.
② 이미 발행한 주식을 유가증권시장에서 매입하여 소각하다.
③ 이익을 배당하면서 현금배당 대신에 주식배당을 실시하다.
④ 누적된 이월결손금의 보전을 위하여 현재 발행주식을 2주당 1주의 비율로 감소시키다.

< 제2과목 : 원 가 회 계 >

21. 원가의 흐름에 관한 내용 중 옳지 않은 것은?

① 재료계정 차변에는 월초재료재고액과 당월재료매입액을 기입하며, 재료계정 대변에는 당월재료소비액과 월말재료재고액을 기입한다.
② 경비항목계정 차변에는 전월선급액과 당월지급액을 기입하고, 경비항목계정 대변에는 당월발생액과 당월선급액을 기입한다.
③ 급여계정 차변에는 당월지급액과 전월미지급액을 기입하고, 급여계정 대변에는 당월미지급액과 당월발생액을 기입한다.
④ 월차손익계정 차변에는 매출원가, 판매비와관리비를 기입하고, 월차손익계정 대변에는 매출액을 기입한 후, 그 차액인 영업손익을 (연차)손익계정에 대체한다.

22. 특정 제품의 생산을 위하여 소비한 원가 및 판매와 관련하여 직접 원가 ₩15,000, 제조간접원가 ₩5,000, 판매비와관리비 ₩4,000이 각각 발생하였다. 판매가격은 이익(제조원가의 10%)을 가산하여 결정한다고 할 때, 판매가격은 얼마인가?

① ₩24,500　　② ₩25,000
③ ₩26,000　　④ ₩27,500

23. 다음은 (주)상공의 제조부문의 예정배부액과 실제배부액이다. 부문비 배부차이를 매출원가에 대체하는 분개로 옳은 것은?

항 목	예정배부액	실제발생액
제조1부문	60,000	90,000
제조2부문	180,000	160,000

　　(차변)　　　　　　　　(대변)
① 매출원가 10,000　　부문별배부차이 10,000
② 매출원가 20,000　　부문별배부차이 20,000
③ 부문별배부차이 10,000　　매출원가 10,000
④ 부문별배부차이 20,000　　매출원가 20,000

24. 다음 중 통제가능원가를 설명한 것으로 옳은 것은?

① 과거의 의사결정으로 인하여 미래 의사결정과 관련 없는 원가
② 목표달성을 위하여 경영자의 미래 의사결정에 따라 회피할 수 있는 원가
③ 특정 경영자가 대상원가를 관리할 수 있는 권한이 있는 원가
④ 분석과 예측을 통하여 미래에 발생될 것으로 기대되는 원가

25. 다음은 (주)상공의 9월 원재료 입고 및 출고 내용이다. 계속 기록법에 의하여 9월의 재료소비액을 계산한 금액으로 옳은 것은? 단, 재료의 소비단가 결정은 선입선출법이다.

- 9/ 1 전월이월 : 200개 @₩100
- 9/ 5 입   고 : 400개 @₩110
- 9/ 8 출   고 : 500개
- 9/13 입   고 : 300개 @₩130
- 9/25 출   고 : 200개
※ 실제재고수량 190개(수량부족분은 원가성 없음)

① ₩76,000   ② ₩77,000
③ ₩83,000   ④ ₩103,000

26. 다음 자료로 제조간접원가를 직접원가법을 사용하여 배부할 때, 제조지시서#3의 제조원가는 얼마인가?

분류	제조지시서 #3	총 원 가
직접재료원가	₩250,000	₩ 800,000
직접노무원가	₩350,000	₩1,000,000
제조간접원가	( )	₩ 900,000

① ₩900,000   ② ₩750,000
③ ₩550,000   ④ ₩300,000

27. 다음은 관리회계와 원가회계에 대한 설명이다. 이에 해당하지 않는 것은?

① 의사결정과 경영계획을 위한 정보의 제공
② 성과평가를 위한 정보의 제공
③ 제품원가계산에 필요한 원가정보의 제공
④ 일반적으로 인정된 회계원칙에 따라 작성된 재무제표 정보의 제공

28. 재료감모비와 같이 내부거래에서 나타나는 비용으로서 원가계산 기간의 소비액으로 삼는 제조경비를 무엇이라 하는가?

① 월할경비   ② 발생경비
③ 측정경비   ④ 지급경비

29. 제조부문원가의 예정배부에 대한 설명 중 옳지 않은 것은?

① 제조부문과 보조부문별로 발생하리라고 예상되는 제조간접원가 연간예상액을 추정하고, 보조부문원가의 연간예상액을 제조부문에 배부하여 각 제조부문별 연간총예상액을 계산한다.
② 제조부문별 제조간접원가의 연간총예상액을 제조부문별에 배부기준의 연간예상액으로 나누어 각 제조부문별 예상배부율을 계산한다.
③ 제조부문별 예정배부율에 배부기준의 예정발생분을 곱하여 제품별 제조부문원가 예정배부액을 계산한다.
④ 부문원가배부차이의 처리는 연말재공품, 연말제품, 연말 매출원가의 각 금액에 비례하여 배분하는 방법과 전액 연간 매출원가에 가감하는 방법 등이 있다.

30. 개별원가계산에 대한 설명으로 옳은 것은?

① 고객의 개별 주문을 이행하는데 있어 개별 제품별로 원가를 계산한다.
② 표준화된 동종 제품을 대량으로 생산하는 기업을 위한 원가 계산 방법이다.
③ 제조간접원가 중에서 변동제조원가만을 제품원가에 포함 하는 원가계산 방법이다.
④ 제조간접원가의 표준단가와 표준수량을 설정하고 그에 따라 원가를 계산하는 방법이다.

31. 다음 (   ) 안에 알맞은 것은?

정상원가계산에서는 제조간접원가의 실제발생액과 배부총액에 차이가 발생한다. 이러한 배부차이를 조정하는 방법으로 기말재공품이나 기말제품이 부담하여야 할 배부차이를 무시하는 방법은 (   )이다.

① 매출원가조정법   ② 총원가기준법
③ 원가요소기준법   ④ 안분법

32. 다음 (   ) 안에 알맞은 것은?

부문별 원가계산에 있어 1단계로 부문공통원가를 배부하게 되면 2단계로 보조부문원가를 배부한다. 보조부문 상호 간의 용역수수관계를 완전히 무시하고 배부하는 방법은 (   )이다.

① 직접배부법   ② 단계배부법
③ 상호배부법   ④ 단일배부법

33. 원가의 배분목적에 대한 설명이다. 옳지 않은 것은?

① 조직구성원들의 원가마인드 제고를 위한 동기부여목적
② 제품가격결정을 위한 원가자료 파악목적
③ 특정제품을 생산하는데 직접 소비된 동질적인 특징 파악 목적
④ 매출원가 계산 목적

34. (주)대한에 근무하는 나성공씨는 8월 첫째 주에 48시간의 작업을 하였다. (주)대한은 주당 40시간을 초과하는 작업시간에 대해서 정상임금의 1.5배를 지급하고 있다. (주)대한의 시간당 정상 임률은 ₩5,000이다. 8월 첫째주 나성공씨와 관련하여 발생한 총노무원가는 얼마인가?

① ₩240,000 ② ₩260,000
③ ₩300,000 ④ ₩360,000

35. 다음은 (주)상공의 제조간접원가 자료이다. (주)상공이 20X1년도에 제조간접원가로 계상해야 할 금액은 얼마인가? 단, 기간 안분 계산은 월할 계산한다.

> 가. 공장의 화재보험을 위하여 보험사와 계약하고 ₩12,000,000을 지급하였다. 계약기간은 20X1년 9월 1일부터 20X2년 8월 31일까지이다.
> 나. 공장 지게차를 20X1년 6월부터 20X1년 8월까지 임차하기로 하여 ₩5,000,000을 지급하였다.

① ₩5,000,000 ② ₩9,000,000
③ ₩13,000,000 ④ ₩17,000,000

36. 다음은 정유업을 하는 (주)상공정유의 공정 흐름도이다. (가)에 해당하는 원가로 옳은 것은?

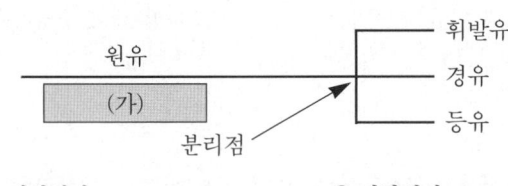

① 개별원가 ② 결합원가
③ 조별원가 ④ 공정별원가

37. 직접재료원가 ₩100,000, 직접노무원가 ₩200,000, 제조간접원가 ₩300,000이 각각 발생하였다면 기초원가는 얼마인가?

① ₩300,000 ② ₩400,000
③ ₩500,000 ④ ₩600,000

38. 다음 자료를 토대로 (주)상공제지의 20X1년 5월 재료비와 가공비의 완성품환산량 단위당 원가를 계산하면 얼마인가?

> (주)상공제지의 20X1년 5월 제조원가는 다음과 같이 집계되었다. 원가계산방법은 종합원가계산(평균법)을 적용한다.
>
> | | 물량(개) | 재료비 | 가공비 |
> |---|---|---|---|
> | 기초재공품 완성도(30%) | 1,000 | ₩50,000 | ₩16,000 |
> | 당기착수량 | 3,000 | ₩130,000 | ₩52,000 |
> | | 4,000 | ₩180,000 | ₩68,000 |
> | 당기완성량 | 3,000 | | |
> | 기말재공품 완성도(40%) | 1,000 | | |
> | | 4,000 | | |
>
> 투입시기 : 재료비(공정초 전량 투입)
> 　　　　　가공비(전공정 균등 투입)

① 재료비 ₩45, 가공비 ₩20
② 재료비 ₩50, 가공비 ₩30
③ 재료비 ₩55, 가공비 ₩40
④ 재료비 ₩60, 가공비 ₩50

39. (주)상공의 각 부문에 집계된 원가와 보조부문 상호간에 제공한 용역 자료이다. 상호배부법으로 보조부문비를 배부한 후의 각 제조부문 원가를 계산한 것으로 옳은 것은?

부문 용역제공	제조 부문		보조 부문		합계
	제조1	제조2	보조1	보조2	
부문별원가(원)	1,000,000	800,000	300,000	400,000	2,500,000
제공한용역					
보조1부문(Kw/h)	400	350		250	1,000
보조2부문(시간)	50	30	20		100

	제조1부문	제조2부문
①	₩1,320,000	₩1,180,000
②	₩1,370,000	₩1,130,000
③	₩1,410,000	₩1,090,000
④	₩1,470,000	₩1,030,000

40. (주)서울의 20X1년 3월 직접재료사용액은 ₩13,000이다. 3월 말 직접재료 재고액은 월초에 비해 ₩3,000이 감소하였다. (주)서울의 3월 중 직접재료 구입액은 얼마인가?

① ₩10,000 ② ₩11,000
③ ₩12,000 ④ ₩13,000

국가기술자격검정
상시 전산회계운용사 2급필기 시험
대한상공회의소 시행

2020년 2회기출

2급	A형	시험일(소요시간)	문항수
		5월 17일(총60분)	총40개

수험번호 :
성　명 :

※ 다음 문제를 읽고 알맞은 것을 골라 답안카드의 답란(①, ②, ③, ④)에 표기하시오.

< 제1과목 : 재무회계 >

01. 사무용 소모품 등 금액이 크지 않은 것에 대하여 자산계상 또는 구입 즉시 비용으로 처리할 수도 있다. 이렇게 회계처리할 수 있는 근거는 재무정보의 질적특성 중 어디에 해당하는가?

① 중요성　　　　　② 수익비용대응
③ 계속성　　　　　④ 비교가능성

02. 다음 회계정보의 순환과정과 관련된 내용 중 옳지 않은 것은?

① 거래의 인식에서부터 출발하여, 분개, 전기, 결산 등의 과정을 통해 재무제표가 작성된다.
② 거래의 이중성이란 모든 거래는 자산/부채/자본에 변화를 초래하는 원인과 결과라는 두 가지 속성이 함께 포함되어 있다는 것을 의미한다.
③ 분개란 거래를 인식해서 기록하는 것을 말하며 모든 회계 정보 생산의 기초가 된다.
④ 전기절차는 계정과목결정, 금액결정, 차/대변결정 등의 순서로 이루어진다.

03. 다음 중 포괄손익계산서의 기타포괄손익의 구성요소에 해당하지 않는 것은?

① 재평가이익
② 기타포괄손익-공정가치측정 금융자산 평가손익
③ 해외사업장의 재무제표 환산으로 인한 손익
④ 투자부동산평가손익

04. 다음은 포괄손익계산서의 비용을 기능별로 분류한 것이다. (가)에 해당하는 비용 계정으로 옳은 것은?

매 출 원 가
(가)
관 리 비
기 타 비 용
금 융 비 용

① 기부금　　　　　② 임차료
③ 이자비용　　　　④ 광고선전비

05. 다음의 회계 자료를 보고, 재무상태표에 현금및현금성자산으로 보고하는 금액을 계산하시오.

가. 부도수표	₩710,000
나. 가계수표	₩350,000
다. 자기앞수표	₩500,000
라. 우편환증서	₩300,000
마. 타인발행 당좌수표	₩500,000
바. 취득시 만기 3개월 이내의 채권	₩100,000
사. 만기 1년 이내의 정기예금	₩200,000
아. 만기 1년 이내의 양도성 예금증서	₩130,000

① ₩1,650,000　　　② ₩1,750,000
③ ₩1,880,000　　　④ ₩2,590,000

06. 은행계정조정표는 회사잔액과 은행잔액이 불일치하는 경우 불일치한 원인을 조사하여 잔액을 일치시키는 표를 말한다. 다음의 원인으로 회사잔액과 은행잔액 간 불일치가 발생했다고 가정 할 때, 회사측 장부를 조정(수정분개)해야 할 사항이 아닌 것은?

① 기발행 미인도당좌수표　　② 기발행 미인출당좌수표
③ 은행수수료 및 이자비용　　④ 회사미통지 추심어음

07. 다음은 금융부채에 대한 설명이다. 이에 해당하는 계정과목으로 옳지 않은 것은?

> 거래상대방에게 현금 등 금융자산으로 인도하기로 한 계약 상의 의무

① 미지급금　　　　② 선수수익
③ 매입채무　　　　④ 단기차입금

08. 다음은 (주)상공의 매출채권 대손과 관련된 거래이다. 결산 후 포괄손익계산서에 표시될 대손상각비는 얼마인가?(단, 결산일은 12월 31일이다.)

1월　1일	대손충당금 잔액 ₩1,000
10월 15일	서울상회의 매출채권 ₩1,500이 회수 불능되어 대손처리하다.
12월 31일	매출채권 ₩100,000에 대하여 2% 대손을 예상하다.

① ₩1,500　　　　　② ₩2,000
③ ₩2,500　　　　　④ ₩30,000

09. (주)상공은 20×1년 초에 장기적인 임대수익을 얻을 목적으로 건물을 ₩400,000에 구입하였다. 동 건물의 내용연수 10년이고, 잔존가치는 없다. 감가상각은 정액법으로 한다. 20×1년 12월 31일과 20×2년 12월 31일 현재의 공정가치는 각각 720,000원과 600,000원이다. 동 건물에 대하여 원가모형을 적용할 경우 20×2년도 당기손익에 영향을 미치는 금액은 얼마인가?

① 80,000원 ② 60,000원
③ 40,000원 ④ 20,000원

10. 다음은 (주)상공이 투자부동산으로 분류하여 보유하고 있는 건물에 대한 자료이다. (주)상공의 20×1년 당기손익에 미치는 영향으로 옳은 것은? (단, 회계기간은 20×1년 1월 1일 ~ 12월 31일이며, 법인세비용은 고려하지 않는다.)

- 취득일 : 20×1년 7월 1일
- 취득원가 : ₩4,000,000
- 감가상각방법 : 정액법
- 평가방법 : 공정가치모형
- 내용연수 : 20년
- 잔존가치 : ₩400,000
- 20×1년 12월 31일 공정가치 : ₩4,200,000

① 손실 ₩90,000 ② 손실 ₩200,000
③ 이익 ₩90,000 ④ 이익 ₩200,000

11. (주)상공은 20X1년 10월 1일 상품판매대금으로 3개월 만기 이자부 약속어음 ₩5,000,000(연이자율 10%)을 받았다. 회사는 이 약속어음을 1개월간 보유한 후 거래은행에 연 15%의 할인율로 할인하고 할인료를 제외한 금액을 현금으로 수령하였다. 현금 수령액은 얼마인가? (단, 이자 및 할인료 계산은 월할계산한다.)

① ₩4,696,125 ② ₩4,796,875
③ ₩4,896,125 ④ ₩4,996,875

12. 다음 유형자산에 대한 지출 중 해당 유형자산의 취득원가에 가산되지 않는 것은?

① 생산성을 향상시키기 위한 지출
② 기존의 건물을 증설하기 위한 지출
③ 기계장치의 단순한 수선을 위한 지출
④ 내용연수를 상당히 연장시키기 위한 지출

13. 다음 자료에 의하여 결산 시 차변의 계정과목으로 맞는 것은? (단, 보충법으로 회계처리한다)

- 매출채권 잔액 ₩40,000,000
- 대손충당금 잔액 ₩100,000
- 결산 때 매출채권의 1%을 대손충당금으로 설정하다.

① 대손상각비 ② 감가상각비
③ 소모품비   ④ 퇴직급여

14. 다음 거래에 대한 날짜 별 분개 중에서 틀린 것은?

가. 12월 15일 : 직원 출장 시 출장비를 대략 계산하여 ₩200,000을 현금 지급하다.
나. 12월 20일 : 출장지에서 직원이 원인불명의 금액 ₩150,000을 송금해 왔다.
다. 12월 25일 : 출장이 끝난 후 직원의 출장비 정산 결과 ₩50,000 현금을 추가 지급했다.
라. 12월 26일 : 원인불명의 송금액은 매출채권을 회수한 것으로 판명되었다.

① 12월 15일 (차) 가지급금 200,000 (대) 현　　금 200,000
② 12월 20일 (차) 보통예금 150,000 (대) 가 수 금 150,000
③ 12월 25일 (차) 출 장 비 50,000 (대) 현　　금 50,000
④ 12월 26일 (차) 가 수 금 150,000 (대) 매출채권 150,000

15. (주)대망은 20X1년 8월 5일에 발생한 화재로 인하여 모든 재고 자산이 소실되었다. 20X1년 1월 1일부터 8월 5일까지의 확인된 자료는 다음과 같다. 매출총이익률이 30%라면 화재로 인해 소실된 재고자산은 얼마인가?

가. 1월 1일 기초재고자산 ₩300,000
나. 8월 5일까지의 순매출액 ₩2,000,000
다. 8월 5일까지의 총매입액 ₩1,500,000
라. 8월 5일까지의 매입환출액 ₩20,000

① ₩200,000 ② ₩280,000
③ ₩300,000 ④ ₩380,000

16. 다음 중 부채에 해당 하지 않는 것은?

① 선수금   ② 선급금
③ 선수수익   ④ 유동성장기부채

17. 다음에서 설명하는 자산의 종류에 해당하는 것은?

구체적인 존재 형태는 가지고 있지 않지만 사실상의 가치 및 법률상의 권리를 가지고 있는 것과 미래에 기업의 수익 창출에 기여할 것으로 예상되는 비화폐성 자산을 말한다.

① 토지   ② 영업권
③ 투자부동산 ④ 건설중인자산

18. 다음 사항과 관련한 설명이다. 올바른 것은?

> (주)강동은 100주(액면@₩5,000)를 1주당 ₩4,000에 할인 발행하였으며, 신주의 발행비용으로 ₩5,000이 소요 되었다.

① 신주발행비 ₩5,000은 손익계산서 항목이다.
② (주)강동의 자본금 계정은 ₩400,000이 증가되었다.
③ (주)강동의 자본금 계정은 ₩500,000이 증가되었다.
④ (주)강동은 ₩100,000의 주식할인발행차금이 발생하였다.

19. 위탁판매의 경우 위탁자가 수익을 인식하는 시점으로 옳은 것은?

① 수탁자가 위탁품을 고객에게 판매하면, 위탁자는 관련 수익을 인식할 수 있다.
② 위탁자와 수탁자가 위탁계약을 체결하면, 위탁자는 관련 수익을 인식할 수 있다.
③ 위탁자가 위탁품을 수탁자에게 배송하면, 위탁자는 관련 수익을 인식할 수 있다.
④ 수탁자가 위탁자로부터 위탁품을 수령하면, 위탁자는 관련 수익을 인식할 수 있다.

20. 수익인식의 5단계와 관련된 다음의 설명 중 옳지 않은 것은?

① 1단계로 수행할 절차는 고객과의 계약을 식별하는 것이다.
② 2단계로 수행할 절차는 기업이 고객에게 수행할 의무를 식별 하는 것이다. 하나의 계약에 하나의 수행의무가 포함되어야 한다. 즉, 하나의 계약에 여러 수행의무가 포함될 수는 없다.
③ 3단계로 수행할 절차는 거래가격을 산정하는 것이다. 거래 가격은 고객이 지급하는 고정된 금액일 수도 있으나, 어떤 경우에는 변동 대가를 포함할 수도 있다.
④ 4단계로 수행할 절차는 거래가격을 수행의무에 배분하는 것 이다. 개별 판매가격을 관측할 수 없다면 이를 추정해서 수행 의무에 배분해야 한다.

< 제2과목 : 원 가 회 계 >

21. 다음 중 원가회계의 목적이 아닌 것은?

① 원가의 관리와 통제의 목적
② 성과의 측정과 평가를 위한 정보의 제공
③ 기업의 잠재적 투자가치평가 및 기업실제가치 측정에 필요한 정보 제공
④ 제품원가의 계산

22. 다음 중 혼합원가에 대한 설명으로 올바른 것은?

① 조업도가 0인 상태에서는 원가가 0이나, 조업도가 증가하면 총원가가 증가하는 행태를 보인다.
② 조업도가 0인 상태에서도 일정한 원가가 발생하며, 조업도가 증가하면 총원가가 증가하는 행태를 보인다.
③ 조업도가 0인 상태에서는 원가가 0이나, 조업도가 증가하면 단위당 원가가 증가하는 행태를 보인다.
④ 조업도가 0인 상태에서도 일정한 원가가 발생하며, 조업도가 증가하면 단위당원가가 증가하는 행태를 보인다.

23. 보조부문원가를 제조부문에 배부하는 방법에 대한 설명으로 옳지 않은 것은?

① 직접배부법은 보조부문원가를 다른 보조부문에는 배분하지 않고 제조부문에만 배분하는 방법이다.
② 단계배부법은 보조부문원가를 배분순서에 따라 순차적으로 다른 보조부문과 제조부문에 배분하는 방법이다.
③ 상호배부법은 보조부문 상호간의 용역수수관계를 완전히 인식하여 보조부문원가를 다른 보조부문과 제조부문에 배분 하는 방법이다.
④ 계산의 정확성은 단계배부법, 상호배부법, 직접배부법 순으로 높게 나타난다.

24. 상공회사는 제품A를 완성하였다. 다음 자료에 의하면 제품A의 원가는 얼마인가?

> 가. 직접재료원가 : 10,000원
> 나. 직접노무원가 : 2,500원(시간당 ₩20, 총125시간)
> 다. 제조간접원가배부율 : 직접노무시간당 ₩10

① ₩12,500　② ₩13,750
③ ₩14,650　④ ₩15,000

25. 상공회사는 당기 중 #101, #102, #103 세 개의 작업을 시작해서 이 중 #103은 미완성 되고 나머지 작업 #101, #102는 완성되었다. 상공회사의 완성품 원가는 얼마인가?

	#101	#102	#103
기초재공품원가	₩10,000		
당기발생원가			
직접재료원가	₩20,000	₩30,000	₩10,000
직접노무원가	₩40,000	₩50,000	₩15,000
제조간접원가	₩75,000	₩63,000	₩15,000
계	₩135,000	₩143,000	₩40,000

① ₩183,000　② ₩278,000
③ ₩288,000　④ ₩318,000

26. (주)대한에서 직접재료원가를 기준으로 제조간접원가를 배부 할 때 제조지시서 NO.107의 제조간접원가는 얼마인가?

구분	총작업	제조지시서 NO.107
직접재료원가	₩800,000	₩20,000
직접노무원가	₩460,000	₩60,000
직접노동시간	6,000시간	400시간
제조간접원가	₩260,000	

① ₩9,500　　② ₩8,500
③ ₩7,500　　④ ₩6,500

27. 다음은 개별원가계산에 대한 설명이다. 잘못된 것은?
① 생산환경이 제품별로 이질적인 경우에 이용된다.
② 동일한 제품이라도 제품별 작업 구분을 확실히 할 수 있는 경우에 이용된다.
③ 종합원가계산과 달리 표준원가계산을 적용할 수 없다.
④ 제조직접원가와 제조간접원가의 구분을 전제로 한다.

28. (주)경기화학은 100kg의 원료에 ₩10,000을 투입하여 1차 가공한 후 각기 다른 세 공정에서 2차 가공하여 각각 A, B, C 세 제품을 생산하고 있다. 1차 가공비를 제품의 순실현가치를 기준으로 배분한다면, B 제품의 kg 단위당 생산원가는 얼마인가?

제품	2차 가공비	Kg당 판매가	생산량(Kg)
A	₩10,000	₩500	40
B	₩5,000	₩1,000	25
C	₩18,000	₩800	35

① ₩200　　② ₩250
③ ₩300　　④ ₩400

29. (주)대한의 제조부문은 A부문과 B부문으로 구성되어 있고, 보조 부문은 전력부와 공장관리부로 구성되어 있다. 공장관리부는 A부문, B부문, 전력부에 각각 20%, 60%, 20%의 용역을 제공 하고 있다. 공장관리부가 제공하는 용역은 총 2,000시간이며, 총원가는 ₩1,500,000(고정원가 ₩1,000,000, 변동원가 ₩500,000) 이다. 회사는 전력부를 폐쇄하고 해당 용역을 외부에서 구입 하기로 결정하였다. 외부구입을 실행할 경우에는 공장관리부가 전력부에 용역을 제공 하지 않아도 된다. 전력부가 제공하던 용역을 외부에서 구입한다면 B부문에 배부될 공장관리부원가는 얼마인가? 단, 직접배부법을 가정하시오.

① ₩1,050,000　　② ₩1,000,000
③ ₩900,000　　④ ₩840,000

30. 다음 설명 중 잘못된 것은?
① 원가계산기간은 회사의 회계연도와 일치하여야 한다. 다만, 필요한 경우에는 월별 또는 분기별 등으로 세분하여 원가 계산을 실시할 수 있다.
② 외주가공비는 그 성격에 따라 재료비 또는 노무비에 포함 하여 계상할 수 있으며, 그 금액이 중요한 경우에는 별도의 과목으로 기재할 수 있다.
③ 주요 재료와 부분품의 소비는 직접재료비를 구성한다.
④ 소모품, 수선용 부분품, 반제품도 재고자산에 포함된다.

31. 다음 자료에 의하여 월말재공품 원가를 계산한 것으로 옳은 것은? 단, 직접재료원가는 제조 착수시에 전부 투입되고, 가공비는 균등하게 발생한다고 가정한다. 월말재공품 평가는 평균법에 의한다.

구분(진척도)	물량흐름	직접재료원가	가공원가
월초재공품(30%)	100개	₩200,000	₩150,000
당월제조 착수	500개	₩400,000	₩100,000
당월완성품수량	400개		
월말재공품수량(50%)	200개		

① ₩150,000　　② ₩200,000
③ ₩250,000　　④ ₩300,000

32. 다음은 원가회계 및 원가에 대한 설명이다. 옳지 않은 것은?
① 원가는 경영목적과 직접 관련되어 발생한 것이어야 한다.
② 원가란 재화나 용역을 생산하는 과정에서 소비되는 모든 경제적 가치를 말한다.
③ 원가회계는 재무상태표에 표시되는 재공품과 제품 등의 재고자산의 금액을 결정한다.
④ 원가회계는 기업회계기준서에 의하여 작성하여 외부정보 이용자의 의사결정에 유용한 정보를 제공하는 회계이다.

33. 결합원가에 대한 설명으로 맞는 것은?
① 연산품은 분리점에서 상대적으로 판매가치가 낮다.
② 판매가치가 증가할 때 부산물이 연산품으로 바뀔 수 있다.
③ 연산품이 부산물로 바뀔 수는 어떠한 경우에도 없다.
④ 결합원가를 배분하는 목적은 단지 이익을 증가시키기 위해서다.

34. 다음 중 종합원가계산의 적용이 적절하지 않은 업종은 어느 것인가?
① 정유업　　② 화학공업
③ 선박업　　④ 제분업

35. 다음 자료를 이용하여 선입선출법을 가정한 재료비와 가공비의 완성품환산량을 각각 계산하면 얼마인가? 단, 재료는 공정초에 전량 투입되며, 가공비는 균등하게 발생한다고 가정한다.

> 가. 기초재공품수량 400개(30%)
> 나. 완성량 2,400개
> 다. 기말재공품 600개(40%)

	재료원가	가공원가
①	2,600개	2,620개
②	2,600개	2,520개
③	2,500개	2,520개
④	2,400개	2,320개

36. (주)상공화학은 동일공정에서 결합제품 A와 B를 생산하고 있다. 다음 자료에 의하여 연산품 A의 단위당 제조원가를 계산한 금액으로 옳은 것은? 단, 결합제품 A와 B에 투입된 결합원가는 ₩24,000이며, 결합원가는 상대적 순실현가치를 기준으로 배부하고 있다.

제품	생산수량	분리점에서의 판매가치	분리점 이후	
			추가가공원가	최종판매가치
A	100	₩15,000	₩2,000	₩20,000
B	200	₩22,000		₩42,000

① ₩82 ② ₩84
③ ₩92 ④ ₩95

37. 종합원가계산의 종류에 대한 설명 중 옳지 않은 것은?
① 단일 종합원가계산 : 제품생산공정이 단일공정인 제품을 생산하는 기업에서 사용
② 조별 종합원가계산 : 종류가 다른 다양한 제품을 연속 대량 생산하는 기업에서 사용
③ 공정별 종합원가계산 : 성격, 규격 등이 서로 다른 제품을 주문에 의해 생산하는 기업에서 사용
④ 연산품 종합원가계산 : 동일한 공정 및 동일한 재료를 사용하여 계속적으로 생산하되 다른 제품을 생산하는 기업에서 사용

38. 다음은 선입선출법에 따라 종합원가시스템을 사용하는 (주)대한의 원가자료이다. 재료원가와 가공원가의 완성품환산량은 각각 얼마인가?

> 가. 기초재공품 : 100,000단위 (완성도 : 30%)
> 나. 기말재공품 : 200,000단위 (완성도 : 40%)
> 다. 당월 착수량 : 450,000단위
> 라. 완성품 수량 : 350,000단위
> 마. 원재료는 공정초기에 전량 투입, 가공비는 공정진행 정도에 따라 발생

	재료원가	가공원가
①	350,000단위	430,0000단위
②	400,000단위	450,0000단위
③	450,000단위	350,0000단위
④	450,000단위	400,0000단위

39. 아래의 표는 생산량과 발생원가와의 관계를 나타낸 것이다. 이와 관련된 원가의 분류로 옳은 것은?

생산량(개)	발생원가(원)
0	400,000
300	400,000
600	400,000
900	800,000
1,200	800,000
1,500	1,200,000
1,800	1,200,000

① 변동원가 ② 고정원가
③ 준변동원가 ④ 준고정원가

40. 다음은 (주)상공의 경비와 관련된 자료이다. 당월분의 제조경비를 계산한 금액으로 옳은 것은?

> 가. 임차료(6개월분, 공장 50%, 본사 50%) : ₩240,000
> 나. 전력비(공장 60%, 본사 40%)
> - 당월 발생 금액 : ₩150,000
> - 당월 지급 금액 : ₩100,000
> 다. 복리후생비
> - 당월 중 지급액 : ₩50,000
> - 월초기준 선급액 : ₩10,000
> - 월말기준 선급액 : ₩20,000

① ₩150,000 ② ₩250,000
③ ₩320,000 ④ ₩440,000

국가기술자격검정
상시 전산회계운용사 2급필기 시험
대한상공회의소 시행

2020년 3회기출

2급	A형	시험일(소요시간)	문항수
		10월 9일(총60분)	총40개

수험번호 :
성　　명 :

※ 다음 문제를 읽고 알맞은 것을 골라 답안카드의 답란(①, ②, ③, ④)에 표기하시오.

< 제1과목 : 재무회계 >

01. 다음은 개인기업인 상공상사의 회계연도별 자료이다. 20X3년의 당기순손익을 계산한 것으로 옳은 것은? 단, 회계기간은 1월 1일부터 12월 31일까지이다. 단 제시된 자료 이외에는 고려하지 않는다.

- 20X1년 : 기말자산 ₩1,000,000 기말부채 ₩300,000
- 20X2년 : 수익총액 ₩800,000 비용총액 ₩600,000
- 20X3년 : 기말자산 ₩1,500,000 기말부채 ₩700,000

① ₩100,000(이익) ② ₩100,000(손실)
③ ₩200,000(이익) ④ ₩200,000(손실)

02. 시산표의 작성 목적으로 가장 적절한 것은?
① 기말 재고 현황을 파악하기 위하여 작성한다.
② 거래를 순서대로 기입하기 위하여 작성한다.
③ 원장 기입의 정확성 여부를 검사하기 위하여 작성한다.
④ 총계정원장 마감 전에 재무상태와 재무성과를 하나의 표로 나타내기 위하여 작성한다.

03. 자본의 크기와 자본의 변동에 관한 정보를 제공하는 재무보고서에 해당하는 것은?
① 현금흐름표 ② 자본변동표
③ 재무상태표 ④ 포괄손익계산서

04. (주)상공은 현금의 실제 금액이 장부금액보다 ₩50,000 부족한 것을 발견하여 현금과부족 계정으로 회계처리를 하였다. 그 후 불일치 원인을 찾으려 노력하였지만 결산 시까지 발견할 수가 없었다. 결산 시 회계처리로 옳은 것은?

① (차) 잡　손　실　　50,000　(대) 현　　　　금　50,000
② (차) 잡　손　실　　50,000　(대) 현금과부족　50,000
③ (차) 현　　　　금　50,000　(대) 잡　이　익　50,000
④ (차) 현금과부족　　50,000　(대) 잡　이　익　50,000

05. 다음 항목 중에서 비유동자산은 무엇인가?
① 건물
② 재고자산
③ 사용제한이 없는 현금
④ 판매 후 3개월 이내에 결제될 매출채권

06. 다음은 (주)상공기업의 당좌예금 거래 내역이다. 3월 30일 회계처리로 옳은 것은? 단, 3월 30일 이전 회계처리는 모두 적정하게 이루어진 것으로 가정한다.

가. 3월 1일 당좌예금계좌를 개설하고 현금 ₩1,000,000을 입금하다.
나. 3월 10일 거래처로부터 외상대금 ₩500,000이 입금되다.
다. 3월 15일 당좌차월 ₩1,000,000을 약정하다.
라. 3월 30일 지급어음 대금 ₩2,000,000이 당좌예금계좌에서 인출되다.

① (차) 지 급 어 음 2,000,000 (대) 당 좌 예 금 2,000,000
② (차) 지 급 어 음 2,000,000 (대) { 당 좌 예 금 1,500,000 / 단기차입금 500,000 }
③ (차) 지 급 어 음 2,000,000 (대) { 당 좌 예 금 1,000,000 / 단기차입금 1,000,000 }
④ (차) 지 급 어 음 2,000,000 (대) 단기차입금 2,000,000

07. 다음은 '금융상품 : 표시'에 따라 금융상품의 정의와 관련된 설명이다. 올바르게 설명한 것을 모두 고르면 몇 개인가?

가. 미래에 현금을 수취할 계약상 권리에 해당하는 금융 자산의 일반적인 예로는 매출채권과 대여금, 투자사채 등이 있다.
나. 금융상품을 수취, 인도 또는 교환하는 계약상 권리 또는 계약상 의무는 그 자체로 금융상품이 아니다.
다. 실물자산(예: 재고자산, 유형자산), 리스자산과 무형자산(예: 특허권, 상표권)은 금융자산이다.
라. 미래경제적효익이 현금 등 금융자산을 수취할 권리가 아니라 재화나 용역의 수취인 자산(예: 선급비용)은 금융자산이다.

① 1개 ② 2개
③ 3개 ④ 4개

08. 경영진이 의도하는 방식으로 자산을 가동하고자 필요한 장소와 상태에 이르게 하는데 직접 관련되는 원가의 예로 옳은 것은?
① 설치원가 및 조립원가
② 새로운 상품과 서비스를 소개하는 데 소요되는 원가
③ 관리 및 기타 일반간접원가
④ 새로운 기술을 개발하는데 소요되는 원가

09. 20X1년 초에 운용리스로 제공할 목적으로 건물을 취득하였다. 건물의 취득원가는 ₩10,000이며, 잔존가치는 ₩0, 내용연수는 10년으로 추정된다. 동 건물에 대하여 공정가치모형을 적용하기로 한다. 20X1년 말 현재 공정가치가 ₩11,000이라면, 20X1년도의 포괄손익계산서에 계상되는 동 건물에 대한 감가상각비와 투자부동산평가손익은 각각 얼마인가? 단, 법인세효과는 없다.

① 감가상각비 ₩1,000 투자부동산평가이익 ₩2,000
② 감가상각비 ₩1,000 투자부동산평가이익 ₩1,000
③ 감가상각비 ₩0   투자부동산평가이익 ₩2,000
④ 감가상각비 ₩0   투자부동산평가이익 ₩1,000

10. 다음은 (주)상공의 6월 중에 발생한 외상 매입 관련 자료이다. 6월 중 상품의 순매입액과 외상매입금 계정의 6월말 잔액으로 옳은 것은?

> 6월 5일 (주)대한으로부터 상품 ₩150,000을 외상으로 매입하고, 인수 운임 ₩5,000을 현금으로 지급하다.
> 6월 10일 (주)강남으로부터 상품 ₩200,000을 외상으로 매입하다. 그리고 거래처 (주)강남이 지불할 운임 ₩10,000을 현금으로 대신 지급하고 외상대금과 상계하기로 하다.
> 6월 13일 (주)경기로부터 상품 ₩100,000을 외상으로 매입하다. 그리고 당점 부담 운임 ₩5,000을 (주)경기에서 대신 지급하다.

	순매입액	외상매입금
①	₩455,000	₩445,000
②	₩460,000	₩445,000
③	₩455,000	₩450,000
④	₩460,000	₩450,000

11. 다음은 (주)상공기업의 매출처원장이다. (주)상공기업의 기말외상매출금 잔액은 얼마인가?

A 상 점
전기이월	100,000	현금	300,000
매출	400,000	차기이월	200,000
	500,000		500,000

B 상 점
전기이월	200,000	받을어음	400,000
매출	500,000	차기이월	300,000
	700,000		700,000

① ₩500,000 ② ₩700,000
③ ₩900,000 ④ ₩1,200,000

12. 다음은 상공가구점에서 발생한 거래와 이를 회계처리한 것이다. 올바른 회계처리를 모두 고른 것은?

> 가. 판매용 책상과 의자 ₩200,000을 주문하고, 계약금 ₩20,000을 현금으로 지급하다.
>   (차) 매입 20,000 (대) 현금 20,000
> 나. 출장 중인 사원으로부터 내용을 알 수 없는 송금수표 ₩300,000을 받다.
>   (차) 현금 300,000 (대) 가수금 300,000
> 다. 업무용 컴퓨터 1대를 ₩500,000에 구입하고 대금은 외상으로 하다.
>   (차) 비품 500,000 (대) 미지급금 500,000
> 라. 영업사원에게 출장을 명하고 출장비를 어림 계산하여 ₩200,000을 현금으로 지급하다.
>   (차) 여비교통비 200,000 (대) 현금 200,000

① 가, 다 ② 가, 라
③ 나, 다 ④ 나, 라

13. 다음은 (주)상공기업이 기말상품 재고조사를 한 결과이다. 포괄손익계산서에 표시되는 기타비용(재고자산감모손실)은 얼마인가?

> 가. 장부상의 기말상품재고액 120개 @₩5,000 ₩600,000
> 나. 실제조사 기말상품재고액 110개 @₩5,000 ₩550,000
> 다. 감모 손실 중 6개는 원가성이 있고, 4개는 원가성이 없음.

① ₩10,000 ② ₩20,000
③ ₩30,000 ④ ₩50,000

14. 다음 설명에 해당하는 자산 계정으로 옳은 것은?

> 석유나 가스 등의 광물자원을 개발하기 위해 광물자원에 대한 탐사와 평가 과정에서 발생한 지출

① 개발비 ② 광업권
③ 산업재산권 ④ 탐사평가자산

15. (주)상공이 회계기간에 발생한 거래에 대하여 회계처리한 내용 중 금융부채가 발생하지 않은 것은?

① 재고자산을 외상으로 구입하고 매입채무로 계상하였다.
② 업무용 자동차를 외상으로 구입하고 미지급금으로 계상하였다.
③ 상품에 대한 판매주문과 동시에 현금을 먼저 받아 선수금으로 계상하였다.
④ 차입금에 대한 이자비용을 후급으로 지급하기 때문에 기간경과 이자비용을 보고기간 말에 미지급비용으로 계상하였다.

16. 다음은 주당이익에 대한 내용이다. 옳지 않은 것은?

① 기본주당이익은 회계기중 실제 발행된 보통주식수를 기준으로 산출한 것이며, 희석주당이익은 실제 발행된 보통주 뿐만 아니라 보통주로 전환될 수 있는 잠재적보통주까지 감안하여 산출한 것으로 이는 기본주당이익에 비해 일반적으로 낮은 금액이 된다.
② 가중평균유통보통주식수는 기초의 유통보통주식수에 회계기간 중 취득된 자기주식수 또는 신규 발행된 보통주식수를 각각의 유통기간에 따른 가중치를 고려하여 조정한 보통주식수이다.
③ 희석주당이익을 계산하기 위해서는 모든 희석효과가 있는 잠재적 보통주의 영향을 고려하여 지배기업의 보통주에 귀속되는 당기순손익 및 가중평균유통보통주식수를 조정한다.
④ 기본주당이익과 희석주당이익은 제시되는 모든 기간에 대하여 동등한 비중으로 제시하며, 기본주당이익과 희석주당이익이 부(-)의 금액(즉 주당손실)의 경우에는 표시하지 아니한다.

17. (주)상공기업의 주식 발행 관련 자료이다. 이를 회계처리할 경우 자본변동표에 미치는 영향으로 옳은 것은?

가. 주식 종류 : 보통주
나. 발행 주식 수 : 100주
다. 1주당 액면금액 : ₩5,000
라. 1주당 발행금액 : ₩7,000
마. 납입금 : 전액 당좌예입

① 납입자본이 ₩700,000 증가한다.
② 이익잉여금이 ₩200,000 증가한다.
③ 자본조정항목이 ₩700,000 증가한다.
④ 기타포괄손익누계액이 ₩200,000 증가한다.

18. 다음은 비용에 대한 내용이다. 옳지 않은 것은?

① 광의의 비용의 정의에는 기업의 정상영업활동의 일환으로 발생하는 비용뿐만 아니라 차손도 포함된다.
② 차손은 흔히 관련 수익을 차감한 금액으로 보고된다.
③ 비용은 자산의 감소나 부채의 증가와 관련하여 미래경제적 효익이 감소하고 이를 신뢰성 있게 측정할 수 있을 때 포괄손익계산서에 인식한다.
④ 제품보증에 따라 부채가 발생하는 경우 포괄손익계산서에 비용으로 인식할 수 없다.

19. 결산 시 기말 상품재고액의 실제 금액이 ₩70,000이었으나 이를 ₩50,000으로 잘못 계산하여 회계 처리 하였을 경우 그 결과에 대한 설명으로 옳은 것은?

① 매출원가 ₩20,000 과소 계상된다.
② 매출총이익 ₩50,000 과소 계상된다.
③ 매출원가 ₩20,000 과대 계상된다.
④ 매출총이익 ₩50,000 과대 계상된다.

20. 다음은 (주)상공의 임대료에 관한 거래이다. 기말 결산일(12/31) 정리분개로 옳은 것은?

| 3/ 1 | 소유하고 있던 오피스텔을 하늘상사에 임대(보증금 ₩10,000,000 월세 ₩100,000)하고 임대료 ₩600,000을 현금으로 받아 즉시 보통예금에 예입하다. |
| 12/31 | 임대료 미수분을 계상하다. |

① (차) 미 수 수 익 400,000 (대) 임 대 료 400,000
② (차) 임 대 료 400,000 (대) 미 수 수 익 400,000
③ (차) 임 대 료 600,000 (대) 미 수 수 익 600,000
④ (차) 미 수 수 익 600,000 (대) 임 대 료 600,000

< 제2과목 : 원 가 회 계 >

21. 원가를 제품원가와 기간원가로 구분할 때 다음 중 기간원가에 속하지 않는 것은?

① 소모품비
② 생산직 근로자의 임금
③ 판매원의 급료
④ 사장의 급료

22. 다음 중 외부거래에 해당하는 것은?

① 재료의 공장출고
② 노무비 소비
③ 제품의 완성
④ 재료의 매입

23. 등급별 원가계산에 관한 설명 중 옳지 않은 것은?

① 등급별 원가계산은 동일 종류의 제품이 동일 공정에서 연속적으로 생산되나 그 제품의 품질 등이 다른 경우에 적용한다.
② 등급품별 단위당 원가는 각 등급품에 대하여 합리적인 배부기준을 정하고, 당해 기간의 완성품 총원가를 동 배부기준에 따라 안분하여 계산한다.
③ 등급품별로 직접원가를 구분하는 것이 가능할 경우 직접 원가는 당해 제품에 직접 부과한다.
④ 간접원가는 조업도의 변동에 따라 비례적으로 배분한다.

24. 다음은 개별원가계산을 실시하고 있는 나주공업의 이번 달 원가자료이다. 제조간접원가 예정배부율은 직접노무원가의 50%이다. 이달 중 완성된 제조지시서는 #1001과 #1002이다. 완성품원가는 얼마인가?

제조지시서	#1001	#1002	#1003	계
전기이월	₩5,000	-	-	₩5,000
직접재료원가	₩8,200	₩4,500	₩6,400	₩19,100
직접노무원가	₩3,000	₩4,600	₩3,400	₩11,000
계	₩16,200	₩9,100	₩9,800	₩35,100

① ₩11,500
② ₩25,300
③ ₩29,100
④ ₩35,100

25. (주)강릉의 제조간접원가 발생액은 ₩100,0000이고, 직접원가법에 의하여 각 제조지시서에 배부한다. 8월 중 제조지시서 No.45와 No.46은 완성하였고 No.47은 아직 완성하지 못하였다면, 8월 중 미완성품 제조원가를 계산하면 얼마인가?

	No.45	No.46	No.47	합계
월초재공품	12,000	16,000	13,000	41,000
직접재료원가	17,000	20,000	10,000	47,000
직접노무원가	23,000	27,000	28,000	78,000
제조간접원가	( )	( )	( )	100,000
합계	( )	( )	( )	266,000

① ₩65,400 ② ₩72,200
③ ₩81,400 ④ ₩90,200

26. 부문별 원가회계에 설명이 옳은 것은?
① 소규모 기업에서 많이 사용한다.
② 부문원가를 예정배부하면 제품계정 차변으로 대체한다.
③ 보조부문원가는 정액법, 정률법, 생산량비례법으로 배부할 수 있다.
④ 제조간접원가를 보다 더 정확하게 배부하기 위하여 부문별 원가계산을 한다.

27. 개별원가회계에서 원가분류를 어떻게 해야 하는가?
① 고정원가, 변동원가 ② 직접원가, 간접원가
③ 재료비, 제조경비 ④ 직접원가, 가공원가

28. 경기회사는 2개의 보조부문과 2개의 제조부문으로 구성되어 있다. 각 부문직접비 및 보조부문의 용역 사용량에 대한 정보는 다음과 같다.

	제조부문1	제조부문2	보조부문1	보조부문2
부문직접비			₩15,600	₩20,000
수선시간	60시간	30시간		10시간
전력사용량	120Kwh	40Kwh	40Kwh	

보조부문의 원가는 단일배분율에 의해 제조부문에 배부한다. 보조부문1의 원가배분 기준은 수선시간이며, 보조부문2의 원가 배분 기준은 전력사용량이다. 직접배부법에 의해 보조부문비를 제조부문에 배분할 경우 제조부문2의 총원가는 얼마인가?

① ₩10,200 ② ₩10,400
③ ₩15,000 ④ ₩25,400

29. 다음은 추적가능성에 따른 원가의 분류이다. (가)에 대한 설명으로 옳지 않은 것은?

기본원가	직접재료원가	
		(가)

① 전환원가라고도 한다.
② 가공원가라고도 한다.
③ 특정제품을 제조하기 위한 기초원가를 의미한다.
④ 직접노무원가와 제조간접원가가 이 원가에 해당한다.

30. 다음은 등급품과 연산품을 설명한 것이다. 적절하지 않은 것은?
① 등급품은 동종제품으로서 품질이나 순도가 다른 제품을 말한다.
② 연산품은 동일한 원료에서 생산되는 이종제품을 말한다.
③ 생우유에서 생산되는 버터, 크림, 탈지유 등은 등급품이라 할 수 있다.
④ 광석에서 추출되는 구리, 은, 납 등은 연산품이라 할 수 있다.

31. 다음 중 공정별원가계산에 대한 설명으로 옳지 않은 것은?
① 동일제품 또는 유사제품을 여러 개의 공정을 거쳐서 생산하는 경우에 적용된다.
② 직전 공정으로부터 대체되는 원가를 전공정원가라 한다.
③ 전공정원가는 후속공정의 시작시점에서 새로 투입된 직접재료와 동일하게 취급된다.
④ 전공정에서 발생한 가공비는 전공정원가에 포함될 수 없다.

32. 제조간접원가는 예정배부한다. 제조간접원가 예산은 ₩500,0000이고 배부기준인 총예정작업시간은 10,000시간이다. 제12기 중 제조간접원가는 ₩420,0000이 발생하였으며, 총 9,000시간을 작업하였다. 기말 현재 제조지시서 No.77만이 미완성 상태이다. 제조지시서 No.77의 실제작업시간은 500시간이며, 200시간을 추가적으로 작업하여야 완성될 수 있다. 12월 말 기준으로 결산을 하면서 제조간접원가 배부차이는 매출원가조정법으로 회계처리하고자 한다. 제12기에 대한 다음 설명 중 올바른 것은? 단 제조간접원가만을 대상으로 한다.
① 제조간접원가는 ₩80,000만큼 과대배부되었다.
② 기말재공품원가는 알 수가 없다.
③ 제조간접원가 실제배부율은 예정배부율보다 높다.
④ 제조간접원가 배부차이의 조정을 통하여 매출원가는 감소한다.

33. (주)대한은 선입선출법에 의한 종합원가계산을 수행한다. 다음 3월분 원가자료를 이용하여 기말재공품에 포함된 재료원가를 계산하면 얼마인가? 단, 재료는 공정초에 전부 투입된다.

가. 기초재공품 : 300개(완성도 20%)
　(재료원가 ₩525,000, 가공원가 ₩400,000)
나. 완성품 : 1,000개
다. 기말재공품 : 500개(완성도 40%)
라. 당기투입원가
　재료원가 ₩1,800,000, 가공원가 ₩1,500,000

① ₩310,000 ② ₩400,000
③ ₩750,000 ④ ₩775,000

34. 다음은 (주)대한의 10월 중 재료의 입출고에 대한 내역이다. 계속기록법 하에서 선입선출법을 이용하는 경우, 10월 말 재료의 재고액은 얼마인가?

> 1일 : 전월이월액은 ₩150,000(단가 ₩500, 수량 300개)이다.
> 5일 : 200개를 소비하다.
> 13일 : 300개를 단가 ₩520에 구입하다.
> 18일 : 200개를 소비하다.
> 22일 : 500개를 단가 ₩510에 구입하다.
> 31일 : 600개를 소비하다.

① ₩50,000 ② ₩51,000
③ ₩51,500 ④ ₩52,000

35. 다음의 자료와 같이 제1부문과 제2부문으로 구성된 공장이 있다. 제품P에 대한 제조간접원가를 부문별 배부와 공장전체 배부로 각각 계산할 때 바르게 계산된 것은?

	제1부문	제2부문	공장전체
제조간접원가	₩3,000	₩9,000	₩12,000
직접노동시간	200시간	300시간	500시간
제품P의 사용시간	15시간	25시간	40시간

	부문별 배부	공장전체 배부
①	₩835	₩1,100
②	₩960	₩975
③	₩975	₩960
④	₩1,100	₩835

36. 상공기계는 2월 중 작업번호가 #101, #102인 두가지 작업을 수행해서 모두 완성하였다. 2월 중 발생한 제조간접원가 발생액은 ₩1,200,000이다. 2월 중 기타자료는 다음과 같을 때 직접노무원가 기준 제조간접원가 배부율은 얼마인가?

	#101	#102	계
직접노동시간	500시간	1,000시간	1,500시간
기계시간	1,200시간	600시간	1,800시간
직접노무원가	₩300,000	₩500,000	₩800,000

① 직접노무원가의 140%
② 직접노무원가의 150%
③ 직접노무원가의 160%
④ 직접노무원가의 170%

37. (주)대한은 두 개의 공정을 통해 완제품을 생산한다. 다음은 6월 중에 제1공정의 재료에 관한 자료이다. 단, 재료는 제1공정 착수시점에서 전량이 투입된다. 평균법에 의할 경우 6월 30일 월말재공품에 포함된 재료원가는 얼마인가?

구 분	물 량	직접재료원가
6월 1일의 재공품	60,000개	₩260,000
6월 중의 재료투입	120,000개	₩1,000,000
제1공정 완성품수량	120,000개	-

① ₩420,000 ② ₩300,000
③ ₩240,000 ④ ₩110,000

38. (주)상공의 공장에서 발생한 다음 자료를 이용하여 제조원가를 계산하면 얼마인가? (수정)

> 가. 종업원 임금 : ₩1,000,000
> 나. 기계 고장으로 인해 생산활동이 중지된 기간에 발생한 임금 : ₩100,000
> 다. 파업기간 임금 : ₩1,400,000
> 라. 기계장치 수선비 : ₩200,000
> 마. 공장건물 임차료 : ₩500,000
> 바. 갑작스런 정전으로 인한 불량품의 원가 : ₩600,000
> 사. 수도요금과 전기요금 : ₩1,300,000

① ₩4,500,000 ② ₩3,100,000
③ ₩3,600,000 ④ ₩3,000,000

39. 개별원가계산에 대한 설명으로서 다음 중 옳지 않은 것은?

① 주로 고객의 주문에 따라 서로 다른 여러 종류의 제품을 소량씩 개별적으로 생산하는 조선업, 건설업, 영화제작업 등에서 사용한다.
② 제품별로 제조를 지시하는 제조지시서를 사용하고 있기 때문에 제조지시서 번호별로 원가를 집계한다.
③ 원가계산은 제조지시서별로 언제라도 수행할 수 있으므로, 종합원가계산에 비해 원가계산기간은 중요하지 않다.
④ 월말에 완성된 제조지시서의 제조원가는 월말재공품원가가 되며, 미완성된 제조지시서의 제조원가는 완성품원가가 된다.

40. 원가의 개념에 대한 다음의 설명 중 옳지 않은 것은?

① 관련원가란 특정한 의사결정과 관련하여 발생하는 원가를 말한다.
② 매몰원가란 미래에 발생할 원가이기 때문에 의사결정과 관련이 있는 원가이다.
③ 소멸원가란 용역 잠재력이 소멸되어 미래에 더 이상 경제적 효익을 제공할 수 없는 원가이다.
④ 기회원가란 선택된 대안을 제외한 다른 대안 중 차선의 대안을 선택하였더라면 얻을 수 있었던 최대 효익 또는 최소 원가를 말한다.

해답편 ……

해답을 참고하여도 이해할 수 없는 문제는 파스칼미디어
홈페이지(www.pascal21.co.kr)의 e-상담실(수험상담실)
코너를 활용하시기 바랍니다.

정답을 보기 전
한번 더 생각해 보세요!

재무회계 대표문제 정답

1. ①	2. ③	3. ④	4. ④	5. ②
6. ②	7. ③	8. ③	9. ④	10. ②
11. ②	12. ①	13. ②	14. ②	15. ①
16. ③	17. ②	18. ④	19. ②	20. ①
21. ②	22. ③	23. ③	24. ③	25. ②
26. ②	27. ②	28. ②	29. ④	30. ④
31. ②	32. ②	33. ④	34. ②	35. ④
36. ②	37. ③	38. ③	39. ①	40. ②
41. ③	42. ④	43. ①	44. ④	45. ③
46. ②	47. ②	48. ①	49. ①	50. ②
51. ④	52. ②	53. ②	54. ②	55. ②
56. ②	57. ②	58. ②	59. ①	60. ②
61. ④	62. ④	63. ②	64. ②	65. ③
66. ②	67. ②	68. ③	69. ④	70. ①
71. ③	72. ②	73. ①	74. ②	75. ③
76. ④	77. ②	78. ②	79. ③	80. ②
81. ④	82. ①	83. ③	84. ③	85. ①
86. ①	87. ②	88. ②	89. ②	90. ④
91. ①	92. ③	93. ④	94. ②	95. ②
96. ①	97. ②	98. ③	99. ③	100. ②
101. ②	102. ①	103. ②	104. ②	105. ③
106. ②	107. ②	108. ②	109. ②	110. ②
111. ④	112. ②	113. ①	114. ②	115. ④
116. ②	117. ②	118. ②	119. ②	120. ②
121. ②	122. ③	123. ②	124. ②	125. ②
126. ②	127. ②	128. ②	129. ②	130. ②
131. ④	132. ②	133. ②	134. ②	135. ②
136. ②	137. ③	138. ②	139. ②	140. ②
141. ④	142. ①	143. ②	144. ②	145. ①
146. ②	147. ②	148. ②	149. ②	150. ②
151. ③	152. ②	153. ②	154. ②	155. ④
156. ③	157. ④	158. ②	159. ②	

01 경영자와 종업원은 내부정보이용자이다.

02 보기가 전부 회계의 기본적인 기능이라 할 수 있지만, 외부정보이용자에게 기업의 경제적 활동에 대한 유용한 회계정보를 식별·측정하여 전달하는 것이 가장 기본적인 기능이라 할 수 있다.

03 보고 기업의 거래에 대한 자료를 어떻게 분류하고 요약, 저장할 것인지는 이용자가 누구냐에 따라 다르게 설계되어야 한다.

04 세무보고 목적을 위해서는 세무조정계산서를 별도로 작성해야 한다.

05 일반대중은 관련 회사의 제품의 질과 디자인이 좋은지 파악하기 위해 의사결정은 할 수 있지만 기업의 경영계획 수립에 직접 참여할 수는 없다.

06 객관적 판매가치는 신뢰성 있는 공정가치를 말하는 것으로 대부분의 자산은 공정가치가 불확실한 경우가 많다.

07 자본은 기업의 자산에서 모든 부채를 차감한 후의 잔여지분이다.

08 보기3번은 이행가치에 대한 설명이고, 사용가치는 기업이 자산의 사용과 궁극적인 처분으로 얻을 것으로 기대하는 현금흐름 또는 그 밖의 경제적효익의 현재가치이다.

09 자본청구권 보유자(또는 소유주)의 출자로 인해 자본이 증가할 수도 있으므로 수익의 발생으로만 자본의 증가가 된다는 것은 아니다.

10 기말자본이 기초자본보다 많으면 당기순이익이 발생하고, 기말자본이 기초자본보다 적으면 당기순손실이 발생한다.

11 회계기말의 수정분개는 발생기준이다.

12 기말상품의 실제재고와 장부상의 실제재고의 차이를 조정하는 것은 발생주의 개념에 의한 것이 아니라 기말상품재고자산의 기말 현재의 자산 가치를 충실하게 표현하기 위한 것이다.

13 한국채택국제회계기준이 개념체계보다 우선한다.

14 목적적합성과 충실한 표현은 회계정보의 유용성을 증대시키는데 가장 근본이 된다.

15 비교가능성은 보강적 질적 특성이다.

16 박스 안의 내용은 목적적합성에 대한 설명이다.

17 보기2번은 질적 특성이 아니다.

18 보기4번은 근본적 질적 특성이다.

19 보기 (가) : 비교 가능성, 검증 가능성, 이해 가능성은 보강적 질적 특성에 속하고, 중요성은 목적적합성으로 근본적 질적 특성에 속한다. 보기 (다) : 검증 가능성은 보강적 질적 특성에 속한다.

20 원가는 질적 특성에 대한 제약요인이다.

21 기업이 곧 청산할 것이라면 역사적원가에 의한 정보는 아무런 유용성이 없으므로 자산은 청산가치로 평가해야 한다.

22 계속기업의 가정은 자산의 가치를 역사적원가로 인식한다.

23 사회, 경제적 변화에 따라 개정되어야 한다.

25 수익은 소유주(또는 지분참여자, 주주)에 의한 출자를 제외한 특정 회계기간 동안에 발생한 자본의 증가를 의미한다. 수익과 비용은 둘 다 발생주의에 따라 인식한다. 발생주의가 현금주의보다 재무성과를 정확히 나타낸다.

26 주석 또는 부속명세서 등을 통하여 회계정보이용자들에게 중요한 정보는 모두 제공해야 한다는 원칙이 완전공시의 원칙이다.

27 보기3번은 과거 오래전의 일반적으로 인정된 원칙 중 하나이다.

28 재무제표 항목의 표시와 분류는 매기 동일해야 한다.

29 보기4번은 분개에 대한 설명이다.

30 모든 원장계정의 차변총액과 대변총액은 차이가 없이 일치하여야 한다.

31 ㉠ 400,000 + 300,000 + 100,000 + 500,000 = 1,300,000
㉡ (4) : 단기금융상품, (6) 당기손익-공정가치측정금융자산

32 45,000−기발행미인출수표+은행미기록예금=41,400이다. 본 문제상 회사측 당좌예금계정잔액을 알 수 없으므로 박스안의 (2)번과 (4)번은 필요 없는 자료이다.

33 선일자수표는 어음으로 처리하고, c와 d는 현금 및 현금성자산으로, f는 당좌거래가 계속되므로 장기적으로 사용이 제한된 예금으로 장기금융상품으로 처리한다.

34 당기손익-공정가치측정 금융자산 취득시 수수료는 원가에 포함하지 않고 당기비용으로 처리한다.

35 • 보기1번 : 기타포괄손익-공정가치측정 금융자산으로 분류해야 한다.
• 보기2번 : 당기비용으로 처리한다.
• 보기3번 : 평가손익은 발생 즉시 당기손익으로 처리한다.

36 총계기준으로 평가한다.
(1,450,000+630,000) − (1,250,000+780,000) = 50,000(평가이익)

37 화재 발생시 회계처리는 한국채택국제회계기준에서 손상차손(손상, 소실, 포기된 유형자산)과 보험금수익을 별개의 사건으로 보아 총액으로 표시한다.

39 상품권을 할인판매하면 선수금에서 차감하는 형식으로 기록하기 위하여 '상품권할인액' 계정으로 차변에 기록한다.

40 상품을 매출하고 상품권을 회수하면 상품권선수금이 차변에 기록된다.

41 12,000 − (800,000 × 0.01) = 4,000(환입)

42 수익·비용 대응의 관점에서 보면 충당금 설정법이 적절한 방법이다.

43 (300,000×0.005) + (30,000×0.05) + (10,000×0.1) + (10,000×0.2) = 6,000원이 추정액이므로 대손충당금잔액 5,000원과의 차액 1,000원이다.

44 상각채권을 회수한 경우−대손처리 할 당시에 대손충당금잔액이 있었다면 대변에 대손충당금을 기록하여야 한다.

45 상품판매대금을 신용카드로 결제받으면 외상매출금계정 차변에 기록한다.

46 추심의뢰를 하는경우에는 수수료지급 분개만 하므로 비용의 발생으로 처리한다.

47 어음 할인시 매각거래로 보면 받을어음에서 직접 차감하여야 하고 어음 할인시 차입거래로 보면 정답은 3번이다.

▶ 14쪽 무이자부어음과 이자부어음의 할인
(1) (차) 받을어음 200,000 (대) 매출 200,000
(2) (차) 당좌예금 200,970, 매출채권처분손실 1,030
    (대) 받을어음 200,000, 이자수익 2,000
    ① 어음의 만기가치 : 200,000 + [200,000×6%×3/12] = 203,000
    ② 할인료 : 203,000×12%×1/12(할인기간) = 2,030
    ③ 차감수령액 : 203,000−2,030 = 200,970
    ④ 이자수익 : 200,000×6%×2/12(경과기간) = 2,000

▶ 4월 1일 이자부약속어음을 수령 시 연 6% 이자를 발행자와 약속을 했지만 어음의 액면금액은 200,000원으로 표시되므로 어음 수령 시에는 이자수익 계정을 설정할 수 없다. 따라서 어음을 도중에 할인하지 않고 만기 시에 어음금액을 회수한다면 (차) 현금 203,000 (대) 받을어음 200,000 이자수익 3,000으로 분개를 하며, 만기 이전 6월 1일 어음 할인 시에는 보유한 기간 2개월만큼만 이자수익으로 표시하고, 계산된 할인료 중 할인기간 만큼의 1개월 이자 1,000원이 할인료에서 차감되어 표시되는 것이다.

50 받을어음이 금융자산 제거조건을 충족한다는 것은 매각거래로 본다.
(1) 어음의 만기가치 : 400,000 + (400,000×9%×3/12) = 409,000
(2) 할인료 : 409,000×12%×1/12 = 4,090
(3) 현금수령액 : 409,000 − 4,090 = 404,910
(4) 이자수익 : 400,000×9%×2/12(경과기간) = 6,000

51 2/10, n/30은 외상대금의 상환기간이 30일이고, 10일내로 상환되면 2% 할인혜택을 준다는 신용조건이다. 20일 후에 회수되면 할인이 없으므로 전체금액을 회수 분개하면 되고 만약 10일내로 회수한다면 정답은 2번이다.

52 갑상품 50개가 파손된 것은 감모손실로서 정상적인 30%는 매출원가에 산입하므로 매출원가가 증가되고, 나머지 원가성이 없는 것은 기타비용으로 처리하므로 기타비용이 증가하는 것이다.

53 45개 × (100−90) = 450

54 (ㄱ) 순실현가능가치는 추정판매가격 − 추정판매비이다.
(ㄴ) 70,000 − (60,000−2,000) = 12,000

55 계속기록법은 상품의 입, 출고 시마다 장부에 기록하므로 기록유지비용이 실지재고조사법보다 많이 든다.

56 후입선출법은 일반적인 물량흐름과 반대이고 선입선출법이 일치한다.

57 (ㄱ) 200,000 × (1−0.35) = 130,000(매출원가)
(ㄴ) 180,000 − 130,000 = 50,000

58 (ㄱ) 원가율 : (880,000+2,000,000) ÷ (1,200,000+2,400,000) = 80%
(ㄴ) 2,000,000 × 0.8 = 1,600,000

59 물가 상승시에는 후입선출법이 가장 이익이 적게 계상된다.

60 기말상품재고액을 과소계상하면 매출원가가 커지고 당기순이익이 적어진다.

61 미착상품의 경우 선적지인도조건의 매입은 매입자의 재고자산에 포함하고, 도착지인도조건의 매입은 판매자의 재고자산에 포함한다.

62 (차) 적송품 ××× (대) 매입(매출원가) ×××로 처리할 것을 (차) 외상매출금 (대) 매출 로 잘못 처리했다. 위탁판매의 매출수익인식은 수탁자가 수탁품을 판매한 날에 인식하고, 수탁품을 발송한 날에는 매출로 인식하면 안된다. 이로 인해 매출채권, 매출액, 매출원가의 과대계상, 재고자산의 과소계상의 오류가 발생하였다.

63 매입위탁을 받고 착수금을 받으면 수탁매입계정 대변에 기입한다.

65 할부판매된 상품은 매출수익이 실현된 것으로서 판매자의 재고자산이 아니다.

66 시용매출은 거래처로부터 매입의사 통지를 받은 날에 수익을 인식한다.

67 당기손익−공정가치측정금융자산평가손익은 당기손익항목이고, 상각후원가측정금융자산은 지분증권이 아니고, 관계기업투자주식은 채무증권이 아니다.

68 기타포괄손익−공정가치측정 금융자산과 상각후원가측정 금융자산의 취득과 관련한 수수료는 취득원가에 포함한다. 단, 당기손익−공정가치측정 금융자산의 취득과 관련한 수수료는 취득원가에 가산하지 않고 당기의 기타비용으로 처리한다.

69 상각후원가측정 금융자산의 취득과 관련한 수수료는 취득원가에 포함한다.

70 • 20×1년 말 평가손익 : 10주×(30,000−26,000) = 40,000(평가이익)
• 20×2년 말 평가손익 : 10주×(24,000−30,000) = −60,000(평가손실)
• 따라서 20×2년 말 현재 재무상태표상 표시될 기타포괄손익−공정가치측정 금융자산평가손익은 60,000−40,000 = 20,000평가손실이다.

71 가+나+다+라−마=560,000, (바)는 제외한다.

72 일상적인 수선유지와 관련하여 발생하는 원가는 수익적지출로 보아 발생기간의 비용으로 처리한다.

74 상각누계액 : (600,000−50,000) ÷ 5년 = 110,000×3년 = 330,00
(차) 감가상각누계액 330,000   (대) 기 계 장 치 600,000
    현   금 250,000
    유형자산처분손실 20,000
▶ 유형자산처분손실은 기타비용으로 표시한다.

75 임의의 금액으로 분개를 추정해 보면 (차) 건물 1,000 (대) 건설중인자산 800 당좌예금 200이다. 자산의 총액에는 변동이 없다.

76 건물증축은 자본적지출로서 자산의 증가로 처리해야 하는데 비용처리를 했으므로 당기순이익이 과소계상된다.

77 정액법 : (50,000−5,000) ÷ 5년 = 9,000×2년 = 18,000
연수합계법 : (50,000−5,000) × (5+4)/(5+4+3+2+1) = 27,000

78 재평가이익은 재평가잉여금계정으로 기타포괄손익누계액(자본)에 속하고, 재평가손실은 당기비용으로 처리한다.

79 철거건물과 철거비는 토지의 취득원가에 포함한다.
(300,000 + 5,000 = 305,000)

80 교환거래에 상업적 실질이 결여되었거나 공정가치를 신뢰성있게 측정할 수 없는 경우를 제외하고 동종자산 또는 이종자산의 교환에 관계없이 제공한 자산의 공정가치로 취득원가를 측정한다. 68,000+50,000 = 118,000 (차) 감가상각누계액 38,000 토지 118,000 (대) 기계장치 90000 현금 50,000 유형자산처분이익 16,000

81 (차) 감가상각누계액 1,000,000   (대) 기 계 장 치 2,000,000
     차 량 운 반 구   600,000   유형자산처분이익   200,000
     현   금   600,000
• 상업적실질이 있는 교환에 의한 자산의 취득원가 = 제공한 자산의 공정가치 − 현금수취액

83 가+나+다 = 7,500

84 회사설립비용은 당기의 비용으로 처리하고, 고정 고객 또는 거래처 고객충성도, 시장점유율 등은 지속시킬 수 있는 법적권리나 그것을 통제할 방법이 존재하지 않는다면 미래경제적 효익이 없다고 보므로 무형자산의 정의를 충족하지 못하고, 무형자산의 상각은 20년을 초과할 수 없다.

85 다른 기업을 매수, 합병 시에는 인수자산, 부채의 금액은 공정가치로 평가한다.
영업권 : 17,000−(26,000−11,000)=2,000

86 보기1번은 무형자산손상차손으로 처리한다.

87 • 개발비 미상각잔액 : 240,000−[(240,000÷5년)×3/12] = 228,000
• 연구활동관련비용은 당기의 비용으로 인식한다.

88 ㉠은 개발비계정으로 무형자산, ㉡은 특허권계정으로 무형자산으로 분류하고, ㉢은 광고선전비계정으로 판매비와 관리비로 분류한다. ㉣은 거래처 확보를 위한 지출이므로 접대비로 처리한다.

89 생산이나 사용 전의 시제품과 모형을 제작하는 활동과 새로운 기술과 관련된 공구를 설계하는 활동은 개발활동이고 새로운 지식을 얻고자 하는 활동과 연구결과나 기타 지식을 응용하는 활동은 연구활동에 속한다.

90 석유나 천연가스 등의 광물자원을 개발하기 위해 광물자원에 대한 탐사 및 평가 과정에 지출한 금액은 탐사평가자산(유형자산)으로 처리하고, 채굴할 권리를 취득하면 시추권(또는 광업권)으로 무형자산으로 분류한다.

91 보기1번은 재고자산이다.

92 보기1번과 4번은 유형자산으로 분류하고, 보기2번은 재고자산으로 분류한다.

93 운용리스로 제공할 목적으로 취득한 건물은 투자부동산으로 분류하고, 공정가치 모형을 도입하면 감가상각을 하지 않고, 결산 시 공정가치로 평가만 한다. 평가이익 : 11,000-10,000 = 1,000

94 잔여지분은 우선주주 다음으로 보통주주에게 최종 귀속된다.

95 분개를 하면 (차) 현금 8,000,000 (대) 자본금 5,000,000 주식발행초과금 3,000,000 으로서 대변은 자본의 증가로 표시된다.

96 영업부진 등으로 이익이 부족하여 연체배당금이 생긴 경우 당기의 이익에서 우선적으로 배당을 받을 수 있는 것은 누적적우선주이다.

97 보기3번은 참가적우선주이다.

98 현물출자재산이 과대 평가되면 주식의 물타기(혼수주식)가 되어 혼수자본이 되므로 자본이 잠식되는 결과가 초래되고 반대로 과소 평가되면 비밀적립금이 생긴다.

99 • 보기1번 : 주식 발행과 관련된 직접원가는 발행금액에서 차감하고, 간접원가는 당기 비용으로 인식한다.
• 2번과 3번 : 주식발행초과금(자본잉여금)은 400주×(6,000-5,000) - 160,000=240,000원이다. 4번 : 자본의 증가는 (400주×6,000)-160,000-20,000=2,220,000원이다.
• 간접원가를 비용처리하게 되면 자본의 감소원이다.

100 납입자본의 증가는 1,600,000-220,000-100,000 = 1,280,000원이다. 주식할인발행차금 220,000원은 주식발행초과금과 상계하고, 주식발행과 관련된 간접원가 30,000원은 비용 처리한다.

101 주식발행비는 발행가액에서 차감되어 주식발행초과금이 줄어든다.

102 보기1번은 이익잉여금이다.

103 자기주식처분이익은 자본잉여금이다.

104 자신이 발행한 주식을 매입하여 처분하여 생긴 이익은 자기주식처분이익으로 처리한다.

105 (차) 자 본 금 15,000,000 (대) 미처리결손금 10,000,000
감 자 차 익 5,000,000

106 이익잉여금은 그 원천이 당기순이익이다. 발생기준에 의한 당기순이익은 반드시 그 금액만큼 그에 따르는 현금이 반드시 회사가 보유하고 있다고 볼 수 없다. 보기3번은 잘못된 원리이고, 보기4번의 증자에 의한 자본의 증가는 자본잉여금의 개념이다.

107 법정적립금은 이익준비금이다.

108 5,000,000×0.2=[1,000,000×(50%+20%)]×1/10 = 70,000

109 배당기준일(사업연도종료일)은 주주명부를 작성하는 날로서 주주가 배당받을 권리를 부여받는 날로서 회계처리는 없다. 배당결의일(배당선언일)은 주주총회에서 이익처분을 하는 날이므로 이날부터 회계처리를 한다.

110 ₩1,000×200,000주×5% = 10,000,000(주식배당액)
(차) 미처분이익잉여금 14,000,000
(대) 미지급배당금 4,000,000, 미교부주식배당금 10,000,000

111 보기4번은 기타포괄손익누계액이다.

112 보기2번은 기타손익이다.

113 • 자본조정은 주식할인발행차금 + 자기주식 + 감자차손 = 1,875,000
• 기타포괄손익누계액은 매도가능금융자산평가이익+재평가잉여금=150,000

114 자본변동표는 자본의 크기와 변동만을 나타낸다.

115 사채할인발행차금은 액면금액에서 차감하는 형식으로 표시한다.

116 ㉠ 180,000 × 0.12 = 21,600
㉡ 차금 상각 : 21,600 - (200,000 × 0.1) = 1,600
㉢ 차금상각 1,600은 ㉠의 21,600에 포함되어 있다.

117 (차) 사 채 1,000,000 (대) 현 금 900,000
사채상환손실 20,000 사채할인발행차금 120,000

118 사외적립자산은 기간중에는 임시적인 자산성질을 갖는 계정이지만 기말재무상태표에는 확정급여채무에서 사외적립자산을 차감한 순액을 확정급여부채로 표시하므로 기말재무상태표에는 확정급여채무와 사외적립자산은 표시되지 않는다.

119 분개 : (차) 확정급여채무 5,000,000 (대) 사외적립자산 5,000,000으로 결합관계는 부채의 감소-자산의 감소이다.

120 신뢰성 있는 금액의 추정이 불가능한 경우는 부채로 재무상태표에 인식하지 않고 주석으로 표시한다.

121 정기적인 대규모 수선의 경우 수선비지출 시점에 자산으로 처리하고 감가상각하므로 충당부채의 적용 대상이 아니다.

122 우발자산과 우발부채는 재무제표에 자산, 부채로 인식할 수 없다.

123 b : 소득세예수금, d : 건물, g : 인출금

125 부가가치세 제1기 확정신고는 2016년 1/1~6/30에 귀속되는 거래이다. 그러므로 부가가치세예수금계정 대변의 2/10+6/15 = 90,000과 부가가치세대급금계정 차변의 7/3 거래는 제외하고, 3/10+6/10 = 50,000을 상계하고 차액만 현금 납부한다.

126 순매입액은 오전에 도착한 사과 500개-반품 50개 = 450개×1,000=450,000이다. 매출수량은 어제 팔고 남은 사과100개+순매입수량 450개-재고수량 200개=350개이고, 매출총이익은
매출액 100만원 - 매출원가 (350개×1,000) = 650,000원이다.

127 수익 인식 5단계는 고객과의 거래 식별 - 수행 의무의 식별 - 거래 가격의 산정 - 거래 가격의 배분 - 수행 의무의 이행으로 수익의 인식의 순서이다.

128 보기3번은 비용에 대한 설명이다. 수익은 자산의 증가 또는 부채의 감소가 나타난다.

129 계약금을 받으면 선수금계정 대변에 기록한다.(부채의 증가)

130 보험차익+이자수익 = 300,000원. 대손충당금환입은 기존의 일반기업회계기준에서는 영업외수익 항목이었으나 개정 일반기업회계기준에서는 판매비와관리비의 부(-)의 항목이다.

131 미래경제적효익이 기대되지 않는 지출은 당기비용으로 인식해야 한다.

132 인과관계의 대응 예로는 매출액과 매출원가, 매출총이익과 판매수수료이다.

133 보기4번은 영업외비용(기타비용)이다.

134 직원의 회계업무 교육 강사비 지출은 교육훈련비계정으로 처리한다.

135 거래처 식사대는 접대비계정으로 처리한다.

136 마케팅부서의 회식비용은 복리후생비이고, 인터넷 사용요금은 통신비이며, 매장의 월세는 임차료, 전단지 제작비용은 광고선전비이므로 전부 판매비와관리비이다.

137 본사 직원에 대한 체육대회 행사비, 야유회 비용 등은 복리후생비 계정으로 처리한다.

138 거래처 직원에 대한 지출은 접대비계정으로 처리하고, (나)는 광고선전비, (다)는 기부금이다.

139 영업외비용 : ㉡, ㉢ 판매비와관리비 : ㉠, ㉣, ㉤ 무형자산 : ㉥

140 법인세중간예납액은 선급법인세계정 차변에 기록했다가 기말 결산 법인세비용추산시 대변에 소멸시킨다.

141 법인세비용 ₩2,000을 누락하였으므로 그 만큼 당기순이익이 과대계상되었다.

142 이익분배제도란 종업원이 특정기간 동안 계속 근무하는 경우 이익을 분배받게 되는 제도를 말하고 발생한 원가는 단기종업원급여에 해당한다.

143 보기1번은 기타 장기종업원급여로 당기 비용으로 인식한다.

144 수익과 비용은 총액에 의하여 기재한다.
145 총포괄손익은 일정기간 주주와의 자본거래를 제외한 모든 거래나 사건에서 발생한 순재산의 변동액을 말한다.
146 회계기간 동안 실제 납부한 법인세는 결산전시산표에 표시되지만, 포괄손익계산서에 표시되는 법인세는 당기 추산액이다.
147 매출원가는 기능별 포괄손익계산서에는 표시되지만, 성격별 포괄손익계산서에서는 나타나지 않는다.
148 당기순이익 : 가+다-나-라-마 = 375,000
 포괄손익 : 바-사 = 40,000(포괄이익)
 총포괄이익 : 당기순이익+포괄이익 = 415,000
149 보기4번은 총포괄손익이다.
150 100,000 ÷ 5,000주 = 20
151 자산의 실제가치는 재무상태에 보고된 취득원가보다 더 클 수 있다.
152 유동성과 비유동성으로 재무상태표를 작성할 수도 있고, 이를 구분하지 않은 채 자산과 부채를 유동성 순서에 따라 작성할 수도 있다.
153 보기1번은 비유동자산에 속한다.(장기금융상품)
154 미래경제적효익이 현금 등 금융자산을 수취할 권리가 아니라 재화나 용역의 수취가 될 예정인 자산(선급비용, 선급금)은 금융자산이 아니다.
155 보기4번은 상계표시에 해당하지 않는다.
156 ① : 직접법 ②,④ : 가산항목
157 ①,②,③ : 투자활동 ④ : 재무활동
158 당기순이익+감가상각비+당기손익-공정가치측정 금융자산평가손실+외상매출금의 감소= 151,000이고, 건물의 처분은 투자활동이고,장기차입금의 상환은 재무활동에 속하며 사채이자의 현금지급은 순이익에 포함되므로 관계없다.
159 200,000+50,000-(150,000-140,000)-(30,000-18,000) = 228,000

원가회계 대표문제 정답

1. ③	2. ①	3. ①	4. ①	5. ④
6. ①	7. ④	8. ③	9. ④	10. ④
11. ④	12. ①	13. ③	14. ①	15. ③
16. ③	17. ④	18. ②	19. ④	20. ①
21. ②	22. ③	23. ④	24. ③	25. ④
26. ④	27. ②	28. ②	29. ①	30. ②
31. ②	32. ③	33. ①	34. ①	35. ③
36. ②	37. ④	38. ②	39. ③	40. ②
41. ①	42. ②	43. ②	44. ③	45. ③
46. ②	47. ②	48. ②	49. ③	50. ②
51. ③	52. ④	53. ②	54. ①	55. ③
56. ③	57. ②	58. ②	59. ③	60. ②
61. ②	62. ②	63. ②	64. ①	65. ②
66. ③	67. ②	68. ①	69. ②	70. ①
71. ①	72. ③	73. ②	74. ③	75. ②

해설

01 보기3번은 재무회계의 목적 중 하나이다.
02 원가회계는 관리회계이므로 기업의 내부정보이용자인 경영진에게 유용한 회계정보를 제공하기 위함이다. 보기1번은 재무회계의 특징이다.
03 외부보고목적은 재무회계이고 내부관리목적은 관리회계이다. 원가회계와의 관련성은 재무회계는 원가계산의 절차를 수행하지만 관리회계는 경영자의 계획에 의한 원가통제를 수행한다.
04 재무회계는 검증가능성을 강조하고, 관리회계는 목적적합성을 강조한다.
05 원가회계는 관리회계이므로 기업의 내부정보이용자인 경영진에게 유용한 회계정보를 제공하기 위함이다.
06 원가는 그 발생한 기간에 전부 제조원가에 포함한다.
07 제조원가는 재료비, 노무비, 제조경비의 3요소이다.
08 기본원가는 직접비이다.
09 간접재료비도 제조간접비에 포함된다.
10 자산의 미상각 잔액은 미소멸원가에 속한다.
11 가공비란 당기제조비용 중 직접재료비를 제외한 나머지를 말한다.
12 생산량의 증감에 따라 단위당 고정비는 반대방향으로 증감한다.
13 전력비, 전화요금, 수선유지비 등은 준변동비(혼합원가)이다.
15 제조간접원가는 원가 발생시점에 제품원가를 구성한다.
16 관련원가든 비관련원가든 현금의 지출은 따른다.
17 기회비용은 특정대안을 채택할 때 포기해야 하는 대안이 여러개일 경우 이들 대안들의 효익 중 가장 큰 것이다.
18 잘못 구입한 책의 가격 ₩25,000은 이미 지불한 원가로서 기발생원가(매몰원가)이다.
19 (ㄱ) 90,000+50,000+20,000 = 160,000(직접원가)
 (ㄴ) 160,000+40,000 = 200,000(제조원가)
 (ㄷ) 200,000×(1+0.2) = 240,000(판매원가)
 (ㄹ) 240,000×(1+0.25) = 300,000
21 완성품원가는 재공품계정 대변과 제품계정 차변에 기록한다.
22 판매전의 재공품, 제품은 재고자산에 속하고 제품의 매출원가는 비용에 속한다.
23 보기4번은 대변에 기록된다.
24 제품의 매출시의 분개는 매출액 분개와 매출원가 분개로 나누어진다.
25 16,000 + 50,000 + 12,000 + 18,000 - 24,000 = 72,000
26 직접재료비는 재공품계정으로 대체하고 간접재료비는 제조간접비계정으로 처리한다.
27 50,000 + 360,000 + 10,000 - 15,000 - 8,000 - 65,000 = 332,000
28 7/ 7 출고분 : (200 × 200) + (200 × 200) = 80,000
 7/25 출고분 : (100 × 200) + (100 × 220) = 42,000
 그러므로 80,000 + 42,000 = 122,000
29 계속기록법과 실지재고조사법을 병행하여 사용해야만 감모수량을 파악할 수 있다.
30 개별법은 원가흐름과 실물흐름이 일치하므로 수익비용이 정확히 대응된다.
31 (240,000 ÷ 30,000) × 10,000 = 80,000
32 공장장임금은 공장감독자의 급여이므로 간접노무비이다.
33 10,000 + 110,000 - 12,000 = 108,000
34 생산부장의 급여는 제품제조와 관련이 있으므로 제조원가이고 인사부장의 급여는 판매관리와 관련이 있으므로 판매관리비에 속한다.

✻ 166 ✻

35

경	비	
40,000	20,000	
30,000	50,000	
270,000	(270,000)	

36 월할경비는 감가상각비, 임차료, 보험료, 재산세, 특허권사용료 등이 있다.

37 100,000+20,000+50,000 = 170,000

38 인과관계가 없는 원가도 제품에 배부해야 한다.

39 생산자동화가 잘 이루어져 있다는 것은 제품제조를 기계가 자동적으로 하고 있다는 것이므로 배부기준이 기계작업시간이 된다.

40 전력비(결과)와 전력소비량(원인)은 인과관계 기준이다.

41 ③ - 판매보증관련비용은 판매비와관리비로 처리한다.

42 20,000+18,000+(180,000×18,000/108,000) = 68,000

43 300,000×200,000/600,000 = 100,000

44

제 조 간 접 비		
실 제	10,000	예 정	12,000

45 ㉠ 7,200÷600 = 12
㉡ 550×12 = 6,600 < 6,800 : ₩200 과소 배부

46 보조부문비 배부방법은 직접배부법(보조부문 상호간의 용역제공 무시)단계배부법(보조부문의 배부순서를 정해 단계적 배부)상호배부법(보조부문 상호간의 용역제공 완전고려)이 있다.

47 직접배부법은 보조부문 상호간의 용역수수를 무시하고 제조부문에 직접 배부하는 방법이고, 제품에 직접배부하는 방법이 아니다.

48 ㉠ 동력부문 : 30,000×600/1,000 = 18,000
㉡ 수선부문 : 14,000×40/100 = 5,600
㉢ 18,000+5,600 = 23,600

49 상호배부법은 보조부문 상호간의 실질적인 용역의 수수관계를 고려하는 방법으로 경제적 실질을 정확하게 반영하는 것이다.

50 감가상각비 : 면적

51 개별원가계산에서 기말재공품의 계산은 자동적으로 이루어진다.

52 10,000+12,000+(24,000×12,000/40,000) = 29,200

53 부문별 제조간접비 배부가 공장 전체 제조간접비 배부보다 정확하다.

54 4,200,000+(300×8,000)+(200×15,000) = 9,600,000

56 공손품의 발생시점(불량품 검사시점)이 기말재공품의 완성도 이후인 경우에는 기말재공품은 불량품 검사를 받지 않았으므로 기말재공품에는 정상공손품원가가 배분되지 아니한다.

57 가, 나, 라는 개별원가계산이고, 벽돌제조업은 단일종합원가계산이다.

58 개별원가계산에서 간접비의 배부는 필수적이다.

60 완성도는 제품의 완성정도를 나타내는 수치로서 50%, 80% 등으로 표시되고, 완성품환산량은 생산활동에 투입한 모든 노력이 제품을 완성하는데만 투입하였다면 완성되었을 완성품수량으로 환산한 것이다.

61 평균법의 완성품환산량 단위당원가 = (기초재공품원가 + 당기총제조비용)/ 완성품 환산량

62 ① 재료비 : (36,000+144,000) × 500/1,500+500 =45,000
② 가공비 : (24,000+120,000) × 300/1,500+(500×60%) = 24,000
그러므로 45,000 + 24,000 = 69,000

63 ① 재료비 : 525,000 × 250/1,550-300+250 = 87,500
② 가공비 : 795,000 × 100/1,550-60+100 = 50,000
그러므로 87,500 + 50,000 = 137,500

64 공정별은 한 종류의 제품을 두개 이상의 공정에서 생산하는 형태의 기업에서 적용하고 개별은 여러 종류의 개별제품을 주문생산하는 형태의 기업에서 적용하고 부문별은 제조간접비의 정확한 배부를 위한 계산방법이다.

65 보기1번은 개별원가계산, 보기2번은 결합원가계산, 보기4번은 조별종합원가계산이다.

66 1,500,000+600,000-500,000+800,000+1,200,000 = 3,600,000
여기서 제1공정완성품원가는 제2공정완성품원가에 포함되어 있다고 보아야 한다. 따라서 계산에서 제외한다.

68 제분업, 양조업, 제화업 등은 등급별종합원가계산을 적용한다.

69 110,000×100,000/220,000=50,000/100개 = 500

70 연산품원가계산을 설명하고 있다.

71 본 문제는 얼핏보면 판매가치법으로 계산하기 쉽다. 반드시 문제를 정확히 파악할 것을 당부드린다.
㉠ 20,000 + 4,000 = 24,000
㉡ 24,000 × 5/15 = 8,000

72 분리원가는 분리점 이후 추가로 발생하는 원가이므로 별도로 계산된다.

73 당기제품제조원가는 당기에 완성된 제품제조원가이다.

74 (라)는 포괄손익계산서에 표시된다.

75 2,000 - (100 + 1,200 - 200) = 900 - 400 - 200 = 300

제1회 모의고사 정답

[제1과목 : 재무회계]

1. ③	2. ①	3. ③	4. ④	5. ③
6. ①	7. ②	8. ④	9. ①	10. ④
11. ③	12. ①	13. ④	14. ①	15. ①
16. ①	17. ①	18. ②	19. ③	20. ④

[제2과목 : 원가회계]

21. ②	22. ③	23. ③	24. ③	25. ③
26. ④	27. ②	28. ③	29. ②	30. ②
31. ④	32. ②	33. ③	34. ①	35. ③
36. ①	37. ①	38. ②	39. ②	40. ④

 재무회계 해설

01 보강적 질적특성인 비교가능성은 정보이용자가 항목 간의 유사점과 차이점을 식별하고 이해할 수 있게 하는 질적특성으로 감가상각방법을 정당한 사유없이 변경하면 비교가능성을 저해시킨다.

02 무형자산의 정의는 물리적 실체는 없지만 식별가능하고 기업이 통제하고 있으며, 미래 경제적 효익이 있는 비화폐성자산을 말한다.

03 보기1번, 2번 : 재고자산, 4번은 : 투자자산이다.

04 • 차량 A의 취득원가 : 900,000+90,000+(100,000-90,000) = 1,000,000
• 감가상각비 : (1,000,000-0)×3/1+2+3+4 = 300,000

05 ① 정액법 : (5,000,000-500,000)/5년 = 900,000(매년도 동일함)
② 정률법 : 20×1년 : 5,000,000×0.25 = 1,250,000
　　　　　　20×2년 : (5,000,000-1,250,000)×0.25 = 937,500
③ 생산량비례법
　20×1년 : (5,000,000-500,000)×6,000/30,000 = 900,000
　20×2년 : (5,000,000-500,000)×10,000/30,000 = 1,500,000
④ 연수합계법
　20×1년 : (5,000,000-500,000)×5/5+4+3+2+1 = 1,500,000
　20×2년 : (5,000,000-500,000)×4/5+4+3+2+1 = 1,200,000

06 보기 (나) 단기매매목적으로 취득한 지분상품에 대하여는 후속적으로 기타포괄손익-공정가치측정 금융자산으로 분류할 수 없다. 단, 단기매매목적 이외의 지분상품 중 최초 인식시점에서 기타포괄손익-공정가치측정 금융자산으로 선택한 경우에 한해서만 공정가치 변동을 기타포괄손익누계액으로 인식할 수 있도록 허용하고 있다. (다)원리금을 수취할 목적으로 채무상품을 취득한 경우에는 상각후원가측정 금융자산으로 분류할 수 있다.

07 ㉠은 정액법에 대한 설명이고, ㉡은 생산량비례법, ㉢과 ㉣은 체감잔액법인 정률법과 연수합계법에 대한 설명이다.

08 • 적송품 : 1,600×400개 = 640,000+운송비용2,000 = 642,000원
• 기말재고자산 : 642,000×200개/400개 = 321,000원

09 기업이 추가로 기여금을 납부해야 하는 의무가 없는 제도는 확정기여제도이다. 확정급여제도는 기금의 운용을 기업이 책임지는 제도를 말한다.

10 형식적 증자는 잉여금의 자본전입 형태로 자본금을 증가시키는 것으로 주식을 무상으로 교부한다. 주식배당도 실제 주금의 입금이 없으므로 무상증자의 형태인데 주식의 할인발행은 주금의 납입은 적지만 실질적 증자에 속한다.

11 원가율 : (100,000+500,000)/(850,000+150,000) = 60%
기말재고자산(원가) : 150,000×60% = 90,000

12 당해 채권의 매입가액과 공정가치와의 차액을 유형자산의 취득원가로 계산한다.

13 재무상태표 작성일과 포괄손익계산서의 작성기간은 필수적으로 표시해야 한다.

14 인수대가 : (주)종로의 순자산 공정가치+영업권
　　　　　　= 3,200,000+400,000 = 3,600,000

15 가 + 다 = 8,000

16 • 선급임차료 : 36,000×9/12 = 27,000
• 당기분 임차료 : 36,000×3/12 = 9,000
• 선급이자 : 24,000×3/6 = 12,000
• 당기분이자 : 24,000×3/6 = 12,000

17 • 20×1년 기말재고자산은 순실현가능가치 ₩95,000으로 20×2년 기초재고자산이 된다.
• 20×2년 기말재고자산은 장부재고액 100개×1,100=110,000, 실제재고액(원가) 95개×1,100=104,500
• 순실현가능가치 95개×1,000=95,000으로 20×2년 말 정리분개를 해보면
(차) 매　　　입　　95,000　　(대) 이월상품　　95,000
　　 이월상품　　100,500　　　　매　　 입　　100,500
　　 재고자산감모손실　5,500　　이월상품　　　5,500
• 따라서 매출원가는 95,000+850,000-100,500=844,500원이다.

18 • 기초자본 : 4,000,000-2,500,000 = 1,500,000
• 기말자본 : 7,000,000-4,800,000 = 2,200,000

자　본　금			
기 말 자 본	2,200,000	기 초 자 본	1,500,000
		추 가 납 입	300,000
		총포괄이익	(400,000)

• 당기순이익 + 기타포괄이익 = 총포괄이익이므로
(360,000)+40,000 = 400,000

19 • 매출원가 : 기초상품+당기매입액-기말상품 = 2,500,000
• 당기외상매출액 : 매출원가 2,500,000×(1+30%) = 3,250,000
• 장부상매출채권잔액 : 기초매출채권잔액+당기외상매출액=4,170,000-기중매출채권회수액= 1,470,000
• 회계담당직원횡령액 : 1,470,000-정밀조사 매출채권잔액 960,000= 510,000

20 ㉠ (169,000-10,000)×(1-0.3) = 111,300(매출원가)
㉡ 26,580+(120,000+6,000-5,000)-111,300 = 36,280

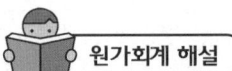 원가회계 해설

21 보기2번 : 기타의 대손상각비 – 기타비용

22 • 원재료소비액 : 180,000+1,440,000-240,000=1,380,000
• 제조간접비 배부액은 직접노동시간 수(직접노무비 발생액÷시간당 직접노무비)를 구해야 한다.
• 800,000÷16=50,000시간×시간당 제조간접비 20=1,000,000(제조간접비 배부액)
• 제품제조원가 : 월초재공품+원재료비+직접노무비+제조간접비배부액-월말재공품=3,140,000
• 매출원가 : 월초제품+제품제조원가-월말제품=3,080,000-과대배부차이 60,000=3,020,000
• 제조간접비 배부차이 : 예정배부액 1,000,000 > 실제발생액 940,000 = 60,000(과대배부)

23 이동평균법은 단가가 다른 원재료를 매입할 때마다 평균단가를 계산하므로 계속기록법만 적용한다.

24 버터, 크림 등은 연산품이다.

25 개별원가계산에서는 완성품환산량을 계산하지 않는다.

26 전환원가(가공비)는 전부 변동원가로 보기 어렵다. 즉, 고정원가도 포함된다.

27 기말재공품의 완성도를 30% 낮게 평가하면 기말재공품이 과소계상되므로 당기완성품원가가 과대계상 – 매출원가 과대계상 – 영업이익의 과소계상 – 이익잉여금의 과소계상으로 나타난다.

29 기초재공품의 원가는 필요하지만 물량(수량)은 필요하지 않다.

30 매출원가 = 기초제품 + 당기제품제조원가 – 기말제품

31 기본원가 = 기초원가 = 직접원가

32 ㉠ 예를 들어 임의금액을 대입하여 재공품계정에서 완성품원가를 구한다.　㉡ 예를 들어 제품계정에서 매출원가를 구한다.

재　공　품		제　　품	
10,000	(110,000)	10,000	(116,000)
120,000	20,000	110,000	4,000

㉢ 116,000 ÷ (1 – 0.2) = 145,000

33 기말재공품 수량이 100개이고 완성도가 60%라고 가정하면 기말재공품환산수량은 100×60%=60개이므로 기말재공품수량보다 적다. 문제에서 완성품 수량은 제시가 없으므로 많고 적은 건 추정할 수 없다.

34 (400×350) + (300×200) = 200,000

36 부문비를 예정배부하면 제조부문비계정 대변에 기록한다.

37 개별원가계산을 적용하는 기업은 개별제품을 생산하므로 공통적으로 발생한 제조간접비의 배부가 가장 중요하다.

38 분리점까지의 원가를 결합원가라 한다.

39 직접노무비 : 2,100,000-600,000 = 1,500,000
제조간접비배부액 : 1,500,000×80% = 1,200,000
가공원가 : 직접노무비 1,500,000+제조간접비 배부액 = 2,700,000

40 ㉠ 재료비 : 4,500,000×2,000/8,000-1,000+2,000 = 1,000,000
㉡ 가공비 : 2,050,000×800/8,000-600+800 = 200,000

제2회 모의고사 정답

[제1과목 : 재무회계]

1. ②	2. ②	3. ③	4. ②	5. ④
6. ④	7. ③	8. ②	9. ①	10. ①
11. ①	12. ②	13. ④	14. ④	15. ①
16. ③	17. ④	18. ②	19. ①	20. ①

[제2과목 : 원가회계]

21. ①	22. ④	23. ①, ②	24. ①	25. ①
26. ④	27. ③	28. ④	29. ②	30. ②
31. ②	32. ①	33. ③	34. ①	35. ④
36. ①	37. ②	38. ②	39. ③	40. ④

재무회계 해설

01 기타포괄손익누계액은 기타포괄손익-공정가치측정 금융자산평가손실 60,000원이고, 자본잉여금은 감자차익+자기주식처분이익=230,000원이며, 이익잉여금은 이익준비금+별도적립금+감채적립금=470,000원이고, 자본조정은 주식할인발행차금+자기주식=350,000원이다.

02 • 사채할인발행차금상각액 : $11,400-(100,000×10\%) = 1,400$,
• 장부금액 : $95,200+1,400 = 96,600$

03 대한은행의 당좌예금+보통예금= 250,000이다. 당좌차월은 당좌예금에서 상계하지 않고 단기차입금으로 보고한다. 정기예금은 장기금융상품(투자자산)으로 보고한다.

04 사용이 제한된 예금 중 회계기간 말로부터 1년 이내의 예금은 유동자산에 속하고, 1년 이상의 예금은 투자자산에 속한다.

05 연구단계에 대한 지출은 당기의 비용(연구개발비)으로 인식하고, 개발단계에 대한 지출은 자산성이 인정되는 경우에 무형자산으로 인식하고 자산성이 없는 경우에는 경상개발비로 당기의 비용으로 인식한다.

06

매 출 채 권				선 수 금			
기 초	200,000	회수액	976,000	매 출	(302,000)	기 초	70,000
매 출	(1,024,000)	대손발생	8,000	기 말	108,000	수령액	340,000
		기 말	240,000				410,000
	1,224,000		1,224,000		410,000		

∴ $1,024,000 + 302,000 = 1,326,000$

07 주식배당과 현금배당은 (차) 미처분이익잉여금 (대) 미교부주식배당금, 미지급배당금으로 분개하고 잉여금의 자본전입은 무상증자인 경우로서 (차) 잉여금 (대) 자본금으로 분개한다. 그러나 주식의 분할은 액면금액을 줄여 주식수를 늘리는 절차로서 순자산에 영향을 주지 않기 때문에 거래로 보지 않는다.

08 보기2번은 재고자산으로 분류한다.(부동산판매회사의 경우)

09 임차보증금은 기타비유동자산에 속한다.

10 한국채택국제회계기준에서 수익인식의 원칙은 발생주의를 적용하고 있다.

11 물가 상승 시 이익이 많이 계상되는 방법은 선입선출법이고, 이익이 적게 계상되고 수익비용이 대응이 적절한 방법은 후입선출법이다.

12 (가)는 수익의 과소계상, (나)는 영향없음, (다)는 비용의 과소계상, (라)는 (차) 선수수익 (대) 수익의 실현이 누락되었으므로 수익의 과소계상이다. 따라서, $800,000+420,000-310,000 = 910,000$의 당기순이익의 과소계상이다.

13 보기4번은 적시성이다.

14 보조기입장은 거래를 발생순서에 따라 기입하고, 보조원장은 원장계정의 명세를 기입하는 장부이다.

15 (차) 현 금 7,000,000 (대) 보험금수익(보험차익) 7,000,000

• 감가상각누계액(20×1.5.1 ~ 20×1.12.31) :
$(9,200,000-200,000)÷5년×8/12 = 1,200,000$
• 20×2.1.1 ~ 11.30 감가상각비 :
$(9,200,000-200,000)÷5년×11/12 = 1,650,000$

(차) 감 가 상 각 비 1,650,000 (대) 건 물 9,200,000
    감가상각누계액 1,200,000
    유형자산손상차손 6,350,000

• 그러므로, 당기손익에 미치는 영향은 감가상각비+손상차손-보험금수익
$= 1,000,000$(손실)

16 보기 1번처럼 거래 전체를 누락하거나 2번 : 같은 변(차변)에 보험료 계정이 아닌 다른 성질의 비용 계정을 기록한 경우, 4번 : (차) 보통예금 (대) 현금의 분개를 반대로 한 경우는 시산표에서 차변과 대변의 합계액이 일치하는 원인이므로 시산표에서는 그 오류를 발견할 수 없다. 3번 : 차변에는 기록했지만 대변에 기록을 누락했으므로 시산표에서 오류를 발견할 수 있는 사례이다.

17 ④ : 계속기록법과 실지재고조사법을 병행할 때 나타난다.

18 • 20×1년 6월 1일 감자차익 : $500주×(5,000-4,000) = 500,000$
• 20×1년 8월 2일 감자차손 : $500주×(5,000-8,000) = -1,500,000$
- 감자차익이 발생한 후 감자차손이 발생하면 상계처리한 잔액 감자차손 1,000,000이 된다.

19 물가 상승 시의 당기순이익크기는 보기1번처럼 선입선출법이 가장 크고 후입선출법이 가장 작다. 나머지 보기는 정 반대로 보면 된다.

20 • 20×1. 12. 31 차금상각 : $9,279,100×0.12 = 1,113,492-(10,000,000×0.1) = 113,492$
• 20×2. 12. 31 차금상각 : $(9,279,100+113,492)×0.12 = 1,127,111-(10,000,000×0.1) = 127,111$
• 20×2. 12. 31 장부금액 : $9,279,100+113,492+127,111 = 9,519,703$

원가회계 해설

21 $30,000÷100개 = 300×(100-70) = 9,000$

22 재공품계정 차변합계액은 문제의 박스상의 합계액인 ₩27,500이다.

23 선입선출법이든 평균법이든 월초재공품과 월말재공품이 없으면 완성품제조원가는 동일하다. 단, 완성품 환산량 단위당원가는 월말재공품이 없으면 다르고 월초재공품이 없어야 동일하다.

25 보기 1번의 제조업들은 종합원가계산을 적용한다.

26 선입선출법은 기초재공품의 완성도가 없으면 적용할 수 없다.

27 보기 1번은 고정비, 2번은 준고정비(감독자 급여), 4번은 변동비이다.

28 제조직접원가와 제조간접원가는 제품의 추적가능성에 따른 분류이다.

29 ㉠ $30,000+542,000-52,000 = 520,000$
㉡ $520,000÷(50+250-100) = 2,600$

30 ㉠ 완성수량 : $20,000+10,000-6,000 = 24,000$
㉡ $24,000+(6,000×0.3) = 25,800$

31 감가상각비는 고정비에 속하지만, 판매부의 감가상각비는 기간비용으로 처리한다.

32 $(180×375) + \{(180×0.7)×125\} = 83,250$

33 월말재공품의 완성도를 과소계상하면 환산량은 감소하지만 환산량 단위당 원가와 완성품원가는 증가한다.

34 보조부문비 배부방법은 직접배부법(보조부문 상호간의 용역제공 완전무시)단계배부법(보조부문의 배부순서를 정해 단계적 배부) 상호배부법(보조부문 상호간의 용역제공 고려)이 있다.

35 ㉠ 예정배부율 : $80,000 ÷ 200시간 = 400$ ㉡ $23시간 × 400 = 9,200$

36 공정별원가계산에서 제1공정완성품원가(전공정비)를 제2공정으로 대체(투입)하는 경우의 투입시점은 공정시점에 투입한 것으로 간주하여 완성도를 100%로 인정하고 있다.

37 ㉠ $70,000+20,000+50,000+30,000 = 170,000$(제조원가)
㉡ $170,000×(1+0.2) = 204,000$, ㉢ $204,000×(1+0.15) = 234,600$

38

전 력 비		보 험 료	
245,000	(25,000)	100,000	(30,000)
30,000	250,000	45,000	115,000

39 실제발생액보다 예정배부액이 많으므로 제조간접원가가 과대배부되었고, 배부차이 1,100,000−1,000,000=100,000(과대)원을 비례배분하여 조정전 잔액에서 차감한다.
- 재공품 : 100,000×500,000/500,000+300,000+1,200,000 = 25,000원으로 조정되어 기말 재공품은 ₩475,000이다.
- 제품 : 100,000 × 300,000/500,000+300,000+1,200,000 = 15,000원으로 조정되어 기말제품은 ₩275,000이다.
- 매출가 : 100,000×1,200,000/500,000+300,000+1,200,000 = 60,000원으로 조정되어 기말 매출원가는 ₩1,140,000이다.

40 ㉠ 84,000+48,000−44,000 = 88,000(완성품 수량)
㉡ 220,000+(88,000×3)−200,000 = 284,000

제3회 모의고사 정답

[제1과목 : 재무회계]

1. ①	2. ④	3. ①	4. ①	5. ①
6. ③	7. ③	8. ①	9. ④	10. ③
11. ②	12. ③	13. ④	14. ④	15. ②
16. ②	17. ③	18. ④	19. ④	20. ④

[제2과목 : 원가회계]

21. ③	22. ③	23. ①	24. ①	25. ④
26. ②	27. ①	28. ③	29. ①	30. ④
31. ②	32. ②	33. ④	34. ①	35. ①
36. ①	37. ①	38. ①	39. ②	40. ①

재무회계 해설

01 개발비와 같은 무형자산은 계속기업의 전제가 없는 경우 전체를 당기의 비용으로 계상하여야 하고 자산으로 이월시켜 상각을 할 수 없다.

02 보기1번 : 비품의 현금구입은 자산총액에 영향이 없는 거래이지만 보험료의 현금지급은 비용의 발생과 자산총액이 감소하는 거래이므로 회계등식에 다른 영향을 미친다. 보기2번 : 배당금의 지급은 이익잉여금의 감소이므로 자본에 영향을 미친다. 보기3번 : 부채를 현금으로 상환하면 자산과 부채총액에 영향을 미친다.

03
- 기계의 취득원가 : 360,000×80,000/320,000+80,000 = 72,000
- 감가상각비 : (72,000−4,000)×1년/10년×3/12 = 1,700

04 본래 매출총이익률은 매출액에 대한 매출이익의 비율이다. 하지만 본 문제에서는 원가대비 매출총이익률이라고 표현했으므로 원가에 25%이익이 가산한 것으로 문제를 풀어야 한다. 따라서 순매출액을 먼저 구한다.
총매출−매출에누리및환입액 = 800,000
800,000÷(1+0.25) = 640,000(매출원가)
기초재고원가+(총매입액−매입환출및에누리)−매출원가 = 110,000

05 유형자산의 취득시 강제적으로 매입하는 공채증서의 액면금액과 현재가치와의 차액은 취득원가에 포함하여야 한다.
따라서 500,000 + 취득세및등록세 + 공채(50,000−46,000) = 524,000

06 1차연도(20×1년말) : 95,196×12%=11,423(총이자)
　　　　　　　　　　　11,423−(100,000×10%)=1,423(차금상각액)
2차연도(20×2년말) : (95,196+1,423)×12%=11,594(총이자)
　　　　　　　　　　　11,594−(100,000×10%)=1,594(차금상각액)

07 당기순이익 : 수익총액−비용총액 = 2,600,000

자 본 금

인 출 금	(1,320,000)	기 초 자 본	3,100,000
기 말 자 본	4,580,000	추 가 출 자	200,000
		당 기 순 이 익	2,600,000
	5,900,000		5,900,000

08 기말상품의 실제재고와 장부상의 실제재고의 차이를 조정하는 것은 발생주의 개념에 의한 것이 아니라 기말상품재고자산의 기말 현재의 자산 가치를 충실하게 표현하기 위한 것이다.

09 퇴직급여는 해당 직원이 퇴직할 때까지 매 회계기간 말마다 비용으로 인식하여야 한다.

10 (가)는 후입선출법에 대한 설명이다.(참고로 K-IFRS에서는 후입선출법을 인정하지 않지만 재고자산평가방법으로 알고는 있어야 한다. 물론 일반기업회계기준에서는 인정하고 있다.) (나)는 선입선출법에 대한 설명이다. (다)는 이동평균법에 대한 설명이다.

11 무상증자는 (차) 자본잉여금(또는 이익준비금) ××× (대) 보통주자본금 ××× 이므로 이익잉여금은 감소할 수 있지만 자본총계는 불변이다.

12 (8,000+3,500)−13,000 = 1,500+(600,000×0.01) = 7,500

13 보기1, 2, 3번은 투자활동이고 4번은 재무활동에 속한다.

14 ① 같은 자산끼리 잔액이 바뀌면 대·차는 일치한다.
② 거래를 누락하면 대·차 합계에 영향을 주지 않는다.
③ 서로 다른 쪽에 기록을 하면 대·차 합계에 영향을 주지 않는다.

15 기타포괄−공정가치측정 금융자산의 공정가치 변동액은 기타포괄손익누계액(자본)으로 처리한다.

16 배당기준일(사업연도 종료일, 회계연도말)에는 회계처리를 할 필요가 없고, 배당결의일(배당선언일, 주주총회 개최일)에 처음으로 배당에 대한 회계처리를 하게 된다.

17 20×1.4.1 : (차) 현　　　금　20,000　(대) 선수금　20,000
20×2.2.1 : (차) 외상매출금　60,000　(대) 매　출　80,000
　　　　　　　　 선　수　금　20,000
　　　　　　　　 매 출 원 가　50,000　(대) 상 품　50,000
외상매출금은 재무상태일(20×2.12.31) 현재 1년 이내에 현금으로 회수할 금액이므로 유동자산이다.

18
- 법인세비용차감전순이익 : 매출액−매출원가 = 1,800,000(매출총이익)−물류원가−관리비=1,000,000(영업이익)+기타수익−금융원가 = 1,200,000
- 당기법인세비용 : 1,200,000×20% = 240,000이고, 법인세 중간예납액은 선급법인세이므로 미지급법인세는 240,000−160,000 = 80,000이다.

19 사채발행시 유효이자율에 의해서 사채를 평가하므로, 사채발행 후 시장이자율이 변동해도 역사적 시장이자율에 의해서 사채를 평가한다.

20 (차) 감가상각누계액　1,000,000　(대) 기 계 장 치　2,000,000
　　　차 량 운 반 구　　600,000　　　　유형자산처분이익　200,000
　　　현　　　　　금　　600,000
- 상업적실질이 있는 교환에 의한 자산의 취득원가 = 제공한 자산의 공정가치 − 현금수취액

원가회계 해설

21 80,000 + 50,000 + 62,000 + 15,000 − 20,000 = 187,000

22 (2,130−1,980) × 500 = 75,000

23 675,000 × 830,000/3,000,000 = 186,750

25 (4,200+800−500) × 5 = 22,500

26 356,000 + 12,000 − 24,000 = 344,000

27 선입선출법은 전기와 당기의 작업을 명확히 구분한다.

28 600,000 ÷ 10,000시간 = 60

29 경영진은 예정원가와 실제원가를 비교함으로 원가통제를 실행할 수 있다.

30 105,000 − (20,000 + 5,000) = 80,000

31 모든 부문이 동일한 배부기준을 사용하더라도 부문별배부와 공장전체 배부은 다르게 계산된다.

32 (409,250+2,500,000) × 75/675 = 323,250

33 ㉠ (15,000+360,000) × $\dfrac{x}{450+x}$ = 37,500
㉡ 375,000x = (450+x)×37,500
∴ x = 50개, 50÷100 = 0.5

34 감손품은 투입된 원재료가 제조과정 중에 증발, 기화되어 없어진 양을 말한다. 연산품은 동일한 공정에서 동일한 재료를 사용하여 두 종류 이상의 서로 다른 제품을 말하는 것으로 휘발유, 등유 등이고, 작업폐물은 원재료의 찌꺼기(가죽 부스러기 등)를 말한다.

35 연산품은 객관적으로 제품구성의 조정이 어렵다.

36 ㉠ (60,000+24,000)÷600=140, ㉡ (12,000+34,800)÷720=65

38 연산품은 분리점에 도달하기 전에는 개별제품으로 식별되지 않으며, 분리점 이후에 개별제품으로 식별가능하다.

39 감모수량 : (200+1,500−1,400)−200 = 100개 중 30개×30 = 900은 정상적이므로 제조간접비로 처리하고 나머지 70개×30=2,100은 손익계정으로 처리한다.

40 ㉠ 직접재료비 : 350×100% = 350개　㉡ 가공비 : 350×40% = 140개

제4회 모의고사 정답

[제1과목 : 재무회계]

1. ④	2. ①	3. ④	4. ②	5. ③
6. ①	7. ④	8. ④	9. ③	10. ②
11. ③	12. ③	13. ②	14. ①	15. ①
16. ②	17. ③	18. ③	19. ②	20. ②

[제2과목 : 원가회계]

21. ④	22. ③	23. ④	24. ①	25. ②
26. ③	27. ②	28. ①	29. ③	30. ③
31. ②	32. ①	33. ①	34. ③	35. ④
36. ③	37. ①	38. ④	39. ④	40. ③

 **재무회계 해설**

01 보유 중인 기타포괄손익-공정가치측정 금융자산이 채무상품(사채)인 경우에는 누적된 평가손익의 재순환(recycling)이 허용되어 처분손익에 반영된다.
- 20×1년 5월 : (차)기타포괄손익-공정가치측정금융자산 5,000,000 (대)현금 5,000,000
- 20×1년 말 : (차)기타포괄손익-공정가치측정금융자산평가손실 200,000
　　　　　　(대)기타포괄손익-공정가치측정금융자산 200,000
- 20×2년 말 : (차)기타포괄손익-공정가치측정금융자산 500,000
　　　　　　(대)기타포괄손익-공정가치측정금융자산평가손실 200,000
　　　　　　　　기타포괄손익-공정가치측정금융자산평가이익 300,000
- 20×3년 중 : (차)현　　　금 5,450,000
　　　　　　　　기타포괄손익-공정가치측정금융자산평가이익 300,000
　　　　　　(대)기타포괄손익-공정가치측정금융자산 5,300,000
　　　　　　　　기타포괄손익-공정가치측정금융자산처분이익 450,000

02 기말재고자산을 과대평가하면 매출원가가 과소하게 되고 당기순이익은 과대하게 된다.

03 법인세 측면이라는 것은 세금을 적게 계상할 수 있는 방법을 찾아라는 것인데 문제에서는 가장 불리한 것을 찾아라고 했으니 초기에 감가상각비가 가장 적게 계산되는 방법이 정답이다. 따라서 감가상각비가 항상 매년도 일정하게 계산되는 정액법이다.

04 현행원가는 역사적원가와 마찬가지로 유입가치이다. 이는 기업이 자산을 취득하거나 부채를 발생 시킬 시장에서의 가격을 반영한다.

05 매입을 위탁받은 경우의 상품매입액은 수탁매입계정 차변에 기록한다.

06 유효이자율법은 사채발행으로 인한 자금이용효익에 비례하여 상각하므로 둘 다 그 상각액은 점점 증가한다.

07 환어음의 발행인은 어음상의 채권, 채무가 발생하지 않고 외상매출금이 대변에 감소한다.

08 기업이 고객에게서 받은 대가는 약속한 재화나 용역을 고객에게 이전하기 전에는 수익으로 인식할 수 없고 계약부채(선수금)로 인식하여야 한다.

09 감모손실의 처리는 문제의 제시대로 처리하기로 한다. 따라서 기말상품재고액 중 감모손실 80,000-70,000 = 10,000원 중 60% = 6,000원은 정상적인 감모손실이므로 매출원가에 산입한다. 따라서 60,000+540,000-80,000= 520,000 +6,000 = 526,000원이다.

10 보기1번 : 회계기간의 시작 시점을 기초라 한다. 보기3번 : 장소적 범위는 회계단위이다. 보기4번은 거래의 이중성의 설명이다. 대차평균의 원리는 거래를 기록하는 방법이 아니라 회계상의 모든 거래는 거래의 이중성에 의하여 차변합계와 대변합계금액이 반드시 일치한다는 원리이다.

11 배당금 : 자본금×1% = 1,000,000 이 중 현금 배당 50% 만큼 500,000원이 미지급배당금으로 처리한다. 주식배당액은 미교부주식배당금으로 처리한다.

12 (ㄱ) 순실현가능가치는 추정판매가격 - 추정판매비이다.
(ㄴ) A상품은 순실현가능가치(4,000-900=3,100)가 취득원가 3,000원 보다 높으므로 평가손실이 없고, B상품은 1,500개×[3,500-(3,200-200)]=750,000 평가손실이고, C상품은 800개×[2,300-(2,200-100)]=160,000 평가손실이므로 (ㄷ) 750,000+160,000 = 910,000

13 문제에서 잔존가치의 제시가 없으므로 추정을 해야 한다. 즉, 3년간 상각누계액이 3,600,000원이므로 6,000,000/5년=1,200,000(1년간 상각)×3년=3,600,000이므로 잔존가치는 영(제로)이다. 따라서,(6,000,000-0)× 5+4+3/5+4+3+2+1=4,800,000

14 경과이자 : 400,000×0.09×5/12 = 15,000(이자수익)
(차) 현금및현금성자산 413,000 (대) 당기손익-공정가치측정금융자산 397,000
　　　　　　　　　　　　　　　　　　 이 자 수 익 15,000
　　　　　　　　　　　　　　당기손익-공정가치측정금융자산처분이익 1,000

15 매출세액은 부가가치세예수금계정으로 부채에 속하고 매입세액은 부가가치세대급금계정으로 자산에 속하므로 부가가치세가 없는 경우보다 있는 경우가 자산의 증가와 부채의 증가가 된다.

16

조 정 표	
350,000	(210,000)
(-) 75,000	(+) 70,000
	(-) 5,000

17 당기순이익
: 수익총액-비용총액=500,000
기초자본
: 기초자산-기초부채=2,000,000

재 무 상 태 표	
기말자산 (5,000,000)	기말부채 1,500,000
	기초자본 2,000,000
	유상증자액 1,000,000
	당기순이익 500,000

18 60,000+100,000(공정가치) = 160,000, 교환시 분개는 (차) 토지 160,000, 감가상각누계액 40,000 (대) 기계장치 120,000, 현금 60,000, 유형자산처분이익 20,000

19 (가) 7,000×0.4 = 2,800의 이익을 감액하고, (나) 시송품 중 ₩500의 이익과 (라) 수탁상품은 보관중인 위탁자의 재고자산이므로 2,800+500+4,000 = 7,300

20 비용의 발생을 자산의 증가로 처리하면 가공자산이 되고 순이익이 과대 계상된다.

원가회계 해설

21 판매원가는 제조원가+판매비와관리비이므로 판매이익은 제외되어 판매가격에 포함된다.

22 800 + 2,300 - 500 = 2,600

23 원가계산준칙 제24조1항에서 부산물(또는 부산품)은 등급별원가계산의 규정을 준용하여 평가하거나 다른 여러 가지 평가방법을 적용하도록 규정하고 있다.

24 경제적 가치의 소비액 중 제조과정에서 발생한 전부를 원가로 보는데 있어 매출된 재화는 비용(매출원가)으로 보지만 재고로 남는 부분은 미소멸원가로서 자산으로 인식해야 한다.

25 수주(주문)수량으로 생산수량이 결정되는 경우는 개별원가계산의 형태이고 종합원가계산의 형태는 주문에 의하기 보다는 회사가 계획한 수량을 대량생산하여 시장에 공급하는 것이다.

26 분리점이후의 추가적으로 소비되는 원가를 추가가공원가라 한다.

27 (818,500+5,000,000) × 75/600+75 = 646,500

28 제품이 50% 완성된 경우 원재료가 60% 과정에서 투입되면 현재 생산 중인 기말공품에 재료가 영향이 없고 가공비만 포함된다.

29 보기 3번은 요소별원가계산의 목적이다.

30 기말재공품의 가공비 완성품 환산량은 기말재공품수량×완성도이다. 따라서 기말재공품수량을 100개로 가정을 한다면 100개×60%=60개이므로 기말재공품의 가공비 완성품 환산량은 기말재공품수량보다 적다.

31
손 익 계 산 서	
68,000	(85,800)
9,000	10,400
19,200	

32 보기는 전부 부문별원가계산의 장점을 나열한 것인데 가장 적합한 것은 1번이다.

33 재공품 평가시 선입선출법은 기초재공품수량과 완성도가 반드시 필요하고 평균법은 필요없다.

34 200,000 + 100,000 + 180,000 = 480,000

35 원재료는 제품생산을 목적으로 보유하기 때문에 순실현가능가치 대신 현행대체원가(현 시점에서 원재료를 매입하려는데 소요되는 금액)로 평가할 수 있다.

36 보기3번은 부기에 대한 설명이고, 원가회계의 목적이 아니다.

37 (400,000 + 1,000,000 + 600,000) × 800/1,000 = 1,600,000

38
- 재공품계정 차변 합계액에서 전월이월액을 차감하여 당월총제조원가를 구한다.
- 당월총제조원가 : 6,400,000-400,000=6,000,000
- 가공비 : 6,000,000×80%=4,800,000(직접노무비+제조간접비)
- 직접노무비 : 4,800,000÷(1+1.5)=1,920,000 (나)의 금액
- 직접재료비 : 6,000,000-4,800,000=1,200,000(원재료계정 대변의 직접재료비란에 들어갈 금액)
- (가)는 1,200,000+100,000-80,000=1,220,000

40 고정비+변동비=준변동비(혼합원가)의 원가발생총액을 나타내는 그래프이다.

제5회 모의고사 정답

[제1과목 : 재무회계]

1. ②	2. ①	3. ③	4. ②	5. ②
6. ①	7. ③	8. ②	9. ④	10. ④
11. ①	12. ③	13. ②	14. ①	15. ②
16. ④	17. ②	18. ②	19. ②	20. ①

[제2과목 : 원가회계]

21. ③	22. ②	23. ③	24. ④	25. ①
26. ③	27. ②	28. ②	29. ①	30. ④
31. ①	32. ③	33. ④	34. ①	35. ③
36. ③	37. ②	38. ①	39. ①	40. ②

재무회계 해설

01
- 사채총이자 : 92,269×8% = 7,382
- 20×1년 상각액 : 94,651−92,269 = 2,382
- 액면표시이자 : 7,382−2,382 = 5,000
- 액면이자율 : 5,000÷100,000 = 5%

02 기타포괄손익−공정가치측정금융자산평가이익(기타포괄손익누계액 : 자본)과 감자차손(자본조정)은 손익계산서항목이 아니므로 당기순이익에 영향이 없어 제외한다. 100,000 + 선급보험료 2,000 + 미수이자 3,000 − 선수수수료 5,000 + 미지급급여 4,000 = 96,000

03 보기1번 : 연구단계에 대한 지출은 당기 비용으로 처리한다. 2번 : 개발단계에서 발생한 지출은 자산의 요건을 충족하는지를 합리적으로 판단하여 무형자산으로 인식할 수 있다. 4번 : 내부적으로 창출한 브랜드 등 이와 실질이 유사한 항목은 무형자산으로 인식할 수 없다.

04 선입선출법은 가장 최근의 시가(공정가치)로 기말재고자산가액이 결정된다.

05 신용조건은 회수기한은 총 30일이며, 10일이내 회수하면 5% 할인해 준다는 것이다. 11월 10일 : 50,000×50% = 25,000×0.95 = 23,750
11월 20일 : 50,000×20% = 10,000

06 보기 1번은 기타 장기종업원급여로 당기 비용으로 인식한다.

07

임 대 료	
48,000	600
1,100	(48,500)

08 발행 시의 시장(유효)이자율보다 상환시의 시장(유효)이자율이 상승한다면 상환시점에서의 사채의 현재가치(실질가치)는 하락할 것이므로 상환이익이 생기고, 상환시의 시장(유효)이자율이 하락한다면 상환시점에서의 사채의 현재가치(실질가치)는 상승할 것이므로 상환손실이 생긴다. 사채상환손익은 기타손익이다.

09 이자수익은 현금을 수취하는 시점이 아니라 이자수익이 발생한 기간에 인식한다. 즉 차기에 속하는 이자수익이 있다면 차가로 이연시켜야 하기 때문이다. 재화의 판매수익은 재화를 인도한 시점이다. 상품권을 이용한 판매수익은 상품권을 인도한 시점이다. 즉 상품권을 판매한 시점은 대변에 상품권선수금이라는 부채계정을 설정한다.

10 당기순이익+감가상각비−재고자산증가+매출채권감소+매입채무증가 = 470,000

11 기타포괄손익−공정가치측정금융자산처분손익은 당기의 기타손익이므로 포괄손익계산서에 제공하는 정보이다.

12 상품권을 할인판매하면 상품권할인액 계정 차변에 기록한다.

13 배당금수익은 배당결의일(선언일)에 수익으로 인식한다.

14 정보 이용자가 재무 정보를 이용했을 때와 사용하지 않았을 경우의 의사 결정이 다르다면 이를 목적적합성이 있다고 판단한다.

15 유상증자와 무상증자, 주식배당은 주당 액면금액에 변동이 없고, 주식분할은 액면의 분할인 경우 액면금액에 변동을 발생시킨다.

16 ㉠ 500,000÷20 = 25,000×10년 6개월 = 262,500
㉡ 300,000−(500,000−262,500) = 62,500

17 회계기말의 수정분개는 발생기준이다.

18 매입채무+미지급금 = 80,000, 선수금과 선수수익은 재화나 용역을 제공할 부채상의 의무이므로 금융부채가 아니다.

19 취득가액+(유효이자율법에 의한 이자총액−표시이자)=20×1년 말 장부금액
95,024+[(95,024×10%)−(100,000×8%)]=96,526

20 기타포괄손익−공정가치측정금융자산은 결산 시 공정가치로 평가만 하면 된다. 기타포괄손익−공정가치측정금융자산평가이익 : 98,000−95,024= 2,976은 기타포괄손익누계액이므로 자본으로 분류하고, 액면금액에 대한 표시이자율에 의한 이자수령액만 이자수익이 된다. 즉 100,000×8% = 8,000

원가회계 해설

21 공장 자동화가 이루어지면 거의 모든 작업을 기계가 하므로 직접노동력이 감소하고 그 반대이면 직접노무원가가 많아진다.

22 ㉠ 월말재공품수량 : 400 + 3,000 − 2,800 = 600개
㉡ 2,800 − (400 × 0.5) + (600 × 0.8) = 3,080

23 ㉠ 40,000 + (100 × 415) + (50 × 425) = 102,750
㉡ 102,750 ÷ (100 + 100 + 50) = 411
㉢ (100 + 100 +50) − 40 − 80 − 80 = 50 × 411 = 20,550

24 제조간접비를 예정배부하면 제품제조원가도 예정액으로 표시되지만, 실제발생액으로 인하여 배부차이가 발생한다. 그러나 외부에 공시하는 재무제표는 실제액으로 나타내야하므로 배부차이를 기말재공품, 기말제품, 매출제품원가에 추가로 배분(안분)하여 예정액으로 표시되어 있는 것을 실제액으로 조정하여야 한다.

25 평균단위원가는 결합원가의 배부기준이 아니다.

26 가장 정확성이 덜한 것은 직접배부법이다.

27 완성품원가가 동일하게 계산되는 경우를 물었다면 ③, ④ 둘 다 정답이다.

28 기초재공품과 기말재공품이 동일하므로 당기총제조비용이 당기완성품원가이다. 따라서, 판매가능제품은 5,000+100,000 = 105,000원이다.

29 제분업, 제화업, 양조업은 등급별종합원가계산을 적용한다.

30 보기4번은 서로 바뀌었다.

31 ㉠ 1,440,000 × 500,000/1,920,000 = 375,000
㉡ 200,000 + 300,000 + 375,000 = 875,000

32 평균법은 기초재공품원가와 당기제품제조비용의 합계액을 배분한다.

33 수선부문은 동력부문이 생산한 용역의 20%를 제공받았으므로 X = 40,000 + 0.2Y, 동력부문은 수선부문이 생산한 용역의 30%를 제공받았으므로 Y = 60,000 + 0.3X의 연립방정식이 세워진다.

34 ㉠ 3,200 − (600 × 0.5) + (1,000 × 0.6) = 3,500
㉡ 3,200 − (600 × 0.3) + (1,000 × 0.4) = 3,420

35 ㉠ 60,000 + 290,000 − 50,000 = 300,000
㉡ 425,000 − 300,000 − 40,000 = 85,000

36 원가의 회계처리방법과 기준은 기업회계기준(원가계산준칙)을 따라야 하지만 원가의 관리와 통제는 기업의 경영진의 방침에 의하여 할 수 있으며 원가를 경제적효익의 소멸여부에 따라 분류하면 미래경제적 효익의 창출이 기대되는 자원을 미소멸원가라 하고 미래경제적 효익을 제공할 수 없는 원가를 소멸원가라 한다.

37 11,000 + 26,000 + (420,000×26,000/280,000) = 76,000

38 월초재공품재고액=①+②+③이다.

39 8,400 − (1,000×0.4) + (1,600×0.5) = 8,800 × 10 = 88,000

40 ㉠ 8,400,000 ÷ 10 = 840,000 ÷ 12 = 70,000
㉡ 공장분은 특별비(외주가공비 : 416,000+30,000−40,000 = 406,000)와 재료감모손실(590,000−542,000 = 48,000)에 70,000 + 300,000 = 370,000 × 3/4 = 277,500을 가산하면 ₩731,500이다.
㉢ 본사분 : 370,000 × 1/4 = 92,500

제6회 모의고사 정답

[제1과목 : 재무회계]

1. ④	2. ③	3. ①	4. ③	5. ①
6. ④	7. ④	8. ③	9. ②	10. ①
11. ②	12. ④	13. ③	14. ①	15. ④
16. ①	17. ②	18. ④	19. ④	20. ③

[제2과목 : 원가회계]

21. ③	22. ①	23. ③	24. ④	25. ①
26. ③	27. ①	28. ①	29. ④	30. ④
31. ③	32. ①	33. ④	34. ③	35. ②
36. ①	37. ②	38. ③	39. ①	40. ④

재무회계 해설

01 현행 원가는 재취득금액 ₩7,500,000이고, 순실현가능가치는 처분가격에서 처분비용을 차감한 ₩7,000,000이다.

02 상품계약 등은 회계상의 거래가 아니다.

03 차변요소인 기말자산 700,000에서 대변요소를 차감하면 된다.
700,000 − (240,000+160,000+40,000) = 260,000

04 ① (차) 외상매출금 (대) 매 출 ② (차) 받을어음 (대) 매출
③ (차) 미 수 금 (대) 잡이익 ④ (차) 은행예금 (대) 받을어음

05 계약체결으로는 거래가 성립될 수 없어 수익인식을 할 수 없다.

06 (10,000,000원×5%) + (5,000,000원×20%) = 1,500,000원

07 문제에서 잔존가치의 제시가 없으므로 추정을 해야 한다. 즉, 5년간 감가상각누계액이 5,000,000원이므로 매년도 1,000,000원의 감가상각비를 추정할 수 있으므로 취득원가(10,000,000−1,000,000)/9년=1,000,000(매년도 상각비)의 계산식이 나온다. 따라서 잔존가치는 취득원가의 10%이다. 그러면 (10,000,000−1,000,000)×9+8+7+6+5/9+8+7+6+5+ 4+3+2+1 = 7,000,000이다.

08 상품판매대금을 신용카드로 결제받으면 외상매출금 계정 차변에 기록한다.

09 보기1번은 우발부채이다.

10 사채발행일을 20×1년 12월 31일로 추정하고,
유효이자: 91,322×10% = 9,132, 표시이자: 100,000×5% = 5,000
차금 상각액: 9,132−5,000 = 4,132
상환시 장부금액: 91,322+4,132 = 95,454
사채상환액: 101,000−5,000(표시이자) = 96,000
사채상환손실: 96,000−95,454 = 546

11 상품 계정 차변의 기록은 정확한데 외상매입금 계정 대변에 기록할 것을 차변에 기록하였으므로 부채가 과소계상된다.

12 매출 계정은 대변에 발생하며 순매출액을 의미한다.

13 나+다+라 = 10,000

14 원가와 순실현가능가치(예상판매가격−예상판매비)중 낮은 가격으로 평가하면 된다. P상품은 원가보다 순실현가능가치가 낮고 Q상품은 원가가 순실현가능가치보다 낮다. P상품: 100개×(35−7)=2,800, Q상품: 50개×40=2,000
따라서 2,800+2,000 = 4,800

15 보기1, 2, 3번은 투자활동이고, 4번은 재무활동이다.

16 은 행 계 정 조 정 표

은행측 잔액	28,500	회사측 잔액	32,000
예입액 오류액(+)	15,000	예금이자(+)	2,000
기발행 미인출수표	(16,000)	부도수표(−)	14,000
		매출채권 추심액(+)	7,500
	27,500		27,500

17 퇴직급여제도는 확정기여제도와 확정급여제도 두 가지로 분류한다. 이 중 종업원의 퇴직급여와 관련된 기금의 운용을 기업이 책임지는 제도가 확정급여제도이다. 이 제도는 종업원의 퇴직급여를 지급하기 위할 목적으로 사외에 기금이나 보험회사에 적립한다. 확정기여제도는 사전에 확정된 고정기여금을 보험회사 등에 납부하는 제도로서 그 기금이 종업원의 퇴직급여를 지급할 만큼 충분하지 못하더라도 기업에게는 추가로 기여금을 납부해야 하는 법적의무가 없다.

18 11월과 12월의 현금부족액을 합한 금액을 잡손실로 처리한다. 즉, 11월 현금과부족계정 차변잔액 ₩50,000과 12월의 600,000−570,000 = 30,000 부족액을 합계한 ₩80,000이다.

19 무형자산의 경제적효익이 소비되는 형태를 신뢰성있게 결정할 수 없는 경우에는 정액법을 사용한다.

20 A주식은 기타포괄손익−공정가치측정금융자산으로 200,000−180,000=20,000의 평가손실이 생기며, 기타포괄손익이 ₩20,000 감소한다. B주식은 당기손익−공정가치측정금융자산으로 120,000−140,000=20,000의 평가이익이 생기며, 당기손익으로 처리하므로 당기순이익이 ₩20,000 증가한다. 따라서 이익잉여금도 ₩20,000 증가한다. 총포괄손익은 당기순이익 ₩20,000 증가와 기타포괄손익 ₩20,000 감소로 상계되어 변하지 않는다.

원가회계 해설

21 연산품종합원가는 동일한 공정에서 동일한 재료로 2가지 이상의 서로 다른 제품을 연속 대량생산하는 것이고, 조별은 종류가 다른 제품을 연속대량 생산하는 경우, 단일은 하나의 공정에서 연속 대량생산하는 형태이다.

22 보기1번이 서로 바뀌었다.

24 ㉠

재	공	품	
4,400		10,000	
8,000		(2,400)	

㉡ 직접재료비와 제조간접비, 직접노무비는 당기 총제조비용에 포함된다.

25 개별원가계산에서는 가장 중요한 것이 제조간접비의 배부이다.

26 600,000+800,000 = 1,400,000

27 800,000+160,000+100,000 = 1,060,000

28 ㉠ 9,000÷600 = 15, ㉡ 164×15 = 2,460 < 2,600 : 140 과소 배부

29 배분방법이 판매가치법이므로 단위당 판매가격이 20% 인상하면 배분되는 결합원가가 따라서 증가한다.

30 월초재공품은 전기이월로 처리하므로 분개를 하지 않는다.

31 월초재공품이 없기 때문에 둘 다 동일하다.

33 종합원가에서는 노무비와 간접비의 구분이 필요 없다.

34 정상조업도를 기준으로 한다.

35 예를 들어 월초재료를 5,000으로 임의의 값을 대입해 보면

직 접 재 료

월초	5,000	사 용	13,000
(매 입	11,000)	월 말	3,000

36 직접배부법은 보조부문 상호간의 용역수수를 무시하고 제조부문에 직접배부하는 방법이다.

37 54,000×2,961 = 159,894,000 < 165,816,000 : 5,922,000 과소배부

38

재		료	
60,000		7,500	
425,000		4,000	
12,500		30,000	
		(456,000)	

39 ㉠ 720,000÷(1+0.2)=600,000

㉡

재	공	품	
(35,000)		600,000	
310,000		75,000	
190,000			
140,000			

40 종합원가계산에서의 기말재공품의 평가는 직접재료비와 가공비로 구분하여 계산한다.

제7회 모의고사 정답

[제1과목 : 재무회계]

1. ①	2. ①	3. ②	4. ③	5. ①
6. ①	7. ③	8. ④	9. ④	10. ①
11. ②	12. ④	13. ③	14. ①	15. ③
16. ④	17. ①	18. ②	19. ④	20. ③

[제2과목 : 원가회계]

21. ③	22. ④	23. ②	24. ①	25. ③
26. ②	27. ①	28. ④	29. ④	30. ③
31. ④	32. ④	33. ④	34. ①	35. ③
36. ②	37. ②	38. ③	39. ③	40. ③

재무회계 해설

01 당기순손익과 총포괄손익 간에 차이를 발생시키는 항목은 재평가잉여금, 기타포괄손익-공정가치측정금융자산평가손익, 해외사업환산손익, 현금흐름위험회피 파생상품평가손익 중 효과적인부분 같은 기타포괄손익누계액이다.

02 갑주식 : 2,000주×(1,300-1,000) = 600,000(평가이익)
을주식 : 1,000주×(1,500-1,400) = 100,000(평가손실)
따라서 600,000-100,000 = 500,000의 순이익이 표시된다.
단, 병주식은 1,000주×(1,500-1,000) = 500,000의 평가이익이 계상되지만 기타포괄손익-공정가치측정금융자산평가이익은 재무상태표 항목인 기타포괄손익누계액(자본)에 속하므로 문제의 함정이다.

03 정액법은 매 결산기마다 (1,000,000-0)/8년=125,000의 감가상각비가 계상된다. 정률법은 1차년도말 1,000,000×0.312 = 312,000
2차년도말 (1,000,000-312,000)×0.312 = 214,656
3차년도말 (1,000,000-526,656)×0.312 = 147,683
4차년도말 (1,000,000-674,339)×0.312 = 101,606
정액법과 정률법의 감가상각비를 비교해보면 제4차년도말에서 정액법에 의한 감가상각비 125,000원이 정률법 감가상각비 101,656원보다 커진다.

04 동일한 경제현상에 대해 대체적인 회계처리방법을 허용하면 비교가능성은 감소한다.

05 선급금과 선급비용은 재화나 용역을 수취할 자산이므로 금융자산이 아니다.

06 주식배당을 하는 경우 시가와 관계없이 액면금액으로 나타낸다.
(결의일) : (차) 미처분이익잉여금 500,000 (대) 미교부주식배당금 500,000
(교부일) : (차) 미교부주식배당금 500,000 (대) 보통주자본금 500,000

07 수익은 자본청구권 보유자의 출자와 관련된 것을 제외한다.

08 경제적 효익에 대한 기업의 통제력은 법률적 권리의 결과이지만 경우에 따라서는 법률적 통제가 없어도 자산의 정의를 충족할 수 있다. 자산의 법적 소유권이 자산의 존재를 판단함에 있어 필수적인 것은 아니다. 예를 들어 기업이 연구개발활동에서 얻어진 핵심 지식을 독점적으로 보유함으로써 그로부터 유입될 것으로 기대되는 효익을 통제한다면 자산의 정의를 충족할 수 있다.

09 보기 1번 : 재무제표 중 현금흐름표는 현금주의 회계를 사용한다. 2번 : 성격별 분류법과 기능별 분류법 중 기업이 선택할 수 있다. 3번 : 유사한 항목은 중요한 경우 구분 표시하고, 중요하지 않은 경우에는 통합하여 표시할 수 있으며 상이한 항목은 구분 표시한다.

10 2,600,000-2,000,000 = 600,000

11 자본은 순자산, 주주지분, 소유주지분, 소유주청구권, 잔여지분이라고도 한다. 보통주주지분은주주지분내에 우선주주지분과 하나의 분류가 될 수 있으나 전체적인 자본 대신 사용하는 용어는 아니다.

12 처분 시 분개를 하면 (차) 처분대금 500,000 감가상각누계액 80,000 (대) 기계장치(취득원가) 유형자산처분이익 130,000으로 차, 대변을 비교하면 450,000이 취득원가이다.

13 상품에 대하여 화재보험을 드는 것은 보수주의에 해당되지 않는 일반적인 거래이다.

14 정률법은 상각초기에 정액법보다 감가상각비가 더 많이 계상된다.

15 할부로 판매된 상품은 상품에 대한 권리가 이미 매입자에게로 이전된 것이다.

16 ㉠ 먼저 매출액을 구하여 현금매출을 제외한 외상매출액을 구한다.
㉡ (6,000 + 10,000 - 5,500) = 10,500 + 4,500 = 15,000(매출액)
㉢ 15,000 - 2,500 = 12,500(외상매출액)
㉣ 4,000 + 12,500 - 13,000 = 3,500

17 분개를 하면 (차) 자본금 250,000 (대) 현금 210,000 감자차익 40,000 이므로 자본금과 자산총계는 감소하지만 순자산에는 변동이 없다. 따라서 당기순이익에도 영향이 없다.

18 ㉠ 당기순이익을 계산한다.
: 1,500,000+75,000+125,000-100,000 = 1,600,000
㉡ 1,600,000 + 250,000 = 1,850,000

19 영업권은 무형자산에 속한다.

20 보기 1, 2, 4번은 영업활동 흐름이고, 3번은 재무활동 흐름이다.

원가회계 해설

21 (50,000+300,000)×50/1,200+50 = 14,000

22 선급액이 있는 경우는 당기지급액+전기선급액-당기선급액이다.

23 보기 2번은 간접제조경비에 속한다.

24 전력비 : 각 부문의 전력소비량, 또는 마력 × 시간

25 당기총제조비용과 기초재공품원가를 합계한 금액을 완성품과 기말재공품에 배분하는 방법은 평균법이다.

26 연산품원가에서는 주산물과 부산물의 구분은 상대적판매가치를 기준으로 한다.

27 • 재료비 : 160,000+500,000-140,000 = 520,000
• 노무비 : 300,000+60,000-50,000 = 310,000
• 제조경비 : 30,000+124,000-36,000 = 118,000
• 총제조원가 : 520,000+310,000+118,000 = 948,000

28 200,000+948,000-240,000 = 908,000

29 매출원가 : 1,248,000÷(1+20%) = 1,040,000
월초제품 : 1,040,000+200,000-908,000 = 332,000

30 1,500,000+600,000-500,000+800,000+1,200,000=3,600,000
여기서 제1공정 완성품원가 3,000,000원은 2공정으로 대체되어 제2공정 완성품원가에 포함되어 있으므로 계산에서 제외해야 한다.

31 보기1번은 결합원가계산, 보기2번, 3번은 공정별종합원가계산이다.

32 제조간접비배부가 과소배부가 발생한 것은 실제발생이 많아서 제조간접비 배부차이계정의 잔액이 차변이다. 따라서 배부차이를 요소별로 추가배분하면 각각의 요소가 증가한다. 여기서 재료와는 전혀 관련이 없다.

33 (20,000 × 2,600) + {(20,000 ×0.7) ×4,940} = 121,160,000

34 ㉠ 동력 : 18,000×300/600=9,000 ㉡ 수선 : 12,000×20/60=4,000

36 건물 전체의 청소비는 각 기업의 임대면적으로 배부한다.

37 예정배부액이 과소계상되었으므로 제조원가가 과소계상된다.

38 ㉠ 1,152,000 ÷ (1+0.2) = 960,000
㉡ 960,000 ÷ (1+0.2) = 800,000
㉢ 800,000 - (300,000+200,000) = 300,000

39 (1) B조간접비배부 : 400,000×800,000/650,000+800,000 = 220,690
(2) B조월말재공품 : 재료비-800,000×400/3,400-600+400 = 100,000
가공비-(460,000+220,690)×200/3,400-240+200
= 40,517
(3) 800,000+460,000+260,000+140,000+220,690-(100,000+40,517)
= 1,740,173

40 기초재공품과 기말재공품의 완성도가 같더라도 제조원가는 다르다.

제8회 모의고사 정답

[제1과목 : 재무회계]

1. ③	2. ④	3. ③	4. ④	5. ④
6. ②	7. ①	8. ④	9. ④	10. ③
11. ③	12. ④	13. ②	14. ①	15. ①
16. ④	17. ②	18. ②	19. ③	20. ①

[제2과목 : 원가회계]

21. ③	22. ②	23. ④	24. ④	25. ④
26. ②	27. ②	28. ②	29. ②	30. ①
31. ①	32. ①	33. ①	34. ④	35. ②
36. ③	37. ②	38. ②	39. ①	40. ③

재무회계 해설

01 보기1번은 직접법일 때 사용하는 것이고 보기2번과 4번은 가산할 항목이다.

02 감가상각은 계속기업의 가정과 연관성이 있다.

03 차기이후에 상황이 호전되어 시가가 회복되면 최초 장부금액의 범위내까지 재고자산평가충당금을 환입시키고 동액을 매출원가에서 차감한다.

04 경제적효익의 유입가능성이나 유출가능성이 낮으면 자산이나 부채가 존재할 수 없다.

05 건물취득은 투자활동이다.

06 시산표의 대·차가 불일치할 때 발견할 수 있는 오류는 한쪽면의 금액이 틀리는 경우이거나 한쪽만 전기한 경우이다.

07 10주×(70,000-69,000)=10,000원의 평가손실이다. 당기손익-공정가치측정금융자산의 취득 시 수수료는 취득원가에 가산하지 않고 당기의 기타비용으로 처리한다.

08 고객과의 계약에서 생기는 수익은 아래의 규정이 모두 충족되는 때에만 기준서 제1115호를 적용한다.
(1) 계약당사자들이 계약을 승인하고 각자의 의무를 수행하기로 확약한다.
(2) 이전할 재화나 용역과 관련된 각 당사자의 권리를 식별할 수 있다.
(3) 이전할 재화나 용역의 지급조건을 식별할 수 있다.
(4) 계약에 상업적 실질이 있다.
(5) 고객에게 이전할 재화나 용역에 대하여 받을 권리를 갖게 될 대가의 회수가능성이 높다.

09 사채이자비용 = 기초장부금액×유효이자율
= 현금이자+사채할인발행차금상각액

10 채무상품에 대한 기타포괄손익-공정가치측정금융자산평가손실은 발생시점에서는 기타포괄손익누계액항목으로 자본화되어 차기로 이월되지만 해당 금융자산의 처분 시 처분손익에 반영이 되므로 결과적으로 반영되는 기간의 당기순손익 계산에 영향을 미친다. 지분상품인 경우는 처분손익에 영향을 미치지 않는다.

11 기말 재고자산을 과대계상하면 매출원가가 적어지고, 매출총이익과 순이익은 과대 계상된다. 당기의 기말 재고자산은 차기에 기초재고자산으로 이월되므로 차기에는 기초 재고자산의 과대 계상으로 매출원가가 많아지고, 매출총이익과 순이익은 과소 계상된다.

12 250,000+30,000+20,000+15,000 = 315,000
(가)의 30,000원은 선적지인도조건으로 매입하였으므로 이는 매입자인 (주)상공의 미착상품에 속하므로 기말재고자산에 가산한다. (나)의 20,000원은 도착지인도조건으로 판매하였으므로 이는 판매자인 (주)상공의 기말재고자산에 원가로 가산하여야 한다. (다)의 15,000원은 시용판매조건으로 판매한 상품이므로 기말현재 매입의사 표시가 없으면 원가로 기말재고자산에 가산하여야 한다.

13 만기표시이자 : 100,000×10%×3년=30,000 사채할증발행차금 : 105,150-100,000=5,150 만기까지의 3년간 이자비용 총액 : 30,000-5,150= 24,850

14 ① : 당좌예금출납장 - 보조기입장

15 내용연수가 비한정인 무형자산은 매 회계기간 말에 손상검사를 수행해야 한다.

16 계약상 권리 또는 기타 법적권리로부터 발생하는 무형자산의 내용연수는 그러한 계약상 권리 또는 기타 법적권리의 기간을 초과할 수 없으며, 자산의 예상 사용기간에 따라 더 짧을 수는 있다.

17 60,000-46,000=14,000-4,000=10,000원

18 • 2/25 : 주주총회 이익처분 시 200-130+10+20=100원+당기순이익=350원
• 6/30 자기주식처분이익 32-30=2원은 자본잉여금으로 분류한다.

19 과거 사건과 관계없이 단지 미래에 지출예정인 비용은 충당부채가 될 수 없다.

20 1,000,000+6,000,000-1,500,000+[1,500,000-(1,400,000-50,000)]
= 5,650,00 저가평가로 인한 평가손실 ₩150,000은 매출원가에 가산해야 한다.

원가회계 해설

21 230,000×0.7 = 161,000

22 보기 2번은 완성도에 대한 설명이다.

23 보조부문비 배부방법은 직접배부법(보조부문 상호간의 용역제공 무시), 단계배부법(보조부문의 배부순서를 정해 단계적 배부), 상호배부법(보조부문 상호간의 용역제공 완전인식)이 있다.

24 예를 들어, 당기 착수량 1,000개 완성량 800개 기말재공품 200개 완성도 100%이면 800+(200×100%) = 1,000개(착수량과 같다.)

25 선입선출법의 완성품환산량을 계산하는 방식은 2가지이다. 보기4번과 당기완성품수량-기초재공품환산량+기말재공품환산량이 있다.

26 ㉠ 재공품 기초, 기말은 계산시 필요없다.
㉡

손 익 계 산 서	
34,000	(42,900)
4,500	5,200
9,600	

27 ㉠ 2,000,000 ÷ (1 + 0.25) = 1,600,000
㉡ 1,600,000 - 670,000 - 250,000 = 680,000

28 ② : 원가계산표

29 ㉠ 직접 : 1,296,000 × 325/1,200 = 351,000
㉡ 기계 : 1,296,000 × 55/180 = 396,000

30 ㉠ 제조간접비 : 2,400 + 1,500 + 2,000 + 1,800 = 7,700
㉡ 7,700 + 2,000 + 3,000 = 12,700

31 노무비소비액=당월지급액+월말미지급임금-월초미지급임금 = 3,200,000

32 • 제조간접비 소비액은 직접노동시간 수(직접노무비 발생액÷시간당 직접노무비)를 구해야 한다.
• 3,200,000÷4,000 = 800시간×시간당 제조간접비 1,500 = 1,200,000

33 당월제품제조원가
: 월초재공품+재료비+직접노무비+제조간접비-월말재공품 = 5,780,000

34 매출총이익 : 6,500,000-(월초제품+당월제품제조원가-월말제품)=780,000

35 1,150+400-250 = 1,300

36 조별이란 반별 또는 제품별이란 뜻이다.

38 ㉠ 30,000÷10,000 = 3   ㉡ 11,000×3 = 33,000 > 32,500 : 과대 배부

39 ㉠ 제1공정 완성품 : 200 + 600 - 300 = 500
㉡ 제2공정 완성품 : 100 + 500 - 200 = 400
㉢ 제1공정 완성품 환산량 : 500 + (300 × 100%) = 800
㉣ 제2공정에서는 50% 시점에 재료를 전량 투입하므로 기말재공품 완성도 0.4(40%)에서는 재료 투입이 없으며, 2공정완성품 환산량 계산시 기말재공품은 해당없다. 그러므로 400 + (200 × 0) = 400

40 예정 50,000 < 실제 52,000 = 2,000 (과소)

제9회 모의고사 정답

[제1과목 : 재무회계]

1. ④	2. ④	3. ④	4. ①	5. ①
6. ④	7. ②	8. ③	9. ①	10. ④
11. ②	12. ③	13. ④	14. ③	15. ③
16. ④	17. ②	18. ③	19. ③	20. ①

[제2과목 : 원가회계]

21. ③	22. ①	23. ④	24. ①	25. ①
26. ②	27. ②	28. ④	29. ④	30. ①
31. ④	32. ③	33. ②	34. ④	35. ④
36. ③	37. ①	38. ①	39. ①	40. ②

01 재고자산의 매입(주로 선박매입)이 장기적(1년이상)으로 소요되는 경우에 발생하는 금융비용은 재고자산의 취득원가에 가산하여야 한다. 따라서 취득원가는 100개×5,000 = 500,000+운반비20,000+(500,000×10%) = 570,000

02 (6,000,000−200,000+1,200,000) × 200,000/1,000,000 = 1,400,000

03 보기 4번은 재무활동흐름이다.

04 목적적합성의 하부개념은 예측가치, 확인가치, 중요성이고, 중립적서술은 충실한 표현의 하부개념이다.

05 20,000 − (250,000−242,000) = 12,000

06 미지급이자를 누락하면 비용과 부채의 과소계상이 되고 당기순이익이 과대계상된다. 이자비용은 영업외비용이므로 영업이익의 계산과는 관련이 없다.

07 비용(연구비)으로 인식할 금액: 나+마 = 250,000
무형자산(개발비)으로 인식할 금액: 가+다+라 = 570,000

08 • 20×1년 말의 상각후원가 : 950,000+[(950,000×10%)−80,000] = 965,000
• 20×1년 말의 평가이익 : 980,000−965,000 = 15,000
(차) 상각후원가측정금융자산 15,000
(대) 상각후원가측정금융자산평가이익 15,000
• 20×2년 초 처분 시 :
(차) 현금 490,000 상각후원가측정금융자산평가이익 7,500
(대) 상각후원가측정금융자산 490,000 상각후원가측정금융자산처분이익 7,500

09 • 거래수수료는 당기비용으로 처리하고, ₩9,400,000에 포함된 경과이자 (4/1~7/1 : 3개월간) 10,000,000×0.1×3/12=250,000을 차감하면 취득 원가는 ₩9,150,000이다.
(차) 당기손익-공정가치측정금융자산 9,150,000 (대) 현금및현금성자산 9,420,000
미 수 이 자 250,000
수 수 료 비 용 20,000

10 금융자산은 재무상태표에 표시된다.

11 지급기일이 도래한 공채이자표+지폐와 동전 합계+20×1년 12월 20일에 취득한 만기 20×2년 2월 20일인 양도성예금증서 = 114,000원이다. 당좌거래 개설 보증금은 장기금융상품, 당좌차월은 단기차입금, 수입인지는 소모품비(또는 세금과공과), 선일자수표(20×2년 4월 1일 이후 통용)는 받을어음, 20×1년 10월 1일에 취득한 만기 20×2년 3월 31일인 환매채는 단기금융상품에 속한다.

12 20×1년 12월 31일 사채의 장부금액 946,462원에는 이미 20×1년 사채할인 발행차금상각액 23,812원이 포함되어 있다는 것을 파악해야 한다.(차금상각이 될수록 사채 장부금액은 증가하니까) 그러므로 946,462−23,812 = 922,650 원이 20×1년 결산 전 사채의 장부금액인 것이다. 따라서, 20×1년 사채의 총 이자는 23,812+(1,000,000×5%)=73,812원 이므로 73,812÷922,650 = 0.08이 유효이자율이다.

13 • 당기에 대손 처리했던 외상매출금을 당기에 회수한 것이므로 대손충당금에는 변동이 없다.
• 대손발생 시 : (차) 대손충당금 1,000 (대) 외상매출금 1,000
• 현금회수 시 : (차) 현금 1,000 (대) 대손충당금 1,000

14 400,000,000 + 6,550,000 − 1,000,000 = 405,550,000 철거시 나온 골조의 매각대금은 토지의 취득원가에서 차감한다.

15 수탁판매품은 위탁자의 재고자산이므로 제외한다.

16 자본적지출로 처리할 것을 수익적지출로 처리한 경우로서 자산총계가 실제보다 적게 계상되어 감가상각비가 과소하게 계상된다. 하지만 수선비로 처리함으로서 비용이 많이 계상되어 당기순이익이 과소계상되어 기말의 이익잉여금에 영향이 있게 되는 것이다.

17 5년간 차입금은 장기차입금으로 비유동부채로 분류한다. 총원금 ₩1,000,000을 매년 ₩200,000씩 분할 상환약정이다. 20×2. 6. 30에 첫회 ₩200,000 상환하고, 20×2.12.31 결산시에는 ₩800,000의 장기차입금 중 20×3. 6. 30에 상환될 ₩200,000은 유동부채로 분류해야 한다.

18 박스 안의 내용은 충실한 표현을 의미한다.

19 충당부채는 당기수익에 대응하는 것이 확실한 금액을 추정하여 설정하므로 수익·비용대응의 원칙이 적용된다.

20 고객에게 이전할 재화나 용역에 대하여 받을 권리를 갖게 될 대가의 회수 가능성이 높아야 고객과의 계약으로 회계처리 한다. 보기3번의 제3자를 대신해서 회수한 금액은 매출세액(부가세예수금)을 의미한다.

21 보기 1, 4번은 재공품계정 차변에 기록하고, 보기 2번은 재공품 계정 대변에 기록한다.

22

원 재 료	
70,000	55,000
350,000	50,000
100,000	(415,000)

23 ㉠ 재료비 : 400×100% = 400 ㉡ 가공비 : 400×40% = 160

24 8,160,000 ÷ (18,000+1,200−3,200) = 510

25 가장 쉬운 방법은 직접배부법이다.

27 100,000+300,000−80,000+50,000 = 370,000

28 9,600+4,800+(96,000×14,400/720,000) = 16,320

29 보기3번은 제품원가에 속한다.

31 보조부문 상호간에도 용역의 수수에 대하여 배부한다.

32 (192,000+720,000)÷12,000개 = 76

33 보기 1, 3, 4번은 통제불능원가이다.

34 고정비의 도표이다. ④ : 변동비

35 ㉠ (210,000+750,000) × 600/2,000 = 288,000
㉡ (150,000+700,000) × 300/1,700 = 150,000
㉢ (210,000+ 50,000) − (750,000+700,000) − (288,000+150,000) = 1,372,000

37 ㉠ (19,000+35,000)÷150 = 360(완성품 환산량)
㉡ 360−300=60(기말재공품 가공비 환산량) ㉢ 60÷120 = 0.5(50%)

38 35,000×45/1,000 = 1,575

39 • 기말재공품원가가 주어져 있으므로 (기초재공품원가+당기투입원가)를 하면 되는데 기말재공품원가를 구하는 공식을 이용하면 ( )×50/400+50 =1,600
• (기초재공품원가+당기투입원가)의 합계가 ₩14,400이 계산되므로 14,400 − 12,200 = 2,200

40 ㉠ 20,000+420,000−30,000 = 410,000
㉡ (60,000+410,000−37,500)+40,000 = 472,500

제1회 기출문제 정답

2016년 1회기출

【 제1과목 : 재무회계 】

1. ①	2. ④	3. ④	4. ④	5. ②
6. ②	7. ③	8. ①	9. ③	10. ③
11. ④	12. ②	13. ③	14. ④	15. ①
16. ③	17. ②	18. ②	19. ④	20. ④

【 제2과목 : 원가회계 】

21. ④	22. ②	23. ③	24. ③	25. ①
26. ②	27. ④	28. ②	29. ③	30. ③
31. ④	32. ③	33. ④	34. ③	35. ③
36. ③	37. ①	38. ③	39. ②	40. ①

재무회계 해설

01. 시용판매는 매입자로부터 매입의사 통지를 받았을 때 수익을 인식한다.

02. 신뢰성 있고 더욱 목적적합한 정보를 제공한다면 하나의 재무제표에 자산과 부채의 일부는 유동/비유동 구분법으로, 나머지는 유동성 순서에 따른 표시방법으로 표시하는 것이 허용된다. 이러한 혼합표시 방법은 기업이 다양한 사업을 영위하는 경우에 필요할 수 있다.

03. 실제증가액600,000-장부증가액570,000=30,000부족액 + 50,000=80,000

04. 원재료는 제품생산을 목적으로 보유하기 때문에 순실현가능가치 대신 현행대체원가(현 시점에서 원재료를 매입하려는데 소요되는 금액)로 평가할 수 있다.

05. 가+다+라+사=390,000, 나는 단기금융상품, 마는 받을어음, 바는 장기금융상품에 속한다.

06. 충당부채, 선수금 등은 금융부채에 속하지 않는다.

07. 자기주식은 자본조정항목이다.

08. 보기1번은 유형자산이다.

10. 이월시산표 대변의 대손충당금 계정 잔액 5,000원이 대손추산액이다. 따라서 5,000/100,000=5%가 대손추산률이다. 매출총이익은 750,000-550,000=200,000원이며, 판매가능상품액은 기초상품+순매입=매출원가+기말상품이므로, 550,000+140,000=690,000원이고, 유동자산의 합계액은 이월시산표 차변의 항목들이 전부 유동자산이므로 916,000-대손충당금 5,000=911,000원이다.

11. 가 : (차) 매   입 200,000 (대) 지급어음 200,000
  나 : (차) 당좌예금 300,000 (대) 받을어음 300,000
  다 : (차) 받을어음 500,000 (대) 매   출 500,000
  라 : (차) 당좌예금 380,000 매출채권처분손실 20,000 (대) 받을어음 400,000

12. (가)는 납입자본으로 보통주자본금과 주식발행초과금이 속한다.

13. 사채할인발행차금은 사채의 액면금액에서 차감하는 형식으로 표시한다.

14. 매출총이익 : 당기순매출액-(기초상품+순매입액-기말상품)= 350,000
  영업이익 : 매출총이익-광고선전비-임차료-통신비-세금과공과-수도광열비=120,000

15. 저가법이란 기말상품을 결산 시 취득원가와 순 실현가능가치를 비교하여 낮은 금액으로 측정하는 방법을 말한다. 순 실현가능가치는 예상판매가격에서 예상판매비용을 차감한 금액이다.
먼저 평가손실을 구한다. 갑 : 10,000-(11,000-2,000)=1,000, 을은 취득원가 10,000원 보다 순 실현가능가치(15,000-2,000=13,000)가 높기 때문에 평가손실을 계상하지 않는다. 병 : 10,000-(9,000-2,000)=3,000 그러므로 평가손실은 총 4,000원이다. 그러므로 기말상품재고액은 갑+을+병-4,000=26,000원이며, 매출원가는 기초상품+당기상품매입액-기말상품=94,000이다.

16. 사용하던 기계장치와 토지의 교환이므로 상업적 실질이 있는 교환거래로 인식하여야 하고, 제공한 자산의 공정가치로 취득원가를 결정한다. 68,000+추가 지급한 현금 50,000원=118,000원

17. 수익은 자산의 증가나 부채의 감소와 관련하여 미래 경제적 효익이 증가하고 이를 신뢰성있게 측정할 수 있을 때 인식하고, 수익과 비용은 둘 다 발생주의에 따라 인식하며, 발생주의가 현금주의보다 경영성과를 더욱 잘 나타낸다.

18. 받을어음의 개서는 보유하고 있는 어음의 만기일 연장에 불과하므로 자금 조달 수단이 아니다.

19. 종업원의 퇴직 시 미리 적립해두었던 사외적립자산으로 지급하는 퇴직금은 확정급여채무 계정 차변에 기록하고 사외적립자산 계정 대변에 기록한다.

20. 다음의 지출은 무형자산의 취득원가에 포함하지 않고 발생 즉시 비용으로 처리한다.
  1. 새로운 제품이나 용역의 홍보원가(광고와 판매촉진활동 원가를 포함한다.)
  2. 새로운 지역에서 또는 새로운 계층의 고객을 대상으로 사업을 수행하는 데에서 발생하는 원가(교육훈련비를 포함한다.)
  3. 관리원가와 기타 일반경비원가

원가회계 해설

21. 재료의 분실금액은 원가외비용이고, 보험료의 선급액은 차감되는 성질이다.

22. 이중배부율법은 직접배부법, 단계배부법, 상호배부법을 사용할 수 있다.

23. **가공원가** : 직접노무원가+변동 제조간접원가+고정 제조간접원가=850,000
  판매가격 : 직접재료원가+가공원가+본사 건물의 임차료=1,100,000×(1+30%)=1,430,000

24. 과거에 발생한 원가는 미래의 의사결정과정에 고려할 필요가 없다.

25. 재무회계는 검증가능성을 강조하고, 관리회계는 목적적합성을 강조한다.

26. 30,000×(15,000+5,000)/(15,000+5,000+25,000+15,000)=10,000

27. 원가를 추적가능성에 따라 분류하면 직접원가와 간접원가로 구분한다.

28. 개별원가계산은 개별생산제품마다 원가를 계산하므로 종합원가계산보다 정확성이 높다.

29. 작업지시서 #102의 합계액이 완성품제조원가(500,000+200,000+100,000+200,000 = 1,000,000)이다.
  매출원가 : 기초제품+완성품원가-기말제품 = 700,000원

30. 화재나 도난 등으로 인한 손실은 원가외 비용이다.

32. 보기3번은 개별원가계산을 설명하고 있다. 공정별 종합원가계산은 제품 생산공정이 2개 이상인 경우이다.

33. 가공원가는 당기제조비용 중에서 직접재료비를 제외한 직접노무비와 제조간접원가를 의미하므로 가공원가 40만원에 제조간접원가가 포함되어 있다. 따라서 당월완성품원가는 전월이월+직접재료원가+가공원가-차월이월 = 500,000원

34. 보기1번, 3번, 4번은 종합원가계산을 설명하고 있다.

35. 원가의 배부에는 어떤 배부기준으로 배부할 것인가를 결정하는데 있어서 임의성이 개입할 수 있다.

36. 전력비는 각 부문의 전력소비량 또는 마력×운전시간이다.

37. 특정 제품에 대하여 추적가능한 원가는 제조직접비를 의미하는 것이다.

38. <평균법>
  - 재료원가 : 700개+(200개×100%) = 900개
  - 가공원가 : 700개×(200개×40%) = 780개
  <선입선출법>
  - 재료원가 : 700개-(100개×100%)+(200개×100%) = 800개
  - 가공원가 : 700개-(100개×30%)+(200개×40%) = 750개

39. 완성품환산량은 가상적인 수량 단위가 아니고, 재공품에 완성도를 반영하여 완성품으로 환산한 실제 수량 단위이다.

40. 8/ 5 : (차) 재공품   5,000   (대) 절단부문비   5,000
  8/31 : (차) 절단부문비 4,500   (대) 제조간접비   4,500
  8/31 : (차) 절단부문비   500   (대) 부문비배부차이 500

제2회 기출문제 정답

2016년 2회기출

[제1과목 : 재무회계]

1. ④	2. ③	3. ④	4. ①	5. ③
6. ②	7. ①	8. ③	9. ③	10. ④
11. ③	12. ④	13. ③	14. ②	15. ①
16. ③	17. ④	18. ②	19. ④	20. ④

[제2과목 : 원가회계]

21. ③	22. ③	23. ②	24. ③	25. ③
26. ③	27. ①	28. ③	29. ③	30. ①
31. ①	32. ④	33. ①	34. ③	35. ④
36. ①	37. ④	38. ②	39. ①	40. ③

  재무회계 해설

01. 한국채택국제회계기준에서는 발생주의에 따라 수익을 인식한다. 보기3번의 신뢰성은 일반기업회계기준에서 사용하는 용어로써 한국채택국제회계기준에서는 충실한 표현이 정확한 표현이다.

02. 유동성장기부채는 유동부채 항목이고, 나머지는 모두 비유동부채 항목이다.

03. 당기손익-공정가치측정금융자산평가손익은 당기 기타(영업외)손익 항목이다.

04. 당기순이익+선급보험료+미수이자-선수임대료-미지급급여 = 270,000

05. 500,000+90,000+150,000 = 740,000(매입처에 과대 발행한 수표액과 매출처로부터 입금액의 누락은 가산한다.)

06. 발행수표 미인출액은 은행잔액에서 차감한다.

07. 선급비용과 선급금은 재화나 용역을 제공받을 자산이므로 금융자산이 아니다.

08. 유형자산의 구입이나 건설을 위한 계약금을 지급하면 건설중인자산계정으로 처리한다.

09. 보기1번은 유형자산이고, 보기2번과 4번은 재고자산이다.

10. 어음을 할인하면 받을어음 계정 대변에 기입한다.

11.

외상매입금			
당 기 지 급 액	(650,000)	기 초 잔 액	150,000
기 말 잔 액	100,000	외 상 매 입 액	600,000

▶ 기초잔액을 임의의 금액 ₩150,000으로 대입한다.

12. (차) 보통예금 1,000,000 (대) 장기차입금 1,000,000

13. 건물 취득 후 후속지출에 대한 문제이다. 건물의 가치증가가 되는 자본적지출에 해당하는 것과 건물의 현상유지와 복구를 위한 수익적지출에 해당하는 것을 구분하면 된다.
건물 장부액 : 500,000+가+나+바=720,000, 수선비: 다+라+마= 19,000

14. 특허권의 취득에 직접적으로 지출된 금액을 특허권의 취득원가로 하고, 신제품 개발을 위한 개발비잔액은 계속하여 개발비계정 그대로 상각해 나간다.

15. 사채는 금융부채에 속한다. 나머지 보기는 주식에 대한 설명이다.

16.

자 본 금			
인 출 금	200,000	영업개시출자	1,000,000
기 말 자 본 금	(1,600,000)	추가출자금액	500,000
		당 기 순 이 익	300,000

17. 당기 법인세비용 추산액 : 1,200,000×20% = 240,000, 중간예납액은 선급법인세계정 차변에 기록했다가 결산 시 법인세 추산액 분개 시 대변에 소멸한다.

18. 종업원의 퇴직급여를 기업이 책임지는 제도는 확정급여제도이고, 기말에 퇴직급여를 설정하는 경우 (차) 퇴직급여 (대) 퇴직(확정)급여채무로 분개할 수 있다. 확정기여제도란 기업이 사전에 확정된 고정 기여금을 보험회사 등에 납입한 경우 기업이 추가로 기여금을 납부해야 하는 법적 의무가 없는 제도를 말한다.

19. 장기투자목적으로 주식을 취득하면 기타포괄손익-공정가치측정금융자산 계정으로 처리하고 취득수수료는 취득원가에 포함한다. 500주×6,200 = 3,100,000+30,000 = 3,130,000원. 단, 당기손익-공정가치측정금융자산의 취득수수료는 수수료비용 계정으로 처리해야 한다.

20. 물가가 지속적으로 상승하는 경우의 재고자산평가방법의 기말재고자산의 금액과 당기순이익의 크기는 선입선출법 >이동평균법 >총평균법 >후입선출법의 순으로 나타나고, 매출원가의 크기는 기말재고자산금액과 반비례하므로 선입선출법이 가장 낮게 나타난다.

  원가회계 해설

21. 박스안의 내용은 변동원가에 대한 설명이다. 따라서 직접재료비, 직접노무비가 이에 속하고 나머지 보기는 전부 고정원가이다.

22. 예정원가와 실제원가를 비교함으로써 경영자는 원가통제를 할 수 있다.

23. 300,000+200,000+(1,000,000×200,000/500,000)=900,000

24. 상호배부법은 보조부문 상호간의 용역수수를 완전하게 고려하는 배부방법이다.

25. 제조간접비 배부차이를 기말재공품과 기말제품에 부담하지 않는 방법은 원가요소기준법이다.

26. 제조지시서 #1이 완성품이므로 완성품제조원가는 200,000+400,000+300,000+100,000=1,000,000이다. 따라서, 매출원가 : 500,000+1,000,000-300,000 = 1,200,000

27. 완성품수량 : 800개×60% = 480개
기말재공품수량 : 800-480 = 320개
재료원가 : 480+(320×100%) = 800개
가공원가 : 480+(320×40%) = 608개

28. 제1공정의 완성품을 전액 제2공정에 대체하는 경우에는 제1공정의 완성품제조원가가 제2공정의 전공정비가 된다.

29. (100,000+1,100,000) × (4,000×30%)/58,800+(4,000×30%) = 24,000

30. 보조부문 상호간의 용역수수 관계를 오나전 무시하고 배부하는 방법은 직접배부법이다.

31. 전공정비의 완성도는 항상 100%이다.

32. 개별원가계산은 제조지시서별로 원가를 집계하고, 특정제조지시서를 발행하며, 종합원가계산은 소품종 대량생산방식에 적합하다.

33. 완성품수량 : 500+2,000-400=2,100개, 완성품환산량 : 2,100-(500×60%)+(400×25%) = 1,900개

34. 내부 이해관계자인 경영자에게 필요한 정보를 제공하는 회계는 관리회계이다.

35. 평균법보다 선입선출법을 사용하면 당기의 성과와 이전의 성과를 보다 명확하게 구분하여 평가할 수 있다.

36. 250,000+350,000+(900,000×600,000/1,800,000) = 900,000

37. 360,000×(10×10,000)/(10×10,000)+(30×2,000) = 225,000

38. 전력비 등은 측정제조경비에 속하고, 임차료 등은 월할제조경비에 속한다.

39. 원재료와 재공품, 제품은 미소멸가에 속한다

40. 그래프는 준변동원가(또는 혼합원가)이다. 즉, 조업도가 0일때도 발생하는 고정원가와 조업도의 변화에 따라 일정비율로 증가하는 변동원가의 두 부분으로 구성된 원가이다.(예로는 전화요금, 전기, 가스, 수도료)

제3회 기출문제 정답

2016년 3회기출

【 제1과목 : 재무회계 】

1. ②	2. ③	3. ③	4. ④	5. ①
6. ②	7. ①	8. ④	9. ④	10. ②
11. ④	12. ②	13. ②	14. ③	15. ④
16. ④	17. ④	18. ③	19. ③	20. ③

【 제2과목 : 원가회계 】

21. ③	22. ①	23. ①	24. ①	25. ②
26. ④	27. ①	28. ④	29. ①	30. ④
31. ②	32. ②	33. ①	34. ①	35. ①
36. ②	37. ③	38. ④	39. ④	40. ④

재무회계 해설

01.
- 20×1년 기말자본 : 1,000,000−300,000 = 700,000원은 20×2년의 기초자본이 된다.
- 20×2년 순이익 : 800,000−600,000 = 200,000원
- 20×2년 기초자본+순이익 : 900,000원은 20×2년의 기말자본이고, 동시에 20×3년의 기초자본이 된다.
- 20×3년 기말자본과 20×3년의 기초자본을 비교하면 당기순손익이 구해진다.
- 20×3년 기말자본 : 1,500,000−700,000 = 800,000원이고, 20×3년 기초자본이 900,000원이므로 당기순손실 100,000원이 계산된다.

02. 1/23의 분개는 (차) 현금 500,000 (대) 보통예금 500,000으로 보통예금을 현금으로 인출한 거래이다.

03. 종업원급여는 단기종업원급여, 퇴직급여, 기타장기종업원급여, 해고급여로 구분된다.

04. 현금흐름은 영업활동, 투자활동, 재무활동으로 구분된다.

05. 운반비는 물류원가에 속하고 나머지는 관리비에 속한다.

06. 거래의 이중성에 의하여 전체 계정의 차변합계액과 대변합계액은 반드시 일치하여야 한다.

07. 이익준비금 : 현금배당+중간배당 = 600,000×1/10 = 60,000
이익처분의 순서는 전기이월 미처분이익잉여금−중간배당+당기순이익+임의적립금이입액의 합계에서 이익준비금+현금배당금을 차감한 금액이 차기이월이익잉여금이다. 따라서 역으로 계산하면, 차기이월이익잉여금1,000,000+현금배당금+이익준비금=1,560,000과 전기이월미처분이익잉여금−중간배당+당기순이익+임의적립금이입액의 합계액과 동일하므로 (460,000)−100,000+1,000,000+200,000 = 1,560,000

08. 주당이익이란 기업의 당기순이익을 보통주식수로 나누어 얻은 1주당 순이익으로서 회사의 수익력(수익성)을 나타내고, 포괄손익계산서에 하단에 표시해야 한다.

09. 보기2번은 단기금융상품으로 분류한다.

10. 실물자산(재고자산, 유형자산)과 무형자산(특허권 등)은 금융자산이 아니다.

11. 선수금과 선수수익은 재화나 용역을 인도할 것이므로 금융부채가 아니다.

12. 차변의 괄호는 어음의 할인료이므로 매출채권처분손실 계정으로 처리한다.

13. (주)상공의 분개는 (차) 기계장치 800,000 (대) 미지급금 800,000이며, (주)대한은 기계장치의 제작업체인지 아니면 보유하고 있던 기계장치를 매각한 것인지를 알 수 없어 회계처리가 불가능하다.

14. (차) 외상매출금 1,100,000, 운반비 50,000
(대) 매출 1,000,000, 부가세예수금 100,000, 현금 50,000

15. 환어음을 발행하면 어음상의 채권, 채무가 발생하지 않고 외상매출금이 감소한다.

16. 사외적립자산은 공정가치로 평가한다.

17. 미래경제적효익이 기대되지 않는 지출은 즉시 당기의 비용으로 인식해야 한다.

18. 가+다+라 = 3,200,000원이다.(라는 투자자산이지만 만기가 1개월후에 도래하므로 유동자산으로 분류한다.) 나머지는 비유동자산이다.

20. 보기3번은 회계기간 중의 상품 매입거래이다.

원가회계 해설

21. 매몰원가란 기발생원가(역사적 원가)라고도 하는 것으로 과거 의사결정의 결과로 이미 발생된 원가로서 현재 또는 미래의 의사결정에는 아무런 영향을 미치지 못하는 원가를 말한다.

22. 원재료는 재료원가, 노동력은 노무원가이다.

23. 전력부문은 각 부문의 전력소비량 또는 마력×운전시간이다.

24. 보조부문비의 제조부문의 배부문제는 공장 전체 제조간접비 배부율을 사용하기 보다는 부문별 제조간접비 배부를 적용할 때이다.

25. 절단부문비 : 28,000÷50,000 = 0.56
조립부문비 : 14,000÷50,000 = 0.28

26. C부문의 총원가 : X, D부문의 총원가 : Y
X=120,000+0.3Y, Y=70,000+0.2X
X=120,000+0.3(70,000+0.2X)
X=120,000+21,000+0.06X 그러므로 X=150,000, Y=100,000
C보조부문에서 A제조부문에 배부되는 금액은 150,000×50%=75,000원이다.

27. 정육업은 연산품원가계산을 적용하고, 와인 사업은 등급별원가계산을 적용한다.

28. 제조지시서#2의 제조간접비 배부액 : 10,000×2,000/5,000=4,000
차기이월 금액은 미완성된 #2의 합계액이다. 2,000+1,000+4,000=7,000원

29. 예정배부율 : 360,000/7,200시간=50원
예정배부액 : 6,000시간×50=300,000원

30. 6월의 전력비는 (3,000−2,000)×100=100,000원이다.

33. 외부보고목적는 재무회계이고 내부관리목적은 관리회계이다. 원가회계와의 관련성은 재무회계는 원가계산의 절차를 수행하지만 관리회계는 경영자의 계획에 의한 원가통제를 수행한다.

34. 재료비 : (50,000+130,000)/3,000+(1,000×100%)=45원,
가공비 : (16,000+52,000)/3,000+(1,000×40%)=20원

35. 등급별종합원가계산에서는 완성품 전체의 원가를 계산한 후에 각 등급품의 등가계수를 정해야 한다.

36. 수선부문의 배부−A부문:120,000×300/600=60,000원

37. 직접재료비 : (200,000+400,000)×200/400+200=200,000원
가공비 : (150,000+100,000)×(200×50%)/400+(200×50%)=50,000원

38. 분리점에 도달하기 전까지 연산품을 생산하는 과정에서 발생한 모든 원가를 결합원가라고 한다.

39. 보기4번은 개별원가계산이다.

40. 배부율 : 1,800,000/6,000시간 = 300원
제조간접원가 : 300원×3,000시간 = 900,000원

제4회 기출문제 정답

2017년 1회기출

[제1과목 : 재무회계]

1. ③	2. ③	3. ③	4. ①	5. ①
6. ④	7. ④	8. ④	9. ③	10. ④
11. ③	12. ②	13. ②	14. ①	15. ③
16. ④	17. ④	18. ②	19. ③	20. ③

[제2과목 : 원가회계]

21. ④	22. ③	23. ④	24. ①	25. ③
26. ④	27. ①	28. ④	29. ③	30. ④
31. ③	32. ④	33. ④	34. ③	35. ③
36. ②	37. ②	38. ②	39. ①	40. ③

 재무회계 해설

01. ① 재무정보의 근본적 질적 특성은 목적적합성과 충실한 표현이다. ② 비교가능성은 보강적 질적 특성이다. ③ 목적적합성에는 예측가치, 확인가치, 중요성이 속하며, 정보 이용자의 의사 결정에 차이가 나도록 하는 정보의 능력을 말한다. ④ 적시성은 보강적 질적 특성이다.

02. 포괄손익계산서는 현금주의가 아닌 발생주의 회계에 따라 작성된다.

03. 유형자산의 처분은 투자활동에 의한 현금흐름에 속한다.

04. 오피스텔에 대한 임대료의 수익 인식 기간은 3/1~12/31까지 10개월이다. 3/1에 임대료 60만 원을 받았으니 월세 10만 원을 감안하면 6개월 치를 받았고, 나머지 4개월 분 40만 원을 미수수익으로 계상한다.

05. 전기 말 상품재고액은 기초상품재고액이며 이를 과대 계상하면 매출원가가 많아지고 매출총이익과 당기순이익은 과소 계상된다.

06. 기타포괄손익-공정가치측정금융자산평가이익은 자본항목(기타포괄손익누계액)으로 당기의 손익계산에 포함되지 않으므로 당기순손익에 직접 영향을 주지 않는다.

07. 기타의 대손상각비는 기타비용에 속한다.

08. • 당기순이익 = 매출총이익−매출원가 = 380,000(매출총이익)+기타수익−금융원가−법인세비용 = 375,000원
 • 총포괄이익 = 당기순이익+토지재평가잉여금−기타포괄손익:공정가치측정금융자산평가손실 = 415,000원

09. 수익과 비용은 포괄손익계산서에 총액으로 표시해야 한다. 즉 이자수익과 이자비용을 서로 상계하여 순액으로 표시하면 안된다.

10. 재무활동은 기업의 납입자본과 차입금의 크기 및 구성내용에 변동을 가져오는 활동이다.

11. 금융자산은 통화+자기앞수표+타인발행수표+타인발행 약속어음(받을어음)=950,000원이고, 선급금, 선급비용 등과 같이 장차 재화나 용역을 수취할 자산은 비금융자산이다.

12. 충당부채, 선수금, 선수수익, 퇴직급여부채 등은 장차 재화나 용역을 지급할 의무는 비금융부채이다.

13. 상품이 아닌 재화의 매입대금을 신용카드로 결제한 경우에는 미지급금으로 처리한다.

14. 보기1번은 경영진이 의도하는 방식으로 자산을 가동하고자 필요한 장소와 상태에 이르게 하는 직접 관련되는 원가이고, 나머지 보기는 발생 즉시 비용으로 처리해야 한다.

15. 상공상점 : (차) 매입 ××× (대) 외상매출금 ×××, 대한상점 : (차) 받을어음 ××× (대) 매출 ×××이고, 인천상점은 환어음의 인수인(지명인=지급인)이다.

※ 환어음의 원리를 이해하면 아주 쉬운 문제이다. 약속어음은 발행과 동시에 발행인이 수취인에게 약속한 날에 일정금액을 지급하여야 하는 것이지만, 환어음은 상공상점이 대한상점에서 상품을 100원 매입하고 대금 지급을 상공상점이 하지 않고 제3자에게 대신 지급하게 하는 것이다. 즉, 상공상점이 얼마 전에 인천상점에게 상품 100원을 외상매출 한 적이 있어 외상매출금을 회수할 것이 있는 경우 그 받을 돈을 자기한테 갚지말고 대한상점에게 갚으라는 일종의 지급인을 전환시키는 어음이 환어음이다. 이때 상공상점은 발행인이고, 대한상점은 수취인으로 어음상의 채권자이며, 인천상점은 어음상의 채무자로서 지급인(인수인)이다. 여기서 인수를 얻는다는 것은 상공상점이 인천상점으로부터 자기 상공상점에 외상대금을 갚지 않는 대신 그 돈만큼 대한상점에게 지급할 것을 도장을 받는다는 뜻에서 인수(한자어...도장 인, 받을 수)를 얻었다는 것이다.

16. 보관 중인 약속어음을 배서양도하면 받을어음 계정 대변에 기록한다.

17. 결합관계는 (차) 단기차입금(부채의 감소) 1,000,000, 이자비용(비용의 발생) 30,000 (대) 현금(자산의 감소) 1,030,000이다.

18. 중고자동차매매업에서 판매용 승용차를 구입하면 상품을 매입한 것으로 회계 처리한다. 따라서 취득 시 수리비용은 매입가격에 포함한다. 만약, 업무용 승용차를 구입한 경우에는 정답은 4번이다.

19. 950,000 × 10% = 95,000원

20. 주당이익의 공시는 포괄손익계산서와 주석에 한다.

 원가회계 해설

21. 당기총제조원가란 당기에 소비된 재료비+노무비+제조경비의 합계액으로 기초재공품과 기말재공품의 계산이 포함되지 않은 금액을 말하고, 당기제품제조원가는 기초재공품+당기총제조원가−기말재공품으로 계산하므로 항상 일치할 수가 없다. 단, 기초재공품이나 기말재공품이 없는 경우에는 일치한다.

22. 당기총제조원가=재료비+노무비+제조경비+제조간접비 = 1,000,000

23. 대손상각비는 비제조원가 항목으로 판매비와 관리비에 속한다.

24. 추적가능한 직접재료비는 재공품 계정에 대체되고, 추적이 불가능한 간접재료비는 제조간접비 계정에 대체된다.

25. 직접재료비와 직접노무비는 기본원가(직접원가)에 속한다. 따라서, 기본원가 900,000−직접재료비400,000 = 직접노무비(500,000원)이다.
 가공원가=제조간접비(변동비+고정비)+직접노무비이다.

26. • D부문이 C부문에 배부한 금액을 계산한다. 70,000 × 30% = 21,000원
 • C부문 총액 120,000+21,000=141,000원을 B부문에 배부한다.(여기서 A부문은 계산을 할 필요가 없다.)
 • C부문의 B부문에 배부액 계산 : 141,000 × 30%/50%+30%=52,875원
 • 따라서 모든 보조부문비를 배부한 후의 B부문의 합계는 100,000+21,000+52,875 = 173,875원이다.

27. 재무회계는 과거지향적이며 검증 가능성을 강조하고, 관리회계는 미래지향적이며 목적적합성을 강조한다.

28. 추적가능한 직접원가를 제일 먼저 원가대상에 추적한 후에 부문별로 원가를 배부 또는 재배분하고 마지막으로 제조간접원가를 제품에 배부한다.

29. (28,000+14,000) × (20,000+9,000)/(50,000+20,000) = 17,400원

30. 제조지시서 #1이 완성되었다면, 지시서 #2가 미완성이므로 5월말 재공품이다. 따라서 지시서 #2의 제조간접비 배부액을 계산한다. 먼저 제조간접비 배부율을 계산하면, 900,000÷3,000시간 = 300(배부율), 5월 중 제조간접비 합계 : 1,200시간×300 = 360,000원을 배부한다.
 • 360,000×700시간/500+700=210,000(제조간접비배부액)+500,000+300,000 = 1,010,000

31. 보기3번은 상호배부법의 내용이고, 단계배부법은 보조부문의 배부순서를 정한 후, 그 배부순서에 따라 보조부문비를 단계적으로 다른 보조부문에 배부하는 방법이다.

32. 보기4번은 종합원가계산의 내용이고, 개별원가계산은 제품별 배부가 중요하며 제조간접비의 배부기준에 따라 제품별 원가가 다르게 계산된다.

33. 지시서#11은 월초재공품원가이고, 지시서#13은 월말재공품으로 인식할 수 있어야 한다. 따라서 재공품 계정을 이용하여 6월 제품제조원가를 계산하면

재공품			
전 월 이 월	11,000	제　　　　품	(155,000)
직 접 재 료 비	37,000	차 월 이 월	57,000
직 접 노 무 비	97,000		
제 조 간 접 비	67,000		
	212,000		212,000

34. • 제품별 순실현가치 : A제품은 20,000-2,000=18,000원
B제품은 42,000원이다.
• A제품의 결합원가 배부액 : 24,000×18,000/18,000+42,000=7,200원
• A제품의 단위당 원가는 7,200+추가가공비2,000=9,200÷100개=92원이다.

35. 수주 수량(주문 수량)에 따라 생산수량이 결정되는 것은 개별원가계산 형태이고, 종합원가계산은 생산 계획에 따라 생산수량이 결정된다.

36. 조별종합원가계산 방법은 종류가 다른 제품을 연속적으로 대량 생산하는 기업에 적용한다.

37. 종합원가계산에서 원가계산의 순서는 가장 먼저 기초재공품수량과 당기착수량을 합계한 수량 중 완성품수량과 기말재공품수량에 대한 물량흐름을 파악하여 완성품환산량을 산출한 후 배부될 원가를 집계·요약하여, 완성품환산량 단위당원가를 계산하여 완성품과 기말재공품에 원가를 배분하는 순서이다.

38. 재료비 : 500개+(100개×100%)=600개, 가공비 : 500개+(100개×40%)=540개

39. 공정공통비는 합리적인 배부기준에 따라 각 공정에 배부하고, 공정개별비는 각 공정에 직접 부과한다.

40. 기초재공품원가와 당기총제조비용을 구분하는 것은 선입선출법이며, 평균법은 계산과정이 선입선출법보다 비교적 간단하고, 전기와 당기의 작업능률을 명확히 구분하기 어려운 생산형태에 적용하는 방법이다.

제5회 기출문제 정답

【 제1과목 : 재무회계 】　　　　　2017년 2회기출

1. ③	2. ④	3. ③	4. ①	5. ③
6. ②	7. ①	8. ③	9. ③	10. ③
11. ④	12. ②	13. ①	14. ③	15. ④
16. ③	17. ①	18. ②	19. ④	20. ④

【 제2과목 : 원가회계 】

21. ②	22. ②	23. ②	24. ①	25. ②
26. ①	27. ①	28. ②	29. ②	30. ④
31. ④	32. ②	33. ③	34. ②	35. ①
36. ①	37. ④	38. ③	39. ④	40. ③

재무회계 해설

01. 당기순이익+가+다-나-라 = 555,000원

02. (차) 이자비용 (대) 미지급비용의 결산정리분개를 누락하면 비용과 부채가 과소 계상되고 당기순이익이 과대 계상된다.

03. 수정 전 잔액시산표의 매입은 당기상품순매입액이고, 수정 후 잔액시산표상의 매입은 매출원가이다.

04. 당기순이익(600,000원)+기타포괄이익300,000원 = 총포괄이익 900,000원이다.

05. 당기순이익+감가상각비(지출이 없는 비용 가산 항목) = 20,000

06. 수익(매출액)-매출원가=매출총이익300,000-물류원가-관리비-금융원가=120,000원, 기타포괄손익:공정가치측정금융자산평가손실은 자본항목으로 당기순이익 계산에는 제외한다. 단, 총포괄손익의 계산 시에는 당기순이익에서 차감한다.

07. 전환사채란 사채의 보유자가 사채의 현금상환 대신에 주식으로 전환할 수 있는 권리를 가진 사채를 말한다. 전환사채가 보통주로 전환되는 거래는 (차) 전환사채 (대) 보통주자본금으로 비현금거래이므로 현금흐름표의 보충적 주석사항이다.(운용사1급 수준이다.)

08. 현금성자산은 취득 시를 기준으로 만기 또는 상환일이 3개월 이내인 단기투자자산(국·공채 포함)을 말하며, 결산일을 기준으로 하지 않는다.

09. 비금융자산과 비금융부채는 다음과 같다.
① 실물자산(재고자산, 유형자산)과 무형자산(특허권 등)은 금융자산이 아니다.
② 재화나 용역을 수취할 자산(선급금, 선급비용)은 금융자산이 아니다. 마찬가지로 선수금과 선수수익은 재화나 용역을 인도할 것이므로 금융부채가 아니다.

10. 당기손익-공정가치측정금융자산의 취득에 따른 제비용은 당기의 기타비용으로 처리한다. 단, 기타포괄손익-공정가치측정금융자산과 상각후원가측정 금융자산의 취득에 따른 제비용은 취득원가에 포함한다.

11. 보기를 분석하면 1번 : 타인발행 약속어음을 수취하면 매출채권이 증가하지만 어음의 부도는 (차) 부도어음(매출채권 또는 장기매출채권으로 분류) (대) 받을어음이므로 매출채권에 영향이 없다. 보기2번, 3번 : 둘 다 매출채권을 감소시킨다. 4번 : 재화의 외상 판매(외상매출금 증가), 약속어음의 수취(받을어음 증가)

12. 3/1 분개는 (차) 외상매입금 1,000,000 (대) 현금 1,000,000, 6/5 분개는 (차) 매입 2,020,000 (대) 외상매입금 2,000,000, 현금 20,000이므로 전기이월액은 대변합계액-6/5분개 대변금액 = 2,000,000원이다.

13. 상품을 매출하고 신용카드로 결제 받으면 외상매출금 계정 차변에 기록한다.

14. 현재가치 계산에서 할부판매형은 매년도 표시이자와 원금부분이 명시적으로 구분이 되어 있지 않는 현금흐름이므로 유효이자율법을 적용하여 이를 분리해야 한다.

【 유효이자율법 현재가치할인차금 상각표 】

날짜	유효이자율(10%) 현재가치할인차금	원리금회수	원금회수액	장부금액
20×1.01.01	-	-	-	248,680
20×1.12.31	24,868	100,000	(75,132)	173,548
20×2.12.31	17,355	100,000	(82,645)	90,903
20×3.12.31	9,097	100,000	(90,903)	0
	51,320	(100,000)	248,680	

▶ 20×3. 12. 31의 유효이자는 최종연도분이라서 단수조정(끝자리 숫자를 조정)한다.

• 장기미수금의 현재가치의 계산 : 100,000×2.4868=248,680(운용사 1급 수준)
① 20×1년 1월 1일 처분 시 분개 : (차) 현금 200,000, 장기미수금 300,000
(대) 투자부동산 300,000, 현재가치할인차금 51,320, 투자자산처분이익 148,680
② 20×1년 12월 31일 결산시 분개 : (이자수익 계산: 248,680×10%=24,868)
(차)현재가치할인차금 24,868 현금 100,000 (대) 이자수익 24,868 장기미수금 100,000
③ 20×1년 12월 31일 장기미수금의 장부금액 : 300,000-100,000-(51,320-24,868) = 173,548

15. 7,000,000+자본화 될 차입원가 500,000+취득세 250,000= 7,750,000원

16. 100,000+운임 10,000-매입할인 5,000 = 105,000원

17. • 현가 : 100,000×0.8573 = 85,730
• 연금현가 : (100,000×6%)×1.7833 = 10,700(단수조정)
• 20X1년 초 발행금액(장부금액) : 85,730+10,700 = 96,430원
• 20X1년 3월의 사채발행금액 : 96,430 + [(96,430×8%)-(100,000×6%)]×2/12 = 96,716

18. 사채의 할인발행은 표시이자율 < 시장이자율이므로, 표시이자합계 < 유효이자합계이다. 보기 2번처럼 표시이자합계 > 유효이자합계이면 할증발행이 된다.

19. 상각후원가측정 금융자산과 기타포괄손익-공정가치측정금융자산의 취득과 직접 관련되는 거래원가는 취득원가에 포함한다. 단, 당기손익-공정가치측정금융자산의 취득과 직접 관련되는 거래원가는 당기손익으로 인식한다.

20. 기본주당이익과 희석주당이익이 부(-)의 금액(즉, 주당손실)의 경우에도 포괄손익계산서에 표시해야 한다.

원가회계 해설

21. 당월 제품제조원가는 재공품 계정 대변의 제품 800,000원이다.

22. 통제가능과 불가능원가는 관리계층에 따라 동일한 원가에 대한 통제가능성이 달라진다.

23. 공장전체 제조간접비 배부율을 사용한다면, 부문별로 제조간접비를 집계할 필요가 없으므로, 보조부문의 제조간접비를 제조부문에 배부하는 문제가 발생하지 않는다.

24. 월초재공품재고액=①+②+③이다.

25. • 관리부, 영업부, 연구소에 지출된 비용은 판매비와관리비에 속하며, 수원공장의 지출액 중 접대비+지급수수료+외주용역비+소모품비+수도광열비+감가상각비=6,400,000원이다.
• 급여(임금)은 직접노무비로 추정해야하는 이유는 수원공장의 노동력은 제품제조에 직접 종사하는 종업원에게 지급하는 금액은 급여(임금)으로 추정되고, 그 외 노동력의 대가는 외주용역비(간접노무비)로 지출한다고 추정해야 한다.

26. • 예정배부율 : 360,000÷7,200시간 = 50
• 제조간접비 예정배부액 : 600시간×50 = 30,000
• 실제제조간접비 27,000<예정배부액 30,000 : 3,000(과대배부)

27. 특정 제품의 생산에 직접 추적할 수 있는 경비는 직접제조경비이고, 둘 이상의 제품 제조에 공통으로 소비된 경비는 간접제조경비이다.

28. 먼저 재공품 계정을 이용하여 재료소비액을 구한다.

재 공 품
전 월 이 월	85,000	당기제품제조원가	210,000
재 료 비	(65,000)	차 월 이 월	65,000
노 무 비	25,000		
제 조 간 접 비	100,000		
	275,000		275,000

원재료 계정을 이용하여 구입한 원재료를 구한다.

원 재 료
전 월 이 월	40,000	재 공 품	65,000
당 월 구 입 액	(75,000)	차 월 이 월	50,000
	115,000		115,000

29. 박스 안의 내용은 상호배부법에 대한 설명이다.

30. 연산품의 제조원가는 결합원가의 배분원가에서 분리후의 추가 가공원가를 가산한 금액으로 계산된다.

31. 개별원가계산에서는 미완성된 특정 제품의 제조지시서별 원가계산표에 집계되어 있는 금액이 기말재공품이 되고, 완성된 제조지시서별 원가 집계액은 당기제품제조원가가 된다.

32. 기업이 생산하고 있는 제품에 대한 원가관리 정보는 제품의 가격 결정에 가장 중요한 요인이고 제조기업의 외부 공시되는 포괄손익계산서에는 당기제품제조원가가 표시되므로 재무회계의 정보와 관련성이 있다.

33. 보기1번 : 재료 구입 시는 (차) 재료 ××× (대) 현금 ×××
보기2번 : 노무비 지급 시는 (차) 노무비 ××× (대) 현금 ×××
보기4번 : 생산완료 시는 (차) 제품 ××× (대) 재공품 ××× 이다.

34. • 지시서 #1의 제조간접비 배부액 : 8,400×8,000/14,000 = 4,800
• 지시서 #1의 제조원가 : 4,000+8,000+4,800 = 16,800

35. 평균법이 비교적 간단하지만 원가통제에는 선입선출법이 유리하다.

36. 선입선출법에서는 기초재공품원가는 고려하지 않고 당기투입원가로 물량흐름을 계산한다. 보기2번은 평균법이다.

37. 원가정보를 외부에 공시하는 것도 원가회계의 목적일 수도 있지만 주요목적이 될 수는 없다. 외부 회계정보이용자에게 유용한 정보를 제공하는 것은 재무회계의 주요목적이다.

38. 제조와 관련된 기계장치와 공구 기구는 즉시 소멸되지 않고 내용연수동안 제품 생산에 기여함으로써 감가상각비(월할제조경비)를 통해 제조원가로 구성된다.

39. • 보기1번 : 절단부문비는 (차)절단부문비 70,000 (대)부문비배부차이 70,000이므로, 임의의 금액을 대입하여 절단부문비 계정의 예를 들면 실제 발생액이 예정배부액보다 적다.

절 단 부 문 비
실 제 발 생 액	630,000	예 정 배 부 액	700,000

• 보기2번 : 조립부문비는 (차)부문비배부차이 30,000 (대)조립부문비 30,000 이므로 예정배부액이 실제발생액보다 적으므로 과소배부되었다.
• 보기3번 : 배부차이를 조정하는 방법은 원가요소별 비례배부법, 총원가비례배부법, 매출원가조정법, 이연법, 영업외손익법 등이 있다.
• 원가요소비례배분법은 기말재공품, 기말제품, 매출원가에 포함된 원가요소(예정배부액)의 비율에 따라 배분하는 방법이고, 총원가비례배분법은 기말재공품, 기말제품, 매출원가에 포함된 총원가(기말잔액)의 비율에 따라 배분하는 방법으로 보기 3번의 제시문이 어떤 비례배분법인지가 애매하지만 배부기준이 원가요소(예정배부액)인지, 총원가(기말잔액)인지를 제시하지 않았으므로 올바른 보기가 아니다.

40. • 먼저 완성품수량을 계산한다. 기초재공품수량+당기착수량-기말재공품 수량 = 3,000단위이다.
• 재료비 : 3,000+(2,000×100%)=5,000단위, 가공비 : 3,000+(2,000×70%)=4,400단위를 합한 9,400단위이다.

 **제6회 기출문제 정답**

[제1과목 : 재무회계] 2017년 3회기출

1. ①	2. ④	3. ④	4. ③	5. ③
6. ②	7. ①	8. ③	9. ③	10. ④
11. ④	12. ②	13. ④	14. ③	15. ①
16. ②	17. ③	18. ④	19. ②	20. ①

[제2과목 : 원가회계]

21. ①	22. ③	23. ①	24. ④	25. ④
26. ①	27. ④	28. ③	29. ①	30. ①
31. ②	32. ④	33. ④	34. ③	35. ④
36. ②	37. ④	38. ①	39. ②	40. ④

 재무회계 해설

01. • 20×8 회계연도 기말 자본은 20×9 회계 연도의 기초 자본이다.
• 20×8 연도 기말 자본 : 총수익-총비용 = 당기순이익(300,000)+기초 자본 = 3,500,000원
• 따라서 20×9 연도 기초 자본이 3,500,000원이다.
• 20×9 연도 총수익 : 기말 자본-기초 자본 = 당기순손실(500,000)
  총비용-당기순손실 = 2,200,000원

02. 상품을 판매하기로 하고 수취한 계약금은 선수금으로 부채항목이고, 교환거래이므로 발생주의 회계와 관련이 없다.

03. 당기순이익(350,000)-임차료 미지급액+이자 미수액=360,000원 이다. 매출채권의 대손예상액과 결산 전 대손충당금 잔액이 같을 때는 결산 시 대손충당금을 설정하지 않으므로 당기순이익에 영향이 없다.

04. 1/23 분개추정은 (차) 현금 500,000 (대) 보통예금 500,000으로 보통예금 ₩500,000을 현금으로 인출한 거래이다.

05. 거래에 대한 분개에 오류가 있더라도 보기 1, 2번처럼 대·차 금액이 동일하거나, 총계정원장에 전기할 때 보기 4번처럼 분개와 정반대로 엉뚱한 계정에 전기하는 오류가 있더라도 대·차 합계액에 영향을 주지 않는 전기를 하면 시산표에서 오류를 발견할 수 없다. 그러나 보기 3번처럼 같은 차변에 이중으로 전기하면 대·차 합계액이 불일치하므로 시산표 작성을 통해 오류를 발견할 수 있다.

06. 전기 말 미지급임차료는 당기 초에 재수정 분개를 하면 (차) 미지급임차료 30,000 (대) 임차료 30,000이며, 임차료 계정의 기입면을 살펴보면

임	차	료	
당기현금지급액	280,000	전기말미지급액	30,000
당기말미지급액	60,000	당 기 발 생 액	(310,000)
	340,000		340,000

07. • 이익준비금 : 현금배당+중간배당 = 600,000×1/10 = 60,000
• 이익처분의 순서는 전기이월 미처분이익잉여금-중간배당+당기순이익+임의적립금이입액의 합계에서 이익준비금+현금배당금을 차감한 금액이 차기이월이익잉여금이다.
• 따라서 역으로 계산하면, 차기이월 미처분이익잉여금 1,000,000+현금배당금+이익준비금 = 1,560,000과 전기이월 미처분이익잉여금-중간배당+당기순이익+임의적립금이입액의 합계액과 동일하므로 (460,000)-100,000+1,000,000+200,000 = 1,560,000

08. 대체분개는 1번 : (차) 임대료 50,000 (대) 손익 50,000, 2번 : (차) 손익 20,000 (대) 복리후생비 20,000, 3번은 당기순이익 50,000-20,000 = 30,000의 대체분개로 정답이며, 4번은 당기순손실의 대체분개이지만, 문제에서 당기순손실은 발생하지 않았다.

09. 보험료 미경과액의 분개는 (차) 선급보험료 30,000 (대) 보험료 30,000으로 차변에 계상되어 있던 보험료 중 30,000원을 선급보험료 계정으로 대체한 분개이므로 잔액시산표 합계액에는 영향이 없고, 이자미수액의 분개는 (차) 미수이자 20,000 (대) 이자수익 20,000이므로 잔액시산표 합계액에 추가된다.

10. 자기주식처분이익은 자본잉여금에 속한다.

11. 특별손익 항목은 이미 오래 전 기업회계기준의 개정으로 삭제된 항목이다. 따라서 보고서와 주석에 표시하지 않는다.

12. 보기2번의 자금의 차입은 재무활동의 현금 유입이다.

13. 당기순매출액-(기초상품+당기순매입액-기말상품) = 매출총이익 (350,000원)-광고선전비-임차료-통신비-세금과공과-수도광열비 = 120,000원이다. 이자비용은 금융원가이고, 기부금은 기타비용이다.

14. 5월 1일 가입 시 만기일이 3개월이므로 현금성자산으로 처리하며, 만기가 되어 원금을 받으면 현금성자산 계정 대변에 기록하고 이자는 이자수익 계정 대변에 기록한다.

15. 당기손익-공정가치측정금융자산의 취득과 관련되는 제비용은 당기의 기타비용으로 처리한다. 단, 기타포괄손익-공정가치측정금융자산과 상각후원가측정금융자산의 취득과 관련되는 제비용은 취득원가에 포함한다.

16. 거래처로부터 받아 보유하고 있던 약속어음을 은행에서 할인받으면 받을어음 계정 대변에 기록하고 할인료는 매출채권처분손실 계정 차변에 기록한다.

17. 받을어음 대금 회수액은 받을어음 계정 대변에 기록된다. 따라서 당좌예금 50만 원이 회수액이다. 외상매입금 10만 원은 외상매입금 지급을 위해 받을어음을 배서양도한 거래로 추정된다.

18. 3년 후 상환 조건으로 대출받았던 원금은 장기차입금 계정 대변에 기록한다. 따라서 거래를 분석하면 (차) 장기차입금(부채의 감소) 10,000,000, 이자비용(비용의 발생-이익잉여금의 감소로 연결된다.) 500,000 (대) 현금(유동자산의 감소) 10,500,000이다. 이자비용은 금융원가이므로 보기4번은 거래와 주어진 관련이 없다.

19. (차) 건물 1,100,000, 감가상각누계액 800,000, 유형자산처분손실 200,000 (대) 기계장치 2,000,000, 현금 100,000

20. • 매입상환을 위한 자기사채의 취득 시점까지의 이자발생액은 1,000,000 ×7%×6/12=35,000원
• 분개는 (차) 사채 1,000,000, 이자비용 35,000 (대) 현금 950,000, 사채할인발행차금 70,000, 사채상환이익 15,000이다. 여기서 사채할인발행차금미상각액은 1,000,000-6월 말 장부금액 930,000=70,000이다.

원가회계 해설

21. 통제가능원가는 직접재료비 등의 변동비가 속하고, 나머지 보기는 통제불능원가이다.

22. 비정상 공손원가는 영업외비용(기타비용)으로 처리하고, 광고선전비는 판매비와관리비로 처리한다.

23. 완성품원가는 재공품 계정에서 제품 계정 차변으로 대체한다.

24. 보기1번 : 예정원가가 역사적원가보다 적시성 있는 정보이다. 3번 : 역사적원가가 객관적이며 검증가능하다. 4번 : 예정원가가 특정 사상이 발생하기 전에 분석과 예측을 통하여 결정되는 원가이다.

25. • 공장전체 제조간접비 배부율을 사용한다면, 부문별로 제조간접비를 집계할 필요가 없다.
• 배부율 : 350,000÷200,000=1.75, 제조간접비 배부액 : 195,000×1.75=341,250
• #7000의 제조원가 : 405,000+195,000+341,250=941,250원

26. 전력부문은 각 부문의 전력소비량 또는 마력×작업(운전)시간수가 배부기준이다.

27. 21,000+재작업원가(500+2,000)+(2,000×150%)=26,500원

28. 2,000+1,000+(10,000×2,000/3,000+2,000)=7,000원

29. 보조부문비를 제조부문별로 배부하는 문제는 공장전체 제조간접비 배부율과 부문별 제조간접비 배부율을 병행하여 사용할 수 있다.

30. • 8/5분개 : (차) 재공품 5,000 (대) 절단부문비 5,000, 8/31:(차) 절단부문비 4,500 (대) 제조간접비 4,500
• 8/31 : (차) 절단부문비 500 (대) 부문비배부차이 500

31. 절단부문비 배부율 : 28,000÷50,000=0.56, 조립부문비 배부율 : 14,000÷50,000 = 0.28

32. • A제품 : 가공팀~200,000×10/200=10,000, 조립팀~100,000×2/25=8,000 총액 18,000원
• B제품 : 가공팀~200,000×20/200=20,000, 조립팀~100,000×3/25=12,000 총액 32,000원

33. • C부문 배부액 : 120,000×50/50+30=75,000, D부문 배부액 : 70,000×40/40+30=40,000
• A제조부문 합계액 : 200,000+75,000+40,000=315,000원이다.

34. 30,000×(4,000+6,000)/20,000+40,000=5,000원

35. 원가성이 있는 감모손실 ₩600은 감모손실 발생액 중 60%이다. 따라서 당초 발생한 감모손실은 600÷60%=1,000원이므로 실제 재료재고액은 5,000-1,000=4,000원이다.

36. 재료 계정 대변의 450,000원이 소비액이고 차변의 500,000원은 재료 구입액이다.

37. 평균법에서 기말재공품의 완성도를 실제보다 과대평가할 경우 완성품환산량이 과대평가되고, 완성품 환산량이 과대평가되면 완성품 환산량 단위당 원가가 과소평가된다.

38. 정육업은 연산품원가계산, 와인사업은 등급별원가계산 방법을 채택한다.

39. • 완성 수량은 800개×60% = 480개, 기말재공품 수량은 800개×40% = 320개
• 재료비 : 480+(320×100%) = 800개, 가공비 : 480+(320×40%) = 608개

40. 제분업, 제화업, 양조업, 화학약품업 등과 같이 동일한 공정에서 동일한 재료를 사용하여 계속적으로 생산되는 동일한 종류의 제품으로 품질, 모양, 크기, 무게 등이 서로 다른 제품(등급품)을 생산하는 기업에서 등급별 종합원가계산을 사용한다.

제7회 기출문제 정답

2018년 1회기출

[제1과목 : 재무회계]

1. ④	2. ④	3. ②	4. ③	5. ②
6. ②	7. ④	8. ②	9. ①	10. ④
11. ②	12. ②	13. ②	14. ②	15. ①
16. ②	17. ①	18. ②	19. ④	20. ②

[제2과목 : 원가회계]

21. ①	22. ③	23. ④	24. ④	25. ①
26. ③	27. ④	28. ②	29. ③	30. ③
31. ③	32. ④	33. ②	34. ②	35. ②
36. ②	37. ①	38. ①	39. ②	40. ④

재무회계 해설

01. 부채와 자본 및 수익 계정은 잔액이 대변에 남는다. 자기주식은 차감적 자본조정 항목이므로 자본의 반대쪽인 차변에 잔액이 남는다.

02. 전기 시 차변, 대변 중 한쪽의 금액을 틀리게 기입하면 시산표의 대 · 차 합계액이 일치하지 않으므로 시산표에서 오류를 발견할 수 있다.

03. 기초 잔액 + 당기 외상매출액 - 기말 잔액 = 900,000원

04. 발생주의 회계를 원칙으로 재무제표를 작성하되 현금흐름표는 현금주의회계를 적용한다.

05. 은행측 당좌예금 잔액 600,000-발행수표 미인출액 100,000 = 500,000원

06.

현 금 출 납 장

날짜		적 요	수 입	지 출	잔 액
5	1	전 월 이 월	300,000		300,000
	8	비 품 구 입		50,000	250,000
	12	상 품 매 입		50,000	200,000
	17	상 품 매 출	150,000		350,000
	28	종업원급여 지급		30,000	320,000

07. 미지급비용은 금융부채에 속하지만, 재화나 용역을 제공할 선수금, 선수수익은 금융부채가 아니다.

08. K-IFRS 제1109호 중 '금융자산은 사업모형과 계약상 현금흐름의 특성에 근거하여 당기손익-공정가치측정금융자산, 상각원가측정금융자산, 기타포괄손익-공정가치측정금융자산으로 분류한다.' 고 규정하고 있다. 관계기업주식은 피투자회사에 중대한 영향력을 행사할 목적으로 지분상품에 투자를 한 것으로 연결재무제표 작성 시 피투자회사의 자본과 상계되므로 금융자산이라고 볼 수 없다. 매출채권과 외화예금자산은 금융자산에 속한다.

09. 보기1번은 유형자산으로 분류한다.

10. 운용리스로 제공할 목적으로 취득한 건물은 투자부동산 계정으로 분류한다. 따라서 투자부동산은 감가상각을 하지 않으며, 결산 시 공정가치로 평가한다. 11,000-10,000 = 1,000원(평가이익)

11. 매출세액(부가세예수금)은 100,000×10% = 10,000원이고, 매입세액(부가세대급금)은 110,000×10% = 11,000원이다. 따라서 확정신고 시 1,000원을 환급받는다.

12. 보기 1번은 매각거래로 처리할 때의 분개이다. 어음의 할인을 차입거래로 처리하게 되면 할인료를 이자비용으로 처리하고, 단기차입금 계정 대변에 기록했다가 만기 결제 시 받을어음과 상계처리 한다.

13.

상 품 재 고 장

날짜		적요	인 수			인 도			잔 액		
			수량	단가	금액	수량	단가	금액	수량	단가	금액
10	1	기 초 재 고	20	1,200	24,000				20	1,200	24,000
	5	매 입	60	1,600	96,000				80	1,500	120,000
	10	매 출				40	1,500	60,000	40	1,500	60,000
	17	매 입	50	1,860	93,000				90	1,700	153,000
	25	매 출				30	1,700	51,000	60	1,700	102,000

따라서 10/10과 10/25의 인도란 금액 60,000+51,000 = 111,000원이 매출원가이다.

14. 상품을 매출하고 신용카드로 결제받으면 외상매출금 계정 차변에 기록하고 상품을 매입하고 신용카드로 결제하면 외상매입금 계정 대변에 처리한다. 영업용 비품을 구입하고 직불카드로 결제하면 직불카드 결제계좌에서 자동 이체된다.(예를 들어 결제계좌가 보통예금이면 보통예금 계정 대변에 기록된다.)

15. 분개를 하면 (차) 토지 45,000 (대) 토지 25,000, 현금 15,000, 유형자산처분이익 5,000이다. 교환에 의한 취득 시 상업적 실질이 있는 경우 자산의 취득원가는 제공한 자산의 공정가치로 인식하는 게 원칙이다. 단, 예외적으로 취득한 자산의 공정가치가 더 명백한 경우에는 취득한 자산의 공정가치로 인식하고, 제공된 자산의 공정가치가 더 명백하다면 제공된 자산의 공정가치로 취득원가를 인식한다.

16. 내부창출 영업권은 무형자산으로 인식하지 않는다.

17. 유동부채 중 선수금과 선수수익은 금융부채에 속하지 않는다.

18. 1,200,000/100주 = 12,000원

19. 자기주식처분손실은 자본조정항목으로 자본으로 분류한다.

20. 확정기여제도는 기업이 별개의 실체인 퇴직연금 사업자(보험회사 등)에 사전에 확정된 고정 기여금(연간 임금총액의 1/12)을 가입자(종업원) 계정에 납입해두는 제도이다. 따라서 그 기금으로 인한 투자위험 등에 대하여 기업이 부담해야 하는 법적 의무가 없다.

원가회계 해설

21. 과거 의사 결정의 결과로 이미 발생한 원가는 현재 또는 미래의 의사결정과정에는 아무런 영향을 미치지 못한다.(예를 들어 매몰원가 같은 기발생원가)

22. 가공원가=직접노무원가+변동 제조간접원가+고정 제조간접원가=850,000원이고, 본사 건물 임차료는 판매비와관리비이다. 판매가격은 직접재료원가+직접노무원가=700,000(직접원가)+변동 제조간접원가+고정 제조간접원가=1,050,000(제조원가)+판매비와관리비=1,100,000(판매원가)×(1+30%)=1,430,000원이다.

23. 공장용 토지 등을 단순히 구입한 것은 자산의 증가로 처리하고 원가로 볼 수 없다.

24. 제품 제조와 관련된 제조간접원가는 원가 발생시점에 제품제조원가에 산입되어야 한다.

25.

제 조 간 접 원 가

| 실제제조간접원가 | 1,000,000 | 예 정 배 부 액 | 900,000 |
| | | 매 출 원 가 | 100,000 |

26.

외 상 매 입 금

현금지급액	50,000,000	기 초 잔 액	5,000,000
기 말 잔 액	7,000,000	원재료매입액	(52,000,000)
	57,000,000		57,000,000

원재료의 기말재고자산은 보유하지 않는 정책을 취하고 있으므로 원재료 매입액 전부가 제품 제조에 소비되었다고 본다.

27. 제조부문에서 발생한 직접재료비와 직접노무비를 포함한 모든 제조원가는 제조간접비로 볼 수 없고 직접재료비와 직접노무비는 직접비로 분류하고 그 외 원가는 간접비로 분류하여야 한다.

28. 제조지시서 #1의 합계액 200,000+400,000+300,000+100,000=1,000,000원이 완성품제조원가이다. 따라서 매출원가는 제품 전월이월+완성품제조원가-차월이월=1,200,000원이다.

해답편 / 정답 및 해설

29. 전력비는 각 부문의 전력소비량 또는 마력×운전시간 이다.

30. 인위적인 월말재공품의 평가는 종합원가계산에서 필요하다.

31. 문제에서 제시된 계정의 기입면을 보고 분개를 추정하면 (차) 제조간접비배부차이 10,000 (대) 매출원가 10,000이다. 따라서 제조간접비배부차이 계정과 제조간접비 계정의 기입면을 추정해야 한다.

제조간접비배부차이
매 출 원 가 10,000	제 조 간 접 비 10,000

여기서 제조간접비배부차이가 발생할 때의 분개를 추정하면 (차) 제조간접비 10,000 (대) 제조간접비배부차이 10,000이고, 아래의 계정 기입을 추정할 수 있다.

제 조 간 접 비
실 제 발 생 액 190,000	예 정 배 부 액 200,000
제조간접비배부차이 10,000	

따라서 배부차이 ₩10,000은 제조간접비 예정배부액의 과대 배부 차액이다.

32. 개별원가계산에서는 직접비와 간접비의 구분이 반드시 필요하다. 우선 직접비는 개별작업에 직접 부과되므로 ② 원가직접대상이 되는 개별작업을 파악하여 ① 직접원가를 계산한 후 개별작업에 부과하고 그 이후에 © 간접비를 파악하여 합리적인 ① 배부기준을 설정하여 ① 개별작업에 배부한다.

33. 240,000×40%/40%+40% = 120,000원이다.(직접배부법을 기억한다.)

34. 이중배부율은 직접배부법, 단계배부법, 상호배부법에 모두 사용한다.

35. 조간접비는 적절한 배부기준에 의하여 각 조별로 배부하여야 하고, 조직접비는 각 원가요소 계정에서 직접 각 조별 제조 계정으로 대체기입 한다. (보기의 설명이 조직접비와 조간접비가 바뀌어야 한다.)

36. 완성품환산량은 가상적인 수량 단위가 아니고, 재공품에 실제 완성도를 반영하여 완성품으로 환산한 실제 수량 단위이다.

37. 평균법이며 기말재공품원가가 주어져 있으므로 (기초재공품원가+당기투입원가)를 구하면 된다. 기말재공품을 계산하는 공식을 세우면, (X + 당기투입원가) × (100개×50%)/400개+(100개×50%)=1,600이다. 그러면 [400+(100개×50%)×1,600]/(100개×50%)=14,400원이 기초재공품원가+당기투입원가이므로 14,400-12,200 = 2,200원이다.

38. 휘발유와 등유의 판매가치를 계산한다.
휘발유 : 2,500리터×3,000=7,500,000,
등유 : 2,500리터×2,000=5,000,000
따라서 8,000,000×7,500,000/7,500,000+5,000,000=4,800,000원

39. 평균법에서 완성품 환산량 단위당 원가는 (기초재공품원가+당기발생원가)÷완성품환산량이다. 따라서 평균법에서는 기초재공품원가는 필요하고 기초재공품수량과 완성도는 필요 없다.

40. 조간접비 배부액을 계산한다. A조 : 560,000×400,000/700,000=320,000, B조 : 560,000×300,000/700,000=240,000원이다. 조별완성품원가를 구해서 완성품수량으로 나누면 단위당 원가가 계산된다. A조 : 월초+직접재료비+가공비+조간접비-월말 = 1,120,000÷500개 = 2,240원, B조 : 월초+직접재료비+가공비+조간접비-월말 = 640,000÷400개 = 1,600원

제8회 기출문제 정답

2018년 2회기출

[제1과목 : 재무회계]

1. ①	2. ②	3. ②	4. ③	5. ②
6. ③	7. ④	8. ②	9. ②	10. ①
11. ②	12. ②	13. ②	14. ②	15. ②
16. ④	17. ④	18. ②	19. ②	20. ②

[제2과목 : 원가회계]

21. ②	22. ④	23. ②	24. ④	25. ①
26. ④	27. ②	28. ②	29. ③	30. ②
31. ②	32. ④	33. ②	34. ④	35. ③
36. ③	37. ②	38. ②	39. ①	40. ①

재무회계 해설

01.
- 6월 초 (차) 현금 1,000,000 (대) 자본금 1,000,000
- 6/5 (차) 상품 500,000 (대) 외상매입금 500,000
- 6/10 (차) 외상매출금 600,000 (대) 상품 400,000 상품매출이익 200,000
- 6/16 (차) 현금 300,000 (대) 단기차입금 300,000
- 6/30 (차) 통신비 50,000 임차료 50,000 (대) 현금 100,000
- 6월 말의 자산 : 1,000,000+500,000+600,000-400,000+300,000-100,000 = 1,900,000원이므로 6월 초 자산 1,000,000원보다 900,000원이 증가했다.
- 6월 말의 부채총계 : 6/5 500,000 + 6/16 300,000 = 800,000원
- 6월 한 달 동안의 순이익 : 상품매출이익-통신비-임차료 = 100,000원
- 6월 말의 자본은 1,000,000+순이익 100,000 = 1,100,000원이므로 6월 초 자본보다 100,000원 증가하였다.

02. 보기2번은 투자활동 현금흐름이다.

03. 자산에는 무형자산 같이 물리적 형태가 없는 자산이 있다.

04. 일반목적 재무보고서는 현재 및 잠재적 투자자·대여자 및 기타 채권자가 필요로 하는 모든 정보를 제공하지는 않으며 제공할 수도 없다. 다만 보고 기업의 가치를 추정하는 데 도움이 되는 정보를 제공할 뿐이다. 그러나 비재무적 정보까지 계량화하여 제공하지는 않는다.

05. 결산 당일에 현금 부족액을 발견한 것과 현금과부족 계정의 잔액 중 결산 시까지 원인을 알 수 없는 경우는 잡손실로 처리한다.

06. 회사 장부잔액+라-마 = 110,000원, 은행잔액-다 = 110,000원

07. 보기1, 2, 3번은 금융자산에 속하지 않는다. 금융자산은 계약상 현금흐름과 사업모형에 따라 당기손익-공정가치금융자산, 기타포괄손익-공정가치금융자산, 상각후원가측정금융자산으로 분류한다.

08. 1,200,000-1,000,000 = 200,000원. 투자부동산은 감가상각을 하지 않는다.

09. 보기2번은 유형자산으로 분류한다.

10. 대손충당금 계정잔액 : 4,500-3,200+2,000 = 3,300원,
결산 시 설정액 : 500,000×2% = 10,000-3,300 = 6,700원

11. 자본금은 발행주식 수 곱하기 주당 액면금액으로 산출된다.

12. 종업원급여 지급 시 차감한 소득세 등을 납부하면 예수금 계정 차변에 기록하고, 국민건강보험료 회사부담금은 복리후생비로 처리한다.

13.
- 기말상품재고액은 선입선출법 : (100개×1,200)+(100개×1,300)=250,000
- 후입선출법 : (100개×1,000)+(100개×1,300) = 230,000
- 이동평균법 : [(100개×1,000)+(100개×1,200)]÷(100개+100개)=1,100
  [(100개×1,100)+(100개×1,300)]÷(100개+100개)=1,200
  ×200개 = 240,000
- 총평균법 : [(100개×1,000)+(100개×1,200)+(100개×1,300)]÷(100개+100개+100개) = 1,166.67×200 = 233,333

14. 보유 중인 기타포괄손익-공정가치측정금융자산이 채무상품(사채)인 경우에는 누적된 평가손익의 재순환(recycling)이 허용되어 처분손익에 반영되지만 지분상품(주식)인 경우에는 처분시점에서 공정가치를 재측정하여 기타포괄손익으로 처리하므로 당기손익에 영향을 주지 않는다. 즉 재순환(recycling)이 금지되어 처분손익은 없다. 2/5 (차) 기타포괄손익-공정가치금융자산 7,000,000 (대) 현금 7,000,000
6/30 (차) 기타포괄손익-공정가치금융자산 1,000,000 (대) 기타포괄손익-공정가치금융자산평가이익 1,000,000 10/10 처분 시 처분가액으로 평가손익을 인식하므로 (차) 기타포괄손익-공정가치금융자산평가이익 1,000,000, 기타포괄손익-공정가치금융자산평가손실 1,500,000 (대) 기타포괄손익-공정가치금융자산 2,500,000 처분 시 분개는 (차) 현금 5,475,000 기타포괄손익-공정가치금융자산처분손실 25,000 (대) 기타포괄손익-공정가치금융자산 5,500,000

▶ 기타포괄손익-공정가치측정금융자산의 제거(처분) 시 발생하는 수수료 등의 직접 관련 비용은 다음과 같이 회계 처리한다.(근거 : K-IFRS 제1109호 '금융상품' 기준서 문단 B5.2.2)

(1) 채무상품(공·사채 등)인 경우 : 보유 자산(당기손익-공정가치측정금융자산, 유형자산 등)의 제거(처분) 시와 동일하게 처분손익에 가감한다.

(2) 지분상품(주식)인 경우 : 처분시점에 공정가치 변동분을 기타포괄손익으로 처리하므로 처분손익이 발생하지 않으며, 그렇다고 처분 시 수수료 등을 평가손익에 가감할 수도 없다. 따라서 당기손실인 기타포괄손익-공정가치측정금융자산처분손실로 처리한다.

15. 선수수익, 선수금, 충당부채, 확정급여부채는 금융부채가 아니다.

16. 사채가 할인발행 되면 이자지급 시 분개는 (차) 이자비용 120 (대) 현금 100 사채할인발행차금 20으로 현금으로 지급하는 이자와 사채할인발행차금상각액을 합한 금액이므로 손익계산서에 이자비용으로 인식되는 금액은 현금으로 지급하는 이자보다 많다.
17. 보통주자본금+우선주자본금+주식발행초과금－자기주식 = 540,000원
18. 상품권관련수익은 상품권 판매시점에는 부채로 인식하였다가 상품의 판매와 상품권의 회수가 되어야 수익으로 인식된다.
19. 가. (차) 법인세비용 300,000   (대) 현금 300,000
    나. (차) 법인세비용 350,000   (대) 미지급법인세 350,000
    다. (차) 미지급법인세 350,000 (대) 당좌예금 350,000
20. (차) 현금 2,000,000 (대) 매출 2,000,000 이므로 입금전표를 작성한다.

원가회계 해설

21. 매몰원가란 기발생원가(역사적 원가)라고도 하는 것으로 과거 의사결정의 결과로 이미 발생된 원가로서 현재 또는 미래의 의사결정에는 아무런 영향을 미치지 못하는 원가를 말한다. 여기서 이미 발생한 원가(매몰원가)는 새로운 기계의 취득가액이 아니라 노후화된 기계장치의 취득원가 8,000,000원이다.
22. 당월에 완성된 제품의 제조원가를 파악할 수 있는 계정은 재공품 계정이다.
23. 직접재료비+직접노무비+제조간접비+기초재공품원가－당기제품제조원가 = 55,000원
24. 매몰원가란 기발생원가(역사적 원가)라고도 하는 것으로 과거 의사결정의 결과로 이미 발생된 원가로서 현재 또는 미래의 의사결정에는 아무런 영향을 미치지 못하는 원가를 말한다.
25. (600－400)×1,000 = 200,000원
26. 보조부문 X : 600,000×400/400+200 = 400,000, Y : 800,000× 400/400+400 = 400,000, 따라서 제조부문 A에는 400,000+400,000 = 800,000원의 보조부문비가 배부된다.
27. 예정배부액 500,000 < 실제발생액 550,000 : 과소배부 50,000원
28. 개별원가계산에서는 제조간접비의 배부절차가 가장 필요하다.
29. • 수선부문비를 조립부에 배부 : 60,000×30/30+20+10 = 30,000
     동력부에 배부 : 60,000×10/30+20+10 = 10,000
    • 동력부문비(80,000+10,000)를 조립부에 배부 : 90,000×200/200+100 = 60,000
    • 따라서 조립부문에 배부된 보조부문원가총액 : 30,000+60,000 = 90,000원 이다.
30. 개별원가계산은 개별 제조지시서별로 작업원가표에 집계된 원가를 계산하며 종합원가계산은 일정기간(보통 1개월)동안의 완성품원가를 계산한다.
31. 100,000+600,000+(2,000,000×600,000/600,000+400,000) = 1,900,000원
32. • 판매가치 A : 500개×6,000 = 3,000,000, B : 300개×4,000 = 1,200,000, C : 400개×2,000 = 800,000
    • 2,500,000×3,000,000/3,000,000+1,200,000+800,000 = 1,500,000÷ 500개 = 3,000원
33. 종합원가계산에서는 제조지시서가 계속제조지시서를 발행하고, 개별원가계산에서는 특정제조지시서를 발행한다.
34. 결합원가계산은 동일한 공정에서 동일한 재료를 사용하여 두 종류 이상의 서로 다른 제품을 생산하는 경우의 종합원가계산이다.
35. 연산품 종합원가계산(결합원가계산)의 개념 : 동일한 공정에서 동일한 재료를 사용하여 두 종류 이상의 서로 다른 제품을 생산하는 경우에 이들 제품을 총칭하여 연산품 또는 결합제품이라 한다. 연산품의 예로는 정유업에서의 휘발유, 등유, 경유 등과 정육업에서의 뼈와 고기, 가죽 등이 있다.
36. • 재료원가 평균법 : 700개+(200개×100%) = 900개
    • 선입선출법 : 700개－(100개×100%)+(200개×100%) = 800개
    • 가공원가 평균법 : 700개+(200개×40%) = 780개
    • 선입선출법 : 700개－(100개×30%)+(200개×40%) = 750개
37. • 완성품수량 : 기초재공품수량+당기착수량－기말재공품수량 = 40,000단위
    • 기말재공품 재료원가 : 200,000×20,000/40,000－10,000+20,000 = 80,000원

• 가공원가 : 410,000×(20,000×30%)/40,000－(10,000×50%)+(20,000 ×30%) = 60,000원
38. 선입선출법은 월초재공품원가와 당월발생원가, 월초재공품환산량과 당월착수 분환산량을 따로 구분하여 계산하므로 계산과정이 평균법보다 복잡하지만, 전월의 환산량 단위당원가와 당월의 환산량 단위당원가가 서로 구분되므로 전월과 당월의 성과평가 시 평균법보다 더욱 명확하고 유용한 정보를 제공한다.
39. 등급별종합원가계산에서는 먼저 등가계수를 정한다.
40. 특정 제품의 생산 과정에서 직접 추적가능한 원가는 직접비이고 공통으로 소비된 원가는 간접비이다.

제9회 기출문제 정답

2018년 3회기출

【 제1과목 : 재무회계 】

1.④	2.①	3.②	4.③	5.③
6.①	7.④	8.①	9.①	10.③
11.④	12.②	13.①	14.④	15.①
16.③	17.④	18.③	19.③	20.①

【 제2과목 : 원가회계 】

21.③	22.②	23.④	24.①	25.④
26.②	27.②	28.②	29.①	30.③
31.①	32.②	33.③	34.②	35.③
36.①	37.④	38.③	39.③	40.②

재무회계 해설

01. 종업원은 노동계약 및 근로조건에 대한 협상을 경영층과 하여 근로환경 개선을 요구할 수 있지만 기업 경영 계획 수립은 경영층이 하는 것으로 종업원은 직접 참여할 수는 없다.
02.
보 험 료			
1/1 전기 선급보험료	30,000	12/31 당기 선급보험료	37,500
4/1 화재보험료 지급액	150,000	12/31 손익계정 대체액	(142,500)

03. 제조기업의 주된 영업활동에서 발생하는 비용은 제조경비 또는 판매비와관리비로써 보기 중 감가상각비가 이에 속하고 나머지 보기는 영업외비용(기타비용)에 속하는 것들이다.
04. 유형자산의 매입은 투자활동으로 인한 현금흐름이다.
05. 자본변동표에 기타포괄손익의 항목별 분석내용을 표시하더라도 주석에도 그 내용을 표시해야 한다.
06. 20×1년 10/ 1 : (차) 당기손익-공정가치측정금융자산 500,000, 수수료비용 10,000
                (대) 현금 510,000
    20×1년 12/31 : (차) 당기손익-공정가치측정금융자산 100,000
                (대) 당기손익-공정가치측정금융자산평가이익 100,000
    20×2년 8/31 : (차) 현금 780,000
                (대) 당기손익-공정가치측정금융자산 600,000, 당기손익-공정가치측정금융자산처분이익 180,000
07. 투자부동산은 최초 인식시점에는 원가로 측정하지만 그 이후 평가 시에는 원가모형과 공정가치모형 중 하나를 선택하여 모든 투자부동산에 적용한다.
08. 현금흐름표와 재무상태표 상의 현금및현금성자산은 동일한 금액으로 표시된다.
09. • 기말 수정분개 시 대손상각비 : 6,000－5,000 = 1,000
    • 재무상태표에 표시될 매출채권의 장부금액(순액) : 350,000－6,000 = 344,000
10. 3월 19일 : 거래처 외상매입금 ￦500,000을 지급하기 위해 소지하고 있던 약속어음을 배서양도 후 매각거래로 처리한 것이다.

해답편 / 정답 및 해설

11.
- 6월 중 외상매출 총액은 6/11+6/15+6/25+6/27=1,130,000
- 6월 중 외상매출금 회수 : 6/17+6/24+6/29=920,000
- 6월 말 외상매출금 미회수액 : 6/30 차월이월 70,000+80,000=150,000
- 6월 중 매출환입 및 매출에누리액 : 6/13+6/28=110,000

12. 건물 신축을 위해 지급한 계약금은 건설중인자산 계정으로 처리한다.

13. 자산의 교환으로 인한 취득 시 상업적 실질이 없는 교환은 사실상으로 보면 교환이지만 경제적 실질에 변화가 없으므로 회계상으로는 교환으로 보지 않기 때문에 교환으로 취득한 자산의 취득원가는 공정가치로 인식할 필요가 없고 처분손익도 인식할 수 없다. 따라서 교환거래가 상업적 실질이 없는 경우의 교환으로 취득한 자산의 취득원가는 제공하는 자산의 장부금액에 추가로 지급하는 현금지급액을 합한 금액인 4,500,000원(=5,000,000-1,500,000+1,000,000)이 된다.

14. 10,000,000+취득세+중개수수료 = 11,200,000원

15. K-IFRS에서는 무형자산 중 영업권의 내용연수는 비한정인 것으로 보아 상각하지 않고 매년 손상평가를 수행한다. 여기서 비한정이란 내용연수가 매우 장기적이거나 한정할 수 없다는 것이며, 무한을 의미하는 것은 아니다.

16. 금융부채란 거래 상대방에게 현금 등 금융자산을 인도하기로 한 계약상의 의무를 말한다.

17. 확정기여제도는 기업이 사전에 확정된 기여금을 납부한 후에는 그 기금이 퇴직급여를 지급할 만큼 충분치 못하더라도 기업에게는 추가로 기여금을 납부해야하는 법적의무가 없다.

18. 용역의 제공에 의한 건설형 공사 수익은 공사진행기준으로 수익을 인식한다. 그 외 보기는 완성기준(=인도기준)에 의한다.

19.
- 매출원가 : 1,000,000×(1-0.3) = 700,00
- 당기순이익 : 매출액-매출원가 = 300,000(매출총이익)+이자수익+임대수익-상품매출운임-판매원급여-감가상각비-통신비-수도광열비 = 10,000
- 총포괄이익 : 당기순이익+기타포괄손익:공정가치측정금융자산평가이익 = 110,000

20. 90명의 유급휴가는 20×2년에 부여된 유급휴가를 사용할 것이므로 20×1년에 부여된 유급휴가는 사용하지 않고 소멸할 것이다. 그러나 10명은 평균 7일(2일을 초과)의 유급휴가를 사용하므로 20×1년 12월 31일 현재 누적된 미사용 유급휴가로 인해 추가로 20일(=2일×10명)분의 휴가급여 2,000,000원(=20일×100,000원)을 지급해야 할 것으로 예상된다. 따라서 회사는 이에 상응하는 부채를 인식해야 한다. 단, 주의할 점은 기중에 사용된 유급휴가는 종업원급여에 포함되어 있기 때문에 추가로 인식해서는 안된다.

원가회계 해설

21. 내부정보이용자인 경영자가 조직의 계획수립 등으로 필요한 정보를 제공하는 회계의 분류는 관리회계이다.

22.
- 전환원가(가공원가) = 직접노무원가240,000+제조간접원가
- 제조간접원가가 전환원가(가공원가)의 40%라는 것은 직접노무원가는 전환원가(가공원가)에 60%라는 뜻이다. 따라서 전환원가(가공원가)는 240,000÷0.6 = 400,000원이고,
- 제조간접원가는 400,000×0.4 = 160,000원이다.
- 당기제품제조원가 : 60,000+180,000+240,000+160,000-40,000 = 600,000
- 매출원가 : 70,000+600,000-50,000 = 620,000

23.
- 제조가 : 직접재료비+직접노무비+제조간접비 = 1,400,000
- 판매가 : 제조원가+판매관리비 = 1,600,000
- 판매금액 : 1,600,000×(1+0.2) = 1,920,000

24. 생산부문과 생산 지원(보조)부문에서 발생한 제조간접비를 각 제품에 우선 배부하고 다시 생산 지원(보조)부문를 생산부문에 재배부하는 절차를 부문별원가계산이라 한다.

25.
- 조립부문 : 30,000+40,000+(40,000×2) = 150,000
- 포장부문 : 8,000+15,000+(15,000×0.5) = 30,500

26. 보조부문비의 배부 목적은 다음과 같다.
① 부문간의 상호통제 및 관리
② 외부보고 목적을 위한 재고자산평가와 매출원가의 결정
③ 경제적 의사결정을 위한 최적의 자원 배분

27. 예정총액÷예정시간 수 = 3.3

28. 기초원재료+당기매입액-기말원재료 = 17,000

29. 소비임률은 평균임률이라고도 하는 것으로 1개월간의 임금총액에 같은 기간의 총 작업시간으로 나누어 계산하는 것으로 특정 작업에 직접 종사한 노동시간에 곱하여 소비임금액을 결정하는 데 사용된다. 지급임률은 각 종업원의 성별, 연령, 능력, 근속연수 등에 따라 차이가 있는 것으로 주로 기본임금액을 계산하는 데 사용된다.

30. 단일 제품을 복수의 공정을 통하여 생산되는 업종에는 공정별종합원가계산이 사용되고, 조별종합원가계산은 제과업, 식료품제조업 등과 같이 종류가 다른 제품을 연속 대량 생산하는 업종에 사용된다.

31. 개별원가계산은 제조간접비 배분이 핵심과제이고, 종합원가계산은 완성품 환산량 계산이 핵심과제이다.

32. 소비된 제조원가(당기총제조비용)총계에서 기초재공품 원가를 가산하고 기말재공품 원가, 부산물, 공손품 등의 평가액은 차감한다.

33.
- 월말재공품 재료비 : (40,000+380,000)×(500개×100%)/2,500+(500개×100%) = 70,000
- 월말재공품 가공비 : (70,000+254,000)×(500개×40%)/2,500+(500개×40%) = 24,000
- 당월제품제조원가 : 40,000+70,000+380,000+254,000-70,000-24,000 = 650,000

34.
- 평균법 완성품완산량 = 완성품수량 + 월말재공품수량
- 선입선출법 완성품환산량 = 완성품수량 - 월초재공품수량 + 월말재공품수량
- 평균법에 의한 완성품환산량 100,000단위에서 선입선출법에 의한 완성품환산량 80,000단위와의 차이 20,000단위는 월초재공품(100%) 수량이다. 가공원가를 비교해보면 평균법과 선입선출법의 완성품환산량 차이 8,000단위는 월초재공품환산수량이다. 따라서 월초재공품의 완성도는 20,000단위÷8,000단위 = 40%이다.

35. 순실현가치기준법은 정상적인 경영활동에서 예측된 최종 판매가치에서 분리점 이후의 추가가공비와 판매비를 차감한 순실현가치를 기준으로 결합원가를 배분하는 방법이다. 결국 이렇게 되면 결합원가만이 이익을 창출하는 데 기여한다는 가정을 암묵적으로 하고 있고, 분리점 이후에 발생하는 추가가공으로 인한 부가가치는 없다는 모순에 빠지게 된다.

36. 기초재공품이 없으면 평균법과 선입선출법의 완성품 환산량 단위당원가의 계산 결과는 동일하다.

37. 어떤 제품을 분리점에서 판매할 것인가 아니면 분리점 이후에 추가가공해서 판매할 것인가에 대한 의사결정을 추가가공에 관한 의사결정이라고 한다. 제품의 추가가공 여부는 이미 결합제품을 분리점까지 가공한 후에 결정한다. 따라서 그 이전에 발생한 결합원가는 아무리 금액이 크더라도 추가가공에 관한 의사결정에 영향을 줄 수 없으며 추가가공에 관한 의사결정에 필요한 원가가 되려면 적어도 미래에 발생될 원가이어야 하기 때문이다.

38. 당월지급액-전월미지급액+당월미지급액=1,300,000

39.
- 당기 완성품 수량 : 기초재공품수량 + 당기착수량 - 기말재공품수량 = 3,500개
- 월말재공품 재료비 : (2,400+39,960)×(100개×30%)/3,500+(100개×30%) = 360
- 월말재공품 가공비 : (1,800+44,220)×(100개×40%)/3,500+(100개×40%) = 520
- 당월 제품제조원가 : 2,400+1,800+39,960+44,220-360-520 = 87,500

40. 11,000-(1,000×60%)+(2,000×40%) = 11,200단위

제10회 기출문제 정답

2019년 1회기출

[제1과목 : 재무회계]

1. ④	2. ②	3. ②	4. ②	5. ③
6. ②	7. ③	8. ②	9. ③	10. ②
11. ②	12. ④	13. ②	14. ④	15. ④
16. ④	17. ③	18. ①	19. ③	20. ③

[제2과목 : 원가회계]

21. ④	22. ③	23. ③	24. ③	25. ②
26. ②	27. ②	28. ②	29. ②	30. ④
31. ①	32. ①	33. ④	34. ①	35. ④
36. ①	37. ①	38. ②	39. ①	40. ④

재무회계 해설

01. 3전표제는 입금전표, 출금전표, 대체전표를 작성하지만 여기에 상품 매입 시 매입전표, 상품 매출 시 매출전표를 추가로 작성하면 5전표제이다. 문제에서 상품을 매입하고 대금은 현금으로 지급했으니 매입전표와 출금전표가 작성된다.

02. 매출채권과 재고자산의 감소는 영업활동으로 인한 현금흐름에 가산하고 유형자산의 처분은 투자활동으로 인한 현금유입이고, 단기차입금의 차입은 재무활동으로 인한 현금유입이다.

03. 당기순이익 + 감가상각비 + 무형자산상각비 + 퇴직급여 − 유형자산처분이익 = 10,900,000원이고, 은행차입금의 상환은 재무활동이고, 유형자산의 처분금액은 투자활동이다.

04. 현금과부족 계정의 대변잔액은 결산 시점에 차변에 소멸하며, 종업원식대(복리후생비)의 이중기입(과대기록)된 것을 대변에 소멸시킨 후 나머지 원인불명액은 잡이익으로 처리한다.

05. 지폐와 동전 + 타인발행수표 + 배당금지급통지표 + 만기가 2개월 이내인 채권 = 390,000원이고, 양도성예금증서(180일 만기)와 만기가 1년 후인 정기예금은 단기금융상품 계정으로 처리하고, (마)의 약속어음은 만기가 결산 시점으로부터 1년 이상이므로 장기성받을어음 계정으로 처리한다.

06. 금융자산은 최초 인식 시점에 계약상 현금흐름의 특성과 금융자산 관리를 위한 사업모형을 변경하는 경우에만 영향을 받는 모든 금융자산을 재분류할 수 있고 소급법은 적용하지 않는다. 사실 금융자산의 재분류는 1급 출제기준에 속한다.

07. 토지, 건물 등을 구입하기 위해 지급하는 계약금은 선급금 계정이 아닌 건설중인자산 계정으로 처리한다.

08. 가와 나는 유형자산으로 분류하고, (라)는 재고자산으로 분류한다.

09. 11월 25일 현재 외상매출금 계정의 잔액은 대한상점 600,000원과 민국상점 100,000원의 합계 700,000원이다.

10. (가) : (차)복리후생비 100,000 (대) 미지급금 100,000, (나) : (차)단기차입금 1,000,000 (대) 미지급금 1,000,000, (다) : (차)토지 20,000,000 (대)미지급금 20,000,000

11. 기업이 종업원이나 거래처 등에 현금을 빌려 준 경우에는 단기대여금 계정의 차변에 기입한다.

12. 매출원가 : 순매출액 × (1 − 매출총이익률) = 1,400,000원
소실된 재고자산은 기말재고액이므로 기초재고자산 + (총매입액 − 매입환출액) − 매출원가 = 380,000원이다.

13. 토지 30,000,000+건물 50,000,000+소유권이전 제비용+(건물철거비용−구건물 철거부수입) = 81,000,000원이다. 신건물 설계비는 신축 건물의 취득원가에 포함될 금액이다. 단, 신규취득한 건물을 철거하는 경우의 건물장부금액은 토지의 취득원가에 포함하지만, 기존에 사용 중이던 건물을 철거하는 경우의 건물 장부금액은 처분손실로 하고 철거비는 당기의 기타비용으로 처리한다.

14. 경영진이 의도하는 방식으로 가동될 수 있는 장소와 상태에 이른 후에는 원가를 더 이상 인식하지 않는다. 따라서 유·무형자산을 사용하거나 이전하는 재배치 과정에서 발생하는 원가는 취득원가에 포함하지 아니하고 당기 비용으로 처리한다.

15. 배당금 : 자본금 × 배당률 = 500,000원, 이익준비금 : 이익배당액 × 1/10 = 50,000원(참고로 이익준비금의 적립은 금전배당의 1/10이었으나 2012.4. 상법의 개정으로 이익배당의 1/10이다.)

16. 미래 경제적 효익이 기대되지 않는 지출은 자산으로 계상할 수 없고 비용으로 처리해야 한다.

17. 1급출제기준에 속한다. 추세분석은 수평적분석이라고도 하는데 특정 기업의 당해 회계연도와 직전연도를 비교하는 형식으로 공시하는 비교재무제표를 토대로 한 기업의 과거와 현재를 비교하기 위해 기준연도 이후 몇 년간 재무제표 항목 변동의 크기와 그 방향을 파악하기 위한 분석기법이다. 기업 간의 회계처리방법에 차이가 있으면 적용불가능하다. 보기4번은 수직적분석(요소구성비율분석)에 대한 설명이다. (과정평가형 대비서인 한 권으로 끝내는 2급필기 통합본 184쪽 참고)

18. 한국채택국제회계기준 제1115호 '고객과의 계약에서 생기는 수익' 기준서에서는 5단계의 절차를 거쳐 수익을 인식하도록 규정하고 있다. [① 고객과의 계약을 식별 - ② 수행 의무를 식별 - ③ 거래 가격을 선정 - ④ 거래 가격을 계약 내 수행 의무에 배분 - ⑤ 수행 의무를 이행할 때 수익의 인식]

19. 대손 추정에 있어 연력분석법이라고 제시를 했으나 자료가 부족하지만 억지로 맞춘다면 박스 안의 각각의 매출채권 잔액에 추정율을 곱하여 결산 전 대손충당금 잔액을 차감한다. (500,000×0.5%) + (50,000×5%) + (10,000×10%) + (10,000×20%) = 8,000−5,000 = 3,000원

20. 주식분할(stock splits)은 이미 발행한 주식의 액면금액을 1 : 2, 1 : 3 등과 같이 여러 개의 주식으로 분할하여 재발행하는 것이다. 주식분할을 하면 발행주식수가 증가하고 액면금액은 낮아지지만 자본금계정(납입자본)에는 증감이 없지만 발행주식수가 증가하므로 주당순이익의 크기에 영향을 미친다. 주식배당은 발행총주식수를 증가시키지만 1주당 액면금액에는 영향을 주지 않는다.

원가회계 해설

21. 원가는 정상적인 경영과정에서 발생된 가치의 소비를 말하며 비정상적 또는 우발적으로 발생한 가치의감소 및 과다소비는 원가에 포함되지 않는다.

22. 조업도에 따라 그 총액이 변동하는 원가는 변동원가이고, 총액이 변동하지 않는 원가는 고정원가이다.

23. 다양한 제품을 생산하는 공장의 건물 감가상각비는 제조간접원가이다.

24. 완성된 작업지시서 #102의 합계액이 완성품제조원가이므로 기초제품재고액 + (500,000+200,000+100,000+200,000) − 기말제품재고액 = 700,000원 (매출원가)

25. 부문별원가계산의 순서는 부문개별비의 부과 − 부문공통비의 배부 − 보조부문비의 배부 − 제조부문비의 배부의 순이다.

26. 원가의 배부 중 가장 우선이 인과관계에 따라 제품에 배부한다.

27. 동력부문 : 700,000 × 15/25+20+15+10 = 150,000원

28. 화재보험료 : (600,000 ÷ 12개월) + 임차료 100,000 + (1,200,000 ÷ 12) = 250,000원

29. 배부율 : 1,800,000 ÷ 6,000시간 = @₩300, 배부액 : 3,000시간×300 = 900,000원

30. 46 − (8 × 50%) + (12 × 50%) = 48단위

31. 전공정원가의 완성도는 차공정에 최초로 투입되는 것이므로 항상 100%이다.

32. 종합원가계산에서 단위당원가는 당기총제조원가에서 기말재공품원가를 차감하여 계산한다.

33. 보기4번에서 그 희생을 미래로 이연하는 원가를 미소멸원가라고 한다.

34. 과소와 과대배부의 기준은 예정배부액이 실제발생액보다 많이 배부하면 과대배부이고 적게 배부햇다면 과소배부이다.

35. ƒU예정배부율 : 1,200,000 ÷ 600,000 = 2,
ƒU예정배부액 : 실제직접노무원가 × 예정배부율 = 1,600,000원
ƒU따라서 예정배부액 1,600,000원 < 실제발생액 1,800,000원 = 200,000원 과소배부

36. 제조기업의 재고자산은 원재료, 재공품, 반제품, 제품이다.

37. 당월 발생의 제조간접원가는 재공품 계정 차변에 대체한다.

38. 각 제품의 크기는 간접원가(공장 임차료)의 배부기준이 될 수 없다.

39. 간접재료비 + 간접노무비 + 수선유지비 + 수도광열비 = 230,000원이다. 외주가공비는 직접제조경비에 속한다.

40.

기 계 수 선 비			
전 월 선 급 액	25,000	당 월 소 비 액	(220,000)
당 월 지 급 액	240,000	당 월 말 선 급 액	45,000

외 주 가 공 비			
당 월 지 급 액	500,000	전 월 미 지 급 액	50,000
당 월 미 지 급 액	80,000	당 월 소 비 액	(530,000)

ƒU따라서 기계수선비 220,000 + 외주가공비 530,000 = 750,000원

제11회 기출문제 정답

2019년 2회기출

[제1과목 : 재무회계]

1.④	2.①	3.③	4.③	5.④
6.③	7.④	8.①	9.④	10.②
11.②	12.②	13.③	14.②	15.①
16.④	17.③	18.④	19.③	20.④

[제2과목 : 원가회계]

21.④	22.②	23.③	24.④	25.②
26.②	27.④	28.④	29.①	30.④
31.②	32.①	33.③	34.③	35.③
36.③	37.①	38.②	39.③	40.④

재무회계 해설

01. 일정한 원리원칙이 없이 단순하게 현금의 수입과 지출만을 기록하는 불완전한 기입방법이 단식부기이고 주로 가계에서 적용하고 있으며, 일정한 원리원칙에 따라 재화의 증감은 물론, 손익의 발생을 기록하는 방법은 복식부기이다.

02. 300,000 + 보험료 선급분(자산) – 임대료 선수분(부채) + 이자 미수분(자산) – 급여 미지급분(부채) = 270,000원

03. 박스 안의 내용은 현금및현금성자산에 대한 설명이다. 보기3번 : (차)정기예금 1,000,000 (대) 보통예금 1,000,000으로 현금및현금성자산이 감소하는 거래이다. 4번은 회계상의 거래가 되지 않는다.

04. 자본변동표는 기업의 자본의 크기와 그 변동에 관한 정보를 포괄적으로 제공하는 재무제표이다. 비유동자산의 변동은 표시하지 않는다.

05. 금융자산 중 현금성자산의 요건(취득 시 만기일이나 상환일이 3개월 이내인 단기금융상품)을 충족하지 못하는 경우에는 결산일로부터 1년을 기준으로 단기금융상품(단기금융자산)으로 분류될 수 있다.

06. 보기3번은 유형자산으로 분류한다.

07. 투자부동산 공정가치모형으로 측정할 경우의 발생하는 손익은 당기의 손익에 반영된다. 20×1년 12월 31일 공정가치 ₩360,000 – 20×2년 12월 31일 공정가치 ₩300,000 = 60,000원

08. 기업의 주된 영업활동인 상품 이외의 건물, 비품 등의 구입 및 판매 거래에서 발생하는 채권, 채무는 미수금과 미지급금 계정으로 나타난다.

09. 가 : (차) 매입 200,000 (대) 지급어음 200,000
나 : (차) 당좌예금 300,000 (대) 받을어음 300,000
다 : (차) 받을어음 500,000 (대) 매출 500,000
라 : (차) 당좌예금 380,000 매출채권처분손실 20,000 (대) 받을어음 400,000

10. 약속어음이든 환어음이든 수취인은 받을어음(매출채권)으로, 약속어음의 발행인이나 환어음의 지급인(인수인, 지명인)은 지급어음(매입채무)으로 회계처리한다.

11. 9/10 평균단가 : [(200×100)+(200×200)] ÷ (200+200) = 150원,
매출총이익 : 250 × (300-150) = 37,500원

12. (1) 다음의 지출은 유형자산의 원가에 포함하지 않고 발생 즉시 비용으로 처리한다.
  ① 새로운 시설을 개설하는 데 소요되는 원가
  ② 새로운 상품과 서비스를 소개하는 데 소요되는 원가(광고 및 판촉활동과 관련된 원가)
  ③ 새로운 지역에서 또는 새로운 고객층을 대상으로 영업을 하는 데 소요되는 원가(직원 교육훈련비)
  ④ 관리 및 기타 일반간접원가

(2) 유형자산이 경영진이 의도하는 방식으로 가동될 수 있는 장소와 상태에 이른 후에는 원가를 더 이상 인식하지 않는다. 따라서 유형자산을 사용하거나 이전하는 과정에서 발생하는 원가는 당해 유형자산의 장부금액에 포함하지 아니한다.
  ① 유형자산이 경영진이 의도하는 방식으로 가동될 수 있으나 아직 실제로 사용되지 않고 있는 경우 또는 가동수준이 완전조업도 수준에 미치지 못하는 경우에 발생하는 원가
  ② 유형자산과 관련된 산출물에 대한 수요가 형성되는 과정에서 발생하는 가동손실과 같은 초기 가동손실
  ③ 기업의 영업 전부 또는 일부를 재배치하거나 재편성하는 과정에서 발생하는 원가

13. 특허권은 특허권 취득을 위하여 직접 사용된 금액 ₩700,000을 취득원가로 계상하고, 개발비 미상각 잔액은 특허권으로 대체하지 아니하고, 개발비 계정은 자체적으로 기간 내 상각한다.

14. 실물자산, 리스자산, 무형자산 및 선급금과 선급비용은 금융자산이 아니다.

15. 액면이자율=시장이자율 : 액면(평가)발행, 액면이자율<시장이자율 : 할인발행, 액면이자율>시장이자율 : 할증발행

16. 확정급여제도에서 종업원에 대한 퇴직금 지급 시에는 (차)확정급여채무 (대)사외적립자산으로 회계처리한다.

17. 이자수익 : 받을 이자수익이 발생한 시점, 재화의 판매 : 해당 재화를 판매(인도)한 날, 상품권 판매수익 : 해당 상품권의 교환으로 상품을 판매한 날

18. 가 : (차) 외상매출금 100,000 (대) 매출 100,000
나 : (차) 매입 100,000 (대) 외상매입금 100,000

19. 보기1번 : (차) 현금 (대) 임대료, 2번 : (차) 비품 (대) 현금, 3번 : (차) 당좌예금 (대) 매출, 4번 : (차) 잡손실 (대) 현금

20. 상품권 판매 : 해당 상품권의 교환으로 상품을 판매한 날, 시용판매 : 고객으로부터 매입의사를 통지받은 날, 위탁판매 : 수탁자가 위탁품을 판매한 날

원가회계 해설

21. 영업부서의 급여, 인센티브는 제조원가에 포함하지 않고 판매비와관리비에 속한다.

22. 원가 중 기업의 수익획득에 기여하지 못하고 소멸된 부분은 손실로 처리하고, 수익획득에 기여하고 소멸된 부분은 비용으로 처리한다.

23. 제조간접비 중 공장의 전화요금은 전화사용량에 상관없이 지출해야하는 기본요금(고정비)와 사용량에 따라 변화하는 사용요금(변동비)으로 대표적인 준변동비가 있다. 이외에도 전력비, 수선유지비 등이 있으며, 기초원가(기본원가)는 제조직접비이다. 모든 공장의 노무비에는 직접노무비가 포함된다. 제조간접비는 특정 제품에 소비된 원가를 추적할 수 없으므로 합리적인 배부기준에 따라 각 제품에 배부해야 한다.

24. 원가행태기준은 고정비와 변동비를 구분하는 원가의 분류 기준이다.

25. 재료감모손실은 (장부재고량 - 실제재고량)×단위당원가 = 10,000원 중 정상분 6개×500 = 3,000원은 원가에 산입시키므로 제조간접비 계정으로 대체하고, 비정상분 14개×500 = 7,000원은 원가외비용이므로 손익 계정으로 대체한다.

26.

제 조 부 문 비	
실제배부액 50,000	예정배부액 55,000
부문비배부차이 5,000	

27. • 공장전체 배부율 : 28,000÷1,000시간 = 28×100시간 = 2,800원
• 부문별 배부율 : 제1부문 ~ 12,000÷600시간 = 20×45시간 = 900원
　　　　　　　　 제2부문 ~ 16,000÷400시간 = 40×55시간 = 2,200원

28. 제조간접비와 직접노동시간은 비례관계에 있다는 것은 특정 활동과 관련하여 발생한 원가와 원가 대상 사이에 인과관계에 입각하여 배부하는 기준을 말한다.

29. (동력 : 75,000×25/50+25 = 25,000) + (용수 : 60,000×40/40+40 = 30,000) = 55,000원

30. 정상개별원가계산은 직접제조원가를 제외한 제조간접원가만을 예정배부율을 사용해 예정원가로 계산하는 것을 말한다.

31. 총결합원가를 X라고 한다.
X × 400개/400+1,200 = 50,000원이므로 X = 200,000원
따라서 B제품의 결합원가는 간단히 200,000−50,000 = 150,000원으로 계산할 수 있고, 또는 200,000×1,200/400+1,200 = 150,000원

32. 월말재공품원가 : (150,000+600,000) × 50/100+50 = 250,000원
150,000+600,000−250,000 = 500,000원(제조원가)÷100개 = 5,000원

33. 제1공정의 완성품을 제2공정으로 투입되는 것을 전공정대체액(전공정대체품)이라 한다.

34. • 재공품 계정의 차변합계에서 대변의 기말재공품을 차감하면 = 594,000원 (당기제품제조원가)
• 기초제품+당기제품제조원가− 기말제품 = 585,000원(매출원가)
• 매출액 1,000,000 − 매출원가 585,000 = 415,000원(매출총이익)

35. 부문별 원가계산의 절차는 1. 부문개별비 부과, 2. 부문공통비의 배부, 3. 보조부문비를 제조부문에 배부, 4. 제조부문비를 각 제품에 배부의 순으로 한다.

36. • 제조1부문 : 500,000+(동력 : 300,000×40/40+40 = 150,000)+(수선 : 200,000×30/30+30 = 100,000) = 750,000/1,000시간 = 750원
• 제조2부문 : 400,000+(동력 : 300,000×40/40+40 = 150,000)+(수선 : 200,000×30/30+30 = 100,000) = 650,000/500시간 = 1,300원

37. 생산부서식대 + 감가상각비(공장) + 보험료(공장화재보험) + 지급임차료 + 수선비(공장시설) = 14,100원

38. 부문공통비의 배부는 제2단계에 속한다.

39.

재 공 품	
기 초 재 공 품 100,000	완 성 품 원 가 1,000,000
직접재료원가 500,000	기 말 재 공 품 200,000
직접노무원가 ( )	
제조간접원가 ( )	
1,200,000	1,200,000

• 1,200,000−기초재공품−직접재료원가 = 600,000원(직접노무원가+제조간접원가)
• 600,000÷(1+0.5) = 400,000원(직접노무원가), 기본원가(제조직접비)이므로 직접재료원가 + 직접노무원가 = 900,000원

40.

절 단 부 문 비	
실 제 발 생 액 80,000	예 정 배 부 액 100,000
(제조간접비)	(재 공 품)

조 립 부 문 비	
실 제 발 생 액 90,000	예 정 배 부 액 120,000
(제조간접비)	(재 공 품)

• 예정배부 : (차) 재공품 220,000
　　　　　　(대) 절단부문비 100,000, 조립부문비 120,000
• 실제발생 : (차) 절단부문비 80,000, 조립부문비 90,000
　　　　　　(대)제조간접비 170,000

제12회 기출문제 정답

2019년 3회기출

【 제1과목 : 재무회계 】

1. ②	2. ③	3. ③	4. ③	5. ①
6. ②	7. ④	8. ③	9. ③	10. ③
11. ①	12. ②	13. ①	14. ③	15. ④
16. ③	17. ①	18. ④	19. ①	20. ④

【 제2과목 : 원가회계 】

21. ④	22. ①	23. ①	24. ②	25. ①
26. ③	27. ②	28. ④	29. ①	30. ③
31. ②	32. ③	33. ③	34. ①	35. ④
36. ④	37. ①	38. ②	39. ②	40. ③

재무회계 해설

01. 임대보증금은 임대기간이 1년 이내이면 유동부채이고, 임대기간이 1년 이상이면 장기임대보증금으로 비유동부채로 분류한다. 단, 임차보증금은 기타비유동자산에 속한다. 나머지 보기들은 비유동자산에 속한다.

02. 보기3번의 분개를 추정하면 상품을 매입하고 대금은 보통예금 계좌에서 이체 지급한 거래로 추정이 된다. 이 거래는 기간 도중에 발생하는 거래이므로 결산수정분개는 아니다.

03. 보기3번의 포괄손익계산서는 일정기간의 기업의 재무성과(경영성과)를 나타내는 보고서이다.

04. 재평가잉여금과 해외사업장 환산손익 및 기타포괄손익−공정가치측정금융자산 (FVOCI)의 재측정 손익은 기타포괄손익에 해당한다. 여기서 FVOCI 재측정 손익은 FVOCI 평가손익을 의미한다. 관계기업의 이익에 대한 지분은 관계기업투자주식을 증가시키고 당기이익인 지분법이익(기타수익)으로 처리한다.

05.

은행계정조정표			
회사측 당좌예금 잔액	4,500,000	은행측 당좌예금 조정 전 잔액	(4,834,500)
가. 어음추심(액면과 이자)	+205,000	다. 은행미기입예금	+350,000
나. 은행수수료(차감액 미통지)	−20,500	라. 은행기입착오	−200,000
		마. 기발행미인출수표	−300,000
조정 후 잔액	4,684,500	조정 후 잔액	4,684,500

① 본 문제는 위와 같이 은행계정조정표를 작성하면서 먼저 왼쪽의 회사측 당좌예금 조정 후 잔액 4,684,500원을 구한다.
② 조정 후 잔액은 회사측과 은행측이 동일해야 한다는 원리를 이용하여 오른쪽 밑의 4,684,500원에서 은행측의 불일치 원인을 역으로 계산(4,684,500+마+라−다) = 은행측 당좌예금 조정 전 잔액 (4,834,500원)을 구하면 된다.

06. 토지 구입 시 토지 위에 있던 낡은 건물을 철거하는 경우의 철거비용은 토지의 취득원가에 가산한다. 단, 기존에 사용 중이던 건물의 철거비용은 당기의 기타비용으로 처리하고 건물의 장부금액은 유형자산폐기손실로 처리한다.

07. 환어음의 발행인(A상점)은 어음 채권, 채무와 관련없이 대변에 외상매출금이 감소한다.

08. 투자부동산이란 임대수익이나 시세차익을 얻기 위하여 보유하고 있는 부동산을 말한다. 보기1번은 유형자산에 속하고, 보기2번과 4번은 재고자산으로 분류한다.

09. 1년간의 실질 이자비용은 사채 발행금액 95,189에 유효이자율(본 문제에서 유효이자율의 제시가 없지만 할인발행을 했으므로 유효이자율은 액면이자율 10%보다 높을 것이다.)을 곱한 금액으로 액면이자지급액+사채할인발행차금 상각액이다. (100,000×10%) + 차금상각액이다. 10%는 액면이자율이므로 실질이자비용이 아니다.

10. • 문제에서 설비자산(건물 등)의 취득원가 제시가 없으므로 임의의 금액 500,000원으로 하고 잔존가치는 ₩0으로 가정하여 3차 연도의 감가상각비를 계산하면, 정액법 : (500,000-0)÷5년=100,000원으로 매년도 감가상각비가 일정하므로 3차 연도의 감가상각비도 100,000원이다.
    • 연수합계법 : (500,000-0)×3/5+4+3+2+1=100,000원이므로 3차 연도의 감가상각비는 두 방법에 의한 금액이 같다.

11. 임차보증금은 기타비유동자산으로 분류한다.

12. 미래에 현금을 수취할 계약상의 권리가 아닌 실물자산, 리스자산과 무형자산 및 재화나 용역을 수취할 선급비용, 선급금은 금융자산이 아니다.

13. 7월의 계정 기록은 제2기분 부가가치세이므로 제외하고 130,000-100,000 = 30,000원이 납부세액이다.

14. 대손처리 시 : (차) 대손충당금 50,000, 대손상각비 20,000 (대) 매출채권 70,000이고, 20×2년 말 결산 시 : (차) 대손상각비 60,000 (대) 대손충당금 60,000이므로 20×2년 포괄손익계산서에 표시될 대손상각비는 20,000 + 60,000 = 80,000원 이다.

15. 보기4번의 수선유지비는 수익적지출에 해당하므로 당기의 비용으로 처리한다.

16. • 기말재고자산은 취득원가와 순실현가능가치(예상판매가격-예상판매비용) 중 낮은 가격으로 평가하는 저가법을 적용하여 평가손실을 계상한다. 갑 : 100-(110-20) = 10, 을 : 100-(150-20) = -30으로 평가이익은 계상하지 않고, 병 : 100-(90-10) = 20, 따라서 평가손실 합계는 30원이다.
    • 매출가 : 200+1,000-(100+100+100) = 900 + 평가손실 30원 산입하면 930원이고, 기말재고자산은 100+100+100-30 = 270원이다.

17. 주식발행초과금 : 61,000,000 - (5,000×10,000주) = 11,000,000 - 신주발행비 1,000,000 = 10,000,000

18. 당기손익-공정가치측정금융자산의 장부금액 : 기말 보유주식 300주×공정가치 110 = 33,000원, 관련손익은 기중 처분 시 : 200주×(120-100) = 4,000원(처분이익)과 기말 평가 시 : 300주×(110-100) = 3,000원(평가이익)으로 당기순손익은 4,000(처분이익)+3,000(평가이익) = 7,000원이다. 당기손익-공정가치측정금융자산은 기타포괄손익과는 관련이 없으므로 ₩0이다.

19. 자사 발행의 주식을 매입소각 시 액면금액과 매입금액과의 차액은 감자차익으로 처리한다.

20. 보기4번 : 품질보증서비스의 제공 가능성이 높고, 금액이 신뢰성 있게 추정된다면 매 결산 시 품질보증충당부채를 설정함과 동시에 비용 인식한다. 충당부채를 설정한 이후에 실제 보증서비스를 제공하여 이와 관련된 지출이 발생한 경우 설정된 충당부채금액을 한도로 하여 충당부채를 차감하며 만약 지출한 금액이 설정한 충당부채보다 많다면 그 초과금액은 당기의 비용으로 인식한다.
    【참고】법적의무란 명시적 또는 묵시적 조항에 따른 계약, 법률, 기타 법적효력에 의하여 발생하는 의무를 말하고, 의제의무란 과거의 실무관행이나 발표된 경영방침 또는 구체적이고 유효한 약속 등을 통하여 기업이 특정 책임을 부담하겠다는 것을 상대방에게 표명하고, 그 결과 기업이 당해 책임을 이행할 것이라는 정당한 기대를 상대방이 가지게 되었을 때 발생하는 의무를 말한다.)

원가회계 해설

21. 원가행태에 따른 원가는 고정원가와 변동원가로 분류하는데 직접재료원가와 직접노무원가는 변동제조간접원가와 함께 모두 변동원가에 속한다.

22. • 원재료 소비액 : 200,000+1,000,000-500,000 = 700,000원,
    • 당기제품제조원가 : 500,000+700,000+800,000+400,000-800,000 = 1,600,000원
    • 매출원가 : 600,000+1,600,000-300,000 = 1,900,000원
    • 매출총이익 : 1,900,000×10% = 190,000원

23. 기회원가는 기회비용이라고도 하며, 의사결정의 여러 대안 중 하나를 선택하면 다른 대안은 포기할 수 밖에 없는데 이 때 포기해야 하는 대안에서 얻을 수 있는 최대의 금액(효익)을 말하는 것으로 본 문제에서는 사용하던 트럭을 3천만 원에 처분하느냐? 유니세프에 무상으로 기증하느냐? 의사결정에서 최대의 금액(효익) 3천만 원이 기회원가이다.

24. • 재료소비액 : 30,000+350,000-40,000 = 340,000원
    • 당기제품제조원가 : 80,000+340,000+700,000+430,000-60,000 = 1,490,000원
    • 매출원가 : 150,000+1,490,000-200,000 = 1,440,000원

25. 부문별원가계산의 마지막 절차는 제조부문에 발생한 원가를 재공품 계정에 대체한다.

26. • 예정배부율 : 250,000 ÷ 100,000시간 = 2.5
    • 제조간접비 예정배부액 : 2.5 × 105,000시간 = 262,500원
    • 예정배부액 262,500 > 실제발생액 260,000 = 과대배부 2,500원

27. • 제조1부문 : 10,000,000 ÷ 10,000시간 = 1,000
    • 제조2부문 : 5,000,000 ÷ 5,000시간 = 1,000

28. 오토바이 사업부를 노무시간과 기계사용시간을 기준으로 제조간접비를 각각 배부해보면
    • 노무시간 기준으로 배부 : 1,000,000×30,000/10,000+30,000= 750,000원
    • 기계사용시간 기준으로 배부 : 1,000,000×25,000/25,000+25,000= 500,000원 이므로 이익(성과)을 기준으로 사업부를 평가한다면 제조간접비 배부액이 적은 기계사용시간을 기준으로 하면 된다.

29. 50,000×40,000/100,000 = 20,000

30. 공정을 중심으로 원가계산이 이루어지는 형태는 공정별종합원가계산이다.

31. 분리점 이전에 발생된 원가는 결합원가이다.

32. 소비임률은 주로 제품 생산을 위해 소비된 임금을 계산하는 임률이고 기준임금액을 계산하기 위한 것은 지급임률이다.

33. 관리팀급여 + 영업팀급여 +영업팀성과급 + 대리점판매수수료 +관리팀, 영업팀 건물감가상각비 = 236,000원

34. 50,000×40,000/40,000+60,000 = 20,000원

35. 보기4번 : 6월의 경비 소비액은 60,000 ÷ 6개월 = 10,000원이다.

36. 50,000 + 300,000 + 650,000 + (2,000,000×650,000/1,000,000) = 2,300,000원

37. 전공정원가는 완성도100%로 인식한다. 420-120+100 = 400단위

38. 총결합원가를 X로 하여 (X) × 140,000/140,000+60,000 = 35,000 X = 50,000원

39. 부산물은 주산물에 비해 판매가치가 현저히 낮으므로 주산물과 같이 결합원가를 배부할 수 없다. 부산물의 회계처리는 (1) 생산기준법(원가차감법) : 생산시점에서 부산물의 원가를 결합원가 중 순실현가치(판매가치-판매관리비와 추가가공비)를 차감하여 주산물에 배부하는 방법이다. (2) 판매기준법 : 판매시점에서 판매된 부산물의 순수익을 잡이익으로 처리하는 방법으로 부산물을 생산시점에서 인식하지 않고 판매시점에서 인식하므로 결합원가에 영향을 미치지 않는다.
    • 주산물A의 결합원가 배부액 : 300,000-(40,000-10,000-15,000) = 285,000
    • 주산물A의 매출원가 : 285,000-기말재고 25,000 = 260,000

40. 제3공정 월초재공품 + 직접재료원가 + 가공원가 + 제2공정 완성품원가(전공정대체액) - 제3공정 월말재공품 = 7,600,000원, 제1공정 완성품원가는 제2공정으로 대체한 것이므로 제2공정 완성품원가에 포함되어 있다고 보아야 한다.

제13회 기출문제 정답

2020년 1회기출

【 제1과목 : 재무회계 】

1. ②	2. ①	3. ④	4. ①	5. ①
6. ②	7. ④	8. ③	9. ②	10. ③
11. ②	12. ②	13. ④	14. ②	15. ①
16. ③	17. ③	18. ④	19. ②	20. ②

【 제2과목 : 원가회계 】

21. ③	22. ③	23. ①	24. ③	25. ②
26. ①	27. ④	28. ②	29. ③	30. ①
31. ①	32. ①	33. ①	34. ③	35. ①
36. ②	37. ①	38. ①	39. ③	40. ①

01. 중립적 서술은 완전한 서술과 오류가 없는 서술과 함께 표현 충실성의 하부개념이다.

02.

은 행 계 정 조 정 표

은행측 당좌예금 원장잔액	₩79,510	회사측 당좌예금출납장 잔액	₩75,050
(가) 발행수표 미결제분	(-)10,300	(나) 어음대금 지급분 미통지	(-) 4,800
(바) 예입금액 마감후 처리분	(+) 7,700	(다) 예입수표 오기액	(-) 2,700
		(라) 외상매출금 당좌이체 미통지	(+) 7,600
		(마) 당좌차월이자 차감 미통지	(-) 240
		(사) 어음추심완료 미통지	(+) 2,000
	76,910		76,910

03. 투자부동산의 공정가치 변동으로 발생한 손익은 발생기간의 기타손익(영업외손익)으로 분류한다.

04. 재평가잉여금은 기타포괄손익이고, 사채상환이익은 기타손익, 자기주식처분이익은 자본잉여금, 이익준비금은 이익잉여금으로 분류한다.

05. 현금흐름표상에는 영업활동으로 인한 현금흐름을 계산하는데 있어 직접법(direct method)과 간접법(indirect method) 두 가지 방법을 사용한다. 직접법은 총현금유입과 총현금유출을 주요 항목별로 구분하여 표시하는 방법이고, 간접법은 당기순손익에서부터 시작하여 현금흐름에 영향이 없는 거래들과 투자활동 및 재무활동에 포함되는 거래를 제거하고 영업활동으로 인한 자산과 부채의 영향을 고려함으로써 계산한다.

06. 2장의 전표를 분개로 추정하면 (차) 유동성장기부채 1,500,000 (대) 현금 1,000,000 당좌예금 500,000이다. 유동부채를 현금과 당좌수표 발행하여 상환하는 거래이므로 유동부채와 유동자산이 감소한다. 유동성장기부채란 장기차입금(비유동부채)이 결산일로부터 상환기일이 1년 이내로 도래하는 경우 장기차입금을 대체하는 유동부채이다. 따라서 비유동부채가 감소하는 시기는 장기차입금에서 유동성장기부채로 대체되는 분개를 할 때이다.

07. 자본변동표란 기업의 자본금, 자본잉여금, 자본조정, 기타포괄손익누계액, 이익잉여금(또는 결손금)의 크기와 그 변동에 관한 정보를 포괄적으로 제공하기 위한 재무제표를 말하는 것으로 장기대여금은 표시되지 않는다.

08. (주)대한 : 1,650,000-1,500,000=150,000(평가이익), (주)서울 : 1,000,000 - 900,000= 100,000(평가손실)이므로 당기손익-공정가치금융자산평가이익이 50,000원(기타이익)이 발생한다. 기타이익은 자본잉여금과 기타포괄손익누계액과 영업이익에는 영향이 없다.

09. 계약상 현금흐름을 수취하기 위해 보유하는 것이 목적인 사업모형 하에서 금융자산을 보유하면서 계약조건에 따라 특정일에 원리금 지급만을 목적으로하는 금융자산은 상각후원가측정금융자산으로 분류한다.

10.

대 손 충 당 금

대손확정	5,000	전기이월	10,000
차기이월	20,000	당기설정분	(15,000)
	25,000		25,000

11. 업무용 노트북은 비품으로 처리하고, 대금을 신용카드로 결제하면 미지급금으로 처리한다.

12.

대 손 충 당 금

대손확정	2,000	전기이월	10,000
차기이월	7,500	전년도대손회수분	1,000
대손충당금환입	(1,500)		
	11,000		11,000

매출채권 순장부금액 : 180,000-7,500 = 172,500원(본 문제에서 손상추정액이 대손충당금 차기이월액이다.)

13. 원료를 공급하기로 계약하고 수취한 계약금은 선수금으로 계상한다.

14. 선적지인도조건으로 판매한 재고자산은 선적 시 재고자산의 소유권이 판매자에서 매입자로 이전되었으므로 매입자의 재고자산으로 분류한다. 만약 도착지인도조건으로 판매하여 운송중이면 도착하기 전까지는 판매자의 재고자산으로 분류한다.

15. 기말재고액을 저가법(순실현가능가치 = 예상판매가격 − 예상판매비)으로 평가하는 문제이다.
- 갑상품 : 10,000−(11,000−2,000) = 1,000(평가손실), 을상품 : 10,000−(15,000−2,000) = 3,000(평가이익은 계상하지 않는다.), 병상품 : 10,000 − (9,000−2,000) = 3,000(평가손실)
- 따라서 재고자산평가손실 : 1,000+3,000 = 4,000원이다.
- 기말재고액 : 10,000+10,000+10,000−4,000 = 26,000원
- 매출원가 : 기초20,000+당기매입액100,000−26,000 = 94,000원(또는 20,000+100,000−30,000=90,000+4,000 = 94,000원)

16. 거래가격에는 제3자를 대신해서 회수한 금액은 포함하지 않는다.

17. 상업적실질이 존재하면서 교환으로 취득하는 자산의 취득원가는 제공하는 자산의 공정가치400,000원이다. 분개를 표시한다면 (차)기계장치 400,000 (대) 기계장치 350,000 유형자산처분이익 50,000

18. 퇴직급여부채와 같은 충당부채는 금융부채가 아니다.

19. 차기의 수선비 발생가능가치(기대가치)는 모든 생산품에서 결함이 발생할 때의 수선비용에서 내년에 발생할 결함발생 예상율을 곱한다.
- 사소한 결함 : 1,000,000×20% = 200,000원,
- 중요결함 : 4,000,000×5% = 200,000원, 총 400,000원이다.

20. 보기1번 : (차) 자본잉여금 (대) 자본금, 3번 : (차) 미처분이익잉여금 (대) 미교부주식배당금 4번 : (차) 자본금 (대) 미처리결손금으로 자본의 실질적 감소는 없고 전체 자본에 영향이 없다. 2번 : (차) 자본금 (대) 현금및현금성자산으로 자본의 감소를 초래한다.

21. 급여 계정 차변에는 당월지급액과 당월미지급액을 기입하고, 대변에는 전월미지급액과 당월발생액을 기입한다.

22. 직접원가 15,000원 + 제조간접원가 5,000원 = 20,000원(제조원가) + 판매관리비4,000원 = 24,000원(판매원가) ×(이익은 판매원가에 이익률을 곱해서 계상하는 것이 일반적인데 본 문제에서는 제조원가의 10%라고 제시를 하였다 : 20,000×10% = 2,000원) = 26,000원(판매가격)

23.

제 조 1 부 문			
실 제 발 생 액	90,000	예 정 배 부 액	60,000
		부문비배부차이	30,000

제 조 2 부 문			
실 제 발 생 액	160,000	예 정 배 부 액	180,000
부문비배부차이	20,000		

부 분 비 배 부 차 이			
제 조 1 부 문	30,000	제 조 2 부 문	20,000
		매 출 원 가	10,000

24. 보기1번 : 기발생원가(매몰원가), 2번 : 회피가능원가 4번 : 예정원가이다.

25. 9/8 : (200개×100)+(300개×110)=53,000원, 9/25 : (100개×110)+(100개×130)=24,000원, 따라서 53,000+24,000=77,000원

26. fU #3 제조간접원가배부액 : 900,000×250,000+350,000/800,000+1,000,000 = 300,000
fU #3 제조원가 : 250,000+350,000+300,000 = 900,000원

27. 보기4번은 재무회계에 대한 설명이다.

28. 재고감모비는 재료나 제품의 보관부주의로 발생하는 감모비이므로 발생제조경비에 속한다.

29. 제조부문의 예정배부액은 예정배부율×실제발생분이다.

30. 보기2번 : 종합원가계산, 보기3번 : 변동원가계산, 보기4번 : 표준원가계산에 대한 설명이다.

31. 배부차이를 기말재공품, 기말제품, 매출제품에 재배부를 해야 하는데 기말재공품과 기말제품의 재배부를 무시하는 방법은 매출원가조정법이다.

32. 보조부문 상호간의 용역수수관계를 무시하는 방법은 직접배부법이다.

33. 원가의 배분 목적은 제조간접비의 배부를 말하므로 특정제품 생산에 소비되는 직접비는 원가의 부과라하고 배부와는 관련이 없다.

34. 40시간×정상임률 5,000 = 200,000+[초과 8시간×(5,000×1.5)] = 260,000원

35. 가. 보험료 12,000,000×4/12=4,000,000원+임차료 5,000,000 = 9,000,000원

36. 결합원가계산에서 분리점까지의 발생원가는 결합원가라고 한다.

37. 기초원가(직접원가)=직접재료원가+직접노무원가 = 300,000원

38. 재료비 : 180,000 ÷ (3,000+1,000×100%) = 45
가공비 : 68,000 ÷ (3,000+1,000×40%) = 20

39. 보조1부문 : x, 보조2부문 : y
x = 300,000+0.2y   y = 400,000+0.25x
x = 300,000+0.2(400,000+0.25x) = 300,000+80,000+0.05x =
0.95x = 380,000   그러므로 x = 400,000, y = 500,000
제조1부문 : 1,000,000+(400,000×0.4+500,000×0.5) = 1,410,000
제조2부문 : 800,000+(400,000×0.35+500,000×0.3) = 1,090,000

40. 월초재료재고액 10,000원의 임의의 금액을 대입하면 월말재료재고액은 3,000원 감소한 7,000원이 된다.

원 재 료			
월초재고액	10,000	사용액	13,000
3월구입액	(10,000)	월말재고액	7,000
	20,000		20,000

제14회 기출문제 정답

[제1과목 : 재무회계]   2020년 2회기출

1. ①	2. ④	3. ④	4. ④	5. ②
6. ②	7. ②	8. ③	9. ③	10. ④
11. ④	12. ②	13. ①	14. ②	15. ④
16. ②	17. ②	18. ③	19. ①	20. ②

[제2과목 : 원가회계]

21. ③	22. ②	23. ④	24. ②	25. ③
26. ④	27. ③	28. ④	29. ①	30. ②
31. ③	32. ④	33. ②	34. ③	35. ②
36. ③	37. ③	38. ④	39. ④	40. ①

재무회계 해설

01. 특정 보고기업에 대한 재무정보에 대한 주요 정보이용자들의 의사결정에 영향을 줄 수 있는 정보는 중요한 것이다. 유사한 항목은 중요성의 분류에 따라 재무제표에 구분하여 표시한다. 상이한 성격이나 기능을 가진 항목은 구분하여 표시하고, 중요하지 않은 항목은 성격이나 기능이 유사한 항목과 통합하여 표시할 수 있다.

02. 전기는 분개장에서 총계정원장에 옮겨 적는 절차를 말한다. 계정과목 결정, 금액결정, 차/대변결정 등은 분개를 하는 순서이다.

03. 투자부동산평가손익은 당기의 기타손익으로 분류한다.

04. (가)는 판매비(물류비)이므로 광고선전비, 운반비, 판매수수료, 판매종업원급여 등이 있다.

05. • 가계수표+자기앞수표+우편환증서+타인발행 당좌수표+취득 시 만기 3개월 이내의 채권 = 1,750,000원
• 부도수표는 매출채권 또는 장기성매출채권으로 분류하고, 만기 1년 이내의 정기예금과 양도성예금증서는 단기금융상품으로 분류한다.

06. 기발행 미인출수표는 회사가 발행하여 거래처에 인도된 수표를 수표소지인이 아직 은행에 제시하지 않아 예금 인출이 안된 상태이므로 은행잔액에서 차감해야 한다. 기발행 미인도수표는 회사가 수표를 발행은 했으나 거래처에 인도하지 않은 상태이므로 회사잔액에 다시 가산해야 한다. 은행수수료 및 이자비용은 이미 은행 예금에서 차감된 것이므로 회사잔액에서 차감해야 하고, 회사미통지 추심어음은 받을어음이 추심완료되어 은행예금에는 입금이 되었으므로 회사잔액에 가산해야 한다.

07. 선수수익이나 선수금은 거래상대방에게 현금 등의 금융자산을 인도하기로 한 계약상의 의무가 아니라 장차 재화 또는 용역을 제공해야 하는 채무이므로 비금융부채이다.

08. • 10월 15일 : (차) 대손충당금 1,000 대손상각비 500 (대) 매출채권 1,500
• 12월 31일 : (차) 대손상각비 2,000 (대) 대손충당금 2,000
따라서 500 + 2,000 = 2,500원

09. 투자부동산은 최초로 인식한 후에 당해 자산에 대한 측정은 원가모형과 공정가치모형 중 하나를 선택하여 모든 투자부동산에 적용한다. 원가모형을 적용할 경우 내용연수에 걸쳐 감가상각을 해야 하며 주석에 부동산의 공정가치를 공시해야 한다. 공정가치모형을 적용할 경우에는 모든 투자부동산에 대하여 감가상각을 수행하지 않고 공정가치로 평가하여 측정한다. 이는 감가상각을 수행하여 감가상각비를 당기손익에 반영하더라도 공정가치 평가를 통해 감가상각비 효과가 상쇄되기 때문이다. 따라서 본 문제는 원가모형을 적용한다고 제시했으므로 정액법에 의한 (400,000-0)/10년 = 40,000원의 감가상각비를 계상되므로 당기손익에 영향을 미치는 금액은 ₩40,000이다.

10. 투자부동산의 측정 시 공정가치모형을 적용할 경우에는 모든 투자부동산에 대하여 감가상각을 수행하지 않고 공정가치로 평가하여 측정한다. 따라서 4,200,000-4,000,000=200,000원(이익)

11. • 어음의 할인 시 무이자부어음은 액면금액이 만기가치이며, 이자부어음은 액면금액에 만기까지의 표시이자를 가산한 금액을 어음의 만기가치로 한다.
  • 따라서 어음만기가치 : 5,000,000+(5,000,000×10%×3/12)=5,125,000원
  • 어음 할인료 : 5,125,000×15%×2/12=128,125원, 현금수령액 : 5,125,000 -128,125 = 4,996,875원

12. 보기1, 2, 4번은 자본적지출이고, 3번 기계장치의 단순한 수선을 위한 지출은 수익적지출이다.

13. 결산 분개 : (차) 대손상각비 300,000 (대) 대손충당금 300,000

14. 12월 25일 : (차) 여비교통비 250,000 (대) 가지급금 200,000, 현금 50,000

15. • 매출총이익률은 매출액에 대한 매출총이익의 비율이다. 매출총이익률 = (매출총이익÷매출액)×100%
  • 매출원가 : 매출액×(1-매출총이익률), 2,000,000×(1-30%) = 1,400,000원(매출원가)
  • 300,000 + 1,500,000 - 20,000 - 1,400,000 = 380,000원(소실된 기말재고자산)

16. 선급금은 자산에 속한다.

17. 박스 안은 무형자산에 대한 설명이므로 영업권이 이에 속한다.

18. • (차) 현금및현금성자산 395,000, 주식할인발행차금 105,000 (대) 자본금 500,000
  • 신주발행비는 발행금액서 차감하므로 주식할인발행차금이 많아진다.

19. 위탁판매의 수익인식 시기는 수탁자가 위탁품을 판매한 날이다.

20. 2단계는 수행의무의 식별인데 하나의 계약으로 고객에게 이전해야 할 재화나 용역이 여러 가지일 경우 이를 하나의 수행의무로 인식할지 여러 수행의무로 구분하여 인식할지는 판단해야 한다. 왜냐하면 여러 개의 수행의무일 경우 다음에 이어지는 3단계에서 거래가격을 각 수행의무에 배분하기 때문이다. 즉 하나의 계약에 여러 수행의무가 포함될 수 있다는 것이다.

원가회계 해설

21. 보기3번은 재무회계의 목적 중 하나이다.

22. 조업도의 증감에 관계없이 발생하는 고정비 즉, 조업도가 0일 때에도 발생하는 고정원가와 조업도의 변화에 따라 일정비율로 증가하는 변동원가의 두 부분으로 구성되는 원가를 혼합원가 또는 준변동원가라고 한다.

23. 보조부문비 배분 시 계산의 정확성은 상호배부법-단계배부법-직접배부법 순으로 높게 나타난다.

24. 10,000 + 2,500 + (125시간×10) = 13,750원

25. #101의 총계 ₩145,000과 #102의 총계 ₩143,000을 합계한 ₩288,000이다.

26. 260,000×20,000/800,000=6,500

27. 개별원가계산형태도 표준원가계산제도를 적용할 수 있다.

28. ① 각 제품별 순실현가치(최종 판매가치 - 2차가공비)를 구한다.
  A : (500×40)-10,000 = 10,000, B : (1,000×25)-5,000 = 20,000
  C : (800×35)-18,000 = 10,000
  ② B제품 결합원가 배부액 : 10,000×20,000/10,000+20,000+10,000 = 5,000
  ③ B제품의 생산원가 : 결합원가배부액 5,000 + 2차가공비 5,000 = 10,000
  ④ B제품의 단위당 생산원가 : 10,000÷25kg = 400

29. • 본 문제는 보조부문의 원가를 고정원가와 변동원가로 구분하므로 이중배부율법으로 접근해야 한다.
  • 이중배부율법에서는 변동원가는 각 부문의 실제사용량을 기준으로 배부하고 고정원가는 보조부문이 제공하는 최대사용량을 기준으로 한다. 문제에서 보조부문의 용역제공비율이 실제용역제공비율과 최대용역제공비율로 구분하여 제시해야 하지만, 먼저 변동원가의 배부는 전력부가 폐쇄되기 전의 실제용역제공비율로 배부한 후 고정원가의 배부는 전력부가 폐쇄된 후의 용역제공비율로 배부한다.
  ① 변동원가 배부 : 500,000×60/20+60+20 = 300,000
  ② 고정원가 배부 : 1,000,000×60/20+60 = 750,000
  따라서 B부문에 배부액 : 300,000+750,000 = 1,050,000

30. 외주가공비는 제조경비로 분류하지만 외주가공에 따른 임금지급액이므로 성격에 따라 노무비에는 포함될 수 있으나 재료비에는 포함될 수 없다.

31. • 직접재료원가 : (200,000+400,000)×200/400+200 = 200,000
  • 가공원가 : (150,000+100,000)×(200×50%)/400+(200×50%)
      = 50,000
  • 월말재공품원가 : 200,000+50,000 = 250,000

32. 보기4번은 재무회계에 대한 설명이다.

33. 연산품은 분리점에서 즉시 판매할 수도 있으므로 판매가치가 낮다고 볼 수 없다. 결합제품 중 판매가치가 높은 것을 주산물이라고 하고, 판매가치가 낮은 것을 부산물이라고 하는데 부산물 중 판매가치가 증가되면 연산품(결합제품)으로 판단할 수 있고, 연산품(결합제품) 중 판매가치가 낮아지면 부산물로 변경될 수 있다. 결합원가를 배분하는 목적은 연산품(결합제품)의 판매가치를 결정하기 위한 것이다.
【참고】주산물과 부산물은 항상 고정되어 있는가? 정답은.... 아니다. 예를 들어 소의 우족(牛足)은 1990년 대 까지만 해도 시장 수요도 많고 값도 비싼 주산물이었으나 지금은 그다지 값이 높지 않아 홀대를 받는 부산물이다. 환경이 바뀌면 주산물이 부산물로 변경될 수 있다.

34. 선박업, 항공기제작업, 건설업 등은 개별원가계산을 적용한다.

35. • 재료비 : 2,400-400+600 = 2,600개
  • 가공비 : 2,400-(400×30%)+(600×40%) = 2,520개

36. • A제품의 결합원가 배부액 : 24,000×(20,000-2,000)/(20,000-2,000)+42,000 = 7,200
  • A제품의 제조원가 : 7,200+추가가공원가 2,000 = 9,200
  • A제품의 단위당 제조원가 : 9,200÷100개 = 92

37. 공정별 종합원가계산은 제지공업 등과 같이 여러 단계의 제조 공정을 거쳐 제품을 생산하는 기업에서 사용한다. 성격, 규격 등이 서로 다른 제품을 주문에 의해 생산하는 기업에서는 개별원가계산을 사용한다.

38. • 재료원가 : 350,000-100,000+200,000 = 450,000단위
  • 가공원가 : 350,000-(100,000×30%)+(200,000×40%) = 400,000단위

39. 일정한 범위의 조업도에서는 일정한 금액의 원가가 발생하지만 그 범위를 벗어나면 총액이 달라지는 원가를 준고정원가 또는 계단원가라고 한다. 표를 보면 600개 까지 생산할 때는 발생원가가 400,000원이지만 생산량이 600개를 초과할 때와 1,200개를 초과할 때마다 총액이 달라지고 있다.

40. • 임차료 : 240,000÷6개월 = 40,000×50% = 20,000
  • 전력비 : 150,000×60% = 90,000
  • 복리후생비 : 50,000+10,000-20,000 = 40,000
  따라서 20,000+90,000+40,000 = 150,000

제15회 기출문제 정답

2020년 3회기출

【 제1과목 : 재무회계 】

1. ②	2. ③	3. ②	4. ②	5. ①
6. ②	7. ①	8. ①	9. ④	10. ②
11. ①	12. ③	13. ②	14. ④	15. ③
16. ④	17. ①	18. ④	19. ③	20. ①

【 제2과목 : 원가회계 】

21. ②	22. ④	23. ④	24. ④	25. ③
26. ④	27. ②	28. ①	29. ③	30. ③
31. ②	32. ②	33. ③	34. ②	35. ③
36. ②	37. ①	38. ②	39. ④	40. ②

재무회계 해설

01. • 20×1년 기말자본 : 1,000,000−300,000 = 700,000(=20×2년 기초자본)
    • 2×2년 기말자본 : 700,000+(800,000−600,000) = 900,000(=20×3년 기초자본)
    • 20×3년 당기순손익 : 900,000−(1,500,000−700,000) = −100,000(손실)

02. 시산표는 결산 예비절차로서 분개장에서 총계정원장으로의 전기(轉記)의 정확성 여부를 검사하기 위하여 작성하는 계정집계표이다.

03. 자본변동표는 자본의 크기와 자본의 변동에 관한 정보를 제공하는 재무제표이다.

04. 현금의 실제 금액이 장부 금액보다 부족한 경우에는 현금과부족 계정 차변에 기록해 두었다가, 그 원인을 찾아내면 해당 계정에 대체하고 대변에 기입하여 소멸되지만 결산일까지 그 원인을 찾아내지 못하면 (차) 잡손실 (대) 현금과부족으로 정리한다.

05. 건물 외 나머지 보기는 유동자산이다.

06. • 3/ 1 : (차) 당좌예금 1,000,000 (대) 현금 1,000,000
    • 3/10 : (차) 당좌예금 500,000 (대) 외상매출금 500,000
    • 3/15 : 분개 없음
    • 3/30 : (차) 지급어음 2,000,000 (대) 당좌예금 1,500,000, 단기차입금(당좌차월) 500,000

07. • (나) 금융상품을 수취, 인도 또는 교환하는 계약상의 권리 또는 계약상의 의무는 금융상품이다.
    • (다) 실물자산, 리스자산, 무형자산은 비금융자산이다.
    • (라) 재화나 용역을 수취할 예정인 선급비용과 선급금은 비금융자산이다.

08. 보기 1번은 취득원가에 포함하지만 나머지는 기간 비용으로 처리한다. 단, 보기 4번은 '새로운 시설을 개설하는데 소요되는 원가'로 출제했으면 완벽하였다. 4번의 보기 지문은 무형자산의 개발단계에 속하는 원가로 볼 수 있지만 자산성 여부에 대한 언급이 없고, 해당 문제는 유형자산에 대한 부대비용을 묻는 문제이므로 관련성이 없다.

09. 운용리스로 제공할 목적으로 취득한 건물은 투자부동산으로 분류하고, 공정가치 모형을 도입하면 감가상각을 하지 않고, 결산시 공정가치로 평가만 한다. 평가이익 : 11,000−10,000=1,000

10. • 6/ 5 : (차) 매입 155,000 (대) 외상매입금 150,000, 현금 5,000
    • 6/10 : (차) 매입 200,000 (대) 외상매입금 190,000, 현금 10,000
    • 6/13 : (차) 매입 105,000 (대) 외상매입금 105,000
    • 순매입액 : 155,000+200,000+105,000 = 460,000
    • 외상매입금 잔액 : 150,000+190,000+105,000 = 445,000

11. A상점 차기이월 200,000 + B상점 차기이월 300,000 = 500,000

12. • (가) : (차) 선급금 20,000 (대) 현금 20,000
    • (라) : (차) 가지급금 200,000 (대) 현금 200,000

13. 감모손실 중 원가성이 있는 것은 매출원가에 산입하고, 원가성이 없는 것은 기타비용으로 처리한다. (4개 × 5,000 = 20,000)

14. 석유나 천연가스 등의 광물자원을 개발하기 위해 광물자원에 대한 탐사와 평가 과정에 지출한 금액은 탐사평가자산(유형자산)으로 처리하고, 채굴할 권리를 취득하면 시추권(또는 광업권)으로 무형자산으로 분류한다.

15. 재화나 용역을 인도할 예정인 선수수익과 선수금은 비금융부채이다.

16. 기본주당이익과 희석주당이익이 부(−)의 금액(즉 주당손실)의 경우에도 포괄손익계산서에 표시해야한다.

17. (차) 당좌예금 700,000 (대) 보통주자본금 500,000, 주식발행초과금 200,000

18. 제품보증충당부채를 설정하면 (차)제품보증비 (대)제품보증충당부채로 처리한다.

19. 기말상품재고액을 과소하게 계상하면 매출원가가 과대, 매출총이익이 과소계상된다.

20. 오피스텔의 임대 시 6개월 치 임대료(3월 ~ 8월)를 받았으므로 9월~12월까지 4개월(월 100,000×4개월) ₩400,000 미수임대료를 계상해야 한다.

원가회계 해설

21. 생산직 근로자의 임금은 직접노무비로서 제품원가를 구성한다.

22. 재료의 매입은 외부거래에 속한다.

23. 간접원가가 발생하는 경우 별도로 배분하지 않고, 직접원가에 포함하여 결합원가를 구성한 후 합리적인 배부기준에 의하여 각 등급품에 배분한다.

24. • 제조간접원가의 배부액 : #1001 3,000×50% = 1,500
                              #1002 4,600×50% = 2,300
    • 완성품원가 : (16,200+1,500) + (9,100+2,300) = 29,100

25. • 제조간접원가 배부율 : 100,000 ÷ (47,000+78,000) = 0.8(80%)
    • 미완성품원가 : 13,000+10,000+28,000+[(10,000+28,000)×80%] = 81,400

26. 부문별원가계산은 대규모 기업에서 많이 사용하는 방법으로 제조간접원가를 보다 더 정확하게 배부하기 위하여 적용한다. 부문원가를 예정배부하면 (차) 재공품 (대) 제조부문비로 처리하고, 보조부문원가의 배부방법은 직접배부법, 단계배부법, 상호배부법으로 배부할 수 있다.

27. 개별원가회계에서는 원가분류를 직접원가와 간접원가로 분류하고, 종합원가회계에서는 직접재료비(주요재료비)와 가공비로 분류한다.

28. • 보조부문1 : 15,600×30/60+30 = 5,200
    • 보조부문2 : 20,000×40/120+40 = 5,000

29. (가)는 직접노무원가와 제조간접원가의 합계액으로 전환원가 또는 가공원가라고도 한다. 기초원가는 기본원가 또는 직접원가라고도 하며 직접재료원가와 직접노무원가 또는 직접제조경비원가(발생하는 경우)의 합계액이다.

30. 생우유에서 생산되는 버터, 크림, 탈지유 등은 연산품이라 한다. 등급품은 제분업의 밀가루, 제화업의 구두 등이 품질에 따라 1등급, 2등급 등으로 나타낸다.

31. 전공정에서 발생한 가공비, 재료비는 전공정원가에 포함된다.

32. • 제조간접원가 예정배부율 : 500,000÷10,000시간=50, 예정배부액 : 50×9,000시간 = 450,000
    • 예정배부액 ₩450,000 > 실제발생액 ₩420,000 = ₩30,000 과대배부되었으므로 실제배부율은 예정배부율보다 낮고, 제조간접원가 배부차이(과대배부차이)의 조정을 통하여 매출원가는 감소한다. 기말재공품 제조간접원가 : 50×500시간=25,000원이다.

33. 1,800,000 × 500개/1,000−300+500 = 750,000

34. • 월말재고수량 : 300−200+300−200+500−600 = 100개
 • 월말재고액 : 100개×510 = 51,000원

35. • 공장전체 : 12,000×40/500 = 960,
 • 부문별 : 제1부문 3,000×15/200 = 225, 제2부문 9,000×25/300 = 750

36. 1,200,000÷800,000 = 1.5(150%)

37. • 월말재공품수량 : 60,000+120,000−120,000 = 60,000개
 • 월말재공품 재료비 : (260,000+1,000,000)×60,000/120,000+60,000
 = 420,000

38. 기계 고장, 정전, 정비 불량, 재료 부족, 재료 고갈, 생산 계획의 차질 등과 같은 사유로 인하여 종업원이 작업을 수행하지 못한 시간에 대하여 지급되는 임금은 유휴시간급으로 간접노무비에 속한다.
종업원임금 + 기계 고장으로 인한 임금 + 기계장치 수선비 + 공장건물 임차료 + 수도요금과 전기요금 = 3,100,000원, 단, 파업기간 임금과 정전으로 인한 불량품원가는 비제조원가에 속한다.
혹시, 박스 안의 보기 중 (나) 기계고장이 '돌발적인 기계고장'으로 제시되면 비제조원가로 처리해야 한다.

39. 월말에 완성된 제조지시서의 제조원가는 완성품원가가되며, 미완성된 제조지시서의 제조원가는 월말재공품원가가 된다.

40. 매몰원가란 과거 의사결정의 결과로 이미 발생된 원가로서 현재 또는 미래의 의사결정에는 아무런 영향을 미치지 못하는 원가를 말한다.

상시 전산회계운용사 2급 필기 모의고사

최종 점검

대한상공회의소 시행

2급	A형	시험일(소요시간)	문항수	수험번호 :
		○월 ○일(총60분)	총40개	성 명 :

※ 다음 문제를 읽고 알맞은 것을 골라 답안카드의 답란(①, ②, ③, ④)에 표기하시오.

< 제1과목 : 재무회계 >

01. 다음 중 포괄손익계산서에 표시되는 판매비와관리비에 해당하는 계정과목으로 옳지 않은 것은?

① 접대비
② 퇴직급여
③ 무형자산상각비
④ 기타의 대손상각비

02. 다음은 (주)대한의 재고자산 관련 자료로서 재고자산감모손실은 장부상 수량과 실지재고 수량과의 차이에 의해 발생한다. 기말상품의 실지재고 수량은?

- 기초상품재고액   ₩120,000
- 당기매입액   ₩900,000
- 장부상 기말상품재고액(단위당 원가 ₩1,000) ₩200,000
- 재고자산감모손실   ₩30,000

① 100개
② 140개
③ 170개
④ 200개

03. (주)상공의 자료를 이용하여 포괄손익계산서에 표시되는 당기순이익을 계산한 것으로 옳은 것은?

가. 수익(매출액) ₩1,000,000 나. 매출원가 ₩700,000
다. 물류원가 ₩100,000   라. 관리비 ₩50,000
마. 금융원가 ₩30,000   바. 보험수리적손실 ₩20,000

① ₩100,000
② ₩120,000
③ ₩170,000
④ ₩200,000

04. 재무제표에 관한 설명 중 옳지 않은 것은?

① 재무제표는 경영진의 수탁책임이나 기업의 재무성과를 보여준다.
② 동일한 금액이라도 총자산이나 매출액의 규모에 따라 중요성의 정도가 달라질 수 있다.
③ 발생주의를 적용할 경우 재무제표에 표시되는 수익은 현금으로 회수한 금액만을 기록하여야 한다.
④ 재무제표는 정보이용자의 의사결정에 유용한 기업의 재무상태, 재무성과와 재무상태 변동에 관한 정보를 제공한다.

05. (주)서울산업은 신축 중인 건물이 완성되어 도급대금의 잔액을 현금으로 지급하였다. 이 거래를 분개했을 때 재무상태에 미치는 영향으로 옳은 것은?

① 자산 불변
② 자산 감소
③ 자산 증가
④ 자본 증가

06. 20×1년 12월 31일에 (주)파스칼에서 발생한 거래가 다음과 같을 때, 20×1년 말 재무상태표상 부채에 포함할 금액은?

- 제품 보증에 대한 충당부채 ₩1,000을 설정하였다.
- 사무실을 임대하고 12개월분 임대료 ₩2,000을 미리 받았다.
- 거래처로부터 원재료 ₩1,000을 외상으로 구입하였다.
- 공장 확장 자금을 조달하기위해 보통주 10주(주당 액면가 ₩100, 주당 발행가 ₩200)를 발행하였다.

① ₩2,000
② ₩3,000
③ ₩4,000
④ ₩5,000

07. 다음 중 현금흐름표에서 영업활동 현금흐름에 해당 하는 것은?

① 제3자에 대한 선급금 및 대여금의 회수에 따른 현금유입
② 단기매매목적으로 보유하는 계약에서 발생하는 현금유입
③ 유형자산 및 무형자산의 취득에 따른 현금유출
④ 자기주식의 취득에 따른 현금유출

08. 12월 결산법인 (주)상공은 20×1년 1월 1일에 다음과 같은 조건으로 발행된 공채를 ₩947,516에 취득하였다. 이 공채의 취득시 적용된 유효이자율은 7%였다. (주)상공이 20×1년 말에 인식해야 할 이자수익은 얼마인가? 단, 회사는 이를 상각후원가측정금융자산으로 분류하였다. 답은 가장 근사치를 구하라.

가. 발행일 : 20×1년 1월 1일
나. 액면금액 : ₩1,000,000
다. 이자지급 : 매년 12월 31일에 액면금액의 연 5% 이자지급
라. 상환 : 20×3년 12월 31일에 일시 상환

① ₩47,400
② ₩50,000
③ ₩66,300
④ ₩70,000

09. 투자부동산으로 분류해야 하는 것으로 옳은 것은?

① 자가 사용 부동산
② 제품 생산에 사용하는 부동산
③ 장기 시세 차익을 얻기 위하여 보유하는 부동산
④ 통상적인 영업활동 과정에서 판매를 목적으로 보유하는 부동산

10. 다음 중 유형자산과 관련한 설명으로 옳은 것은?

① 보유중인 유형자산의 미래경제적효익이 장부금액에 현저히 미달하는 경우 손상차손을 인식한다.
② 기업이 1년 이상 보유하기 위하여 취득한 자산으로 그 형태가 있는 것은 모두 유형자산으로 분류된다.
③ 현금 이외의 자산을 제공하고 취득한 자산의 취득원가는 제공한 자산의 장부금액을 원칙으로 한다.
④ 여러 가지의 유형자산을 일괄 취득한 경우 취득원가는 각 자산의 내용연수에 따라 배분한다.

11. 무형자산에 대한 설명으로 옳은 것은?

① 무형자산은 유형자산과 달리 재평가모형을 사용할 수 없다.
② 라이선스는 특정 기술이나 지식을 일정지역 내에서 이용하기로 한 권리를 말하며, 취득원가로 인식하고 일정기간 동안 상각한다.
③ 내부적으로 창출한 상호, 상표와 같은 브랜드 네임은 그 경제적 가치를 측정하여 재무제표에 자산으로 기록하여 상각한다.
④ 영업권은 내용연수가 비한정이므로 상각하지 않는다.

12. 다음은 자본에 관한 설명이다. 옳은 것만을 모두 고른 것은?

> ㄱ. 주식분할을 실시하면 자본 총액은 변동하지 않고 자본금은 증가한다.
> ㄴ. 주식배당을 실시하면 자본 총액은 변동하지 않고 자본금은 증가한다.
> ㄷ. 유상증자를 실시하면 자본 총액은 변동하지 않고 자본금은 증가한다.
> ㄹ. 무상증자를 실시하면 자본 총액은 변동하지 않고 자본금은 증가한다.

① ㄱ, ㄴ ② ㄱ, ㄷ
③ ㄴ, ㄹ ④ ㄷ, ㄹ

13. 대여금과 차입금, 미수금과 미지급금에 대한 설명이다. 옳지 않은 것은?

① 기업이 상품 이외의 자산을 외상으로 처분한 경우에 발생한 채권은 미수금 계정의 차변에 기입한다.
② 기업이 종업원이나 거래처 등으로부터 차용증서를 받고 1년 이내에 회수하는 조건으로 현금 등을 빌려 준 경우 단기대여금 계정의 대변에 기입한다.
③ 기업이 자금 융통을 위하여 차용증서를 써 주고 거래처나 은행 등으로부터 현금을 차입하고, 1년 이내에 갚기로 한 경우 단기차입금 계정의 대변에 기입한다.
④ 기업이 상품 이외의 자산을 외상으로 매입한 경우에 발생한 채무는 미지급금 계정의 대변에 기입한다.

14. 중고자동차매매업을 하는 (주)상공은 다음과 같이 판매용 승용차를 현금으로 구입하였다. 회계처리로 옳은 것은? 단, 상품계정은 3분법에 의한다.

> • 매입가격 ₩8,000,000 • 취득 시 수리비용 ₩500,000

① (차) 매 입   8,000,000   (대) 현 금 8,500,000
      차량유지비   500,000
② (차) 매 입   8,500,000   (대) 현 금 8,500,000
③ (차) 차량운반구 8,000,000   (대) 현 금 8,500,000
      차량유지비   500,000
④ (차) 차량운반구 8,500,000   (대) 현 금 8,500,000

15. 유형자산의 수익적 지출에 대한 설명으로 옳지 않은 것은?

① 지출효과가 당기 내에 소멸하는 경우
② 중요성 기준에 의해서 일정액 이하의 소액지출
③ 유형자산의 원상회복이나 능력유지를 위한 지출
④ 유형자산이 제공하는 경제적효익의 양이나 질이 증대되는 경우

16. 무형자산의 취득원가에 포함되지 않는 것은?

① 무형자산의 창출을 위하여 발생한 종업원 급여
② 법적 권리를 등록하기 위한 수수료
③ 시제품 제작비
④ 자산을 운용하는 직원의 교육훈련과 관련된 지출

17. (주)한국의 20×1년 이익잉여금 기초 잔액은 ₩50,000이었으며, 20×1년 중 다음의 거래가 있었다.

> • 원가 ₩1,000의 컴퓨터 1대를 ₩5,000에 판매하였으며, 판매대금 중 ₩1,500은 현금으로 수취하였고 잔액은 외상으로 하였다.
> • 건물에 대한 감가상각비 ₩200, 기계에 대한 감가상각비 ₩100을 인식하였다.
> • 장기차입금에 대한 당기 이자비용 ₩400을 현금 지급하였다.
> • 배당결의를 하고 배당금 ₩300을 현금 지급하였다.

(주)한국의 20×1년도 당기순이익과 20×1년 말 이익잉여금은 각각 얼마인가? (순서대로 당기순이익, 이익잉여금)

① ₩3,000, ₩53,000   ② ₩3,000, ₩53,300
③ ₩3,300, ₩53,000   ④ ₩3,300, ₩53,300

18. (주)대한은 20X1년 1월 1일에 액면가액 ₩1,000, 액면이자율 연 8%, 유효이자율 연 10%, 만기 3년, 이자지급일 매년 12월 31일인 사채를 발행하였다. (주)대한은 유효이자율법을 적용하여 사채할인발행차금을 상각하고 있으며, 20X2년 12월 31일 사채의 장부금액은 ₩982이다. (주)대한이 20X3년 6월 30일 동 사채를 ₩1,020에 조기 상환하였다면, 이때의 사채상환손실은? (단, 계산은 월할 계산하며, 소수점 발생 시 소수점 아래 첫째 자리에서 반올림한다)

① ₩11   ② ₩20   ③ ₩29   ④ ₩31

19. (주)대한은 경비 용역 업체이다. 아파트 경비에 대한 용역을 ₩1,400,000에 2년 동안(20×1년~20×2년) 제공하기로 약정하였다. 이 용역과 관련하여 예상되는 총원가는 ₩700,000이며, 20×1년도에 실제 발생한 원가는 ₩400,000이다. 20×1년도에 인식해야 할 용역 수익은 얼마인가?

① ₩700,000   ② ₩800,000
③ ₩1,000,000   ④ ₩1,400,000

20. 비용의 인식에 대한 설명으로 옳지 않은 것은?

① 비용은 수익을 인식하는 기간에 대응하여 인식한다.
② 비용은 수익을 창출하는 과정에서 희생된 자원으로 순자산의 감소(자산의 감소, 부채의 증가)로 나타난다.
③ 수익과 비용을 대응시키는 방법에는 직접대응, 체계적이고 합리적인 배분 및 즉시 비용화가 있다.
④ 미래 경제적 효익이 기대되지 않는 지출은 비용으로 인식할 수 없다.

< 제2과목 : 원 가 회 계 >

21. 통제가능원가에 해당하는 것으로 옳은 것은?

① 직접재료비 ② 공장건물 임차료
③ 기계장치 감가상각비 ④ 공장건물 화재보험료

22. 원가는 통제가능성에 따라 통제가능원가와 통제불가능원가로 분류한다. 옳지 않은 것은?

① 통제가능하다고 하는 것은 경영자가 원가 발생액을 통제할 수 있는 재량권을 갖고 있음을 의미한다.
② 관리계층에 따라 동일한 원가에 대한 통제가능성이 달라지지는 않는다.
③ 특정 과거에 이루어진 의사결정에 의해서 발생하는 감가상각비와 같은 비용은 이미 정해져 있거나, 이미 발생한 원가로서 경영자가 이를 통제할 수 없으므로 통제 불가능한 원가이다.
④ 특정 부문 내에서 발생하는 원가를 통제가능원가와 통제불가능원가로 분류하여 통제가능원가를 기준으로 특정 부문 경영자의 성과를 평가하여야 한다.

23. (주)상공은 제품A를 생산판매하고 있다. 20×1년 1월의 생산활동에 따른 원가는 다음과 같다. 1월의 생산량이 10개였는데, 2월에는 20개로 추정된다. 2월의 제품단위당 원가는 얼마로 예상되는가? 단, 생산량 10개와 20개는 관련범위 내에 있으며, 재공품은 없다.

가. 생산량	10개
나. 변동제조간접비	₩3,000
다. 직접재료비	₩10,000
라. 고정제조간접비	₩6,000
마. 직접노무비	₩5,000

① ₩2,000 ② ₩2,100
③ ₩2,200 ④ ₩2,300

24. 다음 설명 중 옳지 않은 것은?

① 제조기업은 손익계산서를 작성하기 위하여 먼저 제조원가명세서를 작성하여야 한다.
② 제조원가는 재료비, 노무비, 경비로 분류하거나, 직접재료비, 직접노무비, 제조간접비로 분류할 수 있다.
③ 기말재공품원가가 기초재공품원가보다 작다면, 당기제품제조원가는 당기총제조비용보다 크다.
④ 제조기업의 제조원가명세서에서 매출원가를 확인할 수 있다.

25. 다음은 원가관리회계의 특성과 관련된 설명들이다. 이 중에서 옳지 않은 것은?

① 원가관리회계는 기업의 경영자나 관리자에게 의사결정에 필요한 원가나 세부부문의 재무정보를 제공한다.
② 원가관리회계는 원가측정 및 계산을 주로 다루는 원가회계와 원가정보를 의사결정에 사용하는 기법을 다루는 관리회계로 세분하기도 한다.
③ 원가관리회계의 정보는 외부에 보고하는 재무회계의 정보와 아무런 관련성이 없다.
④ 원가관리회계는 각종 업무활동을 위해 원가를 측정/관리/분석하는 분야이므로 기업의 기획/구매/판매/생산/설계 등 모든 분야의 경영관리자에게 필수적인 지식이다.

26. 다음 중 원가의 특성이라고 볼 수 없는 것은?

① 제조과정에서 소비된 것 중 경제적 가치가 있는 요소만이 원가가 될 수 있다.
② 경영 목적인 제품의 제조 및 판매와 직접 관련되어 발생한 것이어야 원가가 될 수 있다.
③ 제조과정에서 정상적으로 발생한 재료 감모손실이나 공장 경비원의 급여 등도 원가에 포함된다.
④ 기업의 수익획득 활동에 필요한 공장용 토지나 서비스를 단순히 구입하는 것만으로 원가가 된다.

27. 재료의 평가손실 계산방법으로 옳은 것은?

① [장부상 재료수량 − 실제 재료수량] × 재료단위당 원가
② [장부상 재료수량 − 실제 재료수량] × 재료단위당 시가
③ [재료단위당 원가 − 재료단위당 시가] × 장부상 재료수량
④ [재료단위당 원가 − 재료단위당 시가] × 실제 재료수량

28. (주)상공은 월중에 절단부문비 ₩100,000과 조립부문비 ₩120,000을 예정배부하였다. 월말에 집계된 부문비의 실제발생액은 절단부문 ₩80,000과 조립부문 ₩90,000으로 집계되었다. 부문비 실제발생액을 인식하는 분개로 옳은 것은?

① (차) 재 공 품 170,000 (대) { 절단부문비 80,000 / 조립부문비 90,000 }
② (차) 제조간접비 170,000 (대) { 절단부문비 80,000 / 조립부문비 90,000 }
③ (차) { 절단부문비 80,000 / 조립부문비 90,000 } (대) 재 공 품 170,000
④ (차) { 절단부문비 80,000 / 조립부문비 90,000 } (대) 제조간접비 170,000

29. 개별원가계산에 대한 설명으로 옳지 않은 것은?

① 직접원가는 작업별로 직접 추적하고 간접원가는 배부기준에 따라 배부하여 제품이나 서비스의 원가를 계산한다.
② 조선업이나 건설업 등과 같이 수요자의 주문에 따라 제품을 생산하는 업종에서 주로 사용된다.
③ 직접재료원가, 직접노무원가, 제조간접원가 모두를 실제 원가로 계산하는 것을 실제개별원가계산이라 한다.
④ 직접재료원가, 직접노무원가, 제조간접원가 모두를 예정배부율을 사용해 예정원가로 계산하는 것을 정상개별원가계산이라 한다.

30. 제조부문비(총액 ₩42,000) 제품별 배부액을 직접재료비를 기준으로 계산할 때, 절단부문비와 조립부문비의 배부율은 각각 얼마인가?

> 제조부문비 : 절단부문비 ₩28,000 조립부문비 ₩14,000
> 직접재료비 : ₩50,000(A제품 ₩20,000, B제품 ₩30,000)
> 직접노무비 : ₩20,000(A제품 ₩9,000, B제품 ₩11,000)

① 절단부문 배부율 : ₩0.4   조립부문 배부율 : ₩0.2
② 절단부문 배부율 : ₩0.56   조립부문 배부율 : ₩0.28
③ 절단부문 배부율 : ₩0.4   조립부문 배부율 : ₩0.28
④ 절단부문 배부율 : ₩0.56   조립부문 배부율 : ₩0.2

31. 원가배분에 대한 전반적인 내용이다. 옳지 않은 것은?

① 원가배분기준의 선택은 원칙적으로 인과관계기준을 바탕으로 하되, 인과관계가 명확하지 않은 경우에는 부담능력 기준이나 수혜 기준 등을 고려하여 결정하여야 한다.
② 원가를 추적하고 집계할 원가대상을 설정하는데, 원가대상은 경영자의 의사결정에 목적적합하도록 설정한다.
③ 원가집합별로 원가대상과 원가집합의 인과관계를 가장 잘 반영시켜 주는 원가배부기준을 결정하여 원가집합에 집계된 공통비를 원가대상에 배부한다.
④ 제조부문에서 발생한 직접재료비와 직접노무비를 포함한 모든 제조원가는 제조간접비로 분류되며, 제조부문의 제조 활동을 보조하기 위하여 보조부문에서 발생한 원가도 또한 제조간접비이다.

32. 다음에서 설명하는 보조부문비 배부 방법으로 옳은 것은?

> 보조부문 상호간의 용역 수수관계를 완전히 고려하여 보조부문 원가를 다른 보조부문과 제조부문에 배부하는 방법으로 복잡하지만 가장 정확하다.

① 단계배부법   ② 상호배부법
③ 간접배부법   ④ 직접배부법

33. 제조간접비를 예정배부하는 경우 아래의 제조간접비 계정에 대한 설명으로 옳은 것은?

```
           제 조 간 접 비
   매 출 원 가    1,000 |
```

① 제조간접비 실제발생액 ₩1,000을 매출원가계정에 대체하다.
② 제조간접비 예정배부액 ₩1,000을 매출원가계정에 대체하다.
③ 제조간접비 과다배부차액 ₩1,000을 매출원가계정에 대체하다.
④ 제조간접비 과소배부차액 ₩1,000을 매출원가계정에 대체하다.

34. 공정별 종합원가계산에 대한 설명으로 옳지 않은 것은?

① 원가요소인 재료비·노무비·경비의 발생액은 제조공정과 보조부문에 배부한다. 이때 원가요소를 공정개별비·공정공통비로 구분하여, 공정공통비는 각 공정에 직접 배부하지만 공정개별비는 합리적인 배부기준에 의하여 인위적으로 배부한다.
② 연속 공정하에서는 제1공정의 완성품 수량과 제2공정의 당기착수량은 항상 일치한다.
③ 전 공정의 완성품을 다음 공정에 대체시켜 사용하는 경우에는 다음 공정에서 전 공정의 완성품원가를 재료비로 간주한다.
④ 각 공정마다 단순종합원가계산의 방식에 의하여 완성품의 제조원가를 산출한다.

35. 다음 (　)안에 알맞은 것을 순서대로 나열한 것으로 옳은 것은?

> 결합제품은 일정한 생산단계에 이르면 개별제품으로 식별될 수 있는데 이 시점을 (　　)이라 한다. 이 시점에 도달하기까지 발생한 제조원가를 (　　)이라 하고, 이 시점 이후에 발생하는 제조원가를 (　　)이라 한다.

① 분리점 – 결합원가 – 추가가공비
② 기준점 – 개별원가 – 추가가공비
③ 식별점 – 개별원가 – 결합원가
④ 분리점 – 총원가 – 개별원가

36. (주)상공은 한 가지 종류의 고추장을 생산한다. 모든 재료는 공정의 초기단계에 100% 투입되며, 가공원가는 공정의 진행에 따라 균일한 비율로 발생한다. 기초재공품의 완성도가 50%였으며, 기말재공품의 완성도가 30%라고 한다. 이 회사가 종합원가계산에 의해 제품의 원가를 계산한다고 할 때 기말재공품의 원가는 얼마인가? 단, 원가흐름에 대한 가정으로 선입선출법(FIFO)을 사용하고 있으며, 공손은 발생하지 않았다고 가정한다.

	단위	재료원가	가공원가
기초재공품	10,000	₩60,000	₩50,000
당 기 착 수	50,000	₩200,000	₩410,000
기말재공품	20,000	–	–

① ₩120,000   ② ₩140,000
③ ₩160,000   ④ ₩180,000

37. 다음 자료를 이용하여 물량기준법에 의한 등급별 종합원가계산을 할 때, 1급품의 원가를 계산하면? 단, 등급품의 결합 원가는 ₩120,000이다.

등급	무게	kg당 판매단가
1급품	4,000kg	₩800
2급품	5,000kg	₩400
3급품	6,000kg	₩200

① ₩32,000   ② ₩40,000
③ ₩48,000   ④ ₩52,000

38. (주)금화는 선입선출법을 적용하여 종합원가계산을 하고 있다. 재료는 모두 제1공정 초기에 투입된다. 1월의 생산에 대한 자료는 다음과 같다. 1월 중 제1공정 완성품 환산량은 얼마인가?

	수량
1월 1일 재공품(가공원가 40% 완성)	50
당월 착수	200
제2공정 대체	210
1월 31일 재공품(가공원가 25% 완성)	40

	재료	가공원가		재료	가공원가
①	250	220	②	250	190
③	200	220	④	200	200

39. 다음은 (주)상공의 제품 제조와 관련된 자료이다. 기말재공품 평가를 평균법, 선입선출법에 의할 경우 가공비의 완성품 환산량을 계산한 것으로 옳은 것은?

가. 기초재공품 수량 200개(완성도 40%)
나. 당기 착수량 1,200개
다. 기말재공품 수량 300개(완성도 30%)
※ 재료비는 작업시작 시점에서 일시에 투입하고, 가공비는 제조진행에 따라 투입된다.

	평균법	선입선출법		평균법	선입선출법
①	1,190	1,070	②	1,190	1,110
③	1,310	1,070	④	1,310	1,230

40. 연산품에 대한 설명으로 옳지 않은 것은?

① 분리점에 이르기 전까지 개별 제품으로 식별할 수 있다.
② 생산 계획에 따라 제품 배합의 인위적 조정이 가능하나 한계가 있다.
③ 분리점 후 추가 가공을 하기도 한다.
④ 동일 원재료를 사용하여 두 종류 이상의 유사한 제품을 생산한다.

최종 점검 모의고사 정답

[제1과목 : 재무회계]

1. ④	2. ③	3. ②	4. ③	5. ①
6. ③	7. ②	8. ③	9. ③	10. ①
11. ④	12. ③	13. ②	14. ②	15. ④
16. ④	17. ③	18. ②	19. ②	20. ④

[제2과목 : 원가회계]

21. ①	22. ②	23. ②	24. ④	25. ③
26. ④	27. ④	28. ③	29. ④	30. ②
31. ④	32. ②	33. ③	34. ①	35. ①
36. ②	37. ①	38. ④	39. ②	40. ①

재무회계 해설

01. 기타의 대손상각비는 기타(영업외)비용에 속한다. 매출채권에 대한 대손상각비는 판매비와관리비에 속한다.

02. 30,000÷1,000 = 30개(감모수량), 장부재고수량 : 200,000÷1,000 = 200개
그러므로 200개 - 30개 = 170개

03. 수익(매출액) - 매출원가 = 300,000(매출총이익) - 물류원가 - 관리비 = 150,000(영업이익) - 금융원가 = 120,000(당기순이익), 보험수리적손실은 기타포괄손익누계액으로 자본에 속하므로 당기순이익계산에서 제외한다.

04. 현금주의는 재무제표에 표시하는 수익은 현금의 회수한 금액만을 기록하지만 발생주의는 현금의 회수액의 크기에 관계없이 해당 수익이 발생하여 당기에 속하는 수익을 재무제표에 수익으로 기록한다.

05. 건물 완공 시 분개는 (차) 건물 (대) 건설중인 자산, 현금이므로 자산총액에는 영향이 없다.

06. 제품보증충당부채 1,000+선수임대료 2,000+외상매입금 1,000 = 4,000원, 보통주 발행은 자본으로 분류한다.

07. 보기1번, 3번 : 투자활동의 현금의 유입과 유출, 4번 : 재무활동

08. 947,516×0.07 = 66,326.12(이자수익), 보기에 가장 근사치 값이 3번이다.

09. 보기1번, 2번은 유형자산으로 분류하고, 4번은 재고자산으로 분류한다.

10. 보기2번 : 기업이 1년 이상 보유하기 위해 취득한 자산이더라도 투자의 목적인 경우는 투자부동산으로 처리해야 한다. 3번 : 현금 이외의 자산을 제공하고 취득한 자산은 공정가치를 취득원가로 한다. 4번 : 자산을 일괄 취득한 경우에는 취득원가를 각 자산의 공정가치에 비례하여 개별 유형자산에 배분해야 한다.

11. 보기1번 : 무형자산은 유형자산과 동일하게 재평가모형을 사용할 수 있다. 2번 : 라이선스는 다른 기업의 상표, 특허 제품 등을 사용할 수 있는 권리를 말하는 것으로 특정 기술이나 지식을 일정지역 내에서 이용하기로 한 권리는 프랜차이즈이다. 3번 : 내부적으로 창출한 상호, 상표와 같은 브랜드 네임은 그 경제적 가치를 측정하여 재무제표에 자산으로 인식할 수 없다.

12. ㉠ 주식분할은 이미 발행한 주식의 액면금액을 1:2, 1:3 등과 같이 여러 개의 주식으로 분할하여 재발행하는 것이다. 주식분할을 하면 발행주식 수가 증가하고 액면금액은 낮아지지만 자본금 계정에는 증감이 없다. ㉢ 유상증자를 실시하면 자본총액과 자본금이 증가한다.

13. 보기2번의 현금 등을 빌려 준 경우에는 단기대여금 계정의 차변에 기입한다.

14. 중고자동차매매업에서의 판매용 승용차는 재고자산(상품)이므로 취득 시 수리비용을 포함하여 매입 계정 차변에 기입한다.

15. 보기4번은 자본적지출에 해당한다.

16. 보기4번은 발생 즉시 비용으로 처리한다.

17. • 당기순이익 : (5,000-1,000)-200-100-400 = 3,300
• 20X1년 말 이익잉여금 : (50,000-300) + 3,300 = 53,000

18. • 사채할인발행차금상각액
: 982×10% = 98(98.2)-(1,000×8%) = 18×6/12 = 9
• 상환 시 장부금액 982 + 9 = 991, 사채상환손실 1,020 - 991 = 29
• 상환 시 분개
: (차) 사채 1,000, 사채상환손실 29 (대) 현금 1,020 사채할인발행차금 9
• 사채 총금액을 상환했으므로 사채할인발행차금 잔액 ₩18을 전부 대변에 소멸을 시키고 사채상환손실을 ₩38으로 계상하는것도 맞다. 단 본 문제에서 요구하는 정답은 상환 시에는 6개월분 ₩9만 상각하고 나머지는 결산 시 이자비용으로 처리하면 된다.

19. 1,400,000×400,000/700,000 = 800,000, 용역매출수익은 진행기준에 의하여 인식한다. 즉, 용역의 총원가와 실제발생원가의 비율로 총수익을 배분한다.

20. 미래 경제적 효익이 기대되지 않는 지출은 비용으로 인식해야 한다.

원가회계 해설

21. 통제가능원가는 특정 계정의 경영진이 원가발생액의 크기에 관해 주된 영향을 미칠 수 있는 원가를 말하는 것으로 직접재료비 등의 변동비가 속한다.

22. 통제가능원가에서는 관리계층에 따라 동일한 원가에 대한 통제가능성이 달라진다.

23. 본 문제는 생산량 10개에서의 단가와 생산량이 20개일 때의 단가의 변화되는 모습을 파악하는 내용이다.
㉠ 박스 안의 직접재료비와 직접노무비, 변동제조간접비는 1월의 생산수량 10개에서 발생한 변동원가이다. 2월의 생산량은 20개로 추정하므로 1월의 발생액보다 2배가 증가한다고 보아야 한다.
㉡ (1월의 직접재료비+1월의 직접노무비+1월의 변동제조간접비)×2배 =36,000(2월의 20개를 생산하였을 때의 변동원가)
㉢ 36,000+고정제조간접비 6,000 = 42,000(총제조원가)
㉣ 42,000÷20(2월의 생산수량) = 2,100원

24. 매출원가는 포괄손익계산서에서 확인할 수 있다.

25. 원가관리회계는 내부보고 목적이지만 기말제품이나 기말재공품, 기말원재료와 같은 재고자산항목이나 당기제품제조원가와 같은 포괄손익계산서 표시항목은 외부보고 재무회계와 관련성이 있다.

26. 기업의 수익획득 활동에 필요한 공장용 토지나 서비스를 구입하는 것은 자금의 투하과정이므로 원가라고 볼 수 없다.

27. 재료의 평가손실=[재료단위당 원가-재료단위당 현행대체원가]×실제 재료 수량

28. 부문비 실제발생액은 부문비 계정 차변과 제조간접비 계정 대변에 기록한다. 예정배부액은 재공품 계정 차변과 부문비 계정 대변에 기록한다.

29. 정상개별원가계산에 해당하는 원가요소는 제조간접비이다.

30. 절단부문비 : 28,000÷50,000=0.56 조립부문비 : 14,000÷50,000 = 0.28

31. 제조부문에서 발생한 직접재료비와 직접노무비는 제조간접비에 포함해서는 안된다.

32. 보조부문 상호간의 용역수수관계를 완전히 고려하는 방법은 상호배부법이다.

33. 예정배부액과 실제발생액을 임의의 금액을 대입하여 보면, 제조간접비계정 차변의 매출원가 ₩1,000은 과대배부차이다.

제 조 간 접 비			
실 제 발 생 액	29,000	예 정 배 부 액	30,000
매 출 원 가	1,000		

34. 공정공통비는 합리적인 배부기준에 의하여 인위적으로 배부하고 공정개별비는 각 공정에 직접 배부한다.

36. • 완성품수량=10,000+50,000-20,000 = 40,000단위
• 기말재공품재료비:200,000×20,000/40,000-10,000+20,000 = 80,000
• 기말재공품가공비:410,000×(20,000×30%)/40,000-(10,000×50%)+(20,000×30%) = 60,000
• 따라서 80,000+60,000 = 140,000원

37. 120,000×4,000/4,000+5,000+6,000 = 32,000원

38. 완성품수량은 제2공정 대체수량 210개이다.
재료 : 210-50+40=200개, 가공비:210-(50×40%)+(40×25%) = 200개

39. 완성품수량 : 200+1,200-300 = 1,100개
평균법 : 1,100+(300×30%) = 1,190개
선입선출법 : 1,100-(200×40%)+(300×30%) = 1,110개

40. 분리점 이후에 개별제품으로 식별할 수 있다.